璜泾镇志

（1994—2013）

《璜泾镇志（1994—2013）》编纂委员会　编

古吴轩出版社
中国·苏州

图书在版编目(CIP)数据

璜泾镇志. 1994—2013 /《璜泾镇志(1994—2013)》编纂委员会编. -- 苏州 : 古吴轩出版社, 2019.12
ISBN 978-7-5546-1427-3

Ⅰ. ①璜… Ⅱ. ①璜… Ⅲ. ①乡镇—地方志—太仓—1994-2013 Ⅳ. ①K295.35

中国版本图书馆CIP数据核字(2019)第225131号

责任编辑: 周　娇
见习编辑: 任佳佳
装帧设计: 吴　静
责任照排: 吴　静
责任校对: 李爱华　祝文秀

书　　名: 璜泾镇志(1994—2013)
编　　者:《璜泾镇志(1994—2013)》编纂委员会
出版发行: 古吴轩出版社
地址: 苏州市十梓街458号　　邮编: 215006
Http://www.guwuxuancbs.com　　E-mail:gwxcbs@126.com
电话: 0512-65233679　　传真: 0512-65220750
出 版 人: 钱经纬
印　　刷: 无锡市证券印刷有限公司
开　　本: 889×1194　1/16
印　　张: 40.25　　插页: 28
版　　次: 2019年12月第1版　第1次印刷
书　　号: ISBN 978-7-5546-1427-3
定　　价: 180.00元

如有印装质量问题，请与印刷厂联系。0510-85435777

《璜泾镇志（1994—2013）》编纂委员会

审定单位

太仓市史志办公室
璜泾镇人民政府

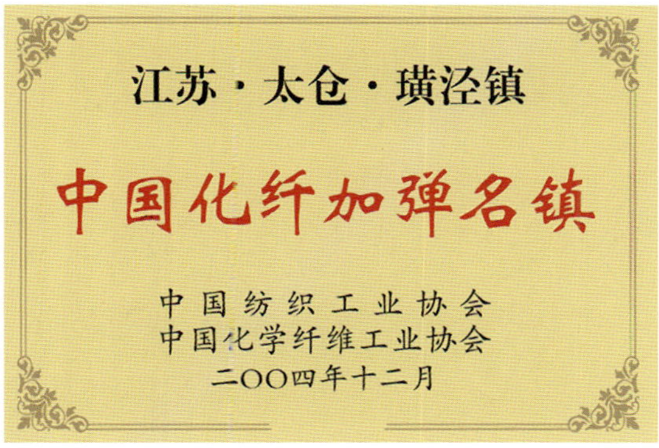
江苏·太仓·璜泾镇
中国化纤加弹名镇
中国纺织工业协会
中国化学纤维工业协会
二OO四年十二月

全国小城镇综合发展水平1000强
(2005年度)
国家统计局农村社会经济调查司
中国信息报社
二OO六年十月

江苏省苏州市璜泾镇
国家卫生镇
全国爱国卫生运动委员会
二00七年九月

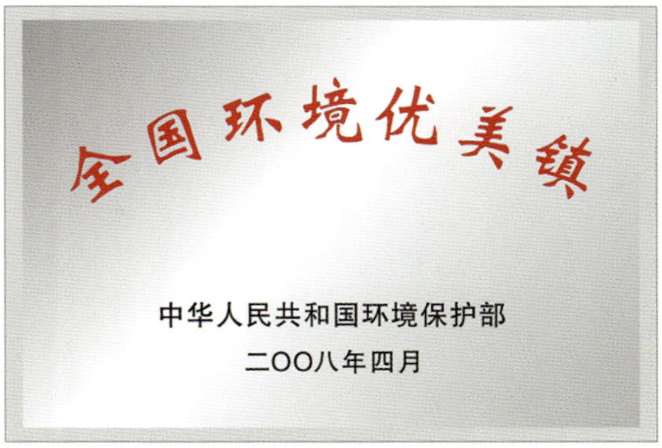
全国环境优美镇
中华人民共和国环境保护部
二OO八年四月

中国民间文化艺术之乡
中华人民共和国文化部
二OO八年

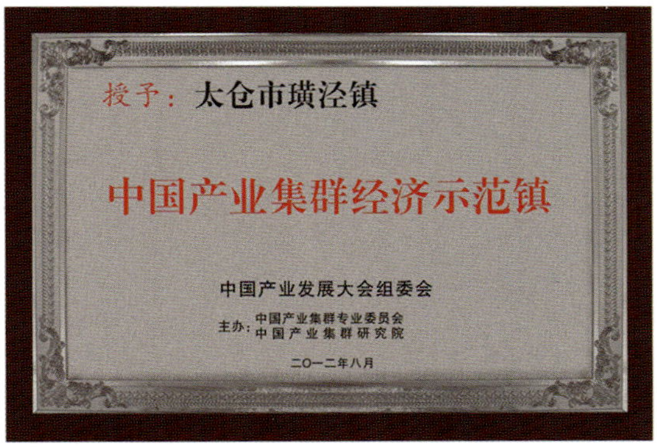
授予：太仓市璜泾镇
中国产业集群经济示范镇
中国产业发展大会组委会
主办：中国产业集群专业委员会
中国产业集群研究院
二O一二年八月

全国文明村镇
中央精神文明建设指导委员会
2015年2月

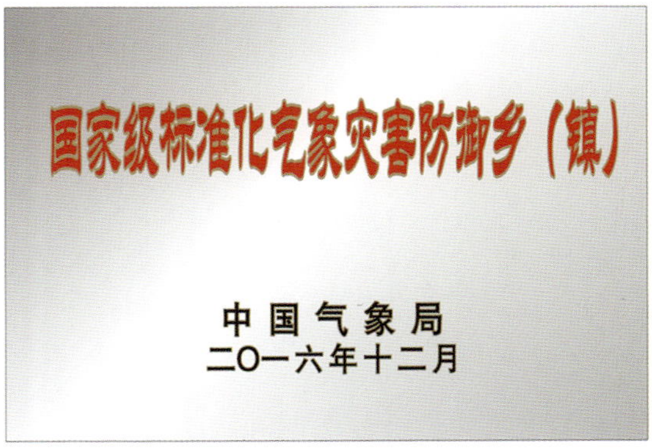
国家级标准化气象灾害防御乡（镇）
中国气象局
二O一六年十二月

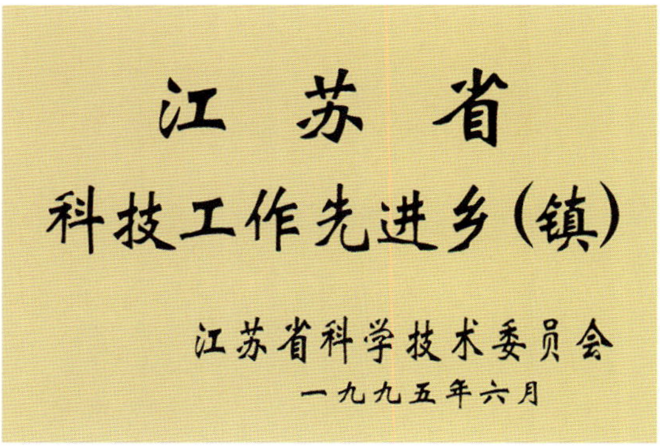
江苏省
科技工作先进乡(镇)
江苏省科学技术委员会
一九九五年六月

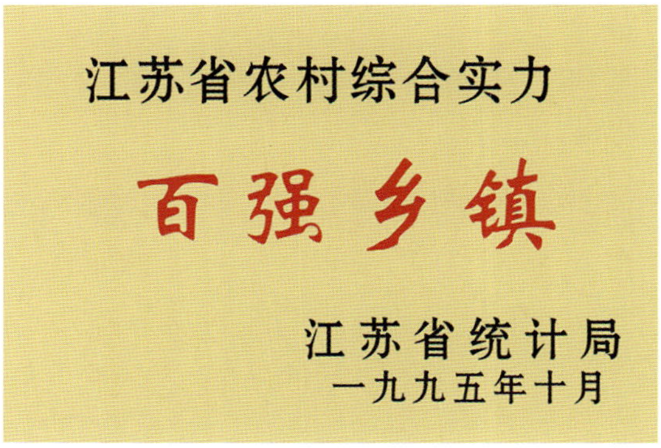
江苏省农村综合实力
百强乡镇
江苏省统计局
一九九五年十月

新型示范小城镇
江苏省人民政府
一九九八年九月

江苏省实施教育现代化工程
先进乡镇
江苏省教育厅
二000年十二月

先进基层党组织
中共江苏省委
二00六年六月

江苏省体育强镇(乡)
江苏省体育局
二00八年一月

江苏省和谐社区建设
示范镇
江苏省民政厅
二0一六年三月

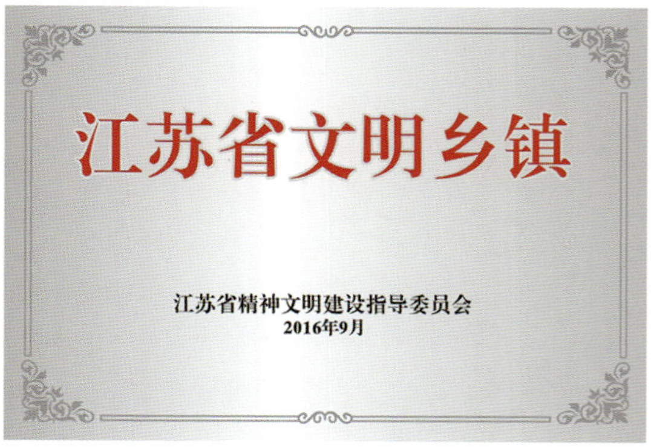
江苏省文明乡镇
江苏省精神文明建设指导委员会
2016年9月

璜泾最早形成的化纤加弹工业小区之一——新华加弹工业小区（2000年摄）

园林路“中国化纤加弹名镇”绿色景观园（2006年摄）

2009年8月28日，太仓化纤产业发展论坛在璜泾举行

江苏名牌产品

SM201103073

江苏名牌产品证书

JIANGSU FAMOUS BRAND CERTIFICATE

太仓市璜泾镇商会

你单位生产的下列产品被江苏省名牌战略推进委员会授予江苏名牌产品称号，特发此证。

产品名称：璜泾牌涤纶低弹丝

有效期：二〇一一年十二月至二〇一四年十二月

The following product produced by your company have been affirmed as Jiangsu Famous Brand by Jiangsu Promotion Commission for Famous Brand strategy.The certificate is hereby issued.

江苏省名牌战略推进委员会

二〇一一年十二月

2011年12月，璜泾牌涤纶低弹丝获江苏名牌产品证书

2012年6月27日，郁铭芳院士（荣文）工作站高性能纤维及其应用报告会

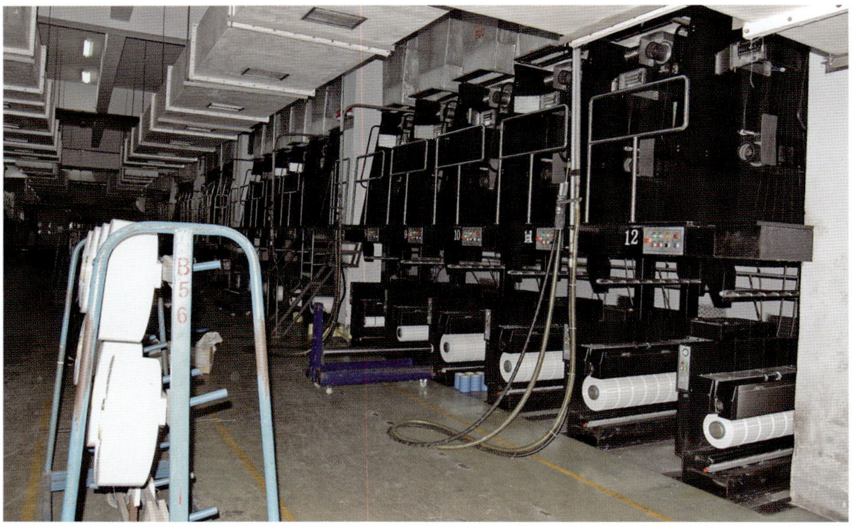

苏州荣文合成纤维有限公司纺丝车间（2009年12月摄）

申久化纤产业链（2017年摄）

加弹丝（2012年摄）

加弹车间（2017年摄）

织造车间（2017年摄）

江苏申久化纤有限公司（2001年1月摄）

太仓市天丝利塑化有限公司（2009年3月摄）

苏州荣文集团有限公司（2006年8月摄）

华伦皮塑（苏州）有限公司（2010年5月摄）

江苏雅鹿集团有限公司（2006年摄）

雅鹿生产车间（2009年2月摄）

杨漕村粮食丰产方（2007年11月摄）

新海村蔬菜基地（2007年12月摄）

雅鹿村露地无公害蔬菜基地（2008年10月摄）

新海村水稻工厂化育秧（2009年6月摄）

鹿河蔬菜专业合作社出口蔬菜初加工（2011年3月摄）

新华村鲜花基地大棚育花（2011年3月摄）

璜泾镇农产品展销中心（2016年5月摄）

农业园区大棚种植（2016年5月摄）

机械植保（2016年8月摄）

机械收割（2017年摄）

水稻机插秧（2017年摄）

长洲村泗洲农场（2017年10月摄）

杨漕村新貌（2014年7月摄）

孟河村吴家湾夜景
（2017年11月摄）

永乐村绿色生态小区
（2015年8月摄）

新明村自然村落——高家堰
（2006年6月摄）

老村庄新貌（2016年3月摄）

自然村落一景
（2017年5月摄）

农家临水而居
（2016年8月摄）

乡村秋色（2017年11月摄）

碧桂园·天琴湾（2018年12月摄）

江南水郡（2018年12月摄）

新华村社区服务中心（2016年9月摄）

鹿河管理区大转盘（2018年12月摄）

2009年4月28日，璜泾房地产开发“江南水郡”一期工程开工典礼

璜泾镇区荣文路（2010年12月摄）

2010年新建的鹿北公路（2017年9月摄）

荣文村荣文花园（2014年2月摄）

璜泾村镇建设新貌（2016年9月摄）

新华花园小高层公寓房（2016年9月摄）

新明村新鹿花园（2017年10月摄）

雅鹿村雅鹿花园（2018年7月摄）

王秀小学教学楼（2017年11月摄）

鹿河小学教学楼（2010年12月摄）

新建的外来民工子弟学校——新华小学（2010年12月摄）

太仓市璜泾中学（2003年摄）

璜泾人民医院
（2018年12月摄）

鹿河卫生院
（2010年10月摄）

杨漕村长江水源自来水通水仪式（2006年7月摄）

永乐社区卫生服务站（2006年6月摄）

首届“雅鹿”村企文化节（2009年5月摄）

璜泾镇纪念建党90周年红舞专场（2011年6月摄）

荣文戏曲艺术团（2011年6月摄）

璜泾镇第二届民企文化节（2013年5月摄）

2012年5月10日，璜泾镇首届民企文化节开幕式

璜泾镇首届迷你马拉松（2017年5月摄）

璜泾舞蹈队演出的舞蹈《离乡笠影》获太仓市群众文艺创作节目金奖（2014年9月摄）

璜泾镇外来务工人员文体艺术节“兰燕杯”自行车慢骑赛（2008年5月摄）

璜泾书场（2016年9月摄）

全民健身日健身操展示活动（2009年8月摄）

璜泾镇全民健身周启动仪式（2005年6月摄）

璜泾镇“税企杯”乒乓球联谊赛（2010年4月摄）

璜泾镇第二届“迎国庆”羽毛球比赛

（2016年9月摄）

璜泾镇全民健身中心（2012年10月摄）

2016年10月4日，“中华长寿杯”国庆桥牌邀请赛

璜泾镇首届“万方杯”男子篮球赛

（2015年10月摄）

2017年10月21日，璜泾镇首届金秋海峡两岸桥牌文化交流之旅开幕式

1999年12月16日，太仓市学生民族乐团一团（璜泾中心小学学生民乐团）成立

2002年8月，璜泾中心小学学生民乐团应邀赴新加坡演出

2003年1月，璜泾中心小学学生民乐团应邀赴中国香港演出

荣文艺术学校民乐专场（2005年7月摄）

著名二胡演奏家闵惠芬指导学生演奏（2006年6月摄）

璜泾培育民乐新苗，得到著名扬琴演奏家张晓峰指导（2007年2月摄）

校企迎春音乐会（2007年2月摄）

著名笛子演奏家陆春龄与学生同台演出（2007年2月摄）

璜泾镇特色文化推进年闭幕式暨刘天华作品音乐会（2007年11月摄）

璜泾民乐走进CCTV-7《乡村大世界》（2008年9月摄）

雅鹿丝竹乐队民乐演奏（2009年5月摄）

2017年4月9日，中国民族管弦乐学会江南采风组到璜泾调研民乐文化，与璜泾镇民乐团合影留念

原建在杨漕村的太仓第一个党支部纪念馆（2009年7月摄）

2007年11月8日，新党员在太仓第一个党支部纪念馆举行入党宣誓仪式

青少年学生凭吊革命先烈（2010年4月摄）

2010年4月2日，共青团员祭扫璜泾革命烈士墓

2011年7月1日，在杨漕村举行太仓第一个党支部纪念馆新馆开馆仪式

2011年在杨漕村重建的太仓第一个党支部纪念馆（2014年10月摄）

位于鹿河新鹿路西端的古银杏，相传树龄900年（2018年12月摄）

位于璜泾镇东市梢（原广乐村9组境内）的古银杏，相传树龄350年（2018年3月摄）

璜泾五岳庙（2010年5月摄）

鹿河圣像寺大雄宝殿（2014年5月摄）

璜泾老街区（2016年12月摄）

璜泾市河古泊岸段（2008年11月摄）

璜泾古街塔影（2017年5月摄）

镇志编纂

2015年5月8日，璜泾镇志编纂工作动员会

2018年11月8日，璜泾镇镇志审核工作会议

2018年12月4日，太仓市史志办指导《璜泾镇志（1994—2013）》编辑出版工作

2019年3月7日，《璜泾镇志（1994—2013）》终审会议

序

具有悠久历史的璜泾镇，自古为太仓北部地区政治、经济、文化中心。从有历史记载的晋代起至清末，璜泾均设有地方官署，百姓在这片富饶的土地繁衍生息。辛亥革命后，这里传播进步思想，点燃革命火种。抗日战争时期，中共太仓县工委、太仓县第一个党支部、太仓县抗日民主政府在璜泾成立，璜泾地区人民在党的领导下开展抗日武装斗争，留下了许多可歌可泣的英勇事迹。中华人民共和国成立后，璜泾地区进行了一系列广泛、深刻的社会变革，取得了社会主义革命和建设的伟大成就。改革开放以来，璜泾人民全力推动经济社会加快发展，向着基本实现现代化的目标迈进。而今，璜泾已从过去的江南农业小镇，一跃成为今天的工业经济重镇、化纤加弹名镇、农民致富强镇、文化艺术大镇，全镇呈现经济发达、乡风文明、社会稳定、人民安居乐业的繁荣景象。

在千年历史长河中，这里留下了见证璜泾历史变迁的名胜古迹，养育了一大批有影响力的社会名流，积淀着劳动人民勤劳、朴实、节俭的精神文化财富。编修地方志书，传承历史文明，是璜泾文化的优良传统。古往今来，璜泾曾编修过《璜泾志略》《璜泾志稿》《璜泾地方志》《璜泾镇志》等多部志书，为后人保存了宝贵的历史资料。现在，经三年不懈努力，又一部《璜泾镇志（1994—2013）》付梓，这是全镇文化积淀、文明传承的一项重要成果，值得庆贺。

该书是2000年8月出版的《璜泾镇志》的续志，主要记述了璜泾镇20年的兴革演变。全书内容丰富，体例恰当，语言朴实，图文并茂，富有时代特色、地方特点，是全面了解璜泾镇的一部资料书、工具书、地情书。修志的目的在于扬先前之经验，补过去之短板，明后人之事理，创未来之功绩。相信《璜泾镇志（1994—2013）》的问世，将在推动今后璜泾文明进步中起到重要作用，其史料价值也将愈益显现。

地方志编纂工作，是一项系统工程。本书的资料收集，涉及全镇各个单位和部门，有数百人曾为之付出努力和汗水。该书的出版，是全体修志人员辛勤笔耕的产物，是集体智慧的结晶。在此，谨向付出辛勤劳动的修志人员和关心、支持修志工作的社会各界人士表示衷心感谢。同时，也希望热心于收集整理史料的社会各界人士，广征博采，笔耕不辍，奉献更多的文化成果，更好地发挥地方志存史、资政、教化的作用。

如今的璜泾镇，正站在新时代新的起点上，不断巩固率先实现小康社会建设成果，并已开启建成富强、民主、文明、和谐的社会主义现代化强镇新征程。我们坚信，在璜泾这块富有革命传统的红色土地上，一定能够绘就更加辉煌灿烂的历史新篇章。

中共璜泾镇委员会书记　吴建国

璜泾镇人民政府镇长　童　刚

2018年12月

凡 例

一、本志坚持辩证唯物主义和历史唯物主义观点，贯彻实事求是原则，全面、系统、客观地记述时限内璜泾镇经济社会发展历程。突出时代特征和地方特色，力求思想性、科学性和资料性的统一，以放大志书的存史、资政、教化功能。

二、本志为《璜泾镇志》续志，上限为1994年，下限至2013年末。人物、大事记止于2017年，照片拍摄延至2018年。为保持事件的连续性和完整性，本志有些内容予以跨上限补载和超下限延载。在篇章中，设无题序，有的篇下未设的，在章下设，以方便读者观其概貌。

三、本志按照“横向不缺项，纵向不断线”的编志要求，采用述、记、志、传、图、表、录等形式，设立篇、章、节、目等层次。全志分23篇，有99章、348节、532目，共48万字。志文用记叙体，表随文设。照片编排以志首集中和随文插图相结合。

四、本志所记人物以本地籍为主，也有少数在璜泾工作的客籍人士。主要收录与璜泾地区关系密切、有较大贡献和影响的人物。对近现代已故人物给予立传记载，以卒年先后顺序排列；对当代在世人物予以简介或列表入志，以出生年月先后顺序排列，卒年或生年相同的按姓氏笔画排列。

五、本志纪年方法，中华人民共和国成立前用民国纪年、朝代年号，并括注公元纪年，以后采用公元纪年。本志撰述“解放前（后）”或“新中国成立前（后）”，均为“中华人民共和国成立前（后）”。本志所言“党”，若未指明何种党派的，均指中国共产党。凡“省”“市”未出现名称的，均指江苏省、太仓市。对频繁使用的名称首次用全称，其后用简称。历史地名、机构名称一般按当时称谓，其后有更名的做括注说明。

六、本志所载人员任职情况若空着，则表示至成书时尚在职。

七、本志文字标点、数字数据、计量单位等，均按国家规范要求书写。有关统计数据，以统计部门提供的为主，统计部门缺项的，由主管部门或所在单位提供。对各单位、各部门提供数据出现差异的，均通过考查核实后采用。

八、本志资料主要来源于璜泾前志、相关专著、档案史料、单位资料及社会调查等。人物资料大多由本人或亲属提供，部分在史料中挖掘整理。对资料记载不一的，做比对考证后使用。

目　录

第三篇　人　口

第四篇　村镇建设

第五篇　环境保护

第六篇　土　地

第七篇　农　业

第八篇　水　利

第九篇　工　业

第十篇　建筑业　房地产业

第十一篇　商贸　服务业

第十二篇　交通　邮电

第十三篇　财税　工商　金融　保险

第十四篇　党　政

第十五篇　群团组织

第十六篇　治安　司法　军事

第十七篇　民　政

第十八篇　劳动　社保　人事

第十九篇　教育　科技

第二十篇　文　化

第二十一篇　卫生　体育

第二十二篇　民俗　宗教　方言

第二十三篇　人　物

综述

璜泾是建置历史悠久的古镇，古时有“近镇有泾，泾中有石如璜”之说，因此取名璜泾，寓意为璜泾是锦绣江南美丽富庶之地。璜泾于晋代即有地名记载。唐时集地盖屋，人口聚居，逐步形成集镇雏形。元时初具规模。明初遭兵火，集镇被毁。明成化年间重建，集市渐兴，清代集镇得到一定发展，现老镇区仍留有明清时期旧貌。

在不同时期，璜泾建制多次变更。民国时期璜泾设区，1949年太仓解放后仍设区，1957年撤区建乡，1958年建璜泾人民公社，1983年恢复乡称谓，1991年撤乡建镇。1998年、2003年，太仓实施镇区划调整，西邻的王秀镇和北部的鹿河镇先后并入璜泾。2013年末，全镇辖13个村委会，4个社区居委会，户籍人口48068人，外来流动人口34829人。

中华人民共和国成立后，尤其是改革开放以来，勤劳智慧的璜泾人民，踏着改革开放鼓点，高奏发展主旋律，开启创新创业新征程，全力推动全镇经济社会加快发展，向着全面建设高水平小康社会、基本实现现代化的目标迈进。如今，璜泾已发展成为太仓北部经济大镇、交通重镇、文化强镇。

地理环境优越，凸现锦绣江南“鱼米之乡”

璜泾位于太仓市东北部，地处长江入海口，地理坐标为东经121° 00′ 42"~121° 10′ 50"，北纬31° 37′ 02"~31° 45′ 54"。东北部濒临“黄金水道”长江，与崇明岛隔江相望；西北部与常熟市交界；东南部与本市浮桥镇接壤；西南部与常熟市支塘镇、本市沙溪镇相邻。境域东西最大直线距离14千米，南北最大直线距离14.85千米，纵横基本等距，呈正方形。辖区总面积83.84平方千米。

全境地势平坦，属长江三角洲冲积平原，地面自东向西略有倾斜，高程在4.1~5.4米之间（基准：吴淞零点），东部地区稍高，西部地区略低。气候属北亚热带南部湿润气候，冬季少雨寒冷，夏季多雨炎热；春、秋季冷暖多变，呈四季分明特征。1994—2013年，年平均气温16.8℃、降水量1130毫米，全年可照时数为4426.5小时。境内土壤为长江冲积土，土质沙性，透水性能好，有机质含量高，属优质农耕土类。璜泾土地肥沃、河网密布、光照充足、雨量充沛，农作物种植和内河水产养殖一直稳产高产。2013年，全镇耕地面积4422公顷（1公顷等于1万平方米），内河可养殖面积700公顷。种植水稻3.98万亩（1亩约为666.7平方米），总产2.54万吨；种植小麦3.64万亩，总产1.18万吨。每年内河淡水养鱼一直保持在1万余亩，年总产量稳定在4000吨左右。璜泾属典型的“江南鱼米之乡”，其优越的地理环境和气候条件，为种植粮食和经济作物以及盛产水产创造了得天独厚的条件。

水陆交通便捷，成为沿江物流集散中心

改革开放以来，政府重视交通建设，构筑四通八达的交通网络，至2013年，璜泾镇具有公交客运、公路货运、航道水运、长江渡运等功能。

境内338省道穿过镇东，南经浮桥、浏河，直达上海，北经常熟境内，入G15沈海高速，过苏通大桥，达苏北、东北广大地区。太仓市道沙鹿公路贯通全境，可直达太仓各地，在镇区北部与338省道交汇，连通大江南北。璜泾虽无高速公路，但附近有沙溪道口、苏通大桥道口、璜泾南道口、浮桥北道口等4处高速公路出入道口，可在数分钟至半小时内快速进入沪、苏、锡、常等周边大中城市"1小时交通圈"。除上述主要通道外，境内还有太仓市级、镇级、村级主要道路47条，总长137千米。1994—2013年间，大多路面经历了从简易砂石路面到水泥路面或高等级沥青路面的修筑过程。

境内河道众多，纵横交错，现被市水利部门纳入航道管理的河道有9条，其中新七浦塘、钱泾塘、新泾塘为通江河道，既有泄洪功能，又可水运，船只可通过节制闸驶入长江。进入21世纪后，由于公路运输方便，航道水运作用逐年减弱，主要承担排灌、泄洪业务。位于璜泾境内的太（仓）海（门）汽渡码头，因地处长江下游多个汽渡码头的最东端，被称为"长江第一渡"，过境车辆通过轮渡，不足半小时即可到达长江北岸海门。

璜泾为太仓港港区开发腹地，境内拥有10.53千米长江岸线，北起白茆口南岸，由西北向东南至浮桥镇时思区界，沿线有荡茜、新联、新海、新明、长洲等5个沿江村。长江岸线平直，深水水域开阔，是理想的港口开发之地。为利用岸线优势，拓展发展空间，自1995年太海汽渡码头实施围滩充填工程后，至2013年又有三个岸段围滩充填，围滩造地总面积400余公顷，已有太海汽渡码头、武钢码头、万方码头、美锦码头等多家企业落户，岸线得到开发利用。2013年，境内有持证运输业户474户，拥有各类大小货运汽车1300余辆，年货物运量250万吨。太海汽渡长江渡运车辆26.63万辆。璜泾成为连通大江南北的货运物流集散中心。

发展特色产业，彰显"中国化纤加弹名镇"

20世纪70年代，璜泾社队工业基础薄弱，只有数家零敲散打、作坊式的小厂，1978年社队两级工业产值仅540万元。改革开放后，开始大力发展乡镇工业，通过与城市大工业开展横向经济联合，不断引进技术、引进产品、引进人才，全镇工业得到发展并取得成功经验，曾获太仓"乡镇企业学璜泾"美誉。至20世纪80年代末，璜泾工业形成纺织、服装、机械、化工、建材等五大门类，1989年全镇有镇办、村办集体企业94家，工业总产值达1.35亿元。20世纪90年代后，工业经济稳步发展，至1996年全镇工业总产值增至8.56亿元。1996年，对镇办、村办集体企业全面实施产权

制度改革，改集体所有制企业为民营企业。1997年起，在完成企业经营机制转换后，民营企业成为市场主体。

1998年后，璜泾民营工业发展方向何去何从，成为民营企业业主关注的焦点。因璜泾有化纤加弹业的发展基础，且当时涤纶低弹丝正处于卖方市场，经济效益较好，故社会上一大批业主纷纷把资金投向化纤加弹业，于是璜泾民营化纤加弹业开始进入一个新的发展阶段。1999年，镇党委、政府因势利导，出台激励政策，并在全镇范围内开展带头创业致富、带领群众致富“双带”活动，在新联村召开民营经济发展现场会，以推动全镇民营企业加快发展。此后，璜泾以化纤加弹业为主的民营企业呈“铺天盖地”发展之势，至2001年，全镇加弹丝年销售量达30万吨，占全国销售总量15%左右。

2002年10月，浙江桐昆集团有限公司在璜泾实施年产6万吨POY切片纺项目。2003年初，江苏申久化纤有限公司成立，实施一期工程年产6万吨POY切片纺和二期工程年产50万吨聚酯和40万吨熔体直纺项目。2004年，苏州荣文合成纤维有限公司、太仓时代潮化纤有限公司等喷丝企业先后投产。是年，全镇POY涤纶长丝的产量增至50万吨。化纤喷丝企业的建成投产，使璜泾化纤产品从中间加弹向上游喷丝延伸，产业链开始拉长。是年末，全镇化纤加弹企业发展至550余家，拥有大小加弹机1300多台，年生产能力超过60万吨，产量占全国加弹丝总量的20%左右。

2005年起，璜泾化纤加弹进入产业集群发展阶段，先后形成化纤加弹小区10个，企业向区内集聚。加弹企业不断发展壮大，出现一大批规模型企业。加弹设备得到更新换代，普遍采用电脑控制的高速纺丝机。2010年前后，化纤加弹加快向两头延伸，上游又有江苏长乐纤维科技有限公司等企业的喷丝项目投产，下游有织造企业100余家，喷水织机1万余台，经编机近百台，年产坯布400多万米。至此，璜泾化纤加弹产业链不断完善，整个产业集群基本形成。2013年末，全镇拥有工业企业1022家，个体工业户1087户，实现工业总产值378亿元，其中化纤加弹企业560家，实现产值275亿元，占全镇工业总产值的72.75%。璜泾镇被中国纺织工业协会命名为“中国化纤加弹名镇”，被媒体誉为“中国加弹第一镇”。

深化农村改革，展示现代农业发展态势

20世纪70年代，农村以生产大队、生产小队为建制，农业以生产小队为单位集体耕作，生产资料集体所有。1983年，农业经营机制开始改革，农田分划到各家各户，实行农户联产承包责任制，至年末，璜泾209个生产小队有205个队的所有耕地全部由农户承包经营。这次重大变革，克服了农业生产搞“大呼隆”、吃“大锅饭”、分配平均主义的弊端，促进了农村生产力大提高。此后，农业生产一直保持稳定发展的态势。1996年，在农村秋播规划期间，实施完善土地承包关系的改革，对农户承包土地按“保留自留田、人分口粮田、劳分责任田、划出任务田”的政策进行全面调整。1998年，又对农户承包土地进行确权，给予颁发确权证书。

进入21世纪后，璜泾加快向现代农业目标迈进。2000年起，为提高农业组织化程度，各村积极创办合作经济组织，先期成立的有孟河温氏养鸡合作社、璜泾农机专业合作社、璜泾奶牛养殖合作社。2003年起，大力发展优质高效农业，并向专业化、产业化发展。尤其是蔬菜种植面积不断扩大，鹿河片区内形成“公司+基地+农户”运作模式，生产的蔬菜落实订单销售，全年蔬菜种植面积达1万亩（次）以上，每年生产、加工、销售的荷兰豆、日本大蚕豆、小松菜、地刀豆、大叶菠菜、叶太龙萝卜等出口蔬菜有8000余吨，销售金额近3000万元。

2005年，各村加快实施土地流转，荡茜村首先实现农户承包耕地整村全流转。是年起，重点发展由村规模经营的合作农场，对农户流转出来的土地和以前承包给外籍农户的到期的土地予以收回，由村合作农场经营。2006年前后，全镇大力提高农业机械化程度，先后投资300余万元，新增中型拖拉机5台，洋马、久保田联合收割机12台，收割脱粒水稻、小麦实现一次性完成。2008年，新海村引进全市第一套机插秧育秧流水线，率先进行机插秧大棚育秧尝试，并获得圆满成功。是年起，水稻机插秧在全镇大面积推广。新海村成为太仓市推广水稻机插秧先进单位。

2009年，位于杨漕村、雅鹿村的璜泾现代农业园区初见成效，其首期1500亩核心区初步建成500亩优质稻米生产基地、350亩设施蔬菜区、150亩精品林果区和300亩特色出口蔬菜区，成为璜泾现代农业发展示范区。是年起，把优质农产品推向市场。先后有“璜泾”无公害大米、“丰绿来”绿色蔬菜、“鹿杨”蔬果、“小树林”虫草鸡等农产品，通过配送中心和多方协作联合，进行农产品与超市的“农超对接”，变成商品，实现“产地型”向“产业化”转变，使全镇农产品商品率及附加值得到提升。2010年后，进一步加大农业基础设施投入，加快推进高标准农田建设。

2013年，璜泾镇现代农业发展呈现新态势，全镇13个村共成立“合作经济组织”53个。建成水旱作物皆作、农田排灌畅通、农机作业方便的高标准农田4.2万亩，占全镇耕地总面积的63%。农业规模经营耕地面积5.1万亩，占全镇耕地总面积的77%。添置更新大马力、高性能、智能化、复式型农业机械，全镇农机总动力23600千瓦，拥有收割机77台、大中型拖拉机142台、插秧机72台、配套农机具3262台套。全镇水稻机插秧面积1.2万亩，占水稻总面积的30%。全镇实现农业总产值4.08亿元。

人文底蕴深厚，获誉“中国民间文化艺术之乡”

留有文化遗产。璜泾历史悠久，形成集镇较早，留下的文物古迹众多。始建于明代的镇区老市河古驳岸和原前进村境内的赵王花园古园址，见证璜泾500余年岁月变迁。璜泾西塔，原为大帝庙天库，系明代万历年间璜泾进士、福建光泽县知县施良猷年老还乡后建，距今400余年。清道光三十年（1850），由璜泾本地毛姓人氏筹资改建成塔，此后又经多次修缮，现塔身完好，矗立于镇区西部，成为璜泾古镇主要地标性建筑。境内曾有古树、古桥、古井、古宅、古寺、古观等文物古迹30余处，现今保存完好的有17处，这些名胜古迹，为后人留下历史文化遗产。

历史名人辈出。据史料记载，自宋代至民国，璜泾共出达官贵人、社会名流数百人。其中在璜泾前志中记载的古代人物有15人，大多为朝廷命官，官职由知县七品至知府、同知、守备四品不等；记载的近现代人物15人，为政界、军界、商界、教育界、文化界、医学界人物。中华人民共和国成立后，在璜泾籍人士中出了一大批党政军干部、科技人才、先进人物，在本志中收录的人物有181人。其中立传已故人物10人，他们的人生创举和功德值得后人传颂；简介及表录人物171人，他们在各自的岗位上为国家和地方曾做出和正在继续做出贡献。

富有革命传统。璜泾属革命老区，是一块红色的土地。1940年5月，中共太仓县工委、太仓县第一个党支部在璜泾镇杨漕村诞生。1941年2月，太仓县抗日民主政府又在鹿河唐家宅成立，璜泾地区成为苏常太抗日游击根据地的重要活动区域。地下党活动频繁，为抗日部队输送战士，壮大抗日武装；当地村民捐资送粮、传送情报。1945年8月31日凌晨，璜泾西塔庙发生武装突袭，战士们不怕流血牺牲，奋勇战斗，打击和驱除了日伪反动武装，日伪在璜泾横行霸道的残暴统治宣告结束。抗日战争时期，璜泾地区留下了很多可歌可泣的英勇事迹。2011年，在杨漕村重建的太仓第一个党支部纪念馆和璜泾革命烈士陵园落成，成为太仓市爱国主义教育基地和全民国防教育基地。

文艺活动活跃。历史上璜泾人崇尚民乐、戏曲文化，民间学练民族乐器者不计其数，地方戏曲演唱的爱好者众多。民国年间，璜泾籍昆曲名家朱传茗成为文艺界杰出代表，在当地有“江南梅兰芳”之称，是当时苏浙沪地区昆剧界的泰斗。中华人民共和国成立后，民族音乐、戏曲文化得到传承并不断被发扬光大。1994年起，璜泾镇文化活动呈“文艺团队多、节庆场面大、艺术品位高”的特点。1995年，璜泾中心小学开办民乐培训班，在之后的10年间共培养了上千名民乐新苗。曾先后举办三届艺术节，深受社会赞誉。1996年后，璜泾民间桥牌活动兴起，建有少、青、壮、中、老年桥牌队，并在各级各类赛事中屡屡获奖。1998年起，民营企业文体活动丰富活跃，先后有由企业冠名组建的民乐团、沪剧团、越剧团、评弹团、曲艺团、歌舞团等文艺团体10个，由企业赞助的文体赛事长年不断。进入21世纪后，璜泾曾举办“璜泾镇民企文化节”“璜泾中心小学艺术节”“璜泾镇外来务工人员文体艺术节”“雅鹿村企文化节”等重大活动11届（次），显现文化繁荣发展、社会文明进步的盛况。1994—2013年的20年间，璜泾镇先后获得“中国民间文化艺术之乡”“江苏省群众文化先进乡镇”“江苏省民乐之乡”等荣誉称号。

加快村镇建设，呈现美丽宜居城镇新貌

20世纪80年代，璜泾镇区总面积0.75平方千米。集镇东西走向的一条老街为镇区主要道路，碎石路面，宽度不足2米。商业门市主要集中在泾中街与怀仁路的“十”字街区，街面房屋大多为平房或二层楼房。1993年起，璜泾镇实施“一线二区”（一线：建设沙鹿路沿线工业开发带；二区：开发璜时新路工业小区，改造拓展镇区）工程，集镇建设步伐开始加快。至20世纪90年代末，镇区道路拓展延伸，形成四横（环南路、玄武路、荡茜路、棉北路）三纵（沙鹿路、园林路、怀仁路）格

局，在镇区道路沿线及商业街区先后建成机关事业单位大楼、企业商贸大楼、商业门市楼群、别墅住宅楼群等30余幢，建筑总面积6.5万平方米，街区道路两侧房屋建筑基本铺满，建筑楼群开始升高，镇区总面积拓展至4.5平方千米。

进入21世纪，村镇建设进一步加快。2001年，易地新建的璜泾中学在园林路北段新华村2组境内落成，建有教学大楼、学生宿舍楼、行政综合楼等，总建筑面积2.22万平方米。

2003年，镇政府在新华村建造公寓房（首期4幢，层高6楼）1.2万平方米，此后分批安排动迁农户入住。2005年1月，位于园林路东侧、怀仁路西侧、新华村17组境内的璜泾商贸中心落成开业，商贸中心集农贸、商贸、餐饮、娱乐、住宿于一体，建筑面积2.5万平方米，当时成为江苏省乡镇级规模较大的商贸中心之一。是年起，镇政府加快推进农村集中居住小区建设，至2013年共形成新华花园、荣文花园、新联花园、永乐花园、新鹿花园、杨漕花园、雅鹿花园等7个住宅小区，总建筑面积达60余万平方米。

2008年，璜泾房地产开发进入发展阶段，在3个商品房楼盘相继落成开盘后，又有一批房地产开发项目获批并开始建设，至2013年，境内共建成江南水郡、丽晶新城、茂林财富中心、知青时代·家园、江南花苑等房地产住宅小区8个及多处商住楼群，总建筑面积40余万平方米，另有商铺建筑面积3.5万平方米。

2010年前后，对璜泾镇区和王秀、鹿河管理区集镇进行综合整治，实施道路提档改造、给排水、植绿补绿、街区亮化等工程，集镇基础设施功能得到提升。同时，对街区门店标牌更新装潢，统一使用装饰材料，规范广告用语及店名文字，店面门头采用LED（发光二极管，一种半导体组件）发光字。集镇基础设施和街面装潢改造后，市容市貌有了全面改观。

2013年，随着社会主义新农村建设的不断推进，各村新建或改建扩建社区服务中心基本完成，全镇13个村的村委会办公用房和社区服务中心用房总建筑面积达2.3万平方米，村驻地基础设施完善，社区服务功能提升。另，通过历年开展“清洁村庄、清洁河道、清洁家园”（以下简称“三清”）环境整治和实施老村庄改造以及生态村创建活动，璜泾镇村镇建设与管理取得实效，显现美丽宜居小城镇新貌。

发展社会事业，居民生活水平全面提升

1994—2013年的20年间，璜泾普及九年制义务教育，满足小学、初中学生入学需求。学校深化教育改革，注重教学质量，学生成绩不断提高。璜泾中学原设有高中部，从1977年恢复高考至2004年，学校共有1370人被高校录取；也曾开办职业班，为社会培养输送了1200余人专业人才。政府加大教育投入，共筹措资金4500余万元，用于改善办学条件。至2013年，境内共设荣文幼儿园、王秀幼儿园、鹿河幼儿园3所，王秀小学、鹿河小学、新华小学3所，荣文九年制一贯学校1所，各所学校的教学用房，大多为新建、改扩建后的新校舍，其他教学设施配套，功能齐全。全镇学校

占地面积12.33万平方米，建筑面积5.45万平方米。

20年间，璜泾卫生事业有了较快发展。至2013年，在璜泾镇区和王秀、鹿河管理区集镇上有医院、卫生院、门诊部、诊所12家，药店（房）13家，在农村建有社区卫生服务站15个，全镇形成医疗卫生服务体系。居民饮用水从2004年起改用经处理的长江水，2006年实现长江水源自来水村村通，彻底告别了饮用井水、甚至河水的历史。通过历次卫生镇创建和落实卫生长效管理措施，全镇环境卫生、食品卫生、职业卫生管理迈上新台阶，为居民群众营造了安居乐业的生活环境和可持续发展的生态环境。2007—2008年，璜泾镇先后获评国家卫生镇、全国环境优美镇。

璜泾镇完善社会保障体系，构建和谐稳定社会环境，社会养老保障得到有效落实。1994年后，社会养老保障制度逐步改革完善。1997年，原镇办企业职工“小统筹”退休制度实现与社会养老保险制度并轨。2005年，全镇养老、医疗、失业、工伤、女职工生育保险实行“五险合一”。2006年起，实行失地农民“土地换保障”政策。2008年，农村合作医疗改称为居民医疗保险，参加对象不再限于农村村民，市镇居民均可参加，医保覆盖面不断扩大。2013年，全镇社会养老保险累计参保人数42000余人，职工医疗保险累计参保人数15000余人，居民医疗保险参保人数22000人。20年间，社会治安保障扎实推进。调整充实公安民警和联防队伍，建立健全社区警务工作机制，增设织密技防电子监控网络；切实加强信访工作，及时调处各类矛盾纠纷；全面落实安全生产措施，不断强化平安璜泾建设。全镇始终保持良好的治安环境。

随着全镇经济社会的加快发展，璜泾电力事业快速跟进。20世纪90年代完成农村电网改造，进入21世纪后对电力设施实施提档升级，供电质量不断提高，满足全镇工农业生产及居民生活用电所需。2013年境内设变电站8座，有10千伏配电线路90条，总长420千米；400伏低压线路1580条，总长617千米；配电变压器1704台，总容量67.97万千伏安。全镇全社会用电量19.54亿千瓦时，是2004年用电量6.38亿千瓦时的3倍。璜泾现代通信服务业快速发展，20年间，过去的电报、纸信被电话、手机替代，宽带网线四通八达，互联网普及使用。广播电视网络实现全覆盖，提供的频道及收视功能众多。

璜泾镇劳动力就业率一直是全市最高的乡镇之一，特别是全镇民营企业等各类非公经济组织发展起来后，为社会提供了数以万计的就业岗位，本镇及外来劳动力就业得到充分保证。2013年，全镇从事二、三产业的就业人口达47478人，农民人均纯收入从1994年的3395元增至3万元。全社会消费水平大幅提高，农村家庭中彩电、冰箱、空调等家用电器普及，摩托车、电瓶车、小轿车成为人们的代步工具，全镇居民尽享改革开放成果，提前实现小康生活。

20年发展，硕果累累；展望未来，任重道远。在跨入中国特色社会主义新时代的今天，璜泾镇的发展又站在新的历史起点上，全镇人民将在镇党委、政府的领导下，开启新征程，续写新篇章，为建设“临江产业更加发达、地域文化更加繁荣、生态环境更加优美、人民生活更加美好”的“现代田园镇、幸福新璜泾”而做出不懈努力。

大事记

1994年

1月18—19日 召开中共璜泾镇第九次代表大会，出席代表118名，列席代表17名。大会听取和审议王文其所做的题为《坚持一年一个样，三年大变样的目标，全面开创我镇两个文明建设新局面》的工作报告、倪永良所做的纪委工作报告，并就上述两个报告通过了相应的决议。大会选举产生中共璜泾镇第九届委员会，王文其为书记；选举产生中共璜泾镇纪律检查委员会，倪永良为书记。

2月2日 召开璜泾镇第十二届人民代表大会第二次会议，出席代表54人。会议听取和审议张瑞明所做的政府工作报告、潘玉章做的人大主席团工作报告、蔡凤珠做的1993年财政决算和1994年财政预算（草案）的报告，并就上述三个报告通过了相应的决议。会上，补选韩建平为镇人民政府副镇长。

3月2日 召开共青团璜泾镇第十一次代表大会，选举产生第十一届镇团委，徐洪明为书记，曹旭东、李晓红为副书记。

3月28日 召开璜泾镇妇女第九次代表大会，选举产生第九届镇妇联执委会，陆锦华为主席。

6月28日 举行太海汽渡码头及码头过境公路奠基典礼，上海、太仓有关领导出席，特邀上海东方电视台著名节目主持人袁鸣主持典礼仪式。

9月19日 璜泾中心幼儿园新园正式启用。该园建设耗资220万元，占地9990平方米、建筑面积2880平方米，可同时开设12个班级，教室和休息室单独分设。

9月 璜泾烈士墓搬迁至广乐村10组境内陈大港畔。

1995年

4月7日 镇召开“见义勇为表彰大会”，通报表彰林场村六组马士功勇救伤员的先进事迹，并颁发了荣誉证书和奖金。会议号召全镇广大干部群众向马士功学习，弘扬社会公德，倡导社会新风。

6月23日 “璜泾镇慈善基金会”成立，社会各界人士共募集慈善基金12万元，其中捐款1000元以上的有26人。“璜泾镇慈善基金会”的成立，得到了市民政局的肯定，并向全市推广。

8月16日 镇党群部门举办“学习孔繁森同志先进事迹演讲赛”，15位青年做演讲报告。

9月8日 中国银行太仓市支行璜泾办事处正式开业。

10月10日 日本JTF公司独资投入450万美元的苏州强力五金有限公司正式开业，该企业主要生产各种五金配件，计划年销售额达500万美元。

10月16日 镇老年协会、文化中心、广播电视站联合拍摄的一部反映璜泾老年人生活的纪实电视片《夕阳似火》首次在镇有线电视中播放，片中主要介绍了一批热情关心老年人生活，为老年人办好事、做实事的好干部、好邻居、好媳妇、好乡村医生的先进事迹。

11月28日　镇广播电视站有线电视前端设备改造工程——350兆邻频传输前端设备正式开通，可传输15个频道的节目。

12月8日　由上海二轻局城南房地产开发公司投资建设的黑森林酒家正式开张，酒家集吃、住、娱乐为一体，总投资850余万元，建筑面积3500平方米，属全镇规模较大、档次较高的酒家。

12月22日　太海汽渡首次通航。

1996年

1月22日　镇十三届人大代表换届选举结束，24个选区依法选出镇人民代表54名。

1月24日　召开中共璜泾镇代表大会，选举王文其等13名同志为出席市党代会代表。

1月26—27日　召开璜泾镇第十三届人民代表大会第一次会议，出席代表54人。会议听取和审议陆永明所做的政府工作报告、潘玉章做的人大主席团工作报告、蔡凤珠做的1995年财政决算和1996年财政预算（草案）的报告，并就上述三个报告通过了相应的决议。大会选举潘玉章为镇人大主席，选举陆永明为镇长。

6月1日　镇政府做出决定，从做好集镇基础设施建设、改善镇容环境、公共场所卫生、食品卫生、除害防病、环保绿化、健康教育等七个方面工作入手，全面实施创建卫生镇工作。

6月26日　市政府批准璜泾镇发展总体规划，2010年前镇区人口3.3万人，镇区范围扩展至3.7平方千米，建成文明卫生新型小城镇。

8月17日　镇召开有关会议，实施乡镇企业转制，转制形式有股份制、拍卖、租赁、兼并、破产等。至9月11日，先后有华南灯具厂、电镀一厂、玄武机械厂、前进沙发二厂等21家镇、村企业转制为个体经营。

11月21日　太仓市工商联璜泾镇分会（商会）成立。

12月8日　林场村做出《实施老年人家庭赡养和社会保障的有关规定》，保障全村老年人合法权益，使他（她）们安度晚年。该规定先后被太仓、苏州市老龄委转发推广。

1997年

2月14—15日　召开中共璜泾镇第十次代表大会，出席代表113名，列席代表27名。大会听取和审议王文其所做的题为《同心同德，开拓前进，为在本世纪末实现基本现代化而奋斗》的工作报告、邵惠锋做的《纪委工作报告》，并就上述两个报告通过了相应的决议。大会选举产生中共璜泾镇第十届委员会委员11名，王文其为书记；选举产生镇纪委委员5名，邵惠锋为书记。

3月6日 召开共青团璜泾镇第十二次代表大会，选举产生第十二届镇团委，陆育成为书记。

3月 实施乡镇企业退休职工退保制度改革方案，属大集体性质退休职工工资仍由劳资科统筹，其余退休职工工资由原单位发放，其中对工龄不满15年的亦工亦农退休职工，做一次性买断工龄处理。

4月22日 召开璜泾镇第十次妇女代表大会，选举产生第十届镇妇联执委会，周惠珍为主席。

4月29日 苏州市政府命名首批苏州市新型小城镇，璜泾镇入选。

5月14日 苏州市爱卫会命名璜泾镇为"苏州市卫生镇"。

5月28日 璜泾中心小学举办首届艺术节，一代笛王陆春龄、扬琴演奏家张晓峰与小乐队同台演出。

6月17日 成立璜泾镇个体私营经济管理领导小组，陆永明任组长。

9月25日 璜泾合作医疗管理委员会办公室更名为镇合作医疗管理所，张兆能兼任所长。

9月 全镇村委会班子进行换届选举。

12月22日 成立璜泾镇浮璜公路建设工程领导小组。该路按一级公路标准施工，计划于1999年10月通车。

1998年

1月9日 镇政府做出决定，授予新联、林场两村私营经济明星村称号；授予璜泾船用配件厂等10家企业为明星私营企业称号。

2月26日 召开璜泾镇第十三届人民代表大会第三次会议，出席代表48人。会议听取和审议陆永明所做的政府工作报告、高良宝做的人大主席团工作报告、蔡凤珠做的1997年财政决算和1998年财政预算（草案）的报告、黄品振做的农村现代化规划的报告、王国华做的1997年农民负担决算和1998年农民负担预算（草案）的报告，并就上述各项工作报告做出了相应的决议。会议选举王文其为镇人大主席。

3月10日 召开璜泾镇第四次工会代表大会，选举产生第四届镇工会委员会，王锡昌为主席，郑燕萍为副主席。

9月28日 镇科协换届，召开代表大会，选举杨志明为镇科协主席。

9月 璜泾镇被省政府命名为"江苏省新型示范小城镇"。同时被省精神文明建设委员会评为"文明乡镇"。

10月25日 镇召开实施"生命线工程"（防洪保安基础设施建设）动员大会。经宣传发动，全镇共收到捐款32.4万元。

11月25日 经上级决定，王秀所属区域并入璜泾，行政驻地设璜泾镇，王秀设管理区。新的璜泾镇下辖30个村委会、3个居委会，总人口3.6万人。

是年 璜泾被评为苏州市创建治安先进集体。

1999年

1月9日 璜泾镇第十四届人民代表大会代表换届选举全面结束，共选出镇人民代表64名。

1月16—17日 召开璜泾镇第十四届人民代表大会第一次会议，出席代表64人。会议听取和审议陆永明所做的政府工作报告、韩建平做的人大主席团工作报告、蔡凤珠做的1998年财政决算和1999年财政预算（草案）的报告，并就上述三个报告通过了相应的决议。会议选举周国平为镇人大主席；选举陆永明为镇长。

3月29日 璜泾镇获评1998年度太仓市乡镇两个文明建设综合考评先进单位。

4月30日 王秀卫生院并入璜泾中心卫生院，王秀地区设王秀分院，隶属璜泾中心卫生院。

5月23日 经省卫生镇考核鉴定组检查，璜泾镇通过创建省卫生镇验收。

10月26日 实施村区域调整结束。新华、长乐、前进村合并为新华村，华南、广丰村合并为华南村，永乐、荷花村合并为永乐村，广新、广乐村合并为广新村，荡茜、渔业村合并为荡茜村，王秀、湘里村合并为王秀村，孙桥、白荡村合并为孙桥村，建华、伍胥村合并为建华村，杨漕、草庙村合并为杨漕村。

10月1日至12月20日 璜泾镇各界广泛开展“二庆一迎”（庆祝中华人民共和国成立五十周年、澳门回归，迎接21新世纪）系列活动。其间，文艺演出、演讲比赛、棋牌比赛、球类比赛、征文等文体活动丰富多彩。

11月18日 召开璜泾中学迁建募集资金动员大会，动员社会各界资助镇教育事业实事工程。新校址选在园林路西侧，原新华村2组境内。

12月16日 举行苏州师范教育中心音乐教育实验学校太仓学生民族乐团（璜小）挂牌仪式及捐资助学义演，著名二胡演奏家闵惠芬、一代笛王陆春龄、一级扬琴演奏家张晓峰、著名节目主持人乔奇等到璜献艺。

是年 璜泾镇被评为苏州市敬老先进乡镇。

2000年

3月6日 召开共青团璜泾镇第十三次代表大会，选举产生第十三届镇团委，杨雪英为书记。

3月9日　经太仓市委、市政府综合考评，璜泾镇获评“乡镇两个文明建设先进单位”。

3月21日　镇党委发出通知，在全镇党员、干部中开展“带头创业致富、带领群众致富”竞赛活动。

4月3日　璜泾镇获评“苏州市初级卫生保健先进集体”。

4月22日　召开璜泾镇化纤加弹经贸洽谈会，邀请全国各地POY加弹设备供应商、产品经销商以及本镇的加弹企业代表参加。这次会议的召开，促进了璜泾镇加弹行业的形成。

6月5日　苏州市委、市政府授予璜泾镇党委书记王文其“人民满意的公仆”称号。

8月12日　召开璜泾镇第十四届人民代表大会第三次会议，出席代表62人。会议听取陆永明做的政府上半年工作报告，选举陆永明为镇人大主席，高洪文为镇长。

2001年

2月10日　镇召开“三个代表”学习教育活动动员大会。

3月10日　镇召开税费改革工作会议。

3月20日　召开璜泾加弹同业公会成立大会，吸纳会员24人。大会选举产生理事会理事10人，会长高洪文，聘请王文其为名誉会长。

4月27日　苏州市委书记陈德铭率苏州市加快发展私营个体经济工作会议代表参观璜泾私营加弹工业区。

5月18日　召开璜泾镇妇女第十一次代表大会，选举产生第十一届镇妇联执委会，周惠珍为主席，顾惠珠、朱锦芬为副主席。

5月19日　召开中共璜泾镇代表大会，选举出席中共太仓市第十次代表大会代表18人。

6月　实行村级财务“代理记账”制，全镇各村财务统一由镇经营管理站分别代理记账。

11月9日　经中共太仓市委组织部同意，建立中共太仓市璜泾镇民营企业委员会，成为苏州市内首家民营企业党委。下设加弹行业、企业联合、服装行业、个体工商四个支部。由杜根生兼任民营企业党委书记。

11月12日　召开共青团璜泾镇第十四次代表大会，选举产生第十四届镇团委，毛雅萍为书记；选举出席共青团太仓市第十六次代表大会代表。

12月6—7日　召开中共璜泾镇第十一次代表大会，出席代表177名，列席代表29名。大会听取和审议王文其所做的题为《坚持实践“三个代表”，加快富民强镇步伐，为基本实现现代化而努力奋斗》的工作报告、张瑞明做的纪委工作报告，并就上述两个报告通过了相应的决议。大会选举产生中共璜泾镇第十一届委员会，王文其为书记；选举产生中共璜泾镇纪律检查委员会，张瑞明为书记。

2002年

1月6—7日 召开璜泾镇第十五届人民代表大会第一次会议，出席代表64人。会议听取和审议高洪文所做的政府工作报告、陆永明做的人大工作报告、陈俭做的1999年至2001年财政预算执行情况和2002年财政预算（草案）的报告，并就上述三个报告通过了相应的决议。会议选举陆永明为镇人大主席，选举高洪文为镇长。

3月31日 璜泾镇商贸中心等10个项目奠基，投资2.14亿元，占地18.4公顷。

6月14日 召开璜泾镇“三观教育”（世界观、人生观、价值观）动员会，并组织全镇两级干部参观苏州第一监狱，听罪犯的忏悔，以此警示广大党员干部，增强拒腐防变能力。

6月26日 举行璜泾镇民营企业党委挂牌仪式。市委副书记金世明、组织部部长宋建中、组织部副部长赵建初参加仪式，金世明做讲话。

8月8日 镇四套班子成员在杨漕村红色基地——太仓第一个党支部纪念馆召开镇领导干部民主生活会，市纪委书记高志强出席会议并讲话。

11月 镇政府与浙江桐昆集团达成协议，在璜泾镇永乐村投资建办年产10万吨涤纶预取向丝企业，项目总投资8000万元。该项目为璜泾加弹产业做前道配套，有利于降低加弹产品成本，促进化纤加弹产业链的形成。

2003年

2月8日 召开中共璜泾镇第十一次代表大会第二次会议，这是璜泾镇实行党代表常任制后的第一次例会。会上，王文其书记做题为《贯彻党的十六大精神，开创各项工作新局面》的工作报告，总结2002年、部署2003年工作。

2月20日 召开璜泾镇第十五届人民代表大会第二次会议，出席代表58人。会议听取和审议王国华所做的政府工作报告、张瑞明做的人大工作报告、陈俭做的2002年财政预算执行情况和2003年财政预算（草案）的报告，并就上述三个报告通过了相应的决议。会议选举张瑞明为镇人大主席；选举王红星为镇长。

3月14日 璜泾镇加弹行业联合工会成立，成为苏州市内第一家行业联合工会。苏州市总工会、太仓市总工会领导出席成立大会。

3月25日 举行“璜泾镇民营经济十大项目奠基开工仪式”，市委书记程惠明、市政府市长浦荣皋、市政府副市长陈启元以及市有关方面领导出席，程惠明书记做讲话。

7月18日 举行“璜泾镇十大民营企业签约仪式”，签约项目10个，总投资超4亿元。

8月19日 浙江昆桐集团（苏州）化纤有限公司正式投产，投产后年产POY丝10万吨。

8月 实施镇区划调整，璜泾、鹿河合并，合并后的镇政府驻璜泾镇区园林路2号，区域面积为83.84平方千米，总人口5.08万人，下辖鹿河、王秀两个街道办事处，26个村。

9月18—19日 召开璜泾镇第十五届人民代表大会第三次会议，出席代表105人。会议选举张瑞明为镇人大主席，选举王红星为镇长。

10月8日 璜泾中心小学举行百年校庆。

10月15日 江苏申久化纤有限公司一期工程竣工投产，投产后年产POY丝6万吨。

11月 实施第八届村委会、第二届社区居委会换届选举工作。在村委会换届选举中，全面实行一票直选办法，选举产生村委会成员。

2004年

1月8日 璜泾财政分局举行成立揭牌仪式。

1月8日 由苏州荣文集团有限公司资助冠名的荣文戏曲艺术团首次公演沪剧《大雷雨》。

5月 实施村区域调整，涉及调整13个村，经调整后合并为6个村。华南村、邢庄村合并取名华南村，村两委会办公设在华南村；万新村、新联村合并取名新联村，村两委会办公设在新联村；林场村、海城村合并取名林场村，村两委会办公设在林场村；王秀村、长浜村合并取名王秀村，村两委会办公设在王秀村；孟河村、包桥村合并取名孟河村，村两委会办公设在孟河村；建民村、杨漕村、南港村合并取名杨漕村，村两委会办公设在原南港村。

8月28日 举行“璜泾镇投资推介会暨项目签约奠基竣工仪式”。市委副书记孙耀明、市政府副市长陈启元、市人大常委会主任朱亦芳、市人大常委会副主任张永林等领导应邀出席仪式，市委副书记孙耀明做讲话。桂林南药股份有限公司、江阴模塑集团、上海华源企业发展股份有限公司等投资企业代表在会上发言。此次活动，全镇共有10个项目签约、8个项目奠基、10个项目竣工。

9月14日 江苏省委副书记张连珍在苏州市领导及太仓市四套班子领导陪同下，到璜视察江苏申久化纤有限公司。

9月21日 镇召开镇级行政事业单位国库集中收付改革动员大会。成立镇国库集中支付中心，并将璜泾镇会计服务中心，更名为璜泾镇会计代理记账中心，把全镇所有行政事业单位财务都纳入国库集中收付中心统一管理。

9月 璜泾镇被江苏省纺织工业协会授予“江苏化纤加弹名镇”称号。

9月 原利华村、永乐村合并取名永乐村，村两委会办公设在永乐村。

10月28日 璜泾镇社区卫生服务中心、鹿河街道社区卫生服务中心成立。至此，全镇有8个村按标准建成村级社区卫生服务站。

11月20日 国家级化纤加弹检测中心成立。

11月24日 机关综合档案室晋升为省一级档案室。

12月4日 璜泾镇被中国纺织工业协会授予“中国化纤加弹名镇”称号。

2005年

1月18日 璜泾镇商贸中心开业，该中心投资总额6000万元，占地3.33公顷，其中农贸市场5000平方米，摊位80余个。当时，该商贸中心成为江苏省乡镇级规模较大的商贸中心之一。

1月30日 在苏州全市民营经济工作会议上，璜泾镇被授予“苏州市民营经济工作先进集体”称号。雅鹿集团被列入苏州市民营企业100强，在会上受到表彰。

2月23日 统计局农村社会经济调查总队正式发布全国小城镇综合发展指数测评报告，璜泾镇进入全国500强，列全国第464位。

2月26日 璜泾镇与上海市级机关工会联合举办首届“荣文杯”太沪棋牌联谊赛。

3月10日 召开共青团璜泾镇第十五次代表大会，选举产生第十五届镇团委，李健为书记。

4月28日 江苏申久化纤有限公司总经理周雪芳、苏州长乐化纤有限公司董事长瞿振清获评第二届太仓市十佳创业先锋。

5月10日 江苏省副省长李全林，在太仓市委书记程惠明、市长浦荣皋陪同下，视察羽绒服装领军企业——江苏雅鹿集团。

9月17日 璜泾镇商会、加弹同业公会联合瑞士赫伯利纤维技术公司，举办加弹配套技术交流会，璜泾镇及周边百余家加弹企业参加技术交流会。

10月23日 璜泾镇与东台市安丰镇缔结为友好镇。

11月 璜泾镇得益于民营经济高速增长，1至11月工业总产值达102.5亿元，工业销售收入达100.5亿元，成为太仓首个“双百亿元”镇。12月22日《太仓日报》头版做了报道。

2006年

2月15—16日 召开中共璜泾镇第十二次代表大会第一次会议，出席代表117名，列席代表67名。会议听取和审议周健慧所做的题为《加速发展，迅速崛起，为开创璜泾经济社会发展新局面而努力奋斗》的工作报告、蔡永平做的纪委工作报告。并就上述两个报告通过了相应的决议。会议选举产生中共璜泾镇第十二届委员会，周健慧为书记；选举产生中共璜泾镇纪律检查委员会，蔡永平为书记。

2月 雅鹿集团获评中国工业企业500强。

5月23日 召开璜泾镇妇女第十二次代表大会，选举产生第十二届镇妇联执委会，周惠珍为主席。

6月17日 璜泾镇和福建省长乐市漳港镇在漳港镇签署缔结友好乡镇备忘录。双方就促进区域共同发展，实现产业体系强强携手、优势互补进行了友好磋商。镇长王红星在备忘录上签字。

6月22日 镇污水处理厂开工建设。该工程是创建环境优美镇的实事工程之一，总投资7000万元，占地46亩。

6月27日 璜泾镇与陕西省渭南市临渭区田市镇在璜泾镇举行友好乡镇缔结仪式。

6月28日 镇党委召开“土地换保障”工作会议，下发《璜泾镇失地农民“土地换保障”实施意见》，在全镇失地农民中开展“土地换保障”工作。至9月，全镇共有6723名农民参加“土地换保障”。

7月21日 镇消防中队成立。

8月7日 镇创建环境优美镇指挥部成立，创建工作全面启动。11日，指挥部召开全镇创建动员大会，12月14日高标准通过创建环境优美镇的考核验收。

8月30日 镇召开推进名标、名牌、科技创新工作会议。镇政府与晋泰公司签订知识产权协议。

8月 联合国工业发展组织中国投资与技术促进处、联合国绿色产业专家委员会认定的“雅鹿集团绿色产业基地”签约仪式在雅鹿总部举行，雅鹿集团成为联合国在华指定的唯一服装类绿色生产基地。

9月 对村、社区进行区划调整和村委会换届选举。涉及区域调整的村：华南与广新合并，取名荣文村；新联与林场合并，取名新联村；孟河与建华合并，取名孟河村；新明与东影合并，取名新明村；长新与飞鹿合并，取名雅鹿村。此次村区划调整后，全镇由当时的18个村合并为13个村。涉及区划调整的社区：将原璜泾社区以陈大港为界，分设两个社区，建两个居委会，陈大港以东取名为“银杏”社区居委会，陈大港以西取名为“西塔”社区居委会。在村委会换届选举中，全镇13个村均于10月20日（是全市统一的选举日）通过“一票直选”的办法选举产生了新一届村委会组成人员。

2007年

1月25日 召开璜泾镇第十五届人民代表大会第七次会议，出席代表105人。会议听取、审议高海洋所做的政府工作报告、张瑞明做的人大工作报告，审议了2006年财政预算执行情况和2007年财政预算（草案）的报告，并就上述三个报告通过了相应的决议。会上，通过了王红星辞去镇政府镇长职务的请求，选举蔡东辉为镇长。

1月 商务部带领俄罗斯考察团到雅鹿考察。

4月11日 苏州市、渭南市流动党员教育管理工作座谈会在璜泾镇召开。渭南市委常委、组织部部长王晓明率临渭区、韩城市、大荔县、蒲城县、华县、澄城县、合阳县等市、县的组织部部长在璜泾镇检查渭南市在璜务工流动党员管理工作。会议听取了田市镇党委书记关于田市镇驻太党支部工作情况汇报和周健慧书记关于党支部建设的情况介绍，参观了田市镇驻太党支部办公场所和雅鹿集团党建工作。市委常委、组织部部长秦建明等陪同检查。

4月21日 “健康璜泾”大型宣传活动在镇商贸中心广场举行。

4月23日 苏州市委副书记徐建明率苏州市委农办等有关方面领导到璜泾检查新农村工作，太仓市委书记浦荣皋陪同检查。

5月18日 苏州爱卫办领导率调研组调研璜泾镇创建国家卫生镇工作。调研组共分6个专业小组，对全镇的创建工作进行系统、全面检查。

5月27日 太仓市兰燕甲板敷料涂料有限公司举行整厂搬迁仪式。全厂搬迁至创新工业园区内。沪上造船业相关企业到场祝贺，市委副书记、市长谢鸣到会祝贺并发表讲话。

5月29日 苏州市总工会在璜泾召开苏州市劳动争议调解现场推进会。听取新明村、永乐村两个村劳动关系纠纷调解工作汇报，并现场检查了工作台账。苏州六县市、太仓七镇两区和市总工会领导及苏州市总工会劳动仲裁员共60余人参加会议。

6月8日 中国网络太仓行一组在璜泾视察。镇党委书记周健慧做《壮大集群、提升层次、全力打造国家级化纤加弹特色产业基地》的情况介绍，观看了反映璜泾建设发展情况的DVD片。各大媒体记者参观苏州长乐化纤有限公司等单位。

6月29日 苏州市创建卫生镇考核验收组成员一行7人在璜泾进行国家卫生镇苏州市级检查验收。对建成区和全镇相关行业、必检单位、重点工程、亮点工程进行全面、系统检查。考核验收组认为，璜泾镇创建工作到位，可请省爱卫办复核验收。

6月 雅鹿集团“乡村树”“雅鹿·自由自在”同被工商总局评定为“中国驰名商标”。朱凤鸣著长篇报告文学《雅鹿新歌》分别获苏州市第三届“六六杯”报告文学奖、太仓市第七届精神文明建设“五个一工程”奖。

7月9日 召开共青团璜泾镇第十六次代表大会，选举产生第十六届镇团委，李健为书记。

7月12—13日 创建国家卫生镇省级考核验收组一行6人对璜泾创建国家卫生镇进行考核验收，听取镇长蔡东辉关于创建工作情况汇报，然后分设6个专业组进行检查验收。13日上午在太仓花园酒店召开工作通报会。这次考核，璜泾通过创建国家卫生镇验收。

8月15日 《太仓日报》报道：2006年全国工商联上规模民营企业调研结果近日在京发布，璜泾镇江苏申久化纤有限公司、雅鹿集团2家企业被列入“全国民营企业500家”，分别位列全国民企500强的171位和451位。

9月20日 陕西渭南市委组织部部长一行9人在璜泾镇检查渭南市田市镇驻太党支部工作。田市镇驻太党支部书记李长青做专题汇报。检查组参观申久化纤、雅鹿集团生产车间，并与企业就外来务工人员引进和管理进行友好探讨和协商。

9月26日 召开璜泾镇工会第五次代表大会，选举产生第五届镇工会委员会，苏丽华为主席。

12月14—15日 召开璜泾镇第十六届人民代表大会第一次会议，出席代表71人。会议听取和审议蔡东辉所作的政府工作报告、蔡永平作的人大工作报告、李泉龙作的2007年财政预算执行情况和2008年财政预算（草案）的报告，并就上述三个报告通过了相应的决议。会议选举蔡永平为镇人大主席，选举蔡东辉为镇人民政府镇长。

2008年

1月23日 太仓市璜泾镇—定远县定城镇友好乡镇缔结仪式在镇政府二楼会议室举行，双方领导签署缔结友好乡镇备忘录并交换备忘录文本。

3月11日 镇人大举办学习《中华人民共和国全国人民代表大会和地方各级人民代表大会代表法》（以下简称《代表法》）辅导讲座，市、镇两级人大代表参加，邀请市人大常委会副主任王文其做学习《代表法》辅导报告。

4月20—23日 镇党委组织党委、政府分管领导，部分企业负责人赴苏北泗阳、洪泽、盱眙、安徽定远等友好乡镇考察学习。

5月13日 省政协副秘书长、省工商联副主席陆群在璜泾镇考察商会工作。

6月3—4日 镇党委副书记徐洪明参加省工商联组织工作会议，并作为全省唯一乡镇代表做题为《发挥商会作用，促进化纤产业集群健康发展》交流发言。

6月27日 镇党委召开“纪念中国共产党成立87周年暨表彰大会”。镇党委书记周健慧做纪念“七·一”讲话。一批先进基层党组织、优秀共产党员、优秀党务工作者以及“带头实践科学发展观、带领群众实践科学发展观”（新双带）标兵受到表彰。同时举行“璜泾镇外来务工人员服务管理中心党委”成立仪式。

9月2日 卫华集团在璜泾镇洽谈港口机械项目。

11月3日 苏州市委副书记徐建明在璜泾镇视察现代农业园区。市委常委、副市长王永林陪同视察。

12月7日 璜泾镇现代农业园区规划通过专家评审。

2009年

2月13日 镇召开“千名机关干部下千企”动员大会。

3月13日 安徽省天水市金集镇党政考察团莅临璜泾镇考察交流。

4月18日 璜泾镇与上海市浦东新区高行镇缔结友好镇暨产业战略合作项目签约仪式举行，太仓市市长陆留生、常务副市长王剑锋出席签约仪式。

4月30日 苏州市检察院副检察长徐鸣岳到璜泾，为党员干部做预防职务犯罪法制讲座。

5月27日 以“以企带村、村企联动、共建新农村”为主题，首届“雅鹿”村企文化节系列活动在雅鹿文化广场举行，此次活动为期七天。主要内容有“雅鹿杯”村企趣味运动会，雅鹿村、雅鹿集团电影专场，雅鹿村农民综合素质菜单式培训，猜灯谜活动，市第二届百团大展演璜泾镇启动仪式暨雅鹿专场演出，健康知识讲座，名医义诊活动等。

6月2日 镇在王秀村召开实行村干部履职承诺制现场会。会上，镇党委副书记、镇长蔡东辉宣读镇党委璜委发〔2009〕7号文件《关于在全镇实行村干部履职承诺制的工作意见》；王秀村5位村干部做履职承诺发言；镇党委副书记蔡永平对全镇实行村干部履职承诺制提出具体要求。

6月6日 市委副书记宋建中和市政协副主席郑银林、杨丽娟到璜泾参加太仓市丽晶置业有限公司开业典礼。

7月1日 镇召开纪念中国共产党成立88周年纪念大会，镇党委书记周健慧做《坚持科学发展，构建和谐璜泾，以更加扎实的措施加快实现经济社会跨越发展》的报告。会上，还表彰了一批先进基层党组织、优秀共产党员和优秀党务工作者以及“带头实践科学发展观、带领群众实践科学发展观”（新双带）标兵。

7月30日 镇党委、镇政府召开重大党务、政务发布会，来自社会各界的代表100余人，听取了有关领导发布的“镇工业园规划建设”“荡茜河改道工程”“鹿杨公路项目动工”等情况的通报。

7月31日 巴拉圭商务考察团到璜考察。

9月21日 镇召开第十届村民委员会、第四届社区居民委员会换届选举工作会议。

9月25日 璜泾镇深入学习实践科学发展观动员大会在镇政府底楼会议室召开，镇党委书记周健慧做学习实践活动动员报告，市委学习实践活动指导检查组组长、市水利局副主任科员黄顺康做讲话。

2010年

1月21日 召开璜泾镇第十六届人民代表大会第三次会议，出席代表61人。会议听取和审议姜超所做的政府工作报告、蔡永平做的人大工作报告，审议2009年财政预算执行情况和2010年财政预算（草案）的报告，并就上述三个报告通过了相应的决议。会议还通过了蔡东辉辞去镇人民政府镇长职务的请求，选举姜超为镇长。

2月3日 2010年太仓市“文化百村行”活动启动仪式在璜泾镇举行，市委常委、宣传部部长陆卫其及市相关部委办局分管领导参加了启动仪式，并现场观看了文艺演出。

3月6日 镇召开农户动迁工作会议，部署全镇动迁工作，共约600户，涉及8个村，通过村庄整理、土地复耕获取未来几年发展空间。

4月 雅鹿集团张怡英获“全国劳动模范”称号；雅鹿集团获2009年全国服装行业百强企业称号，产品销售收入列全国百强22名，利润总额列19名；太仓市人民政府授予雅鹿集团劳动关系和谐企业奖牌。

5月28日 召开璜泾镇第十六届人民代表大会第四次会议，出席代表66人。会议听取和审议徐洪明所做的镇政府1~5月份工作报告，通过了姜超辞去镇人民政府镇长职务的请求，选举徐洪明为镇长。

6月9日 市政府副市长徐鸣强到璜泾调研镇总体规划制订情况，市住建局、交通局、城管局、供电公司、水处理公司等部门有关领导和南京大学、苏州交通设计院专家及镇主要领导、相关部门负责人参加会议。

6月28日—7月5日 以“党建促发展，共建新农村”为主题，第二届雅鹿村企文化节在雅鹿村举行，此次活动邀请茅善玉、马莉莉、周东亮等戏剧名家到村献演。其间，还举办了红色“1+3”结对、微型党课授课、名医现场义诊与健康咨询、趣味运动会、广场舞展示、电影专场放映等一系列活动。

7月2日 镇党委隆重召开纪念“七·一”暨深入开展创先争优活动动员大会，镇党委书记姜超做纪念“七·一”讲话。

8月10日 雅鹿集团参加在南京国际展览中心举行的第十一届江苏国际服装节，省委书记梁保华，省委副书记、省长罗志军，副省长史和平等亲临雅鹿展位视察，太仓市领导浦荣皋、王剑锋陪同视察。

8月12日 省政府政策研究室主任包锦球一行到璜调研化纤加弹产业发展情况，参观部分企业并与企业家座谈。

8月14日 太仓市委书记浦荣皋率市委办、发改委、交通局、住建局、国土局、商务局等单位主要负责人，到璜调研城乡一体化建设。

8月28日 镇召开机关中层岗位公开竞聘动员大会。本次竞聘，设置镇团委书记、宣传干事、文教助理、科技助理、工会干部、司法助理等六个中层岗位，通过发动报名、资格审查、竞岗演说、民主推荐、组织考察、任前公示等程序，聘用六位机关中层干部。

9月28日 “阅读让太仓更美丽”2010年第五届太仓阅读节开幕式暨太仓市图书馆璜泾分馆开馆仪式在璜泾镇文体中心举行。

10月8—10日 第八届中国国际民间艺术节在璜泾镇文体中心举行。国际民间艺术节是国务院批准的涉外重大活动，是国家文化、经济交流的重大举措。此次活动是由中国文学艺术界联合会、江苏省人民政府主办，苏州市人民政府、江苏省文化厅、江苏省文学艺术联合会承办。为期三天的巡回演出演绎着世界各地的民族风情，韩国田银子舞蹈团、白俄罗斯国家舞蹈团热烈欢快的华丽舞姿给观众留下了难忘的记忆。

11月5日 镇举行工业园暨项目开工竣工仪式，主要项目：苏州双宏纺织二期开工，美丽纱化纤二期开工，茂林财富开工，锦佳大酒店竣工，上海世博会专供花卉基地竣工。

11月13—14日 为弘扬民族文化，繁荣戏曲事业，“莲灯沪剧”五周年苏浙沪戏曲交流联谊会在镇文体中心举行，来自全国各地150余名沪剧网友参加活动。

12月18日 美国时间12月17日，苏州锦凯纺织有限公司成功在美国纳斯达克上市，成为太仓市首家上市企业。

2011年

3月1—2日 召开中共璜泾镇第十三次代表大会，出席代表98名，列席代表64名。大会听取和审议姜超所做的题为《抢抓机遇，奋勇赶超，全面实现璜泾经济社会发展新跨越》的工作报告、周宏建做的纪委工作报告，并就上述两个报告通过了相应的决议。大会选举产生中共璜泾镇第十三届委员会委员11名，姜超为书记；选举产生中共璜泾镇纪律检查委员会委员5名，周宏建为书记。

3月7日 召开璜泾镇第十六届人民代表大会第五次会议，出席代表72人。会议听取和审议徐洪明所做的政府工作报告、蔡永平做的人大工作报告，审议了2010年财政预算执行情况和2011年财政预算（草案）的报告，并就上述三个报告通过了相应的决议。会上，还通过了蔡永平辞去镇人大主席职务的请求，选举王国华为镇人大主席。

3月25日 苏州市工商联副主任邱良元一行，在太仓市工商联主席宋福荣等领导陪同下到璜调研化纤加弹产业情况。

3月28日 雅鹿集团参展由中国服装协会、中国国际贸易中心股份有限公司和中国国际贸易促进委员会纺织行业分会在北京国际展览中心共同主办的2011第十九届中国国际服装服饰博览会。雅鹿集团董事长顾振华和镇党委书记姜超出席本届博览会。中国服装协会有关领导视察了雅鹿展位，对雅鹿多年来的发展成就和当年推出的雅鹿时装给予充分肯定。

3月30日 重庆市丰都县高家镇镇长谭宏率考察团到璜参观考察。

4月20日 召开璜泾镇第十三次妇女代表大会，选举产生第十三届镇妇联执委会，蒋婷婷为主席。

4月22日 太仓市“民营经济促进月暨中小企业服务月”活动启动仪式在璜泾举行。省中小企业局局长郗同福、苏州市中小企业局局长陈卫明、太仓市政府副市长朱大丰出席活动。

5月11日 东华大学—璜泾镇项目管理硕士（MPM）班举行开班典礼，市委副书记、组织部部长秦建明与东华大学副校长邱高等领导出席活动。

5月17日 雅鹿村以“迎党庆、颂党恩”为主题，举行纪念中国共产党成立九十周年暨第三届雅鹿村企文化节系列活动。

6月30日 镇党委在镇文体中心召开庆祝中国共产党诞生90周年暨表彰大会。之后，开展系列庆祝活动，主要内容有第三届雅鹿村企文化节、勤廉党课及授课竞赛、“童心向党”百名少儿绘画活动、趣味运动会、“我把歌声献给党”红歌会、红舞专场、“我心中的党”征文比赛、“党恩泽万家”

送温暖活动、“走进革命老区”未成年人暑期主题教育活动、“火红的七月”红色电影月活动。整个系列活动历时2个多月。

7月1日 举行太仓市第一个党支部纪念馆新馆开馆仪式，市委书记陆留生，市委常委、组织部部长张彪，市委常委、宣传部部长陈雪嵘，市委常委、政法委书记王国其及市有关部门领导出席仪式。

8月2日 中央电视台经济频道、中国建设银行总行、江苏分行等领导到璜考察璜泾互助担保公司运行情况，镇党委书记姜超接受采访。

10月18日 召开镇总工会成立暨第一次代表大会，选举产生镇总工会第一届委员会，王连红为主席。

10月 中共江苏省委统战部、江苏省国家税务局、江苏省地方税务局、江苏省工商业联合会授予雅鹿集团江苏省民营企业纳税大户称号，中共江苏省委统战部、江苏省人力资源和社会保障厅、江苏省工商业联合会授予雅鹿集团江苏省民营企业就业先进单位称号。

2012年

3月12—13日 召开璜泾镇第十七届人民代表大会第一次会议，出席代表75名。会议听取和审议徐洪明所做的政府工作报告、王国华做的人大工作报告，审议了2011年财政预算执行情况和2012年财政预算（草案）的报告，并就上述三个报告通过了相应的决议。会议选举周宏建为镇人大主席，徐洪明为镇人民政府镇长。

3月28日 璜泾镇纤维新材料产业园长乐、恩诺、昱欣等11个项目集中开工开业。市委书记陆留生、市长王剑锋等出席。

3月29日 省委书记罗志军视察小微企业、农户及长乐纤维科技有限公司，苏州市委书记蒋宏坤、太仓市委书记陆留生等陪同视察。

3月30日 市委书记陆留生、市长王剑锋在璜泾检查村庄环境整治工作情况。

4月17日 全国总工会、省市总工会领导在璜泾镇调研。

4月19日 苏州市检察院在璜泾镇进行“三访三促”活动。

4月26日 重庆市高家镇领导及非公经济人士邹学俊一行在璜泾镇考察。璜泾镇党委副书记毛雅萍、何永林等陪同考察。

5月10日 镇首届民企文化节开幕式暨朱传茗故里揭牌仪式在文体中心隆重举行。省文化厅、苏州市有关领导及太仓市委副书记陆卫其等参加仪式。中国著名京剧表演艺术家杨春霞、著名越剧表演艺术家吕瑞英、著名昆曲大师梁谷音等出席开幕式和揭牌仪式。朱传茗的学生、京剧表演艺术家、梅派艺术传人梅葆玖向民企文化节发来贺电，中国梅兰芳文化艺术研究会、新加坡华乐协会、“台湾民乐团”、上海音乐家协会也相继发来贺电。

5月22日 “为世博添彩”太仓市第六届（璜泾杯）江南丝竹演奏赛在镇文化中心举行。此次共有25支丝竹队伍200多名演奏员参加，演奏曲目有江南丝竹传统曲目及创作新曲；演奏风格有保持传统的原生态的，也有经过创新发展的。璜泾镇民乐团创作演奏的曲目《秋野》以最高分取得一等奖。“太仓市江南丝竹活动基地”揭牌仪式同时举行。

5月31日 太仓市首个职工服务中心——璜泾镇职工服务中心正式揭牌。中心提供信访接待、法律援助、困难救助、临时救助、就业指导、职业培训等服务。

5月31日 镇政府举办“教授博士柔性进企业活动”推进会。

6月20—21日 镇党委举办2012年度微型党课授课竞赛活动，32人先后做授课演讲，其中22名授课演讲者分获一、二、三等奖及优胜奖。

6月27日 全市化纤纺织企业“应对贸易摩擦、维护产业安全”培训班在璜泾镇举行。中国纺织工业联合会副会长兼秘书长高勇，中国化学纤维工业协会会长端小平等行业权威为企业家代表授课。

6月27日 东华大学材料学院郁铭芳院士等化纤学专家在璜泾镇举行“郁铭芳院士（荣文）工作站高性能纤维及其应用报告会”。全市各大化纤加弹企业负责人参加会议。各位专家就目前化纤业发展前沿特别是应用领域给予指导。

8月16日 市文明办在雅鹿村举行“乡风文明画卷”揭幕仪式，苏州、太仓市委宣传部领导及雅鹿村14个乡风文明岗岗位负责人共同为“乡风文明画卷”揭幕。同时表彰70位先进个人。

9月6—7日 镇党委书记姜超应邀参加由中国纺织工业联合会主办，中国化学纤维工业协会、中国纺织国际交流中心和萧山区人民政府共同承办的第十八届中国国际化纤会议，并就璜泾化纤加弹产业发展历程及特点、面临形势及措施、规划前景及打算做交流发言。

10月10日 镇党委在玉影山社区举行流动党员一站式服务中心启用暨流动党员联系日活动启动仪式。市委组织部部长张彪、镇党委书记姜超、各镇党委组织委员、各区组织人事干部，全市各镇（区）流动党员代表，镇各村（社区）党务副书记等参加仪式。

10月10—13日 第四届雅鹿村企文化节戏曲惠民专场在雅鹿村文化广场举行。这次演出聚集雅鹿沪剧团、荣文戏曲团、中润越剧团、香塘锡剧团四个戏曲团队，为戏曲爱好者们提供了一个展示平台。

10月16日 镇政协在杨漕村举行“履职为民、服务百姓”十助（助企、助农、助岗、助贫、助医、助文、助居、助行、助稳、助睦）活动启动仪式。

10月17日 镇召开“天安行动”暨食品安全工作汇报会，市纪委书记顾金泉、市政府分管副市长等市领导参加会议。

10月17日 苏州市总工会在璜泾镇调研职工服务中心建设及运作情况。

11月21日 省档案局对璜泾镇档案室进行五星级标准测评，苏州市档案局、太仓市档案局参加测评会，镇党委书记姜超陪同考核。

12月20日 镇党委举办落实党风廉政建设责任制暨领导干部述职述廉述法述学述党建报告会。市有关领导、镇三套班子领导及村（社区）书记、主任、机关干部、站办所负责人参加。

12月28日 以“重民企文化建设，创璜泾特色品牌”为主题的璜泾镇首届民企文化节闭幕式在镇文体中心举行。

2013年

1月12日 省政法委综治检查组至璜泾派出所检查综治和平安建设工作。

1月20日 璜泾水利站办公地址由荡茜枢纽搬至荣文路15号。

2月 璜泾城管中队在2011—2012年度“天堂杯”市容管理达标创优竞赛活动中，被苏州市市容市政管理局、苏州市城市管理行政执法局授予“先进单位”称号。

4月26日 改造新建11座彩虹桥的项目开始施工，桥址涉及新华、荣文、新联、永乐、王秀、新海、长洲、雅鹿等8个村。

5月17日 以“文化助推企业，企业彰显文化”为主题的第二届璜泾民企文化节开幕式在镇文体中心举行。

6月28日 璜泾镇荣文幼儿园获评苏州市级“巾帼文明岗”。

8月7日 省人大常委会副主任刘永忠带领省人大督办组到璜泾镇，对双纲河等农村河道水环境整治进行督查。省政府副秘书长杨根平、苏州市副市长陆留生参加督查活动。市委书记王剑锋、副书记杜小刚，市人大常委会主任秦建明陪同督查。

8月 王秀村获评“太仓市第二届品牌农副产品品鉴会最具形象奖”。

9月21日 村企共建美丽雅鹿——第五届雅鹿村企文化节举行。

12月5日 璜泾镇文学艺术界联合会在镇文体中心正式成立。

12月 璜泾交管所被江苏省交通运输厅授予江苏省交通系统“人民满意基层站所”荣誉称号；璜泾西塔社区被江苏省民政厅评为江苏省和谐社区建设示范社区；西塔社区党支部“五心”工程品牌被太仓市委组织部评为全市十佳党建服务品牌。

是年 璜泾司法所被评为苏州市司法行政系统勤廉文化建设优胜单位；周洪英、管星宇、高忠林、苏宝荣被评为2013年太仓市劳模；太仓液压元件有限公司、苏州荣文集团有限公司获评苏州市劳动关系和谐企业；西塔社区科普惠民服务站被苏州市全民科学素质工作领导小组办公室评为苏州市社区科普惠民服务站；荣文幼儿园获评“江苏省人口计生窗口服务示范单位”。

2014年

1月3日 璜泾派出所侦破“12·30”重大交通事故逃逸案。案发地点位于338省道原时思永新村路口，事故致二人死亡。后经调取事故现场监控录像，终于将肇事车辆找出并将嫌疑人汤某捉拿归案。

1月10日 召开中共璜泾镇第十三次代表大会第四次会议，出席代表78名，列席代表55名。会议听取和审议姜超所做的题为《以项目建设推动全面发展，全力打造民富镇强新璜泾》的工作报告、郭平原做的纪委工作报告，并就上述两个报告通过了相应的决议。

1月15日 召开璜泾镇第十七届人民代表大会第三次会议，出席代表71名。会议听取和审议高雪飞所做的政府工作报告、周宏建做人大工作报告，审议了2013年财政预算执行情况和2014年财政预算（草案）的报告，并就上述三个报告通过了相应的决议。会议选举毛雅萍为镇长。

3月 璜泾镇文化体育站在全国乡镇综合文化站评估定级中，被江苏省文化厅定为“一级文化站”。

4月2日 第六次全国体育场地普查，璜泾镇体育场地总面积为17124平方米。

4月13日 2014年苏州市特色民俗文化、特色农副产品、特色文明成果“三进城”启动仪式暨“家在苏州·美丽璜泾”主题展示活动在苏州市观前街举行。

5月9日 改造新建12座彩虹桥的项目开始施工，涉及新华、荣文、新联、永乐、王秀、孙桥、孟河等7个村。

5月 王秀村获“江苏省民主法治示范村”荣誉称号。

6月4日 太仓市永贵红木家具——明式家具制作技艺被列入太仓市非物质文化遗产。

6月23日 杨漕村乡风文明田园坊正式开园并举行开园仪式，镇长毛雅萍主持，镇党委书记姜超致开幕词，田园坊引入“勤、廉、缅、梦”四个主题，设置百姓梦之石、村民文明广场、中式建筑长廊、百姓舞台、公示台等景观。田园坊显现“映红色土壤、扬法治文化、寄璀璨梦想、树文明乡风”的正能量氛围。

8月6日 马国清的传统棕藤编织技艺被列入第五批太仓市非物质文化遗产。

9月8日 新七浦塘—荡茜河段工程开始施工。整个工程分为荡茜枢纽泵站、七、八、九4个标段。工程主要内容：搬迁高压线路4条、变压器1台、低压线路7条、自来水管道8处、弱电线路7处，新建泵站18座、道路3.92千米、农桥3座，疏浚河道10条9.4千米。

10月29日 2015年度冬春水利建设工程开始实施，疏浚整治河道8条，长度7.3千米，土方10.6万立方米。

10月 镇劳动和社会保障所、镇文化体育站被中共太仓市委员会、太仓市人民政府评为“2011—2013年度太仓市文明单位”。

11月28日 2014年度中央财政中小河流重点县综合整治项目开始施工，涉及新华、永乐、荣文、新联、荡茜等5个村，工程主要内容：疏浚河道61.55千米86万立方米、木桩护岸9千米、宾挡墙2.7千米、修建桥梁15座、配套绿化等，工程总投资3000万元。

11月 璜泾镇9个村的露天舞台建设项目全面完成。

12月1日 以“弘扬道德文化，共建美丽家园”为主题的第六届雅鹿村企文化节开幕式在雅鹿花园举行。

12月10日 2014年度中央财政农田水利重点县项目开工，项目包括泵站53座、U型砼渠道32.1千米、配套渠系建筑物1989座、管道灌溉782亩、河道疏浚5.04千米等，涉及王秀、孟河、新明、长洲、雅鹿等5个村，工程项目总投资2000万元。

12月31日 璜泾镇完成“彩虹工程”农桥改造新建12座，并通过验收。

12月 新明村、杨漕村获评“苏州市村庄环境长效管理示范村”。

是年 璜泾司法所获评江苏省“六五”普法中期先进集体，璜泾镇统计站被评为第三次经济普查“苏州市先进集体”，程新亚、黄晓东被评为第三次经济普查“江苏省先进个人”，璜泾镇被苏州市文化广电新闻出版局评为“苏州市民间文化艺术之乡”，西塔社区被江苏省环境保护委员会办公室评为2011—2014年绿色社区。

2015年

1月16日 以“品位美食文化，彰显民企风采”为主题的璜泾镇第三届民企文化节开幕式暨茂林尚街开街仪式在璜泾茂林广场举行。

3月12日 太仓市人民政府授予璜泾水利站“2015年度为农服务先进单位”荣誉称号。

5月7日 璜泾镇“阅村庄·悦村庄”阅读启动仪式在新明村文体广场举行。

5月14日 水利部视察雅鹿工业园区太阳能泵站，对太阳能泵站绿色环保作用予以肯定。

6月 荣文村被中共苏州市委评为实践“三个代表”、实现“两个率先”先锋村。

8月21日 雅鹿村乡风文明主题公园揭幕。

8月 荣文村被江苏省科学技术协会评为“江苏省科普示范村”。

同月 杨漕村保鲜库主体工程建成，占地1280平方米、库容1296立方米。保鲜库集冷藏、保鲜功能于一体，起到拉长农副产品上市时限、实现高产增收的作用。

10月 全镇13个村、4个社区的农家书屋与太仓市图书馆建成图书资源共享、通借通还运作机制。

10月15日 苏州市委副书记陈振一视察孟河村美丽乡村建设。

11月 太仓市级文物保护单位——西塔，由镇政府投资50万元，按照原来的风貌进行修缮。

12月10日 苏州市财政局、苏州市水利局授予璜泾镇“2015年度苏州市河道养护管理先进镇”荣誉称号。

12月 璜泾镇通过国家卫生镇复审，璜泾计生办获评苏州市“连心家园”示范创新单位。

是年 璜泾司法所被评为全国先进司法所，镇文化体育站被苏州市精神文明建设指导委员会评为2012—2014年度“文明单位”，璜泾加弹行业工会获评“省模范职工之家”，雅鹿乡风文明主题公园获评苏州市法治文化建设示范点。荡茜村潘锦球获评苏州市劳模，程新亚获评“苏州市最美统计人”，黄晓东获评“苏州市人口抽样调查先进个人”。

2016年

1月 杨漕村投入280万元，启动苏州市“康居乡村示范点——魏家巷”建设。

2月 璜泾镇人民调解委员会“乡音调解室”，获评“江苏省人民调解委员会规范化建设示范点”。

5月25日 召开中共璜泾镇第十四次代表大会，出席代表78名，列席代表55名。会议听取和审议姜超所做的题为《加快全面转型，提升发展质效，全力实现璜泾“十三五”良好开局》的工作报告、郭平原做的纪委工作报告，并就上述两个报告通过了相应的决议。会议选举产生中共璜泾镇第十四届委员会，姜超为书记；选举产生中共璜泾镇纪律检查委员会，祁殿成为书记。

6月 鹿河小学心理辅导室被苏州市教育局命名为“达标中小学心理辅导室”。

7月5日 召开中共璜泾镇党员代表大会，出席代表98名。会议选举产生璜泾镇出席中共太仓市第十三次代表大会代表25名。

7月15日 太仓市编制委员会太编发〔2016〕28号文件批准“太仓市荣文学校”分设为“太仓市荣文小学”和“太仓市荣文中学”。

9月 王秀村获评“2013—2015年度江苏省文明村”。

11月28日 新建璜泾福利养老院奠基，新址位于原璜泾中学地块。

12月9日 江苏圣祖网络科技有限公司被苏州市人力资源和社会保障局认定为苏州市创业孵化基地。

12月14日 央视七套《乡村大世界》栏目，到璜泾镇雅鹿会所拍摄农民新年联欢会《过年了》。

12月23日 中华诗词学会副会长林锋、副秘书长沈华维、学术部副主任李葆国，江苏省诗词协会副秘书长陈玉金，青年诗联家渠芳慧，苏州市诗词协会副会长马小萍、朱永兴等专家、领导莅临鹿河小学，进行“中华诗教先进单位”现场验收。

12月25日 璜泾镇举行“璜泾微云”上线启动仪式。

12月26日 江苏省水利厅授予璜泾镇“2016年度水美乡镇”荣誉称号。

12月27—28日 召开璜泾镇第十八届人民代表大会第一次会议，出席代表75名，列席代表126名。会议听取和审议毛雅萍所做的政府工作报告、周宏建做的人大工作报告，审议了2016年财政预算执行情况和2017年财政预算（草案）的报告，并就上述三个报告通过了相应的决议。会议选举郭平原为镇人大主席，选举毛雅萍为镇人民政府镇长。

12月31日 中华诗词学会发文确认并授予鹿河小学“中华诗教先进单位”荣誉称号。

12月 璜泾人民医院新建住院楼投入使用。

是年 由新华村、荣文村、荡茜村三村联合出资180万元，成立太仓市勤丰源农场专业合作社联合社；苏州绣仓时装有限公司缝纫一车间获评“苏州市工人先锋号”；苏州荣文库柏照明系统有限公司陈锦球获“苏州市五一劳动奖章”；江苏申久化纤有限公司刘亚东、华伦皮塑（苏州）

有限公司陈慧媛、孟河村杨翠珠、太仓市鹿杨蔬果生产专业合作社陆洪昌等4人，获评“太仓市劳动模范”。

2017年

2月13日 市委书记沈觅等领导在孟河村吴家湾召开农村工作现场会。

3月24日 苏州市政协主席周伟强等领导参观孟河村吴家湾。

5月6—7日 在参加太仓市第七届“娄东之春”文化艺术节比赛中，璜泾镇选送的沪剧折子戏《大地情》获得金奖。

5月13日 2017年首届“幸福璜泾·乐享田园”迷你马拉松赛在璜泾镇农业园直销中心举行。

5月26日 镇召开“全面深化河长制改革工作动员部署会”，璜泾镇“河长制”正式启动。

5月 杨漕村粮食烘干库房完工，新增谷物烘干设备10台套正式投入使用，一次性可容纳120吨谷物。2017年夏收小麦实际烘干吞量800吨。太仓市恒鑫针织有限公司技术科获评“苏州市工人先锋号”；绣仓服饰居莉珏获“苏州市五一劳动奖章”。

7月28日 召开璜泾镇十八届人民代表大会第二次会议，出席代表71名，列席代表124名。会议听取和审议吴龙所做的政府2017年上半年经济和社会发展情况的报告、陆洪昌做的代表建议、批评和意见办理情况的报告。会议通过毛雅萍辞去镇长职务的请求，选举童刚为镇长。

8月16日 在太仓市“果王（黄桃、葡萄）”评比大赛中，王秀村秀兴农场选送的夏黑葡萄获得金奖和最佳外观奖。

9月6日 在苏州市第二届百姓名嘴风采大赛中，党政办马震、工商管理分局张宗庭分别以《信念的力量》《改革之路》为题演讲，分获一等奖和二等奖。

9月12日 中国少年儿童美术教育学会授予永乐村品良工作站“2017年度全国美术教育示范单位”荣誉称号。自2012年以来，品良工作站已连续6年获此殊荣。

9月26日 “喜迎党的十九大，两聚一高当先锋”“家风润心灵，诚信沐万家”——太仓市推进家庭诚信积分（试点）工作启动仪式暨第九届雅鹿村企文化节开幕式在雅鹿村举行。

10月15日 王秀管理区湘王路湘里泾桥重建项目开始施工，设计为80×13米五跨梁桥，投资600万元。

10月19日 苏州市委常委、市委秘书长黄爱军等领导，在璜泾镇调研撤并镇环境整治、农业农村工作。市委书记沈觅、市委常委王红星陪同调研。

10月21日 璜泾镇首届金秋海峡两岸桥牌文化交流赛在荣文小学举行，来自台湾和北京、上海、昆山等地的桥牌队及太仓本土的13支桥牌队、近百名桥友参加比赛。牌桌上“无声的交流”牵起两岸友好之情。

11月7日 省司法厅法制宣传处调研员邓铁在璜泾镇调研检查永乐村创建“全国民主法治

示范村”工作。苏州市司法局调研员王思超、太仓市副市长冯晋、璜泾镇镇长童刚等领导陪同调研检查。

11月 孟河村被江苏省农业委员会评为“江苏省休闲观光农业示范村”，这是2017年太仓市唯一获此殊荣的村。

12月28日 “太仓红色教育基地”揭牌仪式在杨漕村举行，市委组织部部长孙建江揭牌并做讲话。

12月 中央综治委预防青少年违法犯罪专项组发布创建“青少年零犯罪零受害社区（村）”第一期试点单位名单，永乐村被列入全国“青少年零犯罪零受害社区（村）”首期试点单位。

第一篇 建置区划

1994年，璜泾镇所辖群众自治组织有17个村民委员会（其中1个渔业村），2个居民委员会。1998年起，实施镇、村区划调整，全镇建置区划多次变化。2013年，全镇辖13个村民委员会，4个社区。辖区总面积83.84平方千米。

第一章　建　置

第一节　沿　革

璜泾古代为沿江村落。三国时期属吴。东晋咸和年间（326—334）即有璜泾地名的记载，属海虞县双凤乡。南朝梁（502—557）设置常熟县。隋开皇九年（589），海虞县并入常熟县，璜泾随双凤乡隶属变更而属常熟辖地。唐时（618—907）形成小集镇。南宋时为避战乱，一支皇族迁移至璜泾，镇区随之扩大，人口增多。当时荡茜河（市河）两岸住宅成群，店铺众多，元时已发展为大镇。明初起兵火，集镇遭毁成墟。明成化十一年（1475）宋皇室后裔承侍郎赵璧倡议捐资，开始重建集镇，镇改称"赵市"。赵璧故后不久，仍复旧名"璜泾"，现老镇区基本保留重建后的格局。明弘治十年（1497），璜泾随双凤乡归属太仓州。清雍正二年（1724）太仓州下设嘉（定）、崇（明）、保（山）、镇（洋）四县，璜泾设乡，由太仓州直管。

民国元年（1912）设太仓县，璜泾乡隶属太仓县。民国18年（1929）璜泾设区，鹿河、王秀两地属璜泾区。民国26年（1937），太仓县设6个区，璜泾、鹿河、王秀同属第5区，区公所设在璜泾。民国30年（1941），太仓县撤并成3个区，璜泾为第2区。

1949年5月太仓解放后，全县设6个区，璜泾仍设区，下辖璜泾镇、鹿河乡、帆秀乡、思九乡。同年11月设置小乡，璜泾区下辖15个乡镇。1956年并区并乡，璜泾区下辖9个乡（称中乡）。1957年7月，撤销璜泾区建制，单独设乡。1958年9月建璜泾人民公社，实行政社合一，把高级农业社改成农业生产大队。1983年8月体制改革，恢复璜泾乡，撤销农业生产大队，设村民委员会。1991年4月撤乡建镇。1998年11月和2003年8月，先后与王秀镇、鹿河镇合并，取名璜泾镇，直至2013年未变。

第二节　镇名由来

据出土的南宋时张绅、张孝则墓志记载，璜泾地名称"横泾"，也称"璜溪"，属双凤乡。据明末张采的《太仓州志》记载："近镇有泾，泾中有石如璜，富人欲取，为山不能起，是山根也，因以名镇。"据这一记载，至明末时，镇名已改称"璜泾"。镇名"璜泾"，意寓为风水宝地。璜，宝玉也，古时是指一种富贵稀罕的玉器，呈多种弧形，尽显美丽风貌；泾，水系也，是指境内有着丰富的水资源，自然成为“鱼米之乡”，养育了一方百姓。故“璜泾”有美丽富庶之地的含义。

第三节　地理位置

璜泾镇位于太仓市北部，长江下游入海口南岸。境域陆地东西最大直线距离14千米，南北最大直线距离14.85千米，纵横基本等距，呈近正方形。东北部紧依“黄金水道”长江，拥有10.53千米的长江岸线，与崇明岛隔江相望；西北部与常熟市相邻；东南部与本市浮桥镇接壤；西南部与常熟市支塘镇、本市沙溪镇相接。境域总面积83.84平方千米。

璜泾镇人民政府（2018年摄）

镇政府驻西塔社区园林路2号。电话区号0512，邮政编码215427。距太仓市人民政府27.4千米。

第二章　区划调整

第一节　镇区划调整

1998年11月，经省政府批准，璜泾镇与王秀镇合并称璜泾镇。王秀建制镇撤销后，称王秀管理区。并镇后，璜泾镇下辖30个村（其中1个渔业村），3个社区。

2003年8月，又经省政府批准，璜泾镇与鹿河镇（当时有6个村）合并称璜泾镇。鹿河建制镇撤销后，称鹿河管理区。此次并镇，璜泾镇下辖26个村，3个社区。2013年下辖13个村，4个社区。

第二节　村区划调整

1999年10月，实施村区划调整。新华、长乐、前进3个村合并称新华村；华南、广丰2个村合并称华南村；荡茜、渔业2个村合并称荡茜村；永乐、荷花2个村合并称永乐村；广新、广乐2个村合并称广新村；王秀、湘里2个村合并称王秀村；孙桥、白荡2个村合并称孙桥村；建华、伍胥2个村合并称建华村；杨漕、草庙2个村合并称杨漕村。邢庄、万新、新联、林场、海城、利华、长浜、孟河、包桥、建民、南港等11个村未做调整，仍保留原建制。此时，璜泾镇下辖20个村。

此后，璜泾镇又先后3次实施村区划调整。2004年5月，华南、邢庄2个村合并称华南村；新联、万新2个村合并称新联村；林场、海城2个村合并称林场村；王秀、长浜2个村合并称王秀村；孟河、包桥2个村合并称孟河村；建民、杨漕、南港3个村合并称杨漕村。2004年9月，永乐、利华2个村合并称永乐村。2006年9月，华南、广新2个村合并称荣文村；新联、林场2个村合并称新联村；孟河、建华2个村合并称孟河村；新明、东影2个村合并称新明村；长新、飞鹿2个村合并称雅鹿村。此时，璜泾镇下辖13个村，至2013年村区划未变。村习惯排序为新华、荣文、新联、荡茜、永乐、王秀、孙桥、孟河、杨漕、新明、新海、长洲、雅鹿。

第三节 村民小组及排序

1994年，全镇有208个村民小组。1998年11月，王秀镇并入璜泾，村民小组增加171个。1999年10月，江海渔业村并入荡茜村，成为荡茜村的1个村民小组。2003年8月，鹿河镇并入璜泾，村民小组增加147个。2005年后，荡茜村有2个组动迁撤组。至此，全镇村民小组524个，至2013年未变。

1999—2006年，村区划先后4次调整。每次调整后，各村均对村民小组进行重新排序。2006年各村排序后，至2013年未变。

表1-1 2013年璜泾镇村民小组排序对应情况

村名	村民小组（个）	排序对应情况
新华	35	1—9组原新华村，10—25组原前进村，26—35组原长乐村。注：原新华村6组分南6组和北6组，但排序仍为1个组
荣文	62	1—11组原华南村，12—23组原广丰村，24—36组原邢庄村，37—50组原广新村，51—62组原广乐村
新联	54	1—14组原新联村，15—27组原万新村，28—41组原林场村，42—54组原海城村
荡茜	13	注：村区划未调整。2005年前15个组，后撤2个组，但排序未变
永乐	42	1—12组原永乐村，13—25组原荷花村，26—42组原利华村
王秀	35	1—11组原王秀村，12—23组原湘里村，24—35组原长浜村
孙桥	29	1—16组原孙桥村，17—30组原白荡村。注：原孙桥村12组已撤组，但各组排序未变，现孙桥村排序至30个组，实为29个组
孟河	52	1—12组原孟河村，13—25组原包桥村，26—36组原建华村，37—52组原伍胥村
杨漕	55	1—11组原杨漕村，12—24组原草庙村，25—37组原南港村，38—55组原建民村
新明	45	1—11组原黎明村，12—23组原新幸村，24—35组原玉影村，36—45组原东泾村
新海	23	1—10组原滨海村，11—23组原新泾村
长洲	33	1—13组原泗洲村，14—25组原长城村，26—33组原长江村
雅鹿	46	1—15组原新市村，16—22组原长沙村，23—33组原飞跃村，34—46组原鹿南村

第四节 社区居委会区划调整

1994年，璜泾镇设2个居民委员会（以下简称“居委会”），分别为永新居委会（通常称“西居委”）和永建居委会（通常称“东居委”）。

1998年11月璜泾与王秀合并后，原王秀居委会设置未变，璜泾镇居委会增至3个。

2000年，根据“全国城市居委会改革试验区活动”的要求和中办发〔2000〕23号文件精神，对居委会进行调整，将璜泾永新居委会和永建居委会合并为“璜泾社区居委会”。调整后，璜泾镇居委会减至2个。

2003年8月璜泾与鹿河合并后，原鹿河新鹿社区居委会设置未变，璜泾镇居委会增至3个。

2006年9月，按照市委、市政府《关于全面推进社区建设工作的意见》，根据新农村建设集中居住后市镇人口增加的现状，为便于加强社区管理，对璜泾社区居委会进行区划调整，以镇上南北走向的陈大港为界，分设两个社区，建两个社区居委会。陈大港以东以辖区内的古树“银杏”之名，将居委会更名为“银杏社区居委会”；陈大港以西以辖区内的古塔“璜泾西塔”之名，将居委会更名为“西塔社区居委会”。同时，以鹿河新鹿社区居委会辖区内的古地名“玉影山”之名，将鹿河新鹿社区居委会更名为“鹿河玉影山社区居委会”。此时，璜泾镇居委会增至4个，至2013年未变。

第三章　村　社区

第一节　建制村

一、新华村

村名源于新华高级社社名。1994年，新华村有9个村民小组，315户，户籍人口1014人。耕地面积70公顷，粮食总产量658吨。工业总产值3472万元。农民人均纯收入3205元。

1999年10月，新华、前进、长乐3个村合并，组成新华村。位于璜泾镇区北部。东与永乐村相望，西与孟河村交界，南与镇区、荣文村、永乐村毗邻，北与新联村接壤。村民委员会驻崇文路与怀仁路路口西北侧，距离镇政府0.94千米（直线距离，下同）。辖区面积4.73平方千米。耕地面积229公顷。

境内主要道路有338省道、沙鹿公路、璜浮公路、包长路、新华小区路等。太仓市级、镇级主要河道有荡茜泾、三漫塘、蒋泾河等。村级主要河道有9条，总长12.84千米；生产河道23条，总长10.77千米。有主要桥梁10余座，其中省、太仓市道公路桥梁主要有蒋泾塘桥、新华桥、李家埝桥等。

2000年起，民营企业加快发展，企业大多集中在园林路北段东侧、棉北路西段和沙鹿路新华段两侧，形成新华民营工业小区。2003年起，加快新农村建设，建有新华花园农民集中居住小区，占地面积43万平方米，其中公寓房地块3.5万平方米。2007年新建村社区服务中心大楼和村社区卫生服务站，2010年，建成村“一站式”服务大厅，总建筑面积3360平方米，社区服务功能和村委会办公条件得到增强和改善。

2013年末，全村有35个村民小组，766户，户籍人口2935人。有各类企业189家，个体工商户725户。全村工业总产值27.5亿元，农业总产值2445万元。村拥有集体资产总额2471万元，村级集体经济总收入1238万元。全村农民人均纯收入33780元。

新华村村委会（2009年摄）

获得荣誉：1999年，被中共太仓市委员会、太仓市人民政府评为加强农村基层组织建设、加强农村现代化建设示范村；同年，被江苏省爱国卫生运动委员会评为江苏省卫生村；2006年，被中共苏州市委员会评为实践“三个代表”、实现“两个率先”先锋村；2008年，被中共苏州市委员会、苏州市人民政府评为苏州市建设社会主义新农村示范村；同年，被苏州市依法治市领导小组办公室、苏州市司法局、苏州市民政局评为民主法治村；2012年，被江苏省依法治省领导小组评为江苏省民主法治示范村。

1994—2013年村党组织书记：丰瞻远（1994.1—1994.10）、顾阿玉（1996.10—1999.10〈其中1994.10—1996.10主持工作〉）、陆国良（1999.10—2005.7）、王祖元（2005.7—2012.2）、胡庆丰2012.2—　）。村民委员会主任：史惠林（1994.1—1996.10）、陆国球（1996.10—1999.10）、顾阿玉（1999.10—2004.7）、周惠明（2004.7—2008.2）、胡庆丰（2008.2—2012.2）、李冬梅（2012.2—　）。

二、荣文村

荣文村由原华南、广丰、邢庄、广新、广乐5个村合并组成。村名取自本土重点企业——苏州荣文集团有限公司的企业名。此村名有繁荣农村经济、传承乡风文明之意。

位于璜泾镇区南部。东与永乐村相望，西与王秀村交界，南与浮桥镇毗邻，北与璜泾镇区接壤。村民委员会驻荣文路西段荣文村3组境内，距离镇政府0.35千米。辖区面积9.43平方千米。耕地面积501公顷。

境内主要道路有荣文路、沙鹿路、协星路、广新路等。太仓市级、镇级主要河道有陈大港、荡茜泾、湘里泾等。村级主要河道有12条，总长17.19千米；生产河道55条，总长27.55千米。有大小桥梁20余座，其中太仓市道公路桥梁主要有荡茜河大桥、南贤泾桥、浪港桥、小璜泾塘桥、陈大港大桥、东长浜桥、隔港桥等。全村耕地面积501公顷，粮食作物主要为水稻、小麦。

境内民营企业众多，主要集中在原华南、邢庄村委会所在地和镇区东南部原广乐村境内，形成3个民营工业小区。拥有苏州荣文集团有限公司、太仓时代潮化纤有限公司等一批重点民营企业。建有华南社区卫生服务站和广新社区卫生服务站，方便村民医疗保健。2009年，建成与镇文体中心大楼合为一体的村委会办公大楼，村委会用房建筑面积1000平方米，设有一站式便民服务大厅。村委会驻地建有文化广场、室外舞台等文体设施。同年，规划建设农民集中居住小区荣文花园，规划用地面积35.47万平方米。2010年小区工程启动，首期建设用地5.18万平方米，132户动迁户联体住宅正在施工之中，总建筑面积4.03万平方米。

2013年末，全村有62个村民小组，1254户，户籍人口3889人。有各类企业148家，个体工商户256户。全村工业总产值29.65亿元，农业总产值3784万元。村拥有集体资产总额1468万元，村级集体经济总收入954万元。全村农民人均纯收入28226元。

荣文村村委会（2017年摄）

获得荣誉：1999年、2000年，连续两年被江苏省爱国卫生运动委员会评为江苏省卫生村；2007年，被江苏省环境保护委员会评为江苏省生态村；2010年，被中共苏州市委员会、苏州市人民政府评为苏州市建设社会主义新农村示范村；2011年，被苏州市依法治市领导小组办公室、苏州市司法局、苏州市民政局评为民主法治村。

2006年9月至2013年12月村党组织书记：吴喜梅（2006.9—2009.2）、黄金明（2009.2—2012.2）、祁殿成（2012.2—2013.8）、曹旭东（2013.8— ）。村民委员会主任：徐永和（2006.9—2012.2）、曹旭东（2012.2—2013.8）、高萍（2013.8— ）。

三、新联村

20世纪50年代中期万欧乡下属的小村联合组建新的村，故取村名新联。1994年，新联村有14个村民小组，232户，户籍人口1347人。耕地面积149公顷，粮食总产量1283吨。工业总产值5064万元。农民人均纯收入3163元。

2004年至2006年，历经2次村区划调整。调整后的新联村由原新联、万新、林场、海城4个村合并组成。位于璜泾镇区北部。东邻长江，西与孟河村交界，南与新华、永乐、荡茜村毗邻，北至钱泾塘。村民委员会驻新联村9组境内，距离镇政府2.61千米。辖区面积7.36平方千米。耕地面积475公顷。

境内主要道路有338省道、沙鹿公路、太璜公路、林海路、新联路、万新路、思乡路等。太仓市级、镇级主要河道有钱泾、蒋泾塘、三漫塘、内随塘河、姚塘、培水塘等。村级主要河道有15条，总长21.81千米；生产河道39条，总长16.47千米。有大小桥梁40多座，其中太仓市道公路桥梁主要有李家埝桥、施家桥、友谊桥等。

境内工业起步于20世纪70年代。20世纪90年代后期完成村办企业转制后加快发展民营企业。1998年起，村民投资创业积极性高涨，是年，有110户农户创办个私企业，其中有化纤加弹企业70多家，分别在原村委会所在地附近和原太海汽渡过境路周边形成2个加弹小区，新联村是全镇民营企业起步早、发展快的村之一。2006年，启动建设农民集中居住小区新联花园，规划占地面积20万平方米，至2013年，小区建设初具规模，已建成单体住宅117幢，总建筑面积4.21万平方米。2009年6月，在338省道东侧、新联村9组境内新建村委会和村社区服务中心大楼，社区服务功能得到增强。

2013年末，全村有54个村民小组，1123户，户籍人口4006人。有各类企业231家，个体工商户366户。全村工业总产值48.79亿元，农业总产值3524万元。村拥有集体资产总额2717万元，村级集体经济总收入1206万元。全村农民人均纯收入35663元。

新联村村委会（2017年摄）

获得荣誉：2006年，被中共太仓市委员会评为先进基层党组织；2008年，被中共太仓市委员会、太仓市人民政府评为文明村；2008年，被中共太仓市依法治市领导小组、太仓市民政局、太仓市司法局评为民主法治村。

1994—2013年村党组织书记：黄国兴

（1994.1—2001.5）、黄利清（2001.5—2004.7）、张凤鸣（2004.7—2006.9）、黄利清（2006.10—　）。村民委员会主任：姜惠德（1994.1—1994.9）、黄锦明（1994.9—2004.7）、黄利清（2004.7—2006.10）、夏建中（2006.10—2009.2）、朱锦芬（2009.2—　）。

四、荡茜村

荡茜村村名源于长江荡茜口水闸及荡茜泾。1994年，荡茜村有15个村民小组，330户，户籍人口1237人。耕地面积159公顷，粮食总产量1269吨。工业总产值4334万元。农民人均纯收入3217元。位于璜泾镇区东部。东邻长江，西与永乐村交界，南与浮桥镇时思毗邻，北与新联村接壤，是全镇唯一的村区划未调整的村。村民委员会驻荡茜村12组境内，距离镇政府4.5千米。辖区面积2.8平方千米。耕地面积135公顷。

境内主要道路有滨江大道、璜浮公路、主江堤路、三高公路等。太仓市、镇级主要河道有荡茜泾、中心河、随塘河等。村级主要河道有2条，总长2.3千米；生产河道9条，总长3.93千米。有大小桥梁10余座，其中太仓市道公路桥梁主要有荡茜河东大桥、叶家桥等。

境内村办工业起步较早，1973年创办太仓荡茜服装厂，1974年创办太仓荡茜棉纺厂，1991年创办太仓荡茜企口地板厂。20世纪90年代后，村工业开发需服从太仓港港区统一规划，村民创办企业不再安置于本村。进入21世纪后，因太仓港港区建设发展，境内建设用地增多，农户承包耕地变动较大，村根据农户用地状况发生变化的机遇，大力推进土地流转工作，将农户承包的耕地流转给村，由村统一经营，2013年率先在全镇各村中实现了农户承包耕地全流转。有两个村民小组撤组。2005年，对村委会办公用房和村社区服务中心用房进行装修，增设便民服务窗口，改善办公条件。

2013年末，全村有13个村民小组，178户，户籍人口840人。有各类企业16家，个体工商户39户。全村工业总产值1.65亿元，农业总产值2071万元。村拥有集体资产总额1582万元，村级集体经济总收入636万元。全村农民人均纯收入27329元。

获得荣誉：2009年，被中共太仓市委员会评为农村新型合作经济先进单位；2011年，被中共太仓市委员会评为2008—2010年度文明村；同年，被苏州市司法局评为民主法治村。

1994—2013年村党组织书记：顾引岐（1994.1—1994.9）、陈俊良（1994.9—2009.8）、李健（2009.8—2010.12）、杨翠珠（2010.12—2013.7〈其中2010.12—2012.1副书记主持工作〉）、潘锦球（2013.7—　）。村民委员会主任：杜阿祖（1994.1—1994.9）、周炳其（1994.9—2003.11）、仇惠明（2003.11—2009.10）杨翠珠（2009.10—2012.1）、潘锦球（2012.1—2013.7）、夏卫良（2013.7—　）。

荡茜村村委会（2016年摄）

五、永乐村

永乐村因中华人民共和国成立初期属永乐乡而得名。1994年，永乐村有12个村民小组，332户，1110人。耕地面积148公顷，粮食总产量1181吨。工业总产值1184万元。农民人均纯收入3117元。

1999年10月和2004年9月，永乐村先后与荷花村、利华村合并，并村后的永乐村由原永乐、荷花、利华3个村组成。位于璜泾镇区东南部。东与浮桥镇时思相望，西与荣文、新华村交界，南与浮桥镇金浪毗邻，北与新联村接壤。村民委员会驻永乐村6组境内，距离镇政府1.24千米。辖区面积7.02平方千米。耕地面积382公顷。

境内主要道路有338省道、璜浮公路等。太仓市级、镇级主要河道有新七浦塘、荡茜河等。村级主要河道有11条，总长14.8千米；生产河道61条，总长23.28千米。有大小桥梁20余座，其中省道公路桥梁主要有荡茜河大桥等。

永乐村村委会（2008年摄）

20世纪90年代，境内村（队）办工业主要有太仓永乐塑料厂、太仓永乐光学厂、太仓利华铸造厂、太仓荷花布厂等。1996年村办企业产权制度改革后发展民营企业。进入21世纪后，以化纤加弹行业为主的民营企业迅速发展，形成永乐、利华民营工业小区和璜泾镇永乐工业开发区。重点企业主要有苏州荣文合成纤维有限公司、江苏锦凯集团有限公司、中润化纤科技有限公司等10家。2004年，启动农民集中居住小区永乐花园建设，规划占地面积29.68万平方米，至2013年，小区内建成单体住宅247幢，总建筑面积8.89万平方米。2008年，新建村委会和村社区服务中心大楼，建筑面积3048平方米，内设图书馆、民乐室、书画室、棋牌室、科普室、培训室、多媒体室、健身房等。2009年起，村重视关心下一代工作，创办校外教育辅导站，聘请热心于青少年教育的退休教师负责暑期学校。村青少年教育内容丰富、形式多样，多次受到上级关工委表彰，成为太仓市校外教育示范点。2010年，在村委会所在地、永乐花园小区营造勤廉文化社区环境，种植千余株“白玉兰”，置放“廉石”，建“清风林”和“清风亭”。

2013年末，全村有42个村民小组，731户，户籍人口2711人。有各类企业226家，个体工商户210户。全村工业总产值60.75亿元，农业总产值3025万元。村拥有集体资产总额2473万元，村级集体经济总收入1095万元。全村农民人均纯收入32350元。

获得荣誉：2004年，被苏州市爱国卫生运动委员会评为江苏省卫生村。2006年，被中共苏州市委员会评为实践“三个代表”、实现“两个率先”先锋村；被江苏省环境保护委员会评为江苏省生态村；被江苏省精神文明建设指导委员会评为江苏省文明村。2007年，被苏州市委、市政府评为苏州市建设社会主义新农村先进村。2008年12月，被江苏省民政厅评为江苏省管理民主示范村。2010年1月，被苏州市卫生局评为2009年度苏州市健康教育与健康促进工作先进集体。

1994—2013年村党组织书记：陈宝球（1994.1—2006.9）、闻一鸣（2006.10—2013.12）、倪伟峰（2013.12— ）。村民委员会主任：闻一鸣（1994.1—2006.9）、朱惠明（2006.9— ）。

六、王秀村

村名源于境内红旗浜上秀东桥（也称王秀桥）的桥名。1998年11月随王秀镇撤并归属璜泾镇。是年，有11个村民小组，户籍人口1220人。耕地面积81.73公顷，粮食总产量657吨。工业总产值1570万元。农民人均纯收入4997元。村级经济各项指标列王秀镇之首。

1999年10月和2004年5月，王秀村先后与湘里村、长浜村合并，并村后的王秀村由原王秀、湘里、长浜3个村组成。位于璜泾镇区西部。东与荣文村相望，西与孙桥村、常熟支塘镇交界，南与沙溪镇归庄毗邻，北与孟河村接壤。村民委员会驻王秀管理区湘王路王秀村5组境内，距离镇政府3.97千米。辖区面积4.98平方千米。耕地面积268公顷。

境内主要道路有沙鹿公路、湘王路等。太仓市级、镇级主要河道有钱泾、石头塘、湘里泾、洋圩泾等。村级主要河道有16条，总长27.8千米；生产河道7条，总长1.99千米。太仓市道公路桥梁主要有湘里桥、湘里大桥、石头塘桥等。

20世纪90年代，村（队）办工业主要有太仓王秀电镀厂、太仓王秀服装厂、太仓王秀钢窗厂、太仓王秀冷配厂、太仓王秀并线厂、太仓湘里丝织厂等。进入21世纪后，个体私营企业快速发展，企业大多集中在沙鹿路、湘王路沿线，初步形成了沿路工业开发带。重点企业主要有太仓市银鹿服饰有限公司、太仓市锦飞电镀有限公司、太仓市锦艳纺织有限公司等。2008年，将原村办企业2层楼房改建为村委会办公用房和村社区服务中心用房，建筑面积1800平方米。2013年，镇规划的农民集中居住小区王秀花园项目正在设计待批之中。

2013年末，全村有35个村民小组，775户，户籍人口2058人。有各类企业120家，个体工商户211户。全村工业总产值16.31亿元，农业总产值2941万元。村拥有集体资产总额1489万元，村级集体经济总收入1005万元。全村农民人均纯收入33200元。

获得荣誉：2009年6月，被中共苏州市委员会评为实践“三个代表”、实现“两个率先”先锋村；2009年、2012年，先后被苏州市精神文明建设指导委员会评为2006—2008年度和2009—2011年度苏州市文明村；2011年6月，被中共太仓市委员会评为2008—2010年度太仓市先进基层党组织。

王秀村村委会（2009年摄）

1998年11月至2013年12月村党组织书记：彭耀兴（1998.11—2005.4）、蔡锦球（2005.4—2012.2）、周陆彦（2012.2— ）。村民委员会主任：项锦芬（1998.11—2003.10）、朱雪刚（2003.11— ）。

七、孙桥村

村名源于境内的新孙桥。1998年11月随王秀镇撤并归属璜泾镇。是年，有15个村民小组，户籍人口1161人。耕地面积119公顷，粮食总产量924吨。工业总产值860万元。农民人均纯收入4392元。

1999年10月，孙桥与白荡合并称孙桥村。位于璜泾镇区西部。东与王秀村相望，西与杨漕村交界，南与常熟支塘镇毗邻，北与孟河村接壤。村民委员会驻孙桥村6组境内，距离镇政府5.09千米。辖区面积4.3平方千米。耕地面积253公顷。

境内主要道路有草王路、建王路等。镇级主要河道有洋圩泾、罗家塘、双纲河等。村级主要河道有10条，总长17.08千米；生产河道19条，总长8.31千米。桥梁主要有北港桥、太平桥等。

原境内村（队）办工业主要有太仓江南浴缸厂、太仓孙桥农机厂、太仓孙桥清洗厂、太仓白荡皮塑厂、太仓白荡玻璃钢厂等。1998年前后，对村办集体企业进行产权制度改革，转为个体私营企业。进入21世纪后，发展民营企业。2006年，将原村办企业浴缸厂2层楼房改建为村委会办公用房和村社区服务中心用房，建筑面积1000平方米。2009年，在邻近村委会驻地规划工业小区，建造标准厂房，民营企业开始向小区集中。2010年前后，发展优质高效农业，建成蔬菜、瓜果基地，对生产的草莓、火龙果等包装销售。

2013年末，全村有29个村民小组，608户，户籍人口1865人。有各类企业36家，个体工商户113户。全村工业总产值2.82亿元，农业总产值2843万元。村拥有集体资产总额1516万元，村级集体经济总收入682万元。全村农民人均纯收入36880元。

孙桥村村委会（2014 年摄）

获得荣誉：1999年，被江苏省爱国卫生运动委员会评为江苏省卫生村；2004年、2006年，先后被苏州市精神文明建设委员会评为2002—2003年度和2004—2005年度文明村；2011年，被中共太仓市委员会评为2010年度现代农业建设先进单位；2011年，被苏州市文化广电新闻出版局评为公共文化服务优秀村；同年，被苏州市依法治市领导小组评为民主法治村；2013年12月，被江苏省环境保护委员会评为江苏省生态村。

1998年11月至2013年12月村党组织书记：倪宗良（1998.11—2008.6）、苏丽华（2008.6—2012.1）、黄金明（2012.1—　）。村民委员会主任：范金飞（1998.11—2006.10〈其中2003.11—2006.10任副主任主持工作〉）、王祖明（2006.11—　）。

八、孟河村

孟河村因境内的孟河得名。1998年11月随王秀镇撤并归属璜泾镇。是年，有12个村民小组，1033人。耕地面积89公顷，粮食总产量713吨。工业总产值120万元。农民人均纯收入4013元。

1999年起经历次村区划调整，至2006年9月孟河村由原孟河、包桥、建华、伍胥4个村合并组成。位于璜泾镇区中西部。东与新华、荣文村相望，西与孙桥、杨漕村毗邻，南与王秀村交界，北与新明、雅鹿村接壤。村民委员会驻孟河村9组境内，距离镇政府4.03千米。辖区面积7.15平方千米。耕地面积448公顷。

境内主要道路有湘杨路、建王路、建包路等。太仓市级、镇级主要河道有钱泾、罗家塘、双纲河、大潭河、直塘等。村级主要河道有14条，总长25.08千米；生产河道24条，总长11.41千米。主要桥梁有张安桥、伍胥桥等。

原境内村（队）办工业主要有太仓东风针织厂、太仓建华弹织厂等。1998年前后村办企业产权制度改革后发展民营企业，骨干企业有太仓市秀昌纺织有限公司、太仓市鸿强服饰有限公司等。2006年，在9组境内新建村委会和村社区服务中心大楼以及其他辅助用房，总建筑面积912平方米，设有“一站式”便民服务大厅。2007年后，加快新农村建设，开展村庄整理，实施老村庄改造，美化绿化环境，“吴家湾”成为环境美化星级示范点和参观游览景点。

2013年末，全村有52个村民小组，1053户，户籍人口3402人。有各类企业27家，个体工商户176户。全村工业总产值3524万元，农业总产值3872万元。村拥有集体资产总额1314万元，村级集体经济总收入625万元。全村农民人均纯收入28988元。

获得荣誉：2004年，被江苏省爱国卫生运动委员会评为江苏省卫生村；2011年，被中共苏州市委员会、苏州市人民政府评为苏州市建设社会主义新农村示范村；同年，被苏州市依法治市领导小组办公室、苏州市司法局、苏州市民政局评为民主法治村。

1998年11月至2013年12月村党组织书记：张惠清（1998.11—2008.2）、张耀岐（2008.2—2013.7）、杨翠珠（2013.7—　）。村民委员会主任：张耀岐（1998.11—2009.10）、李忠球（2009.10—　）。

孟河村村委会（2017年摄）

九、杨漕村

杨漕村因辖区内有一条名为杨漕的河流而得名。1998年11月随王秀镇撤并归属璜泾镇。是年，有11个村民小组，户籍人口860人。耕地面积81公顷，粮食总产量546吨。工业总产值60万元。农民人均纯收入4070元。

1999年10月和2004年5月，经两次村区划调整，杨漕村由原杨漕、草庙、建民、南港4个村合并组成。位于璜泾镇区西部。东与孟河、孙桥村相望，西与常熟何市（属碧溪街道）交界，南与常熟支塘镇毗邻，北与雅鹿村接壤。村民委员会驻杨漕村15组、19组境内，距离镇政府6.8千米。辖区面积6.95平方千米。耕地面积475公顷。

境内主要道路有鹿北公路、草王路、建南路等。镇级河道有双纲河。村级主要河道有16条，总长40.12千米；生产河道7条，总长4.40千米。主要桥梁有双纲河1、2号桥和小石桥、莳泾桥、杨梅基地桥、北港1号桥、建南桥、东胜桥、解放桥等。

原境内村（队）办工业主要有太仓杨漕五金厂、太仓新丰针织厂、太仓杨漕被服厂、太仓建民针织厂、太仓南港羽绒服厂等。1998年起，因村相对偏远集镇，不便发展工业，重点发展农业。2000年后，发展高效设施农业，扩大露地蔬菜基地。2003年后，推进农户承包土地流转工作，创办村级农场专业合作社，提高农业组织化、专业化程度。2004年起，动迁农户集中入住杨漕花园小区，建成单体住宅24幢，总建筑面积8640平方米。2008年后，开始发展现代农业，境内建有璜泾现代农业园区。培育优质稻米丰产方2500亩，建成工厂化水稻育秧大棚1.9万平方米、单体喷滴蔬菜大棚7万平方米、连栋大棚1万平方米、露地蔬菜基地300亩。2010年起大面积推广水稻机插秧，每年机插秧率均在90%以上，其中水稻丰产方机插秧率达100%。2011年，新建村委会"四合院"办公用房，建筑面积1200平方米，设有"一站式"便民服务大厅。

杨漕村有着光荣的革命历史。早在1940年太仓县第一个党支部在杨漕村诞生，杨漕地区是苏常太抗日游击根据地的重要活动区域。2011年，重建扩建太仓第一个党支部纪念馆，修建璜泾革命烈士陵园，成为太仓市爱国主义和革命传统教育基地。农村精神文明建设以建好"廉之园""勤之园""缅之园""梦之园"为重点，开展"乡风文化田园坊"活动。

2013年末，全村有55个村民小组，1195户，户籍人口4198人。有各类企业20家，个体工商户75户。全村工业总产值9780万元，农业总产值3785万元。村拥有集体资产总额1364万元，村级集体经济总收入592万元。全村农民人均纯收入25378元。

杨漕村村委会（2017年摄）

获得荣誉：2008年4月，被中共太仓市委农村工作办公室、太仓市老区开发促进会评为老区开发建设先进单位；2010年1月，被苏州市农业委员会、苏州市安全生产监督管理局评为"平安农机"促进新农村建设示范村；2013年，被中共太仓市委员会、太仓市人民政府评为2011—2013年度太仓市文明村；同年5月，被江苏省依法治省领导小组评为江苏省民主法治村。

1998年11月至2013年12月村党组织书记：孙永华（1998.11—2003.8）、杨增福（2003.8—2006.9）、李炳元（2006.10— ）。村民委员会主任：张浩良（1998.11—1999.10）、杨增福（1999.10—2004.5）、陈建宗（2004.5—2006.11）、魏雪萍（2003.11—2012.1）、吴振清（2012.1— ）。

十、新明村

1999年新幸村与黎明村合并，合并村从两村村名中各取一字，称新明村。2003年8月随鹿河镇撤并归属璜泾镇。是年，有23个村民小组，504户，户籍人口1730人。耕地面积195公顷，粮食总产量1131吨。工业总产值2.1亿元。农业总产值1187万元。农民人均纯收入6393元。

2006年9月，新明村与东影村合并称新明村。经村区划调整后的新明村由原新幸、黎明、玉影、东泾4个村合并组成。位于璜泾镇区北部。东与新海村相望，西与雅鹿村、孟河村交界，南与新联村毗邻，北与长洲村接壤。村民委员会驻沙鹿公路新明村15组境内，距离镇政府4.95千米。辖区面积8.35平方千米。耕地面积288公顷。

境内主要道路有338省道、沙鹿公路、太海汽渡路、主江堤路、钱泾塘路、明海路等。太仓市级、镇级主要河道有钱泾、新泾、随塘河、关王塘、老木行塘等。村级主要河道有8条，总长11.4千米；生产河道17条，总长7.71千米。省道、太仓市道公路桥梁主要有新泾桥、钱泾塘桥、友谊桥、东泾桥、陈家湾桥等。

原境内村（队）办工业主要有太仓新幸加弹厂、太仓新幸染整厂、太仓东跃针织厂（东泾与飞跃联办）、太仓玉影塑料厂、太仓鹿新搪瓷厂等。1998年起，在完成村办企业产权制度改革后，民营企业快速发展，2000年前后形成鹿河联影工业小区、新明加弹小区。2003年，全镇规模最大的化纤企业江苏申久化纤有限公司落户新明村。2005年后，经镇政府规划，在新明村境内开发建设璜泾工业园区，江苏长乐纤维科技有限公司等一批规模企业在区内建成投产。新明村成为全镇工业最发达的地区，工业经济总量列各村之首。

2007年，在沙鹿路新明村15组境内建成村社区服务中心大楼和社区卫生站，总建筑面积1610平方米，村级社区服务功能和医疗卫生条件得到改善。随着新农村建设加快推进，动迁农户向新鹿花园住宅小区集中，小区占地面积77.83万平方米，至2013年区内建成单体住宅600幢、联体住宅68幢，总建筑面积25.75万平方米。

2013年末，全村有45个村民小组，990户，户籍人口3856人。有各类企业189家，个体工商户177户。全村工业总产值112.15亿元，农业总产值3217万元。村拥有集体资产总额2486万元，村级集体经济总收入1231万元。全村农民人均纯收入32400元。

新明村村委会（2009年摄）

获得荣誉：2006年，被中共太仓市委员会评为太仓市先进基层党组织；同年，被江苏省依法治省领导小组评为江苏省民主法治示范村；2007年，被中共苏州市委员会、苏州市人民政府评为苏州市建设社会主义新农村示范村；同年，被江苏省环境保护委员会评为江苏省生态村；2008年，被江苏省建设厅评为江苏省康居示范村；2009年，被中共苏州市委员会评为“实践科学发展、推进‘两个率先’”先锋村；2011年，被江苏省农业委员会、江苏省农民体育协会评为江苏省农民体育工作先进村。

2003年8月至2013年12月村党组织书记：高国球（2003.8—2006.10）、陆秀珍（2006.10—2012.2）、蔡锦球（2012.2—　）。村民委员会主任：邱建清（2003.8—2008.2）、夏建国（2008.2—　）。

十一、新海村

1999年新泾村与滨海村合并，合并村从两村村名中各取一字，称新海村。2003年8月随鹿河镇撤并归属璜泾镇。位于璜泾镇区北部。东北部濒临长江，西与新明村交界，南与新联村接壤。村民委员会驻19组境内，距离镇政府5.78千米。辖区面积3.35平方千米。耕地面积242公顷。

境内主要道路有明海路、钱泾塘路、主江堤路等。太仓市级、镇级主要河道有钱泾、新泾、随塘河等。村级主要河道有10条，总长12.83千米；生产河道10条，总长5.88千米。有滨海套闸桥、新泾闸桥、庙桥等主要桥梁20余座。

原境内村（队）办工业主要有太仓新泾钢丝绳厂、太仓新泾编织厂、太仓新泾袜厂、太仓新海染色厂（新泾、滨海、新幸联办）、太仓滨海针织厂等。20世纪90年代后期起，沿江村建设用地纳入太仓港港区规划，村重点发展农业。村创办太仓市新滨农场专业合作社，经营耕地面积2110亩。农作物以水稻、小麦为主，无公害特色农产品有黑米、糯米等。2008年，在各村中率先引进机插秧育秧流水线。2011年，"水稻大棚育秧产业化应用与推广" 项目被列入国家星火计划。2012年，又新建了占地7500平方米的工厂化育秧大棚，成功培育秧苗58000盘，为2300亩水稻大田移栽机插提供优质秧苗，水稻机插秧工厂化育秧技术处于太仓全市领先水平。

2013年末，全村有23个村民小组，478户，户籍人口1866人。有各类企业27家，个体工商户79户。全村工业总产值3.82亿元，农业总产值2743万元。村拥有集体资产总额1140万元，村级集体经济总收入666万元。全村农民人均纯收入23300元。

新海村村委会（2007年摄）

获得荣誉：2011年，被苏州市民政局评为民主法治村；2013年，被中共太仓市委员会评为2010—2012年度先进基层党组织；2014年，被中共太仓市委员会、太仓市人民政府评为2011—2013年度文明村。

2003年8月至2013年12月村党组织书记：朱建良（2003.8—2005.4）、陆洪昌（2005.4—2012.1）、黄耀清（2012.1—　）。村民委员会主任：陆洪昌（2003.8—2006.11）、沈建林（2006.11—　）。

十二、长洲村

1999年长城、长江、泗洲村合并，合并村从三村村名中各取一字，称长洲村。2003年8月随鹿河镇撤并归属璜泾镇。位于璜泾镇区西北部。东北部濒临长江，东南部与新明村相连，西南部与雅鹿村毗邻，西北部与常熟接壤。村民委员会驻长洲村22组境内，距离镇政府7.8千米。辖区面积5.55平方千米。耕地面积308公顷。

境内主要道路有太海汽渡路、主江堤路、鹿长路等。太仓市级、镇级主要河道有随塘河、关王塘、光明塘、涟浦塘等。村级主要河道有8条，总长10.05千米；生产河道16条，总长7.11千米。有光明桥、江堤桥、随塘河桥、泗洲桥等主要桥梁17座。

原境内村（队）办工业主要有太仓长城搪瓷厂、太仓长城针织厂、太仓长城染色厂、太仓长江

染色厂、太仓长江五金厂、太仓泗洲针织厂等。20世纪90年代后期起，沿江村建设用地纳入太仓港港区规划，村重点发展农业。为提高农业组织化、专业化、产业化程度，境内建有各类专业合作社。主要有太仓市泗洲农场专业合作社，主要从事粮食、蔬菜、瓜果、苗木、花卉的种植、销售及有关农业技术咨询服务；太仓市长洲粮食生产专业合作社，主要种植、销售粮食，从事农副产品供销；太仓市长洲花木专业合作社，主要种植、销售花木、苗木，从事绿化管理；太仓市双健农机专业合作社，主要从事农田耕作、收割播种、土地平整、农机技术咨询服务；太仓市璜泾镇恒信花木专业合作社，主要从事花卉、苗木、谷物、蔬菜、瓜果的种植、销售，绿化工程施工及养护，出租盆景，经销农副产品；太仓市璜泾大文特种水产养殖专业合作社，主要养殖、销售淡水产品（特种水产）。

2005年9月，太仓市汽车轮渡有限公司太海（太仓—海门）汽渡码头从林场村迁移至境内，新码头由长575米的引堤和长210米码头组成。长洲村成为长江下游第一个连通长江南北的渡运之地。

2013年，易地新建的村委会办公用房和村社区服务中心用房正在建设，总建筑面积1700平方米。

2013年末，全村有33个村民小组，816户，户籍人口2913人。有各类企业44家，个体工商户144户。全村工业总产值7.41亿元，农业总产值2903万元。村拥有集体资产总额1465万元，村级集体经济总收入694万元。全村农民人均纯收入27576元。

获得荣誉：1998年，被江苏省爱国卫生运动委员会评为江苏省卫生村；1999年4月，被中共苏州市委员会、苏州市人民政府评为加强农村基层组织建设、加快农村现代化建设示范村；2000年，被苏州市精神文明建设委员会评为文明村；2002年2月，被苏州市全国九亿农民健康教育行动领导小组评为苏州市先进村；2006年12月，被苏州市村务公开和民主管理工作领导小组评为村务公开民主管理示范村；2007年8月，被江苏省环境保护委员会评为江苏省生态村。

长洲村村委会（2009年摄）

2003年8月至2013年12月村党组织书记：陆秀珍（2003.8—2006.10）、高振球（2006.10—　）。村民委员会主任：高振球（2003.8—2006.10）、费振尧（2006.10—　）。

十三、雅鹿村

2003年8月，原长新、飞鹿两个村随鹿河镇撤并归属璜泾镇。2006年9月，长新村和飞鹿村合并。在此次村区划调整时，江苏雅鹿集团有限公司与长新村开展“村企联动、共建新农村”活动并取得实效，故将“雅鹿”企业名作为长新村和飞鹿村合并后的村名。

村位于璜泾镇区西北部。东北部与新明、长洲村相连，南与孟河村交界，西北部与常熟接壤。村民委员会驻34组，距离镇政府5.85千米。辖区面积7.35平方千米。耕地面积418公顷。

境内主要道路有338省道、鹿北公路、雅飞路、雅沙路、长新路等。镇级主要河道有关王塘、老木行塘、涟浦塘、孔泾庙塘、张青桥塘等。村级主要河道有14条，总长18.64千米；生产河道26条，总长11.48千米。有新市桥、倪家泾桥等大小桥梁30余座。

原境内村（队）办工业主要有太仓长沙胶木厂、太仓新市针织厂、太仓飞跃加弹厂、太仓东跃针织厂（飞跃与东泾联办）、太仓红星漂染厂等，但企业因境内交通不便、生产工艺落后、产品销路不畅等因素而歇业或转产。20世纪90年代后期起，民营企业得到发展。2000年以后，338省道开通，村内交通条件得到改善，民营企业发展加快。在道路经济效应开始显现后，村又得到了江苏雅鹿集团有限公司的支持，村借助"村企联动、共建新农村"活动平台，大力发展村级物业。2006年，建造6080平方米标准厂房，2012年又先后建成标准厂房及其他物业用房6万平方米，2013年形成占地达8万余平方米的"雅鹿化纤产业园"。骨干企业主要有太仓市天航化纤有限公司、太仓市佳禄化纤有限公司、太仓市宏帆化纤有限公司等。

农业以种植水稻、小麦为主。同时，更加重视发展优质高效农业，蔬菜种植面积扩大、品种增多，专业化、商品化程度提高，种植的西兰花、白花菜、甜玉米、小松菜等优质农产品落实订单销售，由农产品加工企业进行加工包装后出口到日本、欧美等国。2006年后，加快向现代农业目标迈进。村创办太仓市雅丰农场专业合作社等农村合作经济组织4个，农业组织化程度提高。农场生产的"南粳46号"优质大米包装销售。实施高标准农田建设，先后对8个组的农田，进行土地平整，改造小田块，整治低产田和杂边荒地。新建灌溉泵站9座，浇筑混凝土衬砌渠道12千米，修建农桥6座、给排水涵洞10座，疏浚河道21千米，配套种植绿化30亩。全村新增高标准农田2000亩。建成7000平方米工厂化水稻育秧大棚，拥有育秧流水线3条，可为2500亩水稻移栽机插提供优质秧苗。村拥有稻麦收割机、大马力拖拉机、插秧机等农机具20余台套，农机总动力2360千瓦。

村社会事业不断发展。2006年建成3000平方米综合办公大楼，集行政办公、社区服务于一体，具备教育培训、医疗卫生、文体娱乐、健身锻炼等功能。2007年规划建设农民集中居住小区雅鹿花园，占地面积15万平方米，动迁农户向小区集中，至2013年建成单体住宅226幢，总建筑面积8.14万平方米。

农村精神文明建设广泛开展。2009年起，雅鹿村与江苏雅鹿集团有限公司每年举办"雅鹿村企文化节"。2011年，村设立科技致富岗、征土动迁岗、环境卫生岗、绿化护理岗、文艺宣传岗等14个乡风文明岗，参与岗位服务的村民70余人，在村委会所在地文化广场显眼的墙体上，制有一幅高7尺（约2.33米）、宽8丈（约26.67米）的"雅鹿村乡风文明画卷"，展示了乡风文明岗岗位人员的精神风貌。

雅鹿村村委会（2000年摄）

2013年末，全村有46个村民小组，1057户，户籍人口3749人。有各类企业66家，个体工商户72户。全村工业总产值63.43亿元，农业总产值3654万元。村拥有集体资产总额4324万元，村级集体经济总收入1638万元。全村农民人均纯收入30006元。

获得荣誉：2009年，被中共苏州市委、苏州人民政府评为苏州市建设社会主义新农村示范村；2010年，被中共苏州市委员会评为“实践科学发展、推进‘两个率先’”先锋村；同年，被江苏省精神文明建设指导委员会评为2007—2009年度江苏省文明村；2011年，被江苏省法治领导小组评为江苏省民主法治示范村；2012年，被中共江苏省委农村工作领导小组评为江苏省社会主义新农村建设先进村；2013年，被中共苏州市委员会评为2010—2012年度苏州市争先创优先进基层党组织；同年，被中共江苏省委、江苏省人民政府评为2010—2012年度江苏省文明村标兵。

2006年9月至2013年12月村党组织书记吴惠芳（2006.9—　），村民委员会主任顾爱东（2006.9—　）。

第二节　撤并村

一、华南村

因地处新华村南面，故名华南村。原属新华大队，1961年从新华大队划出取名华南大队。1983年改称华南村，1999年10月、2004年4月，先后与广丰村、邢庄村合并称华南村，2006年8月与广新村合并，取名荣文村。

位于镇区西南部。东靠原广乐村，西南部与归庄香塘村、王秀原湘里村交界，北接荡茜河、与新华村接壤。辖区面积5.44平方千米。2005年末，有36个村民小组，814户，人口1840人。耕地面积5222亩。工业总产值5.4亿元，农业总产值1296万元，农民人均纯收入10688元。

二、邢庄村

1958年建生产大队，定名光明大队。1980年地名普查中，以村域内自然村邢家庄命名邢庄村。2004年4月撤销邢庄村，并入华南村。

地处镇西南部。东靠原华南村，南临王秀原湘里村、长浜村，西连王秀原包桥村，北接原长乐村。辖区面积1.62平方千米。2003年末，有13个村民小组，207户，人口562人。耕地面积1718亩。工业总产值8800万元，农业总产值559万元，农民人均纯收入7638元。

三、长乐村

村名寓意为永久长乐，故名长乐村。原属长乐乡，1958年建生产大队，命名新民大队。1980年地名普查中，恢复原名长乐大队。1983年改为长乐村。1999年撤销长乐村，并入新华村。

位于镇西北部。东临原新华村，南接原邢庄村，西至原包桥村，北与原万新村为界。辖区面积1.58平方千米。1998年有10个村民小组，196户，人口817人。耕地面积1374亩。工农业总产值575万元，农民人均纯收入4717元。

四、万新村

村名寓意为万象更新，故名万新村。原属万欧乡，1958年建生产大队时，定名万新大队。1983年改为万新村，2004年并入新联村。

位于镇西北部。东靠新联村，南临新华村，西连原长乐村，北接钱泾塘。辖区面积1.65平方千米。2003年末，有13个村民小组，245户，人口685人。耕地1575亩。工业总产值3.5亿元，农业总产值528万元，农民人均纯收入为7929元。

五、林场村

原属海城乡。1958年建生产大队时，取名新塘大队。在1980年地名普查中，因境内有太仓市农林局创办的长江林场，故更名为“林场大队”。1983年改为林场村。2004年海城村并入林场村，2006年随林场村并入新联村。

位于镇北部，为沿江村。东北部靠长江，西北部与钱泾塘交界，东南部与荡茜村接壤，西南部与新联村相连。辖区面积3.66平方千米。2005年末，有27个村民小组，户数562户，总人口1960人。耕地4242亩。工业总产值3.2亿元，农业总产值801万元，农民人均纯收入为11279元。

六、海城村

原属海城乡。因境内原有一座海神庙，取谐音，故名海城村。1958年建生产大队时，定名新丰大队。1980年地名普查，更名海城大队。1983年改为海城村，2004年并入林场村。

位于镇北部，为沿江村。东北部靠长江，西北部与林场村交界，东南部临荡茜村，南部与利华村接壤。辖区面积1.56平方千米。2003年末，有13个村民小组，282户，总人口748人。耕地1847亩。工业总产值8800万元，农业总产值552万元，农民人均纯收入为8797元。

七、前进村

村名寓意为勇往直前，故名前进村。20世纪50年代成立初级社，命名“前进”初级社，1958年建立生产大队，沿用原名。1983年改为前进村，1999年并入新华村。

位于镇区北部，为市镇村。东至永乐村，南与镇区接壤，西连新华村，北与新联村、利华村交界。辖区面积约1.59平方千米。1998年末，有16个村民小组，323户，总人口1244人。耕地面积1403亩。工农业总产值1530万元，农民人均纯收入6182元。

八、利华村

村名寓意为顺顺利利、繁荣昌盛，故名利华村。原属利民乡。1958年建生产大队时，命名利华大队。1983年改为利华村。2004年并入永乐村。

位于镇东北部。东靠荡茜村，南临璜浮公路，西连前进村、新联村，北接海城村。辖区面积为2.62平方千米。2003年末，有17个村民小组，325户，人口835人。耕地面积2442亩。工业总产值2500万元，农业总产值662万元，农民人均纯收入9389元。

九、荷花村

因村里种植荷花，故名荷花村。原属璜泾乡。1958年建生产大队时，命名永丰大队。1980年地名普查中，恢复原名荷花大队。1983年改为荷花村。1999年并入永乐村。

位于镇东南部。东靠原时思镇新亚村，南临原九曲镇红建村，西连广新村，北接永乐村。辖区面积为1.85平方千米。1998年末，有13个村民小组，311户，人口988人，耕地面积1832亩。工农业总产值743万元，农民人均纯收入4519元。

十、广新村

广新村因解放初原属广乐乡，划分大队时，沿用“广”字，又为新建村，故名广新村。1958年建生产大队，取名广新大队。1983年改为广新村。1999年广乐村并入。2006年与华南村合并，组建荣文村。

位于镇东南部。东靠永乐村，南临浪港河，西连原广丰村，北接镇区。辖区面积3.99平方千米。2005年末，有26个村民小组，432户，人口1244人。耕地面积约3592亩。工业总产值2.5亿元，农业总产值800万元，农民人均纯收入8599元。

十一、广乐村

广乐村因解放初原属广乐乡，划分大队时，沿用乡名，寓意为人民快乐，故名广乐村。1958年建生产大队，取名广乐大队。1983年改为广乐村，1999年并入广新村。

位于镇区东南部。东靠永乐村，南临原广新村，西连原广丰村，北接镇区。辖区面积1.93平方千米。1998年末，有12个村民小组，232户，人口1060人。耕地面积1422亩。工农业总产值790万元，农民人均纯收入4736元。

十二、广丰村

广丰村因解放初原属广乐乡，划分大队时，沿用“广”字，“丰”意为夺取丰收，故名广丰村。1958年建生产大队，取名广丰大队。1983年改为广丰村，1999年并入华南村。

位于镇南部。东靠原广新村，南与老闸新光村交界，西连归庄香塘村，北与原华南村接壤。辖区面积1.95平方千米。1998年末，有12个村民小组，250户，人口1034人。耕地面积1898亩。工农业总产值1203万元，农民人均纯收入5470元。

十三、江海渔业村

因村里渔民专业从事江海捕捞，故名江海渔业村。原名渔业大队，1980年地名普查中，因重名，更名为江海渔业大队。1983年改为江海渔业村。1999年撤销江海渔业村，并入荡茜村，为荡茜村一个组。

位于荡茜村东部。渔民来自苏北，以专业捕鱼为生，常住船上，后经地方政府同意，上岸定居，房屋建在荡茜村九组。2006年因太仓港港区开发建设，整组动迁，渔民被安置于新华花园公寓房。2005年末，有18户，人口88人，渔民人均纯收入4500元。

十四、湘里村

因境内有湘里泾河，村以河命名，故称湘里村。1958年建湘里大队，隶属于归庄公社。1966年建王秀公社，湘里大队从归庄公社划出，归属王秀公社。1983年改为湘里村。1998年随王秀镇撤并归属璜泾镇。1999年并入王秀村。

位于镇西南部。东临原华南村，南至原归庄镇香塘村，西至王秀村，北至原邢庄村。辖区面积1.66平方千米。1998年末，有12个村民小组，260户，人口835人。耕地面积约1253亩。工农业总产值646万元，农民人均纯收入4308元。

十五、长浜村

因境内有长浜塘河，村以河命名，故称长浜村。1958年建长浜大队，隶属于归庄公社。1966年归属王秀公社。1983年改为长浜村。1998年归属璜泾镇。2004年并入王秀村。

位于镇西部。东临原邢庄村，南至王秀村，西接孙桥村，北连原包桥村。辖区面积1.47平方千米。2003年末，有12个村民小组，310户，人口858人。耕地面积约1283亩。工业总产值620万元，农业总产值392万元，农民人均纯收入7751元。

十六、包桥村

因境内有座桥梁，名为包家桥，村以桥命名，故称包桥村。中华人民共和国成立初期属璜泾区伍胥乡。1958年属鹿河公社包桥大队。1966年建王秀公社，包桥大队从鹿河公社划出，归属王秀公社。1983年改为包桥村。1998年归属璜泾镇。2004年并入孟河村。

位于镇西部。东靠原邢庄村，南临原长浜村，西连孟河村，北接原长乐村。辖区面积1.65平方千米。2003年末，有13个村民小组，241户，人口792人。耕地面积约1773亩。工业总产值550万元，农业总产值572万元，农民人均纯收入6225元。

十七、伍胥村

因境内有座伍胥庙，村以庙命名，故名伍胥村。中华人民共和国成立初期属璜泾区伍胥乡。1958年属鹿河公社伍胥大队。1966年归属王秀公社。1983年改为伍胥村。1998年归属璜泾镇。1999年并入建华村，2006年随建华村并入孟河村。

位于镇西部。东靠钱泾塘，南临孟河村，西连原建华村，北接新明村。辖区面积2.5平方千米。1998年末，有16个村民小组，367户，人口1189人。耕地面积约2021亩。工农业总产值549万元，农民人均纯收入4242元。

十八、建华村

寓意为“建设中华”，故名。中华人民共和国成立初期属璜泾区伍胥乡。1958年属鹿河公社建华大队。1966年归属王秀公社。1983年改为建华村。1998年归属璜泾镇。1999年伍胥村并入。2006年并入孟河村。

位于镇西部。东靠钱泾塘，南临孟河村，西连杨漕村，北接新明村、雅鹿村。辖区面积3.7平方千米。2005年末，有27个村民小组，615户，人口1828人。耕地面积3645亩。工业总产值2500万元，农业总产值1586万元，农民人均纯收入10698元。

十九、建民村

建民村寓意为建立人民公社。办高级社时取名“建民”，1958年建生产大队命名建民大队，1983年改为建民村。1998年归属璜泾镇。2004年并入杨漕村。

位于镇西部。东靠原建华村，南临原白荡村，西连杨漕村，北接原飞跃村。辖区总面积2.1平方米。2003年末，有18个村民小组，488户，人口1506人。耕地总面积2283亩。工业总产值950万元，农业总产值455万元，农民人均纯收入7052元。

二十、草庙村

因境内有座南草庙，故名草庙村。1958年建生产大队命名草庙大队，1966年改称新丰大队，1980年地名普查中恢复原名草庙大队，1983年改为草庙村。1998年归属璜泾镇。1999年并入杨漕村。

位于镇西部。东靠原建民村，南临杨漕村，西连常熟碧溪镇新苑村，北接原飞跃村。辖区面积1.4平方千米。1998年末，有13个村民小组，218户，人口957人。耕地总面积1274亩。工农业总产值827万元，农民人均纯收入3520元。

二十一、南港村

因境内有南港河，村以河命名，故名南港村。20世纪60年代取名南港大队，1983年改为南港村。1998年归属璜泾镇。2004年并入杨漕村。

位于镇西部。东靠孙桥村，南部、西部与常熟支塘镇交界，北接杨漕村。辖区面积2.2平方千米。2003年末，有13个村民小组，438户，人口1114人。耕地面积2088亩。工业总产值912万元，农业总产值451万元，农民人均纯收入6526元。

二十二、白荡村

因境内有白荡庙，村以庙命名，故名白荡村。原属勇和乡。1957年属鹿河乡。1958年建生产大队，命名白荡大队。1983年改为白荡村。1993年属王秀镇。1998年归属璜泾镇。1999年并入孙桥村。

位于镇西部。东靠孙桥村，南临原南港村，西接原建民村，北至孟河村。辖区面积达1.9平方千米。1998年末，有14个村民小组，290户，人口1172人。耕地面积1775亩。工农业总产值1111万元，农民人均纯收入4333元。

二十三、东影村

1999年，东泾村与玉影村合，合并村从两村中各取一字，命名为东影村。2003年随鹿河镇撤并归属璜泾镇。2006年并入新明村。

位于镇西北部。东靠钱泾塘，南临原伍胥村，西连原鹿南村，北接新明村14组。辖区面积3.95平方千米。2005年末，有22个村民小组，595户，人口2020人。耕地面积3329亩。工业总产值4.2亿元，农业总产值1252万元，农民人均纯收入10613元。

二十四、长新村

1999年，长沙村与新市村合并，合并村从两村中各取一字，命名为长新村。2003年归属璜泾镇。2006年与飞鹿村合并，取名雅鹿村。

位于镇西北部。东靠玉影山社区，南临原飞鹿村，西至常熟原东张镇，北至长洲村。辖区面积4.1平方千米。2005年末，有22个村民小组，531户，人口2311人。耕地面积4085亩。工业总产值8500万元，农业总产值969万元，农民人均纯收入9589元。

二十五、飞鹿村

1999年，飞跃村与鹿南村合并，合并村从两村中各取一字，命名为飞鹿村。2003年归属璜泾镇。2006年与长新村合并，取名雅鹿村。

位于镇西北部。东靠原玉影村，南临杨漕村，西至常熟原东张镇，北接原新市村。辖区面积3.25平方千米。2005年末，有24个村民小组，565户，人口2198人。耕地面积2779亩。工业总产值8500万元，农业总产值905万元，农民人均纯收入8904元。

第三节　建制社区

一、西塔社区居委会

位于璜泾镇镇区西部，以境内明代西塔取名。前身为璜泾永新居委会，1966年成立。2000年，与永建居委会合并，称璜泾社区居委会。2006年，又分设社区，以镇区河道陈大港为界，以西区域组建西塔社区居委会。管理区域范围：东至陈大港，南至荣文路，西至沙鹿路，北至棉北路。辖区面积1.8平方千米。居委会办公地址位于玄武路与玄岳街路口西南侧，2010年9月，迁移至团结街83-4号。距离镇政府0.55千米。

辖区内横向主要道路有荣文路、玄武路、荡茜路、棉北路，纵向主要道路有怀仁路、园林路、沙鹿路，其中园林路、怀仁路是商店众多、商贸活跃的街区。驻有政府、工商、税务、银行、邮政、电信、医院等部门（单位）。居民住宅区有府南花园、互助一村、互助二村、荷花新村、园仁新村、康乐苑、景秀人家、知青时代家园等。社区老街有团结街、泾中街、互助街、建中街、文昌街、新风街、新农街等。境内有明代西塔，是璜泾镇标志性古建筑，为太仓市一级文物保护单位。有百年老宅——狄氏老宅，150年古树名木——瓜子黄杨，500年古桥——寿丰桥、关王桥。

2006年后，社区社会组织发展壮大，建有各类社团组织12个，党员志愿者队伍65人，便民服务小组9个，为居民群众开展法制宣传、政策咨询、健康讲座、居家养老、青少年校外教育、矛盾纠纷调解等服务工作。在2006年创建全国环境优美镇和2007年创建国家卫生镇期间，清理卫生死角，拆除违章建筑，进行绿化美化亮化，将小街小巷的弹石路面改造为水泥路面，社区环境面貌得到改善。2008年起，动员热心青少年教育的老干部、老教师、老党员参与关心下一代工作，组成由35人参加、以老同志为主体、以未成年人为工作对象的关工队伍。每年开办暑期学校，对社区青少年进行形势教育、法制教育、心理健康教育、社会实践教育等，受到学生、家长好评。2010年居委会迁移新址后，办公条件和文体硬件设施得到改善，社区服务功能增强。2011年开设"一站式"服务窗口，方便居民办理各类事项。2013年末，有12个居民小组，户籍户数2043户，户籍人口3868人。

西塔社区老街（2017年摄）

获得荣誉：2006年12月，被太仓市关心下一代工作委员会评为2004—2006年度关心下一代工作先进集体；同年同月，被苏州市人民政府评为绿色社区；2008年11月，被苏州市依法治市领导小组评为民主法治社区；2009年4月，被太仓市社区建设协调领导小组评为和谐示范社区标兵单位；2011年2月，被中共太仓市委员会、太仓市人民政府评为2008—2010年度文明社区。

2006年9月至2013年12月社区党支部书记：黄金明（2006.9—2009.2）、李慰宗（2009.2—2009.10〈兼任〉）、周文新（2009.10—　）。居委会主任：黄金明（2006.9—2009.2）、奚菊青（主持工作，2009.2—2009.10）、周文新（2009.10—　）。

二、银杏社区居委会

位于璜泾镇区东部，以境内古树银杏取名。前身为璜泾永建居委会，1958年成立。2000年，与永新居委会合并，称璜泾社区居委会。2006年，又分设社区，以镇区河道陈大港为界，以东区域组建银杏社区居委会。管理区域范围：东至永乐村，南至荣文路，西至陈大港，北至棉北路。辖区面积1.6平方千米。居委会办公地址位于玄武路与玄岳街路口西南侧（与西塔社区居委会共处一地办公，房屋资源共享）。2010年9月，迁移至团结街83-3号。距离镇政府0.55千米。

辖区内有新华花园、永乐花园、胜利新村、建设新村等居民住宅区。有和平街、胜利街、建华街、生产街等老街。有古树银杏，树龄350年，如今树干高大、枝叶繁茂，成为璜泾东镇区的主要标志。有百年老宅——陈氏宅院、许氏老宅、陆氏宅院、钱氏宅院、施家老宅；百年古井——顾氏青石古井；150年老市河石驳岸；200年古桥——万春桥（俗名叫化桥）、永安桥、开元桥。

2006年后，社区发展各类社会组织，组建志愿者队伍，开展社区服务工作。2009年前后，积极向有关部门争取建设资金，搞好辖区内基础设施建设，先后对老街道、老市河及下水道进行整治，对桥梁加装防护栏杆，铺设胜利街健身场地草坪并设置健身器材。2012年起，将社区划分为三个管理网格，每个网格由社区干部担任网格管理负责人，由居民小组长担任网格管理员，对网格内的社情民意做好记录，根据居民群众需求有针对性地开展服务管理工作。2013年末，有8个居民小组，户籍户数1108户，户籍人口1266人。

获得荣誉：2008年2月，被太仓市社会治安综合治理委员会、太仓市创建“平安太仓”活动领导小组评为社会治安安全社区；2011年1月，被苏州市依法治市领导小组办公室、苏州市司法局、苏州市民政局评为民主法治社区；2012年，获评江苏省和谐示范社区；2013年，被中共太仓市委员会、太仓市人民政府评为2011—2013年度太仓市文明社区；同年，被江苏省环境保护委员会办公室评为2010—2013年度绿色社区。

西塔、银杏社区居委会（2017年摄）

2006年9月至2013年12月社区党支部书记：高蕴球（2006.9—2008.2）、周惠明（2008.2—2013.1）、李斌（2013.1—　）。居委会主任：高蕴球（2006.9—2008.2）、周惠明（2008.2—2012.1）、李斌（2012.1—　）。

三、王秀社区居委会

位于璜泾镇王秀集镇，以境内王秀桥得名。1996年成立。1998年，随王秀镇撤并归属璜泾镇。2000年，改称王秀社区居委会。管理区域范围：东起长秀路，南起红旗浜，西至北港，北至新孙桥，涉及面积1.6平方千米。居委会驻王秀湘王路（秀东路）38号。距离镇政府4.44千米。

辖区内主要道路有湘王路（秀东路）、永安路、勇和路、长安路等。主要街道有鼎隆街等。

1998年后，完善社区基础设施，先后修筑永安路、勇和路、鼎隆街，新建农贸市场、改造小商品市场，社区面貌得到改观。2000年，发动各单位对社区综合环境进行整治。2004年，经改造后的自来水管道与太仓供水并网，居民群众开始饮用长江水。2006年、2007年，开展卫生创建工作，扩大卫生保洁范围，对道路、下水道、窨井进行修缮，做好道路绿化、单位绿化、居民区绿化的添绿补绿工作。

2010年，对辖区内所有街面门店进行统一装潢，社区综合环境得到全面改观。同年，对原王秀轧花厂生活区房屋进行装修，改建为社区居委会办公用房和社区服务中心用房。2010年后，由社区党员干部、居民骨干组成的志愿者队伍，开展形式多样的志愿活动，受到群众好评。2011年，社区为创业人员办理小额无息贷款40万元，次年80万元。2011—2012年，对社区60周岁以上老年人基本情况进行调查摸底，先后组织179位老年人进行免费体检。2012—2013年，走访居民群众350户，采集劳动保障卡信息200人。为200余名老年人办理老龄卡和公交卡。对80周岁以上老年人发放尊老金1.44万元。为普及健康知识，每季度向居民发放一份健康教育宣传资料。为丰富社区文化生活，社区建有两支舞蹈队，节日期间组织文艺爱好者为居民群众表演歌舞、戏曲、说唱、表演唱等节目，深受群众喜爱。2013年末，有8个居民小组，户籍户数779户，户籍人口2077人。

王秀社区居委会（2018年摄）

获得荣誉：2006年12月，被苏州市人民政府评为绿色社区；2011年12月，被苏州市依法治市领导小组办公室、苏州市司法局、苏州市民政局评为民主法治社区；2014年，被中共太仓市委员会、太仓市人民政府评为2011—2013年度太仓市文明社区；同年，被江苏省环境保护委员会办公室评为2010—2013年度绿色社区。

1998年11月至2013年12月社区党支部书记：杨宗良（1998.11—2003.10）、郁建英（2003.10—2013.7）、施映梅（2013.7—　）。居委会主任：杨宗良（1998.11—2003.10）、郁建英（2003.10—2012.2）、李晓岚（2012.2—2013.7，主持工作）、施映梅（2013.7—〈其中2013.7—2013.11主持工作〉）。

四、玉影山社区居委会

位于璜泾镇鹿河集镇，以辖区内古地名“玉影山”取名。管理区域范围：东至陈家桥与新明村接壤，南至338省道与雅鹿村相连，西与雅鹿集团有限公司毗邻，北至六尺沟塘与新明村交界，涉及面积1.8平方千米。社区居委会驻鹿河中灵街1号。距离镇政府6.25千米。

1988年成立新鹿居委会，属鹿河乡。1993年属鹿河镇。2000年改称新鹿社区居委会。2003年属璜泾镇。2006年更名为玉影山社区居委会。

辖区内主要道路有新鹿路、玉影路、灵影路、鹿长路等。主要街道有钟灵街、中弄街、东街、西街、涌北街等。

2003年后，对社区用房曾三次进行改造修缮，改造后的社区服务中心设有“一站式”服务大厅、图书室、电子阅览室、多媒体教室、电视室、棋牌室、休息室、乒乓室、老年人活动室等，总建筑面积1200平方米。2006年4月成立的“陕西省渭南市临渭区田市镇（现为官道镇）驻太党支部”和2007年9月成立的“安徽省定远县驻太党支部”设在社区，社区党支部协助两个流动党员党支部开展工作，对在璜泾务工生活的陕西籍、安徽籍流动党员登记造册，发放流动党员活动证，把他们纳入教育管理范围。2010年后，社区组织党员和居民骨干，组建百人志愿者队伍，并以“金乡邻志愿岗”“耄耋之喜——服务关爱老年人”等活动载体，开展各类志愿者公益活动。社区开设校外教育辅导站，每年寒暑假期间，组织青少年学生开展学习辅导、书画培训、才艺展示、游览参观等活动，让学生离校不离教。2011—2013年，开展“民生大寻访”活动，共走访群众300余户次，收集

王影山社区居委会（2018 年摄）

社情民意400余条，其中对居民群众普遍关注的热点、难点问题30余条（如道路提档改造、路灯修复、下水道疏通等）逐一梳理和及时办理，并将办理情况予以答复。社区建有鹿鸣丝竹社、社区舞蹈队等文艺团队，文体爱好者众多，文化生活丰富活跃，各项活动长年不断。

2013年末，下设7个居民小组，户籍户数1329户，户籍人口2569人。

获得荣誉：2006年12月，被苏州市人民政府评为绿色社区；2009年2月，被苏州市就业促进工作领导小组评为苏州市充分就业社区；同年6月，被中共苏州市委员会、苏州市人民政府评为和谐示范社区；同年12月，被苏州市依法治市领导小组办公室、苏州市司法局、苏州市民政局评为民主法治社区；2013年6月，被苏州市精神文明建设指导委员会办公室评为优秀校外教育辅导站；同年同月，被中共苏州市委员会评为先锋基层党组织；同年12月，被苏州市司法局评为规范化社区人民调解委员会；同年，被江苏省环境保护委员会办公室评为2010—2013年度绿色社区。

2003年8月至2013年12月，社区党支部书记、居民委员会主任先后由成国良（2003.8—2006.10）、孙小毅（2006.10—　）担任。

第四节　撤并社区

一、永新居委会

1958年成立。永新居委会名称寓意为“永远有新的建设发展”，璜泾人通常称“西居委”。主要管理服务泾中街、新风街、新农街、文昌街、建中街、互助街、团结街、玄岳街等老街区居民群众。1994年后，管辖范围多次扩展。至1999年，管理区域范围：东至陈大港，南至荣文路，西至沙鹿路，北至棉北路。辖区面积1.8平方千米。1999年末，有10个居民小组，820户，户籍人口1796人。2000年，与永建居委会合并，称璜泾社区居委会。

二、永建居委会

1958年成立。辖区内原有永安村、建设村，定名时从两村中各取一字，故名永建居委会，璜泾人通常称“东居委”。主要管理服务和平街、胜利街、建华街、生产街等老街区居民群众。1994年后，管辖范围多次扩展。至1999年，管理区域范围：东至永乐村，南至荣文路，西至陈大港，北至棉北路。辖区面积1.6平方千米。1999年末，有5个居民小组，569户，户籍人口1425人。2000年，与永新居委会合并，称璜泾社区居委会。

三、璜泾社区居委会

2000年，将璜泾镇区永新、永建两个居委会合并，以璜泾地名命名为璜泾社区居委会。管理区域范围：东起永乐村，西至沙鹿路，南起荣文路，北至棉北路。辖区面积3.4平方千米。2005年末，有15个居民小组，1458户，人口3620余人。2006年，将璜泾社区居委会分设为西塔和银杏两个社区居委会。

第五节　自然村落

境内农村村民在长期的生产生活中聚居，形成相对独立的自然村落。1994—2013年的20年间，自然村落变化不大。2013年，境内有自然村落306个。

一、新华村境内

海泊楼　位于新华村西北部。旧时，该地地势低洼，大雨过后易被水淹，水淹后远望村民房屋犹如海泊楼房，故名海泊楼。原属璜泾镇长乐村3组，1999年属新华村28组。2013年末有15户村民，70人。

陆川塘　位于新华村西南部。陆即陆地，川、塘即小河，村民居住在小河旁边，故名陆川塘。原属璜泾镇长乐村8组，1999年属新华村33组。2013年末有6户村民，25人。

里泾村　位于新华村东北部。里同"李"谐音，泾指河流，李姓村民依河而建的聚居地，故名里泾村。1980年被命名为姚家湾。1992年被更名为里泾村。原属前进村4组，1999年属新华村13组。2013年末有9户村民，50人。

西蒋泾村　位于新华村东部。因位于蒋泾塘以西，故名西蒋泾村。原属前进村8组，1999年属新华村17组。2013年末有8户村民，40人。

姚家湾　位于新华村中部。姚姓村民居住在河湾处，故名姚家湾。属新华村7组。2013年末有6户村民，24人。

小桥湾　位于新华村西北部。因村内有一座小桥，农户居住在河湾处，故名小桥湾。原属长乐村4组，1999年属新华村29组。2013年末有10户村民，50人。

瞿家湾　位于新华村中部。瞿姓人家聚居在河湾处，故名瞿家湾。属新华村4组。2013年末有23户村民，114人。

弥陀寺　位于新华村西北部。境内有寺庙"弥陀寺"，村落以寺庙定名，故名弥陀寺。原属长乐村1组，1999年属新华村26组。2013年末有8户村民，40人。

侯家巷　位于新华村南部。巷为太仓本地方言，意为条形分布的居民聚集区（以下出现"巷"，意同）。居住的多为侯姓人家，故名侯家巷。属新华村9组。2013年末有6户村民，30人。

张家湾　位于新华村西南部。张姓村民居住在河湾处，故名张家湾。原属长乐村8组，1999年属新华村33组。2013年末有9户村民，50人。

南赵家宅基　位于新华村南部。村民以赵姓为主，因村落位于包长路以南，故名南赵家宅基。属新华村8组。2013年末有3户村民，15人。

周家宅基　位于新华村南部。周姓村民聚居地，故名周家宅基。属新华村1组。2013年末有10户村民，50人。

侯家宅基　位于新华村南部。侯姓村民聚居地，故名侯家宅基。属新华村9组。2013年末有5户村民，25人。

杨家巷　位于新华村中部。杨姓村民聚居地，故名杨家巷。属新华村2组。2013年末有11户村民，60人。

史家巷　位于新华村北部。史姓村民聚居地，故名史家巷。属新华村6组。2013年末有8户村民，40人。

姜家巷　位于新华村北部。姜姓村民聚居地，故名姜家巷。属新华村5组。2013年末有7户村民，35人。

范家桥　位于新华村东北部。因村内有一小桥，名万家桥，“万”同“范”谐音，故名范家桥。原属前进村1组，1999年属新华村10组。2013年末有8户村民，40人。

长泾　位于新华村东部。村内有河流长泾，居民点以河命名，故名长泾。原属前进村1组，1999年属新华村10组。2013年末有11户村民，50人。

史家浜　位于新华村西北部。村内有河流史家浜，居民点以河命名，故名史家浜。原属长乐村4组，1999年属新华村29组。2013年末有15户村民，80人。

陈家桥　位于新华村西南部。村内有座陈家桥，居民点以桥命名，故名陈家桥。原属长乐村10组，1999年属新华村35组。2013年末有10户村民，50人。

北赵家宅基　位于新华村中部。赵姓村民的聚居地，因位于包长路以北，故名北赵家宅基。属新华村8组。2013年末有14户村民，90人。

赵家巷　位于新华村中部。赵姓村民聚居地，故名赵家巷。原属前进村9组，1999年属新华村18组。2013年末有6户村民，30人。

小桥村　位于新华村东北部。因境内有一座小桥，居民点以桥命名，故名小桥村。原属前进村6组，1999年属新华村15组。2013年末有9户村民，50人。

二、荣文村境内

袁家湾　位于荣文村东部。因河湾处袁姓人家聚居，故名袁家湾。原属广乐村9组，1999年属广新村。2006年属荣文村59组。2013年末有35户村民，126人。

闵家湾　位于荣文村西部。因河湾处闵姓人家聚居，故名闵家湾。原属邢庄村11组，2004年并入华南村。2006年属荣文村34组。2013年末有17户村民，58人。

梁家湾　位于荣文村东南部。因河湾处梁姓人家聚居，故名梁家湾。原属广丰大队10组，1999年并入华南村。2006年属荣文村21组。2013年末有22户村民，91人。

徐家湾　位于荣文村南部。因河湾处徐姓人家聚居，故名徐家湾。原属广丰大队8组，1999年并入华南村。2006年属荣文村19组。2013年末有21户村民，91人。

袁家桥　位于荣文村东北部。因农户围袁家桥而居，故名袁家桥。原属广乐村9组。1999年并入广新村。2006年属荣文村59组。2013年末有35户村民，126人。

王家宅基　位于荣文村东南部。旧时原为王姓人家宅地所在，后形成村落，故名王家宅基。原属璜泾镇华南村4、11组。2006年属荣文村11组。2013年末有12户村民，55人。

戚家桥　位于荣文村南部。因旧时农户围桥而居，桥建造在戚家港上，为戚家桥，后形成村落，村以桥定名，故名戚家桥。原属广新2组。2006年属荣文村38组。2013年末有10户村民，60人。

柴塘村　位于荣文村东部。旧时农户割杂草生火，因原村边有河，低洼地专生野草，故名柴塘。原属璜泾镇广新村5、7组。2006年属荣文村41、43组。2013年末有41户村民，196人。

夏家堰　位于荣文村西北部。因旧时姓夏农户围堰而居，后形成村落，故名夏家堰。原属华南村8组。2006年属荣文村8组。2013年末有21户村民，85人。

潘家桥　位于荣文村东南部。旧时居民围桥而居，桥名为潘家桥，以桥定名，故名潘家桥。原属广新村11、12组，1999年并入广新村。2006年属荣文村47、48组。2013年末有28户村民，114人。

蒋家桥　位于荣文村西部。旧时因原桥边有蒋家祠堂，桥以祠堂定名为蒋家桥，村落以桥定名，故名蒋家桥。原属邢庄村9组，2004年并入华南村。2006年属荣文村32组。2013年末有24户村民，94人。

邢家庄　位于荣文村西北部。因该村有邢庄庙，农户围庙而居，形成村落，故名邢家庄。原属邢庄村7、8组，2004年并入华南村。2006年属荣文村30、31组。2013年末有45户村民，187人。

黄泥娄　位于荣文村西南部。旧时原河床为黄土，该河名为黄泥娄，后农户围河而居，居民点以河定名，故名黄泥娄。原属广丰村9、12组。1999年并入华南村。2006年属荣文村20、23组。2013年末有25户村民，120人。

项家湾　位于荣文村西北部。旧时因居民点位于项家湾河旁，故名项家湾。原属璜泾镇华南10组，1990年并入华南村委会。2006年属荣文村10组。2013年末有22户村民，88人。

顾坊桥　位于荣文村西部。因旧时桥南堍有顾家坟，农户围桥而居，故名顾坊桥。原属邢庄村10组。2004年并入华南村。2006年属荣文村33组。2013年末有51户村民，188人。

孔家桥　位于荣文村西部。因旧时农户围桥而居，桥为孔家桥，后形成村落，故名孔家桥。原属邢庄村4、5、6组，2004年属华南村。2006年属荣文村27、28、29组。2013年末有60户村民，121人。

南青石桥　位于荣文村西南部。农户在南青石桥旁居住，故名南青石桥。原属邢庄村1组。2004年并入华南村。2006年属荣文村24组。2013年末有19户村民，80人。

新桥村　位于荣文村西南部。农户围新桥而居，故名新桥村。原属广新1组。2006年属荣文村37组。2013年末有11户村民，57人。

三、新联村境内

薛家宅 位于新联村西部。薛姓人家居住地，故名薛家宅。原属万新村5组、13组，2004年属新联村19组、27组。2013年末有10户村民，40人。

黄家巷 位于新联村西部。黄姓人家居住地，故名黄家巷。现属新联村6组。2013年末有16户村民，64人。

大池湾 位于新联村南部。因境内有河流大池湾，村以河命名，故名大池湾。现属新联村3组、4组。2013年末有30户村民，120人。

黄洋堰 位于新联村南部。黄洋，实指黄杨树。堰为堤坝。因原有两棵大的黄杨树生长在堤坝上，故名黄洋堰。现属新联村5组、11组。2013年末有13户村民，50人。

南浜 位于新联村北部。因境内有河流南浜，村以河命名，故名南浜。原属林场村7组，2006年并入新联村。现属新联村34组。2013年末有25户村民，100人。

石池 位于新联村南部。因境内有河流石池，村以河命名，故名石池。原属海城村1组，2004年并入林场村，2006年属新联村42组。2013年末有20户村民，80人。

沈家泾 位于新联村东部。因沈姓人家居住在河道旁，故名沈家泾。原属海城村10组，2004年并入林场村，2006年属新联村51组。2013年末有24户村民，90人。

岸六泾 位于新联村南部。因境内有河流岸六泾，村以河命名，故名岸六泾。现属新联村5组。2013年末有15户村民，60人。

包家堰 位于新联村南部。堰为堤坝。包姓人家居住在堰旁，故名包家堰。现属新联村8组。2013年末有7户村民，25人。

外桥村 位于新联村东部。因境内有桥外桥，村以桥命名，故名外桥村。原属海城村8组，2004年并入林场村，2006年属新联村49组。2013年末有27户村民，110人。

盛家湾 位于新联村北部。盛姓人家居住在河湾处，故名盛家湾。原属林场村1组，2006年属新联村28组。2013年末有25户村民，100人。

陈家泾 位于新联村东部。因境内有河流陈家泾，村以河命名，故名陈家泾。原属林场村5组，2006年属新联村33组。2013年末有26户村民，100人。

白米泾 位于新联村东部。因境内有河流白米泾，村以河命名，故名白米泾。原属海城村7组，2004年并入林场村，2006年属新联村48组。2013年末有16户村民，60人。

顾塘村 位于新联村北部。因境内有河流顾塘泾，村以河命名，故名顾塘村。原属林场村4组，2006年属新联村31组。2013年末有21户村民，90人。

夏家巷 位于新联村南部。夏姓人家居住地，故名夏家巷。原属海城村2组，2004年并入林场村，2006年属新联村43组。2013年末有22户村民，90人。

北横港 位于新联村北部。因境内有河流北横港，村以河命名，故名北横港。现属新联村14组。2013年末有17户村民，70人。

王家泾 位于新联村东部。因境内有河流王家泾，村以河命名，故名王家泾。原属林场村12组，2006年属新联村39组。2013年末有13户村民，50人。

赵家桥　位于新联村东部。因境内有桥赵家桥，村以桥命名，故名赵家桥。原是林场村委会驻地，2006年属新联村39组。2013年末有3户村民，10人。

周家宅　位于新联村南部。周姓人家居住地，故名周家宅。原属海城村3组，2004年并入林场村，2006年属新联村44组。2013年末有18户村民，75人。

施家桥　位于新联村西部。因境内有桥施家桥，村以桥命名，故名施家桥。原属万新村7组，2004年属新联村21组。2013年末有3户村民，10人。

戴家湾　位于新联村西部。戴姓人家居住在河湾处，故名戴家湾。原属万新村2组，2004年属新联村16组。2013年末有15户村民，68人。

黄家湾　位于新联村西北部。黄姓人家居住在河湾处，故名黄家湾。原属万新村11组，2004年属新联村25组。2013年末有21户村民，80人。

李家湾　位于新联村南部。李姓人家居住在河湾处，故名李家湾。现属新联村2组。2013年末有17户村民，70人。

沙家巷　位于新联村南部。沙姓人家居住地，故名沙家巷。现属新联村8组。2013年末有9户村民，35人。

沈家宅　位于新联村南部。沈姓人家居住地，故名沈家宅。现属新联村7组。2013年末有14户村民，50人。

盛家巷　位于新联村南部。盛姓人家居住地，故名盛家巷。现属新联9组。2013年末有14户村民，60人。

景家巷　位于新联村东部。景姓人家居住地，故名景家巷。原属林场村2组，2006年属新联村29组。2013年末有27户村民，100人。

璧如意　位于新联村东部。因村形似“玉如意”，寓意为万事如意，故名璧如意。原属林场村11组，2006年属新联村38组。2013年末有23户村民，90人。

前史家巷　位于新联村西部。前后有两个姓史村落，故把前面的村落称为前史家巷。原属万新村1组，2004年属新联村15组。2013年末有19户村民，75人。

后史家巷　位于新联村西部。前后有两个姓史村落，故把后面的村落称为后史家巷。原属万新村12组，2004年属新联村26组。2013年末有29户村民，120人。

排芦浜　位于新联村西部。因境内有河流排芦浜，村以河命名，故名排芦浜。原属万新村4组，2004年属新联村18组。2013年末有22户村民，90人。

南堰　位于新联村东部。堰为堤坝。因位于林场村南部，故名南堰。原属林场村9组，2006年属新联村36组。2013年末有8户村民，30人。

四、荡茜村境内

浦家泾　位于荡茜村东南部。因境内有河流浦家泾，村落以河命名，故名浦家泾。属荡茜13组，一部分已拆迁至永乐小区。2013年末有7户村民，36人。

周家湾　位于荡茜村东北部。周姓村民居住在河湾处，故名周家湾。属荡茜村14组，一部分已拆迁至永乐小区。2013年末有5户村民，20人。

倪家巷 位于荡茜村东北部。居住的是倪姓人家，故名倪家巷。属荡茜村10组，2006年新荡茜河开挖，一部分已拆迁至永乐小区。2013年末有13户村民，60人。

惠民村 位于荡茜村东北部。惠民，意在使人民得到实惠。属璜泾镇荡茜村6组，一部分拆迁安置在璜泾镇永乐花园。2013年末有11户村民，56人。

蔓蒲村 位于荡茜村东北部。该地农民种植蒲草，故名蔓蒲村，属荡茜村3组，1994年建筑三高路拆迁建造的小区。2013年末有8户村民，42人。

小塘湾 位于荡茜村东北部。塘意为堤岸，居民点建造在河流堤岸弯曲的地方，故名小塘湾。属荡茜村1组。2013年末有31户村民，150人。

马桥村 位于荡茜村东北部。旧时有一座马大桥，村位于马大桥旁，故名马桥村。属璜泾镇荡茜村2组，一部分已拆迁至璜泾新华、永乐小区。2013年末有12户村民，55人。

施家宅 位于荡茜村东北部。施姓村民的聚居地，故名施家宅。属璜泾镇荡茜村2组。2013年末有6户村民，22人。

五、永乐村境内

周家浜 位于永乐村东部。因境内有河流周家浜，村落以河命名，故名周家浜。属璜泾镇属永乐村9组。2013年末有23户村民，128人。

蔡家堰 位于永乐村东部。堰为拦河土坝，蔡姓人家居住在堰附近，故名蔡家堰。原属璜泾镇利华村2组，2004年属永乐村27组。2013年末有21户村民，110人。

杨家村 位于永乐村东南部。杨姓村民的聚居地，故名杨家村。原属璜泾镇荷花村6、11和13组，1999年属永乐村18、23和25组。2013年末有12户村民，60人。

陈赵宅 位于永乐村东部。陈姓和赵姓村民的聚居地，故名陈赵宅。属璜泾镇永乐村1组和10组。2013年末有17户村民，135人。

仲家桥 位于永乐村东南部。因境内有桥梁仲家桥，村落以桥命名，故名仲家桥。原属璜泾镇荷花村3组，1999年属永乐村15组。2013年末有17户村民，80人。

塔桥 位于永乐村南部。因境内有桥梁塔桥，村以桥命名，故名塔桥。原属璜泾镇荷花村1组，1999年属永乐村13组。2013年末有17户村民，96人。

永丰桥 位于永乐村东南部。因境内有桥梁永丰桥，村以桥命名，故名永丰桥。原属璜泾镇荷花村9组，1999年属永乐村21组。2013年末有19户村民，100人。

思母桥 位于永乐村东南部。因境内有桥梁思母桥，村以桥定名，故名思母桥。原属璜泾镇荷花村1组，1999年属永乐村13组。2013年末有25户村民，150人。

天潭村 位于永乐村东部。田地中天然形成的小潭，取名“天潭”，村民围潭而居，故名天潭村。现属永乐村1组和10组。2013年末有32户村民，186人。

竹桥村 位于永乐村东北部。因境内有桥梁竹桥，村以桥定名，故名竹桥村。原属璜泾镇利华村3组和15组，2004年属永乐村28组和40组。2013年末有26户村民，143人。

南大池 位于永乐村东北部。该地原有一大池，为方便交通，中间筑堰相隔，分成南北两大池，村在南大池边，故名南大池。原属利华村5组、16组和17组，2004年属永乐村30组、40组和41组。2013年末有42户村民，240人。

野浜 位于永乐村东北部。因境内有河流野浜，村落以河命名，故名野浜。原属璜泾镇利华村10组，2004年属永乐村35组。2013年末有16户村民，92人。

王店桥 位于永乐村东南部。因境内有桥梁王店桥，村落以桥命名，故名王店桥。原属璜泾镇荷花村12组，1999年属永乐村24组。2013年末有13户村民，73人。

大长桥 位于永乐村东部。徐姓的大户人家生了长子，为了积德造了一座桥，取名“大长桥”，村落以桥命名，故名大长桥。现属永乐村8组和11组。2013年末有16户村民，94人。

吴兀思桥 位于永乐村东南部。因境内有桥梁吴兀思桥，村落以桥命名，故名吴兀思桥。原属璜泾镇荷花村5组，1999年属永乐村17组。2013年末有15户村民，85人。

毛家村 位于永乐村东北部。毛姓村民的聚居地，故名毛家村。原属璜泾镇利华村16组，2004年属永乐村41组。2013年末有22户村民，125人。

钱家村 位于永乐村东部。钱姓村民的聚居地，故名钱家村。原属璜泾镇利华村1组，2004年属永乐村26组。2013年末有13户村民，83人。

宋家宅基 位于永乐村东部。宋姓村民的聚居地，故名宋家宅基。现属永乐村5组。2013年末有25户村民，150人。

花园村 位于永乐村东部。因该地风景优美似花园，故名花园村。现属永乐村12组。2013年末有22户村民，130人。

钱家巷 位于永乐村东部。居住的是钱姓人家，故名钱家巷。原属璜泾镇利华村1组、13组，2004年属永乐村26组、38组。2013年末有15户村民，93人。

徐家湾 位于永乐村东北部。徐姓村民居住在河湾处，故名徐家湾。原属璜泾镇利华村17组，2004年属永乐村42组。2013年末有14户村民，85人。

野泾 位于永乐村东北部。“野”指野外、“泾”指小河，村民居住在野外的小河边，故名野泾。原属璜泾镇利华村11组，2004年属永乐村36组。2013年末有21户村民，122人。

瞿家湾 位于永乐村东北部。瞿姓村民居住在河湾处，故名瞿家湾。原属璜泾镇利华村15组，2004年属永乐村40组。2013年末有15户村民，85人。

重家桥 位于永乐村东北部。因境内有桥梁重家桥，村落以桥命名，故名重家桥。原属璜泾镇利华村9组，2004年属永乐村34组。2013年末有13户村民，76人。

丁家桥 位于永乐村南部。因境内有桥梁丁家桥，村落以桥命名，故名丁家桥。原属璜泾镇荷花村4组，1999年属永乐村16组。2013年末有23户村民，125人。

磨坊桥 位于永乐村南部。因境内有桥梁磨坊桥，村落以桥命名，故名磨坊桥。原属璜泾镇荷花村8组，1999年属永乐村20组。2013年末有21户村民，115人。

丁家村 位于永乐村南部。丁姓村民的聚居地，故名丁家村。原属璜泾镇荷花村8和9组，1999年属永乐村20和21组。2013年末有27户村民，180人。

六、王秀村境内

青桥巷 位于王秀村东部。因境内有一条青石板桥，村落以桥命名，故名青桥巷。第一次地名普查，命名为青桥新村，1992年更名为青桥巷，原属长浜村7组，2004年属王秀村30组。2013年末有15户村民，60人。

建华巷 位于王秀村东南部。建华寓意为建设中华，故名建华巷。第一次地名普查，命名为建华新村，1992年更名为建华巷，原属长浜村4组，2004年属王秀村27组。2013年末有25户村民，110人。

新民巷 位于王秀村东南部。20世纪六七十年代形成的住宅，当时属新形成的村落。第一次地名普查，命名为新民新村，1992年更名为新民巷，原属长浜村2组，2004年属王秀村25组。2013年末有15户村民，70人。

前民巷 位于王秀村北部。因该居民点位于新民巷前面，故名前民巷。第一次地名普查，命名为前民新村，1992年更名为前民巷，原属长浜村1组，2004年属王秀村24组。2013年末有36户村民，150人。

新鱼池 位于王秀村北部。居民居住在鱼池旁，由于该鱼池是新挖的，故名新鱼池。现属于王秀村5组。2013年末有22户村民，90人。

五溇溇 位于王秀村西南部。“溇”是水名，因该居民点有5个河湾，故名五溇溇。现属王秀村10组。2013年末有18户村民，70人。

马家湾 位于王秀村北部。马姓村民居住在河湾处，故名马家湾。自1990年命名起沿用至今，原属湘里村5组，1999年属王秀村16组。2013年末有23户村民，90人。

穆家湾 位于王秀村北部。穆姓村民居住在河湾处，故名穆家湾。自1990年命名起沿用至今，原属湘里村4组，1999年属王秀村15组。2013年末有25户村民，100人。

瞿家巷 位于王秀村北部。该农村居民点，以姓瞿的人家居多，故名瞿家巷。原属湘里村6组，1999年属王秀村17组。2013年末有16户村民，70人。

白水滩徐家 位于王秀村北部。因该处地势低洼，下雨后，远远望去白茫茫的一片，好似河滩，徐姓几户人家坐落于此，故名白水滩徐家。现属王秀村9组。2013年末有16户村民，80人。

肖家湾 位于王秀村东部。肖姓村民居住在河湾处，故名肖家湾。原属长浜村6组，2004年属王秀村31组。2013年末有20户村民，80人。

六千溇 位于王秀村北部。居民点位于六千溇河畔，以河命名，故名六千溇。现属王秀村6组。2013年末有19户村民，90人。

新东桥 位于王秀村东部。因该居民点范围内有一条新东桥，居民点以桥命名，故名新东桥。现属王秀村8组。2013年末有20户村民，80人。

新泾巷 位于王秀村东南部。因该居民点位于新开挖的河边，故名新泾巷。第一次地名普查，命名为新泾新村，1992年更名为新泾巷。原属长浜村3组，2004年属王秀村26组。2013年末有22户村民，90人。

胡家巷 位于王秀村西北部。胡姓村民居住在该处，故名胡家巷。现属王秀村4组。2013年末有22户村民，100人。

西全　位于王秀村东部。全姓村民居住在该处，形成村落后，分东西两边，靠西边，故名西全。原属湘里村1组，1999年属王秀村12组。2013年末有22户村民，90人。

闵家湾　位于王秀村北部。闵姓村民居住在河湾处，故名闵家湾。原属湘里村8组，1999年属王秀村19组。2013年末有18户村民，70人。

封张庙　位于王秀村南部。中华人民共和国成立前该处有一座寺庙，名称是封张庙，居民点以寺庙命名，故名封张庙。原属湘里村11组，1999年属王秀村22组。2013年末有20户村民，80人。

南青石　位于王秀村南部。以前有一座桥是由两块青石建成的，后拆除。河南边分得一块，故名南青石。原属湘里村7组，1999年属王秀村18组。2013年末有18户村民，80人。

东全　位于王秀村东部。全姓村民居住在该处，形成村落后，分东西两边，靠东边的名东全。原属湘里村12组，1999年属王秀村23组。2013年末有20户村民，80人。

小角寺圩　位于王秀村南部。圩指土堤，寺指封张庙，小角是指该居民点的分布形状呈三角形，故名小角寺圩。原属湘里村2组，1999年属王秀村13组。2013年末有28户村民，110人。

北宅基　位于王秀村北部。宅基是居民的住宅地。住宅地在村道路以北，故名北宅基。现属王秀村1组。2013年末有20户村民，90人。

新桥　位于王秀村南部。因在王秀村与原邢庄村之间造一条新桥，居民点以桥命名，故名新桥。原属湘里村10组，1999年属王秀村21组。2013年末有26户村民，130人。

周家巷　位于王秀村东部。周姓村民居住在该处，故名周家巷。原属长浜村6组，2004年属王秀村29组。2013年末有25户村民，100人。

长浜桥　位于王秀村东部。因该居民点范围内有一条长浜桥，居民点以桥命名，故名长浜桥。原属长浜村5组，1999年属王秀村28组。2013年末有10户村民，40人。

七、孙桥村境内

李家宅基　位于孙桥村西部。李姓村民的聚居地，故名李家宅基。原属璜泾镇白荡村5组。1999年属孙桥村21组。2013年末有3户村民，16人。

潘家巷　位于孙桥村西部。居住的是潘姓人家，故名潘家巷。原属璜泾镇白荡村5组。1999年属孙桥村21组。2013年末有8户村民，32人。

汤家宅基　位于孙桥村南部。汤姓村民的聚居地，故名汤家宅基。属璜泾镇孙桥村8组。2013年末有12户村民，50人。

红花溇　位于孙桥村中部。溇指小河流，因河畔四周沟溇较多，又因以前村边河中长满红色荷花，故名红花溇。属璜泾镇孙桥村9组。2013年末有14户村民，65人。

范家宅基　位于孙桥村南部。范姓村民的聚居地，故名范家宅基。属璜泾镇孙桥村6组。2013年末有15户村民，70人。

许家巷　位于孙桥村北部。居住的是许姓人家，故名许家巷。原属璜泾镇白荡村1组。1999年属孙桥村17组。2013年末有13户村民，45人。

朱家寺圩 位于孙桥村中部。圩为淤堤，寺为寺庙，朱姓人家住在此处，故名朱家寺圩。属璜泾镇孙桥村4组。2013年末有16户村民，85人。

钱家巷 位于孙桥村西部。居住的是钱姓人家，故名钱家巷。原属璜泾镇白荡村7组。1999年属孙桥村23组。2013年末有23户村民，118人。

徐家大宅基 位于孙桥村南部。徐姓村民的聚居地，故名徐家大宅基。属璜泾镇孙桥村5组。2013年末有21户村民，105人。

徐家湾 位于孙桥村东部。徐姓村民居住在河湾处，故名徐家湾。原属璜泾镇孙桥村3组。1999年属孙桥村3组。2013年末有14户村民，68人。

茅家宅基 位于孙桥村西部。茅姓村民的聚居地，故名茅家宅基。原属璜泾镇白荡村8组。1999年属孙桥村24组。2013年末有16户村民，80人。

王家湾 位于孙桥村中部。王姓村民居住在河湾处，故名王家湾。属璜泾镇孙桥村11组。2013年末有22户村民，100人。

孙家坟桥 位于孙桥村东部。因境内有桥梁孙家坟桥，村落以桥命名，故名孙家坟桥。原属璜泾镇孙桥村2组。1999年属孙桥村2组。2013年末有10户村民，50人。

定心潭 位于孙桥村北部。因境内有河流定心潭，村落以河命名，故名定心潭。原属璜泾镇白荡村2组。1999年属孙桥村18组。2013年末有5户村民，16人。

苏家湾 位于孙桥村北部。苏姓村民居住在河湾处，故名苏家湾。原属璜泾镇白荡村2组。1999年属孙桥村18组。2013年末有19户村民，86人。

柴塘 位于孙桥村西南部。村民居住在柴塘小河边，故名柴塘。原属璜泾镇孙桥村8组。1999年属孙桥村8组。2013年末有7户村民，40人。

盛家湾 位于孙桥村中部。盛姓村民居住在河湾处，故名盛家湾。原属璜泾镇孙桥村1组。1999年属孙桥村1组。2013年末有18户村民，85人。

太平桥 位于孙桥村中部。因境内有桥梁太平桥，村落以桥命名，故名太平桥。原属璜泾镇孙桥村7组。1999年属孙桥村7组。2013年末有6户村民，40人。

陈家湾 位于孙桥村中部。陈姓村民居住在河湾处，故名陈家湾。原属璜泾镇孙桥村7组。1999年属孙桥村7组。2013年末有4户村民，30人。

周家巷 位于孙桥村北部。居住的是周姓人家，故名周家巷。原属璜泾镇白荡村12组。1999年属孙桥村28组。2013年末有12户村民，78人。

陆家宅基 位于孙桥村西部。陆姓村民的聚居地，故名陆家宅基。原属璜泾镇白荡村3组。1999年属孙桥村19组。2013年末有13户村民，68人。

何家宅基 位于孙桥村中部。何姓村民的聚居地，故名何家宅基。原属璜泾镇白荡村10组。1999年属孙桥村26组。2013年末有16户村民，76人。

盛家巷 位于孙桥村中部。该地居住的是盛姓人家，故名盛家巷。原属璜泾镇白荡村7组。1999年属孙桥村23组。2013年末有9户村民，38人。

朱家巷 位于孙桥西部。该地居住的是朱姓人家，故名朱家巷。原属璜泾镇孙桥村13组。

1999年属孙桥村13组。2013年末有24户村民，120人。

周家湾　位于孙桥村北部。周姓村民居住在河湾处，故名周家湾。原属璜泾镇白荡村12组。1999年属孙桥村28组。2013年末有16户村民，88人。

八、孟河村境内

李家巷　位于孟河村西北部。该地居住的是李姓人家，故名李家巷。原属建华村6组，2007年属孟河村31组。2013年末有22户村民，103人。

叶家桥　位于孟河村北部。因境内有桥梁叶家桥，村落以桥命名，故名叶家桥。原属建华村10组，2007年属孟河村35组。2013年末有3户村民，15人。

许家湾　位于孟河村西北部。许姓人家居住在河湾处，故名许家湾。原属建华村9组，2007年属孟河村34组。2013年末有10户村民，53人。

张安桥　位于孟河村西北部。因境内有桥梁张安桥，村落以桥命名，故名张安桥。原属建华村3组，2007年属孟河村28组。2013年末有15户村民，92人。

白滩湾　位于孟河村东南部。因境内有河流白滩河，村落在河湾处，故名白滩湾。原属包桥3组，2004年属孟河村15组。2013年末有16户村民，75人。

管家泾　位于孟河村东南部。因境内有河流管家泾，村落以河命名，故名管家泾。原属包桥6组，2004年包属孟河村18组。2013年末有13户村民，49人。

杨子浜　位于孟河村东北部。因境内有河流杨子浜，村落以河命名。故名杨子浜。原属包桥6组，2004年属孟河村18组。2013年末有12户村民，62人。

宣家湾　位于在孟河村西部。宣姓村民居住在河湾处，故名宣家湾。现属孟河村9组。2013年末有3户村民，7人。

王家店　位于孟河村西南部。居民点多为王姓人家，有一户王姓人家在家中开设了一个杂货店，称之为王家店，居民点因此而得名。现属孟河村4组。2013年末有10户村民，51人。

张王倪桥　位于孟河村北部。因境内有桥梁张王倪桥，村落以桥命名，故名张王倪桥。现属孟河村3组。2013年末有16户村民，71人。

高家楼子　位于孟河村东部。1949年前所在地有高姓人家，家境富裕，建造了二层的楼房，在当地声名显赫，其他乡邻称其为高家楼子。形成村落后被叫作高家楼子。属孟河村7组。2013年末有9户村民，92人。

曹家湾　位于孟河村西部。曹姓村民居住在河湾处，故名曹家湾。现属孟河村2组。2013年末有3户村民，15人。

王海堰　位于孟河村东部。堰为拦截河流的土坝，王姓人家中有名叫王海的居住在土坝处，故名王海堰。现属孟河村8组。2013年末有3户村民，14人。

跳板桥　位于孟河村东南部。因境内有桥梁跳板桥，村落以桥命名，故名跳板桥。现属孟河村10组。2013年末有13户村民，64人。

严家湾　位于孟河村西南部。严姓村民居住在河湾处，故名严家湾。原属建华村2组，2007年属孟河村27组。2013年末有8户村民，43人。

岸家桥　位于孟河村东北部。因境内有桥梁岸家桥，村落以桥命名，故名岸家桥。原属包桥6组，2004年属孟河村18组。2013年末有15户村民，53人。

王昌桥　位于孟河村东部。因境内有桥梁王昌桥，村落以桥命名，故名王昌桥。原属包桥9组，2004年属孟河村21组。2013年末有13户村民，58人。

袁家堰　位于孟河村东北部。堰为拦截河流的土坝，袁姓人家居住在土坝处，故名袁家堰。原属包桥1组，2004年属孟河村13组。2013年末有11户村民，48人。

戴家湾　位于孟河村东部。戴姓村民居住在河湾处，故名戴家湾。原属包桥7组，2004年属孟河村19组。2013年末有15户村民，91人。

方家宅基　位于孟河村东部。原方姓村民的聚居地，故名方家宅基。原属包桥8组，2004年属孟河村20组。2013年末有16户村民，84人。

塔桥湾　位于孟河村东部。因境内有河流塔桥湾河，村落以河命名，故名塔桥湾。原属包桥11组，2004年属孟河村23组。2013年末有12户村民，65人。

於家桥　位于孟河村北部。因境内有桥梁於家桥，村落以桥命名，故名於家桥。原属伍胥14组，1999年并入建华村，2007年属孟河村50组。2013年末有8户村民，48人。

史家湾　位于孟河村东北部。史姓村民居住在河湾处，故得名史家湾。原属伍胥4组，1999年并入建华村，2007年属孟河村40组。2013年末有18户村民，97人。

蔡家巷　位于孟河村北部。居住的是蔡姓人家，故名蔡家巷。原属伍胥9组，1999年并入建华村，2007年属孟河村45组。2013年末有5户村民，31人。

桑园基　位于孟河村西北部。1949年前是一户地主人家的桑园，后来，老百姓在该片桑园上建房，故名桑园基。原属伍胥6组，1999年并入建华村，2007年属孟河村42组。2013年末有5户村民，31人。

周家巷　位于孟河村北部。居住的是周姓人家，故名周家巷。原属伍胥13组，1999年并入建华村，2007年属孟河村49组。2013年末有12户村民，61人。

高家巷　位于孟河村西北部。居住的是高姓人家，故名高家巷。原属伍胥11组，1999年并入建华村，2007年属孟河村47组。2013年末有6户村民，40人。

许家堰　位于孟河村北部。堰为拦截河流的土坝，许姓人家居住在土坝处，故名许家堰。原属伍胥7组，1999年并入建华村，2007年属孟河村43组。2013年末有13户村民，65人。

瞿家湾　位于孟河村北部。瞿姓村民居住在河湾处，故名瞿家湾。原属伍胥7组，1999年并入建华村，2007年属孟河村43组。2013年末有5户村民，26人。

唐家宅基　位于孟河村西北部。唐姓村民的聚居地，故名唐家宅基。原属建华村7组，2007年属孟河村32组。2013年末有5户村民，27人。

倪家湾　位于孟河村东南部。倪姓村民居住在河湾处，故名倪家湾。原属包桥12组，2004年属孟河村24组。2013年末有24户村民，112人。

包家桥　位于孟河村东部。因境内有桥梁包家桥，村落以桥命名，故名包家桥。原属包桥2组，

2004年属孟河村14组。2013年末有10户村民，51人。

九、杨漕村境内

魏家巷 位于杨漕村东北部。此地居住村民多为魏姓人家，故名魏家巷。原属于王秀镇草庙村12组，1999年属杨漕村23组。2013年末有32户居民，120人。

毛家巷 位于杨漕村北部。此地居住村民多为毛姓人家，故名毛家巷。原属于王秀镇草庙村13组，1999年属杨漕村24组。2013年末有15户居民，55人。

莳泾巷 位于杨漕村北部。巷以河莳泾河定名，故名莳泾巷。原属于王秀镇草庙村9组，1999年属杨漕村20组。2013年末有17户居民，71人。

徐家宅基 位于杨漕村北部。徐姓人家居住在此处宅基地上，故称徐家宅基。原属于王秀镇草庙村5组，1999年属杨漕村16组。2013年末有13户居民，38人。

董家大宅基 位于杨漕村北部。董姓人家居住在此处宅基地上，故称董家宅基。原属于王秀镇草庙村8组，1999年属杨漕村19组。2013年末有24户居民，102人。

苏家巷 位于杨漕村中部。此地居住村民为苏姓人家，故名苏家巷。现属杨漕村7组。2013年末有13户居民，43人。

小桥巷 位于杨漕村东部。此地有一条小桥，村落以小桥定名，故名小桥巷。原属于王秀镇草庙村10组，1999年属杨漕村21组。2013年末有17户居民，64人。

马家巷 位于杨漕村东部。此地居住村民为马姓人家，故名马家巷。原属于王秀镇建民15组，2004年属杨漕村52组。2013年末有34户居民，138人。

包家淩 位于杨漕村北部。淩意为水流汇集的地方，此处居住的是包姓人家，故名包家淩。原属于王秀镇草庙村11组，1999年属杨漕村22组。2013年末有18户居民，72人。

庙湾 位于杨漕村西部，因原有一座小庙建在河湾处，村民在此聚居，故名庙湾。原属于王秀镇南港村8组，2004年属杨漕村32组。2013年末有21户居民，65人。

杨家巷 位于杨漕村南部。杨姓人家居住，故名杨家巷。原属于王秀镇建民村7组，2004年属杨漕村44组。2013年末有32户居民，119人。

赵家巷 位于杨漕村西部。赵姓人家居住，故名赵家巷。原属于王秀镇南港村5组，2004年属杨漕村29组。2013年末有29户居民，103人。

鹤咀 位于杨漕村西北部。因为该居民点中心有一个被小河包围如同仙鹤嘴倒钩形状的地形，故名鹤嘴。原属于王秀镇南港村1组，2004年属杨漕村25组。2013年末有28户居民，78人。

朱家巷 位于杨漕村西北部。朱姓人家居住，故名朱家巷。原属于王秀镇南港村2组，2004年属杨漕村26组。2013年末有28户居民，77人。

干河梢 位于杨漕村中部。该村原有一条干涸的小河，位于河梢上，故名干河梢。现属于杨漕村8组。2013年末有27户居民，103人。

杨家湾 位于杨漕村北部。杨姓人家居住于河湾处，故名杨家湾。原属于王秀镇草庙村2组，1999年属杨漕村13组。2013年末有17户居民，76人。

王家湾　位于杨漕村东部。王姓人家居住于河湾处，故名王家湾。原属于王秀镇建民村16组，2004年属杨漕村53组。2013年末有20户居民，84人。

南草庙　位于杨漕村东北部。村民居住在原草庙村南部，故名南草庙。原属于王秀镇草庙村5组，1999年属杨漕村16组。2013年末有13户居民，38人。

石元宝　位于杨漕村西部。因村地形看似元宝，村民希望此地像金元宝一样，财气旺盛，故名石元宝。原属于王秀镇南港村11组，2004年属杨漕村35组。2013年末有20户居民，79人。

沈家弄堂　位于杨漕村西部。沈姓人家居住地之间形成了一条弄堂，故名沈家弄堂。现属杨漕村2组。2013年末有18户居民，61人。

姚家巷　位于杨漕村西部。姚姓人家居住，故名姚家巷。原属于王秀镇南港村13组，2004年属杨漕村37组。2013年末有17户居民，66人。

马头巷　位于杨漕村西部。马头巷是“马投降”的谐音，“马投降”是太平天国时期军队打仗时，马在此地跪地不起，意为“马投降”，后被沿袭下来，该地取名马头巷。原属于王秀镇南港村4组，2004年属杨漕村28组。2013年末有20户居民，75人。

小桥湾　位于杨漕村中部。河湾处有一条小桥，村落以桥定名，故名小桥湾。原属于王秀镇草庙村10组，1999年属杨漕村37组。2013年末有17户居民，64人。

彭家桥　位于杨漕村西北部。境内有彭家桥，村落以桥命名，故名彭家桥。原属于王秀镇南港村10组，2004年属杨漕村34组。2013年末有24户居民，86人。

跳板桥　位于杨漕村西部。过去村民用跳板做桥过河，村落以此定名，叫跳板桥。原属于王秀镇南港村9组，2004年属杨漕村33组。2013年末有26户居民，106人。

猛将塘　位于杨漕村西南部。境内有猛将塘，村落以河定名，故名猛将塘。原属于王秀镇南港村10组，2004年属杨漕村34组。2013年末有26户居民，86人。

南庙泾　位于杨漕村东南部。境内有南庙泾河，村落以河定名，故名南庙泾。原属于王秀镇建民村11组，2004年属杨漕村48组。2013年末有12户居民，48人。

苍浦浜　位于杨漕村东南部。位于苍河浜与双纲河交汇处，“浦”是河流交汇地区的意思，故名苍浦浜。原属于王秀镇建民村8组，2004年属杨漕村45组。2013年末有14户居民，46人。

莳泾桥　位于杨漕村东南部。村边有一条莳泾桥，以桥定名，故名莳泾桥。原属于王秀镇建民村12组，2004年属杨漕村49组。2013年末有12户居民，47人。

荷花溇　位于杨漕村东南部。境内有一个小河溇，村落以河定名，故名荷花溇。原属于王秀镇建民村15组，2004年属杨漕村52组。2013年末有10户居民，40人。

薛家桥　位于杨漕村中部。薛姓人家居住于小石桥边，村落以桥定名，故名薛家桥。原属于王秀镇建民村2组，2004年属杨漕村39组。2013年末有21户居民，70人。

孟家桥　位于杨漕村东南部。孟姓人家居住于小石桥边，村落以桥定名，故名孟家桥。原属于王秀镇建民村7组，2004年属杨漕村44组。2013年末有32户居民，119人。

陶家堰　位于杨漕村东南部。陶姓人家居住在堤堰处，故名陶家堰。原属于王秀镇建民村9组，2004年属杨漕村46组。2013年末有18户居民，72人。

高家桥　位于杨漕村东南部。高姓人家居住于小石桥边，村落以桥定名，故名高家桥。原属于王秀镇建民村7组，2004年属杨漕村46组。2013年末有18户居民，72人。

竹家浜　位于杨漕村南部。祝姓人家的居住地，“竹”与“祝”谐音，故名竹家浜。原属于王秀镇建民村8组，2004年属杨漕村45组。2013年末有14户居民，46人。

张家桥　位于杨漕村东部。张姓人家居住于小石桥边，村落以桥定名，故名张家桥。原属于王秀镇建民村14组，2004年属杨漕村51组。2013年末有19户居民，66人。

十、新明村境内

高桥湾　位于新明村西部。湾指河流弯曲的地方，此地原有一座高拱桥，故名高桥湾。1999年前属玉影村2组，1999年并入东影村，2006年属新明村25组。2013年末有25户村民，108人。

角嘴　位于新明村北部。因东西流向的六尺沟塘和南北流向的孟家泾交汇于此，形成角嘴状，故名角嘴。1999年前属黎明村，1999年属新明村6、7组。2013年末有20户村民，85人。

夏家巷　位于新明村北部。居住的是夏姓人家，故名夏家巷。1999年前属黎明村10、11组，1999年属新明村10、11组。2013年末有30户村民，151人。

大东泾　位于新明村北部。因境内有河流大东泾，村落以河命名，故名大东泾。1999年前属黎明村，1999年并入新明村。2013年末有35户村民，157人。

高家堰　位于新明村北部。堰为拦截河流的土坝。高姓人家居住在土坝处，故名高家堰。1999年前属黎明村，1999年并入新明村，2012年被评为江苏省三星级环境整治居民示范点。2013年末有65户村民，337人。

横浜　位于新明村东面。因境内有河流横浜，村落以河命名，故名横浜。1999年前属东经村2、3组，1999年并入东影村，2006年属新明村37、38组。2013年末有15户村民，61人。

侯家宅基　位于新明村北部。侯姓村民的聚居地，故名侯家宅基。1999年前属黎明村，1999年属新明村1组。2013年末有40户村民，189人。

孙家宅基　位于新明村北部。孙姓村民的聚居地，故名孙家宅基。1999年前属黎明村，1999年属新明村2组。2013年末有20户村民，97人。

殷家天潭　位于新明村北部。在深潭旁，殷氏聚居成村，“天潭”为深潭，故名殷家天潭。1999年前属黎明村，1999年属新明村7组。2013年末有20户村民，98人。

倪家桥　位于新明村西部。因境内有桥梁倪家桥，村落以桥命名，故名倪家桥。1999年前属玉影村2、4组，1999年并入东影村，2006年属新明村25、27组。2013年末有5户村民，19人。

南泾　位于新明村西南部。因境内有河流南泾，村落以河命名，故名南泾。1999年前属玉影村3组，1999年并入东影村，2006年属新明村26组。2013年末有20户村民，137人。

许家鱼池　位于新明村南部。因境内有许家鱼池，村落以鱼池命名，故名许家鱼池。1999年前属东经村1组，1999年并入东影村，2006年属新明村36组。2013年末有20户村民，96人。

友谊桥　位于新明村东部。因境内有桥梁友谊桥，村落以桥命名，故名友谊桥。1999年前属东泾村8组，1999年并入东影村，2006年属新明村43组。2013年末有15户村民，68人。

陈家巷　位于新明村中部。居住的是陈姓人家，故名陈家巷。1999年前属玉影村6组，1999年并入东影村，2006年属新明村29组。2013年末有26户村民，135人。

张家湾　位于新明村东部。张姓村民居住在河湾处，故名张家湾。1999年前属东泾村9组，1999年并入东影村，2006年属新明村44组。2013年末有18户村民，86人。

王塘泾　位于新明村南部。因境内有河流王塘泾，村落以河命名，故名王塘泾。1999年前属玉影村3、4组，1999年并入东影村，2006年属新明村26、27组。2013年末有40户村民，184人。

十一、新海村境内

俞家宅基　位于新海村南部。俞姓村民的聚居地，故名俞家宅基。1999年属新海村3组。2013年末有12户村民，62人。

孙河浜　位于新海村南部。因境内有河流孙河浜，村落以河命名，故名孙河浜。1999年属新海村4、5组。2013年末有21户村民，93人。

张泾梢　位于新海村南部。因境内有河流张泾梢，村落以河命名，故名张泾梢。1999年属新海村9组。2013年末有10户村民，51人。

王家泾　位于新海村南部。因境内有河流王家泾，村落以河命名，故名王家泾。1999年属新海村7组。2013年末有10户村民，51人。

包家巷　位于新海村南部。居住的是包姓人家，故名包家巷。1999年属新海村8组。2013年末有12户村民，69人。

庙桥　位于新海村北部。因境内有桥梁庙桥，村落以桥命名，故名庙桥。原属鹿河新泾村13组，1999年属新海村23组。2013年末有11户村民，62人。

夏家巷　位于新海村南部。居住的是夏姓人家，故名夏家巷。原属新泾村3组，1999年属新海村13组。2013年末有13户村民，69人。

张家巷　位于新海村南部。居住的是张姓人家，故名张家巷。原属新泾村6组，1999年属新海村13组。2013年末有12户村民，68人。

杨家堰　位于新海村西部。因境内有桥梁杨家堰，村落以桥命名，故名杨家堰。原属新泾村10组，1999年属新海村20组。2013年末有5户村民，35人。

陆家小堰　位于新海村西部。堰为拦截河流的土坝。陆姓人家居住在土坝处，故名陆家小堰，原属新泾村13组，1999年属新海村23组。2013年末有13户村民，69人。

蔡家巷　位于新海村北部。居住的是蔡姓人家，故名蔡家巷。原属新泾村5组，1999年属新海村15组。2013年末有5户村民，36人。

十二、长洲村境内

陆家府　位于长洲村西南部。古代有陆姓人家居住此地，为一大户人家，故名陆家府。1999年属长洲村9组。2013年末有23户村民，143人。

施家巷　位于长洲村西南部。居住的是施姓人家，故名施家巷。原属泗洲村2组，原名为南北施家巷，1989年更名施家巷。1999年属长洲村2组。2013年末有23户村民，82人。

李家巷 位于长洲村西南部。居住的是李姓人家，故名李家巷。1999年属长洲村3组。2013年末有25户村民，89人。

草鞋浜 位于长洲村南部。因境内河浜形似草鞋，村落以此命名，故名草鞋浜。1999年属长洲村7组。2013年末有21户村民，102人。

北施家巷 位于长洲村西南部。居住的是施姓人家，加以方位词，以示区别，故名北施家巷。原属泗洲村10组，1999年属长洲村10组。2013年末有20户村民，101人。

北桥 位于长洲村南部。因境内有桥梁北弄桥，村落以桥命名，故名北桥。原属泗洲村1组，1989年命名。1999年属长洲村1组。2013年末有39户村民，196人。

王家泾 位于长洲村东部。因境内有河流王家泾，村落以河命名，故名王家泾。原属长城村2组，1999年属长洲村15组。2013年末有32户村民，151人。

王家梢 位于长洲村东部。因境内小河流是王家泾的小支流河梢，故名王家梢。原属长城村3组，1999年属长洲村16组。2013年末有29户村民，142人。

马家宅 位于长洲村东部。马姓村民的聚居地，故名马家宅。原属长城村3组，1999年属长洲村16组。2013年末有24户村民，117人。

周家泾 位于长洲村东北部。因境内有河流周家泾，村落以河命名，故名周家泾。原属长城村4组，1999年属长洲村17组。2013年末有22户村民，105人。

芦花湾 位于长洲村东部。因古时候境内芦苇较多，故名芦花湾。原属长城村1、2组，1999年属为长洲村14、15组。2013年末有35户村民，181人。

黄家巷 位于长洲村北部。居住的是黄姓人家，故名黄家巷。原属长城村5、6组，1999年属长洲村18、19组。2013年末有45户村民，214人。

林家巷 位于长洲村西北部。居住的是林姓人家，故名林家巷。原属长城村7组，1999年属长洲村20组。2013年末有27户村民，124人。

大湾 位于长洲村南部。该居民点位于辖区河道的大转弯处，以此得名大湾。原属长城村8组，1999年属长洲村21组。2013年末有38户村民，189人。

长城巷 位于长洲村南部。该居民点因位于原长城村中心区域，农宅较多，连成一线，故名长城巷。原属长城村9组，1999年属长洲村22组。2013年末有27户村民，131人。

戴家巷 位于在长洲村西北部。居住的是戴姓人家，故名戴家巷。原属长江村3组，1999年属长洲村28组。2013年末有29户村民，138人。

吕家巷 位于长洲村西北部。居住的是吕姓人家，故名吕家巷。原属长江村4组，1999年属长洲村29组。2013年末有33户村民，171人。

支家巷 位于长洲村西北部。居住的是支姓人家，故名支家巷。原属长江村5组，1999年属长洲村30组。2013年末有33户村民，169人。

范家圩 位于长洲村西部。圩是低洼地区修筑挡水的堤。该居民点范姓居多，且地处圩边，故名范家圩。原属长江村6组，1999年属长洲村31组。2013年末有15户村民，77人。

曾家巷 位于长洲村西部。居住的是曾姓人家，故名曾家巷。原属长江村7组，1999年属长洲村32组。2013年末有17户村民，92人。

杨家湾 位于长洲村东部。据明朝杨隐居墓志铭记载此处是明朝承事郎杨隐居的居住地，且在河湾处，故名杨家湾。原属泗洲村8、13组，1999年属长洲村8、13组。2013年末有26户村民，133人。

长城新村 位于长洲村北部。该居民点于20世纪70年代初期建造，是当时长城大队第一批新建楼房，故名长城新村。原属长城村11组，1999年属长洲村24组。2013年末有11户村民，53人。

陆家巷 位于长洲村西部。居住的是陆姓人家，故名陆家巷。原属长江村8组，1999年属长洲村33组。2013年末有20户村民，103人。

十三、雅鹿村境内

市南 位于雅鹿村北部。因该居民点位于鹿河的南面，故名市南。原属鹿河鹿南村2组，2006年属雅鹿村35组。2013年末有80户村民，282人。

周家圩 位于雅鹿村西南部。圩是低洼地区周围防水的堤。因很早以前是低洼地，周姓的农户都围绕着这片地耕种，故名周家圩。原属于飞跃村2组、3组、11组，2006年属雅鹿村24组、25组、33组。2013年末有75户村民，316人。

何家湾 位于雅鹿村南部。何姓村民居住在河湾处，故名何家湾。原属鹿河镇鹿南村3组、4组。2006年属雅鹿村36、37组。2013年末有39户村民，180人。

倪家湾 位于雅鹿村南部。倪姓村民居住在河湾处，故名倪家湾。原属鹿河镇飞跃村8组。2006年属雅鹿村30组。2013年末有15户村民，81人。

马蹄潭 位于雅鹿村西部。因境内有河流马蹄潭，村落以河命名，故名马蹄潭。原属鹿河新市村3组、11组，2006年属雅鹿村3、11组。2013年末有41户村民，165人。

成家巷 位于雅鹿村西南部。居住的是成姓人家，故名成家巷。原属鹿河飞跃村6组，2006年属雅鹿村28组。2013年末有19户村民，86人。

张祥浜 位于雅鹿村南部。因境内有河流张祥浜，村落以河命名，故名张祥浜。原属鹿河鹿南村12组，2006年属于雅鹿村45组。2013年末有21户村民，107人。

苏家泾 位于雅鹿村南部。因境内有河流苏家泾，村落以河命名，故名苏家泾。原鹿河鹿南村11组，2006年属于雅鹿村44组。2013年末有27户村民，100人。

石家湾 位于雅鹿村南部。石姓村民居住在河湾处，故名石家湾。原属鹿河镇鹿南村13组，2006年属于雅鹿村46组。2013年末有11户村民，60人。

曹家浜 位于雅鹿村南部。因境内有河流曹家浜，村落以河命名，故名曹家浜。原鹿河镇鹿南村9组，2006年属雅鹿村42组。2013年末有16户村民，75人。

孙家湾 位于雅鹿村南部。孙姓村民居住在河湾处，故名孙家湾。原属鹿河镇鹿南村6组，2006年属雅鹿村39组。2013年末有14户村民，78人。

李家湾 位于雅鹿村南部。李姓村民居住在河湾处，故名李家湾。原属鹿河鹿南村8组，2006

年属雅鹿村41组。2013年末有22户村民,132人。

顾家巷 位于雅鹿村北部。居住的是顾姓人家,故名顾家巷。原属鹿河长沙村2组,2006年属雅鹿村17组。2013年末有31户村民,142人。

褚家巷 位于雅鹿村西北部。居住的是褚姓人家,故名褚家巷。原属鹿河长沙村3组,2006年属雅鹿村18组。2013年末有25户村民,102人。

王二桥 位于雅鹿村南部。因境内有桥梁王二桥,村落以桥命名,故名王二桥。原属鹿河镇鹿南村6组。2006年属雅鹿村38组。2013年末有15户村民,73人。

姜家湾 位于雅鹿村北部。姜姓村民居住在河湾处,故名姜家湾。原属鹿河长沙6组,2006年属雅鹿村21组。2013年末有18户村民,78人。

龚家湾 位于雅鹿村南部。龚姓村民居住在河湾处,故名龚家湾。原属鹿河飞跃村5组,2006年属雅鹿村27组。2013年末有6户村民,33人。

张家巷 位于雅鹿村南部。居住的是张姓人家,故名张家巷。原属鹿河飞跃村5组,2006年属雅鹿村27组。2013年末有21户村民,101人。

陈家角 位于雅鹿村西部。因该处居住着陈姓人家,村落分布的形状是三角形的,故名陈家角。原属鹿河长沙村4组,2006年属雅鹿村19组。2013年末有23户村民,99人。

包家湾 位于雅鹿村南部。包姓村民居住在河湾处,故名包家湾。原属鹿河飞跃村9组,2006年属雅鹿村31组。2013年末有22户村民,109人。

东行埭 位于雅鹿村南部。行埭为太仓本地方言,意为长条形的村落,因位于原鹿南村村委会东面,故名东行埭。原属鹿河镇鹿南村7组,2006年属雅鹿村40组。2013年末有17户村民,73人。

侯家巷 位于雅鹿村西部。居住的是侯姓人家,故名侯家巷。原属鹿河新市村4组,2006年属雅鹿村4组。2013年末有12户村民,56人。

陈家巷 位于雅鹿村南部。居住的是陈姓人家,故名陈家巷。原属鹿河飞跃村10组,2006年属雅鹿村32组。2013年末有12户村民,68人。

唐家宅基 位于雅鹿村南部。唐姓村民的聚居地,故名唐家宅基。原属鹿河飞跃村7组,2006年属雅鹿村29组。2013年末有32户村民,141人。

许家鱼池 位于雅鹿村西部。因境内有河流许家鱼池,村落以河命名,故名许家鱼池。原属鹿河鹿南村2组,2006年属雅鹿村35组。2013年末有15户村民,68人。

糖坊桥 位于雅鹿村北部。鹿河镇郊昔日有糖坊,故桥名糖坊桥,村落以桥命名。原属鹿河镇鹿南村1、2组,2006年属雅鹿村34、35组。2013年末有70户村民,282人。

九泾浜 位于雅鹿村南部。因境内有河流九泾浜,村落以河命名,故名九泾浜。原属 鹿河鹿南村12组,2006年属雅鹿村45组。2013年末有20户村民,95人。

陆石桥 位于雅鹿村西部。因境内有桥梁陆石桥,村落以桥命名,故名陆石桥。原属鹿河长沙村4组。2006年属雅鹿村19组。2013年末有6户村民,29人。

宋家桥 位于雅鹿村北部。因境内有桥梁宋家桥,村落以桥命名,故名宋家桥。原属鹿河长沙村1组。2006年属雅鹿村16组。2013年末有40户村民，202人。

吴家宅 位于雅鹿村西北部。吴姓村民的聚居地，故名吴家宅。原属鹿河长沙村5组，2006年属雅鹿村20组。2013年末有30户村民，139人。

第二篇　自然地理

璜泾镇位于东经121° 00′ 42"~121° 10′ 50"，北纬31° 37′ 02"~31° 45′ 54"。属长江三角洲冲积平原，境内地势平坦、光照充足、河网密布、雨量充沛、土地肥沃、四季分明，优越的地理环境和气候条件，为种植粮食和经济作物以及盛产水产创造了得天独厚的条件，此地属典型的“江南鱼米之乡”。

第一章　成陆　地质　岸线　围滩

第一节　陆地形成

璜泾地处长江入海口，古时非陆地，大约在5000年前，境内还是一片汪洋的东海浅滩，现今的陆地由长江挟带大量泥沙一路东泻沉积而成，其成陆的过程为长江主泓自上中游挟带大量泥沙至下游入海口，由于流速减缓，加上海水盐分凝聚淤化，在海潮的顶托下，沉积的泥沙逐渐露出水面，形成沙洲，进而与入海口两岸的陆地相连。大约在商周时期，太仓西部地区先行脱离海潮影响，形成大片冲积平原。至秦汉时期，随着入海口长江泥沙沉积顶托的加快，地处长江口的璜泾等地也相继成陆。

第二节　地质地貌

全境地势平坦，为沿江平原，自东向西略有倾斜，地面高程在4.1~5.4米之间（基准：吴淞零点，下同），东部地区稍高，西部地区略低。1978年12月江苏省水文勘察队在原璜泾农机厂探勘的资料显示：钻探深度0~256米，地层主要为第四系浮土沉积覆盖层（地质史第四纪时期形成的地层），上部是淤泥质粉沙夹薄层黏土层，以下是亚砂、粉砂、细砂层和中粗沙夹砾石层。钻探深度256~303.48米，是砂岩、灰岩、青龙灰岩和砾岩层。境内地质构造稳固，深层岩浆活动较为微弱，发生破坏性强烈地震的可能性不大，有史以来未见发生破坏性强震的记载。根据历次工程地质勘探资料显示，境内的地耐力一般为每平方米10吨左右。

第三节　长江岸线

境内的长江岸线，北起白茆口南岸，由西北向东南至浮桥镇时思区界，全长10.53千米。1999年村区域调整前，有8个沿江村。璜泾境内有荡茜村、海城村、林场村，鹿河境内有滨海村、新泾

长江岸线（2009 年摄）

村、黎明村、长城村、长江村。2006年村区域调整后，有5个沿江村，分别为荡茜村、新联村、新海村、新明村、长洲村。境内的长江岸线较为平直，深水水域近岸且开阔，终年不冻不淤。岸线腹地广阔，经济繁荣，交通发达，物流量大，是理想的港口开发之地。

第四节　围滩充填

1994年起，随着太仓港的发展，长江岸线璜泾段也成为投资商开发热地。1995年，苏州太海汽车轮渡有限公司实施围滩充填工程，用于兴建太海汽渡码头。地点在钱泾口下游350米处，占用岸线300米。围滩及码头工程总投资3462万元。2005年太海汽渡老码头迁移，实施新码头围滩充填工程，地点在白茆口下游2千米处，占用岸线250米。围滩由中国水利水电第十三工程局有限公司中标施工。围滩及码头工程总投资1.5亿元，于2005年9月竣工并投入运行。2003年完成太仓港协鑫发电有限公司围滩充填工程。地点在江堤新联村段，占用岸线1.73千米，围滩充填面积1560亩。该围滩充填项目起初由中国香港荣氏集团投资，于2001年完成项目报批手续。事后，因太仓港协鑫发电有限公司需要，通过太仓港港区管委会协调，该项目由香港荣氏集团转让给太仓港协鑫发电有限公司开发。2003年，完成太仓港六期围滩充填项目报批并开始施工。地点在太海汽渡新码头下游，占用岸线3千米，围滩充填面积4214亩。项目开发单位为上海华电电力发展有限公司和江苏雅鹿集团有限公司。围滩充填工程分2个标段，分别由上海石洞口围堤开发工程有限公司和南京市水利建设工程总公司中标施工，围滩主要用于兴建码头和工业开发，2007年3月围滩充填工程竣工。此后至2013年，境内未实施大面积围滩充填工程。

长江岸线码头开发（2016 年摄）

第二章　气　候

第一节　气候特征

璜泾属北亚热带南部湿润气候区。冬季受北方冷高压控制，以少雨寒冷天气为主；夏季受副热带高压控制，天气炎热；春、秋季是季风交替时期，天气冷暖多变，干湿相间。境内显四季分明的气候特征。

一、春季

连续5天滑动平均气温在10℃以上进入春季。一般自4月1日（清明节前3~4天）开始，至6月16日（夏至前5~6天）结束，为期77天。

春季随着太阳高度角的增大而气温逐渐回升，这时冬、夏季风转换交替，冷暖空气交锋，天气变化无常，忽冷忽暖，时晴时雨。正如古诗“清明时节雨纷纷”描述了江南春雨多的景象，在广大群众中也有“春天孩儿脸，一天变三变”的说法。少数年份晚霜冻、冰雹、龙卷风等灾害性天气也会在这段时期出现。

二、夏季

连续5天滑动平均气温在22℃以上进入夏季。一般自6月17日（夏至前4~5天）开始，至9月16日（约秋分前一周）结束，为期92天。

夏季气温高，湿度大，雨量集中。初夏，冷暖空气在长江中下游交锋，势均力敌，这就形成了长江中下游地区的持续阴雨天气。此时，正值梅子成熟，故有“梅雨”之称；又因湿度大，东西易发生霉烂，也称“霉雨”。常年6月15日入梅，7月10日出梅，历时25天，但也有少数年份出现早黄梅和倒黄梅及空梅。出梅后，常会出现连续无雨的干旱天气，又时值“三伏”，故称“伏旱”。常年7—9月，西北太平洋台风活动进入盛期，会出现暴风雨天气，有时还会导致局部地区的龙卷风、冰雹的发生，造成自然灾害。

三、秋季

连续5天滑动平均气温在22℃以下进入秋季。一般自9月17日（约秋分前一周）开始，至11月18日（约立冬后一旬）结束，为期63天，是四季中最短的一季。

秋季是夏、冬两季的过渡性季节，这时太阳直射点向南回归线移动，白天渐渐缩短，北方冷空气开始南下，便开始进入秋季。正常年份，在冷空气控制下的长江中下游一带，近地面形成一个小高压，天气比较稳定，常会出现阳光灿烂、秋高气爽的宜人天气。但也有一些年份，在秋分前后，夏季风尚未南移，冬季风频频南下，此时冷暖气流交锋，就会出现秋雨连绵的现象。

四、冬季

连续5天滑动平均气温在10℃以下进入冬季。一般自11月19日（小雪前3~4天）开始，至次年3月31日（清明节前4~5天）结束，为期133天，是四季中最长最冷最干燥的一季。

冬季冷空气活动频繁，一般隔7至10天就有一次寒潮入侵，出现一次明显的降温，并刮西北大风或伴有雨雪。冷空气过境后，天晴风息，夜间常有霜或冰冻。冬季气候多周期性变化，骤寒与回暖，晴与阴交替出现。在两次冷空气活动之间，一般是晴好天气。当北方有强冷空气南下时，会出现6~8级的西北或偏北大风，且气温骤降，最低气温下降至4℃以下时，会出现“寒潮”。据一些年长者回忆，璜泾旧时隆冬腊月，河面冰厚尺余，人行其上，如履平地，但从20世纪60年代以来，冬季气候变暖，严重冰冻天气很少出现。

第二节　气候要素

因本镇不设气象站，无单独的气象资料，而璜泾的气象情况与太仓气象台记录的情况基本一致，故本节所涉及的各类气象数据，为太仓气象记录与璜泾相关记载综合梳理所得。

一、气温

1994—2013年，年平均气温16.8℃，与前志记载的年平均气温15.3℃相比，上升1.5℃。年平均气温最高的年份为2006年，气温17.8℃；年平均气温最低的年份为1996年，气温16℃。气温的四季变化较明显，夏季气温最高，其次是秋季，再次是春季，冬季最低。气温最高的月份出现在7月，月平均气温为30℃；气温最低的月份出现在1月，月平均气温为3.9℃。气温最高的一天是2013年8月7日，极端最高气温为40.0℃；气温最低的一天是2011年1月17日，极端最低气温为-6.9℃（有记录的气温最低的一天是1977年1月31日，极端最低气温为-11.5℃。）。受全球气候变暖影响，境内年平均气温呈上升趋势。

二、日照

璜泾地处北纬31°附近，全年可照时数为4426.5小时（闰年4436.4小时）。1994—2013年，平均年日照时数1936.5小时，占可照时数的43.7%。夏季日照时数最多，其次是秋季，再次是春季，冬季最少。日照时数年际之间变化较大，最多年2255.8小时（2004年），最少年1755.6小时

（2006年），年际之间差500.2小时。日照7月份最充足，月平均212.8小时；2月份最少，月平均119.7小时。

三、降水

1994—2013年，年平均降水量1129.9毫米。年际之间降水量变化较大，最多年1484毫米（1999年），最少年853毫米（2011年），年际之间差631毫米。全年降水集中在6、7、8三个月，每月降水量均超过150毫米。降水量6月份最多，194.5毫米，占全年降水量的17.2%；12月份最少，43.6毫米，占全年降水量的3.9%。20年总计降水日2519天，平均每年降水日126天。降水量最多的一天为2012年8月8日，达178.3毫米。

四、风

1994—2013年，年平均风速为每秒3.0米。年平均风速最大年为2001年的每秒3.8米，最小年为1999年的每秒2.3米。风速最大的一天为2004年7月8日，西北风，每秒16.7米（7级），瞬时最大风速为2005年8月7日，每秒28.1米（10级）。风向有明显的季节变化，春、夏为东南、偏南风，秋为北风、东北风，冬为西北风。全年东北、偏东风出现的频率最高。

五、雷暴

雷暴大多出现在春、夏两季。1994—2013年，年平均雷暴日数为28天，雷暴日数最多为2011年的41天，最少为2001年的16天。初雷一般出现在3月份，终止在9月份，初终间日数200天左右。初雷出现最早是1997年1月1日，终止最晚是1989年11月6日。

六、霜

1994—2013年，年平均霜日47天，最多年65天（2011年），最少年31天（1994年）。初霜期大致发生在11中旬，最早初霜日期出现在11月2日（1995年），最晚初霜日期出现在12月5日（1994年）；终霜期一般止于3月下旬，最早终霜日期出现在2月24日（2002年），最晚终霜日期出现在4月16日（2010年）。年平均无霜期234天，无霜期最长为256天（1998年、1999年），最短为211天（1995年）。

七、雪

1994—2013年，年平均降雪日6天，最多年18天（2008年），最少年1天（1997年、2001年、2007年）。冬雪一般下在1月上中旬，春雪有时迟至3月上旬。最早初雪日期11月27日（1999年），最晚终雪日期4月14日（2010年）。

八、雾

1994—2013年，年平均大雾日15天，最多年26天（2002年），最少年5天（2011年）。12月最多，月均4.5天；7月最少，月均1.4天。境内能见度不足百米的大雾日较少。

九、相对湿度

1994—2013年，年平均相对湿度75%，6、8、9三个月最大，相对湿度均为78%，4、5两个月最小，相对湿度均为71%。境内空气较为湿润，遇雨日、雾日，相对湿度可达100%。干燥日期不多，相对湿度最小的一天为2008年5月6日，相对湿度14%。

第三节　自然灾害

境内遭受的自然灾害，主要有台风、洪涝、干旱、龙卷风、低温冻害、雷击、地震等。

一、台风

境内夏、秋两季常受台风影响，故台风造成的灾害损失较大。1994—2013年遭受台风袭击主要有15次：1994年14号、17号台风；1996年8月1日8号台风；1997年8月18日11号台风；2001年6月22—24日2号“飞燕”台风；同年7月6日4号“尤特”台风；2002年“威马逊”和“森拉克”台风；2004年7月3日7号热带风暴“蒲公英”台风；2005年8月5—7日9号“麦莎”台风和9月11—12日15号“卡努”台风；2006年7月14—15日4号“碧利斯”台风；2009年8月8—10日8号“莫拉克”台风；2012年8月6—9日11号“海葵”台风；2013年10月6—8日23号“菲特”台风。每次台风的风力普遍达9级，长江口风力达10~11级，有时超12级。台风袭击时，常伴有大暴雨，导致海塘工程、电力及通信设施、民房、厂房、棚舍受损，太海汽渡停航，农田受淹，作物倒伏，造成严重经济损失。

二、洪涝

璜泾地处长江边，属感潮区域，若在涨潮时又遇暴雨，境内水位迅速升高有可能造成洪涝灾害。但地处江边泄洪较快，只要不出现持续雨天，境内水位长时间居高不下的可能性不大。尽管如此，洪涝仍是本地主要的气象灾害之一。1994—2013年，境内遭受洪涝灾害主要有4次，出现时间分别为1995年5月20日、1996年7月4—6日、1999年6月26—30日、2009年8月2日。每次暴雨袭击，均造成内河水位升高，部分农田受淹，农作物倒伏。尤其是旱田作物，因渍害严重而减产。其中两次洪涝灾害较为严重，一次是1999年6月26—30日，连降暴雨，降雨量达366.2毫米；另一次是2009年8月2日，出现大暴雨，1天雨量达315.5毫米。这两次暴雨袭击，使农田普遍受淹，农村地势低的农宅进水，镇区道路许多路段被淹没，有的工厂和居民家中进水，经济损失较大。

三、干旱

高温干旱多发生在梅雨期后，主要表现为汛期雨量少，高温天气持续时间长。1994—2013年，境内旱情曾有发生，但影响较小，主要有2次，出现在1994年和2013年。特别是2013年8月，有22天的最高气温均达35℃以上，极端最高气温达40℃。天气持续高温干旱，水分蒸发量大，土壤表层偏干，农作物生长萎缩，对农业生产造成不利影响。

四、龙卷风

1994—2013年，境内未出现龙卷风正面袭击，只是在1995年6月27日、1996年7月18日，龙卷风袭击市内浮桥、沙溪、新毛等镇时，璜泾受其边缘影响，但无房屋损坏和人员伤亡。

五、雷击

境内一年四季都有雷暴产生，以春、夏两季最多。1994—2013年，境内每年均有雷击事故发生，主要是击坏家用电器，也曾有房屋和电力、通信设施被击坏。雷击致人死亡的悲惨事故发生一起。2013年9月11日下午3:00左右，永乐村38组有一位72岁的毛姓村民，在本村28组农田里采摘毛豆，在打雷闪电出现后歇工回家，结果突遭雷击当场死亡。

六、冰雪冻害

1994—2013年，低于0℃以下的冰雪日很少，年平均雪日为6天，大多雪量不大，降雪比较大的仅有2次：2008年1月26日至2月1日，连续多天降雪，积雪深度达10厘米；2013年2月18—19日，出现大雪，局部暴雪，12小时雨雪量为18.9毫米，至19日8时积雪深度达7厘米。这两次降雪，使太海汽渡停航，多起车辆碰擦，农作物受到冻害，造成一定的经济损失。

七、地震

本镇受扬州、铜陵地震带影响，属少震、弱震地区。1990年2月10日1时57分，太仓与常熟交界处发生5.1级地震，造成1死（间接死亡）5伤，部分房屋倒塌，直接经济损失1.34亿元。璜泾境内震感明显，有些房屋墙体出现裂缝，但无人员伤亡。此后，至2013年，境内未发生有感地震。

第三章　土　壤

第一节　土壤类属

1983年太仓县第二次土壤普查时，璜泾普查耕地面积32188亩，王秀21716亩，鹿河20800亩，合计普查耕地总面积74704亩。据土壤普查结果显示，土壤为长江冲积土，土质沙性，透水性能好，有机质含量高，属于宜种植水稻的优质农耕土类。主要有11个土种：

一、沙夹垅

面积为35973亩，占耕地总面积的48.16%，是分布面积最广的土种，各村均有分布，其中璜泾区域内有18775亩，王秀区域内有7477亩，鹿河区域内有9721亩。该土粘性适中，通透性好，水气协调，养分分解快，作物早发稳长，不早衰，故适耕性好，水旱作物皆宜，是比较理想的高产土壤。但由于该土分布面广，肥力上不平衡性较大，据当时调查，有三分之一的土壤有机质含量偏低，潜在肥力尚嫌不足。另外，还有部分土质粘性较大，稍有淀浆板结现象。因此，要做到用地与养地相结合，增施磷钾肥，推广秸秆还田，以提高土壤肥力和保肥保水性能。

二、垅夹沙

面积为20548亩，占耕地总面积的27.51%，其中璜泾区域内有6675亩，主要分布于荣文、新联、永乐、荡茜等村。王秀区域内有5572亩，主要分布于王秀、孟河、杨漕等村，遍及39个村民小组。鹿河区域内有8301亩，主要分布于新明、新海、雅鹿等村。该土种母质同沙夹垅，只因土体稍紧于沙夹垅，湿时较烂，干时硬，作物早发性差于沙夹垅，后劲较好不早衰。

三、老沙夹垅

面积为4635亩，占耕地总面积的6.2%，主要分布于璜泾区域内的新华、荣文、永乐等村。该土母质同沙夹垅，因剖面底部有明显的铁锰沉积物，故取名老沙夹垅。该土种通透性较差，多雨时易受渍害。应注意开沟排水，降低地下水位；增施有机肥，改变土壤物理结构；实行轮作，提高矿化能力；增加肥效，促进作物高产。

四、灰底垅夹沙

面积为3694亩，占耕地总面积的4.94%，其中璜泾区域内有393亩，主要分布于新华村西部一带。王秀区域内有3301亩，主要分布于孟河、杨漕等村，遍及31个村民小组。该土种性能与沙夹垅相似，只因剖面底部有黑灰色腐泥埋藏层而定名，土壤改良方法同老沙夹垅。

五、灰底沙夹垅

面积为3001亩，占耕地总面积的4.02%，主要分布于王秀区域内的孙桥、杨漕等村，遍及20个村民小组。该土种保肥性能稍差，稻、麦、棉均宜种植，能早发，但作物后期易早衰。

六、垅泥

面积为1832亩，占耕地总面积的2.45%，其中王秀区域内有1352亩，主要分布于王秀、孟河等村，遍及10个村民小组。鹿河区域内有480亩，主要分布于新海等村。该土种较粘，干时硬，湿时烂，保肥保水性能较好，稻、麦、棉均宜种植，虽晚发但不早衰，作物产量较高。

七、小粉沙夹垅

面积为1817亩，占耕地总面积的2.43%，主要分布于鹿河区域内的长洲、雅鹿等村。该土种沙性重，粉沙含量高，易淀浆板结，肥力中等偏下，作物发棵性尚好，稻、麦、棉均宜种植。

八、老垅夹沙

面积为1710亩，占耕地总面积的2.29%，主要分布于璜泾区域内的新华、新联等村。该土种质地较粘，土色灰暗，有铁锰沉积物，缺磷少钾，保肥力较强，作物生长后劲较足。对该土应注重水利建设，开沟排水爽田。

九、灰底老垅泥

面积为628亩，占耕地总面积的0.84%，主要分布于王秀区域内的孟河村伍背境内5个村民小组。该土种旱季地下水的保蓄能力较强，宜种稻、麦、棉，但晚发，产量中等略低。

十、沙土

面积为481亩，占耕地总面积的0.64%，主要分布于鹿河区域内的长洲村江边一带。该土种沙粒含量高，易淀浆板结，漏水漏肥，播种麦、棉优于水稻，作物发棵性一般，产量中等略低。

十一、灰底老垅夹沙

面积为385亩，占耕地总面积的0.52%，主要分布于王秀区域内的杨漕村建民境内的3个村民小组。该土种种植稻、麦、棉早发性差，中后期易受水害，产量中等略低。

表 2-1　1983 年璜泾镇土种分布分类面积汇总

土种分布区域		璜泾	王秀	鹿河	合计
土壤普查耕地面积		32188	21716	20800	74704
沙夹垅	面积（亩）	18775	7477	9721	35973
	占耕地面积	58.33%	34.43%	46.73%	48.16%
垅夹沙	面积（亩）	6675	5572	8301	20548
	占耕地面积	20.74%	25.66%	39.91%	27.51%
老沙夹垅	面积（亩）	4635	—	—	4635
	占耕地面积	14.40%	—	—	6.20%
灰底垅夹沙	面积（亩）	393	3301	—	3694
	占耕地面积	1.22%	15.20%	—	4.94%
灰底沙夹垅	面积（亩）	—	3001	—	3001
	占耕地面积	—	13.82%	—	4.02%
垅泥	面积（亩）	—	1352	480	1832
	占耕地面积	—	6.23%	2.31%	2.45%
小粉沙夹垅	面积（亩）	—	—	1817	1817
	占耕地面积	—	—	8.74%	2.43%
老垅夹沙	面积（亩）	1710	—	—	1710
	占耕地面积	5.31%	—	—	2.29%
灰底老垅泥	面积（亩）	—	628	—	628
	占耕地面积	—	2.89%	—	0.84%
沙土	面积（亩）	—	—	481	481
	占耕地面积	—	—	2.31%	0.64%
灰底老垅夹沙	面积（亩）	—	385	—	385
	占耕地面积	—	1.77%	—	0.52%

注：璜泾镇土种分布分类面积汇总表，根据 1983 年太仓县第二次土壤普查数据整理。

第二节　土壤养分

1983年第二次土壤普查显示，土壤耕作层9个土种的养分含量平均有机质2.14%，全氮0.134%，碱介氮98%，全磷0.159%，速效磷6ppm，速效钾83ppm。

一、有机质

据1983年第二次土壤普查，垅夹沙的有机质含量最高，沙土含量最低。各土种间含量高低顺序为垅夹沙、垅泥、灰底垅夹沙、沙夹垅、老垅夹沙、灰底老垅泥、老沙夹垅、灰底沙夹垅、沙土。

二、全氮

垅泥的全氮含量最高，沙土含量最低。各土种间含量高低顺序为垅泥、沙夹垅、灰底老垅泥、老沙夹垅、灰底沙夹垅、沙土。

三、碱介氮

垅泥的碱介氮含量最高，沙土含量最低。各土种间含量高低顺序为垅泥、灰底老垅泥、沙夹垅、灰底沙夹垅、老沙夹垅、沙土。

四、全磷

灰底老垅泥的全磷含量最高，垅泥含量最低。各土种间含量高低顺序为灰底老垅泥、老沙夹垅、灰底沙夹垅、沙土、沙夹垅、垅泥。

五、速效磷

老沙夹垅的速效磷含量最高，灰底垅夹沙含量最低。各土种间含量高低顺序为老沙夹垅、沙夹垅、灰底沙夹垅、垅泥、老垅夹沙、沙土、垅夹沙、灰底老垅泥、灰底垅夹沙。

六、速效钾

垅泥的速效钾含量最高，老垅夹沙含量最低。各土种间含量高低顺序为垅泥、沙夹垅、老沙夹垅、灰底沙夹垅、沙土、灰底老垅泥、垅夹沙、灰底垅夹沙、老垅夹沙。

表 2-2　1983 年璜泾镇各土种养分含量情况

土种名称	有机质	全氮	碱介氮	全磷	速效磷（ppm）	速效钾（ppm）
沙夹垅	2.10%	0.138%	100%	0.158%	7.00	94.00
垅夹沙	2.61%	—	—	—	5.00	74.00
老沙夹垅	1.95%	0.131%	94%	0.163%	8.00	92.00
灰底垅夹沙	2.32%	—	—	—	4.00	65.00
灰底沙夹垅	1.95%	0.127%	97%	0.161%	7.00	87.00
垅泥	2.43%	0.159%	106%	0.150%	6.00	118.00
老垅夹沙	2.03%	—	—	—	6.00	63.00
灰底老垅泥	2.03%	0.135%	103%	0.164%	5.00	76.00
沙土	1.80%	0.116%	89%	0.160%	6.00	81.00
平均	2.14%	0.134%	98%	0.159%	6.00	83.00

注：①此表根据 1983 年太仓县第二次土壤普查数据整理；②由于施肥种类、灌溉水质、大气降水等因素的不同，现在土壤养分的实际数据会有所差异；③有 11 个土种，只列出 9 个土种的土壤养分，还有 2 个土种因缺资料，故未列出。

第四章　植物　动物

第一节　植　物

一、农作物类

粮油作物　主要有粳稻、糯稻、小麦、元麦、大麦、油菜、玉米、黄豆、赤豆、绿豆、花生、芝麻等。20世纪80年代后期起，除粳稻、小麦大面积种植外，其他粮油作物种植逐年减少，目前只有农户零星种植，留作自用，一般不出售。

经济作物　主要有棉花、西瓜、香瓜、草莓、菱角、茭白、大蒜、莲藕、荸荠等。

蔬菜类　主要有大白菜（又称黄芽菜）、小白菜、卷心菜、毛豆、塌棵菜、青菜、雪里蕻、菠菜、松花菜、结球甘蓝、金花菜（俗称草头）、韭菜、蕹菜、紫角叶、葱、白萝卜、胡萝卜、芋艿、藕、丝瓜、黄瓜、冬瓜、南瓜、苏瓜、苦瓜、莴苣、四季豆、豇豆、扁豆、荷仁豆、蚕豆、豌豆、茄子、辣椒、芹菜、水芹菜、茼蒿、西葫芦、马铃薯、红薯、蘑菇、香菇、平菇、金针菇、慈姑、竹笋等。

二、树木类

主要有泡桐、梧桐、红枫、青枫、苦楝、合欢、刺槐、紫荆、银荆、樱花、海棠、红梅、绿梅、悬铃木（法国梧桐）、香樟、桑、刺榆、榉树、榆树、杨柳、落叶松、马尾松、雪松、杉木、水杉、龙柏、翠柏、广玉兰、白玉兰、冬青、黄杨、雀舌黄杨、棕榈等。

果树主要有桃、橘、梨、柿、枇杷、银杏、枣子、石榴、葡萄、枸橼（香橼）等。

三、竹类

主要有燕竹、篾竹、哺鸡竹、山竹、象竹等。过去大多农家栽于宅后，20世纪90年代后，种植面积逐年减少，现在只有农户零星栽种。

四、花卉类

主要有月季、玫瑰、蔷薇、野菊花、木樨（桂花）、凤仙等品种。随着单位和家庭美化环境意识的增强，20世纪80年代后，引种观赏花卉的品种逐渐增多，有木本花卉、草本花卉、宿根花卉、球根花卉、多浆花卉、水生花卉等。如牡丹、碧桃、蜡梅、紫薇、丁香、紫藤等落叶木本花卉；山茶、茶梅、杜鹃、桂花、米兰、茉莉、白兰、金橘、含笑、扶桑、夹竹桃、栀子、苏铁、橡皮树、罗汉松、五针松等常绿木本花卉；金盏菊、鸡冠花、凤仙花、牵牛花、一串红、翠菊等草本花卉；菊花、兰花、天竺葵、芍药、文竹、君子兰等宿根花卉；水仙、朱顶红、美人蕉、仙客来、郁金香等球根花卉；仙人掌等多浆花卉和荷花、睡莲等水生花卉。

五、药材类

主要有艾、青蒿、野菊花、三七草、天名精（狗屎粘）、蒲公英、栝楼（瓜蒌）、葫芦（药葫芦）、忍冬（金银花）、接骨草、车前草、枸杞、桔梗、藿香、薄荷、荆芥、留兰香、海州常山（臭梧桐）、马鞭草、豆寄生（狗屎黄金草）、女贞、蓖麻、何首乌、野木香根、鱼腥草、韭、葱、葫（蒜）、麦门冬、莎草（香附子）、白茅（茅草）等。

六、杂草类

主要有野艾蒿、鬼针草、苦菜、兰草、加拿大一枝黄花、空心莲子草（水花生）、半边莲、野苋、合子草、地肤、水绵（青苔）、猪殃殃、葎草（割人藤）、旋花、积雪草、水芹、鹅肠草、马齿苋、野豌头、铁扫帚、紫云英（红花草）、瓦楞草、紫堇、观音柳、水浮莲、凤眼莲（水葫芦）、咸草、飘拂草、鸭舌草、席草、蒯草、鹅观草、蟋蟀草、知风草、鸭嘴草、芒草、狗尾草、狼尾草、牛鞭草、凤尾草、蜈蚣草、水蜈蚣、燕麦（摇铃麦）、看麦娘、芦苇、野茭白、松藻、水师（面条草）、稗、萍（田字草）等。

第二节　动　物

一、饲养动物

主要有猪、羊、兔、猫、狗、鸡、鸭、鹅、鸽子、鹌鹑、牛、马、骡等，其中马、骡很少饲养，20世纪60年代后基本绝迹。牛主要用于拉犁耕田、戽水灌溉。20世纪70年代后随着农机的推广，耕牛逐年减少，现已绝迹。

二、野生动物

至2013年，境内野生动物有4个类别，分属13纲，达250多个品种。日常生产生活中能见的品种如下：

（一）脊椎类

鱼纲　内河养殖或野生的水产品主要有青鱼、草鱼、鲤鱼、黄鲢、白鲢、鲈鱼、鳊鱼、鲫鱼、塘鳢鱼、鳑鲏鱼、鳗鲤、黄鳝等。长江水产品主要有鲥鱼、鲚鱼（凤尾鱼）、河豚、鮰鱼（白鲒）、白鲟、刀鱼、面鱼、中华鲟等。

两栖纲　主要有蟾蜍、青蛙、虎纹蛙、沼蛙、雨蛙、牛蛙等。

爬行纲　主要有乌龟、鳖、赤练蛇、水赤链、青鞘蛇、秤星蛇、蝮蛇、水蛇、蜥蜴（四脚蛇）、壁虎等。

鸟纲 主要有麻雀、黄雀、喜鹊、乌鸦、黄腾、斑鸠、杜鹃（布谷鸟）、鹧鸪、雉（野鸡）、野鸽、麦鸡、鸮（猫头鹰）、燕子、啄木鸟、白鹭、黄鹂、画眉、白头翁、伯劳、八哥、鱼狗（偷鱼鸟）、翠鸟、稻鸡、凫（野鸭）、鸢（老鹰）等。

哺乳纲 主要有野兔、鼠（家鼠）、田鼠、仓鼠、豚鼠（天竺鼠）、野猫、黄鼬（黄鼠狼）、刺猬、松鼠、蝙蝠、白鳍豚等。

（二）节肢类

多足纲 主要有蜈蚣（百脚）、蓑衣虫等。

甲壳纲 主要有青虾、白虾、米虾、罗氏沼虾、克氏螯虾（龙虾）、河蟹、蟛蜞等。

蛛形纲 主要有圆蛛、蟏蛸（喜蛛）、壁钱（壁喜蛛）、蜱、螨、蝎等。

昆虫纲 主要有蝗虫、蚱蜢、纺织娘、蟋蟀、油葫芦、蝼蛄、蜜蜂、胡蜂、黄蜂、蝉（知了）、螳螂、蜻蜓、天牛、豆蟓、苍蝇、蚊子、蟑螂、跳蚤、地鳖虫、萤火虫、蚂蚁、蝴蝶、蝽象、瓢虫、桑蚕、螟虫、稻飞虱、稻蓟马、棉铃虫、红铃虫、刺毛虫、松毛虫、金龟子（蛴螬）、小地老虎等。

（三）软体类

腹足纲 主要有蜗牛、田螺、螺蛳、蛞蝓等。

瓣鳃纲 主要有河蚌、帆蚌（三角蚌）、蚬、蛤等。

（四）环节类

毛足纲 主要有蚯蚓、沙蚕等。

蛭纲 主要有水蛭、蚂蟥等。

第三篇 人口

1994—2013年，全镇户籍人口呈负增长趋势，外来流动人口大量增加。随着经济社会的加快发展，就业人口中初、高中以上学历的人员大幅上升。由于实行计划生育，倡导优生优育，在人口得到控制的同时，人口素质不断提高，但出现人口老龄化现象。因大量外来务工人员流入，辖区内人口总量、密度增加，民族、姓氏增多。在人口职业上，就业门路广泛，劳动力向二产和三产转移，社会分工趋向合理化。

第一章　人口状况

第一节　人口总量

1994年末，全镇总户籍6529户，总人口20737人。之后，总人口每年减少，1997年末，总人口20475人，比1994年减少262人。1998年镇区划调整，王秀并入璜泾，镇辖区扩大，总人口机械变动增至35708人，之后总人口每年减少。1999年起，随着小城镇户口制度的改革，非农业人口增加。2003年，镇区划再次调整，鹿河并入璜泾，总人口机械变动增至50023人，之后总人口还是每年减少。2008年，为全镇非农业人口最多年，非农人口增至17275人，占总人口的34.78%。之后，因城乡一体化加快推进，符合条件的非农户口，尤其是小城镇户口回迁农村的比较多，故出现非农人口大幅下降的趋势。2013年末，全镇户籍总户数16083户，总人口48068人，其中农业人口38288人，非农业人口9780人。

表3-1　1994—2013年璜泾镇户籍人口统计

年份	总户数（户）	人口			说明
		总数（人）	农业人口（人）	非农业人口（人）	
1994	6529	20737	18240	2497	
1995	6758	20700	18126	2574	
1996	6743	20654	17789	2865	
1997	6661	20475	17597	2878	
1998	11821	35708	31449	4259	王秀并入
1999	13933	35401	24727	10674	
2000	14123	35052	23905	11147	
2001	14070	34755	23237	11518	
2002	14016	34473	23627	10846	
2003	19567	50023	34936	15087	鹿河并入
2004	19485	49995	34037	15958	
2005	19432	49964	33501	16463	
2006	19278	49827	33034	16793	
2007	19045	49778	32617	17161	
2008	18852	49664	32389	17275	
2009	18486	49406	34777	14629	

续表

年份	总户数（户）	人口			说明
		总数（人）	农业人口（人）	非农业人口（人）	
2010	17657	49231	32756	16475	
2011	17255	48983	33351	15632	
2012	16541	48622	34434	14188	
2013	16083	48068	38288	9780	

第二节　人口分布

20世纪90年代，随着经济社会的加快发展，农村劳动力进厂务工或经商办企业的人数逐步增多。但由于镇域范围不大，道路交通方便，农村从业人员白天外出工作，晚上大多回村居住，故境内户籍人口分布变化不大。进入21世纪后，由于部分人口在城镇购房居住，而户口仍在农村；部分农户动迁，入住外村住宅小区，而户籍仍在原村，故造成户籍地与居住地不一致的“人户分离”现象。又因大量外来人口涌入，分散居住在集镇和各村，故辖区内户籍人口分布与实际常住人口分布存在差异。

1994年，全镇户籍总人口20737人，其中：南部（镇区以南）7个村人口7618人，占总人口的36.74%；北部（镇区以北）10个村人口10622人，占总人口的51.22%；镇区2个社区，人口2497人，占总人口的12.04%。

表3-2　1994年璜泾镇户籍人口分布情况

区域划分	村、居委会	人口（人）	区域划分	村、居委会	人口（人）
南部	华南	1283	北部	林场	1340
	邢庄	961		海城	1005
	永乐	1110		前进	1371
	荷花	1019		利华	1273
	广新	1015		荡茜	1237
	广乐	1199		江海渔业	121
	广丰	1031		小计	10622
	小计	7618	镇区	永新居委会	1528
北部	新华	1014		永建居委会	969
	长乐	845		小计	2497
	万新	1069	合计	—	20737
	新联	1347			

1998年，王秀镇并入后，全镇总人口35708人，其中：东部（原璜泾辖区，下同）17个村人口17335人，占总人口的48.55%，镇区永新、永建2个居委会人口3066人，占总人口的8.59%；西部

（原王秀辖区，下同）13个村人口14114人，占总人口的39.52%，王秀居委会人口1193人，占总人口的3.34%。

表3-3　1998年璜泾镇户籍人口分布情况（王秀并入当年）

区域划分	村、居委会	人口（人）	区域划分	村、居委会	人口（人）
东部	新华	960	东部	永建居委会	1381
	华南	1159		小计	3066
	邢庄	941	西部	湘里	835
	长乐	817		长浜	923
	万新	1033		王秀	1220
	新联	1315		孙桥	1161
	林场	1335		孟河	1033
	海城	1018		包桥	989
	前进	1244		伍胥	1189
	利华	1240		建华	916
	荡茜	1011		建民	1612
	永乐	1073		草庙	957
	荷花	988		杨漕	860
	广新	981		南港	1247
	广乐	1060		白荡	1172
	广丰	1034		小计	14114
	江海渔业	126		王秀居委会	1193
	小计	17335	合计	—	35708
	永新居委会	1685			

2003年，鹿河镇并入后，全镇总人口50023人，其中：东部11个村人口11657人，占总人口的23.30%，璜泾社区居委会人口7312人，占总人口的14.62%；西部9个村人口11713人，占总人口的23.42%，王秀社区居委会人口3389人，占总人口的6.77%；北部（原鹿河辖区，下同）6个村人口11566人，占总人口的23.12%，鹿河社区居委会人口4386人，占总人口的8.77%。

表3-4　2003年璜泾镇户籍人口分布情况（鹿河并入当年）

区域划分	村、社区	人口（人）	区域划分	村、社区	人口（人）
东部	新华	2267	东部	利华	822
	华南	1280		荡茜	867
	邢庄	576		永乐	1372
	万新	691		广新	1152
	新联	887		小计	11657
	林场	1015		璜泾社区	7312
	海城	728	西部	长浜	873

续表

区域划分	村、社区	人口（人）	区域划分	村、社区	人口（人）
西部	王秀	1419	北部	东影	1989
	孙桥	1738		新明	1695
	孟河	857		新海	1672
	包桥	862		长洲	2768
	建华	1779		长新	1687
	建民	1478		飞鹿	1755
	杨漕	1625		小计	11566
	南港	1082		鹿河社区	4386
	小计	11713	合计	—	50023
	王秀社区	3389			

2003年以后，经村、社区区划调整后，有13个村，4个社区，全镇总人口48068人，其中：东部5个村人口14381人，占总人口的29.92%，镇区西塔和银杏2个社区居委会人口5134人，占总人口的10.68%；西部4个村人口11523人，占总人口的23.97%，王秀社区居委会人口2077人，占总人口的4.32%；北部4个村人口12384人，占总人口的25.76%，鹿河玉影山社区居委会人口2569人，占总人口的5.35%。

表 3-5　2013 年璜泾镇户籍人口分布情况

区域划分	村、社区	人口（人）	区域划分	村、社区	人口（人）
东部	新华	2935	西部	孟河	3402
	荣文	3889		杨漕	4198
	新联	4006		小计	11523
	荡茜	840		王秀社区	2077
	永乐	2711	北部	新明	3856
	小计	14381		新海	1866
	西塔社区	3868		长洲	2913
	银杏社区	1266		雅鹿	3749
	小计	5134		小计	12384
西部	王秀	2058		玉影山社区	2569
	孙桥	1865	合计	—	48068

第三节　人口密度

1994年璜泾辖区总面积34.74平方千米，全镇户籍人口20737人，人口密度为每平方千米597人。1998年王秀并入后，璜泾辖区总面积58.62平方千米，户籍人口35708人，人口密度为每平方千米609人。2003年鹿河并入后，璜泾辖区总面积83.84平方千米，全镇户籍人口50023人，人口密度为每平方千米597人。

2013年末，全镇户籍人口48068人，人口密度为每平方千米573人。从区域人口看，东部璜泾片区有户籍人口19515人，人口密度为每平方千米562人；西部王秀片区有户籍人口13600人，人口密度为每平方千米570人；北部鹿河片区有户籍人口14953人，人口密度为每平方千米593人。从集镇和农村人口看，璜泾、王秀、鹿河3个集镇4个社区辖区总面积6.8平方千米，有户籍人口9780人，人口密度为每平方千米1438人；农村13个村辖区总面积77.04平方千米，有户籍人口38288人，人口密度为每平方千米497人。

表3-6　2013年璜泾镇分单位户籍人口密度情况

单位	辖区面积（平方千米）	人口（人）	密度（人/平方千米）	单位	辖区面积（平方千米）	人口（人）	密度（人/平方千米）
新华村	4.73	2935	621	新明村	8.35	3856	462
荣文村	9.43	3889	412	新海村	3.35	1866	557
新联村	7.36	4006	544	长洲村	5.55	2913	525
荡茜村	2.80	840	300	雅鹿村	7.35	3749	510
永乐村	7.02	2711	386	西塔社区	1.80	3868	2149
王秀村	4.98	2058	413	银杏社区	1.60	1266	791
孙桥村	4.30	1865	434	王秀社区	1.60	2077	1298
孟河村	7.15	3402	476	玉影山社区	1.80	2569	1427
杨漕村	6.95	4198	604				

注：王秀社区、玉影山社区的辖区面积为管理区域的面积。

第二章　人口构成

第一节　性　别

1994年，男性9936人（户籍人口），占全镇总人口的47.91%，女性10801人，占52.09%，男女性别比（以女性为100，下同）为91.99；2013年，男性23001人，占全镇总人口的47.85%，女性25067人，占52.15%，男女性别比为91.76。20年中男性一直少于女性，男女性别比平均为92.71，其中1998年是男性人口比例最高的年份，男女性别比为93.64；2013年是男性人口比例最低的年份，男女性别比为91.76。

表3-7　1994—2013年璜泾镇户籍人口性别情况

年份	人数（人）		性别比（女=100）	年份	人数（人）		性别比（女=100）
	男	女			男	女	
1994	9936	10801	91.99	2004	24049	25946	92.69
1995	9977	10723	93.04	2005	24056	25908	92.85
1996	9942	10712	92.81	2006	23984	25843	92.81
1997	9850	10625	92.71	2007	23953	25825	92.75
1998	17268	18440	93.64	2008	23865	25799	92.50
1999	17092	18309	93.35	2009	23754	25652	92.60
2000	16904	18148	93.15	2010	23650	25581	92.45
2001	16772	17983	93.27	2011	23503	25480	92.24
2002	16614	17859	93.03	2012	23289	25333	91.93
2003	24069	25954	92.74	2013	23001	25067	91.76

第二节　年　龄

2010年全国第六次人口普查，全镇普查总人口为64768人（常住人口），其中集镇常住人口22398人，占总人口的34.58%；农村常住人口42370人，占总人口的65.42%。普查人口中，少儿人口（0~14周岁）5812人，占总人口的8.97%；青年人口（15~44周岁）28951人，占总人口的44.70%；中年人口（45~59周岁）15496人，占总人口的23.93%；老年人口（60周岁以上）14509人，占总人口的22.40%。

表3-8　2010年璜泾镇人口普查常住人口分年龄段情况

年龄分段（周岁）	人数（人）			性别比（女＝100）	区域居住人数（人）	
	合计	男	女		集镇	农村
0～4	1686	853	833	102.40	659	1027
5～9	1982	1091	891	122.45	830	1152
10～14	2144	1150	994	115.69	813	1331
15～19	2802	1315	1487	88.43	1106	1696
20～24	4808	2290	2518	90.95	2069	2739
25～29	4105	2014	2091	96.32	1681	2424
30～34	4430	2217	2213	100.18	1861	2569
35～39	6225	3136	3089	101.52	2653	3572
40～44	6581	3407	3174	107.34	2669	3912
45～49	5563	2826	2737	103.25	1864	3699
50～54	4274	2309	1965	117.51	1200	3074
55～59	5659	2826	2833	99.75	1535	4124
60～64	4144	2041	2103	97.05	1056	3088
65～69	3250	1557	1693	91.97	783	2467
70～74	2551	1196	1355	88.27	539	2012
75～79	2088	945	1143	82.68	457	1631
80～84	1487	607	880	68.98	360	1127
85～89	726	236	490	48.16	193	533
90～94	235	52	183	28.42	61	174
95～99	22	5	17	29.41	8	14
100及以上	6	—	6	—	1	5
合计	64768	32073	32695	98.10	22398	42370

2013年，百岁寿星有：杨漕村44组郭爱宝（104周岁），新联村19组吴小妹（102周岁），永乐村40组陈爱福（101周岁），新联村盛杏和（100岁）。

表3-9　2013年璜泾镇百岁以上寿星名录

姓名	性别	出生年月	家庭居住地	说明
郭爱宝	女	1909年5月	杨漕村	—
吴小妹	女	1911年8月	新联村	—
陈爱福	男	1912年11月	永乐村	2013年10月故
盛杏和	女	1914年4月	新联村	—

第三节 民 族

2010年全国第六次人口普查，全镇普查常住总人口为64768人。全镇以汉族为主，汉族人口64566人，占总人口的99.69%；有除汉族以外的其他民族21个，人口202人，占总人口的0.31%，分别为回族、土家族各44人，侗族36人，苗族29人，彝族8人，壮族、布依族、土族各6人，维吾尔族、朝鲜族、瑶族、哈尼族各3人，白族、傣族各2人，藏族、满族、黎族、佤族、撒拉族、仡佬族、怒族各1人。

表3-10 2010年璜泾镇常住人口民族情况

单位：人

民族	人口数			民族	人口数		
	合计	男	女		合计	男	女
汉族	64566	31971	32595	白族	2	—	2
回族	44	23	21	土家族	44	23	21
藏族	1	—	1	哈尼族	3	—	3
维吾尔族	3	1	2	傣族	2	2	—
苗族	29	19	10	黎族	1	1	—
彝族	8	6	2	佤族	1	—	1
壮族	6	2	4	土族	6	3	3
布依族	6	3	3	撒拉族	1	—	1
朝鲜族	3	2	1	仡佬族	1	—	1
满族	1	—	1	怒族	1	—	1
侗族	36	15	21	总计	64768	32073	32695
瑶族	3	2	1				

第四节 文化程度

2010年全国第六次人口普查，全镇普查常住总人口为64768人，其中6周岁及以上人口62630人（下称“应识人口”）。据对人口文化程度普查显示，全镇有大学（专科）以上文化程度的人口2287人，占全镇应识人口的3.65%，比1990年人口普查时上升了2.95个百分点；有高中（中专）文化程度的人口5551人，占应识人口的8.86%，比1990年上升了0.10个百分点；有初中文化程度的人口30284人，占应识人口的48.35%，比1990年上升了22.61个百分点；有小学文化程度的人口21901人，占应识人口的34.97%，比1990年下降了3.37个百分点；有不识和初识字的人口2607人，占应识人口的4.16%，比1990年下降了22.3个百分点。1990—2010年的20年中，初中以上文化程度的人口占比上升，小学文化程度、不识和初识字的人口占比下降，全镇人口文化素质有了提高。

表 3-11　1990 年、2010 年璜泾镇常住人口文化程度情况

文化程度	1990 年		2010 年	
	人口数（人）	所占比例	人口数（人）	所占比例
6周岁及以上人口	19883	—	62630	—
不识（初识）	5261	26.46%	2607	4.16%
小学	7623	38.34%	21901	34.97%
初中	5118	25.74%	30284	48.35%
高中（中专）	1741	8.76%	5551	8.86%
大专	109	0.55%	1732	2.77%
本科	31	0.16%	531	0.85%
研究生	—	—	24	0.04%

第五节　职　业

1994年，全镇职业总人口12739人。其中从事第一产业2422人，占职业总人口19.01%；从事第二产业7369人，占57.85%；第三产业2948人，占23.14%。1996年后，个体私营企业加快发展，外来务工人员逐年增多。1998年，王秀镇并入璜泾，职业总人口自然增加。是年末，全镇职业总人口24238人。从事第一产业6902人，占职业总人口28.48%；从事第二产业8188人，占33.78%；第三产业9148人，占37.74%。1999年后，境内以化纤加弹业为主的民营企业快速发展，农村劳动力和外来人员大量向工业企业转移。2003年，鹿河镇并入璜泾，职业总人口再次自然增加。2004年，全镇职业总人口46859人。其中从事第一产业8670人，占职业总人口18.5%；从事第二产业29537人，占63.03%；第三产业8652人，占18.46%。2005年后，第三产业呈加快发展趋势，从业人员逐年增加。至2013年，全镇职业总人口56302人。其中从事第一产业8824人，占职业总人口15.67%，比2004年下降2.83个百分点；从事第二产业33694人，占59.85%，比2004年下降3.18个百分点；第三产业13784人，占24.48%，比2004年增加6.02个百分点。

表 3-12　1994—2013 年璜泾镇常住人口职业分布选年统计

单位：人

年份	职业人口			
	总数	第一产业	第二产业	第三产业
1994	12739	2422	7369	2948
1998	24238	6902	8188	9148
2004	46859	8670	29537	8652
2008	55843	10281	34397	11165
2013	56302	8824	33694	13784

表 3-13　2013 年璜泾镇常住人口职业类别统计

职业类别	人口数（人）	占职业人口	职业类别	人口数（人）	占职业人口
职业人口总数	56302	—	金融业	68	0.12%
第二产业	33694	59.85%	房地产业	655	1.16%
制造业	32773	58.21%	水利、环境和公共设施管理业	74	0.13%
电力、燃气、自来水生产和供应业	19	0.03%	社会服务业	867	1.54%
建筑业	902	1.60%	教育	521	0.93%
第三产业	13784	24.48%	卫生、社会保障和社会福利业	260	0.46%
交通运输、仓储和邮电业	4030	7.16%	文化、体育和娱乐业	140	0.25%
商贸、餐饮和服务业	6587	11.70%	公共管理和社会组织	582	1.03%

注：此表只记载第二、第三产业从业人数，所列数据摘自 2013 年璜泾镇经济普查资料。

第六节　姓　氏

据前《璜泾镇志》记载，1993年末，全镇常住人口的姓氏有197个，其中单姓196个，复姓1个。1994年后，随着人口的流动，常住人口增加，人口的姓氏随之增多。2010年全国第六次人口普查，全镇常住人口、流动人口户24656户，共有姓氏402个，其中单姓398个，复姓4个。常住人口、流动人口户中，王姓、张姓、李姓户均超1000户，其中王姓户最多，达1746户。

表 3-14　2010 年璜泾镇姓氏户 100 户及以上统计

（按姓氏户数多少排列）

单位：户

姓氏	户数	姓氏	户数	姓氏	户数	姓氏	户数	姓氏	户数
王	1746	高	567	袁	249	将	163	金	116
张	1625	刘	554	蔡	247	姚	156	包	115
李	1067	黄	551	曹	247	毛	134	郭	113
周	972	孙	522	施	218	盛	132	季	109
陈	951	赵	489	何	215	冯	131	史	108
朱	796	马	376	戴	202	董	127	宋	108
陆	763	夏	365	许	200	苏	126	秦	106
杨	706	倪	343	丁	198	管	124	汤	105
吴	656	沈	332	唐	182	俞	123	潘	101
徐	642	钱	311	龚	173	范	120	侯	100
顾	639	胡	267	瞿	168	韩	117	吕	100

2010年璜泾镇姓氏户100户以下统计情况如下（按姓氏户数多少排列）：

薛	陶	田	肖	严	姜	汪	谢	郑	叶	梁	林	任	邵
魏	闵	闻	程	熊	崔	余	罗	樊	杜	彭	霍	邓	邱
方	全	贾	支	仲	孟	邹	童	殷	付	江	葛	景	屈
齐	石	项	郁	钟	毕	费	曾	后	茅	于	季	白	仇
卢	浦	褚	时	武	段	沙	单	华	闫	尹	戚	孔	缪
常	代	庄	南	尚	成	傅	居	凌	万	郎	乔	耿	楼
骆	谭	邢	洪	艾	郏	雷	穆	莫	牟	奚	柴	房	宫
左	梅	裴	韦	易	鲁	苗	文	宣	章				

2010年璜泾镇姓氏户10户以下统计情况如下（按汉语拼音字母顺序排列，同音字按声调排列）：

安	敖	把	百	柏	拜	班	宝	鲍	暴	贲	比	边	扁
卞	卜	步	昌	晁	车	池	崇	储	楚	慈	但	党	狄
刁	东	豆	窦	度	端木	鄂	凡	丰	封	逢	凤	弗	扶
符	福	甘	皋	杲	郜	巩	贡	苟	辜	古	谷	关	官
归	桂	海	杭	蒿	郝	贺	呼	湖	花	惠	嵇	吉	计
戛	简	焦	矫	介	靳	经	井	君	阚	康	亢	柯	寇
蒯	邝	况	来	赖	兰	蓝	乐	黎	利	郦	连	廉	疗
廖	邻	蔺	柳	六	龙	芦	禄	路	栾	麻	满	茂	门
糜	米	闽	明	谬	沐	娜	年	聂	宁	牛	钮	欧	欧
阳	攀	庞	皮	骈	平	蒲	普	漆	祁	欠	强	青	庆
丘	裘	权	冉	绕	仁	荣	汝	阮	芮	桑	扇	商	佘
申	慎	师	侍	寿	殳	舒	束	帅	司	司马	斯	邰	谈
覃	潭	檀	腾	藤	仝	佟	涂	庹	卫	未	位	温	问
翁	邬	吾	伍	郗	席	霞	相	向	萧	解	辛	忻	刑
须	胥	轩	旋	雅	岩	颜	晏	燕	扬	阳	尧	伊	音
印	英	应	尤	游	友	於	鱼	虞	喻	元	远	岳	臧
翟	查	詹	占	掌	招	甄	陟	智	诸	诸葛	竹	祝	卓
兹	宗												

第三章　人口变动

1993年，全镇户籍人口20795人。1994—2013年，人口自然变动和机械变动共增加27273人，加上1993年人口基数，2013年末全镇户籍总人口48068人。

第一节　自然变动

1994年，全镇户籍人口出生172人，死亡164人，人口稍有自然增长，以后每年死亡人数均多于出生人数，人口一直呈负增长趋势。1994—2013年，全镇户籍人口共出生4369人，死亡7703人，20年中自然变动减少3334人。

表3-15　1994—2013年璜泾镇户籍人口自然变动统计

年份	年平均人口数（人）	出生		死亡		自然增长	
		人数（人）	出生率	人数（人）	死亡率	人数（人）	自然增率
1994	20766	172	8.28‰	164	7.90‰	8	0.39‰
1995	20719	155	7.48‰	180	8.69‰	–25	–1.21‰
1996	20677	150	7.25‰	212	10.25‰	–62	–3.00‰
1997	20565	145	7.05‰	227	11.04‰	–82	–3.99‰
1998	35814	247	6.90‰	363	10.14‰	–116	–3.24‰
1999	35555	210	5.91‰	323	9.08‰	–113	–3.18‰
2000	35227	218	6.19‰	347	9.85‰	–129	–3.66‰
2001	34904	200	5.73‰	316	9.05‰	–116	–3.32‰
2002	34614	192	5.55‰	330	9.53‰	–138	–3.99‰
2003	50138	225	4.49‰	534	10.65‰	–309	–6.16‰
2004	50009	300	6.00‰	461	9.22‰	–161	–3.22‰
2005	49980	280	5.60‰	493	9.86‰	–213	–4.26‰
2006	49896	214	4.29‰	433	8.68‰	–219	–4.39‰
2007	49803	218	4.38‰	479	9.62‰	–261	–5.24‰
2008	49721	194	3.90‰	479	9.63‰	–285	–5.73‰
2009	49535	237	4.78‰	443	8.94‰	–206	–4.16‰
2010	49319	250	5.07‰	516	10.46‰	–266	–5.39‰
2011	49107	254	5.17‰	460	9.37‰	–206	–4.19‰

续表

年份	年平均人口数(人)	出生		死亡		自然增长	
		人数(人)	出生率	人数(人)	死亡率	人数(人)	自然增率
2012	48803	288	5.90‰	466	9.55‰	-178	-3.65‰
2013	48345	220	4.55‰	477	9.87‰	-257	-5.32‰
合计	—	4369	—	7703	—	-3334	—

注:①年平均人口数是指上年末和当年末人口数的平均值;② 1998 年的年平均人口数为:1997 年璜泾人口数+王秀人口数(15445 人)与 1998 年王秀并入后璜泾人口数的平均值;③ 2003 年的年平均人口数为:2002 年璜泾人口数+鹿河人口数(15779 人)与 2003 年鹿河并入后璜泾人口数的平均值。

第二节　机械变动

1998年镇区划调整,王秀并入15445人;2003年镇区划再次调整,鹿河并入15779人,两次并镇人口机械变动增加31224人。1994—2013年全镇共迁入3675人,迁出4292人,减少617人。20年中,全镇人口机械变动增加30607人。

表 3-16　1994—2013 年璜泾镇户籍人口机械变动统计

年份	迁入(人)	迁出(人)	增减(人)	年份	迁入(人)	迁出(人)	增减(人)
1994	91	157	-66	2005	234	52	182
1995	61	73	-12	2006	254	172	82
1996	87	71	16	2007	243	31	212
1997	44	141	-97	2008	332	161	171
1998	59	155	-96	2009	243	295	-52
1999	136	330	-194	2010	280	189	91
2000	119	339	-220	2011	232	274	-42
2001	200	381	-181	2012	175	358	-183
2002	247	391	-144	2013	195	492	-297
2003	187	107	80	合计	3675	4292	-617
2004	256	123	133				

第三节　人口流动

一、人口流入

改革开放后,璜泾经济发展加快,特别是20世纪90年代后期起,民营加弹企业快速发展,工业劳动力的需求量不断增大,吸引了大量的外来务工人员,故流动人口不断增多。1994年,全镇外来流动人口2646人，1998年王秀并入后增至5548人，2003年鹿河并入后增至14956人，以后随着经济的发展，外来流动人口猛增，至2013年末，全镇外来流动人口达34829人。在外来流动人口中，大多来自省外，其中安徽籍最多，其次是陕西、河南、四川、湖北、山东，其他省（市）的人口也有，但相对较少。从外来流动人口就业职业看，绝大多数进厂务工，一部分从事运输物流、建筑安装和商贸服务，也有少数务农。除就业外，还有一部分未成年人随父母居住生活，在璜泾借读培训，也有少部分到璜投亲靠友。

表3-17　1994—2013年璜泾镇外来流动人口选年统计

单位：人

年份	流动人口			其中			区域居住人口	
	总数	男	女	来自省内		来自省外	集镇	农村
				太仓本市	太仓以外			
1994	2646	1359	1287	256	1573	817	1975	671
1998	5548	2603	2945	382	2825	2341	3142	2406
2003	14956	6880	8076	479	4781	9696	8812	6144
2008	30140	16037	14103	612	6018	23510	19124	11016
2013	34829	18210	16619	783	6287	27759	18357	16472

二、人口流出

璜泾工业企业多，三产服务业发展快，劳动力就业门路广，且自然条件优越，环境宜居，故历年外出的人口较少，外出务工或经商的从业人员更少。

表3-18　1994—2013年璜泾镇外出半年以上人口选年统计

年份	户籍总人口（人）	外出人口			其中外出从业人口（人）	外出人口占总人口比例
		总数（人）	男（人）	女（人）		
1994	20737	1212	711	501	215	5.84%
1998	35708	2643	1432	1211	247	7.40%
2003	50023	4176	2147	2029	395	8.35%
2008	49664	4432	2149	2283	428	8.92%
2013	48068	4655	2212	2443	496	9.68%

第四章　婚姻　家庭

第一节　婚　姻

2010年第六次人口普查，全镇15岁以上（含15岁）常住人口58956人，占常住总人口的91.03%。其中，男性28979人，占49.15%；女性29977人，占50.85%。根据普查时抽取10% 15岁及以上人口统计，共抽查5789人。其中，未婚人口542人，占9.36%；有配偶的人口4784人，占82.64%；离婚人口87人，占1.50%；丧偶人口376人，占6.50%。

按性别分，未婚人口中有男性297人，女性245人，性别比为121.22；有配偶的人口中有男性2407人，女性2377人，性别比为101.26；离婚人口中有男性46人，女性41人，性别比为112.20；丧偶人口中有男性108人，女性268人，性别比为40.30。从性别看，未婚的男性多于女性，有配偶的男性多于女性，而丧偶的女性多于男性，这与女性寿命比男性长和妻子比丈夫年轻有关。

第二节　家　庭

2010年第六次人口普查，全镇有家庭18121户，常住总人口64768人，平均每个家庭3.57人。从家庭类别看，一代户最多，这与原家庭人员农与非农分户、户籍地与居住地分离分户、外来常住人口中单身1人或夫妇2人设户等因素有关；其次是二代户及三代户较为普遍，其中一对夫妇生一个孩子的户型占了多数；四代户较少，五代及以上更少。

表3-19　2010年璜泾镇家庭户规模统计

户型	户数（户）	比重	户型	户数（户）	比重
一人户	1877	10.36%	七人户	413	2.28%
二人户	5282	29.15%	八人户	33	0.18%
三人户	3486	19.24%	九人户	4	0.02%
四人户	3031	16.73%	十人及以上户	4	0.02%
五人户	2908	16.05%	合计	18121	—
六人户	1083	5.98%			

表 3-20　2010 年璜泾镇家庭户类别统计

家庭类别	户数（户）	比重	家庭类别	户数（户）	比重
一代户	6844	37.77%	四代户	1400	7.73%
二代户	5622	31.02%	五代及以上户	11	0.06%
三代户	4244	23.42%	合计	18121	—

第五章　人口控制

第一节　宣传教育

1994年起，继续宣传贯彻《中共中央就控制人口增长给全体共产党员和共青团员的公开信》（以下简称《公开信》），每年9月中、下旬和国庆节期间，镇计生办都要在公共场所和人流集中的路段拉出宣传横幅；利用文化、科技、卫生“三下乡”，开展设摊咨询活动，发放宣传资料。1995年，镇计生办、妇联、文化站联合举办“人口·家庭·社会”征文活动，各村、各单位积极参与，认真选题，落实人员，组织撰写，踊跃投稿，其中选送《用“养老保险”代替“养儿防老”》文章，参加市征文比赛获一等奖。同年，开展《母婴保健法》和节育避孕知识竞赛以及中小学生与家长共同参加答卷的优生优育、优教知识竞赛。1997年，向全镇工业企业经理发公开信，并组织企业经理学习《江苏省计划生育条例》和《太仓市计划生育办法》。1999年，开展婚育新风进万家活动，突出“生殖健康、家庭美满、尊老爱幼、婚育文明”宣传主题，传播婚育新风。2000年后，围绕“培育新型生育文化”“关心关爱女孩行动”“加强独生子女教育”“普及生殖健康知识”“倡导健康生活方式”等内容，有计划有步骤地开展形式多样、丰富多彩的宣传教育活动。

2002年，开展少年儿童书画比赛和人口计划生育知识竞赛。2004年，开展婚育新风进企业、人口知识进校园的“双进”活动。2005年，宣传《中华人民共和国人口与计划生育法》和《江苏省人口与计划生育条例》。2007年，组织镇、村（社区）两级干部，认真学习中共中央、国务院《关于全面加强人口和计划生育工作统筹解决人口问题的决定》。2008年8月21日，由太仓市人口计生委等8个单位在璜泾新华村联合举办“提升人口素质，共建和谐太仓”宣讲活动启动仪式，璜泾各单位计生干部、外来务工人员200多人参加。启动仪式后，与会人员听取了“学文明学礼仪，做文明市民”“做健康的新太仓人”“流动人口在计划生育方面的权利和义务”等三个讲座。2009年9月，镇政府召开璜泾镇“阳光计生行动”动员大会，印发阳光计生行动实施方案，全面推进计划生育政务公开规范化。动员会后，各单位通过板报、画廊，利用“一站式”便民服务大厅、民主决策日活动，设置意见簿、投诉箱等多种形

2009年5月21日，璜泾镇人口文化科普宣传周开幕

2009年5月27日，璜泾镇“和谐计生”知识竞赛

式，将计生管理组织及职能、行政执法依据、各类生育政策、服务办事程序、技术服务机构、药具发放事项等内容予以公开，扩大群众知情权，让群众明白自己应享受的权利和应尽的义务。

2010年5月，各村、各社区、各企事业单位通过各种形式，纪念镇计划生育协会成立30周年。2011年后，开展青春期、新婚期、孕产期、避孕期、更年期等“五期”教育，内容涉及晚婚晚育、优生优育、避孕节育、人口理论、生殖保健等知识。2011—2013年，全镇共拉置宣传横幅、张贴宣传标语650条；刊出宣传板报、画廊220期；发放各种资料、宣传折页12600份；举办各类培训班、知识讲座95场次；随访育龄妇女1860人。

第二节　服务指导

一、避孕节育

知识普及　1994年起，继续做好避孕节育知识的宣传普及工作，由村（居）计生干部、村民小组计划生育指导员和乡村医生，对育龄夫妇进行避孕分类指导，选择最佳避孕措施。除介绍知识外，还把《新婚须知》《育儿知识》《哺乳期避孕》等知识卡片送到育龄夫妇手里。对新生育夫妻，坚持在产后42天内，由计划生育干部或乡村医生上门家访，指导新生育妇女在哺乳期落实好避孕措施。2013年，育龄夫妇避孕节育知情选择率100%。

药具发放　避孕药具常用的有避孕套、子宫帽、节育环和避孕药。1994年起，继续由各村（居）计生干部、村民小组计划生育指导员和乡村医生负责避孕药具的发放，若手术类的避孕措施，由育龄夫妇自行到医院手术安置。避孕药具的供应，实行计划免费供应与自费零售。1995年起，在村（居）、员工多的企业配避孕药具管理员，建立药具台账，实行免费供应，并把流入人员纳入免费供应药具对象范围。2000年起，在集镇增设避孕药具零售点。由于避孕节育知识得到普及，避孕药具发放渠道顺畅，各项指导服务工作到位，1994—2013年，全镇户籍人口应节育的育龄妇女节育率每年均在99%以上，其中4年达100%；计划生育率14年达100%，6年在99%以上。

表3-21　1994—2013年璜泾镇户籍人口节育避孕情况

年份	已婚育龄妇女（人）	应节育（人）	实际节育（人）	节育率	避孕措施			
					结扎（人）	节育器（人）	避孕药具（人）	其他（人）
1994	4951	4599	4598	99.98%	632	3245	692	29
1995	4956	4611	4582	99.37%	595	3200	722	65

续表

年份	已婚育龄妇女(人)	应节育(人)	实际节育(人)	节育率	避孕措施			
					结扎(人)	节育器(人)	避孕药具(人)	其他(人)
1996	4979	4562	4546	99.65%	563	3105	793	85
1997	4957	4480	4461	99.58%	530	3062	798	71
1998	8574	7767	7755	99.85%	754	5258	1615	128
1999	8438	7661	7642	99.75%	666	5183	1734	59
2000	8306	7477	7473	99.95%	565	5044	1811	53
2001	8012	7170	7170	100.00%	465	4790	1858	57
2002	7627	6801	6801	100.00%	341	4558	1856	46
2003	10802	9575	9574	99.99%	452	6407	2662	53
2004	10507	9268	9268	100.00%	384	5983	2852	49
2005	10085	8855	8851	99.95%	331	5641	2841	38
2006	9875	8670	8665	99.94%	298	5357	2975	35
2007	9696	8475	8465	99.88%	292	5018	3121	34
2008	9567	8217	8206	99.87%	258	4739	3178	31
2009	9378	8023	8023	100.00%	250	4505	3242	26
2010	9199	7876	7875	99.99%	237	4229	3387	22
2011	9402	7953	7950	99.96%	238	4059	3634	19
2012	8342	6751	6747	99.94%	161	3138	3436	12
2013	7962	6633	6626	99.89%	159	2962	3499	6

注：因镇区划调整，表中 1998 年起并入了王秀人数，2003 年起并入了鹿河人数。

表 3-22　1994—2013 年璜泾镇户籍人口生育情况

年份	育龄妇女(人)	晚婚率	出生(人)	一孩率	二孩率	计划生育率	独生子女领证率
1994	5824	21.21%	172	95.35%	4.07%	99.42%	41.57%
1995	5784	17.81%	155	92.90%	7.10%	100%	40.64%
1996	5837	21.29%	150	91.33%	8.67%	100%	37.22%
1997	5804	28.86%	145	91.61%	8.39%%	100%	33.97%
1998	9757	34.55%	247	93.97%	6.03%	100%	37.28%
1999	9588	32.47%	210	91.43%	8.57%	100%	36.39%
2000	9562	36.14%	218	91.74%	0.46%	99.54%	33.55%
2001	9156	32.37%	200	91.50%	8.50%	100%	29.47%
2002	8822	38.10%	192	91.15%	8.85%	99.48%	26.80%
2003	12500	37.65%	225	88.89%	11.11%	99.56%	25.62%
2004	12265	36.36%	300	90.33%	9.67%	100%	22.54%
2005	11984	41.46%	280	90.36%	9.29%	100%	22.97%
2006	11897	51.36%	214	86.92%	13.08%	99.53%	21.53%
2007	11693	45.27%	218	88.99%	11.01%	100%	19.08%
2008	11664	44.83%	194	90.21%	9.79%	99.48%	16.49%
2009	11554	59.33%	237	87.34%	11.39%	100%	14.31%

续表

年份	育龄妇女（人）	晚婚率	出生（人）	一孩率	二孩率	计划生育率	独生子女领证率
2010	11393	56.00%	250	84.00%	15.60%	100%	11.26%
2011	11719	59.02%	254	85.43%	13.39%	100%	9.59%
2012	11276	61.61%	288	79.86%	19.44%	100%	8.88%
2013	10890	68.92%	220	77.73%	21.36%	100%	8.04%

注：因镇区划调整，表中1998年起并入了王秀人数，2003年起并入了鹿河人数。

二、优生优育

1994年后，继续把优生优育列为计划生育工作的重要内容，要求青年男女婚前体检，在结婚登记时，持婚前体检证明。1995年6月，贯彻实施《母婴保健法》，建立母子系统管理，印制母子保健手册，对育龄妇女进行健康检查。同时，利用人口学校阵地，开展男女青年婚前培训，发放优生优育宣传资料。1998年3月1日起，婚前体检到市妇幼保健所，同时，进行婚前教育和咨询。2000年3月，实施"出生缺陷干预工程"，动员准备怀孕或怀孕者早期服用营养软胶囊"福施福"；建立围产期保健卡，做好唐氏筛查，对孕妇的健康、产前检查、分娩情况做好记录，防止死胎和减少缺陷、畸形儿的出生；对新生儿、婴幼儿进行系统保健管理，指导母亲科学育儿，对产妇恢复进行跟踪指导；推行母婴同室，培养母婴亲情，以利于产妇康复，促进婴儿健康成长。2003年起，男女青年婚前体检不做强制规定，由男女双方自愿婚检。虽然婚检规定有了变化，但为了婚后的幸福生活和下一代的健康，璜泾大多男女青年自愿进行婚前体检，体检率每年保持在95%以上。2013年，全镇初婚青年男女204对，自愿进行婚前体检、做健康检查的200对，占98%。

三、生殖保健

2008年4月18日，镇妇联举办妇女健康知识专题讲座

生殖健康知识普及 进入21世纪，璜泾镇将生殖健康知识普及纳入计划生育服务工作之中，每年举办知识讲座和开展咨询活动，并通过各单位的画廊、板报和组织文化、科技、卫生"三下乡"活动，在群众中广泛宣传生殖保健知识，宣传的内容涉及新生儿保健、儿童期保健、青春期保健、围产期保健、绝经期保健、妇科常见疾病预防、性病传播与预防、避孕节育方法与选择、不孕（育）症与辅助生殖技术等。在学校，对中学生开展青春期教育和性教育活动，帮助女学生掌握生理卫生知识，克服经期烦恼，安全度过青春期。

生殖健康普查 1994年起，计划生育技术服务的范围扩大，从避孕节育拓展至生殖保健，提高居民的健康水平和生活质量，服务的对象从已婚育龄妇女拓展至其配偶及未婚男女青年，甚至是已经退出生育期的老年人群。每年分批分期开展生殖健康普查工作。2006—2013年，全镇普查妇女健康累计35613人次，其中发现病例12204人次，无异常23409人次。通过普查，让受检者了解自己的健康状况，以便有针对性地做好预防保健工作。一旦检查出患有疾病，也能早诊断、早治疗，确保健康。

表3-23 2006—2013年璜泾镇育龄妇女健康普查统计

年份	普查人数（人）	普查情况		年份	普查人数（人）	普查情况	
		发现病例（人）	无异常（人）			发现病例（人）	无异常（人）
2006	5181	1220	3961	2011	2205	921	1284
2007	4041	1239	2802	2012	5119	1992	3127
2008	3925	1546	2379	2013	3043	857	2186
2009	4953	1508	3445	合计	35613	12204	23409
2010	7146	2921	4225				

艾滋病预防 进入21世纪，艾滋病预防开始引起全社会关注。2003年起，镇计划生育办公室、镇家庭保健服务所、璜泾人民医院每年利用12月1日的“世界艾滋病日”，组织开展预防艾滋病宣传活动，印发《预防艾滋病科普知识问答》《预防艾滋病参与活动指南》等资料。2004年，在机关、村、社区、重点企业和相关公共场所安装安全套免费发放箱。2003—2013年，共印发预防艾滋病宣传资料10000余份，组织知识讲座、知识竞赛30次，举办板报宣传展览20次，免费发放安全套10万余个。

第三节 生育政策

一、晚婚晚育规定

1994—2013年，明确男年满25周岁或者女年满23周岁初婚为晚婚；女年满24周岁初次生育或年满23周岁结婚后怀孕初次生育为晚育。晚婚的婚假13天；晚育的产假延长30天，男方护理假10天。20年间，璜泾处于低生育水平阶段，晚婚晚育只是鼓励，未做强调执行，基本上由婚育青年自行考虑决定。

二、计生奖励规定

1994年后，继续执行计划生育的相关奖励政策。凡申报的奖励和补助对象，只要符合条件，经严格审批后，可享受相关待遇。奖励和补助的类别主要有独生子女父母（职工）退休时增发5%退休金；独生子女低保家庭提高20%扶助金；持“独生子女父母光荣证”企业退休人员一次性奖励金；农村部分计划生育家庭奖励金；独生子女伤残、死亡家庭扶助金；人口与计划生育救助公益金。另外，独生子女在入托、入园、入学、招工、分房、安排宅基地方面享受优惠和照顾；独生子女父母年老时优先安排进敬老院。2005—2013年，全镇计划生育各项奖励政策惠及2444人，享受奖励金总计达175.96万元。2008—2013年，独生子女特困家庭补助款发放165人，补助金额8.25万元。

表3-24　2005—2013年璜泾镇计划生育奖励金、补助款统计

年份	计划生育奖励金		特困家庭补助款	
	奖励人数（人）	奖励金额（万元）	补助人数（人）	补助金额（万元）
2005	413	29.74	—	—
2006	157	11.30	—	—
2007	156	11.23	—	—
2008	162	11.66	84	4.20
2009	157	11.30	7	0.35
2010	210	15.12	22	1.10
2011	331	23.83	12	0.60
2012	439	31.61	9	0.45
2013	419	30.17	31	1.55
合计	2444	175.96	165	8.25

注：2005年以前的奖励情况和2008年以前的补助情况因缺记录，无从统计。

三、照顾再生规定

1994起，继续实行照顾再生育1个孩子的规定，即在提倡和推行1对夫妻只生1个孩子的同时，对确有需要再生育1个孩子的夫妇，可由夫妻双方提出申请，经镇计生办审查、报市计生委批准后，纳入照顾生育计划。1994—2013年，照顾再生育1个孩子累计226人，占出生总人数的5.17%。

第四节　计生管理

一、本籍人口计生管理

目标管理　1994年后，每年年初召开全镇人口与计划生育工作会议，总结上年工作情况，提出当年工作任务。同时，镇政府与各村、各社区签订《人口与计划生育目标管理责任书》。通过目标管理，下达任务，明确责任。目标管理的工作任务、具体指标，根据年度工作要求和重点，每年做出调整修改。2010—2013年，把计划生育执行情况、流动人口计生管理、服务项目指标落实、计生帮困基地建设、世代服务推进覆盖、计生干部配齐配强等6个方面作为年度目标管理考核的重点内容。

联动协管　1994年起，镇党委、政府对涉及的公安、工商、卫生、民政、社会保障、建管、财政等部门，明确协助管理工作任务。进入21世纪后，外来务工人员增多，计划生育工作任务加

重，镇党委、政府对各部门的协管任务做出调整。由于分工明确、各自把关，相互配合、联动协管，1994—2013年的20年间，全镇人口与计划生育工作顺利实施。

信息管理　1994年起，由各村民小组、居民小组计划生育指导员兼任信息员，随时上报辖区内育龄夫妇的情况，各村、各社区对信息员提供的情况进行核实后，定期或不定期向镇计生办汇报，由镇计生办建立信息台账，全面掌握全镇进入婚育年龄的男女青年、已婚育龄群众、外来育龄妇女、避孕节育措施和生育计划落实等情况。1996—2013年，镇计生办和家保所均配备电脑，运用管理软件，形成规范、准确、快捷、高效的计划生育信息管理系统。

检查考核　1994—2013年，每年年终对各村、各社区完成《人口与计划生育目标管理责任书》情况进行检查考核，考核情况由镇政府印发书面文件，向各村、各社区通报。同时，每年对各村、各社区的计生干部进行工作考核，考核的目标任务，根据年度工作要求和重点做调整修改。2006—2013年，对计生干部的考核分为15项工作任务，进行百分制考核，并每年根据考核结果实行奖惩。

一票否决　1994—2013年，在强化目标管理、责任考核的同时，实行计划生育一票否决制。凡历届选出的党代会、人代会、工代会、妇代会、团代会等代表，历年评出的各类先进集体和先进个人；历次拟提拔任用的干部，均由镇计划生育办公室审核，若有违反计划生育政策规定的，一律予以取消当选和评先资格。2008年1月，在评选“太仓市文明单位”中，有一个单位因出现计划外生育情况而被否决。

二、流动人口计生管理

1994年，对外来流动人口实行现住地和原户籍地共同管理的办法，对辖区暂住人员逐一登记，并查验户籍所在地出具的婚育状况和计划生育证明。1999—2005年，对流入人口计划生育坚持以现住地管理为主，做到流入人口和本地户籍人口计划生育工作同计划、同部署、同考核。2007年，镇家保所设立了“流动人口计划生育工作站”，对流入人口实行“属地化管理、市民化服务”。2006年11月成立“陕西省渭南市驻太流动人口管理服务中心”，2007年9月成立“陕西省渭南市驻太流动人口计划生育协会”。2009年6月，又成立“安徽省定远县驻太流动人口计划生育协会”和“安徽省定远县驻太流动人口计划生育管理服务中心”。在璜泾务工的陕西渭南籍和安徽定远籍人员有15000多人，其中育龄妇女有3000多人，这2个服务中心的成立和工作的积极

2009年6月16日，安徽定远驻太流动人口计划生育协会暨服务管理中心在璜泾镇成立

2009年6月16日，璜泾镇与定远县朱湾镇签订计划生育双向管理协议书

开展，在璜泾形成了流动人口计划生育管理服务新机制，开创了“以外管外”新局面。在与陕西、安徽建立联动工作机制的同时，做好来自其他省（市）和本省流动人口的计划生育工作，实现了外来流动人口与本地户籍人口“同教育、同管理、同服务”的计划生育工作目标。2013年，全镇外来育龄妇女10976名，纳入计划生育管理服务范围，外来流动人员计划生育率达96.11%，管理服务率达85%，节育措施落实率达97%，避孕药具有效率达95%，育龄群众满意率达100%。

表3-25　2006—2013年璜泾镇流动人口计划生育一览

年份	流动人口			育龄妇女人数（人）	其中已婚育龄妇女（人）	生育人数			计划生育率
	总数（人）	男（人）	女（人）			合计（人）	计划内（人）	计划外（人）	
2006	36733	19545	17188	16221	6488	58	54	4	93.10%
2007	39402	20975	18427	17407	6962	86	80	6	93.02%
2008	30140	16037	14103	13309	5323	398	367	31	92.21%
2009	32093	17076	15017	14172	5668	364	333	31	91.48%
2010	38027	20234	17793	16793	6717	110	105	5	95.45%
2011	36306	19208	17098	13333	7106	162	154	8	95.06%
2012	40702	22875	17827	16408	8810	201	193	8	96.02%
2013	34829	18210	16619	10976	5286	180	173	7	96.11%

注：2006年以前的流动人口计划生育情况因缺记录，无从统计。

第五节　管理机构

一、计划生育工作领导小组

1994—2013年，镇成立人口与计划生育工作领导小组，由镇党委书记任组长，镇长和分管计划生育工作的副镇长任副组长，成员由计生、妇联、共青团、工会、综治、公安、司法、工商、文化、教育、卫生、财政等部门（单位）的负责人组成。若遇人事变动，领导小组组成人员做相应调整。2013年，璜泾镇人口与计划生育工作领导小组由镇党委书记姜超任组长，镇长徐洪明和分管计划生育工作的副镇长陆锦华任副组长，成员由12名相关部门（单位）的负责人组成。

二、计划生育办公室

1994年及以前，镇政府配备计划生育专职干部，1996年改称计划生育助理员。2002年，镇建立计划生育办公室。2008年3月，根据中共太仓市委、太仓市人民政府文件太委发〔2008〕18号关于印发《太仓市乡镇机构改革实施意见》的通知精神，璜泾镇设置社会事业办公室，挂“人口和计划生育办公室”牌子。镇人口和计划生育办公室设主任一名（由计划生育助理兼任），工作人员的人数，根据工作需要配备。2008年配备工作人员4名，至2013年未变。

三、家庭保健服务所

1995年5月，依托璜泾中心卫生院建立璜泾镇家庭保健服务所，开展家庭保健服务工作。2009年，根据太仓市机构编制委员会办公室太编办〔2009〕20号文件《关于乡镇家庭保健服务所经费渠道变更的通知》精神，璜泾镇家庭保健服务所在璜泾人民医院挂牌，重新核定事业编制5名，从事家庭保健服务工作的行政人员经费列入镇财政全额预算。

2013年，璜泾镇家庭保健服务所有医技人员共13人，其中所长1人（由璜泾人民医院院长兼任），副所长1人。医技人员职称：副主任医师2人，主治医师5人，医师2人，主管药师1人，药师1人，主管检验师1人，检验师1人。主要技术服务设备：人流吸引器、微波治疗仪、心电监护仪、尿液分析仪、血液分析仪、全自动生化分析仪、双目显微镜、血凝仪、酶标仪、超声仪、心电图、高压消毒锅等，能基本满足家庭保健技术服务所需。

第四篇　村镇建设

20世纪90年代初，璜泾开始加快集镇建设，开辟新路，拓宽老路，镇区范围扩大。20世纪90年代中期起，集镇街面门市增多，建筑楼群升高。进入21世纪后，新农村建设步伐加快，规划并形成7个农村集中居住小区。境内基础设施不断完善，电网建设进程加快，先后新建、改造变电站8座，能满足全镇经济建设和居民生活用电所需。全镇自来水覆盖率100%，居民全部饮用卫生洁净的长江水。2005年后，各村先后新建、改建、扩建村社区服务中心，村驻地房屋建筑面积扩大，服务功能提升。2006年后，通过环境优美镇、卫生镇、生态村等创建活动，同时实施农村老村庄改造，全镇镇容镇貌、村容村貌得到进一步改观。2007年，房地产项目加快推进，商品房建筑楼群增多。2010年后，对璜泾镇区、王秀和鹿河管理区市容环境进行综合整治，街面门牌统一设计装潢，集镇市容市貌得到全面改观。2013年，农村集中居住小区别墅体量扩大，镇区商贸楼群增多，商品房由多层向高层发展，城市化形态开始显现。

第一章 集镇建设

第一节 镇区建设

20世80年代，璜泾老街区住宅建筑基本上保留明清和民国时期的旧貌，由东市梢往西走向的两条主街道（以前称河南街、河北街），碎石铺面，宽度不足2米。商业门市主要集中在泾中街与怀仁路的“十”字街区。

进入20世纪90年代，璜泾镇区建设步伐加快。1993年12月28日，位于园林路与玄武路交会处新建的镇政府机关办公楼和财政所办公楼（现为综治、司法、安监综合办公楼）启用，总建筑面积3580平方米。1994年元旦，位于玄武路陆善桥边的璜泾农行金融大楼落成启用，建筑面积2000平方米。同年，新筑园林路（南段）、环南路（西段，现为荣文路），延伸玄武路、怀仁路，改造荡茜路，拓宽沙鹿路（镇区段），镇区面积由之前的0.75平方千米扩展至4.5平方千米。

1995年10月，由镇办企业医疗器械厂筹资，在园林路与玄武路路口东南侧，建成威尔士大厦（现农商行、国税四分局），建筑面积3500平方米。在园林路与玄武路路口东北侧沿街，建成了商住楼群，建筑面积2000平方米。同年12月8日，由上海一家房地产开发公司投资850万元建造的黑森林酒家（现已转让，并更名为森林大酒家）正式开张，位于园林路与玄武路路口西北侧，建筑面积3500平方米。

1996年，新辟园仁街（西至园林路、东至怀仁路），通常称小商品一条街，建成街面门市150个，商住楼建筑面积1.2万平方米。是年，在园林路与棉北路西南路口建成土管所大楼，占地1934平方米，建筑面积800平方米。1996年前后，在园林路、荡茜路、棉北路（现为崇文路，下同）、沙鹿路等沿线，建成园丁公寓、中南公寓（现与园丁公寓并称府南花苑）、工贸商城、建筑商城、前进商城、实力商城、市建商城、文化商楼、良创别墅、东苑商住房、金锚商品房、法庭大楼等，总建筑面积达2.6万平方米。同年，还对镇区泾中街、新农街、生产街等老街及居民小区区间道路进行硬化，浇筑水泥路面及铺设人行道2万平方米。

1997年，建成璜泾农贸市场，位于园林路东侧、棉北路南侧，占地0.87公顷，设摊位64个。是年，改造美化荡茜路、玄武路、环南路等镇区主要道路，铺设人行道板石1.2万平方米。1999年，璜泾粮管所投资350万元，在泾中街人民桥西堍南侧建成粮贸大楼2482平方米。2000年，完成环南路延伸段（东段，陈大港至338省道）工程，实现镇区南部横向道路全线贯通。2001年，在园林路北段新华村2组境内，移地新建的璜泾中学落成，占地6.86万平方米，建有教学大楼、学生宿舍楼、

璜泾商贸中心（2006年摄）

行政综合楼等，总建筑面积2.22万平方米，投资3000万元。

2003年，位于园林路东侧、怀仁路西侧、新华村17组境内的璜泾商贸中心工程启动，2005年1月18日落成开业。商贸中心集农贸、商贸、餐饮、娱乐、住宿于一体，内设80个农贸市场摊位，四周建商贸楼群。占地3.33万平方米，建筑面积2.5万平方米，总投资6000万元。当时，璜泾商贸中心成为江苏省乡镇级规模最大的商贸中心之一。

2005年，为安置荡茜村动迁农户，镇政府在棉北路东段蒋泾塘东岸（涉及新华村19组、21组地块）建成新华花园公寓房（首期4幢，层高6楼）1.2万平方米。是年，璜泾人民医院建成医技综合楼，层高4楼，建筑面积3222平方米。

2006年5月，苏州汇德行置业有限公司开发“璜泾化纤加弹市场”项目动工，2007年10月竣工。位于园林路西侧新华村5组境内，占地3.33万平方米，工程总投资1亿元，建筑面积4.1万平方米。同年8月，位于园林路与荣文路路口东北侧的府南花园扩容工程动工，2007年11月竣工。工程扩展用地6100平方米，新建公寓房6幢，层高5楼，建筑面积1.36万平方米。

2007年，太仓市福顺房地产开发有限公司开发“康乐苑”房地产项目，位于文昌街2号（原璜泾中心小学地块），占地面积7400平方米。2008年，位于玄武路与怀仁路路口的原影剧院拆除，由太仓市伟达建筑有限公司建成“锦佳大酒店”，层高6楼，建筑面积6000平方米。2009年12月，太仓丽晶置业有限公司开发“丽晶新城”项目动工，2012年1月竣工。位于玄武路与沙鹿路路口东北侧荣文村1组境内，占地4100平方米，建成小高层住宅1幢67套，建筑面积9000平方米，其中沿路商铺29个，建筑面积2020平方米。

2010年，根据镇区道路因埋设管线、遭数次开挖、路面出现坑潭的情况，重点对园林路、荣文路、玄武路三条主干道进行提档改造，采用二灰混凝土沥青路面施工标准，工程投资4000余万元。改造后的路面一直保持完好无损。是年8月，太仓世豪投资管理有限公司开发“江南水郡”房地产项目动工，2014年8月竣工。位于沙鹿路西侧荣文村境内，占地面积5.29万平方米，建成小高层住宅4幢114套，连体别墅43幢86套，总建筑面积4.19万平方米。项目总投资1.31亿元。

2011年5月，太仓茂林置业有限公司开发茂林财富中心项目动工，2013年10月竣工。位于棉北路与园林路路口东北侧，占地1.18万平方米，建成多层住宅112套，建筑面积1.89万平方米；沿路商铺38个，建筑面积4087平方米。2012年2月，璜泾人民医院建成住院部大楼，层高6楼，建筑面积8760平方米，工程总投资3200万元。2013年6月，太仓嘉年华房地产开发有限公司开发“知青时代·家园”项目动工，2015年10月竣工。位于荡茜路26号（原三棉厂地块），占地面积9.06万平方米。项目总投资4.7亿元，建成小高层住宅12幢847套，建筑面积6.35万平方米。是年12月，新华花园公寓房2期工程竣工，建成多层公寓房8幢160套，建筑面积2.04万平方米；小高层公寓房4幢282套，建筑面积3.26万平方米；商住楼2幢，底层有35间门面商铺，总建筑面积7600

平方米，其中商铺2400平方米。同年，太仓茂林置业有限公司开发“江南美食一条街”项目，位于棉北路南侧，东邻怀仁路，西至园林路，总长度288米，占地8500平方米。项目于4月18日开工，总投资1.2亿元，设计建筑面积2.45万平方米，建休闲广场1500平方米，可入驻商户100余户。

1994—2013年20年间，镇区道路不断拓展，形成“三纵四横”（纵：怀仁路、园林路、沙鹿路；横：环南路、玄武路、荡茜路、棉北路）框架。沿路沿线的公共建筑、商贸楼群、居民住宅等建筑物鳞次栉比。镇区面积扩至5平方千米。

第二节　管理区建设

1998年11月，王秀镇随镇区划调整归属璜泾，在王秀设管理区。在此后的10年间，王秀管理区集镇基础设施以修缮为主，政府每年投入一定的资金，用于修建公共建筑、改造街面门市、改善道路交通条件、提高供电供水能力，集镇功能得到一定提升。2003年8月，鹿河镇随镇区划调整归属璜泾，在鹿河设管理区。是年起，镇政府加大资金投入力度，对两个管理区集镇基础设施进行提档改造。

2004年，实施王秀管理区自来水管道改造工程，并与太仓供水并网，接通长江水源。2005年，完成鹿河管理区鹿长路沿线企业及农户的长江引水工程，建成启用鹿河农贸市场。

2006年、2007年，在先后创建全国环境优美镇和国家卫生镇期间，对王秀管理区永安路、勇和路、东街、西街和鹿河管理区新鹿路、灵影路、玉影路、鹿长路等主干道及老街区进行全面整治，修复路面2000平方米，埋设下水道950米，增设窨井75座，铺设路牙石1500米、道板石2500平方米，道路补绿3000平方米，拆除残墙断壁、乱设棚亭30余处。

2009年，镇政府投入资金1300万元，对王秀、鹿河两个管理区基础设施再次进行重点改造，修筑主干道和居民住宅区间道路5万平方米，铺设人行道板石2万平方米，更新路灯150杆（盏），改造给排水管道和埋设污水管道6千米，新增绿化面积1.5万平方米。

2010年，镇政府投入资金500万元，对王秀、鹿河两个管理区的集镇环境进行综合整治，共拆除违法建筑100余处，整修陈旧房屋80余处，对沿路沿街的企业厂房、居民住宅、商业店铺等建筑物墙体进行刷白见新。同时，将所有街面门店的陈旧标牌全部拆除，统一设计，重新安装。王秀改造店面140户，鹿河改造店面150户。店面标牌设计规格统一为1.22米×2.44米。使用材质为蓝色彩钢硬质底板、角铁支架、彩钢封顶、塑扣封底、LED门头发光字。更新后的门店标牌广告用语规范、店名文字书写标准、门面装潢整齐美观。此外，还对王秀、鹿河两个农贸市场进行升级改造，对集镇区内的店外店、摊外摊、乱堆物、乱停车进行全面整治。是年，王秀、鹿河两个管理区综合环境有了实质性改观，在太仓市管理区综合环境整治验收中，两管区考评成绩均列全市前茅。

2011—2013年，继续完善王秀、鹿河管理区基础设施建设，同时落实长效管理机制，集镇环境面貌、交通秩序得到进一步改善。

第二章　村庄建设

第一节　村驻地建设

1994—2005年，全镇17个村（其中1个渔业村）村委会办公场所普遍为2层楼房，用房较为紧张，设施比较简陋。

2005年，荡茜村将原村办服装厂2层楼房改建为村委会办公用房和村社区服务中心用房，建筑面积1200平方米。同年，长洲村对村委会办公和村社区服务中心3层老楼房进行装修改造，建筑面积550平方米。

2006年8月，孟河村新建村委会和村社区服务中心大楼，位于孟河村9组，层高2楼，建筑面积748平方米，另建有其他辅助用房164平方米。是年，新明村新建村委会和村社区服务中心大楼工程开工，位于沙鹿路新明村15组境内，村委会办公大楼层高3楼，建筑面积1128平方米，其他公共建筑482平方米。同年，王秀村将原村办企业2层楼房改建为村委会办公用房和村社区服务中心用房，建筑面积1800平方米；孙桥村将原村办企业浴缸厂2层楼房改建为村委会办公用房和村社区服务中心用房，建筑面积1000平方米。

2007年，新华村在崇文路与怀仁路路口西北侧新建村社区服务中心大楼，层高3楼，局部4楼，建筑面积3000平方米。除底楼19间房屋租出用作商铺外，其他均为村委会办公用房和村社区服务中心用房。在大楼北侧和西侧，还分别建有村社区卫生服务站200平方米和村“一站式”服务大厅160平方米。是年，新海村对村委会和村社区服务中心大楼进行装修改造，此楼原为村办企业新泾钢丝绳厂厂房，企业歇业后用作村委会办公用房，大楼层高3楼，建筑面积1200平方米。

2008年5月，永乐村新建的村委会和村社区服务中心大楼落成启用，位于永乐村6组，层高3楼，建筑面积3048平方米。是年，雅鹿村新建的村委会和村社区服务中心大楼落成启用，位于338省道雅鹿村34组境内，层高3楼，建筑面积3000平方米。

2009年，位于园林路南侧、荣文村3组境内的“璜泾镇文体中心”大楼落成启用，建筑面积4181平方米，其中大楼西侧3层房屋1000平方米，为荣文村委会办公用房和村社区服务中心用房，在底楼设有“一站式”服务大厅。镇文体中心拥有的各类文化体育设施，供荣文村与镇文化体育站资源共享。是年6月，新联村新建的村委会和村社区服务中心大楼落成启用，位于新联村9组，层高3楼，建筑面积2000平方米。

2011年10月，杨漕村新建的村委会和村社区服务中心“四合院”平房落成启用，位于杨漕村

15组与19组境内，建筑面积1200平方米，另建有村社区卫生服务站360平方米。

2013年，长洲村村委会办公用房和村社区服务中心用房易地重建，新址位于洪家泾东侧、长洲村22组、23组、24组境内，新建房屋为平房，建筑面积1700平方米。

2013年末，全镇13个村驻地，均有村委会办公用房和村社区服务中心用房，其公共建筑集行政办公、社区服务于一体，具备教育培训、医疗卫生、文体娱乐、健身锻炼等功能。

第二节　住宅小区建设

一、小区形成

在历史长河中，境内的村落民宅，受农民生活习惯和农业生产需要影响，普遍一户一宅、傍河而建，布局较为分散。进入21世纪后，按照太仓市委、市政府关于推进社会主义新农村建设的要求，镇党委、政府坚持高起点规划、高标准实施、高效率管理的原则，以提升档次、完善功能、优化环境、提升形象为目标，在农村先后规划了8个农民集中居住小区。在2003年以后的10余年间，随着各项建设事业的发展，陆续安排动迁农户和自拆自建农户进驻小区。同时，政府加大投入，通过道路硬化、绿化美化、路灯亮化、管线埋设、设置治安监控、配备公共用房等建设，不断对小区进行提档升级，为住户提供文明、整洁、舒适、安全的环境。至2013年，全镇规划的8个农民集中居住小区，有7个启动建设，并形成不同体量的住宅楼群；1个处在设计待批中。7个集中居住小区内，有住户2029户（含荣文花园132户在建）。

二、小区简介

新华花园　位于新华村东部，东至338省道，南接崇文路，西邻蒋泾塘，北靠长泾河。占地面积43万平方米，其中公寓房地块3.5万平方米。小区建设启动于2003年，2005年后分批安排动迁农户入住公寓房，陆续安排自拆自建农户进驻小区。至2013年，新华花园公寓房区域内建成多层（5层，另加车库）公寓房12幢240套和小高层（11层，另加车库）公寓房4幢282套，总建筑面积6.5万平方米；另建有别墅住宅2幢，建筑面积1800平方米；还建有商住楼2幢，底层有35间门面商铺，总建筑面积7600平方米，其中商铺2400平方米。公寓房安置入住286户。新华花园单体住宅区域内由动迁农户或自拆自建农户建成单体住宅261幢，总建筑面积9.4万平方米。整个新华花园小区内共有住户547户，人口2460人。

荣文花园　位于荣文村西北部，东至东璜泾塘，南靠沙鹿路，西接本村33组，北连本村9组。2009年，规划总用地面积35.47万平方米，其中一期建设用地5.18万平方米，二期6.47万平方米，三期6.76万平方米，四期17.06万平方米。2010年7月，调整小区规划，调整后小区占地面积54.3万平方米，涉及荣文村7、8、9组土地。小区建设启动于2012年。2013年，首期132户动迁户的连体住宅正在施工之中，总建筑面积4.03万平方米。

新联花园 位于新联村西部，东至三漫塘，南靠横江，西邻新华村，北接横浜，占地面积20万平方米。小区建设启动于2006年。2013年，区内建成单体住宅117幢，总建筑面积4.21万平方米。区内住户117户，人口520人。

永乐花园 位于永乐村中南部，东靠永乐工业区，南接本村5组，西连荣文村，北至荡茜河，占地面积29.68万平方米。小区建设启动于2004年。2013年，区内建成单体住宅247幢，总建筑面积8.89万平方米。区内住户247户，人口1100人。

新鹿花园 位于新明村中部，东至新明村村委会，南靠沙鹿公路，西接鹿河集镇，北至六尺沟塘，占地面积77.83公顷。小区建设启动于2002年。2013年，区内建成单体住宅600幢、联体住宅68幢，总建筑面积25.75万平方米，其中单体21.6万平方米、联体4.15万平方米。区内住户736户，人口3300人。

杨漕花园 位于杨漕村境内建南路南侧，占地面积2万平方米。小区建设启动于2004年。2013年，区内建成单体住宅24幢，总建筑面积8640平方米。区内住户24户，人口110人。

雅鹿花园 位于雅鹿村西部，东接雅飞路，南至338省道，西靠连蒲塘，北连长洲村施家巷，占地面积15万平方米。小区建设启动于2007年。2013年，区内建成单体住宅226幢，总建筑面积8.14万平方米。区内住户226户，人口1000人。

王秀花园 位于王秀村境内沙鹿路南侧。2013年，设计待批。

第三节 老村庄改造

老村庄，指以前形成的自然村落。20世纪90年代，璜泾境内有自然村落109个。1998年、2003年，王秀镇、鹿河镇先后并入璜泾后，全镇辖区内有自然村落306个。

1994—2000年，老村庄改造主要以整治环境、改水改厕、铺筑道路为主，通过开展全民爱国卫生运动，结合“卫生户”“新风户”“特色家庭”评比活动，动员村民群众搞好室内外环境卫生，改善老村庄卫生设施和交通条件。

农村水环境整治（2007年摄）

2000年后，镇、村投入资金，加大老村庄改造力度。2003年，全镇以“三清”（清洁村庄、清洁河道、清洁家园）工作和生态村创建为载体，全面开展村庄整理。2004年，以“环境建设年”为抓手，继续推进村庄整理工作。2005年，全镇有15个村通过了“三清”工作达标验收，新联、永乐两个村首先通过了省级生态示范村验收。

2006年，加强村庄规划工作，根据各村现实形态、经济基础、物质条件和个性特点，对老村庄分别以整治改造型、生态自然型、古村保护型等类别给予规划定位。至2007年全镇13个村均完成村庄规划编制工作并通过审批。在编制村庄规划的同时，贯彻太仓市农村环境整治工作会议精神，各村广泛开展农村大环境综合整治活动，拆除违章建筑，清除暴露垃圾，取缔露天粪坑，整治堆乱象放，增补村庄绿化。通过对村庄环境的综合整治，农村的村容村貌、路容路貌、宅容宅貌大为改观。

2008年，镇、村共投入400万元，对全镇22个重点老村落进行改造，包括对农户住宅外墙统一粉刷、村落河道清淤、道路清障绿化，设垃圾中转站，建公共厕所。其中新明村高家堰成为太仓市老村庄改造的典型。2009年后，继续加大老村庄改造整治力度，对雅鹿村周家圩等25个老村庄先后进行墙体粉白、河道清淤、道路绿化、厕所改造。至2011年，全镇13个村均通过太仓市级生态村考核验收，其中有7个村获评省级生态村；新明村获评省级农村环境综合整治示范村。雅鹿村老村庄改造通过省级验收。

新明村高家堰老村庄改造（2009年摄）

2012年，实施村庄环境整治行动计划，全面整治生活垃圾、生活污水、堆放乱象、工业污染源、农业废弃物、河道沟塘污染等，全镇共完成91个村庄环境整治点任务，其中村庄环境整治点创“三星级”3个、“二星级”4个、“一星级”11个、环境整治达标点73个。2013年，实施美丽村庄建设行动，重点对镇、村主干道沿路沿线村庄墙体进行粉刷，住宅面貌除旧见新；对道路两侧公共地带地块进行整理，植树绿化。通过美丽村庄建设，农村老村庄绿化美化水平、饮用水安全卫生、道路通达条件、村庄特色风貌得到进一步改善。

第四节　农房建设

一、动迁安置

1994—2000年，因工业项目、道路交通、社会事业实事工程开发建设需要，每年均有农户被拆迁安置。其间大多属零星动迁，户数较少，具体拆迁安置户数因资料缺失而无从统计。

2000年后，随着经济社会发展和新农村建设的需要，工业企业向规划区集中，农民居住向新型社区集中，农户拆迁工作加快，拆迁户增多。2002年，镇成立拆迁办公室，专门负责农户拆迁安置工作。2003年，另设立镇沿江开发办公室，配合太仓港港区，具体做好璜泾区域内的拆迁工作。是年，申久化纤二期工程和雅鹿集团扩产项目启动，新明村有31户农户拆迁，拆迁面积9300平方米，拆迁户安置于新鹿花园；因338省道延伸段（友谊桥至常熟市东张交界处）等工程建设需要，涉及新联、新明、雅鹿等村农户拆迁，共拆迁安置农户102户，拆迁面积30600平方米。2004年太仓港武钢项目进驻，2005年荡茜河改道工程及港区滨江大道工程实施，荡茜村、永乐村有120户农户拆迁，拆迁面积36000平方米，其中58户安置于新华花园，62户安置于永乐花园。2006年，因申久化纤第三期工程、永乐工业开发区建设、新明花园和永乐花园扩容返拆迁需要，新明、永乐、荣文等3个村共拆迁安置农户151户，拆迁面积45300平方米。2007年，因申久化纤第四期工程、338省道延伸段工程和万新织造、伟建海绵、华大木业项目用地以及新华花园、永乐花园扩容返拆迁需要，新华、荣文、新联、永乐、孟河、新明、雅鹿等7个村，共拆迁安置农户206户，拆迁面积61800平方米。随着2008年雅鹿花园扩容返拆迁，2009年鹿北公路工程建设，雅鹿村、杨漕村有34户农户被拆迁安置，拆迁面积10200平方米。2010年，因镇工业开发区（永乐）、工业园区（新明）、协星北路、江南花园房地产、雅鹿农业园区、雅鹿花园扩容及华伦皮塑项目等建设需要，新华、荣文、新明、长洲、新海、雅鹿等6个村，共拆迁安置农户470户，拆迁面积14.1万平方米。同年，镇沿江开发办公室并入镇拆迁办公室。2011年因荣文花园规划建设和S80公路取土以及2012年新联花园扩容返拆迁，荣文村、新联村拆迁安置196户农户，拆迁面积58800平方米。2013年，因港区滨港大道延伸、湘杨公路一期工程以及伟建海绵项目建设，新明、长洲、王秀、孟河、杨漕等5个村，共拆迁安置农户40户，拆迁面积12000平方米。

2003—2013年的11年间，全镇共拆迁安置农户1350户，拆迁房屋建筑面积40.5万平方米。

2003—2013年，镇拆迁办公室（沿江开发办公室）负责人先后由徐洪明、顾振清、李卫光、潘振明、顾益新、钱建平、陆刚担任。

二、原宅翻建

20世纪90年代，农房以修缮为主，主要是内部装修、更换门窗，也有极少数农户翻建屋面。进入21世纪后，农户住宅开始出现老楼房翻建新楼房。2007年前后，新联村有30余户农户在原宅翻建楼房，成为全镇最早、最多农户原宅翻建新楼房的村。其他各村也有为数不多的农房原宅翻建。2010年后，原宅翻建新楼房农户开始增多。1994—2013年，全镇原宅翻建新楼房的农户有350户。

第三章 公共设施

第一节 道 路

1994—2013年的20年间，政府投入大量资金，加快道路交通建设，境内公路四通八达，交通便捷。2013年，璜泾附近有4处高速公路出入道口，有338省道（亦称沪太新路）1条，太仓市县级道路5条，镇级主干道19条，村级主干道22条。（详见第十二篇第一章第一节“公路”）

第二节 桥 梁

1994—2013年的20年间，境内桥梁经历年新建、拓宽重建、加固修建，桥梁普遍宽阔平坦、载重能力强、通行条件好。2013年，境内有338省道主要桥梁5座，太仓市县级道路主要桥梁25座，镇村主干道桥梁150余座（重点桥梁20座）。（详见第十二篇第一章第二节“桥梁”）

第三节 路 灯

1994年，璜泾镇区有路灯230盏。1996年，在沙鹿路南段、环南路（现荣文路）西段、园林路南段安装新型路灯128盏。路灯由自动控制替代人工操作。1998年，对新辟的园仁路、改造后的荡茜路以及延伸拓宽后的棉北路、玄武路进行亮化，安装路灯186盏。同年起，镇区淘汰发光效率低的白炽灯，采用高压汞灯等光源。2000年，重点对老街区路灯进行修整，更换灯头150余个。2001年，在园林路北段新安装路灯38盏、广告灯箱18只。同年起，开始淘汰高压汞灯，使用高效、节能、环保的高压钠灯及金属卤化物灯。2003年，在创新园路安装路灯38杆38盏。2006年，创建全国环境优美镇期间，在璜时路、荡茜路、怀仁路、沙鹿路市镇段新增及更新路灯300余盏。是年，璜泾镇区和王秀、鹿河集镇区域各道路均实现全路段亮化。2010年，镇政府投入资金276万元，全镇新增路灯366盏，同时对路灯进行全面整修，更换钠灯216个、节能灯泡325个、镇流器240个、触发器160个，确保全镇路灯照明设施完好无损。2010年，因荣文路两侧树木遮挡路灯，实施全路段路灯改造工程，淘汰8米灯杆，更换10米灯杆145杆，照明灯头241个。2013年，由镇建设管理所负责管理的路灯，涉及21条道路、4个农村集中居住小区和西塔、银杏2个社区老街道以及王秀、孙桥2个村区间道路，共有路灯1265杆1741盏。另，境内省道和县道设置路灯的有338省道段和沙鹿公路、陆璜公路（又名协星路）、太璜公路（原海麒路）、南鹿公路等，由上级相关部门建设和维修管理。

表4-1　2013年璜泾镇路灯设施情况

道路名称（或区域）	路灯数（盏）	路灯功率（瓦）	灯杆数（杆）	灯杆高度（米）	灯杆类型
荣文路	241	150	145	10	单臂49杆 双臂96杆
玄武路	108	120、80、40兼有	54	10	双臂
园仁街	7	150	7	—	挑臂
荡茜路	17	150	17	8	单臂
崇文路	85	120	85	10	单臂
创新园路	38	150	38	8	单臂
沙鹿路镇区段	46	200	23	10	单杆双头
园林路	280	120	140	10	双臂
玄岳街	8	60	8	—	挑臂
怀仁路	30	150	30	8	单臂
西塔社区老街道	65	100	65	—	挑臂
银杏社区老街道	46	100	46	—	挑臂
新华花园	19	45	19	3.5	庭院灯
永乐花园	33	45	33	3.5	庭院灯
湘王路	35	150	35	—	挑臂
勇安路	20	150	20	—	挑臂
勇和路	12	150	12	—	挑臂
王秀村区间道路	16	80	16	8	单臂
孙桥村区间道路	69	100	35	10	单臂
钱泾塘路	122	150	61	10	双臂
工业园区长江路	112	150	56	10	双臂
申久大道	27	150	27	10	单臂
灵影路	16	150、250兼有	16	10	单臂
鹿长路	11	150	11	—	挑臂
新鹿路	32	150	32	10	单臂21杆、挑臂11杆
玉影路	24	150	12	8	单杆双头
中弄路	20	150	20	10	挑臂
新鹿花园	156	45	156	3.5	庭院灯
雅鹿花园	46	45	46	3.5	庭院灯
合计	1741	—	1265	—	—

第四节　绿　化

1994年，沙鹿公路镇区段改造后，两侧栽种雪松500余棵。镇区荣文路（原环南路）西段筑成，栽种龙柏700余棵；园林路南段建成和荡茜路、玄武路延伸拓宽后，栽种各种行道树1500余棵。是年，镇区新增道路绿化面积1.8万平方米。

1997年前后，在镇区主干道出入口、街区公共场所、居民住宅小区、单位门口空地等地段，建绿化小景点、小品点及公共绿地16处，形成绿化面积1.2万平方米。1999年，镇区绿化总面积18万平方米，绿化覆盖率25.7%，人均公共绿地5.3平方米。

2000年，荣文路东段建成、与西段实现全路段通车后，实施道路绿化带建设工程，道路长2.6千米，两侧绿化带宽各5米，形成绿化带面积2.6万平方米。同年，建成华南生态园，占地10.2万平方米，形成香樟林、雪松林等生态林地6.2万平方米。

2001年后，在推进新农村建设中，各村重视农村林网化建设，对村级主干道进行补缺增绿，在田边、沟渠、河岸、堤旁、杂边隙地植树造林，发动农户宅前屋后植树绿化。同时，抓好企业绿化，兴建绿色厂区。至2003年的3年间，全镇新增道路绿化、农田林网绿化、农宅绿化、工厂绿化等绿化面积12万平方米。2003年，璜泾镇获太仓市绿化工作三等奖。

2004年，各村在调整农业产业结构中均建有面积不等的苗木基地，其中新华村的鲜切花基地、王秀村的花卉苗木基地、长洲村的虹泰苗木基地已形成一定规模。尤其是位于长洲村的太仓市虹泰苗木基地面积大、品种多，占地13.3公顷，有小苗木、成年苗木和特种苗木，品种有桂花、雪松、黄杨、杜樱、龙柏、香樟、夹竹桃、麦冬、红叶石、金焰乡线球、花叶蔓等100多个。在基地的示范带动下，周边村有100多户农户种植苗木，面积达33.3公顷，其中种植2公顷以上的有5户。2005年3月，璜泾镇获评太仓市创建全国生态示范区先进单位。

孟河村吴家湾林园（2017年摄）

2006年，在创建全国环境优美镇活动中，镇政府发出“倡导绿色生态和谐、共建璜泾美好家园”倡议，动员企业界人士资助绿化景观建设，并召开认养绿化大会。会后，企业共捐款200万元，支持政府兴建“中国化纤加弹名镇绿色景观园”。景观园位于338省道与园林路路口，占地面积2万平方米，栽种以具有江南风韵的各类花木

“中国化纤加弹名镇”绿色景观园（2007年摄）

义务植树（2008 年摄）

为主，其中草坪1.87万平方米，主景区设大型景观石，镌刻“中国化纤加弹名镇”景观园碑铭。

2007年，在创建国家卫生镇活动中，对镇区沙鹿路、园林路、怀仁路、荣文路、玄武路、荡茜路、棉北路（现崇文路）等7条主要道路进行行道树补缺、绿化提档，种植银杏、香樟、雪松、桂花等树种2.7万余棵，更换铺设草坪1.3万平方米。

2008年，338省道绿化经改造提档后，形成道路两侧绿化带景观，绿化面积达20万平方米。2009年，对璜浮公路镇区段、园林路北段、创新工业园道路绿化进行提档改造，补栽香樟行道树，更新草坪，增加绿地色块，共新增绿化面积7000平方米。2010年，鹿北公路建成后形成道路绿化面积2万平方米。2011年，太璜公路（原海麒路）路面改造，同时对道路进行补种增绿，新增绿化面积6000平方米。2011年11月，陆璜公路璜泾段建成通车，2012年形成道路绿化带面积3公万平方米。

2013年，境内省道、县道及镇村主干道绿化普及率100%，镇区人均公共绿地面积12.85平方米，全镇森林覆盖率20.22%，农村农田林网化率75.2%。

第五节　排　水

一、镇区排水

1994年，镇区排水管道总长3.2千米。泄洪经老市河、陈大港、荡茜河等河道排入长江。1994年后，随着镇区扩大、道路拓展改造，排水管道不断延长。1995年，在新建园林路南段铺设排水管道700米。1996年，在新建荣文路（原环南路）西段、玄武路延伸段分别铺设800毫米排水管道800米和600毫米排水管道760米。1998年，改造荡茜路排水系统，淘汰小口径管道，铺设600毫米管道950米。2000年，翻建怀仁路中段下水道，铺设600毫米管道400米。2002年，延伸崇文路（原棉北路）西段下水道，铺设600毫米管道500米。2003年，改造园林路中段下水道，铺设600毫米管道400米。2005年11月，在对崇文路东段实施路面改造时，重建下水道370米。同年，在园林路璜泾国土资源管理分局和璜泾地税分局附近路段新建下水道316米。

2006年，在兴建璜泾污水处理厂的同时，实施镇区污水管网建设工程，铺设污水管道主管网6.5千米、支管网3.6千米。同年10月，实施镇区泄洪工程，疏浚市河西段河道770米和龙池北段河道450米，建市河涵洞2座，龙池涵洞1座。2008年，改造怀仁路北段下水道，铺设600毫米管道200米。2009年后，镇区污水管道逐步拓展延伸，先后完成荡茜路东延、江南水郡小区、创新工业园等道路（区域）污水管网建设工程。

2010年，投入200余万元，实施镇区畅流工程，兴建北香炉泾至蒋泾塘、管长段至蒋泾塘、姚塘至荡茜河、姚塘至罗泾、荷花池至紫罗浜、马桶浜至小横江、顾家泾至横江、龙池北段至南段等处8座箱涵或管涵，泄洪涵洞总长298米。同年，实施镇区老市河东段与花园塘疏通工程，实地开挖河道300米。工程实施后，镇区泄洪更加通畅。2011—2013年，改造和新建镇区道路、老街区排水管道1500余米，新增污水管道750米。2013年末，镇区建成排水管道10.5千米，污水管道主管网6.9千米、支管网4.2千米。

二、小区排水

2003年前，农村未形成农民集中居住小区。2003年起，小区规划建设启动，动迁农户开始向小区集中。排水管道属主要基础设施，与小区其他设施同步建设。

2003年，新华花园首期公寓房基础设施动工，铺设排水管道350米、窨井18座。同年，新鹿花园扩容，铺设排水管道650米、窨井32座。2004年，永乐花园首期住宅区建设项目启动，铺设排水管道500米，用300毫米水泥管、45座窨井连接铺设。同年，杨漕花园铺设排水管道450米、窨井25座。2006年，新联花园首期住宅区建设项目启动，铺设排水管道250米、窨井15座。同年，永乐花园区间主干道向北延伸，铺设600毫米排水管道290米、窨井10座；向荣文路南侧扩展，铺设600毫米排水管道290米、窨井45座。2009年7月，永乐花园向东扩展，铺设600毫米排水管道1090米、600×600毫米窨井60座；铺设300毫米PVC污水管750米、600×600毫米污水窨井25座。杨漕花园实施配套工程，铺设300毫米PVC污水管道510米、600×600毫米污水窨井18座。同年8月，新鹿花园扩容，铺设300毫米排水管道1276米、450毫米排水管道415米、窨井155座。

2010年是住宅小区铺设排水管道最多的年份。雅鹿花园住宅区首期和第二期住宅区建设项目相继动工，铺设300毫米排水管道6882米、600×600毫米窨井288座、400×400毫米窨井414座；铺设300毫米PVC污水管2726米、窨井143座。新鹿花园扩容至原新幸村8组地块，铺设300毫米排水管道2375米、600×600毫米窨井140座；铺设300毫米PVC污水管2095米、窨井59座。新华花园先后扩容至新华村23组（原前进村14组）和22组（原前进村13组），在23组住宅区地块上铺设450毫米排水管道464米、300毫米排水管道1049米、600×600毫米窨井116座；铺设300毫米PVC污水管1367米、窨井70座。在22组住宅区地块上铺设450毫米排水管道257米、300毫米排水管道780米、600×600毫米窨井11座、400×400毫米窨井32座；铺设300毫米PVC污水管750米、窨井34座。

2012年，荣文花园首期住宅区建设项目启动，铺设排水管道500米、窨井30座。2003—2013年，境内形成7个农村集中居住小区，除杨漕花园未扩容拓展外，其他小区均分期扩容，排水管道及污水管道随之延伸。上述只记载建设的主要年份，其他不一一列出。至2013年末，全镇7个农村集中居住小区建成排水管道40.8千米，设配套窨井2268座；铺设污水管道17.6千米，污水窨井800座。

第六节　环卫设施

一、环卫车辆

1994年，环卫所有拖拉机吸粪车、垃圾车各1辆，人力垃圾拖车5辆。1998年机动车辆增至7辆，2003年增至15辆，2006年增至19辆。2009年起，因原陈旧车辆大多淘汰报废，重新添置各类专用车辆。是年新添1辆，2010年新添7辆，2011年新添3辆，2012年新添6辆。2013年新添8辆。2013年末，环卫所拥有垃圾清运车、倒桶车、抽粪车、污水抽运车、保洁清扫车等各种车辆26辆。

二、垃圾填埋场

1994年，在镇区河浜滩地设2处垃圾填埋场。1996年，在新联村39组（原林场村10组）境内新设林场垃圾填埋场。此后，镇区不再设置填埋场，原2个填埋场停用封闭，做泥土覆盖处理。1998年，王秀并入璜泾，王秀在原窑厂处设有垃圾填埋场。2003年，鹿河并入璜泾，鹿河在原飞跃村勇南组和原东泾村1组境内，分别设有齐坟湾和东泾2个填埋场。2006年起，镇区居民生活垃圾收集转运至太仓协鑫电厂焚烧处理，境内结束生活垃圾填埋史。2013年，仅保留林场填埋场，但不再填埋生活垃圾，主要用于堆放建筑垃圾和工业垃圾，其他填埋场均停用封闭。

三、垃圾压缩中转站

垃圾压缩中转站（2006年摄）

1994—2005年，境内居民生活垃圾做填埋处理。2006年，镇政府投资300万元，在沙鹿公路西侧新华村6组境内建成璜泾垃圾压缩式中转站，占地350平方米，建筑面积700平方米，配套压缩机2台（套），日压缩垃圾能力80吨。是年起，镇环卫所将收集的生活垃圾压缩后，由太仓专业车队运送到太仓协鑫电厂焚烧发电，进行无害化处理。2009年，生活垃圾收集范围扩大到农村，各村均选择宜建地段建造垃圾中转房，共建38座。2010年，在鹿河农贸市场西侧建成鹿河垃圾压缩式中转站，全镇生活垃圾压缩转运能力增强。2011—2013年，全镇每年压缩转运生活垃圾1.8万吨，生活垃圾无害化处理率达90%以上。

四、公厕

1994年，璜泾镇区有公厕11座，分布在各主要街道及居民住宅区。1998年起，在需建宜建街区增建公厕，对设施较差的公厕进行扩建改造。至2000年，璜泾镇区和王秀管理区有公厕19

座，均被改为水冲式卫生厕所。2001年后，对公厕分布位置进行调整，拆除7座，新建13座，至2004年，璜泾镇区及王秀、鹿河管理区有公厕25座。此后，公厕按二、三类标准或星级标准建造，2005年新建2座，2006年新建4座，2012年新建1座。2013年，全镇由镇环卫所保洁管理的公厕有32座，其中璜泾镇区16座，王秀管理区3座、鹿河管理区13座。

荣文路建管所路段公共厕所（2018年摄）

五、果壳箱

镇区街道果壳垃圾由环卫所清扫，或由商铺业主门前包干清扫。1998年，在创建省级卫生镇（村）活动中，镇区主街道首次设置GRC复合材料果壳箱100只，主要置于园林路和玄武路。2000年后，果壳箱设置范围逐步扩大，至2003年数量增至130只。2006年，在创建全国环境优美镇期间，对果壳箱进行更新，淘汰GRC复合材料果壳箱，换成不锈钢材料果壳箱。之后，每年对果壳箱进行补缺，部分换成双桶（可回收和不可回收利用）果壳箱。2013年，镇区共设果壳箱150只，主要分布于园林路、玄武路、荡茜路、怀仁路等主街道。

第四章　公用事业

第一节　供　电

一、变电站

璜泾110千伏变电站　原为璜泾35千伏变电站，1974年5月建成投运，位于沙鹿公路新华桥南堍东侧，输出10千伏线路5条，分别供给璜泾、王秀、鹿河、时思、归庄（部分村）及太仓第三棉纺厂（专供）用电。1994年，变电站移址扩容，改建为110千伏变电站，是年3月土建动工，1996年3月建成投运，新址位于新华村6组境内，占地1319平方米。2013年，有主变压器2台，总容量8万千伏安，输出10千伏线路11条，主要供璜泾地区用电。

鹿河35千伏变电站　1995年10月建成投运，位于新明村1组，占地837平方米。2000年，实施增容技术改造。2013年，有主变压器2台，总容量3.2万千伏安，输出10千伏线路8条，主要供鹿河地区用电。

新联110千伏变电站　2002年8月动工兴建，2003年6月建成投运，位于太璜公路（原名海麒路）新联村4组境内，占地1054平方米，建筑面积2031平方米。2013年，有主变压器2台，总容量8万千伏安，输出10千伏线路20条，主要供璜泾、鹿河部分地区用电。

申久110千伏变电站　2004年建成投运，位于江苏申久化纤有限公司内。设主变压器2台，总容量6.3万千伏安，输出10千伏线路20条，有配电变压器20台，总容量6万千伏安。属企业专供变电站。

香塘220千伏变电站　2005年建成投运，位于永乐村17组（原荷花村5组）境内，占地3665平方米，建筑面积1292平方米。设110千伏输出线路6条，其中4条线路输送到璜泾境内变电站，1条线路输送到沙溪境内变电站，1条备用。

王秀110千伏变电站　2006年2月动工兴建，2007年1月建成投运，位于孟河村51组（原伍胥15组）境内，占地1943平方米，建筑面积3281平方米。2013年，有主变压器2台，总容量10万千伏安，输出10千伏线路19条，主要供王秀、璜泾部分地区用电。

荡茜110千伏变电站　2007年4月动工兴建，2008年5月建成投运，位于璜泾与时思交界处（叶家桥南）太平村12组境内，占地1854平方米，建筑面积2652平方米。2013年，设主变压器2台，总容量10万千伏安，输出10千伏线路20条，主要供璜泾、时思部分地区用电。

长乐110千伏变电站　2011年建成投运，位于江苏长乐纤维科技有限公司内。设主变压器2

台，总容量5万千伏安，输出10千伏线路18条，有配电变压器16台，总容量2.5万千伏安。属企业专供变电站。

注：2013年，供璜泾用电的变电站有8座（不含太仓港港区辖地变电站）。

二、配电设施

1994年，境内有10千伏配电线路35千米；配电变压器65台，总容量1.15万千伏安；400伏低压线路220千米。

1996年3月，新建璜泾110千伏变电站投运，供电能力提高。1998年11月，王秀并入璜泾，全镇配电设施机械增加。同年起，为满足民营企业发展需求，每年增加投入，加快配电设施建设。至2000年，境内有10千伏配电线路11条，总长55千米；配电变压器增至105台，总容量2.1万千伏安；400伏低压线路460条，总长290千米。

2003年6月，新建新联110变电站投运，新增容量8万千伏安。是年8月，鹿河并入璜泾，全镇配电设施机械增加。2004年前后，璜泾以化纤加弹业为主的工业企业加快发展，全镇配电设施建设同步跟上。至2006年，境内有10千伏配电线路39条，总长120千米；配电变压器545台，总容量19万千伏安；400伏低压线路820条，总长480千米。

2007年1月和2008年5月，新建王秀和荡茜110千伏变电站先后投运，新增容量20万千伏安。2007年后，全镇配电设施随工业企业发展和居民生活用电增多而加快建设。至2010年，境内有10千伏配电线路78条，总长330千米；配电变压器1270台，总容量44.45万千伏安；400伏低压线路1320条，总长530千米。

2011年起，供电部门又投入大量资金，用于电网改造，增强线路负荷能力，提高供电质量。至2013年，境内有10千伏配电线路90条，总长420千米；配电变压器1704台，总容量59.62万千伏安，其中公用综合变压器739台，总容量23.07万千伏安；用户自备专用变压器965台，总容量36.55万千伏安。400伏低压线路1580条，总长617千米。

注：上述配电设施未包括江苏申久化纤有限公司和江苏长乐纤维科技有限公司内的配电设施。

三、农网改造

1994年，境内农村低压电力线路220千米，普遍使用7米电杆、25平方毫米以上裸线。1997年起，随着民营企业的发展和居民空调等家用电器的增多，原有低压线路满足不了用户供电需要，所以每年实施农网改造。全镇大规模改造的年份为1999年和2000年，两年内全面完成全镇20个村的农网改造任务，共投入资金700余万元，主要改造农村低压电网及改造农户用电装置。全镇250余千米低压线路均淘汰7米电杆和25平方毫米线，改用8米电杆和50平方毫米以上裸线。改造后，农村低压电网供电质量提高，线损率下降，达到国家制定的新农村电气化建设标准。

2003年后，继续推进农网改造工作，重点对低压支线和进户线进行改造，至2005年完成改造低压支线230条26千米和进户线25千米。2006年后，空调等大功率电器使用量猛增，为满足用户需求，重点在农网中扩容低压台区，至2008年新增或扩容低压台区150个，增加低压供电能力3.3

万千伏安。2009—2011年，在农网改造中，新建和改造低压线路360余千米，新增或扩容低压台区170个，增加低压供电能力3.7万千伏安。

2012年起，又开始对农村低压电网实施提升改造，淘汰8米电杆和50平方毫米裸线，改用10米电杆和120平方毫米绝缘线。同时，开展用电信息采集系统建设，为用户安装智能电表。至2013年，全镇完成农村低压主杆线路改造270千米，完成低压用户智能电表更换1万余户。是年末，全镇农村低压电网线路达15292杆（电杆），总长617千米，其中400伏架空线路530千米，400伏电缆87千米；进户线总长340千米，其中接户导线215千米，接户电缆125千米。改造后的农村电网，供电更加安全、优质、高效、低耗。璜泾镇成为新农村电气化镇，各村成为新农村电气化村。

四、用电量

1994年，全镇用电量为3500万千瓦时。1995—1998年，全镇用电量每年有所增长。1999年起，境内民营经济兴起，化纤加弹企业增多，全镇用电量每年大幅度上升。至2003年，全镇用电量达5亿千瓦时。2004年后，全镇用电量随工业经济的发展和居民生活质量的提高而逐年快速增长。2006年突破10亿千瓦时，2010年超出15亿千瓦时。2013年，全镇用电总户数25472户，其中居民用电户数18466户（单相12562户、三相5904户），非居民用电户数7006户（单相1586户、三相5420户），总用电量达19.5亿千瓦时。

表4-2　2004—2013年璜泾镇用电量统计

年份	全社会用电量（亿千瓦时）	其中工业用电量（亿千瓦时）	年份	全社会用电量（亿千瓦时）	其中工业用电量（亿千瓦时）
2004	6.38	6.26	2009	12.66	12.25
2005	8.96	8.53	2010	15.26	14.88
2006	10.82	10.55	2011	16.77	16.45
2007	12.48	11.86	2012	17.97	16.89
2008	12.02	11.55	2013	19.54	18.41

注：1994—2003年，因用电量统计资料缺失，故未列出。

五、管电机构

璜泾镇用电管理机构为太仓市供电公司璜泾供电所。前身为璜泾电力管理站，成立于1976年6月，站址位于玄武路与玄岳街路口东南侧，占地238.1平方米，办公楼2层，建筑面积384.52平方米。1994年站址搬迁，移至玄武路95号，占地3826平方米，新建3层办公楼，建筑面积1562平方米。1998年，王秀电力管理站并入璜泾。1999年11月15日，璜泾电力管理站撤销，成立太仓市供电局璜泾供电所，属市供电局派出机构。2001年6月，对原镇电力管理站人员和村电工进行人员编制改革，取消村级管理机构，对工作人员按照条件进行考试考核，择优录用。2005年，鹿河供电所并入璜泾。至2013年，太仓市供电局璜泾供电所机构未变。

1994—2013年，历任所长（站长）：朱品元（1991.3—2005.5）、梁宇达（2005.5—2008.12）、张云清（2008.12—2012.3）、朱建明（2012.3—　）。

第二节　供　水

璜泾自来水供水起步于1981年，是年，投入10万元开始筹建自来水工程。1982年冬建璜泾自来水厂，厂址在陈大港东侧原棉纺厂。1983年10月，在镇区设立13个公用给水站（点）供水，非一户一表，水源为原棉纺厂1口120米的深井，后又和太仓第三棉纺厂的2眼深井联网供水。1985年后，镇区自来水管网拓展，至1990年，埋设2英寸（约5.08厘米）以上口径的各种管道31.6千米，市镇居民首先用上了深井自来水。之后，自来水逐步向市镇周边农村延伸，1991年自来水供至新华全村。1993年，璜泾自来水厂迁移至沙鹿路荣文村2组境内，并改称“璜泾自来水公司”。

1994年，针对农村河道水质下降、农民仍普遍饮用浅井水、有的甚至还在取用河水的情况，镇政府加大农村改水工作力度，采取农户出资一点、厂村集资一点、财政贴资一点、申请贷款一点的办法，加快农村改水工程。是年，完成9个村改水任务，农村自来水覆盖率56%，入户率62%。

1995年后，加大农村改水工作力度，至1997年又完成7个村改水任务。1998年，镇自来水管网延伸，农户自来水入户率达90%。

同年，实施自来水环镇管道改造，翻修自来水主管道4.7千米，提高供水能力。1999年，进入农村改水扫尾工作，自来水管网向边远、零星的农户拓展。是年，设计规划长江水水源主管道引水工程。2000年引水工程动工，2002年管道接到璜泾、鹿河，2003年延伸到王秀。同年9月，璜泾镇自来水公司与鹿河自来水公司合并，组建“璜泾镇自来水公司”。2004年10月，璜泾与太仓自来水管道联网，供用洁净卫生的长江水源自来水。2006年9月，璜泾自来水公司由太仓水处理公司接管，改称为太仓市水处理公司璜泾供水站。同年，最边远的杨漕村举行长江水通水仪式。至此，全镇供用长江水实现村村通，结束供用深井水历史。2007年起，主要做好工业开发区、农村集中居住小区的供水服务工作以及重点地区管道的翻建工作，全镇自来水供水能力不断提升。至2013年，全镇共有自来水用户17262户，其中居民生活用水户14069户，工业用水户3193户，年供售水量580万吨。

1994—2013年，璜泾供水站（自来水公司）历任站长（经理）：盛惠中（1984.1—2006.9）、龚安民（2006.9—2008.5）、何福元（2008.5—2008.7）、施建国（2008.7—2011.10）、何福元（2011.10—2013.10）、施建国（2013.10—　）。

第三节　供气　供热

一、瓶装燃气

1994年，境内市镇居民已普遍使用瓶装液化气，农村也开始普及使用，许多农户家庭液化气灶与砖砌土灶并存。境内设有璜泾民生液化气供应站，建成于1989年10月，站址位于璜时路新华村

21组（原前进村12组）境内。由璜泾炼油厂筹办，江苏省石油公司太仓分公司投资创办，占地面积0.68公顷，拥有储罐4只，储量130立方米，气源由南京、上海等地炼油厂提供。此站主要为镇内外各供气站和用气户充装燃气，瓶装燃气大多为每瓶15千克，少量为每瓶5千克和50千克。除此站外，境内在沙鹿路与玄武路交会处还设有个体供气点，由太仓苏创液化气有限公司提供气源。是年，全镇瓶装燃气年供气量达1.96万瓶290余吨。

1995年9月，在园林路原璜泾粮管所处，新设瓶装燃气供应点，为用气户更换瓶装燃气，由太仓苏创液化气有限公司提供气源，年供气量6000余瓶。1996年后，农村使用土灶家庭逐年减少，瓶装燃气用户量不断扩大，至1998年，全镇瓶装燃气年供气量达2.33万瓶350余吨。1999年后，个私企业加快发展，企业用气量迅速增加，社会上个体送气户随之增多。2000年，境内有个体送气户12户，专业为用户上门更换瓶装燃气，年供气量4.35万瓶650余吨。

2002年8月，太仓苏创液化气有限公司在新联村和鹿河玉影山社区分别设立供应站，供气网点增加。2004年，全镇有瓶装燃气供应站3个，个体送气服务点15个，年供气量6万余瓶900余吨。2006年，璜泾民生液化气供应站歇业。2007年3月，在鹿河玉影山社区设太仓市万源液化石油气有限公司鹿河惠民供应站，境内供气气源增加。是年，全镇瓶装燃气供气量达8.22万瓶1230余吨。2008年后，随着民营企业的发展和外来人口的增加，用气量继续逐年上升。2013年，全镇有瓶装燃气供应站4个，从事送气上门服务的专业人员达20余人，全镇瓶装燃气供气量达12.56万瓶1880余吨。

新联村秸秆气化站（2006年摄）

二、秸秆燃气

2002年5月，万新村在4组境内建成秸秆气化站，占地1650平方米，总投资75万元，其中设备投资13万元，土建投资12万元，气化管道及燃具投资50万元。该气化站运行后，每天生产秸秆气380立方米，供全村农户使用。2005年5月，万新与新联合并后，该站称新联秸秆气化站。2007年，受限于多种因素，秸秆气化站关闭停用。

三、管道燃气

境内管道燃气为天然气，由苏州中石油昆仑苏创燃气有限公司经营。2009年，做好燃气管网设计规划、选址走向等前期准备工作。2010年开始铺设燃气主管道，2013年通达璜泾、王秀、鹿河部分区域，并开始铺设用户管道。是年，在338省道新联村9组和21组（原万新村7组）交界处建成中石油昆仑燃气太仓市璜泾营业厅。计划于2014年为璜泾茂林小区、新华花园用户首批开通燃气，以后陆续普及。

四、管道供热

2010年，实施“蓝天计划”，推进清洁能源工程，配合港区实施集中供热管网西北线工程，利用华能（苏州）发电有限公司和太仓港协鑫电厂的热源，为企业供热。2013年，规划确定供热管道路线走向，完成供热企业与用户签约工作。2015年，境内建成2条供热管线，通至璜泾、王秀、鹿河局部地区，21家企业首批使用管道热能，其中华能（苏州）发电有限公司供热管道接通企业19家，太仓港协鑫电厂供热管道接通企业2家。

表4-3 2015年璜泾镇供热首批用户统计

序号	供热用户	供热单位	序号	供热用户	供热单位
1	太仓市太海化工有限公司	华能电厂	12	太仓市强龙纺织印染有限公司	华能电厂
2	太仓市良艳印染有限公司	华能电厂	13	太仓弘彤布料整理有限公司	华能电厂
3	太仓市申鹿纺织印染有限公司	华能电厂	14	太仓市璜泾王秀炳速龙酒厂	华能电厂
4	太仓市金海医药化工厂	华能电厂	15	江苏银鹿服饰有限公司	华能电厂
5	太仓市染整厂	华能电厂	16	江苏学泰印务有限公司	华能电厂
6	太仓市林场漂染厂	华能电厂	17	太仓乙全布料定型有限公司	华能电厂
7	太仓市施美电镀有限公司	华能电厂	18	苏州瑞高新材料有限公司	华能电厂
8	太仓市锦飞电镀有限公司	华能电厂	19	太仓市鼎膳食品有限公司	华能电厂
9	太仓市璜泾明鹿水洗厂	华能电厂	20	苏州双宏纺织有限公司	协鑫电厂
10	太仓市盛达电泳有限公司	华能电厂	21	太仓佩博实业有限公司	协鑫电厂
11	江苏申久化纤有限公司	华能电厂			

第五章　建设管理

第一节　规划管理

1994年前后，制订“一线二区”建设规划，即以沙鹿公路集镇段为线，规划建设工业经济开发带；在璜时新路集镇段两侧规划建设工业经济新区；实施街面楼群和道路建设工程，改造拓展镇区。

1998年，按照“布局合理、交通便捷、设施配套、功能齐全、环境优美、具有特色”的新型小城镇要求，聘请苏州市城建环保学院编制《璜泾镇集镇建设总体规划》，明确镇区主干道两侧的建设项目及建筑面积、层高、立面、造型、外墙装饰材料等建筑设计，并经规划管理部门审核、镇领导班子集体讨论确定。

2000年，对《璜泾镇集镇建设总体规划》进行修编，并通过专家论证。2003年，镇区划调整后，对镇总体规划再次进行修编，在原规划的基础上，进一步优化整合资源，结合本镇历史、文化、经济、地域等方面的特点，重新定位人口规模、发展方向、产业布局等，重点对建设用地、工业载体和基础设施做出规划。2005年11月，委托上海臣博建设有限公司重新修编的《璜泾镇总体规划（2004—2020）》通过专家评审。此后，注重规划的指导作用，引导工业企业向规划区集中、农民居住向新型社区集中、农业生产向适度规模经营集中。

2006年，对璜泾工业园、雅鹿工业园、申久工业园进行规划。是年，聘请苏州市建筑设计院对永乐村农民集中居住小区（永乐花园）进行规划，3月21日通过规划论证。2007—2009年，又先后完成新华花园、新联花园（原万新村境内）、荣文花园、新鹿花园（新明村）、雅鹿花园、杨漕花园、王秀花园等7个村农民集中居住小区的规划编制工作。集中居住小区规划出台后，各村严格按照规划布局，实施道路、给排水、供电、绿化等基础设施建设，各建房户按照统一的房型和面积建造住宅。同时，镇建管所加强农房建设管理服务，推行农房审批手续代办制，解决建房户因不熟悉报批手续而造成的困难。对每一户建房户进行现场勘查，对建筑施工单位资质进行审核，对建房户与建筑施工单位签订的协议进行鉴证。

2008年，聘请浙江科技大学编制《璜泾镇建设控制性详规》，镇区规划面积4.2平方千米。2009年，委托上海陆家嘴规划建筑设计有限公司修编《璜泾镇总体规划（2004—2020）》。

2010年，聘请南京大学城市规划设计研究院对璜泾镇总体规划进行重新修编，修编后的《璜泾镇总体规划（2010—2030）》共19章3.5万字。规划基年为2010年，近期2015年，远期2030

年，远景展望至21世纪中叶。此次修编，在对全镇进行总体规划的基础上，重点对璜泾中心镇区和鹿河工业园区进行规划。璜泾中心镇区规划形成“一主、一副、两轴、三片区”的空间结构，一主：依托老镇商业、金融业形成城镇核心；一副：在南部新镇区发展商业、金融业，成为璜泾新的发展中心；两轴：建设南北向城镇综合发展轴、东西向城镇文化景观轴；三片区：形成老镇综合服务片区、南部新镇区、镇东南工业园区。璜泾中心镇区规划面积为10.15平方千米。在鹿河重点发展工业，形成鹿河工业园区，规划面积为3.02平方千米。

2011年起，因农村集中居住小区扩容，对小区规划进行修编完善，使小区在空间形态上体现城乡有别，在社会形态上实现城乡一体，使规划更具科学性、超前性和可操作性。同时，根据各村现实形态、经济基础、物质条件和个性特点，按照集中居住型、乡村别墅型、整治改造型、生态自然型、古村保护型等不同定位，加强农村自然村落规划管理，对农村建房户，明确房屋坐落位置、朝向、面积及式样，在施工期间进行监督，竣工后进行验收。

2012年，为实施“东融港区、南建新镇、西兴三农、北强工业、中心提档”发展战略，聘请上海同砚建筑规划设计有限公司编制《璜泾镇南部新城控制性详细规划》。本次规划南部新城范围：西至石头塘路，北至沙鹿路、荣文路，东至陈大港，南至规划设计的雁月湖湿地，规划总面积3.85平方千米（包括雁月湖湿地面积0.44平方千米），设置人口3.7万人。2013年，规划形成初稿，待2014年充实完善后进行评审。

第二节　卫生管理

20世纪90年代，由环卫所负责镇区环境卫生。2000年起，农村组织专业队伍，实施农村大环境整治。2003年后，举办各类卫生创建活动，使村容村貌得到改观。2006年起，全镇居民生活垃圾开始统一收集，集中转运处理。2008年，全面落实长效管理措施，提升环境卫生管理水平。2010年后，通过创建“星级村庄”“生态示范村”“美丽乡村”等活动，全面开展村庄整治。2013年，璜泾镇保持“国家卫生镇”荣誉称号。（详见第二十一篇第二章第二节“环境卫生”）

第三节　镇容管理

1994年，对怀仁路农贸市场的无序设摊、出入口设摊占道现象进行整治，市容秩序得到好转。1995年，对镇区沿街商业店铺、公共建筑物等墙体上的“牛皮癣”进行清除，镇区乱涂乱贴乱画现象得到有效控制。

1997年，重点对新建的园仁街（小商品一条街）加强街容管理，督促店主规范设置店面广告和店名文字，禁止店外设摊，不得安装立柱遮阳棚，街道卫生保洁由门店业主实行包干。

1998年，在创建省级卫生镇期间，对镇区市容秩序进行全面整治，清理店外店、摊外摊17处，拆除不规范户外广告及门店招牌29块、立柱遮阳棚15只，取缔占道堆物22处，清除乱张贴广告1000余张，查处非法游医造“癣”者3人。同年，对璜时路新形成的建材交易场所进行监督管理，场所内堆放的各类钢材、木材等建材保持有序堆放。

2000年后，每年重点清理沿路沿线乱搭建、乱堆物，取缔乱设的废金属、废塑料收购点和纸箱、纸管、装脚垫、泡沫片等加弹辅料堆放点。

2002年起，重视镇区，尤其是沿路沿街建筑场所的卫生、秩序、安全管理，建筑工地实行围栏作业，有序堆放建筑材料，及时清除工地杂物。

2005年，易地新建的农贸市场落成启用，及时跟进市容秩序管理，对市场内摊位进行分类划分，禁止设立地摊，划定活禽经营场所，取缔马路市场，监管停放车辆。

在2006年创建全国环境优美镇和2007年创建国家卫生镇期间，对镇区环境进行全面整治，刷新沿街公共建筑20余幢，拆除违章搭建55处、简陋破旧遮阳棚100余只，纠正店外占道经营50余处（次），整治车辆乱停放地段20余处，对乱张贴、乱涂写、乱刻画造成的“牛皮癣”见露即除。对街市门店不规范的招牌及广告进行清理，按统一标准设计装潢。随着镇区环境的全面整治，镇容镇貌大为改善。

在2009—2010年的两年间，重点对王秀、鹿河两个管理区集镇进行提档改造，在改造市政基础设施的同时，将集镇沿街门店招牌及广告全路段拆除，重新设计、统一装潢，涉及门店290个，更新门店装潢后，管理区集镇环境有了全面改观。

2011年起，加强户外广告审批管理，对辖区内各路段大型广告、高炮广告、立面广告及沿街商铺广告登记造册，实行一点一档备案，以便日后联系，进行广告更新管理。是年，将园林路100处灯杆广告升级为灯箱广告，凸显广告画面感，提升道路美化亮化度，园林路获评“苏州市容管理示范路”。同年，开展流动摊疏导集中管理。在璜泾镇区和王秀、鹿河管理区选择合适地段，设置5个流动摊集中点，规定开放时间，疏导本地菜农及其他流动摊主在规定时间、规定地点设摊。通过疏导管理，镇区马路菜场设摊占道问题得到有效控制。

2012—2013年，城管中队坚持堵疏结合、温馨提示、文明值勤、严格执法，进一步加强城管工作。两年间，开展镇容环境专项整治42次，联合执法40次，使影响镇容环境的乱搭乱建、乱贴乱涂、乱设摊点、违章停车、不规范门店招牌及广告等问题及时得到治理，集镇管理水平和镇容环境质量得到提升。

第四节　秩序管理

1994—2013年，境内交通秩序及安全管理，主要围绕清除道路障碍、疏通道路拥堵、查处违章停车、设置交通标志、加强交通值勤等方面开展。（详见第十二篇第一章第六节第二目“秩序管理”）

第五节　管理机构

一、建管所

境内村镇建设管理机构为璜泾镇建设管理所。1994年，称璜泾镇村镇建设办公室。1996年更名为璜泾镇建设管理所。该所为公益类事业单位，正股级建制，核定人员编制10人。主要职能：宣传执行上级有关建设管理的法律、法规和规范性文件；组织并参与村镇规划的编制、论证、报批及实施规划建设项目的相关手续；负责全镇职业技能培训和职业技能鉴定的组织实施工作；负责各类市政、绿化等设施的日常维护管理，收缴村镇规划建设管理的相关规费；协助查处建筑、市政、安装、拆房等方面的违法违章行为等。至2013年，建设管理所设置未变，所址在泾中街原璜泾邮电局地块，2014年1月迁入新建的办公大楼，位于荣文路府南花园东侧。

璜泾镇建设管理所（2018年摄）

历任所长（主任）：陆祖良（1994.1—1997.11）、王锦明（1997.11—2006.10）、张凤鸣（2006.10—2011.7）、陆文豪（2011.7—2013.8）、李海军（2013.8—　）。

二、环卫所

境内环境卫生管理机构为璜泾镇环境卫生管理所。（详见第二十一篇第二章第一节第二目“环卫所”）

三、城建监察中队

1994—2002年，镇设市容管理办公室，从镇联防员中抽调人员，具体负责镇区市容管理。2003年4月，成立镇城建监察中队，隶属镇建设管理所，由李瑞良任中队长。同年9月，璜泾镇城建监察中队与鹿河镇城建监察中队合并，成立“璜泾镇城建监察中队”，由杨庆祥任中队长。2005年7月，镇城建监察中队与太仓市城市管理行政执法大队璜泾中队合署工作。2006年8月，镇城建监察中队建制撤销。

四、城管中队

2005年7月，太仓市城管行政处罚权延伸至镇，成立太仓市城市管理行政执法大队璜泾中队

（以下简称“城管中队”），由太仓市城管局与镇政府双重领导。中队地址位于怀仁路原幼儿园。设工作人员21人，其中由市执法大队选派、持有省行政执法证的城管队员7人，镇协管队员14人。2010年，城管中队组织设置延伸至管理区，在王秀、鹿河分别设立城管办公室，成立两个分队，派4人进驻王秀、6人进驻鹿河开展城管工作。2013年，城管中队有工作人员29人，其中市执法大队编内队员6人，镇协管队员23人。

历任中队长：许峰（2005.7—2007.7）、曹建初（2007.7—2007.12〈兼任〉）、徐刚（2007.12—2010.10）、浦燕峰（2010.10—　，其中2010.10—2011.7主持工作）。

五、交通执法队

境内交通秩序及安全管理机构为璜泾交通联合执法队。（详见第十二篇第一章第六节第四目“璜泾交通联合执法队”）

第五篇 环境保护

1994—2013年，璜泾镇党委、政府认真贯彻环境保护基本国策，在上级环保主管部门的指导下，充分运用环境保护的科学方法，坚持采用行政的、法律的、经济的、技术的手段，全面落实“发展循环经济”“治理环境污染”“防止生态破坏”“节约利用资源”“净化美化环境”“营造绿色空间”等一系列环保措施，使境内保持良好的生态环境，促进经济社会与人和自然的和谐发展。

第一章　环境污染

20世纪70年代前，境内以农业为主，污染物排放量甚微，不足以影响环境；进入20世纪70年代，开始兴办社队工业，“三废”（废气、废水、废渣）排放开始出现；进入20世纪80年代，乡镇企业加快发展，且规模不断扩大，“三废”排放量增多；进入20世纪90年代，尤其是跨入21世纪以后，民营工业企业迅速发展，“三废”排放量继续增加，且污染源趋于多样化。

第一节　大气环境污染

大气环境污染主要来自工业废气、机动车尾气、农作物秸秆焚烧烟气等。

一、工业废气

工业废气产生于燃料燃烧过程和生产工艺过程，主要源于工厂烟囱燃放的污染物，基本上属于煤烟型污染，会产生二氧化硫、氮氧化物、一氧化碳、碳氢化合物和烟尘、工业粉尘等大气污染物。20世纪90年代，废气排放重点工厂有20多家，年耗煤量在5500吨左右。2000年以后，境内化纤企业迅速发展，先后有8家企业的喷丝生产线投产，另有制革、纸业、印染等企业的生产规模不断扩大。随着工业的发展，全镇耗煤量逐年递增，至2013年，全镇有燃煤企业145家，累计拥有燃煤锅炉270余蒸吨。有重点燃煤企业10家，年煤炭消耗量51928吨，年工业废气排放量6.41亿立方米，年二氧化硫排放量400余吨，年氮氧化物排放量350余吨，年烟（粉）尘排放量1万余吨。工厂燃煤每天排放粉尘废气和含二氧化硫、二氧化氮的酸雾气体，阴雨天不易散发，如果不加以治理，就会造成大气环境污染。此外，有的企业在生产化工产品过程中，违反操作规程，致使化工气体泄漏，气味刺鼻，导致周边农作物焦枯，影响农业生产和人们日常生活。

二、机动车船尾气

随着经济发展和人民生活水平提高，境内机动车数量猛增，机动船出入频繁。至2013年全镇拥有机动车船1万余辆（只）。机动车船以汽油或柴油为燃料，燃料燃烧后的废气从排气管排出（俗称尾气）。废气中含有多种化合物，扩散到空气中会造成空气污染，不仅对人产生危害，对植物也有毒害作用。出现的酸雨、灰霾和光化学烟雾等区域性大气污染问题，也与机动车船排放的氮氧化物、细颗粒物等污染物直接相关。

三、秸秆焚烧烟气

过去，农村的稻麦草和其他作物秸秆，除一小部分稻麦草被收购外，大多供农户作土灶燃料，用于煮饭烧菜，极少在田头直接焚烧。20世纪90年代后，随着液化气灶的推广使用，农村剩余稻麦草逐年增加，同时机械收割后稻麦草被打碎，直接留在农田里，因稻麦草无出售渠道，农户不愿捆收。再由于化肥供应充足，农户比较忽视秸秆还田，又怕秸秆还田后一时不会腐烂而不便耕种，故大多农户将稻麦草直接在田里烧掉。特别是在夏收和秋收季节，农田里四处点火，浓烟滚滚，造成大气环境污染。

第二节　水环境污染

一、工业废水污染

20世纪80年代后，随着乡镇企业的蓬勃兴起，工业排放的废水增多，水污染问题随之出现，有的河段污染情况甚为严重。如太仓香料厂排放的废水，使附近的水域出现“香鱼”，“香鱼”煮熟后有难闻的气味而不能食用。至20世纪90年代初，全镇工业企业排出的废水达55.4万吨，致使有的河道混浊，有的河塘甚至发臭。从20世纪90年代后期开始，民营企业迅猛发展，工业门类增多，有化纤、电镀、制革、纸业、织造、印染等行业。这些行业中，有14家被列为工业废水排放重点企业。据2013年统计，这14家重点企业年工业废水排放量达77.85万吨，COD排放量59.99吨，氨氮排放量7.48吨。除重点企业外，全镇有各类大小加弹机1000余台，大量耗用油剂，虽然油剂是化纤产品的添加剂，一般情况下不会污染水源，但油剂在生产、运输过程中免不了泄漏于地面，受雨水冲刷后流入河道，造成污染。此外，全镇还有喷水织机近万台，虽然对织机废水实施集中清运处置，但还有企业存在偷排、漏排现象，对河道造成污染。

二、养殖废水污染

20世纪90年代前，畜禽以农户养殖为主，由于分散零星，养殖废水较少，基本上能够自然净化。20世纪90年代后，畜禽养殖逐步专业化、规模化。至2013年，境内有饲养量较大的养殖场7家。由于有的养殖场粪便、污水的贮运和处理能力不足，致使粪便、污水得不到完全有效处理，除一部分畜禽粪便用作农业有机肥外，另有一部分畜禽粪便堆放于养殖场四周、村口、河边等，或未经有效处理直接排入河道，严重影响河道水质。因此，整治畜禽养殖造成的污染成为农村整治污染源的重点。

三、肥药污染

20世纪90年代起，在农业生产上，很少使用人、畜、禽粪和河底淤泥及草塘泥等有机肥料。由于化肥不再计划供应，因而被大量使用。1994—2013年，农业上使用的氮、磷、钾肥主要有碳酸氢铵、硫酸铵、氯化铵、尿素、过磷酸钙、氯化钾、硫酸钾、复合肥等。农业大量使用化肥，使未被植物吸收利用的残留氮、磷、钾等元素随灌溉水或雨水排入河中，造成水体污染。尤其是氮肥，流失率约为45%，氮肥流入河道，使水体中的营养物质增多，水生植物及藻类大量繁殖，消耗大量的氧，致使水体中溶解氧下降，水质恶化，造成鱼类死亡，破坏水环境。2013年，全镇年化肥使用量达7252吨。

1994—2013年，农业上先后使用的杀虫剂、杀菌剂、杀螨剂、除草剂、植物生长调节剂等类别的农药多达数十种。过多地使用农药，使自然生态失衡加重，农作物害虫天敌减少，而农药的残留物质排入河道，造成水污染。农药甲胺磷是剧毒农药，除对河道造成污染外，还可对空气造成污染，破坏生态环境。2013年，全镇年农药使用量达69825千克。

四、洗涤用品污染

20世纪90年代后，随着农村自来水普及率的提高，人们用水方便，生活污水排放量明显增加，且家庭生活中很少使用原来的肥皂，普遍使用品牌众多的洗衣粉、漂白剂、柔软剂、洗发露、沐浴露、洗手液、洁瓷粉等洗涤用品。用这些洗涤用品洗后产生的污水，不经处理直排河中，造成水体的污染。进入21世纪，三产服务业得到更快发展，餐饮、洗浴、美容美发、洗车等服务行业产生的污水逐年增加，也同样对水环境造成污染。2006年后，镇区建成污水处理厂，部分村建有污水处理工程，居民的生活污水开始通过管道被收集处理，但至2013年，璜泾仍有镇区15%的人口和农村67%的人口，其生活污水未能处理而被直接排入河中。

第三节　噪声污染

噪声污染主要包括工业噪声、交通噪声和社会生活噪声。

一、工业噪声

工业噪声主要由机械设备的运行造成。1996年前，境内工业大多为镇村集体企业，民营企业相对较少，故工业企业噪声扰民问题很少发生。之后，随着镇村集体企业完成产权制度改革，民营企业迅速发展，且布局相对分散，故工业噪声带来的矛盾增多。特别是进入21世纪后，境内化纤加弹和织造企业多。企业在基建时，机械打桩、水泥搅拌、地面打磨、装潢施工、钢材切割、建筑材料运输等，都会产生噪声。加弹企业在生产中，需对弹丝冲打网点，一般都采用空气压缩机，该机运转会产生较高的噪声。此外，企业的喷水织机、冲压机、鼓风机、排气扇等也会带来噪声。为此，每年均有人信访投诉，重点反映空气压缩机和织机噪声影响居民休息。除此之外，随着农村文化生活的丰富，夜间娱乐活动增多，歌舞厅噪声也影响居民休息。

二、交通噪声

自20世纪90年代起，境内机动车数量快速递增，交通噪声污染显现。尤其是境内化纤加弹企业多，货物运输量大，且运输车辆大多是重型超长牵引车，马力足、噪声大。尤其是早晨和傍晚，为车辆出入高峰，交通噪声较高，其余时段较低。

三、生活噪声

生活噪声污染主要有居民生活区噪声和商业区噪声。随着新农村建设加快推进，新华、永乐、万新、荣文、新明、雅鹿等集中居住小区形成并不断扩容，居民陆续进驻建房并进行装潢，由此出现噪声。同时，家用轿车逐渐普及，小区内车辆来往频繁以及盛夏和寒冬季节大量的空调运转，也成为生活区噪声污染的来源。另外，混杂在集镇居民区的修理店、装潢店、加工店等小作坊及棋牌茶室也是生活区噪声污染源之一。进入21世纪后，镇区商业繁荣，三产服务业发达，饮食行业、娱乐场所、日用商店等，营业时间延长，居民购物等夜间娱乐生活丰富，商业区噪声逐步增加。尤其是歌舞厅和洗浴场所以及小区内棋牌室等场所的噪声，影响附近居民生活。

第二章　污染治理

1994年后，镇政府采取有效措施，对部分乡镇企业出现的环境污染问题进行治理。尤其是进入21世纪，为确保经济社会可持续发展，环境保护工作越来越引起全社会的重视，各村、各单位加大环境治理力度。在大气污染治理方面，采取关停废气排放重点企业、配置粉尘装置、淘汰燃煤锅炉、实施集中供热、禁止秸秆焚烧等措施，改善大气环境；在污水治理方面，采取关停废水污染源重点企业、实施污水集中处置、推广农村改厕、开展规模养殖场专项整治、推行废水循环利用等措施，减少污水排放，做到达标排放；在噪声治理方面，分别采取“隔、堵、搬”等方法进行治理；在固体废物治理方面，采取择地深埋覆盖或集中收集处置等措施进行治理。至2013年，境内环境污染得到有效控制，环境质量得到提高。

第一节　大气污染治理

一、工业废气治理

工业废气的治理，重点是减少或消除工业企业锅炉燃煤时排放的烟尘和二氧化硫。1994年通过排查，列出20家有废气排放的企业，并把太仓水泥厂、太仓璜泾砖瓦厂、太仓特种油品实验厂（习惯称炼油厂）等作为重点企业，在环保工作上加以重点治理。是年，耗资6万元，配置粉尘装置4套；为蒸气锅炉配套消烟除尘设备，使企业废气得到有效治理。1995年12月，璜泾镇烟控区通过苏州市检查组现场验收。

1996—1997年，利用乡镇企业产权制度改革的契机，对一些规模小、技术含量低、经济效益差、治理费用大的企业实行关、停、并、转措施。太仓水泥厂、太仓化工三厂、太仓香料厂、太仓特种油品实验厂等企业，在转制后均关停转产。此后，境内局部地区的水泥粉尘、燃煤烟尘、化工刺鼻臭味等明显减少，异香怪味问题彻底消失。

1998年，开展镇区烟尘控制区建设，镇区范围内烟尘得到有效控制，大气质量明显改善。1999年，对工业废气排放单位开展督查，重点督查炉窑和锅炉大气污染物的排放情况。在督查后，璜泾农具锻造厂和太仓市模锻机械制造厂，分别按照GB9078-1996和GB13271-91的验收标准，对炉窑和锅炉进行改造，完善环保设施，并于年底通过达标验收。

2007年，有4家企业对燃煤锅炉实施烟气脱硫工程改造。2008年1月，太仓璜泾砖瓦厂停产拆除，厂区用作加弹生产用地，烧窑烟尘排放从此消失。同年，浙江桐昆集团（苏州）有限公司、太仓市鑫海纸业有限公司淘汰燃煤锅炉，转为电加热生产。

2010年，实施清洁能源工程，配合港区搞好集中供热管网西北线工程。2013年，港区供热单位与21家企业签订管道供热协议。待供热管网工程竣工后，首批21家签约企业将淘汰燃煤锅炉，使用管道热能，不再有烟尘和二氧化硫排放。

二、机动车船尾气治理

1994年后，开展对汽车尾气排放治理，通过设卡路检、临时抽检、车辆年检等措施，检查汽车尾气排放情况，对尾气检测不合格车辆进行限期整改。2000年，通过车辆年检，对尾气排放不达标的车辆强制安装汽车尾气净化装置。2001年，全镇机动车辆全面实行车用汽油无铅化，以消除有害气体的排放。2004年后，境内机动车辆拥有量呈增加之势，造成尾气排放的氮氧化物、一氧化碳和碳氢化合物含量上升，对此，加大机动车尾气排放的监管治理力度，严格限制使用年限超期的车辆，一经查实，即强制报废。对破旧、高污染、不符合规定排放标准的机动车，限制上路行驶，或予以淘汰。通过一系列治理措施，境内机动车尾气排放得到有效控制。2013年，经市环保部门监测，境内道路空气质量保持在国家二级水平，优良率达到96.9%。

三、秸秆燃烧烟气治理

20世纪90年代，虽然历年提倡农作物秸秆还田，但因稻麦草剩余多、用处少、还田后不便劳作等，将秸秆焚烧的农民还是较多。2000年后，收割机械化程度提高，稻麦收割、脱粒一次性完成，秸秆同时被粉碎，秸秆还田面积增加。2002年5月，万新村在4组境内建成万新秸秆气化站，平均每天消耗秸秆250千克。2007年，受限于多种因素，秸秆气化站关闭停用。尽管运行年限不长，但在启用期间，所在区域内的部分农作物秸秆得到综合利用，减少了秸秆随地焚烧造成空气污染的现象。

2010年起，为全面推行秸秆还田、减少因秸秆燃烧而造成大气污染的危害，秸秆禁烧被政府提上重要议事日程。镇政府出台秸秆禁烧工作方案，成立秸秆禁烧工作领导小组，建立环保、消防、公安、城管、安监等部门联动工作机制，同时，组建巡查组和灭火组，各村建立相应的工作小组。在夏收和秋收期间，实行昼夜值班巡查，每日填写巡查记录，一旦发现焚烧点，立即采取灭火措施，并拍照取证，记录火点位置和范围，对秸秆焚烧当事人进行批评教育，对涉及造成环境污染的违法行为，依法给予严肃查处。通过强有力的监控措施，2010—2013年，境内未发生大面积秸秆焚烧现象和秸秆抛河引起的水源污染事故，由焚烧秸秆引起大气污染的问题得到有效防范，尤其是农村夏秋收种期间的大气环境得到明显改善。

第二节　水污染治理

一、工业废水治理

1994—1998年，开展工业废水治理工作，先后对化工、印染、电镀等企业的污染源进行限期治理，完成治理项目17个。同时，严格控制区域内污染项目投入，五年间劝退及否决氯纺项目、化工染料中间体等重污染项目5个，以把住源头、控制新的污染源。1999年，根据太仓市人民政府《关于认真做好机动车排气、净化装置安装的通知》，加强对机动车船排放污染物管理，对常年出入境内的船舶，督促其安装船舶油水分离器及托油盘。此后，机动船所到之处油花氽漂河面的现象不再或极少出现。同年起，开展企业排污口规范化建设，至2003年，完成11家重点企业排污口规范化整治。2004年，有4家印染企业、2家电镀企业实施生物化治理设备改造，并通过市环保局的验收。同年，苏州荣文灯饰有限公司对原有的废水治理设施进行重新设计和改造，使生产过程中产生的废水得到循环利用，且对循环水进行抽样分析，符合控制指标后再排放，年底通过市环保局验收。华伦皮塑（苏州）有限公司对生活污水治理工程和干法线废气吸收工程，委托有关专业单位进行设计建设，于年底通过市环保局验收。

申久化纤废水处理设施（2007年摄）

2005年，实施企业排污许可证制度，完成企业申报、核准工作，对30家企业换发排污许可证。申久化纤加大投入，完善废水处理设施，确保企业废水达标排放。2006年，对重点污染企业进行专项整治，对治理设施差的小化工企业进行停产整顿，或责令关闭，先后关停太仓市东方化工厂和太仓市新艺化工厂，太仓市苏隆化工厂外迁。同年，太海化工废水治理项目，年内完成设施基建和设备安装，并投入运行。2008年，根据太仓市印染、电镀行业深度治理工作会议要求，在印染、电镀行业中推广中水循环回用，减少废水排放，是年，有3家电镀企业和8家印染企业完成土建工程及设备安装，并投入运行。同年，对挂牌督办的化工企业实施专项整治，关停9家化工企业，2009年又关停2家。

2010年，镇环保办开展企业污水管网接管调查，走访镇区未接入污水管网企业55家，并进行现场办公，商定接管方案，是年完成企业接管35家。2011年12月15日，苏州勤益化纤纺织有限公司停产，搬迁至沙溪工业园。

2013年7月起，对全镇9365台喷水织机产生的废水，实行集中清运处置。全镇104家织造企业与镇环卫所签订清运废水协议书，委托环卫所将织机废水送到太仓市新鹿染整有限公司，利用该公司的治理设施，对织机废水进行处理。

二、生活污水治理

1994—2005年，居民洗刷污水通常直接排放河道，粪便污水大多采用三格式化粪池处理，少数用作农作物肥料浇施于农田。

2006年，镇政府建成污水处理厂，该厂由氧化沟一体化反应池、污水泵房、沉淀池、加氯间、变配电间、污泥脱水机房、综合用房等单体及管网体系组成，厂址位于包长路北侧新华村26组（原长乐村1组）境内，厂区占地3.07公顷，总投资6000多万元，规划设计能力为日处理污水2万吨。当年投资3000多万元，建成首期工程并投运，铺设主管网6.5千米、支管网3.6千米，日处理能力达1万吨。此厂建成后，镇区生活污水70%以上通过管道进厂处理、达标排放。

璜泾污水处理厂（2007年摄）

2007年，查禁销售和使用含磷洗涤剂，禁止使用含磷洗涤剂冲洗机动车。镇区3处洗车服务点的洗车污水不再直排河道，均接入污水管道，经污水处理厂处理后排放。

2008年，新明村、雅鹿村分别建成村级生活污水处理工程，采用“塔式蚯蚓生物滤池”或“地理式微动力氧化沟”技术，对农村生活污水进行收集处理、达标排放。2010年10月，在王秀管理区和杨漕村分别建成生活污水治理工程，采用匀流式生态复氧滤房+平流潜行生态湿地组合工艺，对居民生活污水进行治理后排放。2010年11月，投资22.8万元，实施创新工业园污水接管工程。

至2013年，璜泾镇区生活污水处理率85%；农村有8个村在局部区域设有生活污水收集管网，覆盖人口12600余人，农村生活污水处理率32.9%。

三、养殖污水治理

20世纪90年代后期，农户零星养殖减少，规模养殖增多，养殖污染及由此带来的矛盾纠纷出现。为此，每年对畜禽养殖业进行专项整治，由各养殖场按照两污分流、干湿分开、饮污分离、综合利用、达标排放的要求，建好治理设施。2003年，太仓市利嘉奶牛养殖场新建三级化粪池4个，计1000立方米，埋设地下管道700余米，对牛尿及污水进行无害化处理。同时，建立堆粪场150平方米，用专用车将牛粪运送至堆粪场进行发酵处理，并在孟河、新联等村租地450亩，作为饲料田，将经过处理后的粪尿及污水作为饲料田的有机肥料。2004年，全镇7家重点规模养殖场和其他各养殖场均落实污水治理设施。

2005年，有一家未经批准的养鸭场，对河段环境造成污染，引起周边居民不满并上访，对此，关闭取缔该处养鸭场。2010年以后，创办规模化养殖场受到限制，政府按照减量化、资源化、无害化的原则，对境内畜禽养殖的总量、准入条件及禁养区域等均做出明确规定。由于对规模养殖做出限制，因而未出现外来迁入的养殖场。至2013年，本地规模畜禽养殖得到有效控制，养殖业导致的水污染问题明显减少。

四、肥药污染治理

1994年后，在控制化肥污染方面，主要是提倡使用农家肥和推广农作物秸秆还田，减少化肥使用量，以增加土壤有机质、土壤微生物，改善土壤结构，提高土壤的吸收容量以及自净能力。同时，指导农户掌握天气情况，避免暴雨前施肥，以防止化肥随雨水流入河道。此外，还指导农民提高栽培技术，培育壮苗，以苗控草，不使杂草消耗土壤养分，以减少后期化肥用量。2010年后，禁止农作物秸秆焚烧，至2013年，全镇产生的36700余吨稻麦草秸秆还田接近100%。

1994年后，在控制农药污染方面，主要是推广应用农业防治、物理防治和使用高效低毒农药等综合防治措施。特别是在高毒杀虫农药甲胺磷于2008年禁止生产和使用后，推广了生物源类农药和低毒低残留农药，使剧毒高残留农药的用量大幅度降低。至2013年，境内高毒高残留农药全部退出使用，大大减轻了农药对水体的污染。

第三节　噪声治理

1994年后，主要对境内乡镇企业中金属锻打、机械制造、鼓风吸尘、风机冷却、滚动打磨等20余个噪声点进行治理，通过封堵消音或调整作业时间等措施，减轻噪声对居民休息的影响。

1996年，太仓市人民政府出台《太仓市区噪声管理办法》，璜泾镇参照市区管理办法实施，重点加强对建筑单位夜间施工和歌厅、舞厅、网吧等噪声污染的治理。1998年，镇区建成噪声达标区。

2000年后，全镇化纤加弹企业加快发展，厂房土建工程增多，为减少建筑施工噪声扰民现象，各建筑施工队妥善安排作业工种，在晚上21:00至次日早晨6:00时间段内，不搞有噪声污染的施工作业。企业建车间、造高楼打桩，均改在白天进行，或实施挤压打桩或水泥灌桩。2006年，为了检查噪声污染治理情况，镇政府委托太仓市环境监测站，对境内区域环境噪声等效声级进行监测。

2010年后，境内化纤加弹企业继续发展、且向下游织造延伸，至2013年，全镇拥有化纤加弹和织造企业672家，拥有加弹机1500余台和织机近万台。在这个时期内，对噪声污染主要采取“隔、堵、搬”方法进行治理，先后有100余家加弹和织造企业，将空压机房和织机车间窗户封堵，有80余家企业加升封闭式围墙高度，有20余家企业改开启式围墙为封闭式围墙，有6家企业搬离居民区。通过这些方法，降低生产噪声，减轻噪声影响。

第四节　固体废物处置

1994年起，全镇工业企业产生的煤渣，绝大部分用于筑路、制砖；土建工程产生的“三合土”，主要用于筑路、围滩充填和驳岸还方等；居民的生活垃圾运送固定的填埋场，进行药物消杀、泥土覆盖处理。对医院的危险废弃物，采用集中焚烧的方法处理，一般废弃物运送垃圾填埋场进行深埋处置。2006年，在远离集镇、靠近长江边的新联村37组设垃圾填埋场，占地面积9亩，日处理垃圾20吨左右。

2000年，境内产生的不可利用的工业残渣废物、印染电镀污泥、医疗危险废物等，开始运送到浮桥镇境内的固废处理企业处置。同年起，全镇逐年加大生活垃圾集中收集力度。至2013年，收集范围扩大到各村各组，实行“组保洁、村收集、镇转运、市处理”的收集处理运行机制，每天收集生活垃圾60吨左右，全部转运至设在双凤镇（新湖）的太仓协鑫垃圾焚烧发电有限公司进行焚烧处理。

第三章　环境监控

环境监控，即环保部门对境内各项环境质量要素进行取样检测和对重点污染源进行网络在线监控，以及时、全面地掌握环境信息，形成客观、真实、详尽的环境数据，为环境管理工作提供科学依据。1994—2013年，璜泾无专门的检测机构及仪器设备，对环境监测和污染源监控均通过市环保部门实施。

第一节　环境监测

1994—2013年，每年委托太仓市环保监测部门对境内的地表水水质和大气环境质量以及噪声声级进行监测。20年间，最为全面、系统监测环境质量的年份为2005年和2006年。

一、水质监测

2005年9月19—24日，对璜泾地表水水质进行监测，采样地表水3条河4个点，分别为钱泾河友谊桥、钱泾河钱泾闸、荡茜河荡茜桥、湘里泾湘里大桥。此3条河是境内的主要河流，流域面积广，检查地表水水质具有代表性。监测项目为14项。经监测，钱泾、荡茜、湘里泾3条河流水质的各项指标均符合《地表水环境质量标准》（GB3838-2002）的Ⅳ类标准。

表5-1　2005年9月19—24日璜泾镇地表水水质监测结果表

监测项目（Mg/1,ph 无量纲）		采样情况							
		钱泾河友谊桥		钱泾河钱泾闸		荡茜河荡茜桥		湘里泾湘里大桥	
项目	标准	结果	评价	结果	评价	结果	评价	结果	评价
水温	—	27.1	符合	26.4	符合	26.8	符合	26.5	符合
pH	6-9	7.18	符合	7.35	符合	7.42	符合	7.42	符合
CODMn	≤10	3.3	符合	3.9	符合	3.2	符合	5.4	符合
DO	≥3	5.5	符合	5.7	符合	3.9	符合	4.4	符合
CODCr	≤0.01	11	符合	13	符合	26	符合	20	符合
挥发酚	≤0.05	0.002	符合	0.006	符合	0.005	符合	0.003	符合
6+Cr	≤0.1	0.006	符合	0.007	符合	0.009	符合	0.011	符合
氨氮	≤1.5	0.834	符合	0.851	符合	1.20	符合	1.17	符合
As	≤0.1	0.0006	符合	0.0006	符合	0.0002	符合	0.0011	符合
Hg	≤0.001	0.000021	符合	0.000020	符合	0.000028	符合	0.000023	符合

续表

监测项目（Mg/1,ph 无量纲）		采样情况							
		钱泾河友谊桥		钱泾河钱泾闸		荡茜河荡茜桥		湘里泾湘里大桥	
项目	标准	结果	评价	结果	评价	结果	评价	结果	评价
Cd	≤0.005	0.0024	符合	0.0030	符合	0.0027	符合	0.0019	符合
Pb	≤0.05	0.128	符合	0.0121	符合	0.0215	符合	0.0191	符合
BOD5	≤6	4.5	符合	5.7	符合	5.4	符合	4.4	符合
石油类	≤0.5	0.2	符合	0.13	符合	0.17	符合	0.19	符合

二、大气监测

2006年6月19—23日，对璜泾大气环境质量进行监测。监测地点选在镇区园林路与棉北路交汇处（原农贸市场），此处位于镇区中心，检查大气环境质量具有代表性。监测项目为二氧化硫、二氧化氮和可吸入颗粒物等。经监测表明，镇区的大气环境质量各项指标均符合《环境空气质量标准》（GB3095-1996）日平均二级标准。

表 5-2　2006 年 6 月 19—23 日璜泾镇镇区大气环境质量监测结果

采样日	采样时间	检测项目		
		二氧化硫（mg/m²）	二氧化氮（mg/m²）	可吸入颗粒物（mg/m²）
19日	8∶00	0.039	0.036	0.094
	10∶00	0.041	0.034	
	13∶00	0.045	0.033	
	17∶00	0.042	0.031	
	（日平均）	0.042	0.034	
20日	8∶00	0.044	0.029	0.082
	10∶00	0.047	0.030	
	13∶00	0.045	0.032	
	17∶00	0.042	0.034	
	（日平均）	0.045	0.031	
21日	8∶00	0.046	0.025	0.084
	10∶00	0.042	0.029	
	13∶00	0.045	0.030	
	17∶00	0.043	0.032	
	（日平均）	0.044	0.029	
22日	8∶00	0.048	0.029	0.081
	10∶00	0.044	0.032	
	13∶00	0.045	0.033	
	17∶00	0.051	0.036	
	（日平均）	0.047	0.033	
23日	8∶00	0.041	0.032	0.077
	10∶00	0.045	0.031	
	13∶00	0.050	0.036	

续表

采样日	采样时间	检测项目		
		二氧化硫（mg/m²）	二氧化氮（mg/m²）	可吸入颗粒物（mg/m²）
23日	17:00	0.043	0.034	0.077
	（日平均）	0.045	0.033	
标准		0.15	0.12	0.15
评价		符合	符合	符合

三、噪声监测

2006年6月19—27日，对镇区的环境噪声等效声级进行监测。监测地点遍及镇区主要道路人流量集中的路段和机关、学校、工厂、市场、商店、居民区等场所，共120个点。据《噪声监测报告》（〔2006〕太环监〔声〕字第〔29〕号）显示，镇区区域环境噪声等效声级（120个点）平均值为昼间52.1分贝，夜间39.2分贝。监测期间，镇区区域环境噪声达到了《城市区域环境噪声标准》（GB3096—93）二类区标准（昼间60分贝，夜间50分贝）。

四、废水废气检测

1994年起，每年定期或不定期对重点企业的废水、废气进行采样检测。至2013年，对废水、废气进行采样检测的重点企业有14家。

表5-3　2013年璜泾镇检测废水废气重点企业一览

序号	检测企业名称	检测类别	检测项目	说明
1	太仓市碧源污水处理有限公司	废水	PH、化学需氧量、氨氮、总磷、总氮、汞、砷、锑、镉、铅	原璜泾污水处理厂
2	太仓市施美电镀有限公司	废水	PH、化学需氧量、氨氮、总磷、汞、砷、镉、铅、镍、铜、六价铬、总氰化物	
3	苏州强力电镀有限公司	废水	PH、化学需氧量、氨氮、总磷、总氮、镍、铜、总铬、锌、总有机碳、氯化物、总氰化物	
4	太仓市良艳印染有限公司	废水	PH、化学需氧量、氨氮、总磷、汞、砷、锑、镉、铅	
5	太仓市林场漂染厂	废水	PH、化学需氧量、氨氮、总磷、汞、砷、锑、镉、铅	
6	江苏长乐纤维科技有限公司	废水	PH、化学需氧量、氨氮、总磷、汞、砷、锑、镉、铅	
7	江苏申久化纤有限公司	废水	PH、化学需氧量、氨氮、总磷、汞、砷、锑、镉、铅	
		废气	非甲烷总烃、甲醛、臭气浓度	
8	太仓市强龙纺织印染有限公司	废水	PH、化学需氧量、氨氮、总磷、汞、砷、锑、镉、铅	
9	太仓市染整厂	废水	PH、化学需氧量、氨氮、总磷、汞、砷、锑、镉、铅	
10	太仓市申鹿纺织印染有限公司	废水	PH、化学需氧量、氨氮、总磷、汞、砷、锑、镉、铅	
11	太仓市新鹿染整有限公司	废水	PH、化学需氧量、氨氮、总磷、汞、砷、锑、镉、铅	
12	华伦皮塑（苏州）有限公司	废气	二甲基甲酰胺、VOCS	
13	太仓市杰盛印染有限公司	废水	PH、化学需氧量、氨氮、总磷、汞、砷、锑、镉、铅	
14	太仓市锦飞电镀有限公司	废水	PH、化学需氧量、氨氮、总磷、汞、砷、镉、铅、镍、铜、六价铬、总氰化物	

第二节　在线监控

1994—2005年，对全镇重点污染源，主要通过定期或不定期检查进行监控。2006年，太仓市环境自动监控中心建成投运后，将重点监控对象纳入市网络监控系统，施以图像实时监控。至2013年，全镇有14家重点企业的废水、废气处理及排放情况，被纳入市在线监控系统，随时进行监控。

表5-4　2013年璜泾镇纳入太仓市在线监控企业一览

序号	监控企业名称	监控类别	监控要素	说明
1	太仓市碧源污水处理有限公司	废水	流量、COD、氨氮、总磷	原璜泾污水处理厂
2	太仓市施美电镀有限公司	废水	流量、PH、COD、总铬、总镍	
3	苏州强力电镀有限公司	废水	流量、PH、总铬	
4	太仓市良艳印染有限公司	废水	流量、COD	
5	太仓市林场漂染厂	废水	流量	
6	江苏长乐纤维科技有限公司	废水	流量、COD	
7	江苏申久化纤有限公司	废水	流量、PH、COD	
		废气	非甲烷总烃、甲醛、臭气浓度	
8	太仓市强龙纺织印染有限公司	废水	流量	
9	太仓市染整厂	废水	流量	
10	太仓市申鹿纺织印染有限公司	废水	流量、COD	
11	太仓市新鹿染整有限公司	废水	流量、COD	
12	华伦皮塑（苏州）有限公司	废气	二甲基甲酰胺、VOCS	
13	太仓市杰盛印染有限公司	废水	流量、COD	
14	太仓市锦飞电镀有限公司	废水	流量、PH、COD、总铬、总镍	

第四章　环保管理

第一节　环保规划

1994—2004年，镇环保工作有年度工作计划或阶段性、单项性工作重点。2005年，镇政府聘请上海同济大学环境与科学工程学院编制《璜泾镇环境规划研究报告（2005年—2020年）》，是年10月通过江苏省环保厅组织的专家组评审和镇人大审议，12月呈报太仓市人民政府审批（璜政呈〈2005〉89号），2006年1月得到太仓市人民政府批复（太政复〔2006〕18号），原则同意该规划研究报告。这个规划突出科学发展、可持续发展理念，根据璜泾向后化纤加弹产业链拓展延伸发展趋势，注重污水处理设施建设，满足全镇污水治理、达标排放所需；注重运用高科技手段进行环保监管，将现有企业和今后举办企业的排污重点单位，纳入微机在线监督管理；注重生态环境建设，强调循环经济理念，对农作物秸秆、生活垃圾的综合利用和特种垃圾无害化处理、严格声控烟控等方面，均提出切实可行措施。

2012年，镇政府聘请有关单位编制《璜泾镇环境保护暨生态文明建设规划》，先后通过镇属各部门、各条线和太仓市、苏州市环保局领导及专家的评审，又提交镇人民代表大会讨论通过并做出相应决议，最后报太仓市人民政府批准。2013年，为有效落实《规划》各项举措，确保实现《规划》目标任务，镇政府又制订了《2013年度〈璜泾镇环境保护暨生态文明建设规划〉推进计划》。有了环保《规划》及《计划》，全镇环保工作得到有序实施。

第二节　培训宣传

1994—2003年，每年开展环保宣传活动，在全镇营造浓厚的宣传氛围，提高广大群众的环保意识。每年组织镇村干部、企业法人代表、环保岗位在职职工参加环保知识、生态理念和法律法规培训。

2004年，镇环保办举办企业法人代表培训班，重点学习《排污费征收使用管理条例》，全镇70个企业的法人代表参加培训。同年，对企业污水治理设备操作人员进行培训，是年，操作人员持证上岗率达100%。

2009 年，"6·5"世界环境保护日宣传活动

在2006年创建全国环境优美镇、2007年创建国家卫生镇期间，大力营造环保宣传氛围，两年间全镇印发创建宣传资料和公开信19000余份，出动创建宣传车60多次。在交通要道、人居集中的地段，设置落地、高炮大型广告牌6只，灯杆、灯箱广告300多杆。在镇区、街道、社区以及各村设立环保及卫生宣传画廊25处，拉出创建宣传横幅、竖幅150条，营造了浓厚的创建氛围。

2008—2013年，每年围绕"6·5"世界环境保护日、科普宣传周等宣传主题，通过征文摄影、图片展览、演讲比赛、美术书法、宣传展板、文艺汇演等文化活动，让"绿色环保，可持续发展""发展循环经济，建设生态璜泾""璜泾是我家，环保靠大家"等意识更加深入人心。

第三节 管理制度

一、报批及环评制度

1994年，在各项工程项目建设中，对控制新的污染源越来越严格。1998年，国务院颁布《建设项目环境保护管理条例》后，将全镇所有的建设项目均上报环保部门审批，经同意后才开始建设。2003年9月起，严格执行《中华人民共和国环境影响评价法》，对建设项目实行环评制度，对有废水、废气产生的项目全部委托有资质的单位编制环境影响评价报告表（书），待上级环保部门审核许可后，才能办理其他方面的报批手续。对未能通过环评的项目，一律不准设计、施工。2004—2013年，全镇共上报建设项目1914个，上报环境影响评价项目275个，其中对不符合产业政策、污染较大的木材加工、小塑料造粒、小开毛、台版印花等35个申办项目予以劝阻。

表5-5 2004—2013年璜泾镇上报建设项目和环评项目统计

年份	上报建设项目（个）	上报环评项目（个）	年份	上报建设项目（个）	上报环评项目（个）
2004	143	10	2010	265	33
2005	171	6	2011	243	30
2006	314	23	2012	131	56
2007	267	29	2013	77	30
2008	154	12	合计	1914	275
2009	149	46			

二、"三同时"制度

1994—2013年，严格执行建设项目环境保护"三同时"制度，对一切有污染物排放的新建、改建和扩建项目，其防治污染的设施，必须与主体工程同时设计、同时施工、同时投产使用。2004—2013年，累计实施"三同时"项目157个，完成验收率85%。为确保"三同时"落实到位，环保部门对项目实施跟踪检查，对发现的问题及时纠正，因而使历年的"三同时"执行率达100%。

三、执法检查制度

环保工作是群众关注的热点问题，也是政府要解决的难点问题。尽管环保有法律规定，有环保部门的严格督查，但各单位在具体落实中还有差异，有时会出现环保设备不开足、污染治理不彻底、甚至出现偷排漏排的问题。为了改变这种现象，防止污染事故的发生，环保部门每年定期开展执法检查，或不定期抽查，对环保措施不到位的单位，责令限期整改，若涉及违法的，根据情节轻重分别予以处罚。1994—2013年，先后有271家（次）企业在执法检查中被责令限期整改，有70家企业受到不同程度的处罚。

四、责任考核制度

1994—2013年，镇政府与各村、各居委会、各企业，每年签订环境保护目标责任书，并进行年度目标考核。考核结果作为领导干部政绩和年度工作目标综合考核的依据，并在评先评优中，实行一票否决制，若在环保工作中出了问题，即取消其评比资格。2004—2013年的10年间，镇政府每年与各单位签订《璜泾镇环境保护目标责任书》，累计619份。环境保护责任考核的内容，根据各年度环保工作的需要进行调整完善。2013年，在对各村、各居委会、各企业的考核中，列出年度考核的目标任务有8款26项。

第四节　管理机构

一、镇环保办公室

1979年，在工业公司配2名安全生产员兼管环境保护工作，重点是管理企业的"三废"初级治理。1981年成立环境保护办公室，履行环保职能。1990年，乡政府环保办配置1名专职环保助理。1998年11月，王秀镇并入璜泾后，镇环保办有环保助理2名。2003年8月，鹿河镇并入璜泾后，镇环保办环保助理增至4名，其中1名负责办公室全面工作。2013年，镇环保办设主任1名、副主任1名、工作人员1名。1994—2013年，历任镇环保助理：胡长根、顾俊生、陆阿坤、许卫星、瞿学庭；历任镇环保办主任：胡长根（1994.1—2003.9）、陆阿坤（2003.9—2005.6）、许卫星（2005.6—2008.9）、瞿学庭（2008.9—　）。

二、璜泾环境监察中队

1994年，未设立。2007年9月，太仓市环境监察大队增设太仓港港区环境监察中队，璜泾隶属港区中队管辖。2008年12月至2013年，在璜泾设立“太仓市环境监察大队璜泾中队”，由4人组成，为市环境监察大队的派出机构，在太仓市环境监察大队编序中属四中队，办公地点设在原永乐村村委会办公楼。璜泾中队中队长先后由钱俊军（2008.12—2013.3）、王春明（2013.3—2014.9）担任。

第六篇 土地

璜泾为沿江平原，全境地势平坦，拥有大面积土地资源，其中绝大部分是稳产高产的农田。20世纪90年代，全镇工业企业发展和社会事业建设占用部分耕地，农业用地和建设用地矛盾显现。政府编制并实施土地利用总体规划，划定基本农田保护区和建设用地预留区，对基本农田实施法律保护，对建设用地予以严格控制。进入21世纪，随着经济社会的加快发展，建设用地紧张的矛盾越显突出。各村通过土地复垦整理、盘活存量土地资产，增加土地利用面积，并以此换取建设用地计划指标，实现建设用地“占一补一”管理目标，确保基本农田面积保持稳定不变。2013年末，全镇辖区总面积8384公顷，其中陆地面积7315公顷，耕地面积4422公顷，基本农田保护面积4143公顷。

第一章　土地状况

第一节　土地总量

1994年，全镇辖区总面积3474公顷。其中陆地面积3004.6公顷，占辖区总面积的86.49%；水域面积469.4公顷，占13.51%。陆地面积中有耕地1900.8公顷，占陆地面积的63.26%；非耕地1103.8公顷，占36.74%。是年后，因镇村办企业发展需要，部分耕地被占用，至1997年全镇耕地比1994年减少80.87公顷。1998年，实施镇区划调整，王秀镇并入，全镇辖区总面积5862公顷。其中陆地面积4994.53公顷，占辖区总面积的85.2%；水域面积867.47公顷，占14.8%。陆地面积中有耕地3545.73公顷，占陆地面积的70.99%；非耕地1448.8公顷，占29.01%。是年后，个体民营企业开始兴起，工业用地增加，至2002年全镇耕地比1998年减少43.73公顷。2003年，又一次实施镇区划调整，鹿河镇并入，全镇辖区总面积8384公顷。其中陆地面积7332.73公顷，占辖区总面积的87.46%；水域面积1051.27公顷，占12.54%。陆地面积中有耕地4934公顷，占陆地面积的67.29%；非耕地2398.73公顷，占32.71%。是年起，全镇以化纤加弹业为主的民营企业进入新的发展阶段，工业用地逐年增加。2004年，新七浦塘荡茜河段东段河道开挖，水域面积增加17.81公顷，耕地相应减少。同年后，虽然加大土地复垦整治力度，增加了部分耕地，但因工业和社会事业建设用地增加，至2011年全镇耕地还是每年减少。2012年，全镇土地复垦整治新增耕地58公顷。2013年末，全镇辖区总面积8384公顷。其中陆地面积7314.92公顷，占辖区总面积的87.25%；水域面积1069.08公顷，占12.75%。陆地面积中有耕地4422公顷，占陆地面积的60.45%；非耕地2892.92公顷，占39.55%。全镇耕地比2003年璜泾与鹿河合并时减少512公顷，人均耕地面积1.38亩。

表6-1　1994—2013年璜泾镇耕地面积统计

年份	耕地面积（公顷）	总人口（人）	人均面积（亩）	年份	耕地面积（公顷）	总人口（人）	人均面积（亩）
1994	1900.80	20737	1.37	1999	3515.87	35401	1.49
1995	1876.27	20700	1.36	2000	3482.33	35052	1.49
1996	1828.20	20654	1.33	2001	3519.33	34755	1.52
1997	1819.93	20475	1.33	2002	3502.00	34473	1.52
1998	3545.73	35708	1.49	2003	4934.00	50023	1.48

续表

年份	耕地面积（公顷）	总人口（人）	人均面积（亩）	年份	耕地面积（公顷）	总人口（人）	人均面积（亩）
2004	4916.00	49995	1.47	2009	4530.00	49406	1.38
2005	4867.00	49964	1.46	2010	4457.00	49231	1.36
2006	4562.00	49827	1.37	2011	4378.00	48983	1.34
2007	4541.00	49778	1.37	2012	4436.00	48622	1.37
2008	4539.00	49664	1.37	2013	4422.00	48068	1.38

第二节　用地类别

一、农用地

指直接用于农业生产的土地，包括耕地、园地、林地及其他农用地。1994年开展土地利用现状调查时，全镇有农用地面积2269.23公顷，占陆地面积的75.53%。其中耕地1900.8公顷，园地13.02公顷，林地48.83公顷，其他农用地306.58公顷，分别占83.76%、0.57%、2.15%和13.51%。

1998年，王秀并入后，全镇有农用地面积4198.18公顷，占陆地面积的84.06%。其中耕地3545.73公顷，园地16.41公顷，林地54.77公顷，其他农用地581.27公顷，分别占84.46%、0.39%、1.3%和13.85%。

2003年，鹿河并入后，全镇有农用地面积5975.42公顷，占陆地面积81.49%。其中耕地4934公顷，园地37.35公顷，林地90.37公顷，其他农用地913.70公顷，分别占82.57%、0.63%、1.51%和15.29%。

2004年后的10年间，随着农业产业结构调整和植树绿化的推进，花木、果树种植面积扩大，道路绿化、景观绿地等林地增加。2013年，全镇有农用地面积5930.27公顷，占陆地面积81.07%。其中耕地4422公顷，园地79.33公顷，林地183.93公顷，其他农用地1245.01公顷，分别占74.57%、1.34%、3.1%和20.99%。

二、建设用地

指建筑物、结构物的用地，包括集镇及工商企业用地、文教卫生事业用地、道路交通建设用地、水利建设用地、房地产开发用地、居民住宅用地、公共建筑用地、公共设施用地及其他用地等。1994年，全镇有建设用地709.2公顷，占陆地面积23.60%。1998年，王秀并入后，全镇有建设用地761.2公顷，占陆地面积15.24%。2003年，鹿河并入后，全镇有建设用地1154.56公顷，占陆地面积15.75%。2004年后，随着经济社会的加快发展，建设用地面积扩大，尤其是企业用地、居民住宅小区用地、房地产开发用地、道路交通建设用地等不断增加。2013年，全镇有建设用地1332.94公顷，占陆地面积18.22%。

三、未利用地

指难利用的土地及低洼水域地等。1994年，全镇有未利用地26.17公顷，占陆地面积0.87%。1998年，王秀并入后，全镇有未利用地35.15公顷，占陆地面积0.7%。2003年，鹿河并入后，全镇有未利用地202.75公顷，占陆地面积2.76%。2004年后，整治部分未利用地变为农用地或建设用地。2013年，全镇有未利用地51.71公顷，占陆地面积0.71%。

第二章　农田保护

第一节　土地利用规划

1994年起，严格执行全镇土地利用总体规划，实施基本农田保护工作，任何单位和个人不得占用保护区内的基本农田。是年，继续实施1991年编制的《璜泾镇土地利用总体规划（1991—2000年）》，全镇共划定一级基本农田保护区1895.87公顷，二级农田保护区39.4公顷，三级建设用地预留区59.85公顷，并对划定的地块绘制地图，标清各级地块的位置和面积。

1995年，根据国务院、省《基本农田保护条例》和《苏州市土地资源管理办法》规定，按照太仓市政府统一部署，通过宣传发动、收集资料、调查分析、实地勘察、制图填表等方法，对基本农田保护区地块、面积进行调整。这次调整，全镇共划定一级基本农田保护区38块，面积1654.87公顷；二级农田保护区30块，面积299.93公顷（其中园地71.53公顷）；三级建设用地预留区210块，面积147.87公顷。调整后，对确定的基本农田保护区、建设用地预留区具体地块再次定位、定界。

1998年，为使镇土地规划的期限与市级规划一致，对《璜泾镇镇土地利用总体规划（1991—2000年）》进行修编，并通过太仓市、苏州市验收。此次修编规划的重点是落实耕地占补平衡，若建设需要占用耕地的，必须通过存量土地置换、复垦新增耕地等措施，补充被占用耕地，以确保基本农田面积保持稳定不变。同时，对被占用耕地的地块位置必须进行规划调整，以实现基本农田规划位置变动而面积总量不减少。是年11月，王秀镇并入璜泾，全镇调整划定基本农田保护区面积2981.33公顷，其中璜泾区域内1681.53公顷，王秀区域内1209.8公顷。

1999年，璜泾中学搬迁，对新校址占用新华村基本农田保护区6.67公顷调整为建设用地预留区，将海城村建设用地预留区调整为基本农田保护区。2000年起，落实基本农田保护责任，镇、村签订责任书，明确保护范围、责任人及工作职责。是年8月，因化纤加弹业发展需要，将原规划在海城村的13.33公顷建设用地预留区调整为一般农田，同时将新联村1组、2组的一般农田调整为建设用地预留区。2001年，严格实行土地用途管制，凡非农建设项目确需占用耕地的，做到报批在前，落实耕地“占一补一”方案在先。同年8月，因化纤加弹业发展需要，将原规划在长江边的海城村建设用地预留区13.33公顷调整到新联村，同时将新联村1组、2组的约13.33公顷一般农田调整到新联村7组，调整后基本农田保护面积保持不变。2002年3月，对基本农田规划保护面积进行调整，调整后面积为3124.67公顷，比1998年璜泾、王秀合并时增加143.34公顷。

2003年8月，鹿河镇并入璜泾，两镇合并后全镇基本农田规划保护面积4019.72公顷，其中璜泾区域内2767.86公顷，鹿河区域内1251.86公顷。2005年，结合全镇土地详查，建立基本农田保护台账，对建设用地按国有土地、出让土地、集体土地进行分类登记。对划入基本农田保护区内的地块，将其地类、位置、面积，按村登记上册、上图，确保基本农田面积稳定不变和各类地块位置与规划图标位置一致。是年，全镇调整划定基本农田保护面积3894.52公顷，比2003年璜泾、鹿河合并时减少125.2公顷。

2006年，实施《璜泾镇土地利用总体规划（2006—2020年）》。是年，将涉及新华村、荡茜村、永乐村、王秀村、新明村的8宗一般农田58.73公顷修改为建设用地预留区，将新联村1宗基本农田1.7公顷修改为建设用地预留区。同年起，每年根据经济社会发展的实际需要，对规划面积及地块位置做局部修改，并严格报批手续。2007年，将涉及新华村、新联村的2宗地块11公顷调整为基本农田，将新华村、荣文村、新联村、长洲村的4宗地块35.84公顷调整为一般农田，将荣文等6个村的8宗地块29.84公顷调整为建设用地预留区。2008年，将长洲村的2宗地块12.73公顷调整为基本农田，将新联村、王秀村、新明村的3宗地块18.67公顷调整为一般农田，将荣文村、孙桥村、长洲村、雅鹿村的5宗地块23公顷调整为建设用地预留区。2010年，将新联等5个村的7宗地块69.95公顷调整为建设用地预留区。2011年至2013年，较大面积调整的地块有21宗，涉及调整面积161.5公顷。

2013年，根据太仓市落实“四个十万亩”农业保护面积的要求，全镇以现有基本农田保有量为基准，根据辖区内农业产业现状，对照下达的面积任务，把各产业布局面积分解到村，落实到具体田块，并完成落地上图工作，全镇共落实农业用地保护面积4893.41公顷。其中基本农田保护面积4142.67公顷。

第二节　土地复垦整理

1994年起，重点对挖废地、征而未用地、废弃仓库地进行复垦整理。1996年，深入贯彻保护土地基本国策，加强土地资产管理，实施存量土地盘活，重点对存量非农业建设用地进行复垦整理。1998年，试行存量土地置换政策，将存量非农业建设用地复垦为耕地，与新增建设用地占用耕地实行等面积交换，实行建设项目“占一补一”制度。至1998年的5年间，全镇复垦整理土地面积114.65公顷，新增耕地面积62.35公顷。

1999年，随着民营企业的加快发展，土地供需矛盾突出，政府通过对存量非农业建设用地复垦还田，换取用地指标，缓解企业用地需要。是年，将王秀村10组、孙桥村4组的原工矿用地复垦还田4.8公顷，将孙桥村12组的原教育用地复垦还田1.93公顷。同时，将地块权属位置调整到工业小区，解决企业用地困难。同年起，强化建设项目“占一补一”制度，落实耕地占补平衡措施，把每年土地复垦整理中新增耕地列入市储备库，用于璜泾用地指标占补。至2003年的5年间，全镇复垦整理土地78.9公顷，新增耕地面积48.53公顷。对土地复垦新增的耕地，挂钩璜泾建设项目占补指标。

2004年起，以增加耕地有效面积、提高耕地质量和改善农业生产条件为目标，扎实推进土地复垦整治工作，重点对关停企业用地、弃用副业基地、抛荒农户宅基地复垦还田，对坑塘水面进行填埋造田。是年，王秀、鹿河区域内4宗土地列入整理项目，通过冲浆、推土填平等措施进行改造整治，共复垦土地22.65公顷，净增耕地10.93公顷，并通过省国土资源厅验收。2006年起，全镇工业企业和社会事业建设用地需求量增加，为确保耕地总量动态平衡，各村通过开垦或复垦土地予以补充。是年，有新联、王秀、孟河、杨漕、新明、雅鹿等6个村实施非农业建设用地整理项目，共复垦土地56.25公顷，新增耕地22.55公顷。2007年，荣文村、长洲村、雅鹿村实施土地复垦项目，共清淤河道3条，平整高低田、改造低产田88.57公顷，净增耕地15.77公顷。2008年，实施镇农业园区土地整理项目，平整高低田、改造低产田230.53公顷，填塞坑塘23.33公顷，净增耕地33.33公顷。2009年，对新联、孟河、新明、长洲、雅鹿等村的9宗零星宅基地和其他废弃地进行整理，拆除地上建筑物，复垦耕地16.48公顷。同年，对位于新华村33、34组原长乐村经济合作社及新明村25组原鹿河砖瓦厂建设用地进行整理，新增耕地1.06公顷。

2010年，先后实施土地复垦项目11个，涉及地块主要有原海城村经济合作社及原林场村经济合作社建设用地、王秀村10组原太仓溶剂厂用地、原鹿河工业公司建设用地、原鹿河长江村纸箱厂用地、原鹿河光明小学用地等，复垦后新增耕地24.11公顷。同年起，加大资金投入力度，实施高标准农田建设，将高低不平的小田块改成便于农机作业的大田块，以前只能种植旱田作物的农田变成水旱两用的高产田，原排水不畅、雨后成涝的低洼田变成旱涝保丰收的良田。2011年起，继续推进土地复垦整理工作，对农村筑路、修渠、开塘等挖废的耕地和农户动迁腾出的宅基地进行清理，平整复耕。

1994—2013年，全镇累计土地复垦整理面积621.61公顷，新增耕地316.05公顷；累计建成高标准农田1286.67公顷。

表6-2　1994—2013年璜泾镇复垦整理土地面积统计

年份	复垦面积（公顷）	新增耕地（公顷）	年份	复垦面积（公顷）	新增耕地（公顷）
1994	7.56	4.25	2005	38.60	17.34
1995	12.23	6.68	2006	56.25	22.55
1996	33.50	17.29	2007	61.90	15.77
1997	44.19	22.45	2008	38.86	33.33
1998	17.17	11.68	2009	30.90	17.54
1999	7.70	4.31	2010	37.60	24.11
2000	9.80	5.67	2011	50.80	22.87
2001	12.50	7.58	2012	54.70	25.11
2002	21.60	11.62	2013	35.80	15.62
2003	27.30	19.35	合计	621.61	316.05
2004	22.65	10.93			

第三章　用地管理

第一节　用地审批

一、土地征用

1994年，继续实施国有土地使用权有偿划拨。建设单位需要征用土地，先提出项目申请，报市政府审批。获批后，建设单位凭项目批准文件申请用地计划指标。经土地管理部门批准后给予划拨供地，颁发建设用地使用证。建设管理部门负责规划选址，设置界桩。对划拨的土地，实行有偿使用。用地单位同被征地单位签订土地补偿、劳力安置协议。

1996年起，对原行政无偿划拨的土地，若出租、改为经营性用地同样实行有偿使用。1999年1月，按修订的《中华人民共和国土地管理法》(以下简称《土地管理法》)和《苏州市征用土地暂行办法》规定，凡建设用地，需按照土地利用总体规划和土地利用年度计划，实行统一征地。先由建设单位提出申请，后由土地管理部门审核，再报市政府审批，最后上报省政府批准。若建设用地涉及农用地的，先办理农用地转用审批，同样报省政府批准。2002年后，划拨国有土地使用权仅用于国家机关和公共基础设施、公益事业建设以及符合其他划拨条件的建设项目，不再向企业划拨供地。同年起，划拨土地的报批程序和手续至2013年无变化。1994—2013年，全镇累计国有土地有偿划拨667宗，面积380公顷。

二、集体土地使用

1994年，对经批准的非农业集体所有的土地，实行建设用地租赁使用，土地租金费按土地面积、不同地类确定。凡单位和个人申请使用集体土地，均按《土地管理法》规定，参照国家建设征用土地审批权限、程序，办理使用土地审批手续，报太仓市政府审批。1999年起，建设用地上报省政府审批。

2001年起，对依法办理使用手续的农村集体建设用地，实行使用权有偿、有限期转让或出租，允许受让者和租用者经批准后举办企业或举办其他建设项目。2003年，土管部门克服用地紧张矛盾，积极争取用地指标，为重点建设项目、骨干企业优先办理用地报批手续。至2005年，共向上报批建设用地43宗，面积57.33公顷。2006年，土管部门通过盘活土地存量，换取用地指标，为工业项目报批建设用地15宗，面积14公顷。

2007年起，注重节约、集约用地，根据项目投资金额决定是否给予报批用地。对项目总投资在

1000万元以下和每亩土地投资金额在200万元以下的投资者，不予安排用地指标。同时规定，凡给予用地的工业企业，其企业办公及配套用房占地面积不得超过批用面积的7%，建筑面积不得超过15%；企业建筑容积率不得低于60%。通过提高土地单位面积投资强度和控制非生产性用房，提升土地利用水平。

2008年，建好建设用地管理台账，对每一宗土地实地打桩，对工业用地单位面积投资强度等使用情况进行定期检查，跟踪管理。2010年起，为支持经济建设，加强项目预审报批工作。至2013年的4年间，全镇共报批建设项目21批，新增建设用地127.01公顷。

1994—2013年，全镇共报批镇村集体建设用地252宗，面积115公顷。

三、土地出让

1994年起，对国有土地使用权实施有偿协议出让。对原行政划拨国有土地使用权转让或土地用于出租、抵押、房地产开发，实施补办出让。2000年，对经营性用地停止协议出让。2002年后，除工业用地外，凡经营性用地全部实行公开招标、挂牌、拍卖供地，真正做到"要土地找市场"。通过土地资源配置市场化运作，提升土地资产价值。是年，共出让土地35宗，面积18.71公顷，获出让金1500万元。2004年，先后有璜泾化纤加弹市场、鹿河农贸市场、雅鹿门市部等3宗土地对外公开拍卖，共计面积6.5公顷，拍得金额2558万元。2005年，对原璜泾中学、鹿河中学、王秀镇政府等3宗地块进行公开拍卖。

2009年，有4宗房地产用地公开拍卖，总面积15.79公顷，成交总金额1.32亿元。其中太仓世豪投资管理有限公司"江南水郡"房地产项目5.19公顷2600万元；太仓丽晶置业有限公司"丽晶新城"房地产项目0.41公顷425万元；太仓茂林置业有限公司"茂林财富中心"房地产项目1.19公顷900万元；太仓嘉年华房地产开发有限公司"知青时代·家园"房地产项目9公顷9300万元。同年，另有1宗苏州锦凯纺织有限公司的工业用地1.67公顷挂牌，以422万元成交。

2010年，有5宗地块共3.59公顷公开挂牌出让。2011年，有6个工业项目用地共19.39公顷公开挂牌出让。2012年，对福顺房产和迈嘉物流、天丝利塑化、中江化纤、昱欣化纤等5个建设项目用地进行公开挂牌出让，总面积19.89公顷。2013年，挂牌出让土地12宗，面积33.63公顷。

2002—2013年，涉及工业、商业、娱乐、房地产开发等经营性用地公开招标、挂牌、拍卖出让的地块有231宗，总面积161公顷。

四、住宅用地

1994年，农民建房用地继续执行1988年10月县政府的文件规定，批准使用的农民宅基地只有使用权，没有所有权；每户农民只能有1处宅基地；以常住户口4人及村民小组人均占有耕地情况，确定用地标准。具体标准为人均耕地0.067公顷以下的，每户宅基地160平方米，多1人，增加15平方米，最多不超过200平方米；人均耕地0.067公顷以上的，每户宅基地180平方米，多1人，增加20平方米，最多不超过220平方米；市镇队宅基地每户不超过160平方米。住房建筑占地控制在宅基地面积65%~70%。需要翻、建房的农户均由户主申请，村民委员会审核；原宅翻建、扩宅翻建需占用集体土地0.007公顷以下的，由镇政府批准；扩宅0.007公顷以上的，由镇政府审核，报县政府批准；出宅建造的，一律上报县政府批准。

1996年8月，按照市政府规定，调整农民建房用地标准。村人均耕地0.067公顷以上的，每户宅基地180平方米，常住人口超过4人的，最多不超过200平方米；人均耕地0.067公顷以下、0.033公顷以上的，每户宅基地150平方米，最多不超过160平方米；人均耕地低于0.033公顷，需要安排宅基地的，由镇政府审核，报市土地管理部门审批。住房和附属建筑物占地面积不得超过宅基地的65%。老宅翻建由镇政府审批，老宅扩建和出宅新建需使用耕地或国有土地的，一律由镇政府审核，报市土地管理部门批准。1998年起，农村宅基地实施存量土地置换政策，经批准出宅建房的农户，必须将原宅基复垦为耕地，再安置新宅。

2002年4月，按照市政府有关文件规定，农村建房用地需要使用耕地或农用地的，必须先办理农用地转用手续，或通过宅基地复垦置换解决。建房户无论出宅、翻建、扩宅，均需报市国土资源局批准。

2003年起，政府开始规划农村集中居住小区。之后，随着建设发展需要，入驻农户增多，小区不断扩容，用地面积增加。是年，进驻新明村新鹿花园的首批动迁农户住宅正在建设之中，首期小区建设用地20公顷。同年，在新华村启动新华花园住宅小区建设，首期规划公寓房建设用地3.5公顷。

2004年，因太仓港港区开发建设和荡茜河改道，荡茜村80余户农户动迁，部分农户安排入住新华花园公寓房，部分农户进驻小区自建。同年，启动永乐花园和杨漕花园住宅小区建设，永乐花园首期建设用地8.6公顷，杨漕花园规划用地2公顷。2006年，启动新联花园住宅小区建设，首期建设用地3.33公顷。

2007年，加强农村宅基地管理，凡进入农村集中居住小区的农户，必须是农村世居、且符合安排宅基地政策的农户。2008年6月，镇成立由土地、建设、动迁等管理部门相关人员组成的农村宅基地管理领导小组，具体负责农宅报批、宅地安排、定位打桩、建房监管、竣工验收、村落邻居之间协调等工作。2009年、2010年，先后启动荣文花园和雅鹿花园住宅小区建设，首期建设用地分别为5.18公顷和5.33公顷。2010年后，农户原宅翻建新楼房开始增多。

1994—2013年，全镇共办理建房户宅基地审批手续1832户，批准宅基地总面积36.62公顷。2013年，全镇形成新华花园、荣文花园、新联花园、永乐花园、新鹿花园、杨漕花园、雅鹿花园等7个农村集中居住小区，报批小区规划建设用地总面积241.81公顷。

五、临时用地

1994年起，临时用地继续执行以前的规定，单位或个人因建设项目施工需要临时使用国有土地，须持有关批准文件，向土地管理部门办理临时用地报批手续。临时用地在20平方米以下（含20平方米），由镇政府审核批准，报市土地管理部门备案。超过20平方米，由市土地管理部门审批，使用期限一般为1年，最长为2年。

1996年，按市政府规定，农村养殖、种植户等需要的生产性房屋用地，20平方米以内（2002年4月调整为30平方米以内），可办理临时用地手续，由镇政府审核批准，报市土地管理部门备案。

规模经营种粮大户需要的生产性用房，凭承包合同书等文件，按农业建设用地有关规定，向市土地管理部门办理报批手续。1994—2013年，全镇共报批临时用地250宗，面积4.8公顷。

第二节 登记发证

1994年，继续做好国有土地、集体建设用地（含农村居民宅基地）的登记发证工作。对符合“权属合法、界址清楚、面积准确”条件的土地使用者，发放土地使用权证。1997年，对住房制度改革中出售的单位住房，由房改单位按出售房屋的土地分摊面积，办理土地过户登记手续，对购房者核发土地使用证。是年，发证46本。

1998年，对符合规定的土地使用者，换发国家统一监制的国有土地使用证和集体土地使用证。同年起，对新批准的建设用地，竣工验收合格、符合发证条件的，建设单位或个人可按批准面积，申报登记土地使用权，分别经核准获发国有、集体土地使用证。国有、集体土地使用权，他项权利及土地用途发生变更的，办理变更登记手续，换发国有、集体土地使用证。抵押国有土地使用权的办理土地抵押登记手续。

2000年，民营企业发展起来后，做好企业用地服务工作，对符合条件的企业核发土地使用证。2003年，政府启动农村集中居住小区建设，动迁及自拆自建的农户开始向小区集中。同时，原宅翻建楼房的农户也逐年增多。是年起，重视做好小区建设用地和农户宅基地的报批及登记发证工作。

2004年，开展农村集体土地所有权登记发证工作，以村为单位进行登记。同年起，境内房地产开发启动，以后每年做好房地产建设用地报批及登记发证工作。2006年起，加强农村宅基地管理，重点做好农村集中居住小区入住农户宅基地的发证工作。2007年，对永乐村752户、新明村410户核发宅基地使用证，发证总面积24.17公顷。

2008年起，严格执行土地登记发证各项程序，提高土地登记发证率。至2010年，共办理国有土地使用证64本，集体土地使用证73本。2011年起，更加注重“以图管地、以证管地”，继续推进土地登记发证工作。至2013年，共办理国有土地使用证118本，集体土地使用证136本。

1994—2013年，全镇累计办理国有土地使用证876本，集体土地使用证291本，其中宅基地使用证10082本。

第三节 执法监察

一、法制宣传

1994年6月25日前后，开展“6·25”全国土地日宣传周活动，各村、各单位采用以会代训、专题讲座、印发宣传资料等形式，在群众中广泛宣传《土地管理法》和中共中央、国务院《关于加强土地管理、制止乱占耕地的通知》，宣传土地使用和申请建房等方面的政策法规。1997年，通过召开座谈会、出黑板报、到学校讲课、上街开展法律咨询活动等形式，广泛宣传土地管理法律、法规，增强居民群众的土地法制意识。1999年，组织干部群众和青少年学生参与全市“国策杯”“万源杯”土地管理法律法规知识竞赛，500余人在活动中受到教育。

2000年，在第10个“6·25”全国土地日活动期间，开展以“保护耕地，为了更好的明天”为主题的评弹送戏下乡活动。2002年，在纪念第12个“6·25”全国土地日期间，发动璜泾中心小学学生参加太仓全市开展的“规划用地、利国利民、珍惜土地、依法用地”万人签名活动。2004年6月，在全国土地日宣传周期间，召开村党组织书记、村委会主任及各界人士座谈会，传达贯彻《苏州市农村宅基地管理暂行规定》和太仓市土地换保障实施办法，让村干部和土地管理人员掌握土地法规，提高土地管理能力和水平。

2005年，开展送法进农村、进企业、进社区活动，印发土地法律法规宣传资料3000余份。2007年，召开村干部和土地管理人员会议，重点宣传贯彻太仓市委、市政府《关于加强建设用地管理的意见》《关于加强农村集中居住点建设用地管理的意见》和《关于对城乡“违法建筑”进行整治的意见》等文件精神。2008年，组织村、社区党组织书记参加太仓市国土资源法律法规培训。

2009年6月，开展土地法规宣传月活动，在镇区人流集中的路段拉出宣传横幅10条，在公共场所设置宣传板报、画廊25处；开展上街设摊咨询活动，发放各类宣传资料1000余份。2010年，举办村干部和相关单位负责人培训班，解读土地法律法规，办班2期150余人参训。通过各种形式的宣传活动，增强干部群众珍惜土地、依法用地意识。

2011—2013年，在“6·25”全国土地日宣传月、宣传周期间，共举办学习土地法律法规培训班5期，农村干部、企业管理人员350余人次参加；在镇集贸中心等公共场所设摊，开展土地法规咨询活动3场次，共接受法律咨询80人次；在街头、路边、居民区悬挂宣传横幅42条，张贴“土地日”彩色宣传画25套；向工业管理部门、民营企业赠送土地管理法律法规等图书150余册，向各村、各单位和居民群众发放土地法律法规宣传资料3500余份。

二、监察检查

1994年起，璜泾土地管理所设土地监察员，各村设土地监察信息员，加强对土地管理的监察检查。1996年，查处、纠正违法占用、使用土地3起。1996年，深入贯彻保护土地基本国策，加强土地资产管理，促进存量土地盘活，开展土地复垦整理，土地资源得到有效保护。是年，通过苏州市级“三无”（无违法批地、无违法用地、无违法管地）乡镇验收。

1997年，开展非农业建设用地清查，查出违规用地3宗，责令其当事人做出书面检查，并给予经济处罚。1998年，开展对建设用地有无“批地多用、批东建西”的跟踪检查，共查出批地与用地情况不符的地块7宗，并进行了纠正。

1999年，开展非法转让土地清理工作，共清理出历年擅自改变建设用地用途、擅自出租土地、擅自作价入股土地等非法转让土地23宗，事后根据不同情况，分别做出补办出让手续、租赁手续或收回土地的处理。

2000年起，璜泾用地情况纳入太仓市卫星遥感监察检查范围，一旦出现违法用地，即可获取信息，及时做出处置。是年，贯彻太仓市创建“土地执法模范镇”工作会议精神，扎实开展各项创建活动。2001年，做好土地隐形市场清理工作，共清理超标用地15户0.93公顷。是年12月，获评2000—2001年度苏州市“土地执法模范镇”。2003年起，镇建立联动工作机制，以土地管理部门为主，公安、城管、司法、安监等部门配合，加强对各村、各单位土地利用、开发、保护的巡回检查，对发现的违规用地、违章建筑，及时进行处置。2004年，重点对农户擅自建造出租房和外来民工擅自搭建临时房进行检查，取缔违法建筑5处200余平方米。2005年，对非法养殖用地进行监察检查，取缔非法占地畜禽养殖棚4个，恢复耕地500余平方米。2006年，加大土地执法监察力度，全面清查企业未批先建用地，共检查企业70家，发现违规用地43宗，事后对每宗地块测量绘图，做好笔录，然后根据不同情况，分别予以处理。同年，对镇村接合部农户私搭乱建出租房进行检查，拆除未办理任何手续的违章建筑3处120平方米。

2007年，坚持“预防为主，查防并举”土地执法监察方针，开展查处土地违法违规案件专项行动和“全国土地执法百日”活动。全年巡查5次，发现并立案查处土地违法违规案件55起，拆除违章建筑6处1200平方米。2008年，实施建设用地挂牌公示制度，建立各类土地执法监察工作台账，及时发现和制止土地违法行为，最大限度将违法用地行为消除在萌芽状态。2009年，向居民群众公示12336国土资源违法专线举报电话，畅通举报渠道。2012年12月，璜泾镇获评2012年度创建苏州市土地执法模范乡镇先进单位。

2010—2013年，推进土地执法重心下移和关口前移工作，执行发现违法用地报告制度，做到对违法用地“早发现、早报告、早制止、早处置”。

三、信访受理

1994—2013年，镇土地管理部门重视土地信访工作，对群众来信，及时阅处；对直接到访者，热情接待，认真受理；对上级转交的信访案件，及时落实办理并予以回复。20年间，共受理群众来信来访1139件（次），其中来信96件，到访1043人次。在来信来访中，反映单位和个人违法用地305件（次），涉及农村宅基地纠纷311件（次），反映征地补偿安置67件（次），土地政策咨询37件（次），其他类419件（次）。

第四节　管理机构

璜泾土地管理部门为太仓市国土资源局璜泾国土资源分局。前身为璜泾乡土地管理办公室，组建于1986年，办公地点在镇村镇建设办公室。1989年成立璜泾乡土地管理所。1996年，在园林路与棉北路西南路口建成土管所大楼，占地1934平方米，建筑面积800平方米。2001年10月，更名为太仓市国土资源局璜泾国土资源所。2006年，办公地点迁至新址，位于园林路东侧、新华村14组境内。占地面积5300平方米。办公楼层为3层，局部4层，建筑面积1624.19平方米。另建有传达室2间、建筑面积32平方米，车库5间、建筑面积120平方米。同年，被中共太仓市委、市政府评为“2004—2005年度太仓市文明单位”。2007年，更名升格为太仓市国土资源局璜泾国土资源分局，为财政全额拨款全民所有制事业单位，副科级建制，属太仓市国土资源局派出机构。2013年，设业务、综合2个职能科室，有编内工作人员8人，编外3人。

1994—2013年，历任所长、分局长：管惠明（1994—1998.12）、茅宗良（1998.12—2012.12）、韩小翔（2012.12— ）。

第七篇 农业

1994—2013年，镇党委、政府根据中央关于加强“三农”工作的指示精神，坚持把“三农”工作放在突出位置，通过深化农村改革、创新工作举措、配套农田基础设施、提高农业组织化程度、提升农业发展水平，努力实现农业增效、农民增收的目标。至2013年末，全镇农业总产值4.08亿元，水稻、三麦等粮食总产量4万吨。农民人均纯收入3万元。

第一章　土地经营机制

第一节　调整土地承包

1994年，农村仍实行家庭联产承包责任制。这项承包土地制度，自1983年划给农户承包土地起，至1995年未变。1996年，根据太仓市委、市政府太委发〔1996〕19号文件《关于在秋播规划期间全面调整农村承包土地的意见》，镇党委、政府对农村承包土地进行调整完善。这项工作由8月中、下旬进行宣传发动并做好方案测算，至9月底基本结束。这次承包土地的调整，根据现有农业人口、劳动力状况，按照“保留自留田、人分口粮田、劳分责任田、划出任务田”的政策进行。调整中对农户的自留田，维持原基数不变，但对全家“农转非”的户，由集体连同其他土地一并收回。对口粮田仍保持1983年联产承包时的每人0.45亩的标准，凡户口“农转非”、死亡、婚嫁、外迁人员（现役义务兵除外）的口粮田一律收回，对联产承包后自然增长和婚进人员的口粮田给予分划。对责任田的调整，先根据国家粮食定购任务的分解计划，按每亩500公斤核定粮食任务田面积，在扣除粮食任务田面积后，再按照现有劳动力分别给予划分责任田。对划出的粮食任务田，实行适度规模经营。对粮食征购任务能由规模经营单位完成的，不再向农户分派国家征购粮食计划。这次承包土地调整后，至2013年未变。

第二节　土地确权发证

1998年7月24日，根据太仓市委、市政府《关于进一步稳定和完善农村土地承包关系及发放经营权证书的意见》，开展农村第二轮土地续包和确权发证工作，给农户核发“农村集体土地承包经营权证书”。明确土地承包期向后延长30年，从1998年8月1日起至2028年7月31日止。延长承包期后，农户拥有承包经营权的耕地，统称为承包田，不再分口粮田和责任田。给农户确权发证的面积，以该农户原承包面积为基数，若实际耕种面积少于承包田面积的，其减少部分做土地转出处理；若超过承包田面积的，其多出部分做土地转进处理。对土地转出或转进，均在确权证书上注明。这次确权发证工作，从7月下旬开始至10月结束。全镇确权发证涉及16个村208个村民小组

4836户农户。全镇应确权发证面积25687.94亩。其中流转规模经营4508亩；另因浮沪璜公路等工程项目建设，涉及7个村18个村民小组缓发确权证书，缓发面积1399.94亩；当时实际确权发证4831户（有5户放弃承包权），确权面积19780亩。

此后，随着多次镇、村区划调整和农业经营机制改革，全镇农户承包耕地确权面积发生变化。2013年，全镇确权面积55629亩。

表7-1　2013年璜泾镇各村农户承包耕地确权面积统计

单位：亩

村名	确权面积	村名	确权面积	村名	确权面积
新华	2412	王秀	3068	新海	2868
荣文	6777	孙桥	3310	长洲	3943
新联	5745	孟河	5401	雅鹿	5976
荡茜	1506	杨漕	5871	合计	55629
永乐	4741	新明	4011		

第三节　土地流转

20世纪90年代，农村中出现代耕现象，缺劳力户将承包土地交给有劳力户耕种，保留承包权，有偿或无偿转让使用权，成为早期土地流转的形式。

进入21世纪，为提高农业组织化程度，推进农业规模经营，各村引导农户自愿将承包的耕地逐步向种田能手、种田大户、合作经济组织转移。2003年后，璜泾民营企业加快发展，农村劳动力向工业转移，农户转让使用权逐年增多。2005年起，荡茜村根据建设用地增多、农户承包土地变化较大的实际情况，全面实施土地流转工作，农户保留承包权，转让使用权，流转的耕地由村统一经营，至2010年，成为全镇首先实现农户承包土地全流转的村。2006年后，动迁农户和自拆自建农户向政府规划的住宅小区集中，入驻农户远离原居住地，耕作不便，愿意放弃使用权的农户越来越多。2008年，通过宣传发动，学习借鉴土地流转先进村的做法和经验，全镇土地流转工作进一步加快。2010年后，为深化农业经营机制改革，加快农业规模化、产业化、专业化进程，各村不再将农户流转的土地发包给外籍承包户耕种，开始将其收缴村级合作经济组织经营。

至2013年，全镇累计土地流转总面积51486亩，占全镇农户确权发证面积的92.55%。其中流转村合作农场面积33020亩，占全镇土地流转总面积64.13%。

表 7-2　2013 年璜泾镇各村土地流转面积统计

单位：亩

村名	流转总面积	流转村合作农场面积	村名	流转总面积	流转村合作农场面积
新华	2370	2370	孟河	5130	3070
荣文	6440	3360	杨漕	5570	3648
新联	4250	2204	新明	3810	2310
荡茜	1506	1506	新海	2725	2110
永乐	4220	1826	长洲	3740	2685
王秀	2915	2381	雅鹿	5670	3516
孙桥	3140	2034	合计	51486	33020

第二章　种植业

第一节　作物种植

1994—2013年，境内主要作物种植实行一年二熟、水旱作物轮作的耕作制度，也有一些承包大户、种田能手善于套种、夹种蔬菜瓜果等，从一年二熟发展为一年多熟，提高了土地利用率和产出率，增加了经济收入。

一、主要作物

水稻　境内种植水稻的种类有粳稻、糯稻和籼稻。粳稻大面积种植；糯稻以农民自食为主，有少量种植；籼稻已淘汰绝迹。

1994年，全镇大面积推广的品种有“晚粳88-122”“晚粳8204”“武粳2号”“太湖粳2号”等，试种的品种有“秀水89-61”。水稻种植以育秧移栽为主，大多为人工插秧移栽，部分田块人工抛秧。也有部分农户直播种植。直播种植即掌握好季节和土壤湿度，在小麦收割前将稻种撒下，待小麦收割后直接灌溉，这样，省了水稻育秧、麦稻轮作耕翻、大田移栽等步骤，大大节省了劳动力。是年，镇水稻丰产方引用“太湖粳2号”良种和推广抛秧新技术，亩产达708公斤。

1998年，推广种植“武粳7号”，种植面积7000亩。抛秧技术通过多年实践，栽培技术成熟，被广泛采纳。是年，全镇水稻抛秧栽培面积达5000亩。2000年后，大面积推广的品种有“武粳15号”“嘉04-33”“甬优8号”等。2003年，引进水稻新品种“常优一号”“苏引201”“武粳13号”，推广试种面积3000亩。在栽培上，水稻直播因省力省时，只要把握技术要领，产量不低于移栽水稻，故被大面积推广，直播面积逐年扩大。是年，全镇直播水稻面积达7000余亩。

新明村水稻丰产方（2006年摄）

2004年，引进良种“华粳3号”“武粳14号”。是年，全镇新添水稻步行式插秧机9台，示范机插秧面积1000亩。2005年，以“武粳15号”为主栽品种，全镇种植面积达38200亩，占水稻种植总面积的78.74%。2007年，全镇统一供应“嘉04-33”种子11.72万公斤、“常优一号”种子

8800公斤。

2009年，从江苏省农科院引进“南粳46”优质稻米进行试种。该品种米质口感“糯、香、软”，且产量高。经试种，获得预期效果，不仅米质好，而且每亩产量达705公斤。之后，在全镇大面积推广种植。是年起，大力推广机插秧，面积逐年增多。2010年后，水稻种植以“南粳46”“武粳14号”“武粳15号”为主，其中“南粳46”为主栽品种。2013年，全镇水稻种植面积39811亩，单产638.9公斤，总产25437吨。其中“南粳46”种植面积2.6万亩，占水稻总面积的65.3%，单产703.8公斤，总产1.83万吨。

三麦 指小麦、元麦、大麦。1994年后，境内主要种植小麦，元麦有少量种植，大麦基本停种。小麦以早熟品种“扬麦3号”为主，部分种植“扬麦4号”。小麦种植改变以前耕翻撒播和浅耕灭茬播种的方法，大多采用简便省力的免耕套播的种植方式。水稻实现机械化收割后，小麦种植又回到浅耕灭茬播种方式。1995年，引进推广稳产高产品种“扬麦5号”，以后种植面积逐年扩大。2000年起，元麦还有零星种植，大麦基本绝迹，因而种植面积不再统计。2000—2013年，大面积改种“扬麦16号”“扬麦12号”，部分种植“宁麦8号”“华麦5号”“华麦6号”。其中“扬麦16号”为当家品种，种植时间最长、面积最多。2013年，全镇小麦种植面积36433亩，单产324.7公斤，总产11828吨。

油菜 1994年，油菜种植面积6416亩，种植品种以“宁油7号”为主。2000年起，油菜种植收入较好，种植面积连续7年达1万亩以上，种植品种以“苏油1号”为主，部分种植“苏油4号”。2007年后，油菜种植面积减少，不再成片大面积种植，只有农户小田块零星种植。油菜种植一般采用育秧移栽方式，也有一些农户为图方便，利用杂边地和垦荒地直播种植。2010年后，种植品种以“沪油039”为主。2013年，全镇种植面积4640亩，单产163.8公斤，总产760吨。

棉花 1994年后，棉花种植面积逐年减少，种植品种以“苏棉8号”为主。1999年，引进棉花抗病高产新品种“苏棉12号”6000公斤，之后予以推广种植。2003年，引进抗病优质新品种“苏棉16号”，推广示范种植面积1000亩。2004—2013年，以“苏棉16号”为主栽品种，部分种植“苏棉12号”。棉花种植大多利用营养钵育秧移栽，少数农户直播种植。2013年，全镇棉花种植面积3180亩，单产77.4公斤，总产246吨。

表7-3 1994—2013年璜泾镇水稻、小麦种植统计

年份	水稻			小麦		
	种植面积（亩）	单产（公斤）	总产量（吨）	种植面积（亩）	单产（公斤）	总产量（吨）
1994	19921	568.2	11319	14413	278.1	4008
1995	20016	569.0	11389	13793	306.0	4220
1996	20010	581.7	11640	14546	308.1	4482
1997	20146	582.1	11726	14330	302.5	4335
1998	32730	596.9	19535	23858	206.1	4917
1999	27625	580.0	16023	20601	277.4	5715
2000	25068	526.1	13188	14707	253.0	3721
2001	24484	525.3	12861	10268	241.5	2480
2002	23508	563.4	13245	10149	231.5	2349

续表

年份	水稻			小麦		
	种植面积（亩）	单产（公斤）	总产量（吨）	种植面积（亩）	单产（公斤）	总产量（吨）
2003	36604	544.2	19920	14662	240.8	3530
2004	44024	577.3	25415	20587	287.9	5925
2005	48513	449.1	21785	22760	290.4	6610
2006	42238	586.7	24781	26587	303.5	8070
2007	41206	438.2	18058	31873	310.3	9890
2008	41059	566.4	23257	31170	328.0	10224
2009	41013	586.5	24055	31507	305.3	9620
2010	39275	602.9	23679	33096	316.0	10458
2011	39190	633.4	24824	32820	334.9	10993
2012	39775	637.2	25345	34909	332.3	11601
2013	39811	638.9	25437	36433	324.7	11828

表 7-4　1994—2013 年璜泾镇油菜、棉花种植统计

年份	油菜			棉花		
	种植面积（亩）	单产（公斤）	总产量（吨）	种植面积（亩）	单产（公斤）	总产量（吨）
1994	6416	77.3	496	7414	89.8	666
1995	6410	154.9	993	7408	90.3	669
1996	6437	160.0	1030	6882	97.8	673
1997	4757	141.9	675	5298	73.2	388
1998	6895	45.8	316	8409	78.5	660
1999	7056	149.9	1058	5616	50.0	281
2000	10200	133.4	1361	4049	64.2	260
2001	11259	141.3	1591	4334	64.4	279
2002	10175	130.6	1329	3113	61.7	192
2003	11808	150.8	1781	5570	72.0	401
2004	11540	138.1	1594	5961	76.2	454
2005	10595	135.0	1430	5510	73.0	402
2006	10772	142.4	1534	4610	72.9	336
2007	7810	151.7	1185	5330	69.6	371
2008	5824	156.8	913	4810	78.0	375
2009	5943	145.5	865	4588	79.6	365
2010	5466	134.7	736	3240	74.7	242
2011	5562	135.6	754	3650	74.5	272
2012	5087	161.4	821	3161	73.1	231
2013	4640	163.8	760	3180	77.4	246

二、其他作物

蔬菜　1994年，境内蔬菜种植以农户零星种植为主，大多用于自食，也有农户上市出售。种

植蔬菜的种类较多，常见的有青菜、白菜、金花菜、包菜、花菜、菠菜、芹菜、韭菜、雪里蕻、莴苣、萝卜、茄子、茭白、辣椒、马铃薯、芋艿、蚕豆、豇豆、豌豆、刀豆、番茄、扁豆、四季豆、大蒜等。

1996年起，随着外来人口的增加，蔬菜需求量增多，种植面积扩大，并开始出现种植大户，营销经纪人也随之增多。1998年起，优质高效的特种蔬菜开始种植。1999年，推广种植高效经济作物荷兰豆、日本大蚕豆各4000亩，开发试种高效经济作物西兰花250亩和早熟高产毛豆200亩以及优质高产萝卜150亩，均获得成功，之后向农户推广。

2000年起，蔬菜种植向大棚设施蔬菜和露地生产专业化方向发展，形成蔬菜规模种植基地。至2003年，在鹿河片区内形成专业化蔬菜生产基地1500亩，全年生产销售荷兰豆、日本大蚕豆、刀豆、小松菜、大叶菠菜、西兰花等蔬菜6500吨。是年，璜泾镇蔬菜基地被评为江苏省无公害蔬菜基地。2004年后，重点发展无公害出口蔬菜基地。2005年，全镇种植荷兰豆4740亩，亩产值1200元，总产值569万元；种植日本大蚕豆4375亩，亩产值350元，总产值153万元。2007年，鹿河农业服务公司通过多年经营，形成3000亩出口蔬菜基地及年粗加工能力5000吨的出口蔬菜加工厂。

璜泾现代农业园大棚蔬菜（2010年摄）

2010年后，全镇规模种植的出口蔬菜基地不断扩大。至2013年，全镇蔬菜基地规模种植面积达1万亩（次）以上，主要种植荷兰豆、日本大蚕豆、西兰花、小松菜、大叶菠菜、甜玉米、地刀豆、叶太龙萝卜等特色蔬菜，全年出口蔬菜8000余吨，销售金额近3000万元。其他农户种植的蔬菜，因分散种植和小量出售，面积及产量无从统计。

瓜果　瓜类分为蔬菜瓜类和西甜瓜类。境内种植的蔬菜瓜类主要有黄瓜、冬瓜、丝瓜、南瓜、苦瓜等，西甜瓜类主要有西瓜、甜瓜等。栽种的果树主要有桃、柿、梨、枣、杏、枇杷、柑橘、葡萄树等。

1994—2000年，瓜类作物基本上由农户分散零星种植，果树由农户宅前屋后栽种。瓜品和果品大多自给食用，也有少数农户规模种植，并上市出售。2000年起，瓜果种植面积有所扩大。2005年后，出现规模经营种植大户，以外来承包户种植居多，主要种植西瓜、葡萄等，其他瓜果也有小面积种植。2008年，镇农业园区开发精品林果区。2010年后，杨漕等村建办特色林果园。

采收冬枣（2015年摄）

2013年，全镇有西瓜种植专业户30户，种植面积900亩。葡萄种植专业户22户，种植面积

采收香瓜（2016年摄）

320亩。镇农业园区和新联、荡茜、永乐、王秀、孙桥、杨漕、雅鹿等7个村均建有林果园，总面积530亩，林果有冬枣、杨梅、黄桃、葡萄、枇杷、翠冠梨等品种。其他农户因零星种植瓜果，总面积无从统计。

豆类杂粮 1994—2013年，境内农户种植豆类杂粮主要有玉米、蚕豆、大豆、芋艿、山芋等，几乎每户农户都有种植。农户种植玉米较为普遍，大多利用零星隙地种植。玉米品种大多为地方老品种，产量较低，多为自种自吃，很少上市。蔬菜基地规模种植的蚕豆，主要采摘青蚕豆出售。农户种植的蚕豆，大多种在田头、路旁、渠边。大部分提前采摘青蚕豆，当蔬菜吃；小部分收获老豆，煮熟或炒熟吃。大豆一般种植在杂边隙地、渠旁和田埂上，也有大田整块种植。大豆也分为两用，待大豆荚饱满后，采摘青豆，俗称“毛豆”，当蔬菜食用；未采摘的继续留下，使其完全成熟后采摘，收获老豆，俗称“黄豆”。收获的黄豆，有的用于换取豆制品食用，有的用作菜肴辅料，也有的煮熟或炒熟后食用。芋艿、山芋等薯类农产品种植，多为农户自种自吃，少量上市。豆类杂粮因农户小面积分散种植，未做统计。

第二节　作物保护

农作物病虫害是影响农业稳产高产的主要因素。境内农作物病虫害种类众多，水稻病虫害主要有纹枯病、条纹叶枯病、稻瘟病、褐飞虱、灰飞虱、纵卷叶螟、二化螟、三化螟、稻蓟马等。其中纹枯病为常发性病害，条纹叶枯病为间歇性暴发流行；虫害以褐飞虱、纵卷叶螟、三化螟危害最重。三麦病虫害主要有赤霉病、白粉病、麦蚜虫、黏虫等。油菜病虫害主要有菌核病、霜霉病、白锈病、蚜虫、小菜蛾等。棉花病虫害主要有枯萎病、褐斑病、炭疽病、立枯病、棉铃虫、红铃虫、红蜘蛛、盲蝽象、金龟子、地老虎、蜗牛等。蔬菜病虫害主要有霜霉病、灰霉病、甜菜夜娥、斜纹夜蛾、小菜蛾、菜青虫、白粉虱、菜粉蝶、蚜虫、瓜绢螟、豆野螟、叶螨、地老虎等。

1994年后，历年有水稻纹枯病、褐飞虱和棉花棉铃虫等病虫害发生，在镇农技部门的指导下，各农户准时用药防治，减轻病虫害损失。1996年，水稻三化螟严重影响水稻生长，镇农技部门及时预测预报发生期，大力推广使用高效低毒农药“虫杀手”，让种植户准确抓住最佳防治时间，使三化螟危害得到有效控制。1998年，受连续阴雨天气影响，小麦赤霉病发病严重，全镇统一发动，及时用药，经全力防治，减轻了病害损失。1999年起，对蔬菜病虫害防治采用高效低毒杀虫剂，示范推广生物农药，既达到了良好的防治效果，又解决了农药残留问题。

2003年，在温湿的气候条件下，水稻纵卷叶螟大面积发生，尤其在水稻孕穗、抽穗期，第四代特大虫害发生。镇、村两级农技人员及时做好测报工作，指导农户选择最佳时间用药。虽经全力防治，减轻了虫害，但有些漏治田块的白叶率仍然较高，造成减产2~3成。

2004年，小麦灰飞虱虫害严重，麦田一代灰飞虱平均虫量每平方尺达200头以上。水稻条纹叶枯病大面积暴发，穗期又发生虫害。在小麦、水稻病虫害防治关键阶段，镇农技站编印病虫防治资料18期3万余份，发放到各村、各农户。农技人员分工包干到村指导，坚持踏田检查，现场指导农户用药防治。由于镇、村高度重视，测报准确，防治得力，病虫害得到有效控制。是年，推广新型农药“农麦来”，防治小麦赤霉病、白粉病、蚜虫等病虫害取得良好效果。同年，针对稻田杂草种群增多、草相复杂、草害突出的问题，在全镇推广使用水稻除草剂“直播宁”，用药面积4万余亩次，除草效果较为显著。

2005年，水稻遭受纵卷叶螟、褐飞虱等虫害。特别是水稻生长后期突发全镇性褐飞虱虫害，虫量之多、峰期之长，均创历史最高纪录。针对虫害灾情，镇农技站印发病虫情报及防治技术资料15余万份；组织全镇性褐飞虱普查3次，普查田块1.5万块（次）；做好褐飞虱防治农药调剂供应工作，并指导农户用药方法。由于用药及时、方法得当，全镇水稻褐飞虱虫害得到有效控制。是年，水稻虽然比上年减产，但还是取得了每亩449千克的好收成。同年，对小麦、油菜重点防治赤霉病、灰飞虱和菌核病等病虫害，用药面积3.5万亩次。

2007年，水稻纵卷叶螟虫害大面积发生，特别是二、三、四代连续特大虫害暴发，峰期之长、虫量之多、范围之广，是璜泾1994—2013年的20年间受害最严重的一次。是年，全镇广泛发动农户，全力组织灭虫抗灾，克服厌战情绪，曾先后7次组织用药防治。此年虽然全力防治，但由于遭受病虫及其他灾害影响，水稻平均亩产还是比常年减产2成左右。

2008年，实施无公害特色蔬菜标准化生产技术示范推广项目，根据无公害出口蔬菜需要，开展出口蔬菜有害生物综合防治研究，蔬菜病虫防治以物理防治为主、药剂防治为辅，使蔬菜成为环保型的绿色蔬菜，出口检验合格率100%。是年，该研究项目申报为苏州市农业科技项目。

2008—2013年，境内农作物病虫害每年均有发生，但种植户在镇农技部门的指导下，及时用药，科学防治，没有造成严重损失。

第三节 作物肥料

农作物肥料分有机肥和无机肥两类。

一、有机肥

传统有机肥主要有河泥，泥草搅拌发酵后的草塘泥，人便粪肥，畜禽粪便厩肥，菜籽饼、棉仁饼、豆饼等饼肥，紫云英、金花菜等绿肥，城市生活垃圾筛拣后的杂肥，农作物秸秆还田腐蚀后的基肥。

1994年后，有机肥使用逐年减少，施用河泥、草塘泥、绿肥、垃圾杂肥已绝迹；人便粪肥在农村改厕后消失，只有少数未改厕的地方还有农户施用；以前农户普遍养猪养羊，有畜禽厩肥积存，自专业化养殖后，农户无厩肥可用，但有少数种田大户到畜禽养殖场装运厩肥，主要用于蔬菜生产；本地不再供应饼肥，故基本上见不到农户施用饼肥。

1994—2013年，农作物秸秆直接还田成为土壤有机肥的主要来源，水稻、小麦实现100%机械收割后，秸秆当即粉碎还田，但大多数农户嫌稻麦秸秆一时不会腐烂而影响耕作，故将稻麦秸秆焚烧成灰还田。2000年后，广泛宣传农作物秸秆还田的好处，并采取相应的监管措施，秸秆焚烧得到制止，还田数量逐年增加。2010年后，全面实行农作物秸秆禁烧，查处监督力度加大，夏收和秋收期间秸秆焚烧得到全面控制，至2013年，全镇基本上见不到秸秆焚烧的现象，稻麦秸秆还田近100%，还田稻草秸秆每亩约550公斤，麦草秸秆每亩约350公斤。

二、无机肥

1994—2013年，境内使用的化学无机肥，分氮、磷、钾三大类。氮肥有碳酸氢氨、尿素、氯化铵、硫酸铵、硝酸铵等，磷肥主要有过磷酸钙，钾肥有氯化钾、硝酸钾等。另有氮、磷、钾复合肥。在镇、村设化肥供应点，且敞开供应，能满足农作物追肥需求。

第三章 畜牧业

第一节 畜禽饲养

一、猪

境内本土猪种大多为梅山猪，是中国地方猪种太湖猪中有影响的猪种之一。外种猪有大约克夏、长白猪、杜洛克猪等。原来以农户家庭饲养为主，基本上家家户户都养，少则1~2头，多则10多头，少数养殖大户也有发展到数十头。1994年后，随着农民家居条件的改善，家庭养猪数量已经萎缩，生猪生产以专业户饲养为主。1998年，全镇有百头养猪专业户6户，年出栏1500头。2005年，养猪收益降低，饲养量减少。2008年，养猪收益回升，饲养量增加，养殖向规模化、专业化发展。2010年前后，养殖出售生猪500头以上的养猪大户有3户，20头以上的有69户。2013年，全镇年生猪出栏3.01万头。

二、羊

境内羊的种类分为山羊和湖羊，以养殖山羊为主，湖羊较少。山羊的品种主要是本土的白山羊。羊的养殖以农户家庭饲养为主，采用圈养和绳牵放牧两种饲养方式。1994年末，全镇农户饲养山羊存栏3717头。之后，养殖量随羊市价格变化而增减，1994—2013年的20年间落差较大，少的年份不足2000头，多的年份近8000头。2010年前后，新联村养殖户曾合伙创办养羊场，后因收益低、且受环保因素限制而停办。2013年，全镇农户养羊年末存栏7920头。

三、禽

鸡，有肉鸡和蛋鸡两种：肉鸡养殖的品种主要有白洛克、三黄鸡、乌骨鸡、麻花鸡、芦花鸡、鹿苑鸡、虫草鸡等，蛋鸡养殖的品种主要有伊莎蛋鸡、罗曼蛋鸡、罗斯蛋鸡等。鸭，也有肉鸭和蛋鸭两种：肉鸭品种主要有樱桃谷肉鸭、里加肉鸭、麻鸭肉鸭、番鸭肉鸭等，蛋鸭品种主要有绍鸭、麻鸭等。鹅，主要有太湖鹅。

境内传统家禽养殖以农户散养为主，养鸡较多，鸭、鹅较少，养殖后大多自给食用，多余的上市出售。1994年后，家禽养殖大多数由农户围网圈养，极少数散放养殖。有的农户以养禽为业，成为规模养殖户。是年，全镇家禽出栏3.58万羽。1998年，引入太仓（广东）温氏家禽有限公司温氏养鸡模式，养鸡专业户养殖规模扩大。是年，有养鸡年出栏1万羽以上的专业户4户。2000年，温氏养鸡专业户增多，全镇养鸡年出栏猛增至19.22万羽，其中温氏养鸡专业户养鸡年出栏15万羽左右。2001年后，因温氏养鸡逐年发展，全镇养禽总量不断扩大，最多年为2004年，全年出栏522万羽。2005年后，因养禽收益降低，养殖总量减少。2010年后，由于市场、效益、环保等因素，规模养殖受限，养殖总量锐减，2010—2013年，每年出栏保持在60万~70万羽。

四、兔

1994年，农户家庭养兔以养殖毛兔为主，年末存栏1825只。1996年，转向以养殖皮肉兼用的獭兔为主，年末存栏1250只。1998年后，每年养兔总数稳定在2000至3000只。2010年后，兔毛滞销、售价下跌、养兔量减少，养殖总数跌至1000只以下。2013年，全镇农户养兔年末存栏850只。

五、奶牛

1994年，境内无奶牛养殖场。2000年后，在新华、孟河等村建有养殖场，养殖规模较大的有虞庆生在新华村创办的璜泾奶牛场，周根发、姚雪昌在孟河村创办的利嘉奶牛场和荣华奶牛场。2013年，境内养殖奶牛年末存栏1350头。

六、其他养殖

主要有犬、鸽、蜜蜂等。1994—2013年，境内养犬以家庭养殖为主，大多是为玩耍散心、看门防盗而养，养犬较为普遍。2013年全镇有宠物犬4000余只；境内养鸽户极少，爱好者养鸽并非为食用或上市出售，主要为玩耍观赏。2013年，境内养鸽户仅有3户，养鸽不足百只。境内本地养蜂户较少，1994年，荣文村、孟河村有养蜜蜂户5户，其中4户养蜂户延续至今。1994—2013年的20年间，也偶尔有外来养蜂户到璜泾放蜂，销售蜂蜜。

表7-5　1994—2013年璜泾镇畜禽养殖统计

年份	猪当年出栏（万头）	羊年末存栏（只）	家禽当年出栏（万羽）	兔年末存栏（只）
1994	1.26	3717	3.58	1825
1995	1.27	3732	2.25	2270
1996	1.40	2112	1.80	1250
1997	1.55	2500	2.97	1100
1998	2.18	5750	6.81	2660
1999	3.58	6903	3.87	2580
2000	0.97	4171	19.22	2520
2001	0.53	1723	36.25	2470
2002	1.64	1751	46.16	2430
2003	1.10	6511	220.00	3010
2004	3.00	6977	522.00	3020
2005	0.88	7244	156.90	2050

续表

年份	猪当年出栏（万头）	羊年末存栏（只）	家禽当年出栏（万羽）	兔年末存栏（只）
2006	0.89	5611	120.50	1980
2007	0.49	6707	101.00	1920
2008	1.50	6739	118.00	1850
2009	1.54	3475	187.00	2200
2010	2.14	2400	62.00	1100
2011	2.62	1920	67.00	980
2012	3.11	2950	68.00	980
2013	3.01	7920	64.00	850

表 7-6　2013 年璜泾镇规模养殖场统计

养殖场所在村	养殖场名称	养殖业主	养殖类别	养殖数量
王秀村	—	陆湘发	猪	年出栏700头
新明村	—	董大慰	猪	年出栏600头
新明村	—	霍耀良	猪	年出栏600头
孟河村	利嘉奶牛场	周根发	牛	年存栏700头
新华村	璜泾奶牛场	虞庆生	牛	年存栏350头
孟河村	荣华奶牛场	姚雪昌	牛	年存栏300头
新联村	新发养羊场	戴振飞	羊	年出栏5000只

注：规模养殖指猪、羊年出栏和牛年存栏 100 头（只）以上。

第二节　疫病防治

境内畜禽疫病防治机构为璜泾镇畜牧兽医站，后更名为璜泾动物防疫站。

1994年起，动物疫病防治由兽医站实行兽医划片包干、无病防疫、有病治病等疫病防治责任制，养殖户按实给付疫病防治费用。之后的10年，是境内动物疫病防治的常规年份，无重大动物疫情发生及突击性防疫任务。

2004年，外地出现高致病性禽流感、口蹄疫疫情，全镇采取突击性和经常性相结合的措施，全面加强动物防疫工作。是年，为全力抓好禽流感防治工作，成立镇防治重大动物疫病领导小组，组建防治专业队伍，为全镇6242户农户防疫家禽7.3万羽，防疫密度达100%。扑杀无“三证”（养殖场备案登记、动物防疫条件合格、养殖档案）苗鸭2000羽。加强对太海汽渡卡口防疫检查，历时60天不脱人，坚持昼夜值班。其间，共检查消毒卡口过境活禽装载车辆207辆、活禽37.8万羽，装载禽蛋产品车辆648辆、禽蛋2952吨。在同年秋冬季禽流感防疫中，镇、村两级组织防疫人员，实施禽流感防疫“百日会战”，共防疫家禽5万余羽，注射猪口蹄疫苗肉猪1.2万头、母猪800头，注射羊口蹄疫苗2000只。由于严防死守，全镇未出现禽流感及其他疫情。

2005年，全面加强畜禽疫病防治工作，全年共完成生猪口蹄疫防疫1.34万头次，生猪链球菌防疫1.3万头次，生猪售前白肉检疫2.5万头，奶牛口蹄疫防疫4240头次，羊口蹄疫防疫、羊痘防疫各6330只次，狂犬病防疫4715只，春秋两季禽流感防疫25.55万羽，组织冬季禽流感防控大消毒1.5万余户。

2006年，落实畜禽防疫工作责任，镇畜禽防疫部门与全镇38户规模养殖户签订防疫责任状。兽医技术人员每月两次上门督查防疫，实施消毒工作。是年，在春季、秋冬季禽流感防疫中，共防疫规模养殖禽类26万羽、散养养殖禽类10万羽。同年，完成生猪W病、猪瘟病防疫3.5万头次，羊W病防疫两次共1.1万只次，奶牛W病防疫三次共2500头次，犬类狂犬病防疫6000余只。同时，做好生猪产地检疫和“瘦肉精”检测工作，确保消费者食用“放心肉”。

2007年3月，组织镇动物防疫人员和村级协防人员40余人，实施春季重大动物疫病突击防疫行动，共完成禽流感免疫50万羽，其中散养家禽32万羽，规模养殖场家禽18万羽；猪、奶牛口蹄疫免疫1.9万头次。是年5月20日至6月20日，开展犬类狂犬病防疫突击月活动，共免疫注射家犬6000只。同年上半年，开展生猪“瘦肉精”检测工作，共采集尿样400份。经检测，这些尿样无一例阳性。2008年后，每年做好动物防疫、检疫、消毒等工作，属常规疫病防治。

1994—2013年，境内未发生重大动物疫情及畜产品质量安全事故。

第四章　水产业

第一节　水产养殖

一、常规养殖

1994—2013年，境内淡水养殖的鱼类常规品种有花鲢、白鲢、鳊鱼、鲫鱼、鲤鱼、草鱼、鲈鱼等，主要利用天然河道拦网养殖。内河养殖实行个人承包，将村、组集体拥有的水面租给农户，由承包农户养殖经营。承包养殖户以本地农户为主，也有外来专业户承包。1994年，全镇内河淡水养鱼面积4500亩，年总产量1450吨。1998年，王秀镇并入，全镇内河淡水养鱼面积8700亩，年总产量2430吨。2003年，鹿河镇并入，全镇内河淡水养鱼面积10500亩，年总产量3570吨。2004—2013年，全镇内河淡水养鱼面积每年都保持在1万余亩，年总产量稳定在4000吨左右。

二、特种养殖

1994—2013年，境内特种水产养殖种类有虾、蟹、龟、甲鱼等。1994年前后，在邢庄村曾试养罗氏沼虾10亩，此虾为海水育苗，本地尝试淡水养殖，但由于该虾对苗种淡化和早春放养温度要求较高，故养殖未能推广。境内养殖的河蟹为长江水系的中华绒螯蟹，其特征为白肚、青壳、金爪、黄毛、个大，该蟹因肉肥、味鲜而成为食用佳品。河蟹种苗大多从外地蟹苗繁育场引进，一部分是从长江中捕捞的天然种苗。养殖河蟹以开挖蟹塘或利用天然小河浜为主，也有在河道内围网短期养殖。1996年前后，因养蟹收益较好得到发展，境内形成百亩以上规模养蟹基地5个，另有数亩养殖户30余户，养殖总面积达700余亩。2000年前后，有两户养殖户分别尝试养龟、养甲鱼，通过多年摸索，具有一定经验，养殖规模扩大，年养殖龟、甲鱼分别在千只以上，取得较好经济收入。至2013年，境内除蟹还有养殖外，虾、龟、甲鱼等特种养殖，因专业技术性比较高，仅限于个别专业户养殖，未能在其他养殖户中推广。

三、防治病害

1994—2013年，境内鱼类常见病害有草鱼病毒性出血病、草鱼细菌性烂鳃病、赤皮病、肠炎病、车轮虫病等。鲢鱼、鳊鱼、鲫鱼、鲤鱼细菌性出血症成为鱼类养殖的主要病害。开塘养蟹出现后，蟹病也随之出现，细菌性黑鳃病和颤抖病成为主要病害。20年间，在农技和疫病防治部门的指导下，各水产养殖户通过药物泼洒或药物拌食投喂，使水产病害得到有效控制，未发生大面积病害。

第二节　水产捕捞

一、江海捕捞

专业捕捞　以璜泾江海渔业村捕捞为主。1994年，该村人口121人，劳动力91人。拥有钢制渔轮4艘，总载重264吨。捕捞区域北至朝鲜附近、东至日本附近的我国海域或公海海域，南至我国台湾附近海域。捕捞方法为拖网捕鱼，操作时，将网的两头分别固定在两侧渔轮上，然后，两艘渔轮同方向并行行驶，过一段时间后起网捉鱼。主要捕捞带鱼、黄鱼、鲳鱼、河豚等。1999年，由于渔业资源有限和远离渔场、生产成本高等因素，江海捕捞停止，江海渔业村并入荡茜村，渔民改行，另行就业。

兼业捕捞　1994年，江海捕捞除江海渔业村出海捕捞外，还有沿江村民将江边捕捞当作副业。1999年后，虽然江海渔业村停止捕捞，但仍有少数沿江村民分散做小范围捕捞。他们平时种田，一到捕捞汛期，就在沿江浅滩布上围网或用推网捕捞，主要捕捉刀鱼、鲚鱼、银鱼、白虾、河蟹等。2000年后，因沿江围滩充填等工程的开发建设，捕捞区域条件发生变化，另受捕捞安全等因素限制，兼业捕捞者越来越少，至2013年基本不见踪影。

二、内河捕捞

1994—2013年，境内内河捕捞传统的基本工具主要有牵网、夹网、丝网、撒网、拖网、网簖、赶网、挑网、钓钩、滚钩、麦钓、经钓、鱼叉、小袋、淌网等网具和鳝笼、罩笼等笼具。此外，还有鱼鹰捕鱼。至2013年，上述捕捞工具中，有的工具使用较为普遍，有的仍在使用但不常见，有的因受条件限制而基本绝迹。

牵网　呈正方形，大小根据布网河道宽度决定，网的四个角中有三个角分别用绳子悬挂固定在河岸的立杆上，还有一个角用绳子拴在可卷绕的轱辘上。置网时，根据河水流向，在网的上游一侧沉入河底，网的下游一侧露出水面。待看到河面有水花、估计有鱼进入时，迅速扳转轱辘（也有电动机启动的），将网牵出水面，用网兜捞鱼，但经常会逮不到鱼，出现空网。

夹网　呈长方形，大小不定，一般在长3米、宽2米左右。夹网捕鱼一般选在农户“水桥”（用石块或水泥板铺搭）边或河边湾塘处，由渔民用竹竿将夹网撑开并将“水桥”围住或将河边湾塘处水草围住，然后用网杆在水中拍打数下，鱼受惊后逃离会碰撞夹网，此时迅速将网夹卷后拉起，此过程称为“夹鱼”。

丝网　用既牢又极细的尼龙丝线织成，网的长度、宽度和网眼大小无固定，根据捕捉鱼的种类和大小选用。丝网布下后，鱼触网会被网缠住。丝网一般可分为沉网和汆网两种：沉网，用沉重物体将丝网的下侧沉入河底，丝网的上侧用浮子汆托使网张开，主要捕捉青鱼、草鱼、鲤鱼、鳊鱼、鲫鱼等；汆网，悬布于上水层，因丝网上侧浮子的浮力大于下侧沉重物的拉力，故网不会下沉而悬挂于河面水中，此网主要捕捉白鲢等中上层游动的鱼类。汆网中还有一种小丝网，网幅较窄，一般在50厘米，网长不定，网眼为“一指通”（一个手指插入），此网主要捕捉小杂鱼。

撒网 呈圆形，撒开后直径一般在8米左右。捕鱼时，渔船驶入河中，人站立船头，将撒网按易散的规则事先折叠好，在看准时机后，用力将网呈圆形撒开，瞬时撒网快速沉下将鱼罩住，然后将网拉起捉鱼。这种方法保留至今，但不多见。

塘网 属大型网具，长度和宽度无限定，根据河塘宽度选用。此网一般在清塘时使用。捕鱼时，将网置于鱼塘的一端，然后在鱼塘的两岸用人力将渔网向另一端拖去（俗称拖鱼），待拖到鱼塘底端后，即起网捉鱼。

网簖 即制成圆形或方形网袋，网袋内还套夹袋，外口大、里口小，整个网袋长短不一，有一二米，也有数米，把网袋固定布于河道近岸水中，称为网簖。鱼、虾、蟹等一旦进入网簖钻入内袋，就很难返出，故网簖捕捞方法被广泛采用。但由于设置网簖，会影响河道泄洪，1994年以后，网簖在大多河道被禁用，以前设置的由捕捞者自行拆除。

赶网 网底呈长方形，长度、宽度无限定，通常分别在1米和40厘米左右。此网用两根竹竿支撑，竹竿弯曲成弧形，两竿交叉，交叉处用细绳固定，将网底的四角置于竹竿的底端，网的长边一侧敞开，长边另一侧和短边的两侧用网围住，此网称为赶网。赶网还有一个辅助工具，即赶杖，用三根较直的树干制成，呈三角形，其中两个底角用专用铁制角件固定。赶网专门用于捕捞河虾。操作时，将赶网轻放近岸水底，赶网敞开的一侧面向河岸，然后用赶杖将河岸水草中的河虾赶入网中，此方法本地土语称为“赶虾”。

挑网 呈正方形，大小无限定，一般边长在3米左右，用两根竹竿形成“十”字形交叉并弯曲成半圆形，将网的四角拴于四个竿端，两竿交叉处用绳子固定，然后用一根较长且牢固的竹竿把网挑入河中并沉入河底，待河面出现有鱼迹象时，迅速将网拉起捉鱼，但经常会出现空网。

钓钩 本地通常叫“针钩”，用钢丝制成“U”型，一头为钩尖，另一头为钩根，用一根拉力极强的尼龙丝线，将钓钩与竹竿连结，制成渔竿。操作时，将钓钩装上鱼饵，甩入河中，钓钩由丝线上的浮子悬挂在水中，离水面的距离由浮子调节。在鱼寻食咬钩将浮子拖入水中时，迅速将渔竿挑起，将鱼钩住，这种方法称为“钓鱼”。

滚钩 形状与钓钩相似，用一根拉力强的线绳将数十只或上百只滚钩连在一起。捕鱼时，将滚钩布于水中，当鱼来回游动触碰滚钩后，会被锋利的钩尖扎住，若鱼反抗逃跑，还会被众多的滚钩缠住，且越缠越多，无法逃脱。

经钓 将众多的三弯钓钩用一根线绳连结组成，一般有数百只之多。三弯钓钩钩尖锋利且带有倒钩。在吊钩装上虾、小鱼、蚯蚓等鱼饵后布于河中水底，当鱼寻食咬钩时，被带有倒钩的钩尖扎住，无法挣脱。此方法称为“经钓”。

麦钓 用富有弹性的竹丝制成，每根竹丝长3厘米左右，两头削尖，竹丝弯曲，两个尖头合在一起装上浸发的麦粒鱼饵。一只只麦钓用一根细绳连结，每只麦钓间隔在50厘米左右，事先装在用竹片制成的圆盘内，一个圆盘通常被称为“一筛”，“一筛”麦钓有数百只之多。麦钓布下后，鱼在咬钓时，麦粒脱落，麦钓竹丝迅速张直，将鱼嘴撑住，使鱼无法逃脱。

鱼叉 大多为五叉，也有三叉。五叉鱼叉由5根铁制细杆组成，一字形并行排列，叉长约30厘米，间隔约5厘米，叉尖锋利，叉根相连并固定在长竹竿上。此鱼叉本地称“戳鱼枪”。捕鱼时，将鱼叉瞄准正在近水面慢慢游动的目标，快速将鱼叉插去，将鱼戳住。

小袋　呈锥形，袋口直径约30厘米，至袋底约50厘米。小袋近挂于有浮力的水草下面，袋底放一块小石子，使小袋不卷曲。用小袋捕鱼需在鱼汛季节进行，鱼汛时，鱼在水草中跃滚会钻入小袋。小袋通常于傍晚布放，次日清晨收袋捉鱼。

淌网　呈三角形，在一根长竹竿的顶端置一根约80厘米的横杆，将网口固定在横杆上，网尾拴在长杆上。此网仅用于捕捞螺蛳。操作时，将网口横杆平贴近岸河底，用长竹竿将网慢慢推出，然后拉回，往复数次后起网。操作中，螺蛳会从网口处滚入网内。这种捕捞螺蛳的方法，本地土语称为"淌螺蛳"，亦称"淌蛳螺"。

鳝笼　是捕捉黄鳝的专用捕具，由竹篾片或塑料包装带制成，笼身呈圆形，一只鳝笼由两只直径约8厘米、长约40厘米的笼体组成一个直角，直角处连接并相通，其一个笼体两头开口处的内口用篾片或有弹性的塑带片做成锥形，外口大、里口小，黄鳝钻入后不能返出，另一个笼体的出口处用盖子封口。鳝笼布放于稻田岸边或河道岸边，通常傍晚布放，次日清晨起笼捉鳝。

罩笼　用竹篾片制成，呈圆锥形，上口直径约40厘米，下口直径约100厘米，高约80厘米，笼身用5~6根小竹竿支撑。使用罩笼，要在鱼汛季节的夜间进行，地址选在河边浅水处，事先做好蹲守待罩准备，一旦有鱼汛响动，便将罩笼迅速扣下，将鱼罩住，然后用手在笼中捉鱼。

鱼鹰　称鸬鹚，本地也叫"捉鱼鸟"。鱼鹰捉鱼时，渔民先用麻绳将鱼鹰的颈部绑住，防止鱼鹰叼到鱼后直接吞下，然后用竹竿将鱼鹰赶入河中捕鱼。鱼鹰捕到鱼后先藏在喉囊中，渔民见后便伸出竹竿，让鱼鹰搭上竹竿跳落在渔船上，然后由渔民抓住鱼鹰喉囊，轻轻将鱼挤出。因对鱼鹰捕鱼实行强制性淘汰，故其在2000年后绝迹。

第五章　农业机械

1994—2013年，全镇农业机械化程度不断提高。原有的中型拖拉机大多得到更新，耕作效率较低的手扶拖拉机被淘汰，与拖拉机动力配套的耕作机具种类增多，采用联合收割机一次性完成收割脱粒，引进的水稻插秧机大面积推广使用，防病治虫的植保机械花样翻新。2013年，全镇农业综合机械化水平达95%，成为苏州市首批“率先实现农业机械化示范镇”。

第一节　农机作业

1994年，全镇农机总动力14556千瓦。农作物耕种及收割的机械化程度较高。耕种机械主要有中型拖拉机和东风-12型手扶拖拉机，与拖拉机配套使用的有收割机、犁耕机、旋耕机、盖麦机、压麦机、开沟机、平整机等。之后，手扶拖拉机因作业效率低被淘汰。农田灌溉有固定电灌站灌溉、移动小电泵灌溉、机动船灌溉等三种方式，全镇水稻机械化灌溉率达100%。植保机械有背负手压式喷雾机、手摇式喷粉机、机动喷雾机和机动弥雾机等，全镇水稻、小麦、棉花、油菜等主要农作物的植保基本实现机械化。农副产品加工机械主要有滚动式轧米机、饲料粉碎机、饲料搅拌机、秸秆粉碎机等。

1996年起，全镇种植小麦涉及的旋耕、盖麦、压麦、开沟、收割等作业基本实现机械化。水稻田耕翻、平整等实行机械作业，收割脱粒大部分机械操作，也有人工劳作完成。1998年王秀镇并入后全镇农机总动力26453千瓦。2001年后，适合苏南地区田块的水稻插秧机趋于完备，是年，璜泾引进了第一台插秧机，开始在永乐、杨漕等村推广机插秧。2003年鹿河镇并入后全镇农机总动力44480千瓦。同年，农技站新购一台新型水稻插秧机，在长浜村试点示范30亩机插秧顺利完成。2004年，新海村126亩水稻实施机插秧。2005年，全镇新增中型拖拉机2台，洋马、久保田联合收割机10台，投资金额250万元。是年起，全镇水稻、小麦收割脱粒一次性完成基本实现机械化。2007年起，全镇农机总动力减少，主要与水稻直播、小麦免耕播种和农机作业效率不断提高有关。

水稻收割机械化（2017年摄）

2008年，为大面积推广水稻机插秧，引进全市第一套机插秧育秧流水线，在新海村率先进行机插秧大棚育秧尝试，并获得圆满成功。2009年起，全镇水稻机插秧面积逐年扩大，新海村成为太仓全市推广水稻机插秧先进单位。2012年，新海村又新建占地7500平方米的工厂化育秧大棚，成功培育秧苗58000盘，为2300亩水稻大田移栽机插提供优质秧苗。同年，杨漕村、雅鹿村分别投入300万元和200万元，各自建成19280平方米和7000平方米的工厂化水稻育秧大棚，为大面积推广水稻移栽机插秧创造了条件。2013年，全镇水稻机插秧面积12000亩，占水稻总面积的30%。是年，全镇农机总动力23649千瓦，拥有收割机77台，大中型拖拉机142台，插秧机72台，配套农机具3262台套。

表7–7　1994—2013年璜泾镇农机总动力统计

年份	农机总动力（千瓦）	年份	农机总动力（千瓦）	年份	农机总动力（千瓦）	年份	农机总动力（千瓦）
1994	14556	1999	36891	2004	45500	2009	20159
1995	14252	2000	36912	2005	35000	2010	20946
1996	14702	2001	27371	2006	34000	2011	20550
1997	14727	2002	22253	2007	21480	2012	28549
1998	26453	2003	44480	2008	22090	2013	23649

第二节　服务管理

1994年，各村设有农机服务站，农机以集体投入为主，中小型农机具和生产设施由村、组实行统一管理、统一使用、统一维修、统一核算。2000年起，转换农机经营机制，在集体资产不流失、服务功能不削弱、作业管理不乱套、播种收割不误时的前提下，进行农机产权制度改革，各村的农机具全部由农机手买进，全镇农机具转让给农机手75人。农机产权制度改革后，农机经营走上自主经营、自负盈亏、自我积累、自我发展的社会化发展轨道，初步建立起以政府投入为导向、集体投入为补充、农机手个人投入为主体的多元化投入机制。

水稻机插秧育秧技术培训（2010年摄）

2001年后，新型农机具增多，水稻机插秧开始推广，一次性完成收割脱粒的联合收割机大面积使用，镇农机部门进一步加强全镇农机具的推广使用、保养维修、操作培训、技术指导、安全监理等服务管理工作，每年举办2~3期农机手培训班，让农机手掌握操作要领及维修技术。通过培

农机操作手安全生产培训（2010 年摄）

新农机（起垅机）推广（2018 年摄）

训学习和实践提高，各村农机手对农机具的一般故障均能自行排除，若遇疑难故障，则由镇农机部门派人处理。2004年后，镇农技站在璜泾、王秀、鹿河三个片区分别设立农机维修点，方便各村农机维修。每年夏、秋两个收种大忙过后，各村对农机具进行集中保养维修，使各类农机具处于完好状态，确保在收种大忙季节不误农时。

2008年起，为提高农机服务组织化程度，发展农机合作经济组织，至2010年，全镇13个村均建立农机服务专业合作社。合作社属专业从事农业生产和各类农机作业服务的社会团体，其成员接受合作社工作分工、任务分配，抱团做好农机服务工作。合作社实行自主经营、自负盈亏、利益共享、风险共担的管理制度。2013年起，农业机械向大马力、高性能、智能化、复式型方向发展，各种新农机得到推广应用，农机服务组织化程度、作业技术专业化水平不断提高，能满足全镇农机作业的服务需求。

第六章　现代农业发展

第一节　农业园区规划

2008年，在位于镇西北部的杨漕村、雅鹿村建设现代农业园区。按照总体规划、分步实施的原则，实行农业的区域化布局、专业化分工、规模化生产、产业化经营，提升农产品附加值，提高农业经济效益。是年，现代农业园区首期1500亩核心区工程启动，并取得了阶段性成效。为使现代农业园区建设更具科学性和可操作性，2012年4月，专门委托南京农业大学对现代农业园区进行设计，并编制了《太仓市国家现代农业示范区杨漕园区建设与发展规划》（以下简称《规划》）。6月，组织相关单位、邀请市农委有关专家对《规划》进行评审论证，之后，按照专家评审的意见，对《规划》进行修改完善。然后，又在杨漕村召开专题会议，广泛听取有关方面领导、专家、人大代表的意见，再次对《规划》进行修改。在评审论证、修改完善后，镇政府于7月6日向市政府呈报了《规划》，7月10日市政府印发太政复〔2012〕30号文件《关于同意〈规划〉的批复》。璜泾现代农业园区规划总面积为1.5万亩，计划总投资1.5亿元。分为优质稻米示范区、设施蔬菜示范区、高效水产养殖区、生态林果示范区、综合管理服务区等五个区域。自2008年现代农业园区首期核心区工程加快推进以来，至2013年，已动拆农户86户，区内的道路、农桥、泵站、沟渠、仓库、绿化、管理中心办公用房等项目建设基本竣工，初步建成5000亩优质稻米生产基地、350亩设施蔬菜区、150亩精品林果区和300亩特色出口蔬菜区。璜泾现代农业园区的规划建设，对全镇的现代农业发展起到了示范带动作用。

第二节　农业规模经营

1994年起，农户承包的耕地，通过土地流转的方式，逐步向村级农场或种田大户转移。1995年4月3日，镇政府印发璜政发〔1995〕2号文件《关于加快发展农业适度规模经营实施意见的通知》，明确各村在年底前都要建成规模在50亩以上的小农场1至2个。之后，镇、村实行领导分工负责制，抓好小农场的组建工作，推进农业规模经营。1996年，全镇建成集体农场6个，家庭农场（种田大户）169个，规模经营耕地面积4467亩。1998年11月，王秀镇并入，全镇规模经营耕地面积7867亩，占全镇耕地总面积的14.49%。2000年起，农业规模经营不断推进。2003年，鹿河镇并入，全镇规模经营耕地面积22503亩，占全镇耕地总面积的30.4%。2005年，因太仓港港区开发建设，农户动迁后耕种不便，荡茜村将农户承包的耕地流转集体，由村统一实施规模经营，农户按承包耕地流出面积享受流转费。2008年起，各村学习借鉴荡茜村规模经营的做法和经验，全镇农业规模经营面积不断扩大。2010年后，各村兴办农场专业合作社，农户流转出来的耕地由村级合作农场规模经营。至2013年，全镇农业规模经营耕地面积5.1万亩，占全镇耕地总面积77%，其中村级合作农场规模经营面积3.3万亩，占全镇耕地总面积50%。

第三节　合作经济组织

1994年起，各村深化农业经营机制改革，推行村级小农场和家庭农场（种田大户）经营模式。2000年起，为提高农业专业化、组织化、产业化程度，各村开始发展农村“五大合作经济组织”，即：农场专业合作社、土地股份合作社、劳务专业合作社、农机专业合作社、富民专业合作社。村农场专业合作社，性质为村办集体经济组织。农户流转出来的耕地由农场规模经营，年终由农场给付农户耕地流转费。土地股份合作社，即农户承包的耕地流转给合作社经营，耕地成为入社股份，农户成为股东。年终，按农户土地流转面积，给予预定的流转费（各村标准不一，每年有所调整）。另外，根据合作社收益情况，给予入股红利分配，让入社农户享受到土地流转收入和农场收益分红的二次分配。劳务专业合作社，即把耕地流出后未就业的中老年农民组织起来，成立劳务专业合作社，专业从事道路清扫、河道保洁、垃圾清运、绿化管护、物业管理、治安值勤等工作，根据各人的劳务工时或实绩给予劳务报酬。农机专业合作社，即各村在农机产权制度改革后，把农机手组织起来，成立农机专业合作社。年终，按农机手入社的出资比例和农机作业实绩，给予红利分配和农机作业劳务报酬。富民专业合作社，即把农村劳动力组织起来，从事种植业、养殖业、三产服务业等，然后根据投资入股和劳务情况进行收益分配。

荣文村广丰农场专业合作社（2014 年摄）

雅鹿村雅丰农场专业合作社（2015 年摄）

2003年，成立孟河温氏养鸡合作社、璜泾农机专业合作社、璜泾奶牛养殖合作社。2005年起，各村兴办蔬菜生产专业合作社，把有蔬菜生产专长的种田能手组织起来，专业从事蔬菜种植和销售，发展优质高效农业，带动农户增收。2008年起，农村合作经济组织加快发展，并在农村经济管理部门的指导下规范运作。2010年，重点发展由村集体经营的合作农场，对到期的以前承包给外籍农户的流转土地予以收回，由村合作农场经营。合作农场的财务核算，统一由镇合作农场会计记账中心代为记账、核算。是年，全镇先后成立村级集体合作农场13个，经营耕地面积6493亩。2011年，村合作农场经营面积增至22040亩，全年合计经营收益4331.45万元。2013年，全镇13个村共成立“五大合作经济组织”53个，全年合计经营收益9516万元。

第四节　农业产业化

1994起，推进农业产业结构调整，加快农业产业化进程，全镇从原来发展粮、棉、油为主的“增量农业”加快向发展高产、优质、高效的“三高农业”转移，优化种植业，发展养殖业，拓展其他各业。

1997年7月，太仓（广东）温氏家禽有限公司落户太仓，“公司+农户”温氏养鸡模式辐射璜泾，养鸡规模得到发展，温氏养鸡出栏数逐年增加，养殖总量最多年为2004年，全年出栏522万羽。2004年前后，全镇温氏养鸡户发展到160余户，温氏养鸡成为农户养殖增收的一大副业。

2004年，鹿河农业服务公司与祯祥（苏州）食品有限公司合作，在鹿河长新村发展无公害出口蔬菜基地，并建成出口蔬菜粗加工厂，农户生产的蔬菜落实订单销售，由公司加工后出口到日本、欧美等国，形成“公司+基地+农户”生产加工经营模式。之后，出口蔬菜基地带动了全镇，尤其是鹿河片区内蔬菜生产发展。2006年后，出口蔬菜基地形成规模生产、专业经营。至2013年，建成13个出口蔬菜成片种植示范区，固定种植农户发展到1500户，辐射带动农户3000户，全镇蔬菜种植面积达1万亩（次）以上，全年全镇共收购、加工、销售荷兰豆、日本大蚕豆、小松菜、地刀豆、大叶菠菜、叶太龙萝卜等出口蔬菜8000余吨，销售金额近3000万元。

2009年起，境内种植高产优质“南粳46”水稻。之后，种植面积逐年扩大。至2013年，全镇种植面积达2.6万亩，单产703.8公斤，总产1.83万吨，璜泾成为“南粳46”优质稻米在全市最先试种、种植面积最多的乡镇，也是全市唯一的“国家级粮食高产创建整建制整体推进乡镇”。因“糯、香、软”，“南粳46”稻米在市场上很受消费者欢迎，获得较好经济效益。

“璜泾大米”包装上市（2016年摄）

2010年后，做亮优质农产品品牌，提高农产品商品率。至2013年，全镇有“璜泾”无公害大米、“丰绿来”绿色蔬菜、“鹿杨”蔬果、“小树林”虫草鸡等农产品品牌，通过农产品配送中心和多方协作联合，进行农产品与超市的“农超对接”，将农产品变成商品，实现“产地型”向“产业化”的转变，全镇农产品商品率及附加值得到提升。

第五节　高标准农田建设

1994年后，各村重视平整土地、修筑沟渠、疏浚河道、建设灌溉泵站等农田基本建设，改善农业生产条件和设施，提高农业抗灾夺丰收能力。2000年后，各村把实施高标准农田建设作为发展现代农业的重要任务来抓。2010年起，建设力度进一步加大，先行村更是步伐加快。雅鹿村先后对涉及8个组的不便农机作业的小田块进行平整改造，对低产田和杂边荒地实施整治。通过整合改造土地资源，新增耕地80亩，建成高标准农田2500亩。同时，新建灌溉泵站9座，混凝土衬砌渠道12千米，修建桥梁6座、给排水涵洞10座，疏浚河道21千米，配套种植绿化30亩。杨漕村先后建成灌溉泵站25座、混凝土衬砌渠道36千米、给排水涵洞15座，开挖疏通沟渠62千米，疏浚河道27千米，修建桥梁15座，土地标准化平整2500亩，配套种植绿化54亩。荣文村和永乐村培育了两个万亩丰产示范方。全镇各村通过实施高标准农田建设，使原来高低不平的小田块改成便于农机作业的大田块；过去只能种植旱田作物的农田变成水旱两用的高产田；以前排水不畅、雨后成涝的低洼田变成旱涝保丰收的良田。2013年，全镇新增水旱作物皆作、农田排灌畅通、农机作业方便的高标准农田3500亩。1994—2013年，全镇累计建成高标准农田4.2万亩，占全镇耕地总面积的63.32%。

第七章　管理机构

1994—2013年，璜泾镇的农口管理部门主要有农技站、农经站、水利站、农机站、动物防疫站等。因水利单独设篇，水利站记入其中，故本章不做重复记载。

第一节　农技站

全称为璜泾镇农业技术服务站。1994年，称璜泾镇农业服务公司，建有农业科技大楼，位于华南村2组境内。1995年，移至泾中街镇政府旧址。2001年，改称璜泾镇农业技术推广站。2002年6月，农业技术推广站、农机站、畜牧兽医站合并，组建“璜泾镇农业技术服务站”。2007年7月，畜牧兽医站划出，单独建站并改称动物防疫站。2010年2月，农技站迁移至团结街83号“景秀人家”三楼。农技站为公益类事业单位，正股级建制，核定人员编制18人。主要职能：负责农林水产和农机技术推广指导、管理、服务；负责农林水产和农机新技术引进试验示范、技术培训；负责农林水产病害防治，新品种的引进、推广，开展农林水产疫病测报、发布；负责生态农业建设，指导和实施农业环境保护工作，做好农机安全生产监督管理工作；负责农林水产信息体系建设，组织并发布农林水产和农机的信息；协助相关部门开展食用农产品质量安全、农业投入品和农机安全生产监管等。2013年，有农技人员16人。

历任站长（经理）：浦锦明（1991.10—1997.3）、陈建明（1997.3—1999.1）、熊康一（1999.1—2006.10）、高国球（2006.10—2012.1）、陆洪昌（2012.1—　）。

第二节　农经站

全称为璜泾镇农村经营管理站。1994年，称农村经营管理办公室，后改称合作经济经营管理站。2002年6月，与企业管理服务站合并，称生产经营管理站。2009年2月，单设“璜泾镇农村经营管理站”，为公益类事业单位，正股级建制，核定人员编制6人。设于政府机关大院内。主要职能：宣传和贯彻落实农村各项方针政策，参与制定全镇农村经济、社会事业中长期发展规划和年度工作指标；负责全镇农村新型合作经济发展和经营管理工作；负责农村集体资产管理和土地承包管理工作；负责农村集体经济组织和新型合作经济组织的财务管理及培训辅导工作；负责农经各项统计的编报和村级干部责任制考核、结算工作；负责农村合作经济组织的内部审计、经营效益审计和干部离任审计等。至2013年，农村经营管理站设置未变。

历任站长（主任）：曹伟康（1994.1—2000.8）、徐惠聪（2000.8—2001.4）、杨雪萍（2001.4—2002.3）、王志贤（2002.3—2012.3）、吴喜梅（2012.3— ）。

第三节 农机站

1994年，璜泾镇水利、农机管理合署办公，称璜泾镇水利农机站。站址：沙鹿路新华桥北堍西侧、新华村9组境内。站内配备农机管理人员3人。2002年6月，水利、农机机构改革分设，水利单独建站，农机并入镇农业技术服务站。站内配备农机管理人员4人，专门从事农机推广、操作培训、保养维修及安全生产监管等工作。此次农机管理体制改革后至2013年无变化。

第四节 动物防疫站

全称为太仓市璜泾动物防疫站。前身为璜泾镇畜牧兽医站，始建于1958年，隶属太仓畜牧兽医站管理，属自收自支事业单位。1994年，站址位于前进村13组境内，有兽医技术人员13人。主要承担全镇生猪配种、阉割、疾病防治、防疫检疫等兽医技术服务工作。1998年12月，璜泾、王秀两镇畜牧兽医站合并组建璜泾镇畜牧兽医站。2002年6月，兽医站管辖权下放到镇，并入璜泾镇农业技术服务站。2003年8月，鹿河镇并入璜泾，鹿河畜牧兽医职能科室随鹿河农业技术服务站归属璜泾。2007年7月，兽医站又从农技站划出独立，隶属于太仓市农林局管理，并更名为太仓市璜泾动物防疫站。属财政全额拨款公益性事业单位，核定单位人员编制9人，主要承担全镇动物防疫、检疫、动物疫病防控等工作。站址迁移至荡茜路蒋泾桥西堍，占地589平方米，有楼房二层8间，建筑面积300平方米。此次动物防疫站管理体制改革后，至2013年无变化。

1994—2013年，历任站长（负责人）：朱永明（1994.1—1995.2）、李元兴（1995.2—1997.10）、景阿明（1997.10—2003.12）、许惠中（2003.12— ）。

第八篇 水利

璜泾属长江三角洲冲积平原，境内地势平坦。水系属滨江水系，河网密布，河流交织，形成纵横交错的水系网络。全镇有大、小河道481条，总长462.01千米。境内长江岸线10.53千米，主江堤13.44千米，经历次加固修筑，成为防洪达标工程。通江河道节制闸4座、通江涵洞5座发挥引排功能，在引水灌溉、泄洪抗灾中发挥重要作用。1994—2013年，全镇推进农田水利设施建设，农业抗灾夺丰收能力得到提高。防汛抗灾组织领导到位、防灾救灾措施有力。全面加强水资源管理工作，水资源得到有效保护和合理开发利用。

第一章　水　系

1994—2013年20年间，境内除新开新七浦塘外，全镇水系基本保持原状。2013年末，全镇有大、小河道481条。河道按管理等级分，有苏州市、太仓市级河道6条，镇级河道17条，村级河道458条。按走向分，东西向主要河道有新七浦塘、荡茜泾、钱泾、新泾、璜泾市河、湘里泾、洋圩泾、双纲河、关王塘、张青桥塘等10条；南北向主要河道有外随塘河、石头塘、三漫塘、蒋泾塘、陈大港、内随塘河、罗家塘、大潭河、直塘、老木行塘、光明塘、涟浦塘、孔泾庙塘等13条。

第一节　市级河道

2013年末，境内有苏州市级河道1条，太仓市级河道5条，在璜泾境内总长40.05千米。

一、新七浦塘

新七浦塘西起阳澄湖南消泾，东至长江荡茜口，总长43.89千米，涉及太仓市、常熟市、昆山市和相城区三市一区，属苏州市级区域性通江河道、苏州市政府重点水利工程。主要承担区域防洪、排涝、灌溉、航运、调水等功能。新七浦塘璜泾段，称荡茜河段，贯穿于璜泾镇南部地区，西起石头塘，东至长江荡茜口，流经荡茜、永乐、荣文等村，全长8.2千米，为实地新开挖河段。2004年工程启动，在荡茜村境内先开挖一期东段工程，长2.97千米。当时称荡茜河拓宽改道工程。后因河道工程规划调整，二期西段工程暂停。2014年9月8日，二期西段工程开工，长5.23千米。是年，荡茜河拓宽改道工程改称新七浦塘工程。2015年底璜泾段全线竣工。河口宽60米，底宽25米，河底高程负2米，坡比1∶2，航道等级为5级。

新七浦塘荡茜河段（2018年摄）

二、荡茜河

属太仓市级通江河道。西起西横泾塘，东至长江荡茜口，长6.25千米。原河道弯曲狭窄，1966年11月拓浚全河，截弯取直，1967年3月中旬竣工，共挖土45万立方米。拓浚后，河面宽

30~35米，河底宽6米，河底高程为零，坡比1∶2。主要支流有三漫塘、马路泾、蒋泾塘、陈大港、花园塘、小长桥塘。2015年底新开新七浦塘（荡茜河段）竣工后，与荡茜河交汇处两岸建有引排闸涵。

三、钱泾

属太仓市级通江河道。西起王秀红旗浜，东至长江钱泾口，全长8.8千米。1976年实施拓浚，11月26日开工，12月20竣工，挖土92.49万立方米。拓浚后，河面宽30~35米，河底宽8米，河底高程为零，坡比：钱泾闸下游800米为1∶3，其余为1∶2.5。主要支流：北岸有双纲河、苍河浜、急水浜、关王塘、生产河，南岸有洋圩泾、长浜、石头塘、迷泾、三漫塘、姚塘、朱玉浜。

四、新泾

属太仓市级通江河道。西起累沟，东至长江新泾口，全长3.4千米。1968年11月对河道进行疏浚整治，其中实地开挖1.17米，于1969年10月竣工，共挖土16.8万立方米。河面宽30~32米，河底宽6~7米，河底高程为0.5米，坡比1∶2~1∶2.5。主要支流有随塘河、关王塘。

五、外随塘河

属太仓市级沿江河道。北起鹿河沙营庙，南至上海界，全长38.2千米。璜泾境内河段，北起鹿河沙营庙，南至浮桥镇时思界，长10.5千米，河面宽7米，河底宽4米，河底高程为零，坡比1∶2。此河在清光绪元年（1875）修筑海塘时挖土形成。20世纪50年代、70年代，为加固海塘，曾多次对河道进行拓浚、挖土培堤。

六、石头塘

属太仓市级区域性中心河道。原名漕头塘、闸头塘，又名潮之头塘、鸭头塘。南起浏河，穿越杨林塘、七浦塘、迷泾、湘里泾，北至钱泾。全长24.3千米。1958年、1971年、1973年、1977年曾4次疏浚石头塘。璜泾境内河段南起沙溪镇归庄界，北至钱泾河，长2.9千米，河面宽30~40米，河底宽10米，河底高程为零，坡比1∶2.5。

第二节　镇级河道

1994—2013年，将流经区域相对较广或引排功能相对较强的河道划为镇级河道。20年间，对镇级河道划定曾有调整，但前后变化不大。2013年末，全镇有镇级河道17条，总长49.7千米。

表 8–1　2013 年璜泾镇镇级河道一览

序号	河名	流经区域	起讫	长度（千米）	河宽（米）
1	三漫塘	新华村、新联村	南起荡茜河，北至钱泾	2.70	25
2	蒋泾塘	新华村、新联村	南起荡茜河，北至内随塘河	4.00	25
3	陈大港	荣文村、璜泾镇区	南起浪港，北至荡茜河	4.00	25
4	内随塘河	荡茜村、新联村、新海村、新明村、长洲村	南起荡茜口，北至常熟界	10.5	21
5	璜泾市河	西塔社区、银杏社区	西起荡茜河，东至花园塘	1.72	7
6	湘里泾	王秀村、荣文村	西起封张塘，东至西横泾塘	2.50	35
7	洋圩泾	王秀村、孙桥村	西起北港河，东至湘里泾	2.75	19
8	罗家塘	孙桥桥、孟河桥	南起新孙桥，北至双纲河	1.90	15
9	双纲河	孙桥村、孟河村、杨漕村	西起界河，东至钱泾	3.50	18
10	大潭河	孟河村、杨漕村	南起双纲河，北至横塘	1.24	18
11	直塘泾	孟河村	南起双纲河，北至苍河浜	1.40	16
12	关王塘	新明村、长洲村、雅鹿村	西起涟浦塘，东至钱泾	4.25	30
13	老木行塘	新明村、雅鹿村	南起王泥桥塘，北至关王塘	1.50	23
14	光明塘	长洲村	南起关王塘，北至内随塘河	1.40	23
15	涟浦塘	长洲村、雅鹿村	南起张青桥塘，北至外随塘河	3.20	24
16	孔泾庙塘	雅鹿村	南起横塘，北至王泥桥塘	1.50	22
17	张青桥塘	雅鹿村	西起湖漕塘，东至如意桥塘	1.64	20
合计	—	—	—	49.7	—

第三节　村级河道

1994—2013年，将流经区域相对较小、且基本不跨村的河道划为村级河道。20年间，对村级河道划定曾有调整，但前后变化不大。2013年末，全镇有村级河道458条，总长372.26千米。其中相对较长、引排作用较强的主要河道144条，总长230.6千米；相对较短、主要承担蓄水、灌溉功能的生产河道313条，总长140.3千米。

表 8–2　2013 年璜泾镇村级主要河道一览

序号	河道名称	长度（千米）	所在村	序号	河道名称	长度（千米）	所在村
1	马路泾	1.54	新华村	8	里泾	1.00	新华村
2	关池	2.70		9	老三漫塘	1.30	
3	邢家湾	1.13		10	华家湾	1.30	荣文村
4	管长泾	1.20		11	戚家桥塘	1.20	
5	大潭潭	1.60		12	南堰泾	1.68	
6	小桥湾	0.78		13	东横泾塘	1.20	
7	吨粮河	1.59		14	蒋介桥塘	1.16	

续表

序号	河道名称	长度（千米）	所在村	序号	河道名称	长度（千米）	所在村
15	老陈大港	1.15		55	娄步北	1.30	
16	西窑沟	1.80		56	五娄娄	1.41	
17	西横泾塘	1.40		57	邵家河	3.36	
18	江南水郡	1.10	荣文村	58	鸭头浜	1.75	
19	全家湾	1.40		59	肖家泾	1.40	
20	龙池	2.60		60	六千娄	1.28	王秀村
21	济也泾	1.20		61	红旗浜	1.60	
22	闵泾塘	1.30		62	白滩	1.45	
23	朱玉浜梢	1.00		63	陈泾塘	1.20	
24	姚塘	2.23		64	封张塘	2.30	
25	岸六泾	1.68		65	朱家泾	1.40	
26	跳板桥塘	0.90		66	柴塘	1.30	
27	南浜	1.60		67	定心潭	1.35	
28	外国桥塘	1.28		68	老钱泾塘	2.28	
29	张泾	1.44	新联村	69	西类浜	1.35	孙桥村
30	白迷泾	1.00		70	北港河	1.14	
31	鸭头湾	1.44		71	双浜	1.76	
32	芦席塘	2.10		72	范娄	1.20	
33	培水塘	2.16		73	孙陆泾	3.40	
34	刘家泾	1.15		74	白荡	2.30	孙桥村
35	大池湾	1.52		75	赤沙塘	1.00	
36	南塘	1.03		76	老钱泾塘	2.28	
37	北横泾	1.30	荡茜村	77	野泾	1.23	
38	中心河	1.00		78	香塘浜	0.81	
39	新开河	1.78		79	宅后塘	1.52	
40	大湾	0.94		80	西管泾	3.65	
41	南塘	1.80		81	徐家桥塘	1.66	
42	利华中心河	1.10		82	东管泾	2.35	孟河村
43	花园塘	1.00		83	柴子塘	1.30	
44	小长桥塘	1.00	永乐村	84	苍河浜	1.58	
45	丁家桥塘	1.32		85	蛇浜	1.06	
46	五千潭	1.40		86	乌几塔	1.80	
47	杨泾	1.67		87	迷泾	3.00	
48	五欢桥塘	1.67		88	大蛇浜	1.54	
49	奚家桥塘	1.12		89	白滩	1.30	
50	漕头塘	2.06		90	界河	5.20	
51	张家湾	1.01		91	莳泾	5.05	
52	呙抢库	1.30	王秀村	92	大桥塘	2.20	杨漕村
53	长浜	3.55		93	沿心塘	2.39	
54	高家湾	1.43		94	南港	3.60	

续表

序号	河道名称	长度（千米）	所在村	序号	河道名称	长度（千米）	所在村
95	小石桥塘	3.10	杨漕村	121	野泾	1.20	新海村
96	小桥塘	2.20		122	孙河浜	1.17	
97	杨家巷	1.23		123	孙介泾	1.00	长洲村
98	庙泾	2.76		124	陶泾	1.40	
99	东莳朱家浜	1.00		125	大湾	1.30	
100	杨漕河	3.20		126	周介泾	1.20	
101	彭家桥塘	1.28		127	顾家小塘	1.50	
102	北港河	2.43		128	新开河	1.00	
103	陆家角	1.28		129	芦花港	1.25	
104	东泾	1.60		130	求和泾	1.40	
105	蒲塘	1.60		131	横江	1.10	雅鹿村
106	划船梢	2.35	新明村	132	陆家浜	1.20	
107	恩浜	1.00		133	鸡脚浜	1.50	
108	玉影中心河	1.20		134	东塘	1.60	
109	小江塘	1.27		135	刘家泾	2.50	
110	沙家泾	1.55		136	雅鹿新开河	1.00	
111	老新泾塘	1.40		137	陆家浜	1.10	
112	六尺沟	1.27		138	侯家巷	1.80	
113	牌河塘	1.40	新海村	139	倪家泾	1.70	
114	大泾	1.01		140	小新泾	1.55	
115	老新泾塘	1.42		141	西关王塘	1.25	
116	袁家泾	1.70		142	恩泾	1.00	
117	蒋家浜	0.56		143	王泥桥塘	0.84	
118	屈家泾	1.50		144	如意桥塘	0.50	
119	抢脚塘	1.45		合计	—	230.60	—
120	沙家泾	1.42					

表 8-3　2013 年璜泾镇各村生产河道（塘）统计

所在村	条数（条）	总长（千米）	河道（塘）名称
新华村	23	10.77	迷浜、史家泾、东泾、罗泾、北香炉泾、南香炉泾、金东泾、西甘草塘、赵力散泾、横浜、史家湾、高家宅、四角潭、南河浜、长泾、杨子浜、弥陀寺浜、坟池、赵家泾、四套子、北家泾、顾良浜、柴场
荣文村	55	27.55	新桥湾、鱼河浜、东长浜、郡塘、北铜勺浜、小长泾、芦泾、小兰潭、张家泾、西六千、张进浜、长泾、曹家泾、北黄泥塘、紫塘潭、月台湾、王泥潭、孔介泾、横江、横泾、何介泾、张鱼泾、吴铜浜、六川塘、东野林泾、环池、陈宅、瞿介大泾、茶娄、猪头爿、上南泾、老戚家港、荣文荷花池、双叉泾、隔家桥塘、尚南泾、陶家泾、杜家湾、吴家娄子、东泾、马桶浜、塔院湾、小璜泾塘、蒋家浜、马家泾、高家浜、马长浜、全家泾、牛四潭、大桥浜、大桥北浜、隔港、紫罗浜、杨家泾、小桥哨塘

续表

所在村	条数（条）	总长（千米）	河道（塘）名称
新联村	39	16.47	海城中心河、老黑鱼潭、石池、老人浜、史家巷、新泾、四清河、新联中心河、直挺塘、后塘、黄泥泾、黄家浜、新联荷花池、团泾、周智浜、籍陆泾、盛家湾、沈家泾、边浜、周家四浜、东陆介泾、黄介泾、门前泾、章家泾、北横港、南泾、朱花泾、顾家泾、西陈家泾、陆介泾、沙家泾、里倪河、家苗花泾、朱子泾、横浜、小塘、柴长泾、排罗浜、横港
荡茜村	9	3.93	芦席塘、罗娄、徐介泾、钢叉泾、王安泾、施家泾、野毛泾、倪家泾、南横河
永乐村	61	23.28	货郎桥塘、粉清池、西北活鳝、吴长泾、里迂弄、王长泾、倪家泾、王家鱼池、蒲娄、白娄、天潭、千人塘、和尚浜、王其浜、朱龙浜、荷花池、五十五塘、磨坊桥塘、北鱼池、塔潭、朱沟泾、顾家泾、门前泾、季家鱼池、陈家鱼池、杨泾塘、五月四桥塘、仓浦泾、西茅港、东茅港、吴家泾、夜壶潭、十王塘、大湾、毛介泾、黄老潭、北野浜、周家泾、俞家泾、陆必浜、利华荷花池、北池、南池、柴段东泾、盛家泾、南野浜、野浜、小鱼池、大鱼池、小堰泾、肖家浜、水站河、花园浜、夏家泾、小长四浜、小塘、白塘、大长桥塘、子仙浜、活鳝塘、龙耳朵
王秀村	7	1.99	穆家湾、过仓浜、河塘、方塘、旗杆浜、横港塘、鸭头小塘
孙桥村	19	8.31	鱼塘、迈步、红菱塘、荷花池、清水类、大浜、三角浜、马头巷、大娄、朱杏泾、蔡四浜、长浜、南港（支流）、小潭、徐家塘、小浜、小荡、小塘、大娄塘
孟河村	24	11.41	陆家湾、迈婆河、黄泥浜、凤凰浜、蒋家浜、水渠里、南泾、急水浜、蒋头浜、盐宁浜、东塘、竹家浜、王泥浜、蛇四浜、陶家浜、天潭、季家浜、横塘、大桥巷、周家浜、西泾湾、小迷泾、高氏两浜、苍塘浜
杨漕村	7	4.41	庙湾、马路塘、鹤嘴、孟家浜、赵家巷、杨家巷河浜、王家娄
新明村	17	7.71	许家鱼塘、曹家浜、小张浜、大东泾、王尚泾、累沟、横江、王家龙、长鱼池、鱼塘、夏家泾、河塘、徐家泾、姚家龙塘、河浜、累塘、六尺塘
新海村	10	5.88	小河、李家泾、毛家泾、胡家泾、田家泾、四角天潭、包家泾、排河塘、王沙泾、朱家泾
长洲村	16	7.11	汪家坡潭、长浜、汤家泾、支家泾、曾家泾、大荷花池、西长泾、孙家泾、西陶泾、洪家泾、杨家湾塘、荷花池、戴家泾、王家泾、姚家泾、葫芦浜
雅鹿村	26	11.48	孔泾庙塘（分支）、倪家泾、曹家浜、苏家泾、高家泾、何家鱼池、大横浜、仲家泾、褚家泾、横浜、吴介泾、仓荷浜、葫芦浜、芦浦、许家鱼池、王家鱼池、河浜、大鱼池、横塘、朱家鱼池、蔡介泾、小介泾、小泾、元宝泾、油车小塘、陆塘
合计	313	140.30	—

第二章 防洪设施

第一节 江堤建设

境内沿江岸线北起白茆口南岸，由西北向东南至浮桥镇时思界，岸线长10.53千米，主江堤长13.44千米。1994年，长江沿岸防洪工程经历年加固，建成灌砌石块护堤、抛石堆垒挡潮的主江堤，不再是抵御潮灾能力弱的土堤。

1996年，配合太仓市水利局制定江堤防洪工程三年达标规划，1997年起实施达标建设。1998年，镇召开防洪保安基础设施建设动员大会，发动各单位募集资金，捐助海塘“生命线工程”，共募集捐款32.4万元。是年，建成达标江堤3.9千米，成为省、太仓市海塘达标建设示范工程。1999年，完成主江堤护坡加固和钢筋混凝土防浪墙工程。2000年，以主江堤为路基，按四级公路标准，建成行车道宽6米的堤顶防汛道路。

2001年，投入资金2.9万元，修复钱泾口右岸、荡茜口左岸江堤路面600米；投入资金7万元，完成小塘口150米、钱泾口右转角80米抛石护堤工程。2002年，投入资金96万元，实施老鸭棚至小塘口1072米内随塘河江堤固基工程；投入资金45万元，完成钱泾水闸至钱泾南涵洞、荡茜节制闸两侧797米港堤堤顶道路，按二灰结石、砼路面施工，在主江堤内侧坡脚处兴建浆砌块石挡土墙，另在顶部铺设一条宽度1米的预制道板巡查便道。2004年，投入资金391.5万元，完成长江填塘固基背水堤坡还方工程，长11千米。

2006年，对新太海汽渡至涟浦涵洞长1273米堤顶土体进行修筑加固；对涟浦涵洞至江辉船厂长800米外侧迎水坡干砌护坡局部沉陷进行修复。2007年，汛前对局部堤段堤顶土体冲刷严重、护坎底板外露、迎水坡干砌块石塌陷等险工地段进行修复。2011年，实施长江白茆口南港堤防护应急处理工程，提升度汛应急抗灾能力。2012年8月，受台风袭击，新泾水闸上游400米河坡受到冲刷，造成右岸边道路塌方。是年，投入资金50万元，对受损江堤道路及时进行修复。至2013年，经历次加固修筑，璜泾长江堤防建成防洪达标工程，达到50年一遇防洪标准。

第二节 闸涵工程

一、水闸

境内有通江河口4处，均建有节制水闸，具有挡洪、泄洪、引水功能。

荡茜节制闸（2018年摄）

荡茜节制闸 位于长江荡茜口。为净孔6米节制闸，属3级水工建筑物，具有排涝、灌溉、挡潮、通航和水环境调节等综合功能。1967年3月开工，8月竣工。闸身呈梯形墙身，墙身最高点高度6.8米，两端高度5.2米。闸底板高程0.1米，闸门门顶高程5.95米。上下游各设消力池，长度均为11米，两头接长度为25米块石护坦护坡防冲槽。2000年，在江堤达标工程建设时，老闸拆除，在原址下游68米处建新闸。工程于是年5月20日动工，2001年5月25日竣工。新闸为单孔闸，净宽7米。闸底板高程0.5米，闸门门顶高程7.25米，采用直升上卧式钢闸门，QPQ2×10T启闭机启闭。设计引潮流量每秒47.37立方米，排涝流量每秒15.88立方米。闸室采用钢筋砼U型结构。闸底采用钻孔灌注桩基础和钢筋混凝土防渗桩。闸侧设荷载为汽—20级公路桥一座，桥面宽6米。防洪标准按100年一遇水位设计，300年一遇水位校核。

新七浦塘节制闸（2018年摄）

新七浦塘节制闸 又称“新七浦塘江边水利枢纽”，位于新七浦塘长江口。2004年，工程由太仓市发展和改革委员会太计投〔2004〕161号文件批准立项。2006年，苏州市水利局苏市水〔2006〕262号文件批准工程初步设计及概算，工程概算总投资8248.27万元。2006年10月，对省太湖水利规划设计研究院有限公司设计编制的枢纽工程进行审查，征求有关领导及专家意见。2007年2月25日工程开工，2008年5月竣工，5月20日通过苏州市水利局组织的水下工程验收，5月31日开坝放水。工程由16米+16米两孔通航节制闸和16×180×3米船闸两部分组成。工程建筑物等别为Ⅱ等，节制闸、船闸下闸首及下游翼墙为2级水工建筑物，堤防内侧船闸闸室、上闸首及上下游靠船墩为3级水工建筑物。船闸等级为5级航道标准。工程按100年一遇洪（潮）水位设计，300年一遇水位校核。节制闸启闭权限在苏州市水利局。

钱泾节制闸 位于钱泾口。1977年6月建成，为6米净孔节制闸，属3级水工建筑物。闸底板长13米，厚0.8米，为钢筋混凝土结构。闸底板高程0.5米，闸门门顶高程6.68米，采用油压启闭机

钱泾节制闸（2018年摄）

新泾节制闸（2018年摄）

直升门。设计最大过闸流量为每秒66立方米。闸上下游各设11米长消力池，两头分别接35米和30米护坦护坡防冲槽。挡浪翼墙顶高程7米。2001年，在江堤达标工程建设时，对闸进行维修改建，主要工程内容：钢闸门门顶高程加高至7.2米；挡浪翼墙顶高程加高至8.7米，并与港堤挡浪墙联接，增建浆砌块石护坡，长100米；更换液压启闭机和变压器；翻建二层楼房。

新泾节制闸 位于新泾口。1969年3月开工，1970年9月竣工，为净孔6米节制闸，属3级水工建筑物。闸底板高程0.5米，闸门门顶高程5.95米。2000年，在江堤达标工程建设时，节制闸在原址下游30米处重建。工程于是年4月6日动工，2001年7月7日竣工。新闸为单孔闸，净宽7米，闸身长15米，闸底板高程0.5米，闸门门顶高程7.2米，采用升卧式钢闸门。设计引潮流量每秒53.77立方米，排涝流量每秒15.88立方米。其上、下游设消力池，长度分别为20米和15米，各设置浆砌块石护坦、干砌块石护坦及防冲槽。闸身上下游两岸各设翼墙，采用半重力式钢筋混凝土挡土墙，翼墙上下游各设置浆砌块石护坡。闸侧设荷载为汽—15级公路桥一座，桥面宽6.5米。防洪标准按100年一遇水位设计，300年一遇水位校核。

二、涵洞

1994年，在沿江引潮灌溉地区建有通江涵洞5座，均具有引水控制作用。1999年，实施钱泾右涵洞翻建工程。2001年2月，投入资金7.2万元，对荡茜涵洞进行大修，在工期短、时间紧的情况下，施工队克服潮水影响，加班加点施工，于4月中旬竣工，夏种灌溉未受影响。2005年汛后，对白茆涵洞、涟浦涵洞、钱泾左涵洞受损进行修复。2006年汛前，开展海塘安全详查，对查出钱泾左涵洞闸门启闭设备损坏和右涵洞闸门漏水等隐患及时进行修复。2013年，境内长江沿线5座通江涵洞完好，正常发挥引排功能。

表8-4 2013年璜泾镇通江涵洞情况

序号	涵洞名称	结构形式	断面尺寸（米×米）	序号	涵洞名称	结构形式	断面尺寸（米×米）
1	白茆涵洞	箱涵	1.5×1.5	4	钱泾右涵洞	箱涵	1.5×1.5
2	涟浦涵洞	箱涵	1.5×1.5	5	荡茜涵洞	箱涵	2×2
3	钱泾左涵洞	箱涵	1.5×1.5				

第三章　农田水利

第一节　河道疏浚

1994年起，继续重视农村水利建设，对河道进行清淤、疏浚和综合整治。1995年，疏浚河道1.4千米，完成土方48万立方米。1997年，开展内河河道勘查，对查出河床抬高、水流不畅、影响灌溉等隐患的河道进行重点疏浚，共疏浚15条，长5千米，完成土方35万立方米。1998年，疏浚镇级河道10千米，璜泾镇获苏州市农村水利建设一等奖。2001年，投入资金88万元，开展以防洪保安为重点的农田水利配套建设，完成河道疏浚土方21万立方米。2002年，投入资金96万元，疏浚河道完成土方14.2万立方米。

2004年，在新海村、长洲村境内疏浚内随塘河4.65千米，完成土方5万立方米。2005年11月，实施三漫塘疏浚工程，疏浚河段南起荡茜河，北至万新2号桥，长1870米。按河道顺直、河坡平整、河底宽度5米、河底高程0.5米、河道坡比1：2的标准组织施工。疏浚工程分3个标段，分别由3家施工单位实施，共完成土方4.5万立方米。

2006年，按照上级关于冬春水利建设“村村有行动、村村有土方”的要求，璜泾水利站工程技术人员于9月深入各村实地勘察河道、测量土方，做好河道疏浚前期排摸工作。10月下旬，首先在新联村培水塘、新明村玉影中心河开展河道疏浚工程。11月18日召开各村党组织书记、村主任会议进行发动，并组织参观疏浚现场。会后，各村纷纷行动。是年，全镇冬春水利疏浚河道46条，总长37.33千米，完成土方54.6万立方米。

农村河道整治（2010年摄）

2008年，全镇冬春水利疏浚河道20条，其中疏浚工程土方量较大的河道有湖漕塘、陶泾、迷泾、蛇泾、小桥塘、涟浦塘等。2010年，全年疏浚河道42条，其中疏浚蒋泾塘、姚塘、培水塘、芦席塘、西关王塘、横江等重要河道的工程量较大，总长14.24千米，完成土方22.6万立方米。同年，实施璜泾市河至花园塘畅流工程，大部分为实地开河，部分为河道疏浚，长300米，按河道顺直、河坡平整、河底宽度2米、河底高程1米、河道坡比1：2的标准组织施工，完成土方6211立方米。

2011年，全年疏浚河道20条，其中疏浚的千米以上河道有新华村的大潭潭、荣文村的陈大港、永乐村的南港、杨漕村的莳泾、长洲村的顾家小塘、雅鹿村的湖漕塘等。2012年，开展水环境整治，重点对王秀境内杨家泾、鹿河境内光明塘、永乐村奚家桥塘、新明村乌几浜、沿江内随塘河进行治理。2013年，在全镇冬春水利建设中投入资金229万元，共疏浚河道21条，总长17.2千米，完成土方20.22万立方米。同时，对废弃的河边滩地、临近洼地进行充填整治，新增土地复垦面积57.5亩。

1994—2003年，历年疏浚河道情况因资料缺失无从统计。2004—2013年的10年间，全镇累计疏浚河道291条（含复浚），其中太仓市级河道4条、镇级河道15条、村级河道272条，总长276.16千米，完成总土方377.92万立方米。

表8-5　2004—2013年璜泾镇疏浚河道统计

年份	疏浚河道（条）	总长（千米）	完成土方（万立方米）	年份	疏浚河道（条）	总长（千米）	完成土方（万立方米）
2004	20	33.41	39.16	2010	42	50.03	75.30
2005	16	14.46	20.23	2011	20	21.16	22.88
2006	46	37.33	54.60	2012	26	18.30	30.90
2007	52	35.36	43.22	2013	21	17.20	20.22
2008	20	26.99	31.81	合计	291	276.16	377.92
2009	28	21.92	39.60				

第二节　农田沟渠

农田沟渠通常指“内三沟”和“外三沟”。“内三沟”指竖沟、横沟和腰沟，由村农机队机械作业完成，也有少数小面积田块由耕地承包者人工开挖。“内三沟”属田内沟，涉及所有承包户，历年开挖情况无从统计。“外三沟”指上水沟、排降沟和隔水沟。因“外三沟”一般较长，带有关联性、系统性和共用性，故需要集体行动，统一规划、统一标准、统一放样、统一施工、统一验收。

1994年起，各村继续重视田间水利建设，每年都要组织力量，开挖、疏浚“外三沟”。是年，各村全面开展外三沟整治，共新开挖外三沟42条，疏浚1945条，完成土方5.17万立方米。1997年，要求各村按照上水灌得上、雨涝排得出、涝渍降得下的标准建设农田水利工程，全镇共新开挖外三沟33条，疏浚2320条，完成土方6.59万立方米。2000年，对农田内外三沟进行全面疏通整治，要求达到光、平、顺、直、通的标准，全镇共新开挖外三沟92条，疏浚3227条，完成土方9.85万立方米。2004年，实施高标准农田建设，高质量修筑灌溉渠道，镇丰产示范方建衬砌明渠1.1千米。2005年，按照内外“六沟”配套、能灌能排能降渍的标准，兴修农田水利工程，以彻底解决部分高田灌不上、田间积水排不出、雨后涝渍降不下的问题。是年，全镇共新开挖外三沟420条，疏浚6500条，完成土方

23.5万立方米。2008年，按照水利规划实施外三沟工程，对田间沟、渠、路全面整治。易涝地块，开挖排水沟。道路堵渠，埋设管涵。对淤堵严重、排灌不畅的外三沟进行全面疏浚。是年，全镇共新开挖外三沟385条，疏浚5010条，完成土方16.2万立方米。2010年起，在高标准农田建设中，更加重视农业综合生产能力、水利生态保护能力、田间用水效益的提升，投入大量资金，用于兴建倒虹吸、衬砌明渠、混凝土暗渠等工程，农田水利建设向高标准、高质量迈进。全镇外三沟工程达到沟沟相通，沟河相通，灌排畅通。

1994—2013年的20年间，全镇共新开挖外三沟4133条，疏浚80233条，完成土方243.6万立方米。全镇建有衬砌灌排沟渠193.77千米。

表8-6　1994—2013年璜泾镇“外三沟”开挖及疏浚情况统计

年份	开挖（条）	疏浚（条）	完成土方（万立方米）	年份	开挖（条）	疏浚（条）	完成土方（万立方米）
1994	42	1945	5.17	2005	420	6500	23.50
1995	48	2060	5.90	2006	435	4770	13.20
1996	37	2270	6.69	2007	425	4990	14.40
1997	33	2320	6.59	2008	385	5010	16.20
1998	72	2677	8.52	2009	360	4750	14.90
1999	87	2910	8.09	2010	330	4570	14.20
2000	92	3227	9.85	2011	318	4680	14.00
2001	115	3525	11.00	2012	270	5156	13.50
2002	121	4300	14.20	2013	255	5375	12.39
2003	162	3810	11.20	合计	4133	80233	243.60
2004	126	5388	20.10				

表8-7　2013年璜泾镇各村衬砌灌排沟渠统计

村名	总长（千米）	村名	总长（千米）	村名	总长（千米）
新华	9.50	王秀	8.40	新海	5.95
荣文	9.70	孙桥	61.80	长洲	8.13
新联	5.45	孟河	8.26	雅鹿	18.48
荡茜	3.50	杨漕	49.60	合计	193.77
永乐	2.80	新明	2.20		

第三节　灌溉泵站

璜泾地处长江入海口，属沿江平原区，地面高程较高，自然排涝能力强，故境内建造的固定泵站均为电力灌溉泵站（以下简称“泵站”）。

1994年，全镇有泵站35座，流动打水机船16只，设临时潜水泵（俗称“水老鼠”或“电老鼠”）306台。是年，在新联村镇级千亩丰产方新建泵站1座。1995—1997年，全镇改造、新建泵站19座。

1998—2001年，新华村新建泵站6座，新联村3座（其中一座为双泵站）。

2005年，因实施新七浦塘荡茜河段拓宽改道工程，荡茜村投入资金138万元，新建8英寸泵站3座，设6英寸潜水泵16台，砌筑车口19个、渠道500米，架设低压电线990米。2009年，杨漕村、长洲村自筹资金，各建泵站1座。同年起，积极向上级争取项目资金，用于水利建设。是年，雅鹿村得到中央财政小型农田水利项目（以下简称“农水项目”）资助，改造、新建泵站7座，农田受益面积1495亩。2010年，荡茜村新建泵站2座，其中一座利用农水项目资金建造。

2011年，利用农水项目资金，王秀村新建泵站3座、孟河村1座、新明村2座、雅鹿村1座，其中建在雅鹿村39组的中心泵站，泵房面积100平方米，设14英寸水泵，电机功率15千瓦，建衬砌渠道6.16千米，农田受益面积800亩。利用农水项目资金，在镇农业园区新建太阳能泵站和喷滴灌泵站各1座。太阳能泵站泵房面积250平方米，电机功率15千瓦，农田受益面积750亩。喷滴灌泵站泵房面积100平方米，电机功率18.5千瓦，农田受益面积500亩。利用国家农业综合开发项目资金，孙桥村和孟河村各新建泵站7座。利用太仓市水利项目资金，孙桥村增建泵站8座，另自筹资金建1座。

2012年，利用农水项目资金，荣文村新建泵站1座、孙桥村2座、孟河村4座、杨漕村11座，其中孙桥村建在7组的泵站为喷灌泵站，泵房面积90平方米，设15英寸水泵，电机功率16千瓦。同年，荣文村、杨漕村自筹资金，分别自建1座和2座。

2013年，利用农水项目资金，孟河村在13组大棚蔬菜基地建泵站1座，受益面积150亩；新海村在11组和14组各建1座，均采用14英寸轴流泵、15千瓦电机，农田受益面积550亩。同年，利用镇、村自筹资金，荣文村新建泵站16座，新联村建1座，荡茜村建1座，长洲村建5座。至2013年末，全镇拥有大小固定灌溉泵站167座，电机总功率1326.5千瓦。

表8-8　2013年璜泾镇各村固定灌溉泵站统计

村名	泵站（座）	电机总功率（千瓦）	村名	泵站（座）	电机总功率（千瓦）
新华	8	51.00	孟河	13	97.50
荣文	15	120.00	杨漕	32	255.00
新联	12	90.00	新明	4	30.00
荡茜	3	22.50	新海	6	67.50
永乐	5	37.50	长洲	8	60.00
王秀	20	150.00	雅鹿	11	101.00
孙桥	30	244.50	合计	167	1326.50

第四节　农桥修建

1994年起，农桥改造继续实行分级管理，镇级农桥由镇出资修建，村级农桥由村出资、镇补助修建。至2000年，镇、村自筹资金，全镇新建、改建、修缮农桥65座。

2001年后，开始全面整治农村危桥，农桥建设步伐加快。2002年，全镇投入52.4万元，修建危桥13座，年内完成太仓市下达的农桥改造任务。2003年，投入资金210万元，完成农桥维修改造23座，其中璜泾片区内9座，鹿河片区内14座。

2004年起，积极向上级申报项目，争取项目资金用于农桥建设。是年，利用省小型公益设施"乡间彩虹"项目资金，在孙桥村和长洲村分别新建新孙桥和陶泾桥，合计投资52万元。同年，实施政府实事工程，在建华村和长洲村分别新建伍胥2号桥和长洲水闸桥，合计投资50.9万元。另改建农桥2座，维修1座。

2005年，全镇共投入171.4万元，修建农桥14座，其中有4座农桥被列入"乡间彩虹"项目，分别为位于林场村17组的鸭头湾桥、广新村2组的戚家港桥、孟河村23组的轧厂桥和长洲村泗洲境内的争光桥，是年年底竣工，总投资61.1万元。2006年，全镇共投入226万元，新建农桥2座、改建6座、维修7座，其中被列入"乡间彩虹"项目的农桥有5座，分别为三漫塘2号桥、草庙桥、生长桥、陆家桥、东胜桥，是年年底竣工，总投资92.7万元。

2007—2009年，全镇共投入600余万元，新建改造农桥24座，新建改造的重点农桥有洋圩泾桥、糖坊桥、西关王塘桥、横江桥等。2010年，投入190.13万元，实施"乡间彩虹"工程，新建改造农桥8座，分别为位于新华村境内的关池桥、荣文村邢庄境内的顾方桥、新联村境内的海城6号桥、王秀村境内的新东桥和周家桥、孙桥村境内的白荡桥、杨漕村建民境内的双纲河桥、长洲村境内的涟浦桥。

2011年，全镇修建改造农桥20座，其中实施"乡间彩虹"项目修建8座，实施中低产田改造项目修建5座，实施农水项目新建1座、拆坝建桥1座、危桥改造3座，镇、村自筹资金修建2座。2012年，实施"乡间彩虹"工程修建农桥9座。同年，开展农村危桥调查，共摸出桥脚歪斜、桥面损坏、无栏杆的人行危桥188座，是年投入资金66万元，维修改造危桥88座。

1994—2013年的20年间，全镇共完成农桥修建351座，其中新建253座，维修改造98座。

第四章 防汛抗灾

第一节 组织领导

20世纪90年代，璜泾防汛抗灾组织领导机构为“太仓市璜泾镇防汛抗旱指挥部”，在各村建有相应的防汛抗灾领导小组。每年防汛期间，由镇指挥部统一指挥，通知各单位加强值班检查，做好防台抢险准备。指挥部组成人员随历年人事变动而做出相应调整。

进入21世纪，随着沿江防洪设施的加固完善，抗灾能力不断提高，对一般灾情，水利站能按日常工作处理。若遇到台风来袭、出现洪涝险情，则由镇指挥部统一指挥，开展防汛抗灾工作。

2010年后，防汛抗灾工作走向正常化、制度化，指挥部每年制订工作计划，落实防汛责任制。对沿江江堤划分地段，明确防汛责任地段。防汛责任制镇、村上墙，制定防汛责任卡，责任落实到人。每年汛前，组织防汛详查，对查出的安全隐患及时进行排除，同时储备防汛物资，以备应急之用。

2013年，对镇防汛抗旱指挥部组成人员进行调整，调整以后的组成人员由镇党委、人大、政府领导和各村（社区）主任、各相关企事业单位负责人共50人组成。指挥部总指挥由镇政府镇长担任，常务副总指挥由分管农业农村工作的镇党委副书记和镇政府副镇长担任，副总指挥由镇相关分管领导和水利站站长担任。指挥部下设办公室，设于璜泾水利站内，由站长兼任办公室主任。同时，对各村防汛抗灾领导小组也做出相应调整。除建立健全镇、村防汛抗灾组织领导机构外，全镇还建有防汛抢险专业队伍和民兵应急分队20个，其成员平时务工，防汛抗灾时参加抢险救灾工作。

第二节 防汛物资

1994年，在璜泾供销社棉花收购站、生产资料部设有防汛物资仓库和存放点，共储备草包5000只、毛竹300支、树棍500支、铅丝60千克、雨衣（具）200套、柴油2吨。1997年，开展汛前防汛物资清点，按太仓市防汛指挥部下达的储备数量给予补足。所有物资由镇防汛抗旱指挥部统一调度使用。2000年，为江堤抗洪增加防汛积石应急备用。2002年后，防汛物资由璜泾水利站负责保管，并实行专仓储存、专人负责、专材专用。2004年起，增加储备防汛专用的土工布编织袋。2007年，增加水泵、电缆线、投光灯为防汛物资。2011年，增储土工布袋5000只、6英寸潜水泵10台、电缆线300米。2012年，添置铁丝100千克、投光灯10只。2013年，在水利站建造防汛物资仓库。年末，设防汛物资仓库两处，分别为水利站专用仓库和荡茜村农机队机房，共储备防汛物资：草包1万只、土工布袋2万只、毛竹100支、铁钉50千克、铅丝50千克、投光灯10只、雨衣及雨鞋20套、救生衣20套、电缆线500米、水泵50台、50千瓦发电机组1台（套）、12千瓦发电机组2台（套）。另外，分别与一个竹制品经营户和四个民营水利工程队签订协议，协议储备毛竹500根，可调用载重卡车10辆、挖掘机6台、移动发电机组3台（套）计80千瓦、钢管5吨、木棍100支、1千瓦投光灯2只；可供应急使用。

第三节　抗灾纪实

1994—1996年，有3次台风袭击境内，但影响较小。因及时做好防御准备，未造成重大损失。

1997年8月18日，11号强台风袭击境内，长江口风力达10~11级，平均降水66.4毫米，沿江水位超出警戒线，全镇组织人力物力，加固海塘险工地段2处，成功抵御狂风巨浪。

1998年6月，长江暴发全流域特大洪水，在洪峰进入境内期间，镇组织民兵应急分队和防汛抢险专业队对江堤昼夜巡查，对闸涵落实专人看守，对查出的3处险工地段及时进行抢修。由于严防死守得力，顺利通过汛期，未发生险情。1999年6月26—30日连降暴雨，降雨量达366.2毫米，境内地势低的农田受淹、工厂进水。发生涝灾后，境内4座通江节制闸和5座通江涵洞全部开启排涝，镇村迅速组织力量排涝抗灾，把雨涝灾害降到最低限度。

2000年7月初至9月中旬，有5次台风或强热带风暴影响境内，镇、村领导亲临江堤一线指挥抗灾工作，组织人力加固江堤2处120米，安排人员巡回检查，落实应急措施和抢险准备。台风期间，未出现一起渗水、漫溢等险情。2001年6月22—24日和7月6日，先后受2号“飞燕”台风、梅雨和4号“尤特”台风影响，境内出现强降雨，6月24日凌晨，内河水位急剧上升至4.15米。针对严峻汛情，镇发动各村、各单位干部群众全力投入抢险抗灾和生产自救，沿江所有通江闸涵全部开启排涝。由于防汛早做准备，抗灾及时有力，江堤安然无恙，涝灾得到减轻。

2002年，开展汛前大检查，通过对海塘工程详查，发现险工险情2处，主要是老鸭棚江堤外排水管破裂，直接冲刷芦滩危及堤坡；荡茜口北转角30米滩地受江水侵袭，同样危及江堤。事后，对2处险工地段及时抢修，排除险情。是年，“威马逊”和“森拉克”台风来袭，由于防台防汛措施得力，全镇安全度汛。2004年汛前，组织防汛人员及沿江6个村主要领导对沿江海塘进行全线详查，发现险工险段5处，事后及时进行抢修，排除险情。同年，7月3日的7号强热带风暴“蒲公英”台风和中旬的“圆规”台风袭击境内，长江沿线江堤未出现险情。

2005年，境内先后受到5号、9号、15号3次台风袭击，其中8月5—7日的9号“麦莎”台风和

9月11—12日的15号“卡努”台风正面袭击境内。面对汛情灾情，镇组织防汛巡逻队、抢险队、民兵应急小分队41个1095人，冒雨巡查江堤，关注风、暴、潮动向。防汛期间，璜泾水利站8名在职人员坚持24小时值班。由于早做准备，严防死守，防汛抗台措施得力，未发生重大灾害损失。2006年7月14—15日的4号“碧利斯”台风和强热带风暴袭击境内，海塘工程多处受到不同程度损毁。台风过后，镇水利站及时组织力量进行修复，突击抛石80米，翻建护坡块石120米，修筑加固堤顶土体和沉陷迎水坡2000米，加固土方5000立方米，抢修通江涵洞1座。

2009年8月2日出现大暴雨，1天雨量达315.5毫米，造成内河水位迅速升高，部分农田受淹，农作物倒伏。雨涝灾害发生后，镇防汛指挥部迅速组织人力物力，全力投入排涝救灾工作。由于璜泾地处江边泄洪较快且救灾及时，雨涝后除少数低田受灾减产外，农业未受到重大损失。2012年，开展汛前涵闸检查，对钱泾左涵洞启闭机设施损坏、白茆涵洞启闭螺杆弯曲进行修复。同年8月6—9日的11号“海葵”台风强势袭击境内，新泾水闸上游400米河坡受到冲刷，造成右岸边道路塌方。台风过后，投入资金50万元，对受损江堤道路及时进行修复。1994—2013年的20年间，璜泾在防汛抗灾中未出现决堤、人员伤亡等重大事故。

第五章　水利管理

第一节　水资源管理

一、节约用水

1994年起，每年以“‘3·22’世界水日”“中国水周”为契机，开展节约用水、涉水法律法规宣传活动，营造全民节水、爱水、保护水环境的社会氛围。是年，在第2届“世界水日”和第7届“中国水周”活动中，太仓第三棉纺厂、璜泾中学、璜泾中心小学等单位刊出珍惜水资源、保护水环境宣传板报，张贴节约用水宣传标语，提高企业职工和中小学生节约用水的自觉性。

1996年，贯彻执行国务院《取水许可证制度实施办法》，促进水资源合理开发利用，凡被列为取水报批的单位，应申报领证后方可取水。是年，全镇3家用水大户申报获批，领取取水许可证，用水控制在许可限量内。1998年，王秀镇并入璜泾后，全镇取水领证单位达7个。同年，督促取水单位进行取水许可证年审，年审率达100%。

2000年，以第8届“世界水日”和第13届“中国水周”活动为契机，广泛开展节约用水、计划取水、珍惜水资源、保护水环境宣传活动。镇举办涉水法律法规培训班2期，取水大户负责人及管理人员150人次参加。在镇区人居集中的路段拉出宣传横幅12条。

2003年，鹿河镇并入璜泾后，全镇企业取水大户达16家。是年，继续执行取水许可年审制度，督促取水单位如期进行年审，年审率达100%。2005年，按照上级下达的计划用水指标，严格控制取水量。对取水许可持证单位的计量设施进行检查，对计量精准不高的水表予以更换。2007年，对全镇取水户进行建档，完成自备水源取水企业“一户一档”工作。2009年，对自备水源取水户年度取水计划进行审核，按下达指标对各取水户进行合理分配，杜绝超计划取用现象。同时，做好自备水源取水户基础数据库统计和录入工作，建立自备水源取水户台账。2010年，全镇有100余家喷水织机企业实施水循环利用。

2011年，在纪念第19届“世界水日”和第24届“中国水周”活动中，在镇区悬挂宣传横幅22条、制作水法宣传牌40块。水利、环保部门到农贸市场设摊，开展宣传、咨询活动，发放宣传纸杯两箱5000只、环保筷3000双、水法宣传材料100余册。

2012年，对重点取水户计量设施及遥测设备进行安装改造，实现取水量在线监测。江苏长乐纤维科技有限公司安装超声波流量计。是年，开展珍惜水资源、保护水环境“进农村、进企业、进社区”宣传活动。同时，镇水利站协助荣文学校安装节水龙头，把学校节水工作落到实处。

2013年，全镇有取水许可持证单位7家，均为非农业用户，全年取水许可水量为676万立方米，计划取水量为356万立方米，实际取水量为215万立方米。节约用水、计划用水取得实效。

二、禁采地下水

1994年，境内有深井20眼，分布于7个企业和5个村。其中5眼深井除供拥有单位自用外，还与璜泾自来水公司2眼深井管道联网，为居民提供生活用水。1996年，加强地下水资源开采管理，对水源井拥有单位核发使用证，做到一井一牌一照一卡一证，使地下水的开采和管理接受社会监督。1997年，对取水计量设施进行抽查，共抽查6个单位，8眼深井，8台取水泵，发出取用水改正通知书3份。1998年，贯彻上级文件精神，向有深井的单位下达地下水用水计划，限制地下水开采量，若超采则加征水资源费。同年，改进深井取水计量设施，用精度较高的水表替代水量跟踪计时器。

2000年，根据上级关于苏锡常地区地下水限期禁采的要求，做好深井封填前期调查摸底工作。境内共有深井26眼，其中璜泾片区内20眼，王秀片区内6眼。同年，长江江边一家企业擅自开掘深井被处罚，深井随即封填。2001年，配合太仓水利局做好辖区内封井工作，年内封填深井6眼，其中璜泾片区内2眼，王秀片区内4眼。

2003年，鹿河镇并入璜泾后，璜泾境内共有深井31眼，其中鹿河片区内11眼。2004年起，强化地下水资源管理，严格控制地下水开采量，同时加大深井封填力度。是年10月，璜泾自来水公司与太仓自来水管道联网后，改用长江水，璜泾自来水公司联网供水的7眼深井停用封填，另有荡茜、华南（邢庄境内）、广新等3个村单独供用村民生活用水的3眼深井停用封填。2005年，全镇又封填深井9眼，完成太仓市下达的封井任务。2006年起，因企业歇业、转产、移址、改用地表水等原因，先后有5家企业的7口深井封填。至2013年，仍保留深井的企业有5家，有5眼深井，其中4眼仍在正常使用，1眼已停用但未封填。是年，全镇拥有深井的5家企业，年取水许可水量为35.3万立方米，计划取水量为12.5万立方米，实际取水量为4.05万立方米。地下水资源得到有效保护。

第二节　河道保洁

1994—2000年，由村临时组织人力，对主要河道进行清理。2001年起，各村开始落实河道保洁人员，对部分河道进行经常性保洁，主要任务是打捞河面漂浮物，清除河岸生活垃圾和建筑垃圾等。

2003年，在开展农村“三清”（清洁村庄、清洁河道、清洁家园）工作中，加大河道保洁工作力度。全镇投资100余万元，集中开展农村河道清理整治，全镇河道开始呈现“底清、面洁、岸净”的河容河貌。2004年4月起，全面推行农村河道长效管理制度，各村落实河道管理保洁员共60人，全镇纳入保洁的河道有233条，总长度239.66千米。2005年，全镇成立河道保洁队伍19支，落实保洁人员130人。保洁人员着黄马甲，对河道实施常年保洁。同年起，镇与村、村与保洁员分别签订河道保洁合同。

2006年，镇成立河道长效管理领导小组，建立河道保洁台账。全镇河道保洁队伍扩大到26支，落实保洁人员185人，负责全镇318条总长272.92千米河道的保洁工作，投入保洁经费43.8万元。在每条河道行人见得到的河旁，分别设立河道保洁告示牌，上面写明河道名称、长度、长效管理责任人、管护标准和监督电话，方便群众监督。是年起，镇对村河道保洁情况每季度考核一次，村对河道保洁员每月不定期检查一次，每次检查考核评分，并与各保洁队员的工资报酬挂钩。

2007年，全镇河道保洁队伍调整为16支，落实保洁人员182人。纳入保洁河道增至431条，总长328.17千米。制作设置保洁责任牌135块。为保洁人员购买人身意外保险，出险最高赔偿额度达60万元。全镇全年投入保洁经费180万元。2009年，各村加强与保洁人员沟通联系，明确保洁范围和保洁标准。2011年，调整河道保洁人员。考虑到河边劳作、水上捞物的安全性，不再聘用大龄人员，重新招聘年龄相对低的人员，充实保洁队伍。

2013年，完善督查机制，细化责任考核。镇组建考核小组，对河道保洁工作进行抽签考核。每月考核两次，每次在璜泾、王秀、鹿河三个片区各考核两个保洁组，由镇考核小组随机抽定。检查后，根据保洁质量优劣，分别给予保洁人员当月奖罚。考核不合格的，除扣减保洁人员工资外，还将保洁人员的保洁河道确定为下月的必检点，若再次不合格，则对保洁人员扣减工资且额度翻倍。由于考核工作到位，奖罚分明，全镇河道保洁质量得到提高。是年，全镇纳入保洁管理的河道有445条，占境内河道总数的92.5%；保洁河道总长423.45千米，占境内河道总长的91.7%。全镇有保洁队伍18支，保洁人员205人。

第三节　水政执法

1994年，由璜泾水利站负责全镇河道、水资源、水利工程、长江采砂等各类水事案件的查处工作。1996年4月，璜泾成立太仓市水政监察大队第六中队，即璜泾水政监察中队，设于璜泾水利站内。1997年起，严格执行《太仓市长江岸线开发利用规划》，禁止任何单位擅自占用岸线而破坏江堤防洪工程。是年，依法查处江堤违章建筑2间50平方米。1998年，开展水利设施安全保护检查，拆除江堤管理范围内违章建筑及设施5处，清除荡茜河、蒋泾塘网簖7处。

2001年汛期前，对荡茜河、钱泾、新泾、石头塘河流内的网簖等阻碍行洪的渔具进行全面清理，确保汛期泄洪通畅，安全度汛。共拆除网簖5处，清理荡茜口滩地违章建筑物2处。2003年，执行《苏州市长江防洪工程管理条例》，实施防洪工程达标管理，收复江堤外占用滩地3处，清理闸边堤旁违章建筑2处。同年，严厉打击长江非法采砂行为，截获并处罚违法采砂船只5艘，有效遏制了在璜泾水域非法采砂的势头，维护长江河势稳定，确保长江江堤安全。2005年后，严格控制开采地下水资源。是年，查处非法私自打深井案件1起。继续加强巡查，禁止任何单位和个人在长江水域内非法采砂。2007年，依法实施涉水事项监管，开展河道工程占用调查，将以前未批占用项目纳入领证及年审管理。2009年，实施禁止长江采砂“强化管理年”，加强长江水域水上执法检查。10月23日，取缔白茆口非法采砂船窝点，没收7艘非法采砂船上的采砂机具。

2011年，结合防汛专项检查，调查摸清钱泾塘、石头塘、随塘河网簖7处。同时，做好市级河道内网簖拆除及防洪障碍物清理的宣传工作，向设簖户发出“限期清除行洪障碍物通知书”7份，至5月底全部完成河道清障工作。同年，开展水政巡查，共发现未批先建占用河道岸线、非法填河、私掘深井、船只在内河无证停泊等行为8起，后经教育制止，均恢复原状或纳入管理。2012年，加强水政监察检查，璜泾水利站分管领导每月带队巡查不少于2次，水政监察员每周巡查不少于1次，依法对辖区内水事违法行为进行查处，保障水利工程安全运行。是年，查处涉水案件16起，其中3起未批先建占用河道岸线案件，由当事人办理报批手续。2013年，专项整治内河船舶违章停泊2起，回购并拆除船舶7艘。查处未批先建占用河道岸线5起、非法填河事件1起、私掘深井3起。对钱泾塘3处网簖设簖人发出拆除通知书，责令其限期拆除，拆除后又组织人员对拆除未尽的毛竹进行拔除清理。是年，全面完成市级河道内防洪障碍物的清理工作。

第四节 涉水收费

1994年起，璜泾水利站做好涉水收费工作。收费项目主要有水资源费、水利工程水费、农业水费、南水北调基金、堤防岸线占用补偿费等。1994—2013年的20年间，收费项目有所变化，有的新增，有的停收。1994—2002年，因资料缺失，全镇涉水收费情况无从统计。2003—2013年，全镇各类涉水收费总额达1010.52万元，其中水资源费690.36万元、水利工程水费181万元、农业水费27.63万元、南水北调基金92.15万元、堤防岸线占用补偿费19.38万元。

表8-9 2003—2013年璜泾镇涉水收费情况统计

单位：万元

年份	水资源费	水利工程水费	农业水费	南水北调基金	堤防岸线占用补偿费
2003	19.67	12.95	10.53	—	—
2004	64.89	5.22	17.10	—	—
2005	88.11	12.12	—	—	—
2006	101.66	20.94	—	—	—
2007	73.10	22.23	—	13.40	0.60
2008	56.82	14.90	—	9.87	0.56
2009	56.72	15.28	—	10.91	6.62
2010	58.64	15.75	—	11.86	3.22
2011	60.44	19.22	—	14.31	1.95
2012	58.25	19.83	—	14.57	4.56
2013	52.06	22.56	—	17.23	1.87
合计	690.36	181.00	27.63	92.15	19.38

第五节 管理机构

境内水利管理机构为太仓市水利局璜泾水利站。1994年，称太仓市水利局璜泾水利农机管理服务站。站址：沙鹿路新华桥北堍西侧、新华村9组境内。占地面积1206平方米，有二层楼房1幢，另有平房2幢，建筑面积494平方米。有在职工作人员7人。2001年，璜泾水利农机站下属的农机门市部完成产权制度改革。

2002年6月，水利、农机机构改革，水利单设建站，农机并入镇农业技术服务站。2003年10月8日，璜泾水利站和鹿河水利站合并，组建璜泾水利站，有工作人员12人。同年，实行站、村挂钩，安排工作人员6人，每人挂钩联系2~3个村，协助各村做好水利工作。2007年7月，邀请扬州大学编制《太仓市璜泾镇新农村建设水系规划》，并通过专家论证，为全镇水系布局、防洪排涝、河道生态修复、水环境治理等水利建设和管理提供重要依据。

璜泾水利站（2018 年摄）

2008年1月，办公地点移至荡茜口，借用太仓市堤闸管理所荡茜枢纽办公楼办公。2011年，水利站完成体制改革，为财政全额拨款单位。2012年，实现水利工程管护信息化，璜泾与太仓市级监管平台连接共享。2013年12月，迁移至新建的办公大楼，站址位于荣文路15号、永乐村6组境内。占地4900平方米，办公楼有3层，1250平方米。有在编工作人员11人。

1994—2013年，历任站长：戴兴元（1994—2007.5）、张志刚（2007.5—2011.3）、林浩（2011.3— ）。

第九篇 工业

1994年，全镇有工业企业74家，另有注册登记的个体工业户125家，年末工业总产值15.38亿元（按原规定统计，之后按新规定统计），利税4798万元。1996年，实施企业产权制度改革，镇村办企业转为民营企业。1998年，王秀镇并入璜泾后，年末全镇工业企业117家，工业总产值15.41亿元，利税8005万元。

“中国加弹第一镇”宣传广告（2007年摄）

1999年，通过宣传导向、政策扶持，鼓励农民投资创业，全镇民营企业加快发展。是年，全镇新增民营企业和个体工业户172家。因璜泾发展化纤加弹业有基础，故新发展的民营企业大多从事化纤加弹业。2000年，全镇化纤加弹业初具规模，成为全国规模较大的加弹丝生产基地之一，被中国纺织报誉为“中国加弹第一镇”。

2003年，鹿河镇并入璜泾后，年末全镇工业企业622家，工业总产值57.31亿元，利税3.61亿元。2004年，璜泾被中国纺织工业协会授予“中国化纤加弹名镇”称号。2005年后，全镇工业企业运行质量提高，规模效应日益显现。2007年末，全镇工业企业751家，其中工业产品销售收入超千万元的规模企业达213家。

2010年后，推进工业企业转型升级，在做大做强化纤加弹产业的同时，注重引培其他门类的高新技术企业及产品，全镇工业可持续发展能力得到增强。2012年，璜泾镇获评“中国产业集群经济示范镇”，入选中国县域产业集群竞争力100强。

2013年，全镇化纤加弹业、纺织服装业、电子电气设备制造业等各业经济不断发展壮大，全镇拥有工业企业1022家，个体工业户1087户，实现工业总产值378亿元，工业产品销售收入359.78亿元，利税总额6.56亿元，利润总额3.69亿元。

第一章　工业体制

第一节　镇村工业

20世纪80年代，璜泾通过“三引进”（技术、产品、人才），走“工科贸”结合之路，镇村办工业得到发展并取得成功经验，曾有太仓“乡镇企业学璜泾”美誉。进入20世纪90年代，镇村办工业稳定发展。1994年，境内镇村工业形成纺织、服装、机械、化工、建材等五大门类，共有企业74家，其中镇工业公司管理的集体企业主要有19家：太仓第三棉纺厂、太仓玄武机械厂、太仓医疗器械厂、太仓化纤低弹厂、太仓第八服装厂、太仓第五服装厂、太仓璜泾制塑厂、太仓华南灯具厂、太仓电镀一厂、太仓璜泾砖瓦厂、太仓水泥厂、太仓钢制家具厂、太仓璜泾胶木电器厂、太仓璜泾农具锻造厂、太仓化工三厂、太仓香料厂、太仓璜泾木器家具厂、太仓璜泾化纤加弹厂、太仓特种油品实验厂。农业公司管理的集体企业主要有5家：上船太仓甲板敷料厂、太仓璜泾船用牺牲阳极厂、太仓璜泾红木雕刻厂、太仓璜泾油面筋厂、太仓璜泾弹簧厂。另有建筑公司、经贸公司、多服公司、璜泾中学、璜泾中心小学、镇人武部和各村管理的集体企业50家。1994年末，全镇实现工业总产值15.38亿元，工业产品销售收入10.42亿元，工业利税总额4798万元，利润总额3319万元。

1995年，镇村办企业开始转换经营机制。1996年，全面实施产权制度改革。1997年，在完成企业转制后，镇村办集体所有制企业消失，继而发展民营工业。

第二节　企业转制

自改革开放后发展起来的镇、村工业企业，当时统称为乡镇企业，其产权均属集体所有。1994年，璜泾有乡镇企业74家。1995年，开始对镇办、村办企业实施以股份合作制为主要形式的改革，对一些小微亏企业，采取兼并、租赁、拍卖等方式分别予以转制。1996年，企业转制工作进一步深化，对全镇工业企业全面开展以产权制度改革为核心的企业改制工作。7月23日，镇党委、政府召开全镇企业改制工作会议。8月17日，镇党委、政府印发璜委发〔1996〕17号文件《关于企业转换机制的意见》。之后，对全镇所有集体性质的企业进行资产清查登记、产权界定，并根据每一个企业的实际情况，分别采取售租结合、先售后股、拍卖、兼并等不同方式予以转制。至1996年9月，先后有华南灯具厂等21家镇、村企业，按照有关规定并经司法公证转制为股份制企业或个体私营企业。9月22日，镇党委、政府印发璜委发〔1996〕19号文件《关于表彰第一批转制企业中经营集体资产有功之臣的决定》，对第一批转制企业中的上船太仓甲板敷料厂、太仓璜泾砖瓦厂两个企业的11位经营集体资产有功之臣予以表彰。11月20日，镇党委、政府又印发璜委发〔1996〕21号文件《关于公布转让企业的通知》，公布将太仓玄武机械厂等16家企业转为私营的情况。同时，印发璜委发〔1996〕22号文件《关于表彰第二批转制企业中经营集体资产有功之臣的决定》，对第二批转制企业中的太仓第三棉纺厂等六个企业的30位经营集体资产有功之臣予以表彰。在第一批21家、第二批16家镇属重点企业完成转制后，又对其余的镇属企业和各村的企业进行转制。至1996年底，全镇企业转制工作基本完成，1997年进行转制的扫尾工作。全镇镇村所属74家集体企业通过转制，组建股份制企业8家，转为私营企业26家、租赁企业28家。其余12家小微企业有的歇业，有的承包给个人经营。企业经营机制转换后，产权明晰，经营机制更加灵活，企业真正成为具有“自主经营、自负盈亏、自我发展、自我约束”能力的市场主体。

第三节　民营工业

20世纪80年代，境内发展起来的工业企业大多为镇村集体企业，民营工业规模较小，称个体工业户，从事有色铸件、家具制作、五金加工、防水油胶、缝纫制衣、电脑绣花等生产。1994年，全镇注册登记的个体工业户有125家。1996年，对镇村集体企业实施产权制度改革后，全镇民营企业得到加快发展。1998年，全镇私营企业增至91家，个体工业户增至420家。

1999年，镇党委、政府出台激励政策，鼓励农村党员、干部“带头创业致富、带领群众致富”。同时，优化投资环境，为投资者创业提供有利条件。是年，新联村民营经济发展走在各村前列，全村297户农户中，创办个体私营企业或在企业参股的农户有110户，占总户数的37%。为支持农户创业发展，村专门划出一块30亩土地建立私营经济小区，当年有11家私营企业进驻。除新联村外，其他各村的民营经济也有较快发展。2000年，全镇民营企业和个体工业户增至756家。

浙江桐昆集团（苏州）化纤有限公司（2009年摄）

2001年起，全镇民营工业发展继续攀升，并呈规模型发展态势。2002年10月浙江桐昆集团有限公司在璜泾永乐村投资设立浙江桐昆集团（苏州）有限公司，占地3.03万平方米，兴办年产6万吨POY切片纺项目。2003年初，江苏申久化纤有限公司落户鹿河，公司占地53万平方米，兴办总投资16.5亿元的一期工程年产6万吨POY切片纺与二期工程年产50万吨聚酯和40万吨熔体直纺项目。3月25日，举行“2003璜泾镇民营经济十大项目奠基开工仪式”。7月18日，举行“璜泾镇十大民营企业签约仪式”，签约项目10个，总投资4亿元人民币。同年8月，鹿河镇并入，璜泾民营工业经济总量自然增大。原在鹿河发展起来的江苏雅鹿集团有限公司对全镇工业经济有较大贡献份额，公司拥有6大子公司，已建成羽绒服、休闲服、西装、衬衫、毛衫、女式时装等6大专业生产基地，成为一个集研发、生产、销售和自行进出口贸易为一体的全国服装行业重点企业。

江苏申久化纤有限公司（2006年摄）

2004年，太仓时代潮化纤有限公司等喷丝企业先后投产，全镇POY涤纶长丝的产量增至50万吨。是年末，全镇有民营企业和个体工业户1346家。2005年，以化纤加弹、纺织服装为主的轻纺工业继续得到加快发展，成为璜泾民营经济的特色产业，也是全镇工业经济的重要支柱。是年，璜泾被苏州市委、市政府评为“苏州市民营经济先进集体”。2006年，璜泾镇在全国综合实力千强镇排名中列198位，全镇工业产值、销售收入列全市乡镇之首。

2008年，工业项目继续推进，总投资1.5亿元的锦凯化纤、总投资4500万元的润孚轧辊、总投资640万美元的金象合成革和总投资3000万元的丹妮尔模塑等项目竣工投产。年末，全镇有民营企业和个体工业户1645家。2009年，璜泾引进和本镇民资投入工业项目又有新的突破，全镇开工、开业项目65个。较多的业主投资兴办织造项目，喷水织机企业不断发展。2010年，全镇有喷水织机企业96家，拥有织机8500台。

2012年，规划建设占地面积达3.04平方千米的璜泾工业园基础设施建设基本竣工。是年，总投资达20亿元、年产量达60万吨POY涤纶长丝的江苏长乐纤维科技有限公司首期熔体直纺项目竣工投产，当年产量达15万吨。此外，还有苏州昱欣化纤有限公司、苏州市龙缘纺织化纤有限公司、太仓市雄瑞化纺有限公司等10家企业入驻园区，成为璜泾新的经济增长点。

2009年11月5日，璜泾工业园基础设施动工暨项目入驻仪式

2013年，境内有民营工业2074家，其中民营企业987家，个体工业户1087户，全镇实现工业总产值378亿元，工业产品销售收入359.78亿元，利税总额6.56亿元，利润总额3.69亿元。

第四节　外商及港澳台商投资企业

20世纪90年代初，璜泾工业企业开始向外拓展，吸引国外、境外客商到璜泾投资办厂。1992年10月，太仓华南灯具厂和香港荣文灯饰有限公司合资创建苏州长荣灯饰有限公司，生产的各类灯具产品95%以上外销。同年，太仓海城衬衫厂和美国一家公司合资创建苏州奥立克制衣有限公司，主要生产“奥立克”衬衫。1995年10月，日本JPF公司独资投入450万美元，创办苏州强力五金有限公司，生产各种五金配件，年销售收入500万美元。1997年9月，太仓华南灯饰有限公司与世界500强的美国库柏工业总公司合资创办苏州荣文库柏照明系统有限公司，注册资本400万美元，主要生产道路灯、庭院灯、外墙泛光灯等产品。2000年10月，太仓市金峰皮塑制品厂与华伦国际（香港）有限公司合资创办华伦皮塑（苏州）有限公司。2003年1月，香港港太控股有限公司独资创办伟建实业（苏州）有限公司。2006年4月，太仓依思特纸塑制品厂、上海闻莺企业投资管理有限公司、香港新光集团有限公司三方合资创办太仓鹿影包装材料有限公司。2009年7月，一台湾客商和本地创业人士合资创办江苏格雷特空调有限公司。2012年10月，恒兴达投资发展（香港）有限公司独资创办苏州瑞高新材料有限公司。2013年4月，嘉民苏港第五发展有限公司独资创办嘉璜工业设施（太仓）有限公司。2013年末，全镇有港澳台商投资企业16家，外商投资企业19家。

荣文库柏照明生产流水线（2018年摄）

2009年3月28日，伟建实业一期工程开工典礼

第二章　工业经济结构

第一节　经济类型

1994年，境内有工业单位201家，其中镇村办集体企业74家，外商及港商投资企业2家，个体工业户125家。1999年后，璜泾快速发展起来的加弹企业及其他企业，大多为私营企业，极少数建成有限责任公司或股份有限公司。与加弹业配套、从事辅料供应及其他的业主，大多为个体工业户。至2013年，据太仓市经济普查统计，璜泾共有工业单位2109家，其中工业企业1022家，个体工业户1087家。按工业经济类型划分，内资企业987家，其中私营企业953家，有限责任公司11家，股份有限公司3家，其他企业20家；外商及港澳台商投资企业35家，其中港澳台商企业16家，外商投资企业19家；个体工商户3936户，其中个体工业户1087户。

表9-1　2013年璜泾镇工业单位按经济类型划分及主要数据统计

工业经济类型		工业单位数（家）	营业收入（万元）	资产总额（万元）	从业人员（人）
内资企业	小计	987	2936606	2136742	23278
	私营企业	953	2407047	1281292	19713
	有限责任公司	11	52956	66766	103
	股份有限公司	3	461038	734193	3351
	其他企业	20	15565	54491	111
外商及港澳台商投资企业	小计	35	258517	152010	1618
	外商投资企业	19	88308	81038	973
	港澳台商投资企业	16	170209	70972	645
个体工业户		1087	578060	408174	7259
合计		2109	3773183	2696926	32155

第二节　行业类别

1994年，全镇工业企业主要有纺织、服装、机械、化工、建材等五大类。1996年起，新办的企业大多从事化纤加弹业，1999年后得到快速发展，至2003年全镇化纤加弹企业达250余家。在之后的10年间，新发展的企业还是以化纤加弹业为主。据2013年太仓市经济普查显示，全镇工业企业主要涉及28个行业，其中化学纤维制造业和服装服饰业以及纺织业等3个行业发展最快，每个行业的年营业收入均在10亿元以上。最高的是化学纤维制造业，有工业企业560家，年营业收入230.38亿元，占全镇工业企业营业收入总额的72.1%；其次是服装服饰业，有工业企业62家，年营业收入43.38亿元，占13.58%；再次是纺织业，有工业企业112家，年营业收入11.51亿元，占3.6%。除最为突出的3大行业外，电子设备制造业、橡胶和塑料制品业、造纸和纸制品业、金属制品业、化学原料及化学制品制造业等5个行业对全镇工业经济有较大贡献份额，每个行业的年营业收入均在2亿元以上；还有电气机械和器材制造业等其他各业也占一定份额。

表9-2　2013年璜泾镇工业企业按行业类别划分及有关数据统计

序号	行业类别	企业数（家）	营业收入（万元）	资产总额（万元）	从业人员（人）
1	化学纤维制造业	560	2303766	1160234	10736
2	服装、服饰业	62	433845	731739	5307
3	纺织业	112	115101	112473	2527
4	电子设备制造业	7	98831	53634	1087
5	橡胶和塑料制品业	33	84410	66687	1280
6	造纸和纸制品业	27	60727	26578	794
7	金属制品业	46	27451	29793	937
8	化学原料及化学制品制造业	23	21802	22987	375
9	电气机械和器材制造业	21	7678	16733	317
10	石油（油剂）加工业	15	5545	1542	71
11	通用设备制造业	8	4798	6211	59
12	专用设备制造业	27	4594	6695	288
13	黑色金属冶炼和压延加工业	2	4472	5490	55
14	非金属矿物制品业	7	3866	13185	241
15	有色金属冶炼和压延加工业	13	3752	4114	158
16	印刷和媒介复制业	8	3516	2887	131
17	仪器仪表制造业	18	3120	4011	209
18	交通运输设备制造业	6	2993	9804	108
19	医药制造业	2	1637	2581	68
20	文体和娱乐用品制造业	9	978	2556	53
21	木材加工及制品业	4	965	555	51
22	废弃资源综合利用业	1	483	175	8
23	农副食品加工业	1	475	213	5
24	家具制造业	5	129	693	11
25	食品制造业	1	55	200	6
26	其他制造业	1	55	136	7
27	燃气生产和供应业	1	51	282	1
28	汽车部件制造业	2	28	6564	6
合计		1022	3195123	2288752	24896

第三章　企业与产品

第一节　工业分布

1994—1997年，璜泾镇办工业企业主要分布于镇区及周边地区，村办工业主要集中在各村村委会驻地。1997年11月，王秀并入璜泾后，工业企业逐步向璜泾集中。2003年8月，鹿河并入璜泾后，镇党委、政府对工业发展布局做出调整，新办工业企业原则上进驻鹿河片区，尤其是2009年在鹿河新明村启动建设“璜泾化纤新材料产业园”后，新办、或迁建的企业开始向园区集中。至2013年，东部璜泾片区有工业企业660家，个体工业户532户，工业总产值169.88亿元，占全镇工业总产值的44.94%；西部王秀片区有工业企业113家，个体工业户279户，工业总产值21.18亿元，占5.6%；北部鹿河片区有工业企业249家，个体工业户276户，工业总产值186.94亿元，占49.46%。

璜泾工业分布从具体地址看，虽较为分散，各村均有，但又相对集中，基本形成了3条沿路沿线工业开发带和10个工业集中区。沿路沿线工业开发带，即湘王路沿线工业开发带（南起沙鹿路，穿过原王秀镇区，一路由镇区向王杨路延伸500米，另一路由镇区向建王路延伸300米），沙鹿路沿线工业开发带（西起湘王路，向东延伸至荣文村，再往北至李家堰），鹿长路沿线工业开发带（南至劳动桥，北至搪瓷厂）。工业集中区，即新华村民营工业示范区、荣文村广乐工业小区、新联村工业小区、永乐村加弹工业小区、璜泾创新工业园、璜泾永乐工业开发区、鹿河联影工业小区、新明村加弹工业小区、雅鹿村化纤产业园、璜泾化纤新材料产业园。至2013年末，入驻沿路沿线工业开发带和工业集中区的工业企业有875家，占全镇工业企业的85.6%。

第二节　规模企业

20世纪80年代，境内大办工业，至20世纪90年代中期已出现一批骨干企业。尤其是太仓第三棉纺厂实现工业总产值2亿元，成为首家超2亿元的企业。1996年，实施乡镇企业产权制度改革。之后，民营经济加快发展。当时，处于民营企业初创阶段，加弹业刚刚起步，企业普遍采用64锭、80锭、96锭的小型加弹机，因此规模企业较少。1998年起，镇党委、政府注重发展规模企业，鼓励企业做大做强，以取得规模优势，提高市场竞争力。2001年，开始对规模企业进行统计，当年全镇工业产品销售收入达1000万元的规模企业有27家，工业产品销售收入9.31亿元，占全镇工业产品销售收入的37.54%；利税7345万元，占全镇利税总额的50.64%。

2002年后，浙江桐昆集团（苏州）有限公司（2010年转让中润）、江苏申久化纤有限公司、苏州荣文合成纤维有限公司、太仓时代潮化纤有限公司等上规模的喷丝企业先后投产，大部分加弹丝有了本地产原料，加弹企业进入新一轮的大发展，且企业规模不断扩大，原小型加弹机逐步被淘汰，2004年全镇拥有高速纺丝机386台，2006年增至515台。高速纺丝机产量高，加弹规模企业迅速增加。2006年末，全镇工业产品销售收入达1000万元的规模企业有152家，工业产品销售收入118.21亿元，占全镇工业产品销售收入的80.61%；利税5.81亿元，占全镇利税总额的72.44%。

2007年后，雅鹿集团股份有限公司、苏州荣文集团有限公司、华伦皮塑（苏州）有限公司、太仓市兰燕甲板敷料涂料有限公司、太仓市锦艳纺织有限公司等一批重点企业不断发展壮大。苏州锦凯纺织有限公司、苏州长乐化纤有限公司、太仓市信逸纺织化纤有限公司、太仓市宏亿化纤有限公司等一批化纤企业加大技改投入力度，生产能力不断扩大，成为上规模的重点化纤企业。至2010年，全镇工业产品销售收入达1000万元的规模企业有356家，工业产品销售收入210.34亿元，占全镇工业产品销售收入的81%；利税10.91亿元，占全镇利税总额的88.7%。

2011年，镇党委、政府进一步明确发展目标，积极实施“拉长化纤产业链”“放大企业规模效应”“优化提升发展载体”“推动科学技术进步”等一系列措施，大力引进和培育规模型企业。同年起，将规模企业的统计口径从销售收入达1000万元调整为2000万元。至2013年，全镇工业产品销售收入达2000万元的规模企业有302家，工业产品销售收入261.77亿元，占全镇工业产品销售收入的72.76%；利税2.83亿元，占全镇利税总额的43.14%。其中，工业产品销售收入达5000万元的规模企业有103家，工业产品销售收入208.53亿元，占全镇工业产品销售收入的57.96%；利税1.93亿元，占全镇利税总额的29.42%。

另据《2013年太仓市经济普查资料汇编》显示，璜泾工业企业1022家，按企业销售收入分类，1000万元以下的578家，1000万元以上5000万元以下的341家，5000万元以上1亿元以下的75家，1亿元以上10亿元以下的25家，10亿元以上的3家。

表9-3 2001—2013年璜泾镇规模企业统计

年份	企业数（家）	销售收入（万元）	利税总额（万元）	年份	企业数（家）	销售收入（万元）	利税总额（万元）
2001	27	93124	7345	2008	252	1608393	112338
2002	29	114392	11198	2009	326	1790849	94434
2003	34	200544	11287	2010	356	2103391	109124
2004	49	391743	18907	2011	276	2411229	125504
2005	61	704126	18756	2012	294	2559372	55385
2006	152	1182109	58111	2013	302	2617705	28293
2007	213	1501638	80658				

表 9-4 2013 年璜泾镇销售收入 5000 万元以上规模企业统计

序号	企业名称	法人代表	销售收入（万元）
1	雅鹿集团股份有限公司	黄锦良	393575
2	江苏申久化纤有限公司	沈彭斐	359912
3	江苏长乐纤维科技有限公司	瞿振清	248155
4	苏州荣文集团有限公司	管雪平	97919
5	苏州锦凯纺织有限公司	陈锦乐	65581
6	江苏中润纤维科技股份有限公司	高忠林	50063
7	华伦皮塑（苏州）有限公司	高金岗	42889
8	太仓鹿影包装材料有限公司	黄爱萍	30634
9	太仓市天丝利塑化有限公司	盛庆华	21493
10	苏州长乐化纤有限公司	瞿振清	19912
11	太仓市信逸纺织化纤有限公司	顾耀明	19590
12	太仓市德隆化纤有限公司	黄惠琴	18923
13	太仓市宏亿化纤有限公司	陆国强	17654
14	苏州东源化纺有限公司	狄丁元	16191
15	苏州翔怡化纤有限公司	戴燕刚	15594
16	苏州市龙缘纺织化纤有限公司	倪红良	15037
17	太仓市中明化纤有限公司	顾学明	13596
18	太仓美丽纱化纤有限公司	黄宏斌	12541
19	苏州双宏纺织有限公司	钱永兴	12053
20	太仓市景泰化纺有限公司	陆云浩	11811
21	太仓市恒丰化纤有限公司	李 刚	11504
22	太仓市金祥氨纶纤维有限公司	杨复兴	11209
23	苏州勤太纺织制品有限公司	朱永明	11195
24	太仓仁德化纤有限公司	倪永忠	10999
25	苏州雅华化纤有限公司	朱月明	10852
26	太仓市兰顺化纤有限公司	瞿国清	10809
27	太仓市雄瑞化纺有限公司	戴介直	10333
28	太仓市晨丰化纤有限公司	范明岐	10038
29	太仓佩博实业有限公司	徐惠明	9859
30	太仓市利旺化纤有限公司	侯理球	9486
31	太仓市新佳化纤有限公司	戚福明	9399
32	太仓市兰燕甲板敷料涂料有限公司	李月明	9365
33	太仓市仓乐化纤厂	瞿建明	9319
34	太仓市紫竹化纤有限公司	毛彩萍	9257
35	太仓明辉化纤有限公司	华宪良	9179
36	太仓市新磊化纤有限公司	严国栋	9109
37	太仓市南洋化纤有限公司	沈雪明	8850
38	苏州精艺纺织有限公司	赵雪球	8662
39	太仓市锦艳纺织有限公司	李锦球	8109
40	太仓市佳禄化纤纺织有限公司	曹瑞娟	8103

续表

序号	企业名称	法人代表	销售收入(万元)
41	苏州凌云化纤有限公司	高锦明	7972
42	苏州瑞昱华化纤织造有限公司	朱玉华	7956
43	太仓芳怡化纤纺织有限公司	苏建明	7866
44	太仓市雅裕化纤有限公司	朱艳丽	7795
45	太仓市雄欣化纤有限公司	戴介直	7668
46	太仓市中江化纤厂	张振荣	7650
47	苏州新乐化纤有限公司	瞿耀忠	7603
48	太仓瑞怡化纤织造有限公司	戴燕刚	7581
49	太仓市新胜化纤有限公司	戴燕刚	7551
50	太仓市璜泾新丰化纤厂	徐耀明	7546
51	太仓市鑫海纸业有限公司	吴建中	7237
52	太仓市宏晖化纤有限公司	瞿庆红	7202
53	太仓华美达塑料电器有限公司	倪祖贤	7181
54	太仓市晨禾化纤有限公司	浦国平	7172
55	苏州肖氏化纤纺织有限公司	肖学秀	7135
56	太仓市申江纺织化纤有限公司	蔡进岐	7037
57	太仓市天益化纤有限公司	林燕芳	7016
58	苏州欧凯化纤有限公司	高菊萍	6998
59	太仓市恒安化纤有限公司	高永清	6973
60	太仓市锦烨化纤有限公司	冯锦良	6949
61	太仓市晓晖化纤有限公司	史晓锋	6948
62	太仓同益化纤有限公司	霍惠峰	6915
63	太仓市三丰化纤有限公司	梁臻彪	6819
64	太仓市恒悦化纤有限公司	景利平	6810
65	太仓市锦飞电镀有限公司	陆建飞	6739
66	太仓时代潮化纤有限公司	夏祖明	6720
67	苏州明盛化纤有限公司	黄红明	6719
68	苏州欣兴化纺服饰有限公司	龚瑞良	6643
69	太仓市明正化纤有限公司	黄喜明	6641
70	太仓市文胜化纤有限公司	王　文	6632
71	太仓市安圣化纤有限公司	闵建国	6607
72	苏州高洁日用品有限公司	黄艳菊	6481
73	太仓市永通化纤有限公司	夏海青	6408
74	太仓市华发化纤有限公司	戴惠芳	6407
75	太仓市华昌化纤有限公司	周惠林	6280
76	太仓市平兴化纤有限公司	周建平	6255
77	太仓隆顺化纤有限公司	范锦良	6184
78	太仓市安顺化纤有限公司	吴晓良	6121
79	太仓市桑榆化纤有限公司	史晓东	6089
80	太仓市佳纺化纤有限公司	沈　健	6088

续表

序号	企业名称	法人代表	销售收入(万元)
81	太仓市金宏化纤有限公司	徐耀红	6033
82	太仓市永发化纤纺织有限公司	陆建昌	6027
83	太仓市双达化纤有限公司	王锦明	5996
84	苏州金鼎化纤有限公司	秦孝扬	5852
85	苏州天彩化纤有限公司	周志刚	5838
86	太仓市新艳化纤有限公司	戴惠良	5811
87	太仓市海新化纤厂	包建中	5785
88	苏州同舟化纤有限公司	顾雪良	5729
89	苏州瑞恩化纺有限公司	冯玉龙	5728
90	苏州宝联化纤有限公司	黄惠其	5632
91	太仓大顺纺织化纤有限公司	潘林娣	5625
92	苏州平元化纤有限公司	胡菊华	5619
93	太仓市嘉乐化纤有限公司	沈书舫	5612
94	太仓恒佳化纤有限公司	闵建中	5575
95	太仓市引德威化纤有限公司	冯祖德	5523
96	太仓鼎业化纤有限公司	夏明元	5495
97	太仓市龙威化纤有限公司	戴志明	5463
98	太仓市恒润化纤有限公司	周建龙	5325
99	太仓市中庆化纤有限公司	陆建中	5102
100	苏州兆龙化纤有限公司	顾兆岐	5070
101	太仓市鹰鹏化纤有限公司	后鹰岐	5065
102	太仓市富宝化纤有限公司	朱晓东	5055
103	太仓市银燕化纤有限公司	马振球	5004
合计	—	—	2085317

第三节　企业选介

一、江苏雅鹿集团有限公司

公司总部原位于璜泾镇鹿河管理区新鹿路，2011年1月，迁至太仓郑和东路雅鹿大厦。公司前身是1976年9月创办的“鹿河服装厂”，1984年6月更名为“太仓西式服装厂”，1986年6月改名为“太仓雅鹿服装厂”。1994年，企业实现销售收入21976万元，创利税2572万元。

1998年12月8日，组建“江苏雅鹿集团有限公司”。公司坚持“以创新取胜，塑世界品牌”发展目标，实施“品牌化”“国际化”“集团化”发展战略。率先在同行业中通过ISO9001质量管理体系认证和ISO14001管理体系国际认证。2002年，雅鹿服装被质检总局、中国名牌推进委员会评为中国名牌产品，被质量检验检疫总局评为“国家免检产品”，“雅鹿”“雅鹿·自由自在”“Yalu&Freedom”“乡村树”服装商标被评定为中国驰名商标。公司拥有苏州汉鼎纺织科技有

雅鹿生产厂区一角（2006年摄）

限公司、太仓市雅鹿农村小额贷款有限公司、江苏雅鹿石化有限公司、苏州雅鹿置业有限公司、苏州华茂置业有限公司、贵州省赫章县德卓煤矿、苏州雅鹿控股股份有限公司、江苏百芙伦投资发展有限公司、江苏雅鹿制衣有限公司、中外合资苏州雅鹿方奕服饰有限公司、苏州长乐纤维科技有限公司等子公司（或投资控股），建成化纤原料、涤纶加弹丝、纺织服装、房地产、金融、能源等六大产业基地。在全国设有52个服装销售分公司、万余家雅鹿专卖店，聘请著名影星赵薇、陈坤和外国名模担任雅鹿羽绒服形象代言人。经过40多年的艰苦创业，公司已发展成为一个集研发、生产、销售和自营进出口贸易于一体的多功能集团型企业。2010年，公司入选江苏省百家优秀民营企业。2013年，公司实现销售收入39.36亿元，创利税20265万元，分别列太仓市销售、利税前百家企业的第6位和第12位。

二、江苏申久化纤有限公司

2003年1月成立，是上海工业投资（集团）公司投资参股的大型民营企业。地处新明村境内沙鹿路北侧。公司注册资金2.5亿元，占地面积53万平方米，员工2000余人。

2003年10月，公司总投资16.5亿元，一期工程年产6万吨POY切片纺项目建成投产。2005年7月，二期工程年产50万吨聚酯和40万吨熔体直纺项目建成投产。公司成为一家年产46万吨POY涤纶长丝、集工贸于一体的大型化纤企业。

2006年，公司提出“竞争、法制、诚信、用户、创新、效率、人才、责任、和谐”九大核心价值观，引导员工加以实践并发扬光大，以此彰显企业文化，规范员工行为准则。多年来，公司以“调结构、树品牌、出形象、保增长、谋发展”为工作重点，以“消缺陷、一丝不苟，树品牌、卷卷皆优”为质量方针，实施ISO9001:2008标准，改进质量管理体系。同时，公司制定“节能减排，清洁生产，绿色申久”环保方针，通过环境管理体系有效运行，营造企业和谐环保生产环境。2009年12月，“申久”商标被评定为江苏省著名商标。2012年，获批国家级高新技术企业。2013年，“申久”牌人造丝、弹力丝获评江苏省名牌产品。是年，公司实现销售收入35.99亿元，创利税5861万元，分别列太仓市销售、利税前百家企业的第7位和第48位。曾获评“太仓市十强民营企业”“苏州市百强民营企业”。

三、江苏长乐纤维科技有限公司

2010年8月成立，位于新明村境内璜泾化纤产业园。公司最初由10家当地加弹企业联合发起组建，主要从事纤维用聚酯和差别化、功能化化学纤维POY、FDY、DTY产品的研发、生产和销售。工程项目分二期实施。2010年11月29日，首期年产24.5万吨的熔体直纺项目奠基开工。2012年

1月，江苏雅鹿集团有限公司加盟并控股。2012年3月28日首期项目竣工，举行投产仪式。该工程采用大容量聚酯设备及成熟的工艺、最新合作开发的改进型国产卷绕技术装置、环吹风技术与智能生产管理系统，主要生产差别化细旦丝等高附加值POY产品与纤维级聚酯切片。工程投资12亿元，占地面积16万平方米，建筑面积13.3万平方米，员工1100人。

首期工程项目投产后，公司坚持“以人为本，科技领先”，重视产品的研发创新，与东华大学签订校企合作协议，成立企业研发中心，拥有一流的仪器设备，先后取得2项国家“实用新型专利证书”和16项国家专利。同时，公司在节能环保方面坚持高起点、高标准，工业污水零排放，被授予“江苏省节能减排科技创新示范企业”称号。2013年，公司实现销售收入24.82亿元。二期工程拟兴办年产40万吨熔体直纺项目，由于化纤市场因素暂未实施。

四、苏州荣文集团有限公司

公司总部位于璜泾镇荣文路荣文村境内。初创企业是村办太仓华南灯具厂，始建于1984年。1992年10月，与香港荣文灯饰有限公司合资，创办苏州长荣灯饰有限公司。1995年，村办太仓华南灯具厂转制为私营，并改名为太仓华南灯饰有限公司。1997年9月，公司与世界500强的美国库柏工业总公司合作，创办苏州荣文库柏照明系统有限公司。2005年10月，创办太仓荣文合成纤维有限公司。2011年9月，新办苏州荣文库柏光电科技有限公司。集团公司拥有“荣文库柏照明”“荣文合成纤维”“荣文库柏光电”“荣文纺织用品”“华荣彩印包装”等5个子公司。其主要产品：各类灯饰灯具、超细纤维涤锦复合丝及织制品、纸箱（纸盒）包装和彩印制品等。2013年，公司占地面积12.63万平方米，员工1300人，总资产4亿元，实现销售收入9.79亿元。

苏州荣文集团·荣文合成纤维有限公司（2009年摄）

荣文集团在灯具生产方面拥有完整的生产加工链。生产的道路灯、庭院灯、外墙泛光灯等产品曾用于武汉长江隧道工程、2008北京奥运会场馆、天安门广场国庆60周年庆典、上海中环线、杭州湾大桥、广州亚运会等多个标志性建筑中。公司与复旦大学光电系合作开发一款照明灯具——Lighting Bar，用于上海闵浦大桥的照明亮化。在化纤生产方面，建成5条差别化涤纶POY生产线、2条双组份复合POY生产线和2条双组份复合FDY生产线，拥有年产7万吨差别化纤维的生产能力。同时，公司形成了从前纺、加弹、织造、染整到缝纫的一条龙纺织品生产链，年产超细纤维制成品3000吨以上。为研发化纤新产品及其应用领域，公司与东华大学等高校广泛合作，2010年建成“江苏省太仓纤维新材料产业技术研究院”，同年与东华大学组建“企业院士工作站”，为促进企业发展提供科技支撑和人才保障。

至2013年，荣文集团为支持地方政府发展文化教育事业、兴办绿化亮化工程、修筑道路桥梁、清理河道环境、开展扶贫帮困等，捐出的资金达2000多万元。由于业绩显著，荣文集团先后获评

“全国出口创汇先进企业”“中国企业特级信誉单位”“江苏省明星企业”“高新技术企业”“苏州市国内‘两税’纳税大户”“太仓市百强企业”“太仓市环保诚信企业”“太仓市劳动关系和谐企业”。

五、华伦皮塑（苏州）有限公司

2000年10月成立，位于鹿河管理区鹿长路39号。由太仓市金峰皮塑制品厂与华伦国际（香港）有限公司合资创办，占地面积8万平方米，建筑面积55000多平方米，员工460人，总资产4.11亿元。主要从事各种PU人造革的研发、生产和销售，主要产品：服装革、沙发革、箱包革、球革、鞋革、手套革、汽车革以及其他特种革等。

华伦皮塑（苏州）有限公司（2010年摄）

公司引进国际先进的氨基酸柔软皮生产线，拥有干法生产线四条，湿法生产线五条，高档压纹机十余台，双色印刷机五台及多台意大利ROLLMAC辊涂机、喷光生产线等，年产皮塑制品150万码、聚氨酯合成革1500万米、静电植绒革100万米，产品远销欧美、非洲、中东、香港等地区。箱包革、鞋革被国内外多家知名品牌制造商广泛使用。

2006年，公司通过ISO9001:2008质量管理体系认证。2007年，被认定为“江苏省高新技术企业”，“WARREN”商标被认定为“江苏省著名商标”，PU合成革被评定为“江苏省名牌产品”。2008年以后，先后成立“太仓市华伦高分子材料研究所”“苏州（华伦）高分子材料及减排工程技术研究中心”“江苏省（华伦）合成革新材料及减排工程技术研究中心”，专业技术人员占公司总人数30%以上，获“国家发明专利”6项，授权3项。2009年NBA扣篮大赛冠军队使用的篮球由该公司提供的PU人造革制成。2010年，公司具有自主知识产权的“合成革用环保型干法PU浆料”被列入“2008—2009国家重点新产品计划项目”，并获得“江苏省高新技术产品认定证书”；产品通过欧盟REACH法标准和ROHS标准及美国、英国阻燃标准的认定；通过“江苏省高新技术企业”复审和ISO14001:2004环境管理体系认证。公司先后获评“苏州市循环经济试点企业”“苏州市节能先进单位”“太仓市环保诚信企业”。2013年，公司实现销售收入4.29亿元。

太仓市天丝利塑化有限公司（2016年摄）

六、太仓市天丝利塑化有限公司

2005年10月成立，位于璜泾工业园区。公司占地面积2.5万平方米，建筑总面积3.59万平方米，项目总投资2.4亿元。是一家提供综合性制造服务的企业，主要为客户提供各类模具的开发设计制作、大型注塑、表面工艺处理、装配组合、物流配送等服务，服务的行业涉及家电、汽车、医疗、消费电子等。公司拥有37台注塑成型机、6套全自动喷涂机器人、8条组装流水线。有注塑成型、喷涂技术人员8人。

2007年6月，公司取得樱花厨卫绿色合作伙伴资格。2009年4月取得ISO9000与ISO1401认证。2011年6月取得伊莱克斯合作伙伴资格。2012年11月被长城汽车指定为二级供应商。2013年，公司实现销售收入2.15亿元。

第四节　著名商标

进入21世纪后，各企业强化商标意识，运用商标战略和品牌效应，扩大产品知名度，提高市场竞争力。至2013年，全镇拥有全国驰名商标4件，江苏省著名商标13件。

表9-5　璜泾镇工业被认定的中国驰名商标一览

企业	商标	核定使用商品	认定时间
江苏雅鹿集团有限公司	雅鹿	服装	2002年
江苏雅鹿集团有限公司	雅鹿·自由自在	服装	2007年
江苏雅鹿集团有限公司	Yalu & Freedom	服装	2007年
江苏雅鹿集团有限公司	乡村树	服装	2007年

表9-6　璜泾镇工业被认定的江苏省著名商标一览

企业	商标	核定使用商品	认定时间
江苏雅鹿集团有限公司	蓝冰	服装等	2003年12月
江苏雅鹿集团有限公司	雅鹿	服装	2004年12月
苏州勤益化纤纺有限公司	暖庭	床单（纺织品）、毛毯、被子、床罩	2006年12月
太仓市兰燕甲板敷料涂料有限公司	兰燕及图	油漆、涂料等	2007年12月
华伦皮塑（苏州）有限公司	WARREN	仿皮、半加工或未加工皮革等	2007年12月
江苏申久化纤有限公司	申久	人造丝、弹力丝	2009年12月
苏州锦凯纺织有限公司	锦凯	弹力丝（纺织用）	2010年12月
苏州群鸿服饰有限公司	FrognieZila	工作服、皮衣（装）、羽绒服装等	2011年12月
江苏申久化纤有限公司	图形	长丝、人造丝、弹力丝（纺织用）等	2012年12月
江苏中润化纤有限公司	中润	纺织纤维	2012年12月
太仓市璜泾加弹行业商会	璜泾加弹	弹力丝、人造丝	2012年12月
苏州温橡特种橡胶有限公司	温橡及图	橡胶减震缓冲器、橡皮圈、密封环垫片等	2012年12月
苏州荣文库柏照明系统有限公司	绿宝EMERALD	灯、电灯、舞台灯具	2013年12月

第五节 名优产品

1994—2013年，璜泾镇工业企业依靠科技进步，注重产品研发，善于质量管理，积极打造名优产品。20年间，先后有30余家企业的100余个产品在各级各类产品展示会、推介会、评审会上，获评优质产品、或信得过产品、或公认产品、或推荐产品等，并获得相关奖项，其中江苏雅鹿集团有限公司生产的“雅鹿”“雅鹿·自由自在”“Yalu & Freedom”“乡村树”等4个服装产品获评中国名牌产品，有11家企业的12个产品（或系列产品）获评江苏省、苏州市名牌产品。

表9-7 璜泾镇工业产品获评省、市名牌产品一览
（按获评时间先后排列）

企业名称	产品名称	名牌级别	获评时间
江苏雅鹿集团有限公司	“雅鹿”牌男式夹克衫	江苏省名牌产品	1994—1996年度
太仓第三棉纺厂	“SMT”牌人造棉纱	苏州市名牌产品	1995—1996年度
太仓第三棉纺厂	“STN”牌粘纤纱	江苏省名牌产品	1998年
江苏蓝冰服饰有限公司	“蓝冰”牌服装	江苏省名牌产品	2003年
苏州勤益化纤纺有限公司	“暖庭”牌化纤毛毯	苏州市名牌产品	2005年
太仓市兰燕甲板敷料涂料有限公司	“兰燕”牌涂料、油漆	江苏省名牌产品	2007年
华伦皮塑（苏州）有限公司	“WARREN”牌PU合成革	江苏省名牌产品	2007年
江苏申久化纤有限公司	“申久”牌人造丝、弹力丝	江苏省名牌产品	2009年
苏州中润化纤有限公司	“中润”牌纺织纤维	江苏省名牌产品	2012年
苏州温橡特种橡胶有限公司	“温橡”牌橡胶减震缓冲器、橡皮圈、密封环垫片	江苏省名牌产品	2012年
苏州荣文库柏照明系统有限公司	“EMERALD绿宝”牌LED照明灯具	江苏省名牌产品	2013年
苏州群鸿服饰有限公司	“FrognieZila（佛朗尼齐拉）”牌男式休闲服	江苏省名牌产品	2013年

第四章　工业管理

第一节　引培人才

20世纪90年代初期，乡镇企业为引进人才、开发产品，积极与大专院校、科研单位挂钩，借助各方的技术力量，为发展本地经济服务。有的企业外聘工程师、技术员当顾问，有的聘请退休老师傅住在厂里做现场指导，有的邀请专家、学者进行技术讲座等。同时，重视本地人才的培养，通过选送到大专院校深造、选送到城市大工厂实践、组织技术培训等多种途径，培养和造就自己的技术队伍。至1996年，镇办工业企业外聘工程师5名、技术员16名，培养本地管理人才35名。是年末，全镇拥有中高级工程师3名、助理工程师20名、生产技术人员230名。

1996年乡镇企业转制后，全镇以化纤加弹业为主的民营企业加快发展。为推动企业科技进步，镇党委、政府加快引进、集聚高层次人才，培育科技型中小企业，提高自主创新能力。通过搭建人才引进平台，开展人才招聘、对接、洽谈等活动，大力引进企业管理人才、产业紧缺人才、专业技术人才、产品研发人才等。同时，做好人才服务工作，举办技术讲座、学术报告、研发论坛、设计交流等活动，为企业人才提供创新创业的展示平台和相互学习的交流平台；定期走访慰问企业高层次人才，落实各项人才政策，关心他们的工作和生活，让他们安心工作；做好高层次人才项目资助申报工作，为他们技术革新、产品开发创造条件；开展校企合作，做好大中专毕业生实习和就业推荐工作。至2013年，全镇工业企业拥有高级工程师、高级经济师等高层次人才21名，大专以上学历人才2750人，他们在各自的岗位上努力为璜泾工业经济转型升级做出贡献。

科技人才创新创业对接活动（2014年摄）

第二节　技术改造

1994年起，境内工业企业坚持以质量求生存，以新品求效益，积极实施技术改造项目。主要项目有棉纺企业的扩锭项目、灯具灯饰企业的扩产项目、服装及织造企业的设备更新项目等。1994年至2000年的6年间，全镇实施工业技改项目107个，总投资4.55亿元。

2000年后，化纤企业设备改造加快。2003年前后，先后有109家企业淘汰原使用的64锭、80锭、96锭的小型加弹机，更新购置高速纺丝机216台套，设备大多产自日本春田、法国巴马格以及英国、德国、意大利等国际著名公司，部分选用山西经纬纺机厂和无锡宏源纺机厂生产的设备。2007年前后3年中，化纤企业又进入新一轮设备更新改造，全镇新增高速纺丝机220台套。2008年起，重视节能减排，先后对37家企业的燃煤锅炉进行改造，淘汰冲天炉、退火炉、煤炉窑、蒸汽锅炉等老设备。通过技术设备改造，节能降耗收到实效。

2009年，有10家重点企业投入2.3亿元，实施扩大生产、设备更新、技术应用、节能环保等方面的技改项目，其中投入3000万元以上的项目：江苏润孚机械轧辊制造有限公司的锻钢冷轧辊生产线项目，苏州荣文库柏照明系统有限公司的LED灯具开发应用项目，江苏申久化纤有限公司的网络气、熔体管道、水泵改造节能项目。

2010年起，全镇工业技改主要投向化纤加弹、纺织服装、塑料、金属、化工、灯饰等企业的转型升级，开发新品。是年，企业技改总投资达3000万元以上的重点项目有8个。2013年，技改投资2000万元至3000万元项目34个，3000万元以上至5000万元项目3个，5000万元以下至1亿元项目1个，1亿元以上项目有2个。

1994—2013年，全镇累计实施工业技改项目1293个，总投资135.76亿元。

注：此节工业技术改造，根据镇经济发展中心和统计站提供的资料整理记载。因有的技改项目跨年度实施，故有的数据可能重复统计，与实际情况略有差异。

第三节　企业管理

1994年起，加强对企业厂长（经理）的培训教育，提高企业管理水平。各企业开展职工教育，重视新职工的就业培训，提高新职工适应就业岗位的能力。同时，加强生产管理、质量管理、劳动管理、技术管理、设备管理和财务管理等。1996年起，为控制产品品质，在各企业中推行全面质量管理和企业标准化管理，开展计量定级、升级工作，1997年璜泾获评江苏省执行标准优秀乡镇。1998年起，为提升企业形象、扩展贸易通道，各企业越来越重视企业的质量管理、环境管理、现行性标准管理以及清洁生产管理等工作。至2000年，江苏雅鹿集团有限公司、苏州长荣灯饰有限公司、苏州强力五金有限公司、上船太仓甲板敷料厂、太仓市施美电镀有限公司等企业先后通过了ISO900系列质量管理认证，有70家企业通过了现行性标准确认。太仓第三棉纺厂、苏州荣文集团有限公司等企业被省政府授予省明星企业、管理示范企业称号，周国平、管雪平等法人代表被授予省优秀企业家称号，周国平获评全国乡镇企业家。2001年，江苏雅鹿集团有限公司通过ISO14001环境管理体系认证。2010—2013年，华伦皮塑（苏州）有限公司、太仓华美达塑料电器有限公司、苏州平元化纤有限公司通过ISO14001环境管理体系认证。太仓市施美电镀有限公司、苏州强力五金有限公司等企业先后通过清洁生产审核。

第四节　管理机构

一、招商中心

2003年9月，成立璜泾镇招商服务中心（以下简称“招商中心”），为公益类事业单位，副科级建制，核定人员编制10人。招商中心设于政府机关大院内。主要职能：负责本镇招商引资规划、计划；负责招商引资项目洽谈论证，帮助企业办理落户的各项审批手续；负责收集招商引资项目信息和预测分析；为落户企业提供日常服务。至2013年，招商中心设置未变。

历任镇招商中心主任：徐洪明（2003.9—2004.10〈兼任〉）、王国华（2004.10—2006.10〈兼任〉）、邱建清（2006.10—2011.1）、毛雅萍（2011.1—2013.10〈兼任〉）、何永林（2013.10〈兼任〉—　）。

二、经发中心

1994年设工业公司。1998年10月，改称企业管理服务站。2002年6月，企业管理服务站和镇合作经济经营管理站合并，组建“璜泾镇生产经营管理站”。2009年2月，镇生产经营管理站分设为经济发展服务中心（简称“经发中心”）和农村经营管理站。经发中心为公益类事业单位，正股级建制，核定人员编制19人。经发中心设于政府机关大院内。主要职能：负责镇集体资产管理、统计、企业审计、节能降耗等工作，负责各类企业、第三产业发展规划的指导、管理、服务工作，协助企业做好重要工业品、原材料进出口的申报和管理工作，负责安全生产监督管理和服务工作，负责消防监督管理和服务工作，负责全镇质量技术监督和管理、食品生产企业安全监管工作，协助条线部门管理本镇标准化、计量工作等。至2013年，经发中心设置未变。

经发中心主任：邱建清（2009.2—2013.12）。

三、统计站

1994年，镇设统计办公室，配备一名统计助理负责统计工作。2003年9月，成立“璜泾镇统计站”，属镇政府下属的进行统计监督的管理机构，是负责工业普查、农业普查、三产普查、人口普查、经济普查、基本单位普查等各类普查的综合统计部门。1994—2013年的20年间，开展全国性农业普查、人口普查、经济普查等重大普查工作7次，完成其他各级各类普查任务不计其数，为政府制订经济社会发展规划提供了大量的统计数据和决策依据。2013年末，统计站设站长1人、副站长1人，工作人员3人。

1994—2003年，先后由统计助理吴蕴娥（1988.5—2000.7）、景伟清（2000.8—2003.9）担任

统计负责人。2003—2013年，历任站长：高雪飞（2003.9—2004.3〈兼任〉）、景伟清（2004.3—2010.1）、姚巍峰（2010.1—2011.9）、程新亚（2011.9—　）。

注：统计站属综合统计机构，因工业经济统计是此机构的重点工作之一，且人事归口在镇工业管理部门，故将此机构记载于工业篇。

四、外经贸公司

1987年，成立乡外贸公司，设于政府机关大院内。1993年6月改称镇外经贸公司，专门负责"三资"（合资、合作、独资）企业的筹办、审批、开业等具体业务的管理服务工作。2003年9月，镇外经贸公司职能由新成立的镇招商中心承担而撤销。

1993—2003年，镇外经贸公司历任经理：施福林（1993.6—1994.7）、戴友良（1994.7—2001.6）、瞿学庭（2001.6—2003.9）。

专记：

一根化纤加弹丝　铺就农民创业致富路
——璜泾镇化纤加弹业发展纪实

树可参天，唯有根深百尺；镇能做强，缘起特色产业。

一根丝，牵出了产业巨人，牵出了"全国加弹丝，五分居其一"的奇迹；一根丝，造就了"点丝成金"的"中国化纤加弹名镇"；一根丝，开拓了璜泾产业发展"新丝路"，成就了"中国加弹第一镇"的盛誉。璜泾人选择了化纤加弹业，用千丝万缕编织出一个加弹丝产能庞大的生产基地，催生了一家POY涤纶丝生产龙头企业——江苏申久化纤有限公司，培育了产品种类较为齐全、产业链较为完整的化纤产业集群。联合国一中文网站称"中国璜泾，配角产业唱主角"。

化纤加弹丝（2016年摄）

璜泾的化纤加弹业起步于党的十一届三中全会后的改革开放初期。三十多年来，璜泾人踏着改革开放的鼓点，高举创新创业的旗帜，以特有的魄力与智慧、勤劳与坚韧，推动产业由小变大、由低变高、由弱变强，促使企业从"星星点火"到"铺天盖地"再到"顶天立地"。时过境迁、发展巨变，清晰地印证出"一根加弹丝"向"纤维新材料"的华丽嬗变，也缔造了一段"小乡镇、大产业"的美丽神话，更吟诵出一曲科学发展、富民强镇的绚丽乐章。

璜泾化纤加弹业的发展，大体经历了几个阶段：

（一）萌芽阶段（1980—1985年）。1980年，自社办企业璜泾玄武轻工机械厂（原璜泾农机厂）开发试制成功第一台简易二步法加弹机起，依托地产加弹机的有利条件，公社和有关大队办起了小加弹厂（当时称社队企业），开创了璜泾化纤加弹的先河。加弹厂生产涤纶高弹丝，供应针织厂的横机加工尼龙衫裤，当时尼龙衫裤市场大，涤纶高弹丝十分畅销，因此加弹厂就越办越多。同期，化纤从针织向服装用面料扩展，而高弹丝只能用于针织，要拓展加弹市场，加弹业必须由高弹转向服装面料用的低弹。于是，一部分加弹企业利用原有的二步法高弹设备改造成一步法的小低弹设备，生产涤纶低弹丝，从而使化纤产品使用范围扩大，当时市场上供不应求。1984年，乡政府（1983年撤销公社建制，设乡）开办低弹厂，引进由无锡纺机厂生产的比较先进的VC-473低弹机2台，加弹业从土制的简易设备向大型正规设备转变。至1985年，全乡加弹企业有30余家，基本上每个村都有1~2个村办加弹厂，小型加弹机一般为64锭、80锭、96锭。众多的加弹企业为璜泾化纤加弹产业的发展奠定了基础。

（二）发展阶段（1986—2000年）。1986年起，随着改革开放的进一步深化，私营经济成为社会主义市场经济的补充，允许个人办私营企业，璜泾一些有技术基础、有销售市场、有资金实力的个人开始创办私营小加弹企业。当时，涤纶低弹丝正处于卖方市场，经济效益较为可观，所以社会上一大批原来从事手工业劳动的人员，凭借在务工中积累的资金纷纷效仿，于是璜泾的化纤加弹产业开始进入了一个发展的阶段。1991年，镇办化纤低弹织造厂引进法国FTF8E3电脑控制的高速加弹机2台，全镇的加弹业开始由机械式的加弹机转向电脑控制的加弹机。1996年，乡镇企业的转制工作全面开始，镇、村办的集体企业全部转制为私营企业，经营机制更加灵活。在这种情况下，镇党委、镇政府及时调整思路，转变策略，把经济发展的重点放到培育民营经济上来，坚持把培植个体私营经济作为全镇经济发展的“爆发点”和“速生点”来抓，并出台了发展个体私营经济的若干政策，从而有力地促进了全镇民营企业，尤其是民营加弹企业的加快发展。于是，璜泾的化纤加弹业进入了一个持续发展的时期。但是，由于小低弹机档次低、性能差、速度慢、产品质量不能适应服装用面料的需要，急需引进大型的高速加弹机。但国产的电脑高速加弹机还处于初创阶段，很难订购到新的高速加弹机。于是，各企业到全国各地采购由国营大企业关停转让的二手进口加弹机。一时间，德国、法国、英国、日本、瑞士等国家制造的FK6、RPR、FTF、SDS、8E3等各种牌号的600、700、800等机型的加弹机都被采购进来，璜泾成了世界加弹机的博览会。这样，璜泾的加弹业又得到了新一轮的发展。至2000年，全镇加弹企业发展到400余家，拥有大小加弹机680多台套，分别产自日本、法国、英国、德国、意大利等国家的著名公司，年产加弹丝30多万吨，产品覆盖江浙化纤市场，璜泾成为国内规模较大的DTY加弹丝生产基地之一。

（三）高速发展阶段（2001—2004年）。2001年，中国加入了世界贸易组织（WTO），给国内的纺织工业带来了快速发展的机遇。由于纺织业的快速发展，对纺织原料的需求大幅增长，化纤作为纺织工业的主要原料之一，同样需求旺盛。而当时璜泾的加弹机虽然有了更新，淘汰了一部分设备，添置了较多的进口高速纺机，但还有相当一部分的低档次设备无法适应市场的需要。这时，各企业更新加弹设备、提高产品档次成了当务之急。但是，进口的先进设备价格昂贵，对于刚刚发展起来的加弹企业来说，一时难以承受。而恰好在这一时期，国内的加弹机械设备不断升级，技术性能有了重大突破，尤其是山西经纬纺机厂、无锡宏源纺机厂等生产的高速纺机，电脑控制技术已趋成熟，生产速度在900~1000米/分钟。由于国产设备订购及运输方便，安装投产快。于是，各企业纷纷淘汰落后的设备，采购国产的先进加弹机械，从而为璜泾加弹业的快速发展奠定了坚实基础。而2003年，生产POY涤纶长丝的两大企业落成投产，则为璜泾加弹业的快速发展创造了有利条件。当年，江苏申久化纤有限公司年产POY涤纶长丝5万吨，浙江桐昆集团苏州化纤有限公司年产3万吨。次年，申久公司熔体纺投产，年产量达40万吨（后来产量最高的年份达50万吨）。此外，在2003年前后，还有一批喷丝生产企业相继投产。有了加弹前纺配套产品，使一大部分加弹原丝由过去的“外地购”变为“坐地产”，加弹产品开始向上游延伸发展。同时，也有效地降低了加弹企业的成本。此至，依托申久龙头企业及一批骨干企业的带动，全镇化纤加弹业呈现高速发展的态势，在江浙地区乃至全国享有盛名。2004年，全镇加弹企业发展至550余家，拥有大小加弹机1300多台，年生产能力超过60万吨，占全国加弹丝总量的20%左右。同年，璜泾镇被中国纺织工业协会命名为“中国化纤加弹名镇”。

（四）产业集群阶段（2005—2013年）。在化纤加弹民营企业发展起来以后，镇党委、镇政府针对全镇工业企业多、化纤加弹产能大的态势，及时调整工作思路和发展战略，力求“做大、做强、做优”化纤加弹特色产业，实施“拉长加粗产业链”“放大企业规模效应”“优化提升发展载体”“推动科技创新”等一系列措施，大力培育化纤加弹产业集群。镇政府规划建设化纤产业园，积极搭建发展平台，鼓励企业开发新项目。2011年，江苏长乐纤维科技有限公司诞生，由10多家民营企业抱团，合资举办化纤喷丝项目。次年该项目竣工投产，当年产量达15万吨（开足年产能25万吨）。至此，璜泾加弹业向上游又有了新的发展。在璜泾化纤加弹业发展的同时，璜泾许多民营企业业主也十分看好加弹下游织造业的发展，曾一度出现了民营企业新办、或转产、或扩产延伸发展织造业的态势，一批织造企业先后陆续投产。2012年，全镇拥有喷水织机10000余台，经编机近百台，年产坯布400多万米；加弹下游还有针织、服装、皮塑、长毛绒等企业50多家。璜泾化纤织造业的发展，改变了原加弹丝全部“外地销”的格局，使一大部分加弹丝实现了“坐地销”，整个化纤加弹产业链从中间开花发展为向两头延伸。另外，又有一批油剂、纸箱、纸管、塑料袋等生产企业为化纤加弹提供辅料产品，从而使化纤加弹产业得到配套，产业链不断完善，整个产业集群基本形成。被中国纺织工业协会、中国化纤工业协会明确为纺织产业集群试验基地。2013年末，全镇化纤加弹行业共有工业企业560家，实现产值275亿元，占全镇工业总产值的72.75%。

在30多年的发展中，璜泾化纤加弹行业发展速度之快、成绩之大，其原因离不开镇党委、镇政府以及上级领导的正确决策和引导与关心和支持，各级领导始终为民营企业引路、壮胆、添劲，创造一个群众想创业、能创业、创大业、想赚钱、能赚钱、赚大钱的环境。镇党委、镇政府重点把握：

（一）超前规划，引领发展。在民营经济起步的同时，镇党委、镇政府因地制宜做好加弹小区、工业园区的规划。先后启动了新华、新联、永乐加弹小区和“璜泾民营创新工业园”“璜泾镇南经济开发区”“鹿河新明联影工业小区”以及璜泾沙鹿路、王秀湘王路、鹿河鹿长路工业开发带等开发建设，加快推进各项基础设施建设。为了拓展新的发展空间，2009年又启动建设了“璜泾化纤新材料产业园”，规划面积3.04平方千米。2010年成立该园区管理委员会和注册1亿元的“中国太仓化纤加弹产业发展有限公司”。通过发展平台的优化提升，工业园区的功能不断得到增强。同时，先后制定《关于加快开发私营小区的意见》等多个文件，将政策向化纤加弹业倾斜，鼓励众多企业向区内集聚。

（二）骨干创业，带动发展。在加弹企业发展中，镇党委、政府把农村党员、干部和社会上的能人，推到市场经济第一线，引导、鼓励他们敢闯敢冒、创业致富，于是一大批农村骨干纷纷投资办厂，并获得成功，成为农民创业的带头人和引路人。这批人在先富起来后，积极带领群众共同致富。凡缺乏资金的，出面担保贷款；缺少厂房的，协助联系解决；技术力量不足的，提供技术指导；企业初创阶段销售无门路的，帮助开辟销路。一批先行创业的骨干成为百姓的“主心骨”，从而增添了广大村民创业致富的信心，一时间，村民讲办厂、谈投资、话发展成为热门话题，在全镇上下迅速形成了全民创业的浓烈氛围。通过若干年的发展，全镇70%的农户成了“实体老板”或“股东老板”。2013年农民人均纯收入达30008元，其收入主要来自民营企业的发展。

（三）政策扶持，鼓励发展。镇党委、镇政府先后印发了《关于加快发展民营经济的若干规定》等多个文件，为扶持民营经济发展，实行多项优惠政策。开辟土地租赁。镇组织各村进行零星废弃土地复垦，并实施置换，将置换出的土地租赁给企业使用，给予一定的租赁优惠，从而缓解了民营企业发展中的用地矛盾、降低了企业成本，为民营企业发展增添活力。协调信贷扶持。企业建厂房、上设备，投产后还要大量的流动资金，这对初创企业来说是个很大的难题。为此。镇及时协调各银行，对企业提供信贷扶持。企业每上一台加弹机，银行曾一度按每台设备市值60%的额度放贷，从而缓解了企业资金不足的矛盾。实行技改贴息。为鼓励企业技术改造和科技创新，政府对企业设备技改给予贴息补助。凡企业技改投入超600万元的，给予25%~50%的贴息补助。仅2009年全镇就有15家（其中化纤加弹企业13家）企业享受到638万元技改贴息补助。给予税费优惠。民营加弹企业初创时，采取定额征收税费，实行定额包干。即每台加弹机按一定的金额征收税费，不与产值和销售的多少挂钩。2008年金融危机时，采用地方留存部分减免50%的税收政策。同时，还减免教育附加费和房屋保障基金。

（四）科技创新，助推发展。镇党委、政府在实现全镇化纤加弹量的扩张的同时，积极依靠科技进步，努力实现质的提高。2004年，在市质监局的支持下，成立了“璜泾化纤产品检测中心”，为化纤加弹企业开展产品检测服务。通过检测，把好产品质量关。积极搭建产学研合作平台。分别与东华大学、苏州大学、复旦大学等院校建立合作关系，聘请专家、学者为技术顾问，重点围绕产品技术革新开展合作交流。太仓市时代潮化纤纺织有限公司聘请了4位工程师，成功研发出具有弹性强、吸湿性好、柔软性佳、可与真丝媲美的涤锦复合丝新产品。长乐化纤、锦凯化纤等企业，相继聘请硕士以上专业人才，研发新产品也取得了良好的成效。据统计，2004年至2006年的3年间，全镇共引进相关领域高级技术人才77名。2011年3月，荣文集团下属的太仓荣文合成纤维有限公司与东华大学共建“企业院士工作站”，组织开展了一系列科技创新活动。通过强有力的技术支撑，璜泾化纤加弹产品已从常规产品转向特种产品，生产的各类加弹丝产品在国内处于领先水平。2008年，“璜泾加弹”集体商标被评为江苏省著名商标，产品被评为江苏省优质产品，大大提高了化纤加弹产品的市场竞争力，也使璜泾化纤加弹产业走入了品牌化发展的轨道。

（五）强化服务，优化发展。镇党委、政府印发《关于认真为民营企业服务的意见》，动员各级干部牢固树立服务意识，积极支持民营企业发展，热情帮助农民创业办证照、腾场所、筑道路、通水电，真正做到你发展我引路、你投资我服务、你困难我帮助、你受益我保护。同时，动员先行创业、且经营有方的业主，开展帮扶活动，确定帮带联系户，为他们创业筹资金、选设备、调工艺、跑市场，真正起到“做给群众看、带着群众干”的带头人作用，体现领路人形象。全镇各村、各部门、各单位服务企业、服务发展活动的广泛开展，为广大农户创业提供了良好的环境，大大激发了他们创业的积极性。璜泾曾一度出现了农民在银行的存款加速流动、民间资本充分集聚、农民实体创业的热情空前高涨的局面。有的独资办厂，有的由几户、十几户农户合伙组建公司，多数民间资本投向化纤加弹业，全镇的化纤加弹总量越做越大，成为工业发展的主体经济，璜泾也由此一跃成为今天的工业经济大镇、化纤加弹名镇、民营企业重镇、农民致富强镇。

做大化纤产业、做强民营经济、做优璜泾品牌，实现报效国家、奉献社会、致富百姓的理想，这是璜泾产业人共同的心愿。百尺竿头，更进一步。如今，璜泾人民将继续发扬“创新创业、与时俱进”的精神，拿出“攻坚克难、奋勇赶超”的勇气，实施“创新发展、科学发展”的举措，努力谱写化纤加弹产业发展新篇章，再创璜泾经济社会文明进步新辉煌。

璜泾镇商会供稿

璜泾编志办核稿

2017年12月

第十篇　建筑业　房地产业

第一章　建筑业

1994年，璜泾有集体建筑公司1家，另有个体建筑队12个。2000年后，随着建设发展加快，建筑工程增多，外籍建筑队伍进入璜泾，施工力量得到加强，建筑业发展加快，境内建筑楼层开始增高。同时，建筑设备不断更新，施工技术得到改进，建筑安装趋向专业化，建筑装饰讲究精美舒适。2013年，璜泾有民营建筑企业1家，工商注册登记、持有营业证照的个体建筑队20个。1994—2013年的20年间，进入璜泾建筑市场的客籍队伍无从统计。

第一节　建筑队伍

一、建筑企业

璜泾建筑公司　前身为1974年成立的璜泾公社建筑管理站，1984年成立璜泾建筑公司，位于镇区荡茜路17号。属镇办集体建筑企业，3级资质，能承建6楼以下、房跨24米以下的房屋工程。1994年前后，有职工150人，分3个工程队，有项目经理4人、助理工程师6名、技术员15名、安全员2名。公司主要承接本地建筑施工，也曾外出承包建筑工程。当时，境内相对稍大一点的集体建筑工程基本上都由该公司承建。代表工程有镇政府办公楼、璜泾用电站办公楼、璜泾中学教学楼等。1996年后，建筑市场放开，外地建筑队伍和本地个体建筑队参与竞争，集体建筑企业的竞争优势逐步减弱。1998年，公司转换经营机制，改制为私营企业。

太仓市伟达建筑有限公司　前身为镇办璜泾建筑公司，1998年转为私营企业，2000年，公司更名为太仓市伟达建筑有限公司，获房屋建筑施工总承包3级资质。公司拥有各类完备的施工机械设备。至2013年，建筑代表工程有新华花园小高层大楼、镇文体中心大楼、新联村村委会办公楼、新华民工子弟学校等。公司承建的璜泾幼教中心教育用房工程（建筑面积4846平方米）和太仓市城厢一小综合楼工程（建筑面积4737平方米），均被太仓市住房和城乡建设局、太仓市建筑行业协会评定为2010年下半年度太仓市优质结构工程。承建的璜泾镇荣文5号车间工程（建筑面积10637平方米），被太仓市住房和城乡建设局、太仓市建筑行业协会评定为2011年上半年度太仓市优质结构工程。

二、个体建筑队

境内个体建筑队由泥水匠、木匠、石匠等建筑工匠组成。1994后，镇建设管理所继续加强建筑施工行业管理，对全镇个体泥水、木匠等建筑工匠进行登记，要求成立个体施工队需领取工商营业执照。同时，对建筑施工队负责人进行培训。至2013年，境内持有营业证照、并与相关部门和建设单位办理施工手续的个体建筑队主要有20个，各个体建筑队被核准的经营范围大致相同，但有所区别，其核准的经营范围主要有二层以下、300平方米以内房屋建筑，乡村道路、农桥修筑，土石方工程施工，彩钢棚搭建，室内外装潢，管道铺设安装等。1994—2013年，个体建筑队承建居民住宅2113户，建筑总面积达59万平方米；浇筑水泥道路320条128千米38万平方米；建造农桥120座；承建的其他工程无从统计。

三、客籍队伍

1994—2000年，境内建房、造桥、筑路等工程大多由本土建筑企业和个体建筑队施工。2000年后，境内民营企业迅速发展，新农村建设步伐加快，农户翻建新楼房开始进入新一轮高峰期，工厂建房和动迁农户建房工程量大大增加，镇外客籍建筑队伍进入璜泾建筑市场增多。2004年，昆山市水灵房屋发展有限公司承建新华花园首期公寓房。2006年，太仓市沙溪建筑工程有限公司承建璜泾敬老院2号宿舍楼。2008年，常熟天盛钢结构有限公司承建鹿河小商品市场彩钢棚工程，浙江恒川建设有限公司承建鹿河玉影路改造工程，太仓市华尔美装饰装潢有限公司承建永乐村健康教育园装潢工程。2009年，苏州苏科护栏科技有限公司承建雅鹿花园围墙锌钢工程，太仓市浮桥建筑工程有限公司承建鹿河小学道路、下水道、围墙及传达室改造工程，太仓市水利工程有限公司承建洋圩泾桥工程，太仓市永兴水利工程有限公司承建糖坊桥工程，太仓市娄东市政工程有限公司承建西关王塘桥工程。2010年后，太仓市东港建筑工程有限公司承建璜泾垃圾压缩站工程，太仓市政工程有限公司承建璜泾镇区畅流工程，太仓捷通水处理工程建设有限公司承建王秀管理区污水管道工程，太仓市华丽家装潢有限公司承建西塔、银杏社区服务中心装饰工程，太仓尚诚装饰工程有限公司承建园林路街面改造工程。1994—2003年，镇外客籍建筑队伍进驻璜泾、参与建设的情况因无记录而无从统计。2004年开始实施工程招投标，据2004—2013年镇工程招投标记录，10年间通过镇工程招投标小组招进的镇外建筑企业和个体建筑队有52家，承建工程205个，累计工程造价9200万元。

第二节 建筑施工

一、施工设备

20世纪90年代以前，建造房屋用的机械设备较为简陋，垂直起重设备以摆杆为主、少数用钢结构井架，混凝土大多人工拌和，木工也基本上使用锯子、斧子、推刨等手动工具。进入20世纪90年代后，施工机械设备有了较大改进，建筑工地除小工程仍采用起重摆杆外，大多设置井架，较大的厂房和公共事业建筑工程采用塔吊设备。混凝土施工均用拌和机、振动机、打磨机等。木工有电动锯床、刨床等，工作效率大大提高。进入21世纪后，建筑机械装备发展加快，建材起吊、混凝土搅拌及振实打磨、钢筋焊接及弯曲等作业的机械化程度提高，装潢装饰木工用的电动工具种类不断增多，有气枪打钉机、电动冲击钻、电动手枪钻、电动螺丝刀、电动切割机等，以前的手动工具大多被电动工具取代，施工效率高且质量好。至2013年，境内建筑企业和个体建筑队拥有大型塔吊11台、井架63台、混凝土搅拌机110台、卷扬机120台、电焊机42台、钢筋弯曲机35台，机械总功率830千瓦。

二、施工技术

1994年前后，境内民房建筑楼层一般为2层，墙体用黏土八五砖两侧一扁或三侧一扁砌成空兜（俗称“空兜墙”），少数民房的墙体也有用砖一侧一扁砌成。房屋走廊立柱大多采用砖砌，也有极少数用混凝土现浇。房屋圈梁大多用2至3根6毫米钢筋埋设、水泥砂浆砌成。高大的厂房和公共事业单位建房楼层在3层以上的，大多墙体实砌、混凝土现浇立柱和圈梁，框架结构和现浇楼板的房屋极少。1996年后，民房住宅的墙体结构有了改进，变以前的空兜墙体为实砌墙体，但也有少数住宅的底楼实砌、二楼空兜。为提高抗震能力，墙体开始现浇构造柱（俗称“轧墙柱”），房屋圈梁和走廊立柱用混凝土现浇。建筑施工模板采用木板封堵，方块木条钉搭固定，杉木支撑。立柱钢筋采用绑扎施工的方式，钢筋连接采用点焊搭接技术。砂浆和混凝土用拌和机作业，混凝土浇捣采用机械振动技术。2000年后，境内房屋建筑开始现浇楼板，但也有部分房屋仍使用预制空心楼板。在建筑施工模板上，有的工程采用钢模板，模板支撑使用钢管排架支撑技术。2005年后，房屋楼板全面采用现浇技术，只有部分小面积的辅房还使用预制空心楼板。现浇楼板施工模板，采用单块面积大、表面平整、装拆方便、成本较低的木质胶合板，模板支撑采用钢管排架支撑技术，个体建筑队建造民房住宅大多用杉木支撑。2010年前后，商品混凝土开始推广使用，企业厂房和工程量较大的公共事业单位建房基本上使用商品混凝土，民房住宅用的混凝土大多数现场搅拌，也有少数民房住宅工程使用商品混凝土。2013年，少数民宅屋面采用混凝土现浇技术。

三、建筑材料

20世纪90年代中期，境内墙体建筑材料主要为实心黏土砖。房屋楼板均用预制的多孔楼板。民房屋面用圆木、椽子搭建，黏土望板砖和黏土小瓦铺设；工业厂房和公共事业房屋屋面用圆木或水泥桁条、椽子搭建，纤维板或木质板铺设，纸胎油毡铺底防水，黏土平瓦盖屋面。工业厂房以使用钢制门窗为主，民房全面推广铝合金门窗，室内采用木门。给排水管采用铸铁管。1998年后，民房建筑屋面开始大量使用琉璃瓦，逐步淘汰黏土小瓦。排水管开始采用聚氯乙烯塑料管，室内给水管开始淘汰镀锌管，启用聚乙烯给水管。屋面防水材料开始使用有机硅、聚氯乙烯、聚氨酯等拉力强、不易破损的卷材。2004年后，新建民房的钢筋用量大增，混凝土现浇地基、构造柱、走廊立柱、腰箍、楼板等都需用钢筋，有的建房户建成混凝土框架屋面，钢筋用量还要增加。2013年，一幢建筑面积280平方米的2层民宅楼房，需用黏土八五红砖11万块、混凝土90立方米、钢筋14吨。

第三节　建筑安装

1994—2000年，境内建筑安装较为简单，主要是门窗安装及水、电设备安装。其门窗安装大多发包给个体专业队，少数由建筑施工队伍一并承担；给排水管道基本上由镇自来水厂施工队安装；民房的照明电线及灯具安装大多由农村电工承接施工，公共事业建筑工程的电力线路及电气设备安装一般由建筑企业自行承担，但也有少数外接承包。进入21世纪后，境内民房翻建增多，镇区建筑楼层升高，多功能建筑出现，建筑安装的门类也随之扩展，由此出现分工更为细致的建筑安装承包队伍，如门窗、照明、空调、电梯、消防、宽带、监控、音响、有线电视、水暖设备等，均由专业队伍承包安装。至2013年，全镇共有建筑安装专业承包企业3家，个体建筑安装作业队42个。

第四节　建筑装饰

一、外墙装饰

20世纪90年代，建筑物的外墙装饰以白色、淡灰色的涂料粉刷为主，部分建筑采用马赛克、条形砖装潢。2000年起，因马赛克、条形砖贴面的墙体容易渗水及脱落，故逐步淘汰马赛克、条形砖，改用单块面积稍大的外墙瓷砖，大多为坚固耐用、容易清洗、抗水、耐磨的釉面砖。2005年后，有的民房建筑外墙用大理石贴面，显得豪华大气；有的外墙用文化石装饰，具有庄重典雅之感；有的外墙底脚贴置大块毛石及石材腰线；少数公共事业单位和企业办公大楼也有用铝合金板、玻璃幕墙等装饰。至2013年，建筑外墙装饰更加讲究科学，普遍追求保温、隔热、隔声、防水、美化等功能，外墙装饰工匠的专业分工亦更加细化。贴置底部毛石、石材腰线、大理石、文化石和安装铝合金板、玻璃幕墙、石质门框窗框、铸铁或不锈钢围墙，等等，均有专业工匠负责施工。

二、室内装饰

1994年后，室内墙面大多用面漆打底、涂料粉白，少数居民家中的墙面用壁纸、墙布、护墙板等装饰。地面以磨光水泥或油漆为主，少数民房和公共建筑铺设企口地板、马赛克、地毯等。屋顶四周阴角用带花纹的石膏线条粘贴，或用三夹板装饰成阴角线，也有部分民房和公共建筑的室内屋顶全部用三夹板吊顶。2000年后，随着经济社会的快速发展，居民更加追求美观、舒适的居住条件，室内装饰呈时尚化、个性化、多样化。墙面普遍用立邦等高档品牌的涂料粉刷，或用高档的壁纸、墙布粘贴，或根据不同的单间功能分别用不同的墙砖装饰。地面用大理石、瓷砖、实木地板、复塑地板、地毯等铺设。屋顶天幔用杉木方料做成骨架，用纸面板做成凹凸形吊顶，具有立体感，并附有多种图案和线条，天幔四周外侧装有筒灯，内侧凹壁处配有灯带，中间安装吸顶灯或吊灯。2010年后，室内装饰及材料更加专业化和成品化，开始广泛使用环保型建材和成品建材。大多民房采用免漆木门、地板及楼梯板，安装成套的卫浴与厨具设备，有些高收入家庭安装中央空调和地暖。

室内装饰工匠涉及泥工、木工、漆工、电工、水暖工等。1994年后，房屋装修工匠大多来自农村，其专业分工明确，泥工负责砌墙、铺地砖、贴墙砖，木工负责天幔吊顶、制作橱柜，漆工负责油漆粉刷，电工负责埋设电线、安装灯具，水暖工负责埋设管道、安装水暖器具，每个工种的匠人都有一名负责人（本地俗称“作头师傅”）。在装修时，一般由房主邀请既熟悉又手艺好的工匠作头师傅，由作头师傅召集工友组成施工队，也有中介介绍或工匠自荐被选中的。各个工种的工匠队伍均临时组织，有装修业务时，工友一起施工，一旦工程竣工，队伍就散伙。2000年后，公共建筑室内装饰大多采用工程承包方式，由比较专业的装潢公司设计并施工，极少数特别专业的工程由装潢公司另行分包给相关专业工程队完成。2008年后，室内装饰讲究绿色环保、新颖美观，崇尚归真自然等风格，民房家装工程由农村工匠施工的有所减少，由装潢公司承包的逐渐增多。在境内承接家装工程较多的企业为太仓市昱辉装饰有限公司。该公司为客籍装潢公司，有固定从业人员35人，2009年进驻璜泾后，家装业务滚动拓展，至2013年承接并竣工民房室内装饰36户。

第二章　房地产

20世纪90年代初期，农户住宅和市镇居民住宅以祖传拥有及自行翻建为主，部分居民租住房管所公房，有的单位职工居住本单位职工宿舍，居民对商品房概念了解甚少。20世纪90年代中期后，国家实施住房制度改革，住房步入商品化时代，居民购住商品房的意识逐步增强，有的居民开始在太仓城区购买商品房。进入21世纪，璜泾房地产开发开始起步，2004年进入发展阶段。2005—2013年，境内主要房地产开发项目有10个，开发企业8家。同时，房地产住宅小区形成后，由物业公司管理小区物业。

第一节　开发项目

一、安置房

20世纪90年代，动迁农户由镇、村安排宅基地，由农户自拆自建，境内无集中居住的安置房住宅小区。进入21世纪后，工业企业发展和社会事业建设加快，工程项目和动迁农户增多。根据动迁需要，镇政府建造农民安置房。2004年，太仓港港区武钢码头开发进驻、港区大道拓展延伸、荡茜河荡茜村段改道开挖，为配合港区做好农户动迁工作，镇政府启动新华花园公寓房建设。2005年，首期4幢1.2万平方米多层（6层，其中底层车库）公寓房落成，荡茜村渔业组整组动迁的农户和其他涉及动迁的农户24户首批入住该公寓房。2010年后，新华花园公寓房扩建，启动二期工程，在首期公寓房东侧和北侧新建多层公寓房8幢160套和小高层4幢282套，总建筑面积5.3万平方米，于2013年12月竣工并开始分房安置。至此，境内形成住宅安置房1处，即新华花园公寓房。

二、商品房

1994—2003年，境内无房地产企业开发的大面积住宅商品房项目和商业街市项目。2004年起，房地产业开始发展，至2013年，开发落成的重点房地产项目有10个。

璜泾化纤加弹市场　2004年11月，苏州汇德行置业有限公司成立，法人代表高凤飞。该公司

璜泾化纤加弹市场（2018年摄）

在园林路西侧新华村5组境内开发“璜泾化纤加弹市场”项目，占地面积3.33万平方米。2006年5月项目开工，2007年10月竣工。项目总投资1亿元，建筑面积4.1万平方米。该市场原设计功能集化纤加弹产品购销、设备供应、商务交流、餐饮服务、休闲娱乐于一体，为化纤加弹行业商家提供推介展位和产品信息发布专门场所。但该市场建筑房屋建成后，由于市场、资金等多种因素，至2013年大部分房屋未能售让而空关闲置，市场未能形成，只有小部分房屋启用，开设餐饮业和娱乐业。

江南花苑 2005年1月，苏州永联房地产开发有限公司成立，法人代表沈俞。该公司在沙鹿路与鹿河玉影路路口东南侧开发“江南花苑”项目，总投资1亿元，占地面积3.73万平方米。2005年12月30日奠基开工，2008年落成开盘。建成多层住宅5幢，小高层住宅4幢，共345套，总建筑面积6.1万平方米。另建有商铺1.19万平方米，地下车库2025平方米。

江南花苑（2018年摄）

江南水郡（2018年摄）

丽晶置业有限公司开业典礼（2009年摄）

府南花园 由华仁集团江苏房地产开发有限公司承接。2006年8月项目启动，开始按农民安置房性质建造，2007年11月20日竣工。占地0.61万平方米，建成房屋6幢，均为5层（其中底层车库），共78套，计1.18万平方米，其中车库面积1412平方米。建成后经报批，改变农民安置房性质，由开发商按商品房售让，曾于2010年5月19日在《太仓日报》上刊出出售公告。

注：府南花园由3块组成，即1995年前后建成的机关住宅区和璜泾中心小学教师住宅区以及2007年建成的上述商品房地块。

江南水郡 2008年7月，太仓世豪投资管理有限公司成立，法人代表王彦。该公司在沙鹿路西侧荣文村境内开发“江南水郡”项目，占地面积38.92万平方米。2010年8月项目开工，2014年8月竣工。项目总投资1.31亿元，建成小高层住宅4幢114套，连体别墅43幢86套，总建筑面积4.19万平方米。

丽晶新城 2009年4月，太仓丽晶置业有限公司成立，法人代表周军。该公司在沙鹿路与玄武路十字路口东北侧开发“丽晶新城”项目，占地面积0.41万平方米。是年12月开工，2012年1月竣工。项目总投资3500万元，建成小高层住宅1幢67套，建筑面积5282平方米；商铺29个，建筑面积2017平方米。

茂林财富中心　2009年7月，太仓茂林置业有限公司成立，法人代表周军。该公司在园林路与棉北路十字路口东北侧开发“茂林财富中心”项目（原称茂林山庄酒店），占地面积1.19万平方米。2011年5月开工，2013年10月竣工。项目总投资8000万元，建成多层住宅112套，建筑面积1.89万平方米；商铺38个，建筑面积4087平方米。

茂林财富中心（2018年摄）

知青时代·家园　2010年2月，太仓嘉年华房地产开发有限公司成立，法人代表王琰。该公司在荡茜路26号（原三棉厂地块）开发“知青时代·家园”项目，占地面积9万平方米。2013年6月28日开工，2014年12月竣工。项目总投资4.7亿元，建成小高层住宅12幢847套，建筑面积6.35万平方米；商铺64个，建筑面积1.27万平方米。

康乐苑　2010年8月，太仓市福顺房地产开发有限公司成立，法人代表顾学成。该公司在文昌街2号（原璜泾中心小学地块）开发“康乐苑”项目，占地面积0.98万平方米。项目分二期实施，首期工程于2008年在地块东侧建成多层住宅2幢40套，建筑面积1700平方米。第二期工程于2012年3月1日开工，2015年6月15日竣工，建成多层住宅2幢28套，建筑面积2380平方米；小高层住宅1幢121套，建筑面积1万平方米；商住楼2幢，层高5楼，西侧1幢局部4楼，底层有33间门面商铺，总建筑面积7500平方米，其中商铺1500平方米。

景栊湾　2010年10月，太仓世弘房地产开发有限公司成立，法人代表许小征。该公司在鹿河玉影路开发“景栊湾”（景栊花苑）项目，占地面积2.81万平方米。2011年5月8日开工。项目总投资6500万元，建成商品房476套，建筑面积4.9万平方米；商铺9个，建筑面积838平方米。

景栊湾（2018年摄）

江南美食一条街　2013年，太仓茂林置业有限公司开发“江南美食一条街”项目，位于棉北路南侧，东邻怀仁路，西至园林路，总长度288米，占地面积0.85万平方米。项目于2013年4月18日开工，计划总投资1.2亿元，建成商业用房建筑面积24452平方米，休闲广场1500平方米，可入驻商户100余户。

第二节　物业管理

1994—2005年，境内无经营性物业管理组织。2006年后，由房地产企业开发的住宅小区形成，各小区的物业管理相继由经营性物业管理组织接管。物业管理的事项基本类同，主要有秩序维护、安全保卫、卫生保洁、绿化管护、设施维修等。至2013年，境内有物业管理组织6个，分别管理住宅小区9个。

表10-1　2013年璜泾镇住宅小区物业管理单位一览

物业公司名称	法人代表	管理小区	管理人员（人）
太仓市鑫诚物业管理有限公司	马锦元	丽晶新城	3
		茂林财富中心	5
		新华花园公寓房	14
		府南花园	3
上海朗悦酒店物业管理有限公司	任　佳	知青时代·家园	14
太仓市银宇物业管理有限公司	刘江苏	康乐苑	7
太仓市城房物业管理有限公司	管孔良	景栊湾	15
太仓市英达物业管理有限公司	庄力英	江南花苑	11
太仓市沿江物业管理有限公司	孙金权	江南水郡	10

第三章　公房管理

第一节　公有房屋

璜泾的公房产权属镇政府，主要来源为土改时没收的房屋。1994年，镇政府拥有公房524间，建筑面积11000平方米。主要分布于互助街、新风街（原新华街）、建中街、建华街、团结街、怀仁路、玄武路、建设街、胜利街、和平街等10处。房屋大多为1949年前建造，比较陈旧。2000年后，对位于胜利街、建中街、文昌街等街区的多处破旧危房进行拆除，公房建筑面积减少。至2013年，璜泾有公房434间，建筑面积7136平方米，其中西塔社区内有公房262间，建筑面积4544平方米；银杏社区内有172间，建筑面积2592平方米。1994—2013年的20年间，璜泾无新建公房。

第二节　公房管理

一、公房出租

20世纪90年代，公房租住户绝大多数为本镇居民，一部分租给农村需要照顾的缺房户，也有少数外来务工和经商户租住。2000年后，有的租住老居民随子女离开璜泾外住，有的租住户有了较好的经济收入购住商住房，其腾出的空房大多租给外来务工和经商户居住。2013年，璜泾镇区公房租住户有137户，其中西塔社区内91户，银杏社区内46户。

公房出租的租金随物价指数的上涨而提高，一般2~3年调整一次。1994年前后，每年收取公房租金在1万元左右，2003年前后上升为1.5万元左右，2013年达26.72万元。

二、公房维修

1994年，对2处公房10间进行维修。1995年，对怀仁路沿街破旧公房5间（原影剧院对面）进行翻建，改造为2层楼房，建筑面积310平方米，投资10万元。1996年后，每年公房以一般维修为主，主要是防漏水、修门窗、换椽子、刷墙面等，每年维修费用在数千元至数万元不等。2013年，是历年公房维修面积最多的年份，先后对3处楼房和2处平房的屋面进行翻建，投入维修资金20万元，具体翻建屋面的公房为互助街2号楼（九上九下）和3号楼（六上六下）、怀仁路原副食品门市部楼、建华街平房5间、胜利街平房6间。

第三节　管理机构

1994年，璜泾公房管理机构为璜泾房产管理所，其前身为璜泾房产管理组（1991年璜泾撤乡建镇时更名）。2005年5月，璜泾房产管理所并入璜泾建设管理所，在所内设公房管理科。1994—2013年，由李惠明、瞿锦球负责公房管理工作。

第十一篇 商贸 服务业

20世纪80年代，璜泾商业以国有商业和集体商业为主，尤其是璜泾供销社发挥着商业主渠道作用。进入20世纪90年代后，随着改革开放的不断深入，国有商业和集体商业占据市场的格局被打破，逐步形成国有、集体、个体私营商业等多种经济成分并存的商业体系。1998年起，国有、集体商业企业实施公退民进的转换体制改革，至2000年转制工作结束，原国有、集体商业转换成私营商业。之后，个体私营商业加快发展。进入21世纪后，璜泾民营工业企业越办越多，生产资料和生活资料需求大量增加；同时，工业产品销售需要广阔的市场，由此加速推动了商贸业的发展。2012年，境内电子商务开始出现，苏州圣祖时装有限公司成为最早通过互联网经销的企业。2013年，全镇商贸企业和个体商业户1944个，其中商贸企业136个，个体商业户1808个。

在改革开放前的计划经济时代，服务业发展较为缓慢，境内仅有餐饮、住宿、理发、照相、修理等传统服务业，且服务网点有限。20世纪90年代，随着工业经济的发展，传统服务业得到改进，新兴服务业逐步显现，现代服务业开始兴起。进入21世纪后，境内民营企业快速发展，外来务工人员大量涌入，各类服务需求猛增，服务业得到加快发展。2013年，全镇有服务业企业和服务业个体户1202个，其中服务业企业161个，服务业个体户1041个。

第一章　商业体制

第一节　国有商业

1994年，璜泾国有商业仅有1家，即璜泾粮食管理所（以下简称“粮管所”），主要职能为粮油收购、供应及仓储保管。所址位于泾中街人民桥西堍。有职工53人，其中亦工亦农职工15人。2000年，粮管所转换成企业体制，少数职工提前退休，一部分职工内退，大多数职工买断工龄自谋职业，有的职工离职后个人独资或合资买进原粮管所下属的企业或三产经营场所。转制后，粮管所与职工解除劳动关系，职工不再拥有国有企业职工身份。同年起，粮管所粮油购销转为民营，由新成立的“太仓市华天粮油购销有限公司”经营，原粮管所国有库房、场地、设备、设施由华天公司租用。至此，粮管所单位保留，粮食计划收购模式终结。

1994—2013年，璜泾粮管所主任先后由唐雪华（1986.6—1995.3）、施永华（1995.3—　）担任。

第二节　集体商业

一、璜泾供销社

全称璜泾供销合作社（以下简称“供销社”），成立于1950年11月。1993年，供销社位于怀仁路。在册职工190人（其中亦工亦农50人），拥有固定资产400多万元。下属有生产资料商店、棉百商店、五金商店、烟糖批发部、烟糖门市部、日用杂品商店、棉花采购站、废品回收站等。1993年，供销社全年收购总额357.36万元，销售总额3838.69万元。

1994年起，随着市场经济体制的建立，个体商业迅速发展，与供销社集体商业并存，且占据市场份额逐年大幅提升；供销社营业收入逐年下降，商业主渠道作用逐渐失去。1998年初，太仓市供销联社与太仓市体改委联合制定供销社企业改革意见，经市政府办公室批转下发，璜泾供销社开始实施转换体制改革。转制后，原供销社下属的商店转为私营，其职工终止劳动关系，是年8月，供销社集体商业经营模式终结，其单位保留，设管理人员5名，主要负责资产管理和有关遗留问题的调处。

二、璜泾商业公司

1983年称璜泾商业总店，总店经理由县供销联社考察任免。1988年更名为璜泾商业公司，经济性质为集体商业。下属有饭店、点心店、茶水店、小百货店、烟杂店、山地货店、理发店、旧货店、糕饼加工场以及分布于各村的下伸店（亦称代销店）等，自成独立的经济体系，在行政上由乡政府和县供销联社双重领导。在经营管理上，推行经理负责制，各商店门市或柜组实行独立核算、自负盈亏、定额上交、多收多分的制度。1991年新建新苑商场，同时对商业网点进行局部调整。1993年，商业公司有在册职工117人（其中亦工亦农25人），拥有固定资产70多万元，年商品零售总额700多万元。同年，商业公司体制变动，所有资产、人员全部并入供销社。1998年，原属商业公司的商店，随供销社体制改革而转制，集体商店转为私营商店。

三、其他集体商业

20世纪90年代初，境内集体商业主要有璜泾供销社、璜泾商业公司，并在流通领域发挥着主渠道作用。除此之外，境内集体商业还有镇下属各部门和各村建办的商业经济实体。1994年，全镇有部门办、村办的各类公司或经营部39家，其中镇下属各部门办的32家，村办的7家，全年营业收入1500万元。其中商贸购销业务量较大的公司有太仓璜泾工贸实业公司，主要从事煤炭、钢材、建材、化纤原料、家用电器、酒类、乡镇工业产品的购销业务，年营业收入650万元。其他各部门和各村建办的公司、经营部，大多是为本单位的生产和职工的生活福利服务，经营管理均采取个人承包或联利计酬的方法，由其自主经营。20世纪90年代中期，这些部门办和村办的商业实体大多歇业，少数在转换体制的改革中转为个体私营商业。至20世纪90年代末，境内集体所有制商业全部转制为个体私营商业。

第三节　私营商业

一、商贸企业

1994年后，私营商业开始发展，但经营规模较小，大多为个体商业户，真正按公司运作的商贸企业较少，至1998年，境内私营商贸企业仅有3个，主要从事针纺织品、建筑及装潢装饰材料的批发和销售，全年营业收入160万元。

1999年起，随着民营企业的发展和外来务工人员的增多，商业需求增量，商贸企业有所发展，商品交易总额大幅提升。至2003年，境内私营商贸企业有11个，经销商品向化纤产品、石化产品、日用百货、医药及保健品等方面拓展，全年营业收入3.61亿元。

2004年起，商贸企业加快发展，经营范围不断扩大，购销总额逐年大幅增长，至2008年，境内私营商贸企业有45个，经营业务扩大，粮油购销、农副产品收购、生产和生活资料供应等交易活跃，全年营业收入16.53亿元。

2009年起，随着全镇社会经济的加快发展，境内商业进入快速发展期，至2013年的5年中，全镇新增商贸企业91个，累计136个，这些企业均为执行企业会计制度的法人单位。2013年，全镇136个商贸企业资产总计9.25亿元，实收资本2.5亿元，营业收入43.42亿元，年末从业人员613人。按商贸企业营业年收入分组统计，营业年收入在50万元以下的有54个，50万元以上至200万元24个，200万元以上至500万元24个，500万元以上至2000万元13个，2000万元以上至5000万元9个，5000万元以上至1亿元3个，1亿元以上9个。其中营业年收入500万元以上商贸企业34个，占全镇商贸企业总数的25%；合计营业年收入42.32亿元，占全镇商贸企业营业收入总额的97.47%。

表11–1　2013年璜泾镇商贸企业经销商品类别统计

序号	经销商品类别	企业数（个）	营业收入（亿元）
1	木材、板材、钢材及装潢装饰材料	21	14.24
2	化纤加弹产品及原料辅料	16	13.51
3	针纺织品、服装及原料辅料	25	10.51
4	化工产品及原料	8	3.63
5	汽油、柴油、煤油、润滑油、液化气	12	0.55
6	粮油、副食品、药品、保健品	26	0.50
7	机电、五金、塑胶、包装和纸制品	25	0.38
8	其他商品	3	0.10
合计		136	43.42

表11–2　2013年璜泾镇营业收入500万元以上商贸企业一览
（按企业营业收入排序）

序号	企业名称	法人代表或负责人	主要业务	营业收入（万元）
1	华大国际木业（苏州）有限公司	柳丽芳	木材及木材制品批发	123621.5
2	太仓市威豪化纤有限公司	周庆新	原丝批发	69893.3
3	太仓百睿针纺织品贸易有限公司	王　义	纺织品、针织品及原料批发	40217.7
4	太仓市承通贸易有限公司	高乾元	纺织品、针织品及原料批发	36048.6
5	太仓市长宝贸易有限公司	周仁兴	生产加工销售涤纶丝POY	20274.3
6	太仓市贝恩化纤贸易有限公司	张庆丰	化工产品批发	18420.7
7	太仓航帆化纤有限公司	赵明华	化工产品批发	17438.3
8	太仓嘉润化纤贸易有限公司	张建国	POY涤纶丝批发	16311.5
9	苏州锦凯家纺科技有限公司	陈锦乐	研发、销售各类纺织品	15800.0
10	太仓市悦好化纤有限公司	陈　星	经销化纤加弹丝	8974.7
11	太仓市齐恒贸易有限公司	陈祥钦	化纤加弹丝销售	8887.4
12	苏州沃松贸易有限公司	陈　皓	经销建材、装饰材料	6025.3
13	苏州市鑫百盛纺织品有限公司	朱礼建	纺织原料批发	3992.2
14	太仓市恒华木业有限公司	陈玉太	经销木材、木制品等	3761.3
15	太仓悦顺油品油脂有限公司	陆前兵	销售润滑油	3689.4
16	太仓市军辉木业有限公司	周　军	经销木材、板材、钢材	3266.2

续表

序号	企业名称	法人代表或负责人	主要业务	营业收入（万元）
17	太仓市万宝石化产品经销部	范宝明	销售涤纶低弹丝	3088.7
18	太仓市明康纺织化纤有限公司	姚恩敏	经销纺织原料	2562.6
19	苏州佰亿伴纺织品有限公司	张庆林	纺织原料销售	2392.5
20	太仓市海瑞苗木林果生产合作社	曹瑞洪	蔬果销售	2260.0
21	苏州快展贸易有限公司	魏国连	木材批发	2024.8
22	太仓丝利来贸易有限公司	孟祥柱	经销化纤加弹丝	1877.7
23	苏州美坤木业有限公司	柳梅英	经销木材	1825.0
24	太仓市图强化纤贸易有限公司	郎鸣锋	经销化纤产品及原料	1743.4
25	太仓市锦欣程贸易有限公司	张锦芬	棉纱化纤原料批发	1724.3
26	太仓市新万里纺织有限公司	袁向阳	销售外贸涤纶丝	1087.8
27	太仓市璜泾华南加油站	许家俊	零售汽油	1000.9
28	太仓市金林木业有限公司	董久华	生产加工销售木材	918.1
29	苏州凯启纺织科技有限公司	陈宝清	纺织材料研发及销售	902.2
30	苏州同诺纺织贸易有限公司	朱伟宾	经销化纤原料及产品	804.9
31	太仓市锦泰油品有限公司	路锦萍	销售油品、化工原料及产品	629.1
32	太仓市帮农蔬果专业合作社	蒋学焦	蔬菜销售种植	600.0
33	太仓市东泾农场专业合作社	夏建国	种植销售农产品	590.0
34	太仓市松林木业有限公司	吴美萍	经销木材、板材、钢材、家具	531.3

二、个体商业户

1994年，境内经工商行政管理部门注册登记的个体商业户197户。1995年起，集镇建设加快，镇区面积扩大，道路框架拓展，新筑的园林路、延伸拓展的玄武路和荡茜路等主要街道商业门市楼群初步形成，个体商业得到发展。1996年，兴建小商品一条街（园仁街），东至怀仁路、西至园林路，全长300米，南、北两侧建商住楼，总建筑面积12000平方米，形成街面门市150间，有服装服饰、日用百货、金银饰品等个体商铺80余个。营业面积6000平方米。1997年，处在怀仁路东侧、陈大港西侧的农贸老市场因设施简陋、经营场所面积小而关闭，新建的位于园林路与棉北路交汇处1万平方米的农贸市场投入使用，个体商业户数量因市场摊位增加而增多，全年经营总额5000万元。1998年，位于园林路东侧、园林桥南堍的小商品城正式开业，有个体商铺20个。

1999年起，境内以化纤加弹业为主的民营企业快速发展，纺织机械配件需求出现，由此加弹、棉纺、针织、经编、喷水织机等配件门市开始兴起，各种配件供应网店逐年增加。

2000年，民资投入兴建的建材一条街形成，因当时民营企业建造厂房带来了建材商机，各类建材交易活跃。2001年起，个体商业服务形态改革变化，出现了小超市、连锁店、专卖店、便利店等新型业态。同时，居民消费日趋升级，家居类商品消费扩大，各商业门店充分发挥多种营销手段，适应消费需求，拓展市场商机，消费品市场销售持续增长。

2004年起，工业企业有了新一轮的发展，且呈规模型发展趋势，企业用工量增大带来消费市场的扩大，境内个体商业户再次得到催长。2007年，民资投入商业项目增多，沿街新建、扩建了一批商业门市楼群，个体商业又一次得到大发展。

2009年起，境内房地产开发、住宅小区建设、农户楼房翻建等建筑工程，带动建材行业发展，个体建材经营户增多，建材交易总额大幅提高。2011年，璜泾、王秀、鹿河有多处街面房屋落成，商业店铺及个体经商户增加。2013年，全镇个体商业户1808户（其中批发业个体户257户，零售业个体户1551户），从业人员4555人，全年营业收入31.05亿元。

第二章　商品经营

第一节　粮　油

一、粮油收购

1993年4月起，粮食价格、经营放开，实行粮油收购市场化。1994年，因粮油市场刚刚放开，粮油收购仍以粮管所为主。是年，粮管所收购稻谷6750吨、小麦3200吨、油菜籽450吨。1995年后，出现代理收购个体私营户，并在境内设立收购点或流动上门收购，其中友谊桥收购点的收购量较大。为方便省事，收粮运输船只停在桥下（老友谊桥），售粮户的粮食过秤后，把粮食从桥上倒入船舱内。此后粮油购销不再由粮管所独家经营。1997年前后，由于粮油购销放开，粮管所收粮减少。1999年，粮管所收购稻谷2000吨，小麦1000吨。

2000年，粮管所转制，粮油收购转为民营。同年，由粮管所职工合资（后独资）创办民营企业太仓市华天粮油购销有限公司（以下简称“华天公司”），成为璜泾收购粮油获批的企业。2002年，华天公司承担晚粳稻谷中央储备粮璜泾点的吸储任务。在秋粮收购前，华天公司提前做好腾库准备，确保秋粮顺利入库，超额完成了吸储任务。2003年2月28日，璜泾粮管所负责人在苏州市粮食工作会议上做了题为《发挥自身优势，坚持走综合经营发展道路》的经验交流。2005年后，一些饭店经营户和单位食堂承包户，因耗粮量大，到市场上直接买米不划算，于是，他们在农村收割水稻后，到农户家里收购稻谷，晒干后储存起来，边用边轧米。

2008年，华天公司坚持以保护价敞开收购农民余粮，做到优质优价保护农民利益，改进收购方法方便农民售粮。是年，华天公司收购入库稻谷2000吨、小麦1000吨。2010—2013年，粮食价格上升，收购入库增多，华天公司每年收购入库稻谷4000吨、小麦2000吨左右。境内因油菜种植面积少而不再收购。农户零星种植、收获的油菜籽，由种植户委托榨油加工户榨油或换油自用。

二、粮油销售

1994年，粮油市场放开后，市镇非农人口的口粮口油仍由璜泾粮管所供应。当时，虽然不再实行计划供应，粮油票停止使用，但为了维护粮油供应秩序，居民的口粮口油仍由粮管所按定量定销人口的原粮油供应证供应，每人每月居民供应主粮12公斤、食油0.2公斤，价格按国家限价销售。1996年起，粮食销售开始与市场经济接轨。2000年，璜泾粮管所转制后，全镇粮油销售不再由国有粮食企业独家经营，而形成多种所有制成分共同参与经营的市场经济格局。2001年，取消居民粮食定量供应，居民定量人口变动不再到粮管所办理增减手续，至此粮籍管理终结，粮油销售全面纳入市场经济轨道。

2002年后，随着外来人口增加，境内粮油销售网点不断增多，璜泾镇区、王秀和鹿河集镇上均有销售粮油的超市、专营门店和个体摊店，销售的大米来自多处产地，其中以东北大米和苏北大米居多。销售的食油品种较多，有菜籽油、芝麻油、色拉油、调和油等，销售的品牌以“金龙鱼”居多。2010年后，农村实行粮食专业化生产、产业化经营，各村成立粮食生产专业合作社，生产的稻谷一部分直接出售，一部分加工成大米销售，稻米品种以“南粳46号”为主。2013年，全镇有粮油销售网点33个，粮油货源充足，满足市场供应。

第二节 食品、副食品

1994—2013年，境内食品、副食品供应极为丰富，通常将鲜肉、水产、禽蛋、腌腊等归类为食品，将糖、烟、酒、盐、蔬菜、果品、茶食、糖果等归类为副食品。为便于记载，现将各食品、副食品的供应归并为肉禽蛋、水产、糖烟酒盐、蔬菜、水果、茶点等6个类别。

一、肉禽蛋

20世纪90年代，境内肉类市场主要供应猪肉、羊肉、狗肉、牛肉等，由专营餐饮店提供食用熟肉，在农贸市场上几乎无生肉供应。1994年前后，全镇有猪肉供应摊21个，每年销售猪肉190吨。2003年后，全镇有猪肉供应摊位38个，每年销售猪肉430吨。2013年，全镇有猪肉供应摊位53个，其中璜泾农贸市场上有22个，王秀农贸市场上有7个，鹿河农贸市场上有13个，超市及其他肉摊11个，全年销售猪肉820吨。猪肉由专营公司采购生猪，每天运至太仓在双凤设立的屠宰点统一检疫屠宰后，再批发到各个鲜肉摊位销售。1994—2013年，境内猪肉敞开供应。

1994年后，境内禽及禽蛋供应，主要由专营公司或个体禽蛋商贩采购，批发给各个摊店销售，其中活禽由个体禽摊经营户宰杀后上市销售，冰禽和腌禽及禽蛋直接由各个摊店销售。禽及禽蛋的销售摊店及销售量，随着境内外来人口的增加和居民生活水平的提高而增多。至2013年，全镇有个体禽摊14个，其中璜泾农贸市场上有7个，王秀农贸市场上有2个，鹿河农贸市场上有5个，全年禽肉销售量265吨。另，禽与禽蛋在超市也有销售。农户散养鸡、鸭、鹅等家禽及产出的禽蛋，一部分自给食用，多余的上市出售。超市与农户出售的禽与禽蛋，其销售量无从统计。

二、水产

境内内河水资源丰富，淡水养殖水产品产量较高。1994年前后，本地水产品基本上能够满足市场供应。2000年后，境内人口增多，水产品需求量增大，外地水产品开始进入璜泾市场。以后，随着工业的发展，外来人口增加，水产品销售量逐年上升，品种丰富多样，内河养殖或野生的水产品供应品种主要有青鱼、草鱼、鲤鱼、黄鲢、白鲢、鲈鱼、鳊鱼、鲫鱼、塘鳢鱼、鳑鲏鱼、鳗鲤、黄鳝等，长江水产品供应品种主要有鲥鱼、鲚鱼、鮠鱼（白鲒）、白鲟、刀鱼、银鱼等，海产品供应品种主要有黄鱼、带鱼等，特种水产品供应品种主要有青虾、白虾、罗氏沼虾、龙虾、河蟹、甲鱼、蟛蜞、螺蛳、河蚌等。至2013年，全镇有个体水产品销售摊位28个，其中璜泾农贸市场上有18个，王秀农贸市场上有2个，鹿河农贸市场上有8个，全年水产品销售量560吨。

三、糖烟酒盐

1994—2013年，境内市场上的食糖敞开供应，由各大小超市和个体食品店按需进货并销售。供应食糖的种类主要有白糖、绵白糖、红糖、赤砂糖、冰糖等。烟有土烟和卷烟之分，土烟（主要指旱烟、水烟）基本已经绝迹，吸烟者吸食的烟多为卷烟，亦称纸烟、香烟。卷烟实行专卖，市场上各个销售网点均需申领烟草专卖许可证，否则一律不准销售，卷烟的货源也由限定的专卖公司批发供应。境内喜酒人数众多，本地居民用酒待客成为风俗，婚丧喜庆宴请更少不了用酒招待宾客，故酒在市场上销量较大。市场上各种档次的白酒、黄酒、啤酒、药酒、葡萄酒、花色酒、果汁酒等一应俱全，在境内各大小超市和酒业专营店以及个体食品店均有销售，敞开供应。食盐是居民生活必需品，在境内各大小超市和副食品店均有销售。原食用的粗盐已淘汰，市面上供应的食盐均是通过精加工的加碘盐或其他精制盐。

四、蔬菜

1994年前后，市场上的蔬菜以本地农民供应的为主。当时，有少数农民常年种植蔬菜、瓜果，拿到农贸市场上出售；也有一部分农民将自种食用多余的蔬菜拿到市场上出售。2000年前后，境内常住人口增加，蔬菜需求量增大，本地农民零星种植的蔬菜满足不了市场供应，且品种有限。于是，出现了蔬菜购销公司和众多的蔬菜个体经营户，他们将采购的各种时令蔬菜批发到各摊店销售，供销渠道得到扩大，经销的品种也日益丰富。在农贸市场上销售的常见的蔬菜有青菜、白菜、金花菜、包菜、花菜、菠菜、芹菜、韭菜、雪里蕻、莴苣、萝卜、茄子、茭白、辣椒、马铃薯、芋艿、蚕豆、豇豆、豌豆、刀豆、番茄、扁豆、四季豆、大蒜等，常见的蔬菜瓜类：黄瓜、冬瓜、丝瓜、南瓜、苦瓜等。2013年，璜泾农贸市场上有个体蔬菜摊位21个，王秀农贸市场上有6个，鹿河农贸市场上有16个。蔬菜货丰价稳，满足居民“菜篮子”所需。

五、水果

1994年前后，境内的西瓜、甜瓜等瓜类和桃、梨、橘、柿、枇杷等果品有少量种植，大多由农户自种食用，很少上市出售。集镇上的水果摊店也较少，且销售的水果种类有限。1997年后，外来水果商贩逐年增多，水果种类增加，起初大多用黄鱼车（璜泾方言，指三轮车）或手推平板车装上水果，停在人流集中的地方销售，或走街串巷兜售。2000年后，水果摊贩经营多年后大多有了积蓄，就开始在镇上租用或购买街面房，开设水果店。2010年后，随着市场上水果需求量增大，水果店数量不断发展。至2013年，璜泾镇区有水果店11家，王秀集镇上有2家，鹿河集镇上有5家。上市的水果种类有西瓜、哈密瓜、甜瓜、香蕉、苹果、桃、梨、橘、柿、枇杷、葡萄、杨梅、橙子等，全国各地乃至外国水果都可以在市场上买到。

六、茶点

境内茶饮历史悠久，茶文化深厚，中老年人均有品茶的习惯，大多数居民都备有茶叶、茶具，一方面自用，另一方面用以招待客人，亲朋好友上门总要泡煮一杯清香的茶水递上，以示欢迎。1994—2013年，市场上茶叶销售以绿茶、红茶、白茶居多，乌龙茶较少，黑茶、黄茶更少。中高档的苏州碧螺春茶、西湖龙井茶、安吉白茶等茶叶更受消费者欢迎。茶叶销售由各大小超市、食品商店设专柜兼营，也有专销茶叶的门市商店。境内糖果糕点炒货等属副食品小吃，在各大小超市、食品商店均有销售，且种类繁多。糖果的种类有硬糖、奶糖、软糖、夹心糖、巧克力糖等；干果主要有红枣、黑枣、柿饼、核桃、核桃仁、杏仁等；糕点主要有月饼、蛋糕、酥饼等；炒货主要有瓜子、蚕豆、花生、核桃、栗子等。糖果、糕点、炒货基本上由商店外购进货、上市销售。生日蛋糕大多由消费者选样订购、蛋糕店定做供应。炒货大部分由商店批发上市，也有炒货加工点现炒现卖，也有居民将籽类、豆类（以带壳花生为主）等拿到炒货加工点加工，炒熟后自己食用，或在喜庆宴请时作为喜果发给宾客享用。

第三节 日用工业品

一、日用百货

境内日用百货销售范围较广，有箱包服装、胶鞋皮件、文具玩具、体育器具、日化用品、塑制容器、玻璃器皿、钟表相机等。1994年，镇上有经营面积较大且销售品种较多的百货商店，另有销售品种有限的小型商店。1996年后，随着商业体制的改革和个体私营商业的发展，日用百货商业形态发生变化，大多形成超市经营的格局，有的专业经营，出现了许多商品专卖店和专营门店，如品牌服装专卖店和针织品、内衣、床上用品、鞋帽箱包、化妆用品专营门店等。进入21世纪后，境内日用百货货源更加充足，且种类繁多，应有尽有。2013年，全镇涉及日用百货销售的街市门店有45个。

二、五金交电

1994年，境内有五金交电专业商店3家。之后，五金交电产品销售渠道拓展，呈专业化分工趋势，不再以五金交电商店经营为主，境内先后出现了众多的专业贸易公司和个体私营门店，其销售的五金产品有螺钉螺丝类、门锁拉手类、门窗配件类、建筑用件类、装潢用品类、水暖产品类、厨房家电类、机械部件类、家具配件类、生产工具类等10多种类别数百种产品；销售的交电产品，科技含量不断提高，产品向美观、耐用、智能等方面发展。2013年，境内有五金交电商店12家，综合经销各类五金交电产品；有家电商店12家，专业销售彩电、冰箱、洗衣机、热水器、空调、电扇等各类家电产品；有照明灯具店9家，专营各类吸顶灯、吊灯、壁灯、台灯、筒灯、灯带等灯具及器材；有水暖店5家，供应水暖产品类、厨房家电类五金交电产品；有自行车和机动车车行7家，专销自行车、摩托车、电瓶车等各类各式车辆。此外，除专营商店外，境内各大超市均有五金交电产品销售。

三、日用杂品

1994年前后，日用杂品销售网点较少，基本上由设在怀仁路老街上的日杂商店经营，其销售的炊具、厨具、餐具、日用陶瓷、玻璃器皿、塑料器皿、清洁用具等日用杂品达200多种。之后，日用杂品逐步分散至其他门市经营，除由专门的日杂商店经营外，镇上的各大超市、百货商场均有销售，此外还有个体摊贩设摊零售。至2013年，全镇涉及销售日用杂品的网点有37个。

第四节　生产资料

一、农用物资

1994年，全镇的化肥、农药、农用薄膜和小农具等生产资料，由璜泾供销社生产资料部和设在各村的肥药供应站供应。1999年起，农用生产资料市场放开和璜泾供销社转制后，农用生产资料开始多渠道经营。2000年后，境内化肥、农药等农用物资由太仓市佳稼农业生产资料有限公司经营，在璜泾镇区和农村设14个供应服务网点。2010年后，为便于统一规范管理，太仓市佳稼农业生产资料有限公司分别在璜泾镇区和王秀、鹿河管理区设3个供应服务点。2013年，该公司年销售化肥1200吨，其中尿素400吨、复合肥600吨、碳酸氢铵及过磷酸钙200吨；销售农药营业额350万元；销售农用薄膜1吨；销售种子营业额10万元。通过其他渠道进入璜泾的农用生产资料数量无从统计。

二、建材物资

1994—2013年，境内钢材、木材、板材、水泥、砂石料、水泥制品及装潢装饰材料等主要建材物资，均依靠市场调节，由各商贸公司和个体工商户经销，其销量随着年度市场需求量的变化而有所变化，满足境内建筑所需。2013年，境内建材物资加工、批发、销售的商贸企业有27家，个体工商户85家。商贸企业合计营业收入14.24亿元，个体工商户营业收入无从统计。

三、废旧物资

1994年，境内的废旧物资基本上由璜泾供销社所属的废品收购站收购，收购的品种主要有废钢铁、废有色金属、废旧电机和废橡胶、废纸、废塑料等。1999年后，璜泾化纤加弹业兴起，收购废涤纶丝、纸箱纸管、压脚木架、塑料泡沫的个体户和收购量逐年增多，他们收购后经整理加工再卖给有关用户。2000年起，由于工业的加快发展，废金属、废塑料等废旧物资增加，滋长了回收市场，外来收购个体户增多。2005年后，家电产品加快更新换代，多功能、节能型、智能型的家电上市，以前的老产品加快淘汰，于是，境内出现了驾驶电瓶车上门收购废旧家用电器的个体户。2013年，境内从事废旧物资回收利用的个体户有87个，以回收利用化纤加弹辅料居多，全年回收废旧物资总量及收购额无从统计。

第五节 能 源

一、煤炭

境内使用煤炭主要分为居民生活用煤和工业用煤。20世纪90年代，居民家庭已普及使用瓶装液化气，燃煤用量减少，只有少数家庭还在使用煤炉，但也只是用以烧煮开水，每年居民生活耗煤量在500吨左右。而工业企业锅炉均需要用煤，年工业耗煤量在5500吨左右。2000年后，又出现了用木、树、竹废料做燃料的炉具，且燃烧的柴料容易收集，又不用花钱，故境内居民生活用的煤炉基本淘汰。居民家庭即使需用燃煤，也只是遇到婚丧喜庆设宴时，才购买数百公斤焦炭或煤球，供厨师在蒸煮饭菜用锅炉时使用。工业用煤均由企业订购，由外地燃煤供应商直接送货上门。2013年，全镇居民生活用煤200余吨，工业用煤5万余吨。

二、石油

1994年，石油制品主要供乡镇企业运输车辆所需。之后，摩托车加快普及，轿车开始进入居民家庭，车辆燃油用量逐年增大。1999年后，境内化纤加弹业兴起，涤纶原丝和弹丝物流量大，运输车辆增多，且大多为重型超长车，耗油量大增，同时，加弹纺丝时便于退绕需添加润滑油剂，于是油剂销量增多。此外，农业机械化程度提高，农用柴油耗油增加。2013年，境内有机动车辆加油站8个，其中沙鹿路沿线王秀村境内1个，荣文村境内1个，新华村境内1个，新明村境内1个，338省道沿线新华村境内2个，璜时路沿线新华村境内1个，王秀社区境内1个。全镇8个加油站年销售汽、柴油16700吨，其中汽油8800吨、柴油7900吨。是年，全镇有销售润滑油剂企业7家，全年销售化纤加弹丝润滑油剂16000吨。

三、燃气

1994年，市镇居民普遍使用瓶装液化气，并普及到农村家庭，镇上有瓶装燃气供应站和个体送气户为用户更换气瓶。是年，全镇瓶装燃气年供气量达1.96万瓶290余吨。1995年后，农村家庭用气和个私企业用气越来越多，至2000年，全镇用气量达4.35万瓶650余吨。2001年后，随着民营企业快速发展和居民生活质量的提高，全镇用气量大幅上升，供气服务网点增多，至2004年，全镇用气量达6万余瓶900余吨。2005年后，境内动迁农户入住统一规划的农民集中住宅小区，告别传统的土灶，全镇用气量逐年增加。同时，随着民营企业和外来人口的增加，用气户增多。至2013年，全镇用气量达12.56万瓶1880余吨。

专记：

电子商务

2012年，随着互联网的发展，境内开始出现培育电商市场的企业。是年，苏州圣祖时装有限公司邀请专业电商技术人员，开展电子商务相关知识培训。培训内容涉及网店运营、营销推广、流量分析、客户服务、团队建设等。培训分为线上培训和线下实训两个部分，线上培训主要对电子商务从业人员进行理论知识培训，线下实训主要进行实际操作训练，提高专业技能。经过一年的培训，公司具备商业活动电子化条件。2013年，公司投资成立太仓圣祖网络科技有限公司及ARTIN淘宝工厂店，专门从事电子商务经营活动。是年，公司电商销售额达4500万元。公司成为璜泾首家经营电子商务的企业。

第三章　商贸市场

第一节　农贸市场

一、璜泾农贸市场

1994年，璜泾农贸市场位于怀仁路与泾中街东北侧，面积2000平方米。1996年，镇政府规划建设新的农贸市场，位于园林路东侧、棉北路南侧（现为家家惠超市地块），1997年建成启用，建筑面积6000平方米，成为当时乡镇一级规模较大、档次较高的农贸市场之一。

2003年，境内外来人口增多，市场容量和服务功能需要拓展，镇政府又重新规划，在园林路东侧、怀仁路西侧的新华村17组境内启动建设璜泾商贸中心，2005年1月18日璜泾商贸中心正式开业。该中心集农贸、商贸、餐饮、娱乐、住宿于一体，是一个综合性的商贸服务中心。项目总投资6000万元，占地面积3.33万平方米，四周建门市楼群，底楼用作商业门店，形成南北两条商业街市，当时，璜泾商贸中心成为江苏省乡镇级规模较大的商贸中心之一。

2013年，农贸市场内设肉摊22个、蔬菜摊21个、水产摊18个、鸡摊7个、豆制品摊5个。市场从早到晚整天集市不散，市场上猪肉家禽、内河水产、江海鱼鲜、腌制食品、蔬菜水果等货源充足，全天供应。

璜泾农贸市场（2016 年摄）

二、王秀农贸市场

1998年建成启用，位于王秀管理区勇和路，占地面积4000平方米，建筑面积3000平方米，可设摊位60个。2010年10月，对农贸市场钢结构棚顶进行改造。

2013年，设肉摊7个、蔬菜摊6个、鸡摊2个、水产摊2个、豆制品摊1个。因王秀地区外来人口少，市场需求不足，故市场内大部分摊位闲置，每天早市过后场内较为冷清。

三、鹿河农贸市场

2003年，鹿河农贸市场位于新鹿路（后改作如海超市）。2005年，易地重建的农贸市场启用，

鹿河农贸市场（2010 年摄）

新址为玉影路。建筑面积3000平方米，建有96个摊位。2008年后，农贸市场周边建成商贸门市楼群。

2013年，农贸市场内设肉摊13个、蔬菜摊16个、鸡摊5个、水产摊8个，豆制品摊3个。周边商贸门店72个。因鹿河地区外来人口多，市场需求量大，商贸交易较为活跃。

第二节　超级市场

1994年，璜泾商业门店普遍较小，以1间或2间门面为主，采用由服务员提取售货的经营方式。之后，商业零售业态开始发生变化，一些门店改为顾客自选商店。2000年起，有的经商者在镇上开办超级市场（以下简称“超市”），均由顾客进入店堂内自选商品，出门时一次性付款。其超市商品种类繁多，有各类食品、生活用品、家用电器、文具用品、服装饰品等，几乎涵盖居民家庭生活所需的食品、物品。2000年11月，太仓市振荣超市有限公司在王秀湘王路开办振荣超市王秀店。后又在璜泾荡茜路、鹿河新鹿路开办振荣超市璜泾店和鹿河店。2003年3月，太仓市承承超市有限公司在玄武路开办承承超市璜泾店，后又在王秀、鹿河集镇上开办承承超市王秀店和鹿河店。2010年5月，太仓市仓建超市有限公司在鹿河灵影路开办仓建超市鹿河店。至2013年，全镇有大小超市85家，其中属商业企业、规模较大的超市有家家惠超市、一袋综食精选生活超市、达亿生活超市、江南万购购物广场、上海世纪华联生活购物广场、如海超市等12家，其余为1间或2间门面的小型超市。

第三节　建材市场

1994年前后，境内销售建材的网点较为分散，1997年后建材交易场所开始相对集中。2000年前后，在新华村23组境内璜时路两侧，有一处建材交易场所逐步形成一个小型建材交易市场，有经销建材的个体工商户7家，销售的建材主要有圆木、木板、方料、三夹板、纤维板、纸面板、水泥、黄沙、石子等。2013年，该地块附近建农民住宅小区，市场发展受限，故市场迁移至永乐村27组境内璜时路南侧，占地25亩，经销建材的个体工商户发展至15家。

第四章 社会服务业

第一节 餐饮业

森林大酒店（2018 年摄）

1994年前后，境内从事餐饮服务业的单位为数不多，当时位于园林路与玄武路交会处的黑森林大酒店（后改为森林酒店）颇具规模，远近闻名，还有2家饭店和5家小餐馆为客人提供餐饮服务，另有1家点心店专供早餐用的面条、油条、大饼等。1996年后，镇区面积扩大，外来人口增多，餐饮业快速兴起。2000年后，餐饮业日益兴旺，讲究店面和室内装潢，较大规模的酒家、饭店既有宴席大厅，也设雅座包间，服务更加规范、周到。此外，外省籍人员经营的餐馆增多，菜式及口味呈多样化，能满足来自不同省份客人的就餐需求。餐饮业态不断发展变化，供餐服务呈特色化，出现了众多的本地农家乐饭店、双凤羊肉面店、藏书羊肉面店、苏北土菜馆、川式火锅店、兰州拉面店、云南过桥米线店等。经营模式更加灵活，快餐业兴起，只需通上电话，即时送餐上门；点心店既有零售小吃，又能为客户定做喜宴点心。至2013年，境内有餐饮业企业4家，从业人员66人，可供餐位1060位，年营业收入2035万元。全镇从事餐饮业的个体工商户有203户，从业人员789人。

第二节 住宿业

1994年前后，境内住宿业主要有兼设客房的黑森林大酒店、璜泾供销社旅社、璜泾文化宫招待所、璜泾工贸公司招待所、璜泾永安旅社等5家，共拥有客房床位230张。1997年起，境内民营企业加快发展，外来经商人员逐年增多，住宿服务业随之兴起，至2000年，全镇有住宿业经营单位17家床位650张。2001年后，住宿业向规范化、标准化方向迈进，客房部设前厅，业主规范管理，

锦佳大酒店（2018年摄）

服务人员训练有素，客房内安装空调、配有洗澡设施等。2005年后，璜泾化纤行业进入产业发展阶段，商务活动频繁，境内住宿业因客源增多而得到发展。至2013年，全镇有住宿业经营单位52家床位1550张。其中璜泾镇区客房床位相对较多的有森林大酒店、锦佳大酒店、恒金宾馆、景山角宾馆、燕舞宾馆、秀园快捷酒家、怡景假日酒店、芭蕾宾馆、悦来招待所、新丰招待所等，鹿河管理区有飞鹿宾馆、海伦宾馆、阳光快捷宾馆、港湾客房部、梦苑客房部等，王秀管理区有常顺客房部等。

第三节　理发美容业

20世纪90年代，璜泾镇区有9个街面理发门店，从业人员22人，服务项目通常为剪发、烫发、染发、修面等，理发业基本保持传统业态。进入21世纪后，随着人民生活水平不断提升，理发业向美容美发拓展，出现美甲、美睫、纹绣等新兴业态，行业逐步趋向专业化。2005年后，理发美容行业着重打造品牌，倡导高品质、重文化内涵的个性化消费理念。2010年后，行业分工更加精细专一，以满足不同年龄消费者的需求，街面门市有为青年男女提供时尚服务的造型发屋、动感发吧、美发名剪，有为中青年妇女服务的祛痘祛斑、护肤美白美容院，也留有专为中老年服务的传统理发店。至2013年，全镇理发美容街面门店有32个，从业人员120人。门店店名大多新颖别致，很少用理发店传统称谓，其较为新潮时尚的店名有百乐门美容院、真莎廊理容院、金榜美发工作室、阿杜形象设计、发艺美容美甲、华丽专业美发、名匠护肤造型、梳香格美发、出发点造型、卡伊造型、动感发吧、东方名剪、发都名剪、海成发型等。

第四节　修理业

1994年，镇上修理业基本保持传统业态，有钟表修理部、无线电修理店、自行车修理摊、布伞及拉链修理摊、修锁及配钥匙摊等共15家。1996年后，摩托车及家用电器普及使用，镇上修理摩托车及家用电器的个体经营户增多。2000年后，璜泾加弹企业加快淘汰机械式加弹机，普遍使用电脑控制的设备，一些专业技术人员在镇上开办专修加弹机变频的修理部。居民家庭电脑也开始普及，镇上出现组装及修理电脑的门店。2003年后，境内货运卡车和居民自驾轿车不断增多，汽车修理行业需求扩大。2004年4月，位于璜泾创新工业园内的太仓万兴汽车修理有限公司开业，为璜泾首家一类汽车修理企业。2005年后，随着行业服务需求的不断扩大，璜泾的修理业门类及数量增多。至2013年，境内有汽车修理企业5家，汽车小修个体业户23家。从事自行车、摩托车、电冰箱、电视机、洗衣机、电动机、计算机、加弹机变频器等各种修理的个体业户56户。

第五节　保健休闲服务业

20世纪90年代，境内健身休闲服务业较为滞后，镇上尚未出现设施完备的休闲浴场、足疗会馆、养生会所等。进入21世纪后，随着居民生活水平的不断提高，人们讲究生活质量、追求生活享受，故镇上的健身休闲场所随之增多。至2013年，境内有大小浴场（室）15家，其中场所面积较大的浴场有新启源浴场、香格里拉浴场、嘉锐休闲浴场、金港休闲浴场、龙港休闲浴场、浅水湾休闲浴场、金乐休闲浴场、苏通休闲浴场等。有大小足浴休闲场所17家，其中场所面积较大、开设多种服务项目的场所有新春天足疗会馆、老林足浴会所、阿福足疗会所、君豪休闲会所、徽韵养身湾等，可为宾客提供足疗、汗蒸、按摩、保健、茶饮、棋牌等服务。

第十二篇 交通 邮电

第一章　交　通

璜泾交通四通八达。1994年，镇区至各村均有村级公路，车辆出入便捷。出镇往西有沙鹿公路直达沙溪，经通港公路或沙南公路连接204国道；向东有璜时公路通往时思，连接浮桥、浏河进入沪太公路。1999年9月，338省道沪浮璜段建成通车，大大缩短了通往浏河、到达上海的距离。2006年12月，江苏338省道沪浮璜延伸段（友谊桥至常熟市东张交界处）竣工通车，璜泾直接到常熟的出入通道从此开通。2011年10月，协星公路三期工程（通港公路至沙鹿公路璜泾镇区段）竣工通车，璜泾又添一条出入通道，车辆可通过此路驶入通港公路、双浮公路、新港公路行至太仓市内外各地。2013年10月8日，太仓港北疏港高速公路S80竣工通车，并在协星公路璜泾与浮桥交界处建有“璜泾南”道口收费站，车辆驶出璜泾镇区4.5千米即可到达，进而驶入疏港高速公路S80，数分钟后便可进入G15沈海高速公路。

境内河网纵横，航道交错，荡茜河、钱泾塘、新泾塘横贯境内，东首均接通长江，水运船只可通过节制闸驶入长江。陈大港、三漫塘、石头塘为纵向河道，与荡茜河、钱泾塘、新泾塘形成三横三纵水上运输网。1994年后，由于公路运输方便，水运货物逐年减少。进入21世纪后，水泥、黄沙、石子、煤炭等，仍大部分依靠水运外，其他货物均以陆运为主，境内河道水运作用减弱，主要承担排灌、泄洪功能。1994—2013年，境内无水路客运线路。

第一节　公　路

一、高速公路收费站

1994—2013年，境内无高速公路，但璜泾附近有4处高速公路道口收费站，即璜泾西南部有“沙溪收费站”，西北部有“苏通大桥收费站”，南部有“璜泾南收费站”，东南部有“浮桥北收费站”，分别距璜泾镇区12.5千米、24千米、4.5千米和6.9千米。车辆进出太仓港北疏港高速公路S80或沈海高速公路G15较为便利。

S80璜泾南道口收费站（2018年摄）

二、省道

2017年，338省道升级为346国道，图为永乐村段（2018年摄）

境内有省道1条，即338省道（亦称沪太新路）璜泾段，南至永乐村与浮桥镇时思交界处，北至雅鹿村与常熟市东张交界处，全长10.2千米，从南至北穿过永乐、新联、新明、雅鹿等4个村。此段省道南延至浮桥、浏河，与沪太一级公路相接，北延进入常熟境内。

该路段分二次施工，先从南端永乐村与浮桥镇时思交界处，向北延伸筑至友谊桥，长5千米，于1998年4月动工，次年10月竣工通车；后筑延伸段，从友谊桥起至常熟市东张交界处，长5.2千米，于2005年12月动工，次年12月竣工通车。该路段按一级公路标准建设，沥青路面，设计行车速度每小时100千米（限速每小时80千米），路面宽34.5米，双向6车道。

三、县道

1994年，境内有县级公路2条。1997—2011年，又先后建成4条。2013年，境内县级公路有5条，其中璜泾境内总长36.66千米。

沙鹿公路　又名岳鹿公路，起于沙溪镇岳王管理区，终于璜泾镇鹿河管理区主江堤路，习惯称沙鹿公路。沙鹿公路璜泾段始于沙鹿公路王秀湘里桥，终于鹿河汽车站，该段全长10千米。其中王秀到璜泾、璜泾到鹿河先后于1966年4月和9月建成通车，当时是泥结碎石路面。1995年，拓宽璜泾镇区段，南起华南村（现荣文村），北至璜时路（现崇文路），全长1500米，路幅宽40米，其中主车道宽22米浇筑水泥路面。2006年按二级公路标准全路段拓宽改建，路面宽18米（璜泾镇区段除外），双向2车道，2012年改成沥青路面。

浮璜公路　浮璜公路是璜泾向东经时思至浮桥的公路，故名浮璜公路。浮璜公路璜泾段东西走向，西接沙鹿公路（璜泾新华村9组境内新华加油站处），东至荡茜村境内叶家桥，全长4.3千米，路基宽8米，双向2车道，属三级公路。此路于1985年筑成，原为沙石路面，1994年浇筑沥青路面。

南鹿公路　因公路位于鹿河集镇南面，故名南鹿公路。由太海公路段、338省道段、鹿北公路段组成。南北走向，南起草王公路（王秀至草庙），北至太海汽渡，全长9.3千米。其中太海公路段2005年建成，双向4车道，路面宽15~24米（路段有不同宽度），水泥路面，按二级公路标准建设；338省道段2006年12月建成，双向6车道，路面宽34.5米，沥青路面，按一级公路标准建设；鹿北公路段2010年建成，双向2车道，路面宽10米，沥青路面，按三级公路标准建设。

陆璜公路　陆璜公路是纵贯太仓中部的重要通道，全线分为三段，起于陆渡，终于璜泾，故名陆璜公路。陆璜公路璜泾段南北走向，南起荣文村与浮桥镇金浪交界处，北至沙鹿公路，全长2.06千米，按一级公路标准建设，沥青路面，设计行车速度每小时80千米，路面宽28米，双向4车道。于2010年开工，2011年5月底完成路基、中小桥梁工程，8月底完成荡茜河大桥工程，10月底竣

陆璜公路荣文村段（2018 年摄）

工，11月2日通车。

主江堤路 主江堤路属太仓市沿江防洪防汛专用公路。璜泾段南起璜泾与浮桥镇时思交界处，北至璜泾与常熟市交界处，长11千米。1998年，太仓水利部门以原长江主江堤为路基，按四级公路标准，新建和改建成主江堤路，行车道宽7米，至2000年竣工。此路以防洪防汛为主要功能，平时禁止大中型客货车辆通行。

四、镇级道路

1994—2013年，境内镇级道路有的新筑，有的拓宽延伸，一部分道路经历从简易砂石路面到水泥路面或高等级沥青路面的修筑过程。2013年末，境内镇级主要道路有19条，总长60.86千米。

崇文路 寓意为崇尚文化，故名崇文路，原名棉北路，为浮璜公路中的一段。位于璜泾镇区中部，三级公路。东西走向，东起338省道，西至沙鹿公路。长2.2千米，宽12米，水泥路面。1998年建成。

三高公路 公路为上海三高企业集团投资建筑，故名三高公路。位于璜泾镇东部荡茜村境内，南北走向，南起璜浮线交叉口，北至随塘河桥西。长1.87千米，宽15米，水泥路面，属二级公路。1992年建成。

荡茜路 此路靠荡茜河，路以河命名，故名荡茜路。位于璜泾镇区中部，三级公路。东西走向，东起怀仁路，西至沙鹿路。长1.4千米，宽12.5米，水泥路面。1993年建成。

荣文路 寓意为繁荣文化，故名荣文路。位于璜泾镇区南部，二级公路。东西走向，东起338省道，西至沙鹿路。长2.6千米，宽14米，沥青路面。西段（沙鹿路至陈大港）1994年建成，东段（陈大港至338省道）2000年建成。

园林路 路南段（镇区）西侧有原烈士陵园，周边林木茂盛，故名园林路。位于璜泾镇区偏西部，二级公路。南北走向，南起荣文路，北至338省道。长2.4千米，宽12米，沥青路面。1995年建成。

太璜公路 由原太海汽渡通往璜泾镇区的公路，故名太璜公路（1995—2008年为县级道路）。位于璜泾镇区北部，属老太海汽渡配套公路，按二级公路标准建设。南北走向，南起荣文路，经过璜泾镇区、新华村、新联村，北至老太海汽渡，长6.1千米，宽15米，沥青路面，1995年建成。南段与园林路重合。

广新路 位于璜泾镇区南部，在荣文村（原广新村）境内，又名璜广线。南北走向，南起原广新村村委会，北至荣文路。长3.36千米，宽4.1米，水泥路面，属四级公路。1999年建成。

湘王路 原名王秀公路，2006年更名为湘王路（太地名复〔2006〕1号文件）。位于王秀集镇东部，从湘里通往王秀集镇，故名湘王路。东西走向，东至沙鹿公路，西至王秀勇和路。长1.5千米，宽10米，沥青路面，属三级公路。1979年5月建成。

建包路 位于璜泾镇西部孟河村境内，由原王秀建华村通往原王秀包桥村的道路，故名建包路。道路东西走向，东起原包桥村村委会，西至雅飞线。长3.22千米，宽4.5米，水泥路面，属四级公路。2000年建成。

包璜路　位于璜泾镇中部，由原王秀包桥村通往璜泾镇区的道路，故名包璜路。跨孟河村、新华村。道路西北部呈南北走向，北起建包路，往南延伸再转为朝东方向可到达沙鹿公路。长2.93千米，宽4米，水泥路面，属四级公路。2001年建成。

建南路　位于璜泾镇西部杨漕村境内，由原王秀建民村通往原王秀南港村的道路，故名建南路。南北走向，南起草王路，北接雅飞路。长2.09千米，宽4米，水泥路面，属四级公路。2003年建成。

草王路　位于璜泾镇西部，由原王秀草庙村通往王秀集镇的道路，故名草王路。跨杨漕村、孙桥村和王秀社区。道路北部呈南北走向，北起原草庙村村委会，往南延伸再转为朝东方向可到达王秀集镇。长5.48千米，宽4米，水泥路面，属四级公路。2003年建成。

建王路　位于璜泾镇西部，由原王秀建华村通往王秀集镇的道路，故名建王路。跨孟河村、孙桥村和王秀社区。道路南北走向，南起王秀集镇，北至孟河村苍河浜桥。长3.33千米，宽4.1米，水泥路面，属四级公路。2003年建成通车。

钱泾塘路　位于璜泾镇中部，沿钱泾塘由友谊桥通往长江林场的道路，故名钱泾塘路，又名友林路（友谊桥—长江林场）、友钱路（友谊桥—钱泾节制闸）。跨新明、新海两个村。东西走向。西起沙鹿公路，东至钱泾节制闸。长2.79千米，宽6米，大部分为沥青路面，属三级公路。2007年建成。

鹿长路　位于璜泾镇西北部，由鹿河集镇通往长洲村的道路，故名鹿长路。跨玉影山社区、新明村、长洲村。南北走向，南起玉影路，北至长洲村江堤路。长3.09千米，宽9米，沥青路面，属三级公路。1997年建成。

明海路　位于璜泾镇北部，由新明村通往新海村的道路，故名明海路。跨新明、新海两个村。南北走向，南起沙鹿公路，北至新海村江堤路。长3.36千米，宽4.6米，水泥路面，属四级公路。1998年建成。

雅飞路　位于璜泾镇西部，由雅鹿集团通往原鹿河飞跃村的道路，故名雅飞路。跨雅鹿、杨漕两个村。南北走向，南起原飞跃村魏家宅，北至雅鹿集团。长3.53千米，宽4.5米，水泥路面，属四级公路。2001年建成。

太海公路　通往太海汽渡的公路，故名太海公路。位于璜泾镇西北部，跨玉影山社区、新明村、长洲村，二级公路。南北走向，南起338省道，北至太海汽渡。长4.7千米，宽15~24米（路段有不同宽度），水泥路面，双向4车道。2005年建成。

鹿北公路　位于雅鹿村、杨漕村境内。南北走向，南起草王线，北至338省道。双向2车道，长4.91千米，路面宽10米，沥青路面，按三级公路标准建设。2010年建成。

五、村级道路

1994年起，随着村级经济实力的增强，村级道路建设加快。至2013年，村委会到村民小组的道路可通行汽车，且路面质量逐年提高，大多经过了由砂石路面到水泥路面的修筑过程，有的路段还浇筑了沥青路面。村级道路总长无确切的数据，而经太仓市政府批复命名、由镇建设管理所登记造册的村级主要道路有22条，总长27.57千米。以下道路记载按道路所在村村序习惯排序，建成通车时间指的是道路拓宽和路面改造提档时间，有的为始筑时间。

新华小区道路 位于新华村，是新华花园小区境内道路，东西走向，东起338省道，西至浮璜线，长0.88千米，宽6米，水泥路面，属四级公路，2012年建成通车。

新联路 又称姚塘路，位于新联村境内，南北走向，南起太璜公路，北至钱泾塘，长1.63千米，宽5米，水泥路面，属四级公路，2001年建成通车。

林海路 位于新联村境内，是原林场村通往原海城村的道路，东西走向，东起原海城村，西至太璜路交叉口，长1.1千米，宽4米，水泥路面，属四级公路，1995年建成通车。

万新路 位于新联村（原万新村）境内，东西走向，东起沙鹿路，西至万新小区（即新联花园二期住宅区），长0.82千米，宽6米，水泥路面，属四级公路，2010年建成通车。

思乡路 位于新联村境内，寓意为思念家乡。东西走向，东起338省道，西至岳鹿路，长1.14千米，宽6米，水泥路面，属四级公路，2000年建成通车。

创新园路 位于新联村境内，是璜泾创新工业园区间道路，寓意为创新发展。东西走向，东起338省道，西至沙鹿路，长0.98千米，宽13米，沥青路面，属二级公路，2003年建成通车。

北茜泾路 位于新联村境内，在北茜泾河北面，路以河命名，亦称富民路。南北走向，南起338省道，北至新联路，长0.88千米，宽8米，水泥路面，属三级公路，2004年建成通车。

电镀厂路 位于新联村（原万新村）境内，是通往施美电镀有限公司的道路。东西走向，东起沙鹿路，西至三漫塘，长0.72千米，宽8米，水泥路面，属三级公路，2012年建成通车。

荷花路 位于永乐村（原荷花村）境内，东西走向，东起338省道，西至原荷花村，长0.78千米，宽5米，原为沙石路面，后改为水泥路面，属四级公路，1990年建成通车。

利华路 位于永乐村村委会北侧，东西走向，东起338省道，西至镇区团结桥，长0.98千米，宽6米，水泥路面，属四级公路，2010年建成通车。

永乐环路 位于永乐村境内，道路呈长方形，东西路口均接荣文路，长1.95千米，宽8米，水泥路面，属四级公路，2001年建成通车。

花木路 位于孟河村境内，东西走向，东起伍鹿路，西至孟河农业园。因农业园内种植大量花木，故名花木路，长1.19千米，宽3.5米，水泥路面，属四级公路，2008年建成通车。

伍鹿路 位于孟河村、新明村境内，是原伍胥村通往鹿河的道路，南北走向，南起原伍胥村，北至沙鹿路交叉口，长2.24千米，宽4米，水泥路面，属四级公路，2003年建成通车。

长江路 位于新明村境内，东西走向，东起林场线，西至申久大道，长1.08千米，路段宽度不同，部分为6米，部分为26米，沥青路面，属二级公路，2013年建成通车。

新明北路 位于新明村北部，东西走向，东起新明村，西至太海公路，长0.75千米，宽6米，水泥路面，属四级公路，2004年建成通车。

鹿明路 位于新明村西北部，是鹿长路通往新明村东部的道路，故名鹿明路。东西走向，东起太海公路，西至鹿长路，长0.84千米，宽4~8米，水泥路面，属四级公路，2002年建成通车。

滨海路 位于新海村（原滨海村）境内，南北走向，南起林场线，北至外江堤路，长1.54千米，宽4米，水泥路面，属四级公路，2002年建成通车。

江长路　位于长洲村境内，是连接内江堤、外江堤的道路，故名江长路。南北走向，南起内江堤路，北至外江堤路，长1.23千米，宽4米，水泥路面，属四级公路，2002年建成通车。

内江堤路　位于长洲村境内，东西走向，东起太海公路交叉口，西至与常熟交界处，长2.47千米，宽5米，水泥路面，属四级公路，2001年建成通车。

雅沙路　位于雅鹿村境内，是雅鹿村通往原长沙村的道路，东西走向，东起沙鹿路，西至原长沙村顾家宅，长2.6千米，宽4.5米，水泥路面，属四级公路，2004年建成通车。

长新路　位于雅鹿村境内，是原长沙村通往原新市村的道路，南北走向，南起338省道，北至雅沙路，长0.7千米，宽3.5米，水泥路面，属四级公路，2001年建成通车。

雅鹿农业园道路　位于雅鹿村境内，是雅鹿农业园内部道路，呈直角型，东端接338省道，西端至农业园蔬菜大棚基地，长1.07千米，宽6米，沥青路面，属四级公路，2008年建成通车。

第二节　桥　梁

一、省道桥梁

境内有338省道1条，省道璜泾段有桥梁5条。

表12-1　2013年璜泾镇境内省道桥梁一览

桥名	桥名由来	地址	桥梁走向	两端连接
荡茜泾桥	建在荡茜泾上，故名荡茜泾桥	永乐村	东南、西北走向	东南连永乐村8组，西北接璜浮公路
蒋泾塘桥	建在蒋泾塘河上，故名蒋泾塘桥	新华村	东南、西北走向	东南连新华村10组，西北接新华村12、15组
新泾一桥	建在新泾河上，该河上有多条桥，故命名为新泾一桥	新明村	东南、西北走向	东南连新明村44组，西北接新明村37组
钱泾塘桥	建在钱泾塘上，故名钱泾塘桥	新明村	东南、西北走向	东南连新联村，西北接新明村43组
荡茜河大桥	建在新开挖的新七浦塘荡茜河段上，且跨度大，故名荡茜河大桥	永乐村	东南、西北走向	东南连永乐村1组，西北接永乐村8组

表12-2　2013年璜泾镇境内省道桥梁情况

桥名	桥长（米）	桥宽（米）	荷载	上部结构	下部结构	建成年份
荡茜泾桥	20	25	汽-20挂-100	空心板梁	重力式桥台	1998
蒋泾塘桥	25	25	汽-20挂-100	空心板梁	桩柱式墩台	1998
新泾一桥	13	36	汽-超20挂-超120	空心板梁	薄壁式桥台	1998
钱泾塘桥	53	36	汽-超20挂-超120	空心板梁	桩柱式墩台	2006
荡茜河大桥	447	38	汽-20挂-100	变截面箱梁	桩柱式墩台	2013

二、县道桥梁

1994年，境内有沙鹿公路县道桥梁5条，浮璜公路县道桥梁1条。1998年和2003年，王秀镇、鹿河镇先后并入璜泾，境内沙鹿公路县道桥梁增加4条，另有岳鹿公路鹿河集镇至长洲村主江堤段桥梁3条。2008年，浮璜公路璜泾段跨新荡茜河新建桥梁1条。2010年，南鹿公路形成，沿线有桥梁5条。2011年陆璜公路建成通车，璜泾段有桥梁6条，其中跨度最大的桥梁为荡茜河大桥，位于荣文村境内，2011年建成。至此，境内有县道桥梁25条，至2013年无变化。

陆璜公路荡茜河大桥（2018年摄）

表12-3　2013年璜泾镇境内县道桥梁一览

所在公路	桥名	桥名由来	所跨河道	地址	桥梁走向	两端连接
沙鹿公路	湘里桥	桥北临湘里泾，故名湘里桥	封张塘河	王秀村	东西走向	东连王秀村，西接原归庄苏巷村
	石头塘桥	建在石头塘河上，故名石头塘桥	石头塘河	王秀村	东西走向	连接王秀村19组东西
	南贤泾桥	建在南贤泾河上，故名南贤泾桥	南贤泾河	荣文村	东西走向	东连原华南村，西连原邢庄村
	新华桥	建在新华村，故桥以村命名	荡茜泾	新华村	南北走向	南连荣文村，北接新华村
	李家埝桥	此处为李家堰（埝），桥以堰名定名	前塘	新华村、新联村	南北走向	南连新华村，北接新联村
	施家桥	建在施姓人家旁边，故名施家桥	四青河	新联村	南北走向	连接新联村20组南北
	友谊桥	为表示桥南北两地友好，故名友谊桥	钱泾塘	新联村、新明村	南北走向	南连新联村，北接新明村
	东泾桥	建在原东泾村内，故名东泾桥	东泾河	新明村	南北走向	南连新明村39组，北接38组
	陈家湾桥	建在自然村落陈家湾，故名陈家湾桥	中心河	新明村	东西走向	东连新明村33组，西接玉影山社区
浮璜公路	叶家桥	此桥以所在地名定名	荡茜泾	荡茜村	南北走向	南连原时思太平村，北接荡茜村
	荡茜东大桥	因桥建在新七浦塘荡茜河段东侧，故取此名	新七浦塘	荡茜村	东西走向	璜浮公路东西连接桥梁
岳鹿公路	劳动桥	为传承劳动光荣美德，故名劳动桥	关王塘	玉影山社区	南北走向	连接玉影山社区南北
	光明桥（曾称朝阳桥）	寓意朝着太阳，迎接光明，故名光明桥	随塘河	长洲村	南北走向	南连长洲村5组，北接内江堤
	江堤桥	该桥接通外江堤，故名江堤桥	外随塘河	长洲村	南北走向	南连长洲村18组，北接（外）江堤路
	注：境内岳鹿公路自王秀湘里桥至鹿河集镇段与沙鹿公路重合，此表岳鹿公路桥梁只记载鹿河集镇至长洲村主江堤段桥梁3条，其他9条记入沙鹿公路桥梁。					

续表

所在公路	桥名	桥名由来	所跨河道	地址	桥梁走向	两端连接
南鹿公路	随塘河桥	建在内随塘河上，故名随塘河桥	内随塘河	长洲村	南北走向	南连长洲村17组，北接太海汽渡码头
	兴鹿桥	寓意为振兴鹿河，故名兴鹿桥	关王塘河	玉影山社区	南北走向	南连岳鹿路，北接新明村
	新市桥	建在原新市村内，故名新市桥	张青桥塘	雅鹿村	南北走向	南连璜泾农业园区，北接338省道
	倪家泾桥	建在倪家泾河上，故名倪家泾桥	西横浜河	雅鹿村	南北走向	南连雅鹿村26组，北接雅鹿村7组
	双纲河桥	桥建在双纲河上，故名双纲河桥	双纲河	杨漕村16组	南北走向	连接杨漕村16组南北
陆璜公路	浪港桥	桥建在浪港河上，故名浪港桥	浪港河	荣文村50组	南北走向	南连原老闸新光村，北连原广新村
	小璜泾塘桥	桥建在小璜泾塘河上，故名小璜泾塘桥	小璜泾塘	荣文村44组	南北走向	南连荣文村43组，北接荣文村44组
	荡茜河大桥	桥建在新开挖的荡茜河上，且跨度大，故名荡茜河大桥	新荡茜河	荣文村62组	南北走向	南连荣文村62组，北接荣文村54组
	陈大港桥	桥建在陈大港河上，故名陈大港桥	陈大港	荣文村54组	南北走向	南连荣文村13组，北接荣文村55组
	东长浜桥	桥建在东长浜河上，故名东长浜桥	东长浜	荣文村16组	南北走向	南连荣文村13组，北接荣文村16组
	隔港桥	桥建在隔港河上，故名隔港桥	隔港河	荣文村14组	南北走向	南连荣文14组，北连荣文4组

表 12-4　2013 年璜泾镇境内县道桥梁情况

所在公路	桥名	桥长（米）	桥宽（米）	荷载	上部结构	下部结构	始建改建年份
沙鹿公路	湘里桥	28.8	17.6	汽-20挂-100	空心板梁	桩柱式墩台	1997
	石头塘桥	42.6	18.0	汽-20挂-100	空心板梁	桩柱式墩台	1999
	南贤泾桥	16.0	18.0	汽-20挂-100	板梁	重力式桥台	1997
	新华桥	35.0	24.0	汽-20挂-100	空心板梁	桩柱式墩台	1990
	李家埝桥	11.9	18.0	汽-20挂-100	板梁	重力式桥台	1990
	施家桥	8.4	18.0	汽-20挂-100	板梁	重力式桥台	1997
	友谊桥	38.0	18.0	汽-20挂-100	板梁	桩柱式墩台	1997
	东泾桥	16.2	20.0	汽-20挂-100	板梁	重力式桥台	1997
	陈家湾桥	20.0	19.8	汽-20挂-100	板梁	重力式桥台	1997
浮璜公路	叶家桥	35.0	8.0	汽-20挂-100	空心板梁	重力式桥台	1990
	荡茜东大桥	60.0	8.0	汽-20挂-100	桁架梁拱	重力式桥台	2010
岳鹿公路	劳动桥	20.0	11.0	汽-20挂-100	桁架梁拱	重力式桥台	1990
	光明桥（曾称朝阳桥）	23.1	11.7	汽-20挂-100	桁架梁拱	重力式桥台	1990
	江堤桥	28.0	11.0	汽-20挂-100	板梁	重力式桥台	2012

续表

所在公路	桥名	桥长（米）	桥宽（米）	荷载	上部结构	下部结构	始建改建年份
南鹿公路	随塘河桥	13.8	20.0	汽-20挂-100	空心板梁	重力式桥台	2005
	兴鹿桥	48.0	19.0	汽-20挂-100	空心板梁	桩柱式墩台	2003
	新市桥	18.0	16.5	汽-超20挂-超120	空心板梁	轻型桥台	2003
	倪家泾桥	19.0	16.5	汽-超20挂-超120	空心板梁	轻型桥台	2003
	双纲河桥	25.0	16.5	汽-超20挂-超120	空心板梁	轻型桥台	2003
陆璜公路	浪港桥	57.0	28.0	汽-超20挂-超120	空心板梁	桩柱式墩台	2011
	小璜泾塘桥	35.5	28.0	汽-超20挂-超120	空心板梁	桩柱式墩台	2011
	荡茜河大桥	578	33.5	汽-超20挂-超120	空心板梁	桩柱式墩台	2011
	陈大港桥	51.0	28.0	汽-超20挂-超120	空心板梁	桩柱式墩台	2011
	东长浜桥	57.0	28.0	汽-超20挂-超120	空心板梁	桩柱式墩台	2011
	隔港桥	54.0	28.0	汽-超20挂-超120	空心板梁	桩柱式墩台	2011

三、镇村道桥梁

1994—2013年，随着道路交通的发展，境内镇村道桥梁有的新建，有的多次修建或重建。2013年，镇、村主干道上的桥梁有150余座，以下只记载重点桥梁20座。有的虽属重点桥梁，但因镇、村主干道部分路段与省、市道重合，有的桥梁在省、市道桥梁中已有记载，故不再重复。以下先记载镇区桥梁，后记载村域内桥梁（村按习惯排序）。

园林桥 位于镇区园林路，跨荡茜河，南北走向，长30米，宽20米，为水泥拱桥，最大载重50吨。桥两侧建有江南传统特色的休闲观光长廊。桥以路命名，故名园林桥，又名园林路桥、园林大桥。建于1993年。

环南桥 位于镇区荣文路，跨陈大港，东西走向，长28米，桥宽10米，为水泥拱桥，载重为20吨。桥以荣文路原路名环南路取名。建于2000年。

马路泾南桥 位于镇区荡茜路，跨马路泾，东西走向，长13米，宽4米，钢筋混凝土结构，最大载重15吨。桥以河命名，因地处马路泾南段，为区分于崇文路上的马路泾桥，故取名马路泾南桥。建于1993年。

马路泾桥 位于镇区崇文路，跨马路泾，东西走向，长16米，宽6米，钢筋混凝土结构，最大载重50吨。桥以河命名，故名马路泾桥。建于2001年。

戚家港桥 位于广新路荣文村38组境内，跨戚家港塘，东西走向，长17米，宽4.5米，为水泥农用桥，载重10吨。桥以河命名，故名戚家港桥。原为一座小桥，翻建于2006年。

浪港桥 位于广新路荣文村50组境内，跨浪港河，南北走向，桥长32米，桥宽5.5米，为水泥农用拱桥，载重10吨。桥以河命名，故名浪港桥。建于1998年。

小璜泾桥 位于广新路荣文村52组境内，跨小璜泾河，南北走向，桥长8.6米，宽4.5米，为水泥公路平桥，载重15吨。桥以河命名，故名小璜泾桥。原为一座小桥，2009年翻建。

陶家桥 位于广新路荣文村53组境内，跨陶家泾塘，南北走向，桥长20米，桥宽4.5米，为水泥公路平桥，载重为15吨。桥以河命名，故名陶家桥。原为一座小桥，翻建于2009年。

海城桥 位于林海路新联村境内，跨蒋泾塘，南北走向，长18米，宽4.5米，钢筋混凝土结构，最大载重5吨。因桥位于原海城村境内，故名海城桥。于1995年建成。

永乐桥 位于荣文路东段永乐村境内，跨小长桥塘河，东西走向，长14米，宽12米，钢筋混凝土结构，最大载重50吨。桥以永乐村村名命名。始建于20世纪60年代，在20世纪80年代及20世纪90年代翻修，2006年又重建。

小长桥 位于利华路永乐村境内，东西走向，跨小长桥塘，长14米，宽8米，最大载重10吨。相传此桥是一户徐姓人家生了小儿子后为积德而建造，故名小长桥。始建年份不详，后多次翻修，2006年在原址重建。

胜长桥 位于利华路永乐村境内，东西走向，跨花园塘河，长8米，宽4米，最大载重10吨。此桥名意为小辈胜过长辈，故名胜长桥。始建年份不详，后多次翻修，2006年在原址重建。

湘里大桥 位于湘王路王秀村境内，跨湘里泾，东西走向，东连沙鹿路，西连湘王路，长40米，宽8米，钢筋混凝土结构，最大载重50吨。因桥地处原湘里村境内，又跨湘里泾，故名湘里大桥。建于1986年12月。

王秀桥 位于湘王路王秀社区居委会境内，跨钱泾塘，东西走向，东靠秀东路，西临鼎隆街，长25米，宽8米，钢筋混凝土结构，最大载重10吨。王秀谐音“旺秀”，即兴旺秀丽之意，故名王秀桥。1949年前就有桥，当时用大石建成，以王秀老地名命名，1966年王秀公社成立后建成水泥桥，1975重建，1985年加宽。

张安桥 位于建包路孟河村28组境内，跨渡潭河，东西走向，东连孟河村28组，西接杨漕村。长32米，宽4米，为桁架拱桥，载重10吨。此桥为希望张姓村民出行安全建造，故名张安桥。又名张寒桥。2009年重建。

伍胥桥 位于建包路孟河村37组境内，跨钱泾塘。东西走向，东连孟河村8组，西接孟河村37组，长28.5米，宽5米。此桥为桁架拱桥，载重10吨。因河边有伍胥庙，桥以庙定名，故名伍胥桥。始建于20世纪70年代末，2005年翻建。

关王塘桥 位于钱泾塘路新明村境内，跨关王塘，东西走向，长30米，宽16米，水泥拱桥，载重50吨。因桥跨关王塘，故名关王塘桥。始建于1984年，2012年重建。

滨海套闸桥 位于钱泾塘路新海村境内，跨王家泾，东西走向，长14米，宽5米，为水泥平桥，载重10吨。因桥建在原滨海村境内，且桥梁与控制王家泾水位的套闸一体建造，故名滨海套闸桥。1980年建造。

新泾闸桥 位于新海村境内，跨新泾河，东西走向，东连滨海路，西接明海路，为水泥平桥，长8米，宽5米，钢筋混凝土结构，载重10吨。因桥跨新泾河，且桥梁与控制新泾水位的水闸一体建造，故名新泾闸桥。1970年建成。

庙桥 位于明海路新海村境内，跨老新泾河，东西走向，为水泥拱桥，长14.3米，宽5米，钢筋混凝土结构，载重10吨。因桥位于新泾庙旁，故名庙桥。1998年建成。

第三节 航 道

境内内河航道分为两类，一类是等级航道，另一类是等外级航道。1994年，境内无等级航道，有等外级航道8条。2004年，启动荡茜泾拓宽改道工程（后改称“新七浦塘”工程），2013年工程处在建设之中，竣工后属5级航道，具300吨通航能力。

表12-5 2013年璜泾镇内河航道情况一览

航道名称	起讫地点		里程（千米）	最大通航能力（吨）
	起	讫		
新七浦塘（在建）	石头塘	长江荡茜口	8.20	300
葑涨塘	浪港	王秀管理区	4.76	10
北石头塘	沙溪镇归庄界	钱泾	2.90	100
陈大港	浪港	荡茜泾	3.95	30
荡茜泾	长江荡茜口	三漫塘	6.25	40
三漫塘	荡茜泾	钱泾	2.70	60
钱泾	钱泾口	王秀红旗浜	8.80	100
洋圩泾	湘里泾	北港河	2.75	20
新泾	新泾口	三漫塘	3.40	60

第四节 运 输

一、公交客运

1994年，境内有太仓至鹿河公交线路1条。1998年11月，王秀镇并入璜泾，有太仓至王秀公交线路1条。2011年10月，太仓公交开设“306”村村通公交线路，首末站为鹿河汽车站至永乐村站。2003年起，太仓至鹿河的公交线路编号为“205”，太仓至王秀的公交线路编号为“401”。2012年9月，太仓公交开设“215”镇村公交线路，首末站为璜泾镇政府站至岳王站。同时开设“311”村村通公交线路，首末站为长洲村站至璜泾工业园站。2013年11月，太仓公交开设“216”城郊公交线路，首末站为璜泾镇政府站至浏河汽车站。至此，境内共有6条太仓公交线路，其中太仓至鹿河“205”公交线路客运人数最多，其余线路客流量相对较少。

表12-6 2013年璜泾镇境内太仓公交线路站点情况

线路名称	首末站	璜泾境内途经站点
205	太仓至鹿河	湘里、石头塘桥、新桥湾、光明（邢庄）、华南、荣文路、璜泾镇政府、园林路、棉北路、新华、李家桥、新联村、友谊桥、东泾桥、新明村、陈家湾桥、鹿河

续表

线路名称	首末站	璜泾境内途经站点
401	太仓至王秀	湘里、王秀村、绣仓时装、王秀
306	鹿河至永乐村	鹿河、雅鹿村、新市桥、倪家泾桥、草庙东、草庙、杨漕村、董家巷、南港西、南港、孙桥村、王秀、新孙桥、双纲河桥、孟河村、兴隆、伍胥、包桥、邢家宅、长乐、璜泾加油站、棉北路、园林路、璜泾镇政府、荣文东路、永乐苑、永乐村
215	璜泾至岳王	璜泾镇政府、荣文路、华南、广丰
311	长洲村至璜泾工业园	长洲村、光明村、鹿河派出所、鹿河车站、陈家湾桥、新明村、张家宅、新泾、庙桥、新海村、新泾水闸、内江堤路、钱泾水闸、滨海、林场路、长江路、璜泾工业园
216	璜泾至浏河	璜泾镇政府、园林路、新华村、新华花园西、新华花园东、利华、利华东、叶家桥

表 12-7 2013 年璜泾镇境内太仓公交线路运行情况

线路名称	始发站发车情况			终点站发车情况			日发班次	全程票价（元）
	车站名称	首班时间	末班时间	车站名称	首班时间	末班时间		
205	太仓汽车站	6:00	18:25	鹿河汽车站	5:30	17:45	114	7
401	太仓汽车站	11:00	14:25	王秀汽车站	7:10	15:40	10	6
306	鹿河汽车站	6:20	16:40	永乐村站	7:15	17:20	22	2
215	璜泾镇政府站	7:00	17:45	岳王站	7:00	17:45	24	2
311	长洲村站	6:30	17:00	璜泾工业园站	7:00	17:30	16	2
216	璜泾镇政府站	6:35	17:20	浏河汽车站	6:35	17:20	12	8

二、公路货运

1994年前后，全镇有货运卡车72辆，中型拖拉机货运车20辆，手扶拖拉机货运车35辆（拖拉机农忙耕地、农闲运输），年货物运量12万吨。车辆资产绝大多数为乡镇企业和各村所有，这些货车基本上承揽了全镇能源物资、生活用品、乡镇企业产品等运输任务。1997年乡镇企业产权制度改革后，运输车辆转为个体经营。2000年后，全镇民营企业加快发展，货物运输量不断增大，货运车数量随之逐年增加，至2003年，全镇拥有各类大小货运汽车542辆，年货物运量80万吨。之后，个体汽车运输业继续发展，且公路货运逐步趋向专业化、规模化、集约化，开始出现专业从事货运代理的运输企业。2013年，境内有持证（由太仓市运输管理处颁发的经营许可证）运输业户474户，其中公司类法人单位18家。全镇拥有各类大小货运汽车1300余辆，年货物运量250万吨。

表 12-8 2013 年璜泾镇道路货运法人单位统计

（按单位成立时间排序）

单位名称	法人代表	成立时间	所在地址
太仓市成达运输有限公司	王建波	2008.6	永乐村
太仓市华泰货运有限公司	蒋建清	2010.7	新联村
太仓通瑞货运有限公司	陈　清	2010.8	永乐村
太仓市迈嘉物流有限公司	韩　春	2011.7	新联村
恩诺物流（中国）有限公司	韩　春	2011.7	新联村
苏州德惠国际货运代理有限公司	王　震	2012.2	西塔社区

续表

单位名称	法人代表	成立时间	所在地址
诺驰物流（苏州）有限公司	王　梦	2012.6	西塔社区
苏州普瑞玛货运有限公司	刘其秀	2012.7	西塔社区
苏州亚博货运有限公司	周长平	2012.7	西塔社区
太仓安速货运有限公司	姜锦平	2012.8	西塔社区
太仓蔻德冷链运输有限公司	汤轩霆	2012.8	西塔社区
太仓市顺福运输有限公司	陈静芳	2012.8	永乐村
苏州先科货运代理有限公司	陈水洋	2013.4	西塔社区
太仓市勇财货运有限公司	刁文娟	2013.8	新明村
苏州荣阳货物运输有限公司	韩　春	2013.9	西塔社区
苏州爱特福物流有限公司	赵志兴	2013.9	永乐村
苏州雁翔货运代理有限公司	李　健	2013.9	新明村
苏州通通物流有限公司	奚风华	2013.10	新明村

三、航道水运

20世纪80年代，璜泾公社（乡）有水上运输队，璜泾粮管所和原光明、利华等大队（村）也有轮队，专门从事水路货运。进入20世纪90年代，运输市场开放，外地船舶进入水运市场，境内轮队经营受到冲击，运输船只因水运业务萎缩而减少。20世纪90年代初，全镇有运输轮队3个，载重213吨。此后，境内道路建设加快，陆路运输方便，全镇工农业生产物资和居民生活物资基本上都是公路运输，水路运输主要有黄沙、石子、水泥、钢材、煤炭、木材等物资，而这些物资基本上都是由货源地区直接用当地船舶运输，故本地轮队失去运输市场。至1998年，本地运输队全部停止水上运输业务。1999—2013年，境内水路货运均为外地船舶。

第五节　长江渡口

太海汽渡（2006年摄）

1995年5月，由太仓市先行实业总公司、太仓第三棉纺厂、沪光国际上海发展投资有限公司注册成立中外合资苏州太海汽车轮渡有限公司（以下简称“太海汽渡”），注册资本人民币6500万元。公司经营太仓至海门汽车渡运。渡口码头位于原林场村境内，是长江入海口第一个渡口，也是过江航线国内最长的渡口。同年12月22日，汽渡试航投运。1996年4月1日，正式开业营运。海门汽渡同日开业，双方各派3

艘渡轮参加营运，航程13.3千米，渡江时间约45分钟。是年，共渡运车辆22.31万辆。1997年7月和2003年12月，双方又各投入2艘渡轮营运。2004年为渡运车辆最多年，达98.03万辆。是年，太海汽渡因渡航时间超过交通部规定的30分钟时限，需要将渡口向长江上游迁移，以缩短至海门的航线距离。8月，由太仓交通控股（集团）有限公司、太仓市璜新集体资产经营有限公司、常熟市海通化纤有限公司共同出资，注册成立太仓市汽车轮渡有限公司。12月，香港伟茂国际有限公司出资入股。2005年9月，移地新建的渡口码头投运，新码头由长575米的引堤和长210米码头组成，拥有28车全回转渡船5艘。位于长洲村境内，轮渡航程缩至5.9千米，渡江时间约27分钟。同时，苏州太海汽车轮渡有限公司停止营业，原码头及配套设施转让给太仓港口开发区。2008年5月，苏通大桥建成通车，过江车辆分流，太海汽渡渡运车辆减少。2013年，太海汽渡渡运车辆26.63万辆。

表12-9　1996—2013年太海汽渡渡运车辆统计

年份	车辆数（辆）	年份	车辆数（辆）	年份	车辆数（辆）
1996	223053	2002	762848	2008	837688
1997	371994	2003	868423	2009	489354
1998	410164	2004	980332	2010	441200
1999	465364	2005	939775	2011	427600
2000	605824	2006	115558	2012	301300
2001	715635	2007	119456	2013	266300

第六节　交通管理

一、道路管理

1994年，境内县级道路沙鹿公路璜泾段、浮璜公路璜泾段及重要支线由市负责管理养护，具体由市公路管理站璜泾道班管养施工。境内的镇级和村级道路分别由镇、村分级养护。镇级道路出现破损，由镇建设管理所负责修复，所需资金由镇政府拨付。村级道路的修缮资金由所在村自筹解决。1995年，太仓养护工区设置调整后，县级道路由市公路管理处工程队沙溪养护工区负责养护。

2005年底，在镇建设管理所设农路管理办公室，专门负责镇村级道路路面修复等管理养护工作。2009年，璜泾中心交通管理所设农路中队，负责对镇村道路进行日常巡查，一旦出现道路破损等问题，及时上报镇农路办，组织力量进行整治。2009—2013年的5年间，共清除砖石、柴草、废旧材料等各种障碍物2000立方米；拆除私设非公路标志牌、广告牌400余块；清除公路沿线各种乱设摊点250个（处）；清除公路路面违章打谷晒场42处；查处道路控制区内建筑施工3起，拆除非法建筑120平方米。

二、秩序管理

1994年，开展道路交通安全巡查活动，主要治理沙鹿公路和璜时公路上的乱停车和施工占道等问题，确保道路畅通。1995年，在镇区园林路和玄武路道口设置自动信号灯（通常称红绿灯），为境内安装交通信号灯的首个路口。1996年，在园林路和玄武路主要路段设置金属隔离栏。

2000年起，开展对“五小”（通常指低速货车、三轮汽车、三轮摩托车、两轮摩托车、拖拉机）车辆进行专项整治，提高车辆上牌和驾驶证发证率以及年检年审率，对应办证照而未办的“五小”车辆予以查扣。2006年底，338省道竣工通车后，沿线道口均安装交通信号灯。2007年，在镇区园林路、玄武路、荡茜路等主要道路漆刷道路中央分道线、行车道分界线和人行横道线。

2010年，加强监控与执法力度，全年在镇区拍摄违章停放车辆420辆，扣留各类违章车辆70余辆，纠正各类交通违章900余起，整治车辆乱停放地段6处，发放镇区临时通行证4000余张，长期通行证120余张。同年下半年，镇区道路多处施工，交通拥堵时有发生，璜泾交通联合执法队派队员坚持每天在各个路口指挥疏导交通，确保施工期交通安全畅行。

2011年，在镇区园林路、玄武路等主要道路漆刷停车线，并加强道路值勤，一旦发现违章停车，立即进行纠正，或粘贴告知单，让违章者到指定地点接受处理。同年，对中小学、幼儿园周边环境进行综合治理，在学生到校和放学时段，安排辅警上路值勤，维护学校周边道路的交通秩序。

2012年，镇交通管理相关部门先后组织12次交通环境集中整治活动，共拍摄违章停放车辆1500辆，扣留各类违章车辆30余辆。同年，建成启用璜泾停车场，位于338省道与太璜公路（原称海麒公路，属老太海汽渡配套公路）路口东北侧新联村1组境内，占地2.53万平方米，场地硬化面积1万平方米，四周采用铁质格珊围挡，安装红外线报警系统，安排辅警实行24小时全天候管理。停车场启用后，将原设在镇区的三类维修“路边店”9家、物流企业15家和原停放于街道上过夜的运输车辆集中到璜泾停车场。

2013年，全镇境内安装道口交通信号灯27处，在镇区主要道路设有货运车辆禁停标志40余块，镇区中心道路园林路设有2处违法停车自动抓拍点。交通设施的完善，使境内交通秩序进一步得到改观。

三、安全宣传

20世纪90年代，宣传《中华人民共和国道路交通安全管理条例》。每年8月开展交通安全宣传月活动，对本地驾驶员进行安全教育培训。1995年12月，太海汽渡码头建成投运后，重点向过境沿线的村民进行交通安全宣传教育，同时，印发《致过境驾驶员的一封公开信》。

进入21世纪后，开展创建交通安全“进农村、进社区、进企业、进学校、进家庭”活动，各单位通过拉挂横幅、发放宣传资料、展放宣传画板、文艺演出等宣传教育形式，教育引导广大群众自觉遵守交通法规，告别不文明交通行为，共同维护良好的交通环境。2001—2006年的6年间，全镇分发交通安全宣传资料2万余份；在重要路口拉挂横幅80余条；先后在学校、社区、公路沿线企业展出宣传画板60家（次）；不定期派出民警到学校为学生上交通安全辅导课36课（次）；在文化下乡文艺演出中安排交通安全教育节目6个，演出90场，受教育群众3万余人次。

2007年，由于338省道通车不久，且路宽，车辆多、速度快，但村民过路安全意识尚未形成，镇交警中队干警坚持上路值勤，向沿线村民分发宣传资料，在路口设置警示标志，向过路村民，尤其是老年村民面授安全知识，引领村民安全过路。

2009年3月，开展道路交通安全宣传系列活动，制作宣传画板40余块，到4所学校、3个社区展出；向居民群众和中小学生发放《致全镇公民一封信》《致中小学生一封信》和友情提示等宣传资料1万余份；民警到学校向学生讲授"珍爱生命、安全出行""文明交通、从我做起""金玉有价、生命无价"等交通知识及防范常识，受教育学生达5000余人次。同年，利用宣传、文化部门送戏下乡的机会，在镇文化广场设置交通安全宣传展板，向观众发放《道路交通安全掌中宝》《出行宝典》等宣传资料235份。

2010年，在村、社区、学校展出交通安全宣传画板80场次；镇司法所把《中华人民共和国道路交通安全法》作为全民普法教育的重点内容，印发宣传资料3000余份；各学校在法制和德育教育中增加道路交通安全内容，向中小学生面授交通法规和安全常识48课（次）。

2012年，开展交通安全示范学校创建工作，璜泾交通联合执法队与荣文学校以"生命、生存、生活"为主题，对学生进行交通安全宣传教育，营造"平安校园"宣传氛围，广大师生的交通安全意识得到强化。

2013年，在镇区环境整治、镇容镇貌提升活动中，向镇区中心道路园林路两侧街面门市店主及沿路停放车驾人员发放宣传资料1000余份，告知车驾人员自觉按照划定车位有序停放车辆。通过多年的宣传教育、交通执法和电子监控管理等，境内基本实现"交通秩序明显好转""道路通行能力明显提高""交通违法行为明显减少""交通事故明显下降""交通环境明显改善""全民文明交通意识明显增强"的工作目标。

四、管理机构

璜泾交警中队 1994年，设璜泾交通管理所，有专管民警4人，负责境内道路交通安全。管理所隶属璜泾派出所，业务接受太仓市交警大队指导。2000年，境内道路交通安全改属太仓市交警大队金浪中队管辖（设于浮桥镇时思管理区）。2006年，单独设立璜泾交警中队，地处长洲村境内，由太海汽渡提供办公场所。2006—2013年，境内共发生交通事故16761起，其中死131、伤3262人，车损764万元。对每起事故，交警中队及时出警，依法处理，结案率100%，未发生因事故双方或多方争议而引发不稳定因素。2013年末，配备交警11人，辅警35人。

太仓交警大队璜泾中队（2018年摄）

2006—2013年，历任中队长：付朱平（2006.3—2008.8）、蒋晓峰（2008.8—2012.5）、沈峰（2012.5—2014.4）。

璜泾中心交通管理所（2018年摄）

璜泾交管所 1976年成立璜泾公社交通管理站，1980年改称璜泾交通管理所（以下简称“交管所”）。1994年，所址位于蒋泾塘蒋泾桥西堍，全民事业单位，核定编制人员4人，由镇政府和交通局双重领导。1998年，所移至沙鹿公路和玄武路交叉口原华南村2组境内，办公楼建筑面积2174平方米。1999年12月，王秀交管所并入璜泾交管所。2000年11月，更名为“太仓市交通局璜泾中心交管所”，为太仓市交通局派出机构，下辖金浪、归庄、鹿河交管所。2003年10月，鹿河交管所并入璜泾中心交管所，根据乡镇合并情况，不再管辖归庄、金浪交管所。2008年12月，所移至338省道和沙鹿公路交叉口新明村43组境内，占地2174平方米，新建办公楼建筑面积1456平方米，门卫室、食堂等辅助用房91平方米。内设有地磅一套，停车位18个。2013年，有在编工作人员6人，编外交通辅助执法人员8名。配备执法标识车辆4辆，行车记录仪4部，便携式执法记录仪2部，便携式执法通讯机1部，数码相机2部，数码录影机1部，办公用台式电脑5台。交管所主要负责道路水路运输管理、公路管理、港口管理、航道管理、水上交通安全监督管理等。

历任所长：钱耀光（1994.1—1997.12）、唐曜（1997.12—2000.11任副所长主持工作）、沙永林（2000.11—2004.11）、孙志坚（2004.11—2007.11）、孙军（2007.12— ）。

璜泾交通联合执法队 2006年11月成立，始称“璜泾镇道路交通环境综合整治办公室”，由镇政府分管副镇长兼任办公室主任；公安民警戴良球担任副主任，主持日常工作。其职能主要是负责境内交通秩序及安全管理。办公室设在璜泾商贸中心（农贸市场）东楼，用房6间150平方米，有工作人员14人，其中公安民警1人、交通民警1人、城管队员2人、辅警10人。2009年，改称“太仓市璜泾交通联合执法队”，由戴良球任队长。同年6月，办公地点迁移至原璜泾交通管理所，位于沙鹿路与玄武路西南侧路口。2013年，全队有队员15人。配备警车1辆、摩托车8辆。有电脑、打印机、数码相机等5台（个）。

第二章　邮　政

第一节　邮政机构

璜泾邮政支局（2018年摄）

1994年，境内有太仓市邮电局璜泾支局，地处玄武路8号，职工16人。1998年9月，邮政、电信实行分业经营，太仓市邮电局璜泾支局撤销，邮政机构设太仓市邮政局璜泾支局（以下简称“璜泾支局”），有职工9人，用房建筑面积173.4平方米。同年11月，王秀镇并入璜泾，王秀有太仓市邮政局王秀支局（以下简称“王秀支局”），地处湘王路，有职工6人，用房建筑面积219.6平方米。2003年8月，鹿河镇并入璜泾，鹿河有太仓市邮政局鹿河支局（以下简称“鹿河支局”），地处新鹿路，有职工7人，用房建筑面积186.2平方米。至此，境内璜泾、王秀、鹿河3个邮政支局主营信函、包裹邮递、邮政储蓄、报刊发行、特快专递、汇兑、集邮、保险等业务，均为独立的企业主体，自主经营、自负盈亏，行政上隶属于太仓市邮政局，党组织关系归属地方党委。2004年后，随着经济社会的发展，各邮政支局业务拓展，经济效益和社会效益得到提升。至2013年，境内设3个邮政支局无变化。

1994—2013年，璜泾邮政（邮电）支局历任支局长：陆竹松（1994.1—1997.5）、王庆（1997.5—1999.10）、张卫红（1999.10—2001.1）、朱建国（2001.1—2002.6）、杨奕（2002.6—2003.12）、沈琼（2004.12—2011.7）、王建忠（2011.7—2013.6）、王雅秋（2013.06—　）。

1998—2013年，王秀支局历任支局长：吴海英（1998.11—2000.3）、杨奕（2000.3—2002.6）、蔡小弟（2002.6—2003.12）、杨奕（2003.12—　）。

2003—2013年，鹿河支局历任支局长：马雪峰（2003.8—2012.3）、东文华（2012.3—2012.12）、马雪峰（2012.12—　）。

第二节　邮政邮路

一、邮件运输

1994—2013年，出入境内的邮件由太仓邮政专车运输，每天2班，一般上午9:30、下午3:30到达。每班到达后，先核对确认并提取寄入境内的邮件，后将寄出邮件装车，核实无误后发车。

二、投递邮路

1994年，璜泾支局设3条投递邮路，其中农村分南片、北片2条，镇区1条，分别由3名邮递员骑自行车投递，邮路总长82千米。1998年9月，为投递员配备摩托车，实现投递摩托化。同年11月，王秀镇并入璜泾，王秀支局设1条投递邮路，总长67千米。2003年8月，鹿河镇并入璜泾，鹿河支局设2条投递邮路，总长75千米。2013年，为提高投递区域合理性和时效性，王秀支局邮件投递业务并入璜泾。是年末，全镇投递邮路6条，其中璜泾4条，鹿河2条，邮路总长255千米。

第三节　邮政业务

一、信函

20世纪90年代，璜泾支局信函业务主要包括家信、明信片、广告信、印刷品等，每年信函进口量为4万余封，出口量为1万余封。进入21世纪，由于电信业务快速发展，特别是移动通信的普及，除有些商业类信函仍需邮递外，其余信函来往逐年大幅减少，尤其是家庭书信邮寄量更少。2010年后，甚至出现空箱情况。2013年，境内3个支局的信函总量仅1600余封。

二、包裹

1994年，璜泾支局包裹业务大多为普通包裹，每年进出在3000件左右。之后，随着外来务工人员的增加，包裹业务增多。1998年，璜泾支局包裹业务量为4000件，王秀支局为2000件。之后，包裹业务量继续呈上升趋势。2003年，璜泾、王秀、鹿河支局包裹业务总量达1.2万件。2013年，网购开始出现，邮寄小包件增多，年末，璜泾、王秀、鹿河支局各类包裹（件）业务总量达1.5万件。

三、邮政储蓄

20世纪90年代起，境内邮政机构涉足金融，参与竞争，经营储蓄业务，发展邮政事业。1994年，璜泾支局累计吸储总额为120万元。1997年，邮政储蓄开始电子化操作，并实现了太仓全市联网，客户存取不受地区限制，邮政储蓄业务量扩大。2006年后，璜泾、王秀、鹿河支局安装ATM自动取款机各1台，方便客户，邮政储蓄业务继续得到发展。2010年，对所有ATM自动取款机安装防撬报警装置，升级改造电子监控系统。2013年末，璜泾、王秀、鹿河3个支局邮政储蓄总额达2.09亿元，其中璜泾支局5600万元，王秀支局7800万元，鹿河支局7500万元。

四、报刊发行

1994年，璜泾支局报刊收订流转额20余万元。1996年7月，璜泾支局做好《太仓日报》创刊宣传发行工作。之后，每年根据镇党委宣传部门的要求，落实党报党刊征订计划，各种报刊，尤其是党报党刊发行量大幅增加。1998年，璜泾支局报刊收订流转额增至40余万元。2000年后，在民营企业中加大党报党刊征订力度，报刊发行量继续攀升。至2013年，璜泾支局报刊收订流转额达100余万元，王秀支局30余万元，鹿河支局40余万元。

五、特快专递

1994年起，璜泾支局每年特快专递业务量达3000件。2000年后，客户要求物件速递的更多，特快专递业务量逐年增加。至2013年，璜泾支局特快专递业务量达4500件，王秀支局2200件，鹿河支局3600件。

六、汇兑

1994—1999年，邮政汇兑业务以现金到现金形式的普通汇款为主，璜泾支局每年进出汇票分别在3600张和10000张左右。2000年后，传统的汇兑被电子汇兑所取代，邮政汇兑有现金到现金、现金到账户、账户到现金、账户到账户等4种方式。是年起，璜泾民营企业快速发展，外来务工人员增多，其务工收入电汇原籍老家的较多，故邮政支局电子汇兑业务量扩大。2005年后，企业发放职工工资普遍使用银行工资卡，外来务工人员从银行直接划卡汇款的增多，而邮政支局汇兑业务量相应减少。2013年，璜泾支局进出汇兑分别有3200笔和15600笔；王秀支局进出汇兑分别有2500笔和9100笔；鹿河支局进出汇兑分别有2850笔和12500笔。

七、保险

1994—1999年，邮政未开展保险代理业务。2000年6月，邮政始办保险兼业代理业务。之后，随着经济社会发展，境内保险需求量扩大，邮政为各家保险公司代理保险的单位增加，且代理业务量逐年拓展。险种主要有企业财产保险、机动车辆保险、家庭财产保险、国寿福馨两全保险、国寿福瑞两全保险等十余种。2000—2013年，境内邮政除办理本系统开设的中邮人寿业务外，还为前海人寿、国华人寿、生命人寿、中融人寿、安邦保险、君康保险等保险公司代理保险业务。14年间，璜泾、王秀、鹿河3个支局累计发展保险客户2405户，其中璜泾支局1212户，王秀支局506户，鹿河支局687户。

第三章　电　信

1994年，境内电信运营企业有太仓邮电局璜泾支局，主营固定电话、手机、宽带等，也曾经营电报、无线寻呼（BP机）、小灵通等业务。1998年后，江苏移动通信有限责任公司太仓分公司和中国联合通信有限公司太仓分公司先后在璜泾设立服务网点，发展移动通信和联通通信业务。2008年，联通CDMA网络（以下简称“C网”）转让电信后，璜泾电信支局开始发展C网通信业务。联通经营GSM网络（以下简称“G网”）通信。2009年后，电信通信、移动通信和联通通信业务在璜泾不断发展。2013年，境内固定电话用户11572户，其中电信11416户，联通156户；手机用户61785户，其中电信12175户，移动37068户，联通12542户；宽带用户15087户，其中电信13775户，移动700户，联通612户。

第一节　运营企业

一、璜泾电信支局

1994年，璜泾电信、邮政合一，称太仓邮电局璜泾支局。地处玄武路8号，占地面积600平方米，用房建筑面积753平方米。1998年9月，邮政、电信分业经营，璜泾电信机构设中国电信股份有限公司太仓分公司璜泾支局。2000年，改称江苏省电信公司太仓市电信局璜泾分局。2007年，称江苏省电信有限公司太仓分公司璜泾支局。2008年起，又恢复称中国电信股份有限公司太仓分公司璜泾支局。2013年末，正式职工3人，全年业务收入2200万元。

璜泾电信支局（2018年摄）

1994—2013年，璜泾电信（邮电）支局历任支（分）局长：陆竹松（1994.1—1997.5）、王庆（1997.5—1998.9）、孙远敏（1998.9—2000.11）、龚莲英（2000.11—2013.11）、周鸽（2013.11—　）。

二、移动通信

1994—1997年，境内移动通信业务归璜泾邮电支局管理。1998年5月，移动业务从邮电系统划出，由江苏移动通信有限责任公司太仓分公司（以下简称“太仓移动公司”）经营。之后，太仓移动公司在璜泾境内设立服务网点，发展移动通信业务。至2013年，境内有移动通信服务网点9个，设于璜泾园林路2个、玄武路2个、怀仁路1个、农贸市场驻地1个，王秀湘王路1个，鹿河灵影路1个、沙鹿路申久公司驻地1个。服务网点主要是销售移动手机，办理移动宽带、移动号卡等相关业务。其中移动自营厅1个，称中国移动通信集团江苏有限公司太仓分公司璜泾自营厅，位于璜泾园林路园林桥向北200米处，营业面积240平方米。移动通信主要经营打头号段“139”“138”“137”等数字移动电话业务。

三、联通通信

1999年7月，中国联合通信有限公司在太仓设立分公司（以下简称太仓联通公司）。之后，太仓联通公司在璜泾境内设立服务网点，主要是销售联通手机，办理联通宽带、联通号卡等相关业务。2008年，联通公司经营GSM移动网G网，CDMA移动网C网转让电信公司。2013年，境内有联通通信服务网点7个，其中在璜泾设5个，鹿河2个。联通通信主要经营“130”“131”“132”“175”“176”“180”“185”“186”等打头号段数字移动电话业务。

第二节　电信业务

一、电报

20世纪80年代，境内电报由太仓邮电局收发，本地支局收转传递。当时电话尚未普及，电报能快速传递信息，故被广泛应用。20世纪90年代起，随着电话的普及，电报业务逐渐萎缩。2000年起，由于程控电话的发展和通信手段的多样化，电报通信方式结束历史使命。

二、固话

1994年，璜泾邮电支局固定电话已从过去的磁石式电话升级为自动电话，5月开通6000门程控电话交换机，连接璜泾、王秀、鹿河、时思4个镇的电话用户，璜泾境内有固定电话用户1200户。1995年，璜泾邮电支局更新扩容交换机设备，发展数字数据通信网，采用德国生产的西门子程控交换机，容量10000门，电话网覆盖璜泾、王秀、鹿河、时思4个镇，用户使用按键式双音频电话机，璜泾境内有固定电话用户2500户。1997年4月，璜泾实现电话镇，全镇固定电话用户8230户，电话普及率每百人40.34部。2001年，璜泾电信支局实施中继光缆工程，继续扩大交换机容量，满足用户装机需要。2003年，境内有固定电话用户14450户，电话普及率每百人29部。2005年后，由于手机的普及，固定电话新装机有所放缓。2010年后，固定电话用户逐年减少。2013年，全镇电信固定电话用户11416户，电话普及率每百人23.78部。

三、无线寻呼

1994年，境内有寻呼机（BP机）用户560户。寻呼机有数字机和中文机。数字机只显示寻呼人的电话号码；中文机可直接显示呼叫内容，继而又开通股市行情、天气预报、影视信息和工商广告等。寻呼机由于方便实用，很受用户欢迎而迅速普及，1998年，全镇寻呼机用户3325户。之后，因移动电话的快速发展，寻呼功能被取代，用户逐年急剧下降。2005年，电信寻呼业务关闭，寻呼机退出市场。

四、小灵通

2002年12月，璜泾电信支局开始引进新型的个人无线接入系统——小灵通。2003年1月18日，小灵通开始放号。由于小灵通以无线的方式接入本地电话网，手持者可在无线网络覆盖范围内随时随地接听和拨打电话，故深受用户欢迎，当年璜泾小灵通用户达3335户，并持续快速发展，2004年用户为10200户，2005年增至15600户。之后，由于手机的普及和功能的拓展，小灵通用户逐年大幅减少，2013年仅剩200余户。

五、手机

1994年，境内有移动模拟通信网A网和B网覆盖，大哥大机站与全国并网。同年，移动通信业务由璜泾邮电支局经营并开始发展，年末有用户86户。1995年，因模拟A网和B网国际漫游受限，太仓邮电局在模拟移动通信持续扩容的同时，开始兴建GSM数字移动网G网，数字移动电话被称作“全球通”手机。1996年，境内有模拟通信网和移动通信网覆盖，璜泾移动电话用户增至330户。1998年，移动通信开通短信业务，短信通信因其便捷、私密、资费低而受用户欢迎，发短信便成了用户的重要联络方式。同年5月，移动通信业务从邮电划出，由太仓移动公司经营。1999年，太仓移动公司开通呼叫转移业务。之后，随着太仓移动公司数字移动G网的不断扩容，璜泾移动用户逐年增加。同年7月，太仓联通公司开始在璜泾发展移动通信业务，以后在境内有联通网络覆盖，先有GSM移动网G网，后有CDMA移动网C网。尤其是C网，是新型数字电话网，采用码分多址技术，接通率高、噪声小、发射功率小，具有绿色环保性能，故联通用户不断增多。2000年，太仓移动公司关闭模拟网，璜泾境内还有为数不多的模拟用户到移动服务网点调换数字手机，加入数字网。至2005年，璜泾移动用户达28740户。2008年，太仓联通公司转让给中国电信股份有限公司太仓分公司CDMA网络，璜泾电信支局正式发展C网移动通信业务，先期经营“189”“181”“173”，后又经营“133”“153”等打头号段数字移动电话业务。此后，境内电信、移动、联通运营企业搭建各项服务平台，不断拓展移动通信业务，再由于网络信号质量好、手机功能越来越多，故境内的手机用户数量逐年攀升。至2013年末，全镇手机用户达61785户，其中电信手机用户12175户，移动手机用户37068户，联通手机用户12542户。

六、宽带

2001年起，璜泾电信支局开始利用固定电话优势，发展ADSL宽带业务。凡申请安装宽带的用户，璜泾电信支局赠送一台ADSL MODEM，免费为用户开通ADSL宽带。每月费用采取包月制，资费几度下调、较为优惠。同年起，太仓移动公司、联通公司在璜泾发展宽带业务。至2013年，全镇有宽带用户15087户，其中电信13775户，移动700户，联通612户。

第十三篇　财税　工商　金融　保险

第一章　财　政

1994—2013年，璜泾财政管理机构经历由财政所升格为财政分局、管理体制由地方管理改为市属管理的过程，财政收入随经济发展大幅增长，财政支出由预算单位分散支付向国库账户集中支付过渡，财务管理从培训财会人员、完善会计制度、集中统一记账入手予以规范。财政部门积极广辟财源，合理编制预算，坚持增收控支，强化征管监督，使财政收支年年实现平衡，略有结余。20年间，累计镇财政收入44.63亿元，可用财力14.57亿元，财政支出14.07亿元。

第一节　机构沿革

1993年，璜泾撤乡建镇，璜泾乡财政所更名为璜泾镇财政所。办公点设在璜泾镇园林路西、玄武路南的政府大院内，下设财务科、农税科，共4人。主要负责农业税、农林特产税、土地占用税、契税的收缴和国债、国库券的发行、兑付以及全镇预算内、预算外的镇资金筹措与管理，健全镇级财务管理制度，编制和执行年度财政预算、决算计划，管好、用好支农资金和文教卫生、镇村建设、治安、环保等各项事业费。每年向镇人大汇报当年的财政预（决）算情况。

1999年1月1日起，实行条线管理，镇财政所隶属市财政局、镇政府双重管理，人事由太仓市财政局管理，工资支付渠道不变，党组织关系仍由乡镇管理。

1998年11月，璜泾、王秀两镇合并，王秀财政所并入璜泾镇财政所。2003年5月，撤销璜泾镇财政所，成立璜泾镇财政分局，属副科级建制，隶属市财政局领导，编制与人员由市局统一调配。

璜泾财政分局（2018年摄）

2003年8月，第二次乡镇区域调整，璜泾镇与鹿河镇合并，鹿河镇财政所并入璜泾镇财政分局。同年11月，分局办公点搬迁至政府大院南园林路东侧（原璜泾法庭办公楼）。2004年1月8日，璜泾财政分局举行揭牌仪式，正式成立分局，编制人员8人。2013年末，分局在编人员12人，其中行政编制8人，地方事业编制4人，下设预算管理科、支付结算科、综合管理科、财务管理科，以及国库集中支付中心、会计服务中心。

1996年，璜泾镇财政所分别获评太仓市和苏州市财政系统先进集体。1998年、2002年，先后获评太仓市财政系统先进集体。

表13-1 1994—2013年璜泾财政分局（所）历任分局（所）长

姓名	职务	任期	姓名	职务	任期
蔡凤珠	财政所所长	1993.2—2001.11	李泉龙	财政分局分局长	2007.6—2008.10
陈 俭	财政所所长	2001.11—2003.8	黄卫东	财政分局分局长	2008.10—2013.2
汤文英	财政分局分局长	2003.8—2007.6	王晓颖	财政分局分局长	2013.2—

第二节 财政收入

20世纪90年代中后期，璜泾工业经济持续发展，全镇综合实力不断增强。1994年全镇实现财政收入1535万元，由预算内收入、预算外收入（主要是教育费附加收入）、镇自有资金三部分组成。1996年，财政收入统计口径有所变化，镇自有资金纳入预算外收入管理，财政收入由预算内收入、预算外收入两部分组成，是年财政收入增至2428万元。1997年，在完成集体企业转制后，民营企业开始起步，财政收入有所降低，出现负增长。1998年璜泾、王秀合并后，税源扩大，是年财政收入4534万元。1999年起，璜泾加弹业及苏州荣文集团有限公司、太仓市兰燕甲板敷料涂料有限公司等一批骨干企业迅猛发展，财政收入连年增长。2000年，全镇完成财政收入6878万元，同比增长率为57.46%，是1994—2013年历年中增长率最高的一年。

进入21世纪后，全镇民营经济加快发展，税收逐年递增，2002年全镇财政收入增至8521万元。2003年，璜泾镇与鹿河镇合并，全镇实现财政收入1.41亿元，比上年增长65.87%（增长率高于2000年，但有鹿河并入的不可比因素）。2004年，国家取消对农民征收的农业税。在以后的几年中，全镇财政收入稳步增长。2008—2013年，受国际金融危机和国家宏观调控的影响，年际间财政收入有较大增减变化，其中有3年财政收入出现负增长。2013年，全镇财政收入4.35亿元，是1994年的28倍。1994—2013年，全镇财政收入累计实现44.63亿元。

2000年、2002年，璜泾镇分别获太仓市财政收入一等奖、三等奖。2007年、2008年，连续两年获一般预算收入等三项奖励。2010年、2011年，连续两年获财政收入增量奖、增幅前三名奖。2012年获收入奖。

注：此章节中财政收入数据摘自每年的财政预决算报告。

一、预算内收入

1994年，全镇预算内收入1002万元，其中工商税收919万元，农业税收83万元。工商税收由税务部门负责征收，农业税收由财政部门负责征收。分税制后，预算内收入的组成有所变化，分为中央级收入、地方级收入（增值税的25%、农业税收、工商各税）两部分。1995年，预算内收入1353万元，其中中央级收入705万元，地方级收入648万元。此后，预算内收入逐年增长。2000年大幅增长至6368万元，同比增长106.62%，为1994—2013年的20年间增幅最高年。2001年，因受国家“免、抵、退”政策的影响，预算内收入有所下降。2003年，预算内收入首次突破1亿元（璜泾、鹿河两镇合并数）。2004—2008年连续5年增幅在20%以上。2009年，受国际金融危机影响，化纤行业上游重点纳税户税收大幅下降，预算内财政收入出现负增长。2012年、2013年，国家宏观调控，工业经济受到影响，税收一度回落，内资企业所得税从2011年的1.83亿元下滑至2013年的3794万元，导致预算收入随之下降。2013年，全镇实现预算内收入4.35亿元，是1994年的43倍。1994—2013年，全镇预算内收入累计实现41.74亿元。

另，因农业税收是以前预算内收入的组成部分，其征收是财政部门的一项重要工作，故以下对农业税收情况做专门记述。农业税收通常称“农业四税”，即农业税、农业特产税、耕地占用税、契税。

农业税 1994年，完成农业税79.8万元。1998年，王秀镇并入璜泾镇，完成农业税120.2万元。2000年增至241.9万元。2001年，农村税费改革，减轻农民负担，税率下调，完成农业税180.6万元。2003年，实行政府代缴农业税政策，由镇财政负担，不再向农户征收。2005年，取消农业税。1994—2005年，全镇累计完成农业税1756万元。

农业特产税 1994年，全镇农林特产税2.2万元，主要来源于竹园、鱼塘的收入。1995年，农林特产税更名为农业特产税。2000年，完成19.5万元。2001年，农村税费改革，农业特产税减收，2001年、2002年分别为0.8万元和0.6万元。2003年起停征农业特产税。1994—2003年，全镇累计完成82.9万元。

耕地占用税 1994年，全镇耕地占用税0.2万元。随着社会各项事业的发展，璜泾工业园区、璜泾新镇区开发，占用耕地相应增多，2000年，征收6.8万元。2011年、2012年、2013年分别征收606万元、468万元和276万元。1994—2013年，全镇耕地占用税累计收入2895万元。

契税 20世纪90年代初，璜泾几乎没有商品房，房产交易极少。1994年，征收契税0.8万元。1997年，小商品一条街等商住楼建成，契税增加到2.2万元。21世纪初期，璜泾房地产业升温，府南花园等楼盘建设竣工上市，房产交易增多，契税大幅增长，从1998年的10.40万元，猛增到2011年的627万元，增加60倍。2013年，全年契税收入574万元。1994—2013年，全镇累计实现4615.4万元。

表13-2 1994—2013年璜泾镇“农业四税”统计

单位：万元

年份	农业税	农业特产税	耕地占用税	契税	合计
1994	79.80	2.20	0.20	0.80	83.00
1995	79.80	9.70	168.00	0.50	258.00
1996	112.30	11.10	31.40	0.30	155.10
1997	110.50	12.50	23.00	2.20	148.20
1998	120.20	15.00	11.90	10.40	157.50
1999	211.60	11.50	1.70	25.30	250.10

续表

年份	农业税	农业特产税	耕地占用税	契税	合计
2000	241.90	19.50	6.80	11.50	279.70
2001	180.60	0.80	0.20	33.30	214.90
2002	187.80	0.60	—	62.10	250.50
2003	274.80	—	41.30	157.00	473.10
2004	156.70	—	168.50	655.00	980.20
2005	—	—	73.00	961.00	1034.00
2006	—	—	567.00	171.00	738.00
2007	—	—	12.00	147.00	159.00
2008	—	—	67.00	63.00	130.00
2009	—	—	320.00	46.00	366.00
2010	—	—	53.00	500.00	553.00
2011	—	—	606.00	627.00	1233.00
2012	—	—	468.00	568.00	1036.00
2013	—	—	276.00	574.00	850.00
合计	1756.00	82.90	2895.00	4615.40	9349.30

二、预算外收入

1994年，璜泾预算外收入主要包括农牧业税附加、教育费附加等附加收入，全年共收入109万元，其中教育费附加收入96万元。1996年起，镇自筹资金纳入预算外收入管理，是年预算外资金共收入979万元。1998年，璜泾、王秀并镇后达1319万元。后两年回落，分别跌至500余万元。以后又开始回升至千万元以上。2003年，璜泾、鹿河并镇后达2677万元。2004年，教育费附加收入开始纳入预算内管理，预算外收入相应减少，是年，全年完成预算外收入2341万元。2007年，预算外收入管理改为非税制征缴管理，当年实现2736万元，2010年增至4030万元。2011年，在非税收入管理中，除学校收入以外，将其他预算外资金全部纳入预算内管理，全年预算外收入减少至257万元。但在实际操作中，从2012年起已无预算外收入。1994—2013年，全镇预算外累计收入2.8亿元。

三、镇有资金收入

1994年，璜泾镇自筹资金共收入424万元，主要来源于镇办村办企业上交、社会性列支、地方建设基金、防洪保安建设基金，建农基金、镇统筹收入、管理费以及事业单位上交、土地出让金等收入。1995年，镇自筹资金共收入583万元。1996年起，镇自筹资金纳入预算外收入管理。

四、可用财力

1994年，按照“包干总收入、责任所得税、分项定奖赔”的财政结算体制，全镇可用财力共826万元（含镇自有资金收入），其中结算财力227万元，上级追加及各项补助306万元。1998年、2003年，分别为1932万元、5054万元。2010年，可用财力突破1个亿，实现1.40亿元。2013年，实现可用财力2.61亿元，约是1994年的31.6倍。1994—2013年，镇可用财力累计14.57亿元。

表 13-3　1994—2013 年璜泾镇财政收入统计

年份	财政收入（万元）	同比增长	预算内收入（万元）	同比增长	预算外收入（万元）	同比增长
1994	1535	34.3%	1002	-12.34%	109	1.5%
1995	2050	33.55%	1353	35.03%	114	4.6%
1996	2428	18.44%	1449	7.1%	979	758.77%
1997	2340	-3.62%	1780	22.84%	560	-42.8%
1998	4534	72.39%	3215	80.62%	1319	135.54%
1999	4368	8.28%	3802	25.54%	566	-57.09%
2000	6878	57.46%	6368	106.62%	510	-9.89%
2001	7093	3.13%	6062	-4.81%	1031	102.16%
2002	8521	20.13%	7076	16.73%	1445	40.16%
2003	14134	65.87%	11457	61.91%	2677	85.26%
2004	16158	14.32%	13817	20.6%	2341	-12.55%
2005	20033	23.98%	17376	25.76%	2657	13.5%
2006	26615	32.86%	24254	39.58%	2361	-11.14%
2007	37812	42.07%	35076	44.62%	2736	15.88%
2008	44543	17.8%	42647	21.58%	1896	-30.7%
2009	35285	-20.78%	32902	-22.85%	2383	25.69%
2010	49777	41.07%	45747	39.04%	4030	69.11%
2011	61462	23.47%	61205	33.79%	257	-93.62%
2012	57279	-6.81%	57279	-6.41%	—	—
2013	43500	-24.06%	43500	-24.06%	—	—
合计	446345	—	417367	—	27971	—

注：① 1994 年、1995 年财政收入数据中含镇有资金收入；② 因镇区域调整，1998 年数据为璜泾、王秀合并数，2003 年为璜泾、鹿河合并数。

表 13-4　1994—2013 年璜泾镇可用财力统计

年份	可用财力（万元）	同比	年份	可用财力（万元）	同比
1994	826	43.65%	2004	5808	14.92%
1995	1029	24.58%	2005	6528	12.40%
1996	851	-17.3%	2006	7958	21.91%
1997	958	12.57%	2007	8750	9.95%
1998	1932	101.67%	2008	8600	-1.71%
1999	1322	-31.57%	2009	8628	0.33%
2000	1780	34.64%	2010	13958	61.78%
2001	2568	44.27%	2011	15028	7.67%
2002	2808	9.35%	2012	25258	68.07%
2003	5054	79.99%	2013	26086	3.28%

注：因镇区域调整，1998 年数据为璜泾、王秀合并数；2003 年为璜泾、鹿河合并数。

第三节 财政支出

财政支出除确保人员经费和机关日常费用外，其他支出包括城乡一体化发展、扶持工业企业、支援农业生产、发展科教文化事业、改善城乡人居环境、社会保障以及归还融资等支出。1994—2013年，镇财政总支出14.07亿元。财政支出与财力相抵，除1998年因王秀超支外，历年收支基本持平。

一、人员工资及机关经费

1994年，预算内外支出的行政费用274万元。是年，列入财政拨款和补助的人员260人，2013年增至873人，由于供养人员增加，工资标准和福利待遇提高，机关公务经费支出大幅上升，用于工资和日常行运费用逐年增加。2013年，一般公共服务支出3905万元，是1994年的14倍。

二、集镇建设支出

1994—1997年，璜泾镇加快集镇建设，镇区向西、向北发展，先后实施小商品一条街、小商品交易市场等市政工程，基本建设支出相应增加，分别占财政总支出的13.2%、36%、17%、23%。1998—2000年，建设费用有所下降，维持在65万~90万元之间。2001—2003年，三年共计1430万元，主要用于镇区、创新工业区的道路、水、电配套及沿路沿线的绿化等工程建设。2004—2008年，城市维护建设支出6633万元。2009—2013年，围绕小城镇建设，推进城乡一体化，按照“东融港区、南建新镇、西兴三农、北强工业、中心提档”的战略目标，在建设农民集中居住小区、工业园区、南部新镇和改善集镇环境面貌等方面，加大了投资力度。1994—2013年的20年间，财政投资基础设施、功能性设施等建设费用3亿余元。财力中用于土地征用和拆迁补偿等费用1.6亿元。

三、科教文卫经费

1994—2013年，财政对科技、教育、卫生、文化等社会事业的投入逐年增加，四项资金累计投入5.1亿元（不含社会资金），占20年财政总支出的36%。

科技经费 1994年，科技经费支出5.4万元，主要用于产业技术研究与开发、科普知识宣传等。2008年起，政府出台相关政策，对申请专利、研发机构建设、产学研对接、科技成果转化、高端人才引进等科技项目实行奖励制。2008—2013年科技三项费用（新产品试制费、中间试验费和重大科研项目补助费）总支出1409万元。

教育经费 教育经费支出除支付教职员工工资外，主要用于荣文学校和荣文幼儿园的基本建设、教育设备添置、王秀小学和王秀幼儿园改建、鹿河小学校舍改造、全民健身中心建设等。1994—2013年，教育经费支出累计4.4亿元（不含企业赞助和社会募集资金）。

文化传媒经费 1994年，文化广播事业费6万元，主要用于文化、体育、广电、计生等部门的费用，以后每年有所提高。2006年，拍摄加弹产业宣传片及对外宣传广告，传媒费用增加。2007

年，璜泾特色文化推进年，举办“璜泾加弹节”，文化传媒费用增加到112万元。2012年、2013年，文化传媒费分别为177万元、392万元。1994—2013年，文化传媒费用累计1562万元。

医疗卫生经费 主要用于医院改造建设、添置医疗设备、大病风险基金、合作医疗、环卫所公共卫生服务、创建省级和国家级卫生镇等费用（注：2007年起环卫所费用在城乡社区事务科目中列支）。2001年，改建璜泾中心卫生院住院楼。2005年，建造璜泾人民医院综合大楼。2012—2013年，重建鹿河卫生院。2012—2015年，新建璜泾人民医院住院部。2013年医疗卫生经费782万元，是1994年29万元的27倍。1994—2013年，医疗卫生经费累计4972万元。

四、农业生产支出

除农口部门行政运行费用外，农业经费主要用于农田水利建设、产业结构调整、农业技术推广、“一村一品”特色高效农业培育、新型经济合作社建设、村社区服务中心建设、现代农业园建设、村级道路等农村公益事业建设，以及土地复耕、土地流转、各类农业补贴等费用的支出。

1994—1999年，璜泾镇农业生产支出主要用于农业科研、修桥补路以及小型农田水利、丰产方、海塘等工程建设，6年间共支出340万元。2000年起，加快推进高标准农田建设，用于平整土地的资金增多，至2002年的3年间，共支出179万元。

2003—2005年，加快村级道路建设，村主干道实施硬化，三年农业费用为1640万元。2006年，推进新农村建设、土地流转面积增加，农业、水利建设费用突破1000万元。此后，实施河道长效管理，疏浚河道，建设泵站，提高农业机械化水平，农业支出逐年增加。2013年，农业生产建设支出3576万元。1994—2013年，财政支持农业、水利方面发展的资金累计1.6亿元。

五、社保和就业经费

主要用于人力资源和社会保障管理事务、拥军优属、抚恤、社会福利、退役军人安置、残疾人事业、城乡生活保障、其他社会救济以及基层民主建设、社区建设、敬老院建设等。

1994年，拥军优属优待金提高，抚恤、安置、养老和扶贫救济等社会保障费用增加，是年财政支出社会保障和就业费5.67万元。1997年起实行农村最低生活保障制度，1998年起实行下岗职工生活保障和医疗保险补贴，该项支出继续增大。

2006—2013年，固定民政供养人员经费支出3145.07万元，固定供养人员从2006年的477人增加到1037人。1994—2013年，财政支出社会保障和就业费累计1.7亿元，其中财政支付土地换保障费及农保费6602万元。

表13-5 1994—2013年璜泾镇财政支出统计

年份	财政支出（万元）	年份	财政支出（万元）	年份	财政支出（万元）	年份	财政支出（万元）
1994	826	1997	953	2000	1759	2003	5060
1995	1031	1998	2146	2001	2563	2004	5808
1996	848	1999	1202	2002	2807	2005	6508

续表

年份	财政支出（万元）	年份	财政支出（万元）	年份	财政支出（万元）	年份	财政支出（万元）
2006	7918	2008	8600	2010	13958	2012	20146
2007	8810	2009	8628	2011	15028	2013	26086

注：因镇区域调整，1998年数据为璜泾、王秀合并数；2003年为璜泾、鹿河合并数。

第四节　财政补助

1994年，璜泾镇各类补助和上级追加收入78.75万元，此后逐年减少，每年补助收入在20万~60万元，主要是上级对小型农水、粮食发展、自然灾害、抚恤、公费医疗的追加补助。2000年，转移支付、农业项目的补助收入增大，全年追加和补助收入171.25万元，比1994年翻一番多。2001年起，各级财政对政策性的惠农、民政优抚、社会保障、教育事业等经济社会事业发展的补助大幅增加，同时加大了对招商引资的奖励。2013年，全镇补助收入为1.08亿元，是1994年的137倍。1994—2013年，纳入璜泾镇财力结算中的各项补贴及追加收入累计3.92亿元（此节数据来源于每年的财力结算表）。

一、农口人员定补

自20世纪90年代后期起，农口人员逐步纳入编制，上级财政对编制人员经费给予一定的补贴。2001年，农口人员定补收入2.41万元，主要是财政对农业、农机、水利、畜牧等部门的技术人员以及村定工干部的定额补助。2008年，动物防疫纳入市管。2010年，水利部门纳入市直管。2011年起，农口人员定补仅为农业农机技术人员补助，人员定补基本按照“一定三年不变”政策执行。2013年，全年补助15.13万元。

二、民政供养定补

20世纪90年代，民政供养定补总额较少。2000年后，供养定补对象范围扩大，定补标准提高，补助总额增加。2003年，民政供养人员补助41.44万元，主要用于“三属人员”（烈士遗属、因公牺牲军人家属、病故军人家属）抚恤、最低生活保障和社会救济等。之后，随着民政定补标准的不断提高，以及定补人员范围的扩大，每年定补总额大幅增加。2007年，民政定补突破100万元，2013年363.85万元。

三、转移支付补助

20世纪90年代，市财政每年通过转移支付给予镇财力支持。2001年、2002年，每年的转移支付为49.4万元。2003—2009年，转移支付有所增加，每年在130万~185万元之间。2010—2013

年，四年不变，每年194万元。

四、各类奖励收入

20世纪90年代，上级对镇年度考核有一定的奖励金额。2000年后，考核力度加大，镇奖励收入增多。2004年、2005年、2006年，璜泾镇连续三年获招商引资奖，分别为10.05万元、12.43万元、10万元。2007年，奖励额最大，全镇获一般预算收入等三项奖励共1048万元。2010年、2011年，获收入增量奖、收入增幅前三名奖。

五、其他各项补助

除以上人员定补和转移支付补助外，还有教师住房公积金补贴、绩效工资定补、各项奖励以及专项补助等。2003年，其他各类补助收入345.11万元，其中：教师住房金26.47万元，代缴农业税274.84万元，其他补助43.8万元。2004年起，各级财政加大对新农村建设、农业规模建设、生态环境、科技等方面的专项补助。2006年，国家对种粮农民实行惠农补贴政策，通过“一卡通”方式，将补贴金额汇入农民卡上。2009年起，事业单位实行绩效工资，市财政每年对璜泾镇的绩效工资定补为251万元。2009—2012年，国家对农民购买家电、汽车、摩托车等实行优惠补贴政策。2013年，其他各项补助6309万元，是2003年的18倍。

六、财力追加

1994年，全镇财力追加数为40.25万元，主要包括小型农田水利建设、农发资金、自然灾害救灾款等。至2005年，每年的财力追加在2万~40多万元之间。2006年起，财力追加力度加大，达585.76万元。2013年，全镇财力追加数为3971.52万元。

第五节　财政管理

一、资金管理

1994年，镇属各单位的预算外资金大多自行提取、自行使用，管理尚欠规范。1998年，推行“代理记账、财政监管”制度，镇成立会计服务中心，隶属镇财政所管理，对镇属事业单位实行代理记账，单位主办会计岗位撤销，所有会计业务由镇会计服务中心办理。是年，会计服务中心有代理会计3名，农业公司等11家事业单位进入中心，统一财务管理，办公地点设在玄武路。2001年，集中统一管理预算外资金模式向村级财务管理延伸，实行“村级代理记账”制度，由镇经营管理办公室组织实施。

2004年9月，镇成立国库集中支付中心，镇会计服务中心纳入支付中心管理，并更名为“璜泾镇会计代理记账中心”，记账会计4人，隶属于璜泾财政分局管理，办公地点从玄武路搬迁至园林路财政分局内。支付中心成立时，纳入管理的单位有镇经发中心、招商中心、建管所、文化站、环卫所以及中小学校等19个。对纳入的单位，采取“统一银行账户、统一办理结算、统一集中收付、统一代理记账”的办法管理，其银行账户取消，实行备用金制度和报账制。是年，支付中心集中支付7103万元。以后，纳入支付中心管理的单位有所增加，集中支付金额随建设发展加快而越来越多。2013年，全镇纳入国库集中收付的单位有23个，全年集中支付金额达2.61亿元。

二、政府采购

从2006年4月1日起，将全镇范围内所有镇属行政各部门、事业单位、需政府拨款的条线管理单位使用财政性资金和自筹资金进行采购活动的，均纳入政府采购范围并对其实行政府采购制度。政府采购包括购买办公设备、运输工具、专用设备和使用较多、规格一致的货物，以及为开展公务活动而发生的大额、大宗批量性的财政公共消费行为等。镇财政分局下设政府采购管理办公室，具体负责政府采购工作。采购方式：合同价格在5万元以上的货物实行公开招标采购；合同价格在5万元以下1万元以上的货物实行邀请招标，进行竞争性谈判采购或询价采购；合同价格在1万元以下1千元以上的货物实行定点采购。2006年7月7日，对荣文学校初中部添置食堂厨具设备和小学部添置学生课桌椅进行招标采购，共由6个单位投标。经评标，最后确定食堂厨具设备由常熟市一家厨房设备有限公司中标，中标标的为25万元；学生课桌椅由上海宝山一家教具厂中标，中标标的为15.5万元。2010年7月9日，对荣文幼儿园添置厨房设备进行招标采购，有3个单位投标。后经评标，确定由江阴市一家不锈钢制品有限公司中标，中标标的为19.3万元。至2013年，除上述对大额物件实行招标采购外，还有其他小额物件由政府统一采购的不计其数。

三、会计管理

1994年后，仍按照苏财会〔1991〕127号《关于颁发会计证管理办法实施细则的通知》，对全乡在职会计核发会计证，全镇共核发会计证190张。1997年初，对原颁发的会计证，经年检合格后，办理会计证注册登记手续，未通过年检的会计证一律作废，取消会计上岗资格。1997年7月，换发全国统一编码的新会计证。2002年，对通过年检的会计人员，直接换发会计从业资格证书。是年起，会计从业资格证书必须通过江苏省会计从业资格考试才能取得。1998年起，每年组织在职会计人员参加继续教育，先后培训12批420人次。1999年，镇财政所实行会计电算化。至2013年全镇获得会计从业资格证书共632人，通过考试或考评结合取得会计职称的有104人，其中初级83人、中级20人、高级1人。

第二章　税　务

1994年前，税务征收实行包干制。1994年9月，全国税务征管制度改革，实行分税制，乡镇设国税所、地税所，分别征收国家税收和地方税收。1995年璜泾镇国、地税收入1353万元，2013年国、地税收入4.04亿元，是1995年29倍。

第一节　国家税务

一、机构沿革

1994年9月30日，设立璜泾国税所，办公地点设在怀仁路与玄武路路口，人员编制18人，隶属太仓市国家税务局，负责征收璜泾区域内的国家税收。1997年2月24日，撤销璜泾国税所，设立太仓市国税局璜泾税务分局，下设管理股、征收所、稽查所，负责璜泾镇、鹿河镇、王秀镇范围内的国税征收管理工作。同年5月，璜泾国税分局搬至园林路（镇政府对面）。

2001年9月18日，太仓市国税局璜泾税务分局改称为太仓市国税局璜泾管理分局，升格为副科级，并在鹿河、金浪镇设立管理延伸点，负责璜泾镇、鹿河镇、金浪镇范围内的国税征收管理工作。2003年11月8日，恢复璜泾税务分局称谓，管辖范围调整为璜泾镇（原璜泾、鹿河、王秀）。2004年11月1日，更名为太仓国税局第四税务分局，原内设机构、工作职能和征管范围不变，正式编制17人。

太仓国税局第四税务分局（2018年摄）

1994—2013年璜泾国税分局多次被评为苏州市、太仓市“文明单位”，太仓市“先进基层党组织”。

表13-6　1995—2013年璜泾国税分局（所）负责人名录

姓名	职务	任期	姓名	职务	任期
朱惠明	国税所所长	1995.1—1997.2	燕先涛	税务分局副分局长（主持）	1999.6—2001.9
朱惠明	税务分局分局长	1997.2—1998.2	燕先涛	管理分局副分局长（主持）	2001.9—2002.5
丁小平	税务分局分局长	1998.2—1999.6	归志强	管理分局副分局长（主持）	2002.5—2003.6

续表

姓名	职务	任期	姓名	职务	任期
归志强	管理分局分局长	2003.6—2003.11	陆振华	国税第四分局分局长	2005.6—2008.7
归志强	税务分局分局长	2003.11—2004.11	严　挺	国税第四分局分局长	2008.7—
归志强	国税第四分局分局长	2004.11—2005.6			

二、税收征管

税务登记　20世纪90年代中期，工业经济逐步发展，企业数有所增加。1998年，国税登记的各类纳税户646户。2003年，国税纳税户1282户。2013年，国税纳税户2899户，其中增值税一般纳税人为1086户。

税种　1994年9月实行分税制后，璜泾国税主要征收增值税、消费税、企业所得税、车辆购置税等4个税种。2013年10月1日起，江苏省范围内进行营业税改征增值税试点，简称“营改增”。凡提供交通运输业、邮政业和部分现代服务业服务（以下简称“应税服务”）的单位和个人，为增值税纳税人，纳税人提供应税服务的应缴纳增值税、不再缴纳营业税。

税收收入　1994年，全镇国税收入916万元，1995年突破1000万元，以后逐年快速增长。2000年国税收入6415万元，同比增长83.76%，是1994—2013年中增长率最高的一年。2004年，国税收入突破1亿元，完成税收1.1亿元。2012年，江苏申久化纤有限公司缴纳国家税收8000余万元，为纳税大户，名列全镇之首。2013年全镇国税收入2.57亿元，比2004年翻了一番多，是1994年的28倍。

表13-7　1994—2013年璜泾国税收入统计

单位：万元

年份	金额	同比	年份	金额	同比
1994	916	—	2004	10984	30.30%
1995	1066	16.38%	2005	13186	20.05%
1996	1172	9.94%	2006	19631	48.88%
1997	1435	22.44%	2007	29153	48.50%
1998	2160	50.52%	2008	31265	7.24%
1999	3491	61.62%	2009	26690	-14.63%
2000	6415	83.76%	2010	37422	40.21%
2001	6820	6.31%	2011	38214	2.12%
2002	7834	14.86%	2012	34230	-10.43%
2003	8430	7.61%	2013	25694	-24.94%

表13-8　璜泾镇2012、2013年度缴纳国家税收前十位企业统计

单位：万元

企业名称	税收贡献		
	2012	2013	合计
江苏申久化纤有限公司	8072.68	4077.89	12150.57

续表

企业名称	税收贡献		
	2012	2013	合计
太仓市天丝利塑化有限公司	117.94	684.39	802.33
太仓市兰燕甲板敷料涂料有限公司	758.28	495.65	1253.93
太仓市锦飞电镀有限公司	19.61	322.00	341.61
江苏润孚机械轧辊制造有限公司	432.42	255.57	687.99
太仓丹妮尔模塑汽配有限公司	210.00	207.91	417.91
太仓同益纸制品有限公司	204.96	229.76	434.72
中润科技股份有限公司	518.19	15.38	533.57
苏州银鹿服饰有限公司	184.82	141.21	326.03
太仓市鑫海纸业有限公司	154.12	205.50	359.62

第二节　地方税务

1994年底，设立璜泾镇地方税务所，由市税务部门和政府双重领导，以市地方税务局领导为主，编制隶属于市地方税务局。2013年，全镇地税收入1.48亿元。

一、机构沿革

1994年11月20日，设立璜泾镇地税所，办公地点设在怀仁路与玄武路路口，编制人员4人。1997年3月21日，设立太仓市地税局璜泾分局，负责璜泾镇、鹿河镇、王秀镇地方税收的征收管理，办公地点设在园林路镇政府大院南的地税大楼（现朝阳医院）。同年5月，分局下设检查所、管理所和办税大厅，称“二所一厅”。设立分局采取逐步到位的办法，镇地税所仍保留，机构延续至1997年底。1998年撤销镇地税所，按改革后的分局机构设置运转，分局内部统一设置计征所、检查所、管理所、个体私营所四个部门。2000年1月25日，调整机构设置，稽查、征收、检查分离，璜泾分局扩大征收范围，管辖璜泾、鹿河范围内的所有纳税户。

2003年5月，更名为苏州市太仓地税局第四税务分局，负责璜泾镇、鹿河镇范围内地方税、基金（费）的征收管理工作。2007年，搬迁至园林路（国土资源局北）。2012年4月，深化税源专业化管理，完善机构设置和职能配置，璜泾地税征收纳入太仓市地方税务局第六分局，办公地点设在港区北环路18号。2013年7月，将璜泾镇的税收征管工作划入苏州市太仓地方税务局第五税务分局管理，分局下设征收管理股和风险评定股，人员编制20人。办公地点设在沙溪镇白云北路16号（通港公路北、白云北路东）。

璜泾地税分局（地税第四分局）获评苏州市地方税务局系统“2001年度文明单位”“2002年度文明单位”。2004年获评江苏省地税系统“文明单位”。2008年获评省一级档案先进单位。

表 13-9　1995—2013 年璜泾地税分局(所)负责人名录

姓名	职务	任期
袁祖仁	地税所所长	1995.2—1997.5
闵　源	地税分局分局长	1997.5—2003.6
闵　源	地税第四分局分局长	2003.6—2007.4
唐忠明	地税第四分局分局长	2007.4—2009.12
陆志敏	地税第四分局分局长	2010.1—2012.4
陆志敏	地税第六分局分局长(设港区)	2012.5—2013.6
唐宏卫	地税第五分局分局长(设沙溪)	2013.7—

二、税收征管

税务登记　1994年底,设立璜泾地税所后,重新收集、整理纳税人的税务登记、纳税申报等资料,对各类企业的开业、改组、分设、停业、歇业、合并等变更情况及时办理税务登记和申报手续,建立一户一夹。1998年,换发税务登记,实行税源户籍管理制度,设立税源户登记台账,建立工商业户巡查制度,发现漏征漏管现象及时处理,把税收死角减少到最低限度。2000年后,地税分局不再办理税务登记。分局结合税务登记验证工作,开展税务登记户籍检查。2004年,加强精细化管理,每月与国税、工商部门交换一次纳税人信息。2013年末,璜泾地区地税登记总户数为3199户,其中个体工商户1816户。

税种　自1994年分税制改革后,地税征收的税种有营业税、企业所得税、个人所得税、城市维护建设税、车船税、房产税、土地使用税、屠宰税、印花税、固定资产投资方向调节税等,至2013年未变。

税收收入　1995年,全镇地税收入为648万元。2003年,首次突破1个亿,实现1.21亿元。2007—2013年,全镇累计征收各类地税税收10.19亿元,其中:征收营业税2.18亿元,企业所得税3.59亿元,个人所得税1.38亿元,城市维护建设税9901.83万元,车船使用税2.67万元,房产税5736.91万元,土地使用税8841.1万元,土地增值税1915.51万元,印花税3975.63万元。2013年,全镇地税收入1.85亿元,是1995年的28.5倍。

评估督查　2007年,土地使用税查补入库84万元。2008年,评估纳税人80户,补税60户115万元;查补印花税40余万元。2009年,评估纳税人60户,补税80万元;查补土地使用税30余万元、城建税5.8万元、教育费附加4.67万元,加收滞纳金0.94万元;查补各类基金费6.9万元。2010年,评估纳税人103户,补税53万元,加收滞纳金4万元。2011年,评估纳税人107户,补缴税款199.23万元,加收滞纳金11.46万元;企业所得税评估复评39户,查补税款87万元。2010年1月至2011年4月,开展自然人转让投资股权专项清查,共评估30人次,查补税款26万元。

表 13-10　2007—2013 年璜泾镇地税收入统计表

单位:万元

年份	营业税	企业所得税	个人所得税	城市维护建设税	车船税	房产税	土地使用税	土地增值税	印花税
2007	1491.96	3328.97	1163.98	1453.33	—	401.26	804.34	25.92	424.02

续表

年份	营业税	企业所得税	个人所得税	城市维护建设税	车船税	房产税	土地使用税	土地增值税	印花税
2008	1509.68	5157.54	1752.04	1022.36	0.07	847.04	1432.03	30.97	439.22
2009	1191.89	2312.83	1443.08	1075.33	—	624.10	1180.99	126.65	392.65
2010	1729.78	3888.32	2356.54	1596.50	1.10	470.82	859.88	361.02	546.29
2011	2803.18	10705.00	2233.94	1589.61	0.55	959.34	1560.52	306.59	708.69
2012	5958.44	7474.97	2017.28	1681.11	0.44	1348.28	1549.13	329.00	691.74
2013	7086.50	3004.46	2866.53	1483.59	0.51	1086.07	1454.21	735.36	773.02
合计	21771.43	35872.09	13833.39	9901.83	2.67	5736.91	8841.10	1915.51	3975.63

注：因2006年及以前资料缺失，故此表数据从2007年起统计。

第三节　税收减免

按照政策规定，对部分技术转让、民政福利、失业下岗再就业、一年期以上返还性保险、盈利性医疗机构、农业产业化龙头企业等进行营业税、企业所得税等减免。2002年减免金额3467万元，2003年减免3846万元，2004年减免4638万元，2005年减免5198万元。2009年，地税办理国产设备税收抵免退税65万元、小企业享受优惠税率退税117万元。2011年，国产设备抵免税84.41万元，技术开发费加计扣除293.76万元。

第三章 工 商

第一节 工商机构

境内工商行政管理机构设太仓工商行政管理局璜泾分局。1985年4月成立璜泾工商所，属太仓工商行政管理局派出机构。1994年，内设综合管理组、登记管理组、巡查监管组和经济检查中队。巡查监管分设四个管理责任区。下设璜泾、鹿河、王秀三个工商组。主要承担主体登记、企业管理、个体管理、市场管理、商标管理、广告管理、合同管理等职责，规范和维护地方市场经济秩序。办公地点在璜泾镇怀仁路原派出所二楼。1989年底，办公地点搬迁至玄武路91号。2002年8月，工商所升格为工商分局。2013年，有在编工作人员12人。

1994—2013年，历任分局长（所长）：张绍炎（1985.4—1998.12）、季培良（1999.1—2000.12）、浦建宏（2001.1—2007.5）、高春学（2007.6— ）。

获得荣誉：2002年5月，被苏州市工商行政管理局表彰为“文明工商所”。2011年1月和2014年1月，分别获评苏州市工商系统“先进基层分局”。

第二节 工商管理

1994年，按照工商管理法规，做好工商企业注册登记服务工作。是年末，璜泾核准注册登记的工商户362户，其中工业企业72户，个体工业户125户，其他三产服务业个体户165户。

1996年，支持企业转换经营机制改革，及时办理转制企业审查核准、登记发照工作，先后为62家私营独资、股份制、租赁等不同类型的转制企业核发证照，确保企业正常开业经营。1998年，在镇、村办集体企业完成转制后，培育民营经济市场体系，鼓励多种经济成分发展，至2000年末，全镇核发营业执照的民营企业和个体工业户有756户。

2001年后，境内以化纤加弹业为主的民营经济加快发展，申请开业的企业增多，工商所加快工作节奏，提高办事效率，主动为业主提供法律咨询、名称核准、办理登记等服务。2004年末，全镇核发营业执照的民营企业和个体工业户有1346户。

2005年前后，工商分局加大市场监管力度，规范市场经济秩序，重点围绕“整顿无照无证经营”“取缔非法加工窝点”“查收假冒伪劣产品”“严禁商标侵权行为”等方面开展工作，全镇共依法查处对扰乱市场经济秩序有较大影响的各类违法违章案件20余起。对净化加弹市场、增强业主商标意识产生积极影响。

2007年，推进商标注册工作，指导企业做亮商标品牌，提高市场竞争力。是年，帮助企业申报并认定注册中国驰名商标3件，江苏省著名商标2件。

璜泾工商分局上街宣传活动（2008年摄）

2008年、2009年，连续两年配合镇人大开展食品安全卫生监督检查。每次检查，积极履行工商职能，均对被检查的农贸市场、食品超市、学校食堂等单位提出整改要求，指导各单位规范管理、文明经商，落实各项卫生措施，营造食品安全消费环境。

2010年，支持璜泾加弹行业商会申报注册“璜泾加弹”集体商标，并帮助制定《“璜泾加弹”集体商标使用管理规则》。此后，商会系统192家加弹会员企业在履行相关手续后，统一使用集体商标。“璜泾加弹”统一标识后，加弹行业商标使用得到规范，促进了加弹市场健康发展。

2012年，推进消费者维权网络建设，畅通受理平台，调解处理各类投诉案件30余起。在镇区园林路等主街道开展“消费争议和解示范街”创建活动，在街道设立创建标志，为沿街重点单位制作“消费纠纷和解受理台”牌子，引导商家自觉维护消费者权益，避免消费纠纷。通过创建，商业街区放心消费环境得到进一步优化。

2013年，坚持按照建设服务型、监管型、法治型“三型工商”要求，突出“优化投资环境、促进企业发展”主题，全力做好工商注册登记、监督企业经营行为、监管流通领域商品质量责任、打造商标品牌、规范各类市场经营秩序、保护消费者合法权益等工作。2013年末，全镇实有各类市场主体2757户，其中工业企业1022户、个体工业户1087户、其他工商户648户。全镇累计有效注册商标180件，其中中国驰名商标4件，江苏省著名商标13件。

第四章　金　融

20世纪90年代初，璜泾镇金融机构只有合署办公的农业银行和农村信用合作社，是璜泾唯一的金融机构。20世纪90年代中期后，民营企业不断发展，特别是璜泾加弹业崛起，综合经济实力快速提升，居民收入增加，各大银行陆续进驻璜泾，拓展金融业务。同时，邮政机构也参与竞争，邮政储蓄总额不断递增。至2013年末，农业银行、农村商业银行、中国银行、工商银行、建设银行在璜泾设有支行及分行、分理处10家，服务网点18处。另有璜泾、王秀、鹿河3个邮政储蓄服务网点。

第一节　银行机构

一、农行璜泾分行

全称中国农业银行太仓分行璜泾支行。1980年1月恢复重建，时称农行璜泾营业所，隶属于中国农业银行太仓市支行管辖，办公地点设在泾中街（老镇政府西），与信用社合署办公，人员编制12人。1987年12月，成立中心储蓄所。1993年3月，璜泾营业所撤所建处，建立农行璜泾办事处。1994年1月1日，办事处搬迁至玄武路75号。1995年9月，办事处与信用社分门办公，中心储蓄所隶属于农行办事处。1996年3月20日，农行办事处正式与信用社脱钩。之后，农行璜泾办事处改称为璜泾分理处。2005年6月，撤销璜泾农行中心储蓄所，并入璜泾农行分理处。2009年8月，农行璜泾分理处升格为农行璜泾分行，鹿河分理处纳入璜泾分行管理。2013年，璜泾分行辖1个营业部、1个二级分理处，共18人，其中编内人员17人。是年末，存款余额为11.5亿元，贷款余额为16.63亿元。是年，获评苏州农行系统金融先进单位。

农行璜泾分行（2018年摄）

1994—2013年，历任行长（主任）为张培明、顾礼珊、周振良、褚沛红、陈涛、张勇慧。

二、农行鹿河分理处

1980年设立，时称农行鹿河营业所，后改称农行鹿河办事处。2009年更名为中国农业银行太仓市支行鹿河分理处，纳入农行璜泾分行管理，至2013年未变。地点位于鹿河新鹿路。

农商行璜泾支行（2018年摄）

三、农商行璜泾支行

1994年前，称璜泾农村信用合作社，与农行璜泾分行合署运行。1995年9月，信用社与农行分开营业。1996年9月，从农行大楼迁出至玄武路与园林路交会处新大楼独立运行。2004年，改制为太仓农村信用联社璜泾信用社。2005年1月5日，更名为江苏太仓农村商业银行股份有限公司璜泾支行。在编职工20人。2013年末，存款余额为8.12亿元，贷款余额为13.57亿元。1994—2013年，历任主任（行长）为赵启平、季祖良、马向阳。

四、农商行王秀支行

前身为王秀信用社。1998年11月，璜泾、王秀合并，王秀信用社纳入璜泾镇。地点位于王秀管理区勇和街。后更名为江苏太仓农村商业银行股份有限公司王秀支行，主要负责王秀地区的信贷、存款等业务。2013年末，存款余额为3.35亿元，贷款余额为1.38亿元。1994—2013年，历任主任（行长）为夏宗元、周介荣、吴永华、季祖良、马向阳、苏立、仲海霞。

五、农商行鹿河支行

前身为鹿河信用社。2003年8月，璜泾、鹿河合并，鹿河信用社纳入璜泾镇。地点位于鹿河管理区新鹿路。后更名为江苏太仓农村商业银行股份有限公司鹿河支行，主要负责鹿河地区的信贷、存款等业务。2013年末，存款余额为6.18亿元，贷款余额为6.01亿元。1994—2013年，历任主任（行长）为顾礼珊、华乐平、熊新一、冯建、季祖良、倪耀球。

六、工行璜泾支行

1994年11月25日，工商银行太仓支行在璜泾设立办事处。2001年，撤销璜泾办事处，并入沙溪办事处。2011年11月28日，重新设立中国工商银行股份有限公司太仓璜泾支行，办公地点设在璜泾镇园林路，是一家综合性理财金融机构。2013年，存款余额5212.03万元，各类贷款余额1.36亿元。2011—2013年，先后由董卫平、沈豪任行长。支行被工行苏州分行评为2012年度“业务质量核算先进集体”。

七、中行璜泾支行

1995年9月8日，中国银行太仓支行在璜泾设立办事处揭牌营业，办公地点设在怀仁路。2005

年2月，更名为中国银行股份有限公司太仓璜泾支行，升格为二级支行。2013年末，本外币合计存款余额4.37亿元，贷款余额1.66亿元。1995—2013年，历任主任（行长）：黄世忠（1995.8—1997.12）、吕文标（1997.12—2003.8）、李强（2003.8—2006.5）、顾凯（2006.5—2008.5）、吕文标（2008.5—2009.3）、沈志强（2009.3—2013.4）、胡斌（2013.4— ）。

八、中行鹿河支行

1992年11月20日，在鹿河设立中国银行鹿河办事处，地点位于鹿河灵影路。2011年3月，更名为中国银行股份有限公司太仓鹿河支行，升格为二级支行。2013年末，本外币合计存款2.65亿元，贷款余额1.24亿元。1993—2013年，历任行长（主任）：俞建荣（1992.10—1997.3）、周苏黔（1997.3—2000.6）、李强（2000.6—2003.8）、吕文标（2003.8—2009.5）、宋健（2009.5—2011.7）、徐冬全（2011.9—2012.5）、胡斌（2012.6—2013.4）、孙明松（2013.4— ）。

九、建行璜泾支行

1995年11月，因太海汽渡码头建设，建设银行在太海汽渡码头设立办事处，主要为码头服务，方便营业资金及时存放，由建行鹿河办事处托管。1997年11月，撤销建行太海汽渡码头办事处，成立建行璜泾分理处。1998年1月19日，经人行太仓支行批准，将建行璜泾分理处从汽渡码头搬迁至璜泾镇园林路。此后，建行璜泾分理处业务不断扩大，从单一为码头服务转变为服务于璜泾民营企业，发放助业贷款。2009年3月26日，对璜泾9家中小企业授信1.27亿元，支持中小企业发展。同年8月6日，与璜泾镇政府、璜泾互助担保有限公司合作，启动“现金通”“互助通”等金融产品，实现银企合作共赢。同年8月25日，建行璜泾分理处升格为二级支行，更名为中国建设银行股份有限公司太仓璜泾支行。2013年存款余额9.3亿元，贷款余额20亿元。至2013年，历任行长为顾雪平、黄锦良、顾强、倪维平、孙理斌、张东浩。

建行璜泾支行（2018年摄）

十、建行鹿河分理处

1992年8月8日，在鹿河设建行鹿河办事处，同年10月正式开业。2001年8月14日，更名为中国建设银行股份有限公司太仓鹿河分理处，办公地点位于鹿河新鹿路。2009年，建行鹿河分理处纳入建行璜泾支行管理。2013年存款余额2.1亿元，贷款余额8.2亿元。历任行长为王仁康、黄锦良、王志刚、孙理斌、王芳、吴俭。

第二节 银行业务

20世纪90年代，璜泾银行业的业务主要是存款和贷款。存款主要来源于居民储蓄和乡镇企业存款，贷款主要面向农业和乡镇企业。璜泾粮、棉、油收购贷款及农户贷款主要由农行发放，信用社主要支持乡镇企业发展，基本没有自然人贷款。

进入21世纪以后，银行从传统的存贷业务，向理财业务和服务性业务发展，业务范围不断扩大。贷款从过去单纯的农业贷款开始向企业设备贷款、个人助业贷款、房屋贷款、质押贷款、农业经营性贷款、农村合作社贷款、政府项目贷款等方面拓展。同时，银行从传统的手工操作逐步向电子化运作转变，农业银行发行金穗卡，开始发展磁卡业务，不再单一使用纸质存单。

2002年，银行做好吸储工作，存款额增加；拓展贷款业务，贷款类别及额度扩大。是年末，全镇各银行存款余额8.65亿元，其中居民储蓄存款7.07亿元；贷款余额4.33万元。2003年，璜泾与鹿河合并后，年末各银行的存款余额为11.69亿元，其中居民储蓄存款8.23亿元；贷款余额5.66亿元，其中农业贷款3660万元。2004年底，建行鹿河分理处设立自动取款机。2006年，农行璜泾支行开设电子银行。此后各银行的自助银行相继出现，方便居民存取款、转账、交费等。2005年后，随着璜泾民营经济的快速发展，全镇存贷余额不断增加。至2009年末，各银行的存款余额为23.8亿元，其中居民储蓄16.78亿元；贷款余额21.59亿元，其中农业贷款753万元。

2013年，璜泾金融机构电子信息化程度提高，全镇共开设自助银行11个，设自动终端机9台，自动存取机35台。是年末，全镇银行存款余额45.99亿元，贷款余额61.85亿元。

注：20世纪90年代起，境内邮政部门开始经营邮政储蓄业务。（详见第十二篇第二章第三节第三目“邮政储蓄”）

表13-11 2013年璜泾镇银行存、贷款余额情况

单位：亿元

银行名称	存款余额	贷款余额	银行名称	存款余额	贷款余额
农行璜泾支行	11.50	16.63	中行璜泾支行	4.37	1.66
农商行璜泾支行	8.12	13.57	中行鹿河支行	2.65	1.24
农商行王秀支行	3.35	1.38	建行璜泾支行	9.30	20.00
农商行鹿河支行	6.18	6.01	合计	45.99	61.85
工行璜泾支行	0.52	1.36			

表13-12 2013年璜泾镇自助银行及设备情况

银行名称	自助银行（个）	自动终端机（台）	自动存取机（台）	银行名称	自助银行（个）	自动终端机（台）	自动存取机（台）
农行璜泾支行	3	3	10	中行璜泾支行	1	1	2
农商行璜泾支行	1	—	2	中行鹿河支行	1	1	2
农商行王秀支行	1	—	4	建行璜泾支行	2	2	6
农商行鹿河支行	1	1	6	合计	11	9	35
工行璜泾支行	1	1	3				

第五章　保　险

20世纪90年代初，璜泾开始有单独的保险机构。以后随着保险体制的改革，保险机构及网点增加，险种增多，业务扩大，保险事业得到发展。2013年，全镇有保险机构3个。

第一节　人保财险

1991年2月，璜泾镇设立保险所，办理财产保险和人寿保险业务，人员编制2人，办公地点设在璜泾泾中街原建管所内，是璜泾唯一的保险机构。1993年2月，变更为中国人民保险公司太仓支公司璜泾办事处，下辖鹿河保险所、王秀保险所，办公地点搬迁至荡茜路12号。1996年7月，财险、寿险分业经营，其财险机构设中国人民财产保险有限公司太仓支公司璜泾办事处（原璜泾办事处内的财险部）。1998年10月，更名为中国人民财产保险公司太仓支公司璜泾营业部。2003年7月，改称中国人民财产保险股份有限公司太仓支公司璜泾营业部，简称“人保财险璜泾营业部”，下设鹿河保险营销服务部、王秀保险营销服务部，主要办理璜泾地区的企业财产保险、家庭财产保险、机动车辆保险、船舶保险、种植业养殖业保险、责任保险、短期人身保险等保险业务。2013年，全年保险费收入1158万元，出险理赔963万元。

1993—2013年，历任经理（主任）：倪顺球（1993.2—1996.4）、冯炳兴（1996.4—1999.5）、施金元（1999.5—2003.2）、朱培斌（2003.2—2009.5）、夏友良（2009.5—　）。

第二节　中国人寿

1994年，中国人民保险公司太仓支公司璜泾办事处内设寿险部，主要办理单位的人寿保险业务。1996年7月，寿险、财险分业经营，其寿险机构设中国人寿保险股份有限公司太仓支公司璜泾营业部（原璜泾办事处内的寿险部），与财险合署办公。1998年10月正式分庭经营，办公地点设在荡茜路（原燕舞宾馆内），下辖王秀保险所、鹿河保险所。2002年，办公地点搬迁至园林路原土管所办公楼。2008年，又搬迁至园林路与玄武路交会处的璜泾信用社内。主要经营法人业务、个人业务，有意外险、健康险、理财型的分红险等险种。2013年，业务人员发展到77人，全年各类保险收入2000万元。1996年寿险、财险分业经营后至2013年，财险主要负责人：侯喜明。

第三节　太平洋保险

2013年11月，设立中国太平洋财产保险股份有限公司太仓支公司璜泾营销服务部。2013年12月30日，正式对外营业，办公地点设在璜泾镇茂林财富广场109号，业务员12人。保险业务涉及工业、农业、服务业等各个领域，主要经营工业企业财产险、政策性农业保险、民生保险、意外保险、机动车辆保险、各类责任险、货物运输保险等险种。其中农业保险险种有水稻、小麦、油菜、蔬菜大棚、畜禽等10余个。主要负责人：冯月芬。

第十四篇 党政

第一章　中国共产党

1994年，璜泾镇中共领导机构设中共璜泾镇委员会（以下简称“镇党委”），下设基层党组织66个（党总支、党支部），全镇党员1169名。1996年后，在实施乡镇企业转制和历次镇、村区划调整中，镇党委及时调整基层党组织设置，配强基层干部队伍，同时有计划地发展党员，优化党员队伍的年龄和文化结构。进入21世纪后，镇党委大力推进非公有制经济组织的党建工作，重视在民营企业中建立党组织，在优秀中青年中发展党员。2006年，镇党建工作获太仓市一等奖，同年，镇党委被中共江苏省委评为“江苏省先进基层党组织”。

2013年，全镇有基层党组织237个（党委、党总支、党支部），党员3503名。1994—2013年的20年间，镇党委坚决贯彻执行党的路线、方针、政策，切实加强党的思想政治教育和组织领导，团结带领全镇各级基层党组织和广大干部群众，始终坚持以经济建设为中心，以富民强镇为目标，坚持解放思想闯新路、放胆实干创大业，高扬“发展、富民、创新”主旋律，大力实施“民资富镇、科教兴镇、产业强镇”发展战略，强化“时间”“重点”“落实”三种概念，全力推动全镇经济社会加快发展，向着全面建设高水平小康社会、基本实现现代化的目标迈进。

第一节　党员代表大会

一、党员代表

1994—2013年，镇党委先后进行5次换届选举，共选举产生中共璜泾镇党员代表大会代表623名，推荐确定列席代表204人。党员代表由全镇全体中共党员选举产生。镇党委按照太仓市委批准的代表名额，根据各基层党组织（党委、总支、支部）的党员人数和实际工作需要，把代表名额分配到各基层党组织。各基层党组织经自下而上提名、充分酝酿协商，根据多数党员的意见，产生代表候选人初步人选并将候选人初步人选上报镇党委审查。审查同意后，各基层党组织召开党员大会，选举产生出席镇党员代表大会的代表。镇领导干部代表由镇党委分配到有关单位选举。历次选举党员代表，均实行差额选举，差额比例按不少于应选代表的20%确定。

二、历次会议

1994—2013年，璜泾镇先后召开第九次、第十次、第十一次、第十二次、第十三次党员代表大会。在历次会议上，镇党委回顾总结任期内的工作，提出下届工作的总体思路、目标和要求。同时，根据党的民主集中制原则，选举产生新一届党的委员会。

第九次党代会　1994年1月18日至19日，中共璜泾镇第九次党员代表大会召开。出席会议的正式代表118人，列席代表17人。会上，王文其代表镇党委做题为《坚持一年一个样、三年大变样的目标，全面开创我镇两个文明建设的新局面》的工作报告，倪永良代表镇纪委做《纪委工作报告》。大会选举产生中共璜泾镇第九届委员会委员10人，新一届党委会一次会议选举王文其为书记，潘玉章、张瑞明、高良宝、周国平为副书记；大会选举产生中共璜泾镇纪律检查委员会委员5人，新一届纪委一次会议选举倪永良为书记。

第十次党代会　1997年2月14日至15日，中共璜泾镇第十次党员代表大会召开。出席会议的正式代表113人，列席代表27人。会上，王文其代表镇党委做题为《同心同德，开拓前进，为在本世纪末实现基本现代化而奋斗》的工作报告，邵惠锋代表镇纪委做《纪委工作报告》。大会选举产生中共璜泾镇第十届委员会委员11人，新一届党委会一次会议选举王文其为书记，陆永明、潘玉章、周国平、高宝良、邵惠锋为副书记；大会选举产生中共璜泾镇纪律检查委员会委员5人，新一届纪委一次会议选举邵惠锋为书记。

第十一次党代会　2001年12月6日至7日，中共璜泾镇第十一次党员代表大会召开。出席会议的正式代表177人，列席代表29人。会上，王文其代表镇党委做题为《坚持实践“三个代表”，加快富民强镇步伐，为基本实现现代化而努力奋斗》的工作报告，张瑞明代表镇纪委做《纪委工作报告》。大会选举产生中共璜泾镇第十一届委员会委员13人，新一届党委会一次会议选举王文其为书记，高洪文、陆永明、高良宝、张瑞明、杜根生为副书记；大会选举产生中共璜泾镇纪律检查委员会委员5人，新一届纪委一次会议选举张瑞明为书记，潘振明为副书记。

第十二次党代会　2006年2月15日至16日，中共璜泾镇第十二次党员代表大会召开。出席会议的正式代表117人，列席代表67人。会上，周健慧代表镇党委做题为《加速发展，迅速崛起，为开创璜泾经济社会发展新局面而努力奋斗》的工作报告，蔡永平代表镇纪委作《纪委工作报告》。大会选举产生中共璜泾镇第十二届委员会委员13人，新一届党委会一次会议选举周健慧为书记，王红星、蔡永平、李振扬、王国华、徐洪明、顾振清为副书记；大会选举产生中共璜泾镇纪律检查委员会委员5人，新一届纪委一次会议选举蔡永平为书记，顾益新、杨雪萍为副书记。

第十三次党代会　2011年3月1日至2日，中共璜泾镇第十三次党员代表大会召开。出席会议的正式代表98人，列席代表64人。会上，姜超代表镇党委做题为《抢抓机遇，奋勇赶超，全面实现璜泾经济社会发展新跨越》的工作报告，周宏建代表镇纪委做《纪委工作报告》。

大会选举产生中共璜泾镇第十三届委员会委员11人，新一届党委会一次会议选举姜超为书记，徐宏明、周宏建、毛雅萍为副书记；大会选举产生中共璜泾镇纪律检查委员会委员5人，新一

中共璜泾镇第十三次党代会（2011年摄）

届纪委一次会议选举周宏建为书记，徐奕为副书记。

第二节　组织设置

一、中共璜泾镇委员会

即全镇中共的领导机构。1994—2013年，中共璜泾镇委员会经历第九届至第十三届任期。20年间，镇党委先后由王文其、周健慧、姜超任书记，有29人任副书记，31人任委员。镇纪委先后由倪永良、邵惠锋、邱雪元、张永新、张瑞明、徐洪明、蔡永平、周宏建、何永林、郭平原任书记。

表14-1　1994—2013年中共璜泾镇委员会组成人员名录

<table>
<tr><th>届次</th><th>职务</th><th>姓名</th><th>任职时间</th><th>说明</th></tr>
<tr><td rowspan="20">第九届
（1994.2—1997.2）</td><td>书记</td><td>王文其</td><td>1994.2—1997.2</td><td>中期任职</td></tr>
<tr><td rowspan="6">副书记</td><td>张瑞明</td><td>1994.2—1995.12</td><td>—</td></tr>
<tr><td>潘玉章</td><td>1994.2—1997.2</td><td>—</td></tr>
<tr><td>周国平</td><td>1994.2—1997.2</td><td>—</td></tr>
<tr><td>高良宝</td><td>1994.2—1997.2</td><td>—</td></tr>
<tr><td>邵惠锋</td><td>1995.12—1997.2</td><td>中期任职</td></tr>
<tr><td>陆永明</td><td>1995.12—1997.2</td><td>中期任职</td></tr>
<tr><td rowspan="2">纪委书记</td><td>倪永良</td><td>1994.12—1996.11</td><td>中期任职</td></tr>
<tr><td>邵惠锋</td><td>1996.11—1997.2</td><td>中期任职</td></tr>
<tr><td rowspan="10">委员</td><td>倪永良</td><td>1994.2—1994.12</td><td>—</td></tr>
<tr><td>陆永明</td><td>1994.2—1995.12</td><td>—</td></tr>
<tr><td>杜根生</td><td>1994.2—1997.2</td><td>—</td></tr>
<tr><td>王艳玉</td><td>1994.2—1994.8</td><td>—</td></tr>
<tr><td>王国华</td><td>1994.2—1997.2</td><td>—</td></tr>
<tr><td>蔡凤珠</td><td>1994.8—1997.2</td><td>中期任职</td></tr>
<tr><td>蔡永平</td><td>1995.3—1996.11</td><td>中期任职</td></tr>
<tr><td>钱建平</td><td>1996.4—1997.2</td><td>中期任职</td></tr>
<tr><td>徐洪明</td><td>1996.11—1997.2</td><td>中期任职</td></tr>
<tr><td>陆锦华</td><td>1996.11—1997.2</td><td>中期任职</td></tr>
<tr><td rowspan="8">第十届
（1997.2—2001.12）</td><td>书记</td><td>王文其</td><td>1997.2—1998.12</td><td>—</td></tr>
<tr><td rowspan="5">副书记</td><td>陆永明</td><td>1997.2—1998.12</td><td>—</td></tr>
<tr><td>潘玉章</td><td>1997.2—1997.12</td><td>—</td></tr>
<tr><td>周国平</td><td>1997.2—1998.12</td><td>—</td></tr>
<tr><td>高良宝</td><td>1997.2—1998.12</td><td>—</td></tr>
<tr><td>邵惠锋</td><td>1997.2—1998.12</td><td>—</td></tr>
<tr><td>纪委书记</td><td>邵惠锋</td><td>1997.2—1998.12</td><td>—</td></tr>
<tr><td>委员</td><td>王国华</td><td>1997.2—1998.12</td><td>—</td></tr>
</table>

续表

届次	职务	姓名	任职时间	说明
第十届（1997.2—2001.12）	委员	杜根生	1997.2—1998.12	—
		徐洪明	1997.2—1998.12	—
		陆锦华	1997.2—1998.12	—
		钱建平	1997.2—1998.12	—
	1998年11月，王秀并入璜泾后组建的中共璜泾镇委员会			
	书记	王文其	1998.12—2001.12	—
	副书记	陆永明	1998.12—2001.12	—
		夏　芳	1998.12—1999.6	—
		周国平	1998.12—2001.11	—
		高良宝	1998.12—2001.12	—
		张瑞明	1998.12—2001.12	—
		藕永清	1999.6—2000.8	中期任职
		高洪文	2000.8—2001.12	中期任职
		杜根生	2001.11—2001.12	中期任职
	纪委书记	邱雪元	1998.12—1999.12	—
		张永新	1999.12—2001.11	中期任职
		张瑞明	2001.11—2001.12	中期任职
	纪委副书记	钱建平	2000.10—2001.11	中期任职
	委员	徐洪明	1998.12—2001.12	—
		陆锦华	1998.12—2001.12	—
		邱雪元	1998.12—1999.12	—
		王国华	1998.12—2001.12	—
		杜根生	1998.12—2001.11	—
		马平元	1998.12—2001.12	—
		吴惠强	1998.12—2001.12	—
		顾益新	2001.11—2001.12	中期任职
第十一届（2001.12—2006.2）	书记	王文其	2001.12—2003.8	—
	副书记	高洪文	2001.12—2003.1	—
		陆永明	2001.12—2003.1	—
		高良宝	2001.12—2003.8	—
		张瑞明	2001.12—2003.8	—
		杜根生	2001.12—2003.1	—
		王红星	2003.1—2003.8	中期任职
		王国华	2003.1—2003.8	中期任职
		徐洪明	2003.1—2003.8	中期任职
	纪委书记	张瑞明	2001.12—2003.1	—
		徐洪明	2003.1—2003.8	中期任职
	委员	王国华	2001.12—2003.1	—
		徐洪明	2001.12—2003.1	—
		陆锦华	2001.12—2003.8	—

续表

届次	职务	姓名	任职时间	说明
第十一届（2001.12—2006.2）	委员	顾益新	2001.12—2003.1	—
		钱建平	2001.12—2003.8	—
		吴惠强	2001.12—2003.8	—
		马平元	2001.12—2003.8	—
		朱晓峰	2003.1—2003.8	中期任职
		徐志豪	2003.1—2003.8	中期任职
		高海洋	2003.1—2003.8	中期任职
	2003年8月，鹿河并入璜泾后组建的中共璜泾镇委员会			
	书记	周健慧	2003.8—2006.2	—
	副书记	王红星	2003.8—2006.2	—
		张瑞明	2003.8—2005.11	—
		蔡永平	2003.8—2006.2	—
		顾振华	2003.8—2006.2	—
		李振扬	2003.8—2006.2	—
		王国华	2003.8—2006.2	—
		徐洪明	2003.8—2006.2	—
		顾振清	2003.8—2006.2	—
		殷志文	2003.11—2004.11	挂职
	纪委书记	蔡永平	2003.8—2006.2	—
	委员	朱晓峰	2003.8—2004.12	—
		李云汉	2003.8—2005.11	—
		钱建平	2003.8—2006.2	—
		吴惠强	2003.8—2005.11	—
		高海洋	2003.8—2006.2	—
		高雪飞	2003.8—2006.2	—
		马平元	2003.8—2005.11	—
		钱　峰	2004.12—2006.2	中期任职
		吴炜芬	2005.11—2006.2	中期任职
		潘振明	2005.11—2006.2	中期任职
第十二届（2006.2—2011.3）	书记	周健慧	2006.2—2010.5	—
		姜　超	2010.5—2011.3	中期任职
	副书记	王红星	2006.2—2006.12	—
		蔡永平	2006.2—2011.2	—
		李振扬	2006.2—2007.11	—
		王国华	2006.2—2011.2	—
		徐洪明	2006.2—2011.3	—
		顾振清	2006.2—2007.11	—
		蔡东辉	2006.12—2009.12	中期任职
		钱　峰	2007.11—2011.2	中期任职
		俞　昊	2009.11—2010.9	挂职

续表

届次	职务	姓名	任职时间	说明
第十二届（2006.2—2011.3）	副书记	姜　超	2009.12—2010.5	中期任职
		陈丽芸	2010.10—2011.3	挂职
		毛雅萍	2011.2—2011.3	中期任职
		周宏建	2011.2—2011.3	中期任职
	纪委书记	蔡永平	2006.2—2011.2	—
		周宏建	2011.2—2011.3	中期任职
	委员	高海洋	2006.2—2011.2	—
		高雪飞	2006.2—2011.3	—
		钱　峰	2006.2—2007.11	—
		吴炜芬	2006.2—2007.11	—
		钱建平	2006.2—2010.9	—
		潘振明	2006.2—2011.3	—
		周志强	2007.11—2011.2	中期任职
		杨雪萍	2007.11—2011.3	中期任职
		张振岐	2008.12—2011.2	中期任职
		吴振健	2009.12—2011.3	中期任职
		宣　峰	2009.12—2011.3	中期任职
		李　健	2011.2—2011.3	中期任职
第十三届（2011.3—2013.12，未到届）	书记	姜　超	2011.3—2013.12	—
	副书记	徐洪明	2011.3—2013.10	—
		周宏建	2011.3—2011.10	—
		毛雅萍	2011.3—2013.12	—
		陈丽芸	2011.3—2011.10	挂职
		陈　龙	2011.10—2012.9	挂职
		何永林	2011.12—2013.12	中期任职
		杨胜林	2012.9—2013.9	挂职
		郭平原	2013.12—	中期任职
	纪委书记	周宏建	2011.3—2011.10	—
		何永林	2011.12—2013.12	中期任职
		郭平原	2013.12—	中期任职
	委员	王国华	2011.3—2011.12	—
		高雪飞	2011.3—2013.12	—
		李　健	2011.3—2013.12	—
		杨雪萍	2011.3—2013.12	—
		吴振健	2011.3—2011.10	—
		宣　峰	2011.3—2012.11	—
		潘振明	2011.3—2013.12	—
		周宏建	2011.12—2013.12	中期任职
		吴　龙	2011.12—2013.12	中期任职
		祁殿成	2012.12—2013.12	中期任职

二、基层组织

1994年，全镇有17个村（其中1个江海渔业村），建村党支部17个；乡镇企业符合建立党组织条件的30家，建企业党总支1个、党支部29个；镇机关、市镇各单位建党支部19个。是年，全镇由镇党委直属管理的基层党支部66个。1998年11月，王秀镇并入璜泾，村、企业等单位党组织增加，机关、事业单位党组织随体制变化而设置调整。1999年10月，实施村区划调整，全镇由原来的30个村合并为20个村，村党组织设置减少。2002年6月26日，镇党委建立“中共太仓市璜泾镇民营企业委员会”，下设加弹行业、企业联合、服装行业、个体工商户4个支部。2003年8月，鹿河镇并入璜泾，基层党组织设置增加。2004年5月至2006年9月，先后三次实施村区划调整，全镇由原来的20个村合并为13个村。村合并后区划扩大，党员人数增多，村党组织除荡茜村仍为党总支建制外，其他12个村党组织均升格为党委。2006年4月，镇党委支持配合陕西省渭南市临渭区田市镇在璜泾成立“陕西省渭南市临渭区田市镇（现为官道镇）驻太党支部”。2007年9月，又支持配合安徽省定远县在璜泾成立“安徽省定远县驻太党支部”。2008年6月，为便于统筹抓好流动党员的教育管理工作，经市委组织部批复同意，镇党委成立“璜泾镇外来务工人员服务管理中心党委”，由一名镇党委委员兼任管理中心党委书记。此后，全镇进一步推进非公有制经济组织的党建工作，企业党组织增加。至2013年，全镇由镇党委直属管理的党组织62个，其中设党委15个、党总支6个、党支部41个；由各基层党委、党总支直属管理的党支部154个。全镇党员3503名。

2008年1月23日，定远县驻太党支部、办事处揭牌仪式

表14-2　2013年璜泾镇党委直属管理的基层党组织一览

序号	党组织名称	党组织负责人	序号	党组织名称	党组织负责人
1	璜泾镇机关党总支	何永林	10	鹿河小学党支部	李　燕
2	王秀管理区党总支	杨雪萍	11	璜泾幼教中心党支部	戴庆红
3	鹿河管理区党总支	祁殿成	12	璜泾经发中心党支部	王旭聪
4	璜泾西塔社区党支部	周文新	13	璜泾建管所党支部	刘惠光
5	璜泾银杏社区党支部	李　斌	14	璜泾农技站党支部	陆洪昌
6	鹿河玉影山社区党支部	孙小毅	15	璜泾国土分局党支部	茅宗良
7	王秀社区党支部	施映梅	16	璜泾文体站党支部	史凤娟
8	太仓市荣文学校党总支	顾玉林	17	璜泾人民医院党支部	潘志刚
9	王秀小学党支部	杨浩中	18	璜泾国税分局党支部	陆雪明

续表

序号	党组织名称	党组织负责人	序号	党组织名称	党组织负责人
19	璜泾派出所党支部	陈志强	41	璜泾供销社党支部	胡麟伟
20	璜泾水利站党支部	林 浩	42	璜泾粮管所党支部	施永华
21	璜泾供水站党支部	盛利清	43	太仓樱泰服饰党支部	陈 刚
22	璜泾工商分局党支部	季培良	44	太仓施美电镀党支部	黄耀明
23	璜泾交管所党支部	唐 曜	45	太仓圣祖时装党支部	钱 燕
24	璜泾邮电分局党支部	龚莲英	46	太仓银鹿服饰党支部	高良宝
25	璜泾交警中队党支部	张国新	47	江苏中润化纤党支部	赵根兴
26	璜泾外管中心党委	李 健	48	江苏申久化纤党支部	俞建国
27	璜泾社保所党支部	郑雁萍	49	江苏长乐纤维科技党支部	瞿振清
28	王秀卫生院党支部	徐卫东	50	新华村党委	胡庆丰
29	璜泾环卫所党支部	朱惠中	51	荣文村党委	曹旭东
30	璜泾广播电视站党支部	徐 晨	52	新联村党委	黄丽清
31	璜泾民营企业党委	顾益新	53	荡茜村党总支	潘锦球
32	江苏雅鹿集团党委	宋建国	54	永乐村党委	倪伟峰
33	苏州荣文集团党支部	夏彩萍	55	王秀村党委	周陆彦
34	太仓兰燕甲板党支部	全品贤	56	孙桥村党委	黄金明
35	太仓太海汽渡党支部	马永明	57	孟河村党委	杨翠珠
36	太仓爱姆杰维服饰党支部	张明华	58	杨漕村党委	李炳元
37	太仓欣达长毛绒党支部	顾惠中	59	新明村党委	蔡锦球
38	太仓鹿河染整党支部	陆培明	60	新海村党委	黄耀清
39	太仓液压元件党支部	吴荣元	61	长洲村党委	高振球
40	太仓沪太联营党支部	李浩元	62	雅鹿村党委	吴惠芳

第三节 党员教育

1994年9月，镇党委召开党员干部大会，传达学习党的十四届四中全会做出的《关于加强党的建设几个重大问题的决定》。1995年，在全镇共产党员中开展学习《中国共产党章程》活动，分批分期举办学理论、学《中国共产党章程》培训班，基层党员骨干300多人受训。同年8月16日，镇党群部门举办“学习孔繁森同志先进事迹演讲赛”，由15位青年联系自己的思想和工作实际做演讲报告。1996年下半年，在全镇党员干部中开展树立正确的世界观、人生观和价值观的主题教育。1997年后，镇党委有计划、有步骤地在全镇党员干部中开展学习以邓小平理论为主要内容的教育活动。1999年后，在镇、村党员领导干部中开展“三讲”（讲学习、讲政治、讲正气）教育，并进行“三讲”教育回头看。2000年5月至9月，历时近5个月，分宣传发动、集中教育、总结提高等3

个阶段，在全镇党员中开展致富思源、富而思进的“双思”教育。

2001年，根据市委统一部署，在全镇广大党员干部中开展“三个代表”（代表中国先进生产力的发展要求、代表中国先进文化的前进方向、代表中国最广大人民的根本利益）重要思想的学习教育活动；2月10日，镇党委召开学习教育活动动员大会，市委常委、宣传部部长宋建中出席动员大会并做讲话。教育活动期间，市委书记程惠明亲临新联村指导教育工作。2002年11月，中共十六大召开以后，镇党委及时组织党员干部学习贯彻十六大精神。2005年10月，中共十六届五中全会对新农村建设提出了“生产发展、生活宽裕、乡风文明、村容整洁、管理民主”的“20字”方针，在此后的多年里，镇党委先后采取集中培训、理论宣讲、形势报告、树立典型、交流研讨等方式，引导党员干部不断加深对社会主义新农村建设“20字”方针的理解，帮助各村找准新农村建设的工作思路和举措。2006年上半年，全镇各级党组织和党员参加第三批保持共产党员先进性教育活动。整个教育活动分“学习动员”“分析评议”“整改提高”三个阶段进行。2009年9月至2010年2月，按照中央、省委和市委统一部署，开展学习实践科学发展观活动；9月25日，镇党委召开“全镇学习实践科学发展观活动动员大会”。整个活动期间，制作宣传标语62条，上报信息38篇，编辑简报35期，组织开展党委中心组专题学习6次，举办专题辅导124课次，形成调研报告50多篇，走访年老体弱党员115名，向社会各界干部群众发放征求意见表300余份，发放“我为璜泾科学发展献一策”金点子征集表150多份。

璜泾镇“微型党课”授课竞赛活动（2010年摄）

2010年，镇党委创新学习载体，开展以“微型党课”形式的学习教育活动。6月，镇党委用三天时间举办三场“微型党课”学习讲座，共有57名党员上讲台授课。在此后的两年中，又有60多名来自不同岗位的党员，精心准备了内容丰富的“微型党课”课件教案，参加了镇党委举办的集中授课活动。2013年，镇党委抓住学习贯彻十八大精神的有利契机，不断加强党建工作，广泛开展“创新克难、奋勇赶超”和“项目推动、品牌营造”以及“党员引领、文化凝聚”等主题活动，党的建设“强基工程”得到扎实推进。

资料链接：

“微型党课”，即党课授课时间不求过长，一般控制在半小时以内，讲课者可以从一个切入点、一个角度、一个实例入手，畅谈学习认识、工作体会和宣讲家乡发展的成果以及身边的先进典型，等等。提倡党员人人上讲台，人人做教员，不分职务高低、不论资历深浅和年龄大小，只要有独到的见解、感人的故事，都可以做“微型党课”的主讲人。因“微型党课”内容丰富，贴近实际，党员自我教育参与性强，党员教育实效性从而得到提升。璜泾创新“微型党课”党教活动形式，得到市委组织部肯定，并在太仓全市推广。

第四节　组织工作

一、干部考察选配

1994—1997年，镇党委把基层党组织建设和领导班子建设放到首要议事日程，每年抽调力量，组成考察组，深入党员及群众，了解基层经济发展、党员服务群众、班子团结协调以及班子组成人员的年龄和文化结构等情况。然后，根据干部选拔任用原则，提拔德才兼备的人，坚持凭政绩任用干部，配强干部队伍，尤其是选配好党政"一把手"领导。4年间，全镇共选拔任用基层党政正副职干部72人，其中有22名35岁以下的年轻干部走上基层领导岗位。

1998年11月，王秀镇与璜泾镇合并，镇党委利用镇区划调整的契机，对镇下属的站办所干部进行全面调整，让全局观念强、工作业务熟悉、年龄相对较轻的干部走上合并后的站办所领导岗位，涉及工作调动的干部达85人，其中提拔任用干部15人。1999年，对19个村进行区划调整，合并为9个村。对区划调整后的村干部的配备，镇党委做好考察工作，听取党内外群众意见后确定村干部人选。这次村干部调整后，全镇村干部队伍平均年龄45岁，比调整前下降3岁；高中（中专）以上文化程度占比47%，比调整前上升6个百分点。

2003年8月，鹿河镇与璜泾镇合并后，镇党委又分别于2004年5月、9月和2006年9月先后三次实施村区划调整，全镇从原来26个村，调整合并为13个村。三次并村，镇党委分别对村干部进行考察选配。调整后，村干部减少91人。村干部队伍平均年龄43岁，比调整前下降2岁；高中（中专）以上文化程度占比55%，比调整前上升8个百分点。

机关中层岗位竞聘演讲（2010年摄）

2003年起，招考录用公务员、事业单位人员、"大学生村官"的人数逐年增多。这批年轻人经过若干年多岗锻炼后，镇党委根据各人的工作经历和特长，每年将数名年轻人充实到村、社区和站办所干部队伍。2010年8月，镇党委在机关中推出镇团委书记、宣传干事、文教助理、科技助理、工会干部、司法助理等6个岗位，通过竞岗相关程序，在竞聘的20多人中产生了6位机关中层干部。2012年，镇党委又设置了5个村副职干部岗位、5个村会计岗位、10个条线干部岗位，采用公开招考的方法，通过笔试、面试、演讲等程序，在100多名具有三年及以上工作经历的大学生中，择优录用了本镇籍20名"大学生村官"。这批年轻干部充实到基层任职后，村、社区、站办所干部队伍的年龄、文化程度结构更加优化。2013年，全镇13个村的两委会干部呈年轻化、知识化趋势，平均年龄为37岁，比2006年最后一次村区划调整时下降6岁；高中（中专）以上文化程度占比65%，比2006年时上升10个百分点。

二、后备干部培养

1994年，镇党委拓宽选人用人视野，把那些富有市场经济头脑、勇于开拓创新的年轻人作为培养对象，建立后备干部队伍。1996年，对25名后备干部进行调整充实，保留16人，调整9人，补充4人，重新确定后备干部20人。1997—1999年，先后组织6名机关后备干部到村、企业挂职锻炼。2000年后，组织后备干部函授学习，提高学历，增长文化专业知识。2003年起，重视在招考录用的大学生中培养后备干部，调整充实后备干部名单，每年举办后备干部培训班。同时，每年有计划地组织后备干部到村、社区挂职锻炼。2007年，先后在机关、事业单位中挑选12位青年干部，派到相关的市级机关学习半年至一年；同时，挑选9位青年干部到村挂任村党组织副书记或村委会主任助理工作1至2年。2008年开展横向交流学习，在有关村中选派5名年轻干部，到本市城厢镇东林村、沙溪镇太星村等新农村建设先进村学习1至2个月。2009年，选送3名青年干部赴上海高行镇挂职锻炼。同年，开展机关青年干部轮岗，先后有19名青年干部变换工作岗位，得到多岗锻炼。2010—2013年，按照"一线历练、一线培养"的原则和"早压担子早成才"的理念，先后选派50余名青年到村、社区任职，他们在基层直面广大群众，亲历复杂艰巨工作，在历练中不断提升解决实际问题、做好群众工作的能力和水平。

三、党员发展工作

1994年起，镇党委继续按照"坚持标准、保证质量、改善结构、慎重发展"方针，做好党员发展工作。1995年，全镇发展新党员15名，其中女性3名，35岁及以下年龄青年6名，高中及以上文化程度7名。1997年起，重视在多年未发展党员的党支部、骨干企业、新经济组织中发展党员，发展的重点对象为生产一线职工和先进模范人物、高中以上文化程度的青年、妇女以及知识分子。2000年后，重视从工作业绩突出的一线工人、生产能手、技术骨干、科技人员以及知识分子等优秀中青年中培养入党积极分子，发展新党员。2005年起，党员发展实行预审制、推优制、公示制、票决制、责任追究制。每年有计划地发展党员，不断为党组织输送新鲜血液，使党员队伍保持生机和活力。2008年，全镇发展新党员34名，其中女性15名，35岁及以下年龄青年26名，高中及以上文化程度31名。2013年，全镇发展新党员56名，其中女性22名，35岁及以下年龄青年45名，高中及以上文化程度54名。是年末，全镇党员总数3503名，其中女性党员677名，占党员总数的19.33%；35岁及以下年龄党员513名，占14.64%；高中及以上文化程度的党员1480名，占42.25%。

璜泾镇2008年入党积极分子培训班

四、老干部工作

1994年起，机关老干部工作重点围绕"落实老干部待遇""关心老干部健康""逢年过节慰问老干部”“开展有益老干部身心健康的活动”“发挥老干部余热”等方面开展。1996年，成立机关老干部党支部，推选1名热心老干部工作的党员老干部担任书记。同年起，坚持每月一次党员活动。1998年，组织老干部参加冬季易发病防治讲座，组织医疗专家为老干部免费就诊，并开展健康咨询活动。2000年起，每年在春节期间，开展以“开好一次慰问会、赠与一笔慰问金、送上一份慰问品、致上一封慰问信”为主要内容的春节慰问活动。2003年起，机关老干部党支部调整设置，分别成立璜泾、王秀、鹿河3个老干部党支部，每个月或每两个月以支部为单位组织一次党员活动。是年起，每两年或一年组织一次老干部体检。老干部生病住院，镇分管领导和老干部支部代表前往探望慰问。

璜泾镇老干部迎春茶话会（2009年摄）

2004年起，镇财政拨出专项经费，用于老干部征订报纸、杂志及活动费用。每年为老干部支部征订1套党报党刊及老年人读物，包括《人民日报》《新华日报》《苏州日报》《太仓日报》和《党建》《求是》《群众》以及《大江南北》《世纪风采》《铁军》《银潮》《中老年保健》等，其中《大江南北》月刊杂志每人1份。2005年起，老干部支部书记每年出席或列席镇党代会和人代会，并向全体老干部传达会议精神。每年“七一”、重阳节和春节，均对老干部进行慰问。每年组织老干部参加各类学习教育活动。

2006—2013年，先后组织老干部到上海“一大”会址、上海国际航运中心洋山港区、扬州瘦西湖、昆山周庄、吴江同里、常熟蒋巷村和沙家浜纪念馆等地参观游览，接受党的革命传统教育和改革开放形势教育，让老干部领略城乡风光，共享发展成果。

第五节　党风廉政建设

一、勤廉教育

1994年，镇党委在党员干部中开展党的群众路线教育，动员机关干部下农村、进企业，为基层解难事，办实事。1996年，开展党的传统教育和全心全意为人民服务的宗旨教育，通过上党课、观看党纪教育电教片、学习先进模范人物事迹、组织学习交流等形式，教育党员干部树立正确的权力观、地位观、利益观。1999年，在农村党员干部中开展“带头创业致富、带领群众致富”的“双带”教育，引导农村党员干部站到市场经济第一线，为农民群众实体创业服务。2002年6月，组织全镇两级干部到苏州监狱进行警示教育，听取罪犯的忏悔，让党员干部引以为戒，吸取教训，增强拒腐防变意识。

璜泾镇党员干部预防职务犯罪法制讲座（2009 年摄）

2003年后，镇党委组织党员干部学习《中国共产党纪律处分条例》《中国共产党党内监督条例》《中共中央纪委关于严格禁止利用职务上的便利谋取不正当利益的若干规定》以及有关《党员干部廉洁自律五项规定》等文件精神，教育党员干部管好自己相关的工作圈、生活圈和社交圈。2006年，在全镇党员干部中开展“廉洁自律警句格言”硬笔书法活动，镇纪委印发了80条“廉洁自律警句格言”，让党员干部在加以研读、深刻领会的基础上，以硬笔书法的形式予以抄录，以此受到廉政教育。2007年前后，各基层党组织采用电化教育设施，播放任长霞等一批优秀党员干部的先进事迹，学习先进模范人物“立党为公、执政为民”“做官先做人、万事民为先”“群众利益无小事”“权为民所用、情为民所系、利为民所谋”的优秀品质。2008年6月，在全镇两级干部学习培训会上，宣读徐州经济技术开发区管理委员会原主任写下的《细算腐败代价“七笔账”》的忏悔书，让党员干部从犯罪分子的忏悔中受到警示教育。2009年春节前，在全镇机关干部会议上，播放《北京市海淀区原区长周良洛受贿警示录》电教片，通过剖析一个党员领导干部蜕变为犯罪分子的沉沦轨迹，对党员干部进行典型案例教育。同年4月30日，邀请苏州市检察院有关领导做预防职务犯罪专题讲座。

2010—2013年，为配合反腐倡廉教育，镇文化站组织有关人员编排反映领导干部廉洁从政的小品《当官的爸爸》，镇文化站、地税四分局、派出所等单位组织有关人员编排反映勤政廉政先进事迹的表演唱、群口快板、沪剧小品等文艺节目，并在“廉洁文化进农村”“百团大展演”活动中演出，让广大干部群众在欣赏文艺节目中受到教育。永乐村在永乐花园小区兴建“清风林”和“清风亭”，种植千余株“白玉兰”，置放“廉石”，营造勤廉文化社区教育环境。镇纪委组织开展微型勤廉党课授课活动，通过璜泾医院、派出所、国税分局、工商分局选送的课件，阐述勤政廉政的意义、剖析典型腐败案例，给予人们“廉洁常挂心头，自律切莫放松”“只有廉政牢记心，才能幸福伴你行”的告诫，使听课者深受教育。

璜泾镇微型勤廉党课教育活动（2010 年摄）

二、勤廉制度

1994—2013年，镇党委坚持用制度管权、管事、管人，规范党员干部廉洁从政行为。1994年，制定镇机关干部下村、下厂挂钩联系制度，转变工作作风。1996年，做出《璜泾镇领导干部廉政建设四项规定》，对领导干部清正廉洁、干部调动交接、回避家（亲）属、严禁赌博等四个方面提出20条廉政要求。2000年，做出党员干部“不得担任或兼任企业法人代表”“不准以权谋私”“不能影响本职工作”的规定。2001年，建立村级财务代理记账制度，村级财务由镇经管站记账中心代管，形成“村账站管、集中记账、民主理财、财务公开”的运作机制。2003年，实行重大事项决策和任免干部票决制，对全镇经济社会发展的重大决策、党务政务方面的重要决定、选拔任用干部和发展党员，全面实行党委票决制并进行公示。2004年，实行工程项目建设招投标制度，凡集体的工程项目建设，领导干部不得直接插手和干预，一律通过招投标的程序确定施工单位。2005年，实行村级集体“三资”信息化管理制度，应用农村集体资产和财务信息化管理软件，把集体资金、资产、资源管理的规范要求和相关的制度固化成计算机程序，准确、及时、全面地掌握村级财务信息。2006年4月起，实行政府采购制度，凡由集体资金采购的设备、添置的设施等，均由政府统一采购，或招标选择、竞标定价。2008年后，修订完善领导干部离任审计制度、个人重大事项报告制度、外出参观考察报批制度、禁酒令制度，等等。至2013年，共制定和完善廉政制度15项72条。

三、监督检查

1994—2000年，对机关干部房改购房进行清理并进行“回头看”，按政策规定督促有关房主补办相关手续，补交房款。对副镇级以上干部用公款配置的通信工具，全部折价过户给个人，并对副镇级以上干部、各村书记、事业单位负责人的通信费用，采取“定额补贴，超支自负”的办法进行规范管理。2003年，对机关公务用车进行专项清理，并实施车辆使用改革，推行公务用车货币化，机关车辆全部拍卖。之后，按照“限额包干、超支自负、节约归己”的原则，根据公务员职务职级发放相应的交通包干费。2004年，对基层干部职务消费进行督查，并对村、社区两委会成员的公务通话费、交通费实行补贴、定额包干。

2008年12月26日，璜泾镇领导干部述职述廉汇报会

从2006年起，于每年年底前，开展村级“勤廉指标”测评工作，把村级经济发展、社会事业建设、村干部形象置于广大群众的监督之下。2007年起，每年对基层站所进行民主评议，将测评结果反馈至被评单位，对测评得分排列落后的单位，督查其查找原因，落实整改。

2009年6月2日，璜泾镇推行村干部履职承诺制工作现场会在王秀村召开

2008年，对各村、各单位党员干部“小灵通”与单位固定电话捆绑使用（即“一号双机”）进行专项清理，及时纠正变相用公款为个人支付通信费用、违反通信工具改革规定的行为。同年

12月，机关各单位工作人员，梳理本部门、本岗位容易出现的廉政风险，参加排查的14个单位（部门、科室）、66名机关公务员和23名单位负责人，共排查出廉政风险点56个。事后，各单位分别提出相应的防控措施。2009年，开展村干部履职承诺制工作，先在王秀村召开现场推进会，之后在各村推开。通过履职承诺制工作，把每个村干部每年的履职情况置于广大群众的监督之中。

2009—2013年，每年对镇三套班子成员和村两委会班子成员分别从“德、能、勤、绩、廉”等五个方面进行民主测评，以检查镇、村两级班子成员在党员群众中的评价。

四、执纪查案

按照“党要管党”“从严治党”的要求，严肃查处党员干部违法违纪案件。1994—2013年，镇党委先后查处党员违纪案件72件，给予党纪处分59人，其中开除党籍23人，留党察看5人，撤销党内职务2人，严重警告和警告29人。

第六节　民主政治建设

1994起，凡涉及镇党委、镇人大换届的，均严格按照选举工作程序，选举产生党员代表、人大代表和镇党委、人大、政府领导班子。凡涉及村民、居民委员会换届的，均坚持充分发扬民主，尊重选民意愿，选举产生新一届村民委员会和社区居民委员会。基层民主选举、民主决策、民主管理、民主监督的自治制度得到巩固。

1998年起，各村设立党务、村务公开栏，将党务、村务、财务等相关内容，定期或不定期在公开栏内向广大党员、群众公开。2000年起，开展村级民主决策日活动，每年1月10日、7月10日为各村民主决策日。是日，各村均召开村民代表会议，讨论决定涉及村级经济建设、社会事业发展、兴办实事工程、村级资产管理、惠民利民政策等的重大事项。

2003年，镇党委在全市首先实行镇党代会常任制，制定《关于实行镇党代会常任制的意见》，每年召开一次党代会例会（党委换届年除外），镇党委的工作目标、发展战略、工作举措等重大事

雅鹿村党务、村务、财务公开栏（2009年摄）

新明村民主决策日会议（2009年摄）

项提交党员代表大会审议通过。同年起，镇党委、政府根据阶段性重点工作需要，每年适时召开由社会各界人士参加的镇重大党务政务发布会，将每个阶段事关全镇经济建设、百姓利益、社会事业发展所做出的重大决策、决定以及党委、政府所做的重点工作和进展情况及时向社会各界代表公布。

2005年，在镇设立“党代表服务工作处”，在各社区设立“党代表服务工作站”，在各村设立“党代表接待室”，通过这些党代表工作“链接点”，发挥党代表在密切党群、干群关系中的桥梁和纽带作用，实现党委工作要求和群众愿望的良性互动。

2006年，镇党委强化重大事项决策和任免干部票决制，进一步扩大票决事项范围，规范票决程序。2008起，各村实行党员议事会制度，涉及村的重大事项决策前，先提交议事会讨论，后提交党员大会或村民代表会议讨论通过。2013年，各村召开党员议事会35次，共讨论提出的重要议题120余项。

第七节　统一战线工作

1994年，镇党委建立党外人士联系信息库，掌握统战对象的基本情况。1996年前后，发挥统战对象社会关系广、各界朋友多的有利条件，成功引进中外合资企业2家，外商独资企业1家。1998年，把党外干部培养纳入干部管理整体规划，做好党外人士的培养、选拔工作，有3名党外青年干部走上基层领导岗位。2001年前后，召开无党派人士的协商会、座谈会、情况通报会，与党外人士代表保持经常性的联系，收集涉及民营经济发展、集镇规划建设、民生实事工程等方面的意见、建议32条。2003年，把统战工作拓展到村、社区和各条战线、各个领域，做好全镇少数民族、包括外来务工少数民族人员的登记工作，帮助解决外来务工少数民族子女的入学问题。2005年，开展对回民拉面馆的调查和走访，为他们放心就业、安心工作、愉快生活服务。2007年，搞好对台宣传，开展以祖国统一为重点的海外统战工作。2010年前后，加强宗教场所的管理，特别是在春节、清明节、复活节等重大节日期间，做好宗教人士和信教群众的走访工作。2013年，宣传党的宗教政策，加强宗教场所管理，引导宗教人士和信教群众依法开展宗教活动，璜泾民族宗教事业保持健康发展。

第八节　党校工作

1994年，中共璜泾镇委员会党校设于怀仁路原璜泾中心幼儿园内。镇党校成立于1984年。2003年8月，鹿河镇并入璜泾后，镇党校分别设在原鹿河镇政府和原璜泾中心幼儿园内。2009

年底，镇党校迁至新建的位于园林路南侧、荣文村3组境内的璜泾镇文体中心大楼内。镇党校校长由镇党委分管党务工作的副书记兼任，另设驻校专职副校长1人，校务委员会成员5人，由相关部门、条线的负责人组成。1994—2013年的20年间，历任驻校专职副校长先后有姚思明、吴宝球、沈振东、丁蕴芳。

20年间，镇党校自编党课教材150余份，内容涉及党的思想理论、改革开放形势、党的优良传统与作风、先进模范人物事迹、政策法规以及镇情教育等。举办基层干部、中青年干部、入党积极分子培训班和专业知识培训班75期，参训4500人次。党校成员到村、社区、企业、站所教授党课250课次。

第二章 人民代表大会

20世纪90年代初，乡镇人民代表大会制度得到恢复和发展，人大工作步入了制度化、正常化和规范化的轨道。1993—2013年的21年间，璜泾镇人民代表大会历经六届，先后召开24次代表大会，在历次人代会上，代表们积极履行人民赋予的职责，依法行使民主权利，认真审议政府、人大工作报告和政府财政预决算报告，参与管理地方建设发展事务；在换届选举中依法选举产生镇人大、政府领导班子组成人员；积极反映人民群众的意见和要求，提出建议、批评和意见。在闭会期间，开展视察调研、联系选民、监督检查、民主评议等活动，充分发挥镇人大的监督职能。

第一节 人大代表

一、代表选举

换届选举 1993年、1996年、1999年、2001年、2007年、2012年，璜泾镇分别进行镇十二届、十三届、十四届、十五届、十六届、十七届人大代表选举工作。十二届、十三届、十四届人大代表任期3年，十五、十六、十七届任期5年。

历次换届选举，镇设立选举委员会，组建选举工作领导小组，抽调选举工作人员和联络员，各选区成立相应的工作班子，选举工作严格按照法定程序和法定时间，有领导、有组织、有计划地顺利开展。1993—2012年6次换届选举，共选举产生镇人大代表392人。

注：2003年8月鹿河并入璜泾后，原两镇人大代表资格继续有效，全镇十五届人大代表为111人，其中璜泾62人，鹿河49人。

代表补选 根据《中华人民共和国全国人民代表大会和地方各级人民代表大会选举法》（以下简称《选举法》）第五十一条关于“地方各级人民代表大会代表在任期内调离或者迁出本行政区域的，其代表资格自行终止，缺额另行补选”的有关规定，镇人大多次进行人大代表的补选工作。2003年2月10日，镇人大在代表出缺的第12选区补选镇十五届人大代表1人。2005年12月12日，在第26选区补选镇十五届人大代表2人。2010年10月25日，在第12小选区、第18小选区补选镇十六届人大代表各1人，在第28小选区补选2人。2013年11月22日，在第15选区补选镇十七届人大代表1人。

2008年3月11日，璜泾镇人大举办学习代表法辅导讲座

璜泾镇人大代表述职报告会（2010年摄）

二、代表工作

代表培训 每届人大代表选举产生后，在新一届人代会召开之前，镇人大均组织代表集中培训。通过举办培训班、专题报告会、辅导讲座等，组织代表学习党的思想理论和改革开放、市场经济、新农村建设等方面的新思想、新观念，学习《中华人民共和国宪法》《中华人民共和国地方各级人民代表大会和地方各级人民政府组织法》《代表法》《选举法》《中华人民共和国各级人民代表大会常务委员会监督法》《中华人民共和国食品安全法》（以下简称《食品安全法》）《中华人民共和国环境保护法》（以下简称《环境保护法》）《中华人民共和国安全生产法》（以下简称《安全生产法》）《中华人民共和国物权法》《中华人民共和国城乡规划法》（以下简称《城乡规划法》）等有关法律法规，让代表了解掌握人民代表大会制度的产生和发展、性质和作用、人大代表的权利和义务等基本知识，提高代表的思想理论和政策水平，增强代表依法履职能力。1994—2013年，共组织代表培训学习25次，参训代表1750余人次。

代表述职 2009年起，根据市人大“关于人大代表任期内要向原选区选民述职一次”的要求，镇人大每年开展人大代表述职活动。是年，镇人大先后在王秀村和永乐村开展代表述职活动，有3名太仓市代表和4名镇代表先后向所在选区的选民代表做了述职报告。2010年，镇人大于9月8日、9月9日、9月15日，先后举行三场人大代表述职报告会，分别设在孙桥村、新明村和敬老院，由人大代表向选民述职。2013年7月9日至10日，镇人大分五个场次，分别在王秀村、新联村、新华村、孙桥村、西塔社区开展市、镇两级人大代表向选民述职活动，5名市代表和15名镇代表进行现场口头述职，12名镇代表递交书面述职材料。2009—2013年的5年间，镇十六届人大代表在任期内达到向原选区选民述职一次的要求；27名镇十七届人大代表向选民述职，占代表总数的35%。通过述职活动，人大代表的履职意识得到强化。

代表之家 2007年开始，根据市人大的要求，镇人大开展“人大代表之家”的创建工作，至2008年分别在永乐村、王秀村、新明村、雅鹿村建立四个“人大代表之家”。每个代表之家，均配置桌椅、橱柜、影视设备等硬件设施，建立人大活动台账，让代表名册、工作制度、活动计划上墙。至2013年，利用“人大代表之家”组织代表活动30余次。“人大代表之家”成为代表活动经常化、制度化、规范化的载体和平台。

第二节 历次人代会

1993—2013年，璜泾镇人民代表大会历时21年，历经6届，先后召开24次代表大会。

一、第十二届人民代表大会

第一次会议 于1993年2月7日至8日在镇政府阶梯会议室举行。出席代表60人。会议听取、审议和通过张瑞明受上届镇人民政府委托所做的《璜泾镇人民政府工作报告》、高良宝受上届镇人大主席团委托所做的《璜泾镇人民代表大会主席团工作报告》、袁瑞英受上届镇人民政府委托所做的《璜泾镇1992年财政决算和1993年财政预算（草案）的报告》、黄品振受镇人民政府委托所做的《顺应发展形势、完善集镇规划的报告》。会议选举张瑞明为镇人民政府镇长，陆永明、周建元、黄品振为镇人民政府副镇长。

第二次会议 于1994年2月2日在镇政府阶梯会议室举行。出席代表54人。会议听取、审议和通过张瑞明代表镇人民政府所做的《璜泾镇人民政府工作报告》、潘玉章代表镇人大主席团所做的《璜泾镇人民代表大会主席团工作报告》、蔡凤珠受镇人民政府委托所做的《璜泾镇1993年财政决算和1994年财政预算（草案）的报告》。会议补选韩建平为镇人民政府副镇长。

第三次会议 于1995年3月8日在镇政府阶梯会议室举行。出席代表56人，列席26人。会议听取、审议和通过张瑞明代表镇人民政府所做的《璜泾镇人民政府工作报告》、潘玉章代表镇人大主席团所做的《璜泾镇人民代表大会主席团工作报告》、蔡凤珠受镇人民政府委托所做的《璜泾镇1994年财政决算和1995年财政预算（草案）的报告》。

二、第十三届人民代表大会

第一次会议 于1996年1月26日至27日在镇政府阶梯会议室举行。出席代表54人，列席76人。会议听取、审议和通过陆永明受上届镇人民政府委托所做的《璜泾镇人民政府工作报告》、潘玉章受上届镇人大主席团委托所做的《璜泾镇人民代表大会主席团工作报告》、蔡凤珠受上届镇人民政府委托所做的《璜泾镇1995年财政决算和1996年财政预算（草案）的报告》。会议选举潘玉章为镇人大主席，陆永明为镇人民政府镇长，王国华、黄品振、韩建平、景友良为镇人民政府副镇长。

第二次会议 于1997年2月18日在镇政府阶梯会议室举行。出席代表51人，列席77人。会议听取、审议和通过陆永明代表镇人民政府所做的《璜泾镇人民政府工作报告》、潘玉章代表镇人大主席团所做的《璜泾镇人民代表大会主席团工作报告》、蔡凤珠受镇人民政府委托所做的《璜泾镇1996年财政决算和1997年财政预算（草案）的报告》。

第三次会议 于1998年2月26日在镇政府阶梯会议室举行。出席代表48人。会议听取、审议和通过陆永明代表镇人民政府所做的《璜泾镇人民政府工作报告》、高良宝代表镇人大主席团所做的《璜泾镇人民代表大会主席团工作报告》、蔡凤珠受镇人民政府委托所做的《璜泾镇1997年财政决算和1998年财政预算（草案）的报告》、黄品振代表镇人民政府所做的《璜泾镇农村现代化规划的报告》、王国华代表镇人民政府所做的《璜泾镇1997年农民负担决算和1998年农民负担预算（草案）的报告》。会议选举王文其为镇人大主席，韩建平为镇人大副主席。

三、第十四届人民代表大会

第一次会议 于1999年1月16日至17日在镇政府阶梯会议室举行。应到代表64人，实到代表61人，列席65人。会议听取、审议和通过陆永明受上届镇人民政府委托所做的《璜泾镇人民政府工作报告》、韩建平受上届镇人大主席团委托所做的《璜泾镇人民代表大会主席团工作报告》、蔡凤珠受上届镇人民政府委托所做的《璜泾镇1998年财政决算和1999年财政预算（草案）的报告》。会议选举周国平为镇人大主席，韩建平为镇人大副主席；选举陆永明为镇人民政府镇长，王国华、景友良、蔡凤珠、苏建明、高雪飞为镇人民政府副镇长。

第二次会议 于2000年1月3日在镇政府阶梯会议室举行。出席代表59人，列席68人。会议听取、审议和通过陆永明代表镇人民政府所做的《璜泾镇人民政府工作报告》、周国平代表镇人大主席团所做的《璜泾镇人民代表大会主席团工作报告》、蔡凤珠代表镇人民政府所作的《璜泾镇1999年财政决算和2000年财政预算（草案）的报告》，审议通过《璜泾镇2000年依法治镇工作的意见》。

第三次会议 于2000年8月12日在镇政府阶梯会议室举行。出席代表62人，列席65人。会议听取陆永明代表镇人民政府所做的《璜泾镇人民政府上半年工作报告》。会上，通过周国平辞去镇人大主席、韩建平辞去镇人大副主席、陆永明辞去镇人民政府镇长职务的请求。选举陆永明为镇人大主席，高洪文为镇人民政府镇长。

第四次会议 于2001年2月8日在镇政府阶梯会议室举行。应到代表62人，实到代表59人，列席63人。会议听取、审议和通过高洪文代表镇人民政府所做的《璜泾镇人民政府工作报告》、陆永明代表镇人大主席团所做的《璜泾镇人民代表大会主席团工作报告》、蔡凤珠代表镇人民政府所做的《璜泾镇2000年财政预算执行情况和2001年财政预算（草案）的报告》。会上，对先进人大代表小组和优秀人大代表进行表彰。

四、第十五届人民代表大会

第一次会议 于2002年1月6日至7日在镇政府阶梯会议室举行。应到代表64人，实到代表63人，列席100人。会议听取、审议和通过高洪文受上届镇人民政府委托所做的《璜泾镇人民政府工作报告》、陆永明受上届镇人大委托所做的《璜泾镇人民代表大会工作报告》、陈俭受上届镇人民政府委托所做的《璜泾镇1999年至2001年财政预算执行情况和2002年财政预算（草案）的报告》。会议选举陆永明为镇人大主席；高洪文为镇人民政府镇长，王国华、徐洪明、张永新、苏建明、景友良、陈俭为镇人民政府副镇长。

第二次会议 于2003年2月20日在镇政府阶梯会议室举行。应到代表64人，实到代表58人，列席99人。会议听取、审议和通过王国华代表镇人民政府所做的《璜泾镇人民政府工作报告》、张瑞明受镇人大委托所做的《璜泾镇人民代表大会工作报告》、陈俭受镇人民政府委托所做的《璜泾镇2002年财政预算执行情况和2003年财政预算（草案）的报告》。会上，通过陆永明辞去镇人大主席、高洪文辞去镇人民政府镇长、王国华和徐洪明辞去镇人民政府副镇长职务的请求。选举张瑞明为镇人大主席；王红星为镇人民政府镇长，高海洋、陆锦华为镇人民政府副镇长。

第三次会议　于2003年9月18日至19日在镇政府阶梯会议室举行。本次会议是璜泾与鹿河区划调整后召开的首次人代会。根据太仓市人大常委会决定，原两个镇人大代表的代表资格继续有效，本届人民代表大会由原璜泾镇、鹿河镇人大代表组成。本次会议应到代表111人，实到代表105人，列席120人。会议选举张瑞明为镇人大主席，丁瑞华为镇人大副主席；王红星为镇人民政府镇长，高海洋、高雪飞、陆锦华、冯月芬、张永新、苏建明、景友良、李卫光、徐志豪为镇人民政府副镇长。

第四次会议　于2004年3月22日在镇政府阶梯会议室举行。应到代表110人，实到代表101人，列席128人。会议听取、审议和通过王红星代表镇人民政府所做的《璜泾镇政府工作报告》、张瑞明代表镇人大所做的《璜泾镇人民代表大会工作报告》、汤文英受镇人民政府委托所做的《璜泾镇2003年财政预算执行情况和2004年财政预算（草案）的报告》。

第五次会议　于2005年2月23日在镇政府阶梯会议室举行。应到代表109人，实到代表102人，列席105人。会议听取、审议和通过王红星代表镇人民政府所做的《璜泾镇人民政府工作报告》、丁瑞华受镇人大委托所做的《璜泾镇人民代表大会工作报告》、汤文英受镇人民政府委托所做的《璜泾镇2004年财政预算执行情况和2005年财政预算（草案）的报告》。

第六次会议　于2006年2月17日在镇政府阶梯会议室举行。应到代表110人，实到代表95人，列席127人。会议听取、审议和通过王红星代表镇人民政府所做的《璜泾镇人民政府工作报告》、张瑞明代表镇人大所做的《璜泾镇人民代表大会工作报告》、汤文英受镇人民政府委托所做的《璜泾镇2005年财政预算执行情况和2006年财政预算（草案）的报告》。会上，通过了丁瑞华辞去镇人大副主席、冯月芬辞去镇人民政府副镇长职务的请求。选举吴惠强、马平元为镇人大副主席。

第七次会议　于2007年1月25日在镇政府阶梯会议室举行。应到代表108人，实到代表105人，列席152人。会议听取、审议和通过高海洋受镇人民政府委托所做的《璜泾镇人民政府工作报告》、张瑞明代表镇人大所做的《璜泾镇人民代表大会工作报告》，审议通过《璜泾镇2006年财政预算执行情况和2007年财政预算（草案）的报告》。会上，通过了王红星辞去镇人民政府镇长职务的请求。选举蔡东辉为镇人民政府镇长，顾益新为镇人民政府副镇长。

五、第十六届人民代表大会

第一次会议　2007年12月14日至15日在镇政府阶梯会议室举行。应到代表73人，出席代表71人，列席166人。会议听取、审议和通过蔡东辉受上届镇人民政府委托所做的《璜泾镇人民政府工作报告》、蔡永平受上届镇人大委托所做的《璜泾镇人民代表大会工作报告》、李泉龙受上届镇人民政府委托所做的《璜泾镇人民政府2007年财政预算执行情况和2008年财政预算（草案）的报告》。会议选举蔡永平为镇人大主席，吴惠强、马平元为副主席；蔡东辉为镇人民政府镇长，高海洋、高雪飞、陆锦华、张永新、景友良、顾益新、俞建国为镇人民政府副镇长。

第二次会议　于2009年1月9日在镇政府阶梯会议室举行。应到代表72人，实到代表65人，列席134人。会议听取、审议和通过蔡东辉代表镇人民政府所做的《璜泾镇人民政府工作报告》、蔡永平代表镇人大所做的《璜泾镇人民代表大会工作报告》，审议通过《镇人民政府2008年财政预算执行情况和2009年财政预算（草案）的报告》。

第三次会议　于2010年1月21日在镇政府阶梯会议室举行。应到代表71人，实到代表61人，列席135人。会议听取、审议和通过姜超受镇人民政府委托所做的《璜泾镇人民政府工作报告》、蔡永平代表镇人大所做的《璜泾镇人民代表大会工作报告》，审议通过《璜泾镇人民政府2009年财政预算执行情况和2010年财政预算（草案）的报告》。通过蔡东辉辞去镇人民政府镇长职务的请求，选举姜超为镇人民政府镇长。

第四次会议　于2010年5月28日在镇政府阶梯会议室举行。应到代表70人，实到代表66人，列席118人。会议听取、审议和通过徐洪明受镇人民政府委托所做的《璜泾镇人民政府1~5月份工作报告》。通过姜超辞去镇人民政府镇长职务的请求，选举徐洪明为镇人民政府镇长。

2011年3月7日，璜泾镇十六届五次人代会

第五次会议　于2011年3月7日在镇文体中心三楼会议室举行。应到代表73人，实到代表72人，列席138人。会议听取、审议和通过徐洪明代表镇人民政府所做的《璜泾镇人民政府工作报告》、蔡永平代表镇人大所做的《璜泾镇人民代表大会工作报告》，审议通过《璜泾镇人民政府2010年财政预算执行情况和2011年财政预算（草案）的报告》。会上，通过了蔡永平辞去镇人大主席、马平元辞去镇人大副主席、高海洋和张永新辞去镇人民政府副镇长职务的请求。选举王国华为镇人大主席，张振岐为镇人大副主席；周志强为镇人民政府副镇长。

六、第十七届人民代表大会

第一次会议　于2012年3月12日至13日在镇文体中心三楼会议室举行。应到代表77人，实到代表75人，列席157人。会议听取、审议和通过徐洪明受上届镇人民政府委托所做的《璜泾镇人民政府工作报告》、王国华受上届镇人大委托所做的《璜泾镇人民代表大会工作报告》，审议通过《璜泾镇人民政府2011年财政预算执行情况和2012年财政预算（草案）的报告》。会议选举周宏建为镇人大主席，吴惠强、张振岐为镇人大副主席；徐洪明为镇人民政府镇长，高雪飞、陆锦华、顾益新、俞建国、周志强、陆江为镇人民政府副镇长。

第二次会议　于2013年1月11日在镇文体中心三楼会议室举行。应到代表75人，实到代表72人，列席153人。会议听取、审议和通过徐洪明代表镇人民政府所做的《璜泾镇人民政府工作报告》、周宏建代表镇人大所做的《璜泾镇人民代表大会工作报告》，审议通过《璜泾镇人民政府2012年财政预算执行情况和2013年财政预算（草案）的报告》和《璜泾镇环境保护暨生态文明建设规划》。

表 14-3　1994—2013 年璜泾镇人民代表大会主席、副主席名录

届次	职务	姓名	任职时间	说明
第十二届（1993.2—1996.1）	主席	潘玉章	1993.2—1996.1	称主席团常务主席
第十三届（1996.1—1999.1）	主席	潘玉章	1996.1—1997.11	—
		王文其	1997.11—1998.12	中期任职党委书记兼
		周国平	1998.12—1999.1	中期任职
	副主席	韩建平	1998.12—1999.1	中期任职
第十四届（1999.1—2002.1）	主席	周国平	1999.1—2000.8	—
		陆永明	2000.8—2002.1	中期任职
	副主席	韩建平	1999.1—2000.8	—
第十五届（2002.1—2007.12）	主席	陆永明	2002.1—2003.1	—
		张瑞明	2003.1—2007.11	中期任职
		蔡永平	2007.11—2007.12	中期任职
	副主席	丁瑞华	2003.9—2005.11	中期任职
		吴惠强	2005.11—2007.12	中期任职
		马平元	2005.11—2007.12	中期任职
第十六届（2007.12—2012.3）	主席	蔡永平	2007.12—2011.2	—
		王国华	2011.2—2011.12	中期任职
		周宏建	2011.11—2012.3	中期任职
	副主席	吴惠强	2007.12—2012.3	—
		马平元	2007.12—2011.2	—
		张振岐	2011.2—2012.3	中期任职
第十七届（2012.3—2013.12，未到届）	主席	周宏建	2011.3—2013.12	—
	副主席	吴惠强	2012.3—2013.12	—
		张振岐	2012.3—2013.12	—

第三节　人大履职

一、视察检查

1994年，镇人大组织代表对集镇基础设施建设以及绿化、美化、亮化等镇容建设进行视察检查，对检查中发现的“市场秩序、车辆停放比较混乱”“长效管理制度不够健全”“绿化、亮化建设层次不高”等问题，向政府有关部门提出工作建议。1997年，为推动个私民营经济加快发展，镇人大两次组织部分代表，深入民营企业视察调研，并在此基础上向镇党委、政府提出“规划工业小区”“推出激励措施”“强化服务企业”等建议。2000年12月，对璜泾中学校舍工程进展、质量和资金落实等情况进行监督检查。2002年4月，对璜泾个体私营经济发展情况进行视察调研，重点

参观5家化纤加弹企业，召开加快民营经济发展调研座谈会，提出“做大、做强、做特化纤加弹业，形成一镇一品工业经济特色”“用足、用好政策，为化纤加弹业发展提供保障”等建议。2004年4月，对创建“平安璜泾”工作进行调研检查。2008年11月，对2008年度政府实事工程实施情况进行视察检查。2009年2月，开展对新华、永乐、新明等村农民集中居住小区的视察调研，形成《规范农民新村管理、建设和谐文明小区》调研材料，对小区管理从“建立管理组织”“明确管理职能”“完善基础设施”“建立长效管理机制”等方面提出建议。2011年，为确保顺利通过国家卫生镇复审，镇人大组织代表对镇区环境卫生进行视察检查，对发现的问题向镇政府提出整改意见。2013年上半年，镇人大组织从事农村农业工作的人大代表，对村合作农场进行视察调研，先后走访镇农经站、农技站、荡茜村、杨漕村、雅鹿村等5个单位（地区），了解村合作农场的发展现状、主要做法、经营模式、经营成效及存在问题等。事后，镇人大形成《璜泾镇合作农场发展情况调研报告》，向镇政府及有关部门提出“进一步加大有效投入和扶持力度”“进一步发挥现代农业园区的示范引领作用”“进一步培育农业专业人才”“进一步健全完善社会服务体系”等建议。1994—2013年的20年间，镇人大组织代表视察检查和调研56次，参加代表1335人次，提出各类意见和建议445条，发挥了代表作用，体现了对政府工作的支持。

二、执法监督

1994年，镇人大组织代表开展对《江苏省计划生育条例》《中华人民共和国治安管理处罚条例》贯彻实施情况的视察调研，召开5次座谈会，走访选民32人次，提出计划生育管理建议8条、社会治安综合治理意见15条。1996年，开展对《中华人民共和国食品卫生法》（以下简称《食品安全法》）贯彻实施情况的视察检查，对食品、餐饮行业7个重点单位进行检查，提出“加强食品、饮食卫生管理”的意见和建议11条。1998年，对全镇贯彻《土地管理法》进行执法检查。2000年4月，镇人大会同镇纪委对贯彻《中华人民共和国义务教育法》进行执法检查，对中小学收费情况与规定收费标准进行比对抽查，听取三所中小学校长上半年收费标准及执行情况的汇报，提出“学校收费标准和收费结果公开，接受社会及学生家长监督”的建议。2002年4月，开展对《中华人民共和国产品质量法》（以下简称《产品质量法》）贯彻实施情况的执法检查。2004年10月，对企业贯彻执行《安全生产法》进行检查，向被检企业提出“健全消防队伍”“配套消防设施”“留足消防通道”等方面的建议。2006年，开展《中华人民共和国消费者权益保护法》（以下简称《消费者权益保护法》）《环境保护法》贯彻实施情况的执法检查。2010年，组织部分市、镇人大代表，对《食品安全法》贯彻执行情况进行执法检查，代表们在检查后的座谈讨论中，既对食品、餐饮行业在管理中好的做法和措施予以肯定，又对食品、餐饮行业的加工贮藏、餐具消毒、防蝇防尘、环境卫生等方面存在的问题和需要改进的地方提出意见和建议。2013年，对《城乡规划法》贯彻实施情况进行执法检查，提出“维护规划权威性和执行规划严肃性”“加强建房监管，提高规划执行力”等意见和建议。

1994—2013年的20年间，镇人大对法律法规在本镇的贯彻实施情况进行监督检查累计29次，参与调研、视察的代表430人次，提出学法、守法、执法意见和建议203条。

三、联系选民

1994—2013年，镇人大坚持开展代表联系选民活动，特别是在每年评议政府半年度工作和人代会召开之前，均提出联系选民的具体内容和要求，代表们认真调查研究，反映社情民意。20年间，在代表联系选民活动中，共收集社会各界人士意见和建议250条，内容涉及农业、工业、文教卫生、集镇建设、环境保护、农村改水、农桥改造、道路硬化、交通安全、绿化美化、扶贫帮困、治安管理等。

四、民主评议

开展对镇政府及站办所的民主评议是镇人大参政议政和实施监督的一项重要内容。1994—2013年，镇人大代表参加各项民主评议活动32次，参加代表520人次，提出评议意见156条。

第三章　人民政府

1994—2013年，璜泾镇人民政府历经5届，即第十二届至第十七届。历届政府认真贯彻落实市委、市政府指示精神和镇党委决策部署以及镇人代会决议，大力实施富民强镇发展战略，着力招商引资，做大做强地方经济；改革企业产权制度，培育扶持民营经济；修订镇村建设规划，兴建农民集中居住小区；坚持执政为民理念，办好民生事业实事工程；重视信访工作，切实解决群众关心的实际问题；坚持科技兴镇，发展文教卫生事业；加强社会主义精神文明建设，营造积极向上、文明和谐的社会新风。20年间，全镇经济社会得到较快发展。

第一节　政府领导

1994—2013年，璜泾镇先后有张瑞明、陆永明、高洪文、王红星、蔡东辉、姜超、徐洪明等7人在镇人民政府镇长岗位上任职，有23人在副镇长岗位上任职，其中挂职副镇长1人。

表14-4　1993—2013年璜泾镇人民政府领导成员名录

届次	职务	姓名	任职时间	说明
第十二届（1993.2—1996.1）	镇长	张瑞明	1993.2—1996.1	—
	副镇长	陆永明	1993.2—1996.1	—
		周建元	1993.2—1996.1	—
		黄品振	1993.2—1996.1	
		韩建平	1994.3—1996.1	中期任职
第十三届（1996.1—1999.1）	镇长	陆永明	1996.1—1998.12	—
	副镇长	王国华	1996.1—1998.12	—
		黄品振	1996.1—1998.12	—
		韩建平	1996.1—1997.11	—
		景友良	1996.1—1998.12	—
		戴庆元	1996.6—1998.12	中期任职
		蔡凤珠	1997.11—1998.12	中期任职
	1998年11月，王秀镇并入后重组的璜泾镇人民政府领导成员			
	镇长	陆永明	1998.12—1999.1	—
	副镇长	王国华	1998.12—1999.1	—
		苏建明	1998.12—1999.1	—

续表

届次	职务	姓名	任职时间	说明
第十三届（1996.1—1999.1）	副镇长	蔡凤珠	1998.12—1999.1	—
		高雪飞	1998.12—1999.1	—
		景友良	1998.12—1999.1	—
第十四届（1999.1—2002.1）	镇长	陆永明	1999.1—2000.8	—
		高洪文	2000.8—2002.1	中期任职
	副镇长	王国华	1999.1—2002.1	—
		景友良	1999.1—2002.1	—
		蔡凤珠	1999.1—2001.11	—
		苏建明	1999.1—2002.1	—
		高雪飞	1999.1—2001.11	—
		徐洪明	2001.11—2002.1	中期任职
		陈　俭	2001.11—2002.1	中期任职
		张永新	2001.11—2002.1	中期任职
第十五届（2002.1—2007.12）	镇长	高洪文	2002.1—2003.1	—
		王红星	2003.1—2003.8	中期任职
	副镇长	王国华	2002.1—2003.1	—
		徐洪明	2002.1—2003.1	—
		张永新	2002.1—2003.8	—
		苏建明	2002.1—2003.8	—
		景友良	2002.1—2003.8	—
		陈　俭	2002.1—2003.8	—
		高海洋	2003.1—2003.8	中期任职
		陆锦华	2003.1—2003.8	中期任职
	2003年8月，鹿河镇并入后重组的璜泾镇人民政府领导成员			
	镇长	王红星	2003.8—2006.12	—
		蔡东辉	2006.12—2007.12	中期任职
	副镇长	高海洋	2003.8—2007.12	—
		高雪飞	2003.8—2007.12	—
		陆锦华	2003.8—2007.12	—
		冯月芬	2003.8—2005.11	—
		张永新	2003.8—2007.12	—
		苏建明	2003.8—2007.11	—
		景友良	2003.8—2007.12	—
		李卫光	2003.8—2007.1	—
		徐志豪	2003.8—2007.11	—
		顾益新	2007.1—2007.12	中期任职
		俞建国	2007.11—2007.12	中期任职
第十六届（2007.12—2012.3）	镇长	蔡东辉	2007.12—2009.12	—
		姜　超	2009.12—2010.5	中期任职
		徐洪明	2010.5—2012.3	中期任职

续表

届次	职务	姓名	任职时间	说明
第十六届（2007.12—2012.3）	副镇长	高海洋	2007.12—2011.2	—
		高雪飞	2007.12—2012.3	—
		陆锦华	2007.12—2012.3	—
		张永新	2007.12—2011.2	—
		景友良	2007.12—2011.12	—
		顾益新	2007.12—2012.3	—
		俞建国	2007.12—2012.3	—
		周志强	2011.2—2012.3	中期任职
第十七届（2012.3—2013.12，未到届）	镇长	徐洪明	2012.3—2013.10	—
	副镇长	高雪飞	2012.3—2013.12	—
		陆锦华	2012.3—2013.12	—
		顾益新	2012.3—2013.12	—
		俞建国	2012.3—2013.12	—
		周志强	2012.3—2013.12	—
		陆　江	2012.3—2013.12	—
		龚静华	2013.10—2013.12	挂职

第二节　政府机构

1994年，镇人民政府下设秘书、民政、司法、文卫、计划生育、村建、环保、科技、人事监察、统计等工作机构，配有相应的政府助理；另有财政所，配有所长和财税管理人员。

2001年12月，镇党政机构设置实施改革，设党政、党群、社会事业、经济发展、农业工作、财政、镇村建设、社会治安综合治理等8个综合办公室。这次党政机构设置改革后，除党群办公室外，其他7个综合办公室均涉及或全部为政府工作职能：党政办公室，政府秘书归入党政办公室，和党委、人大秘书合署办公，具体承担文秘、信息、档案机要、保密、史志、信访接待、政府法制、行政后勤、协调各办公室之间关系等工作；社会事业办公室（挂“计划生育办公室”牌子），具体承担政府管理民政、劳动社保、科技（协）、教育、卫生、文广、计划生育、体育等工作；经济发展办公室，具体承担政府管理工业、三产、外经贸、招商引资、安全、技术监督等工作；农业工作办公室，具体承担政府管理农副业、村级财务、农机水利等工作；财政办公室（挂“财政所”牌子），具体承担政府管理财政、国有（集体）资产、税收、统计、物价和审计等工作；镇村建设办公室，具体承担政府管理镇村建设、道路交通、集镇市容、环境保护、国土资源等工作；社会治安综合治理办公室（另组建司法所、与社会治安综合治理办公室合署办公），具体承担政府管理司法、综合治理和公安等协调工作。

2008年3月，根据市委、市政府关于《太仓市乡镇机构改革实施意见》（太委发〔2008〕18

号），对镇党政机构设置再次进行改革，由原设置的8个办公室调整为4个综合办公室以及1个所。4个综合办公室中除党政办公室兼有党政职能外，其他3个办公室均承担政府职能：党政办公室（党群办公室与其合署），涉及政府工作职能主要有文秘、信息、人事监察、民族宗教、档案、地方志、信访接待等；经济发展办公室（挂“安全生产监督管理办公室”“农村工作办公室”牌子），具体承担政府管理中小企业、招商引资、外经外贸、统计、审计、科技、科协、节能、安全生产监督、服务业、农副业、村级财务、农机、水利、土地等工作；社会事业办公室（挂“计划生育办公室”牌子村镇建设管理和环境保护办公室与其合署），具体承担政府管理民政、教育卫生、文广体育、人口和计划生育、劳动和社会保障、村镇规划建设、环境保护等工作；社会治安综合治理办公室（司法所与其合署），具体承担政府管理综治、司法等工作。综合办公室不作为镇一级的中间层次，负责人由镇分管领导兼任。1个所，即财政所。机关行政编制70人。此次镇机关机构设置调整后，至2013年未变。

第三节 重要施政

一、实施经济体制改革

企业产权制度改革 1994年，全镇继续深化以实行承包经营责任制为主要内容的企业改革，实行所有权和经营权适当分离，政府对镇办企业实行目标管理，减少对企业生产经营和内部管理的直接干预，改变政企不分的状况。1996年，对镇办企业开展以产权制度改革为核心的企业改制工作，对镇办企业采取租赁、售让、股份合作等形式，转换企业经营机制。1997年，在完成企业改制工作后，企业产权明晰，真正成为具有“自主经营、自负盈亏、自我发展、自我约束”能力的市场主体，而政府不再直接投资经营企业，转向为企业服务。

农业经营机制改革 1994年，农村继续实行家庭联产承包责任制。1996年下半年，根据各村农业人口、劳动力状况，按照“保留自留田、人分口粮田、劳分责任田、划出任务田”的政策，对1983年实行家庭联产承包责任制以来一直未变的土地承包关系进行调整。1998年下半年，在完善农村土地承包关系的基础上，对全镇农户承包耕地的使用权进行确权发证，全镇共计确权发证面积57948亩。2000年后，深化农业经营机制改革，兴办农村合作经济组织，将农户分散耕作的耕地，通过土地流转的方式，加快向村农场专业合作社、土地股份合作社转移。至2013年，全镇13个村共成立各类农村合作经济组织53个，累计耕地流转面积50420亩，占全镇耕地总面积的82.89%。深化农业经营机制改革，使农业专业化分工、规模化生产、产业化经营的整体水平得到提高。

二、实施经济发展战略

开发工业载体 为满足工业开发需要，政府搞好规划，搭建发展平台。1994年，重点规划建设沙鹿公路集镇段沿线的工业经济开发带和璜时新路集镇段两侧的工业经济新区，搞好基础设施建设，积极招商引资，至1995年相继有7个工业项目落户进驻。1997年，在338省道北侧、老太海汽渡路两侧开发新联加弹工业小区，1998年有13家私营企业进驻。2000年，在园林路东侧与338省道南侧路口，开发新华加弹工业小区，并作为发展民营经济的示范区，是年，进驻民营企业20家。2001年，在陈大港东侧、环南路（现荣文路）两侧，开发广新民营企业小区，占地面积1.33平方千米。2002年，在新联村境内规划建设“璜泾镇民营创新工业园”，占地1.67平方千米，之后2年内进驻企业158家。2004年，“璜泾镇永乐工业开发区”启动建设，位于永乐村境内，东邻338省道，规划面积4平方千米，之后3年内进驻企业220家。2009年，在鹿河新明村境内启动建设“璜泾化纤新材料产业园”，规划面积3.04平方千米，至2012年进驻企业10家。总投资20亿元的长乐纤维科技项目开业投产。至2013年，全镇基本形成工业布局相对集中的沿路沿线工业开发带和工业开发区。

发展规模经济　20世纪90年代中期，政府注重放大企业规模优势，增强企业市场竞争力，培育了太仓第三棉纺厂等一批重点骨干企业。2000年后，在化纤加弹业发展起来后，政府把发展工业经济的着力点放到形成化纤产业上，努力促成加弹业向两头延伸，拉长产业链。同时，通过招商引资，发展规模型企业，先后有桐昆（现中润）化纤、申久化纤等企业落户璜泾。2003年后，继续支持雅鹿集团、荣文集团等本土规模型企业发展。2012年，江苏长乐纤维科技有限公司开业投产，成为本镇又一民营重点企业。2013年，全镇年销售收入达1亿元及以上的企业有28家，实现销售收入157亿元，占全镇1022家工业企业销售收入总额359亿元的43.7%。

发展民营经济　1994年前后，璜泾实行以发展集体经济为主体的苏南模式，民营经济发展缓慢。1996年，全面推行镇村集体企业产权制度改革，全镇70余家集体工业企业改制成民营企业。1997年6月，镇政府成立个体私营经济管理领导小组，加强对全镇个体私营经济的领导，本着支持发展的原则，在税收和各项规费收缴上给予优惠政策。1999年2月，在民营经济发展较快的新联村召开现场会，推广该村扶持农民实体创业的经验，从而激发了广大农户的投资积极性，一些有商品经济意识、有市场销售经验、有一定技术基础的农村骨干，开始合伙投资或独资办厂，是年。全镇创办民营企业100余家。2000年，在农村党员、干部中开展“带头创业致富、带领群众致富”的“双带”活动，并对“双带”示范户进行表彰，营造创业致富光荣的社会氛围。同时，镇党委、政府先后印发《关于加快发展民营经济的若干规定》《关于认真为民营企业服务的意见》等多个文件，政府从土地、税收、贷款、申办手续等各个方面，为民营企业提供众多的服务。2002年后，政府采取“以外推内、以内引外、内外并举”的策略，千方百计把本地民间资本引出来，想方设法把外地资本引进来，促成民营经济快速发展。2004年后，工业小区不断扩容，同时开发新的发展载体，满足民营企业入驻需要。同时，政府职能部门积极为农民创业办证照、腾场所、筑道路、通水电，为民营企业发展提供方便。至2013年，全镇有民营企业987家，个体工业户1087家，民营工业营业收入351.47亿元，占全镇工业营业收入的93.15%。

发展现代农业　1994年起，政府采取一系列措施，努力从传统农业加快向现代农业发展。深化农业经营机制改革，农户承包土地向村办农场流转，实施农业规模经营。2000年起，加快发展村农场专业合作社、土地股份合作社、劳务专业合作社、农机专业合作社、蔬菜生产专业合作社等农村合作经济组织，提高农业组织化程度。2003年起，加快实施平整土地、修筑沟渠、疏浚河道、建设灌溉泵站等高标准农田建设，农业生产条件和设施得到进一步改善。2008年，在位于镇西北部的杨漕村、雅鹿村建设现代农业园区，分优质稻作示范区、设施蔬菜示范区、高效水产养殖区、生态林果示范区、综合管理服务区等五大区域，建成现代农业示范基地，辐射带动全镇现代农业发展。同年起，推广水稻工厂化育秧技术，扩大水稻机插秧面积，添置大型联合收割机，收割脱粒一次性完成。2009年，从江苏省农科院引进种植“南梗46”优质水稻，米质好、产量高。2010年后，大力推进农业专业化生产、产业化经营，各村形成各具特色的农产品生产基地，“璜泾大米”等农产品在苏州展示并销售，部分农产品实现“农超对接”，呈农业产业化发展态势，农产品附加值得到提高。

三、实施镇村建设发展战略

1994年，为加快小城镇建设，增强集镇功能，政府实施老镇区改造和新镇区拓展工程，仅用一年多时间，新筑一条南至环南路（现为荣文路）、北至璜浮路的园林路和东至陈大港、西至沙鹿路的环南路，向西延伸玄武路，拓宽璜时路集镇段和沙鹿路集镇段。同时，对有关街道和路段也进行拓宽和改造。1995年起，集镇建设继续加大力度，镇区路段不断拓展，沿路建筑铺开长高。至2000年，镇区面积由过去的0.75平方千米扩大至4.5平方千米，主要道路形成“三纵四横”（纵：怀仁路、园林路、沙鹿路；横：环南路、玄武路、荡茜路、棉北路）框架，园林路成为商贸服务业繁荣、人流量最多的主要街道。2004年，委托上海臣博建设设计有限公司编制《太仓市璜泾镇总体规划（2004—2020年）》。2006年、2007年，先后开展创建全国环境优美镇、国家卫生镇工作，以此推进各项基础设施建设，增强集镇功能，做靓镇容镇貌。同时，先后聘请苏州科技学院城市规划设计院、上海同砚建筑设计院、上海尧舜建筑设计有限公司等单位，编制新农村建设规划。2010年起，实施“南建新镇”工程，集镇向南拓展，建设南部新镇区。2013年，规划建设的新华、荣文、新联、永乐、新明、雅鹿等村的农民集中居住小区基本形成，入住农户2089户，9400人。

四、办理人大代表建议

1994—2013年，历年镇人代会上和人代会闭会期间，镇政府共收到镇人大提交的代表建议和意见522件。在每年办理人大代表建议中，镇政府逐件梳理分类，有的直接承办并答复；有的转交政府有关部门办理，并从办理的时间、落实的措施、答复的时限等方面提出要求。对代表建议，做到能办的及时办；对暂不具备条件的，协调有关部门积极创造条件去办；对受政策限制不能办的，向代表解释清楚。努力提高办理质量，做到件件有答复，事事有回音。每年办理代表的建议和意见，代表满意率均在90%以上。

第四章　农工商总公司

1983年7月，成立璜泾公社经济联合委员会（以下简称“经联会”），为镇经济管理机构。1991年6月5日，成立璜泾镇农工商总公司（以下简称“总公司”），原经联会撤销。总公司属正科级建制，通常与镇党委、镇政府被合称为镇三套班子。总公司实行董事会制度，由镇党委书记兼任董事长，设总经理1人，副总经理若干名。总公司侧重全镇工业经济的管理与服务，负责制订工业发展规划、开发引进工业项目、建立完善工业管理机制，对工业企业实行责任制考核与奖励等。2000年后，总公司对集体企业的管理职能发生变化。2001年11月，总公司撤销。

表14-5　1992—2001年璜泾镇农工商总公司正、副经理名录

职务	姓名	任职时间
总经理	刘金鸿	1992.2—1994.12
	周国平	1994.12—1998.12
	夏　芳	1998.12—1999.6
	藕永清	1999.6—2000.8
副总经理	陆宗球	1994.12—1996.11
	戴庆元	1994.12—1997.11
	杜根生	1994.12—2001.11
	蔡凤珠	1995.12—1997.12
	熊宁一	1998.12—2001.11
	戴庆元	1998.12—2001.11

第五章　政协工作委员会

1994年，称璜泾镇政协工作小组，由镇党委统战委员、市政协委员和社会知名人士等16人组成，由镇党委副书记任组长，党委统战委员任副组长。政协工作每年围绕党委、政府的中心工作，履行民主监督、参政议政职能，积极为全镇社会经济发展献智出力。

2001年12月，镇政协工作小组调整，并更名为镇政协联络委员会。2003年，对镇政协联络委员会成员进行调整，调整后的成员由20人组成，来自社会各界，有党政机关干部、工商界知名人士、农业战线上的代表、科技人员代表、知识分子代表、宗教界人士代表等，体现了政协组成人员的广泛性。2004—2008年，镇政协先后组织开展对工业重点项目、政府实事工程、现代农业园区、农村环境整治等方面的视察调研，通过听取汇报、实地考察、座谈讨论等形式，综合各方面意见，形成书面提案，然后向镇党委、政府及有关职能部门通报。镇政协提出的“工业园区增强功能、提高品位”“搭建中小企业融资平台”“完善农村合作农场经营机制”“新农村新建小区绿化保洁”“实施农村技防监控工程”“镇区古建筑修复与保护”“镇区周边设置停车场”“整治路边废品收购点”等方面的提案，被政府及有关部门采纳，并得到有效落实。

2009年7月，镇政协联络委员会升格为镇政协工作委员会，全称“中国人民政治协商会议太仓市委员会璜泾镇工作委员会”，在镇机关大院门口挂牌。政协工作委员会主任明确为正科级干部。2010年，镇政协建立“政协委员之家”，制定政协委员学习制度、视察调研制度、走访联系群众制度等。

2010—2013年，镇政协为助推全镇经济社会发展，围绕群众关注的热点问题，通过视察调研，提出各类提案80余件。同时，开展以助企、助农、助岗、助贫、助医、助文、助居、助行、助稳、助睦为主要内容的“十助”活动。在活动中，组织政协委员、企业业主捐款。共募集资金20余万元，用于农村道路和农民集中居住小区的技防、路灯等设施建设，支持有关村为老年人购买医疗保险，发展福利事业。

1994—2013年，镇政协工作负责人：高良宝（1994.2—1997.2）、邵惠锋（1997.2—1998.12）、张瑞明（1998.12—2003.8）、蔡永平（2003.8—2007.12）、王国华（2007.12—2011.2）、毛雅萍（2011.2—2011.12）、何永林（2011.12—2013.12）。

第十五篇　群团组织

第一章　工青妇组织

工青妇社团组织，即工会、共青团、妇联，全称分别为工人联合会、中国共产主义青年团、妇女联合会。1994—2013年，璜泾镇工会、共青团、妇联分别是境内工人、青年、妇女参加最广泛的群众性团体组织，其组织机构均设在镇党委、政府机关大院内。20年间，工会、共青团、妇联发挥各自的作用，成为中国共产党密切联系群众的桥梁和纽带。

第一节　工　会

一、工会组织

1984年12月8日，璜泾乡工会成立，组成的工会委员会列为第一届。

1994年，为第三届镇工会任期，时任工会主席瞿卫星。全镇有基层工会33个，会员3726人。1998年3月10日，璜泾镇工会第四次代表大会召开，王锡昌代表第三届镇工会做《工会工作报告》，大会选举王锡昌为第四届镇工会主席。

2003年3月14日，苏州市第一家行业联合工会——璜泾镇加弹行业联合工会成立，苏州市总工会、太仓市总工会领导出席成立大会。在行业中建立工会成为璜泾镇工会工作的亮点。2006年末，全镇建有基层工会74个，其中企业独立工会58个，机关事业单位独立工会2个，村级联合工会13个，加弹行业联合工会1个，另有415家职工人数不足50人的企业建立了工会小组，全镇工会会员11500人。

璜泾镇创建"江苏省工会工作模范乡镇"考核汇报会（2008年摄）

2007年9月26日，璜泾镇工会第五次代表大会召开，苏丽华代表第四届镇工会做题为《认真实践"三个代表"，依法履行基本职责，为构建和谐璜泾作出新贡献》的工作报告，大会选举苏丽华为第五届镇工会主席。2007年上半年，镇工会代表太仓全市工会组织，先后接受苏州市和江苏省总工会对太仓市总工会争创"江苏省工会工作模范县市"的考核验收，其考核得分列全省第二。2008年，镇工会通过省工会工作模范乡镇考核，被省总工会授予"江苏省工会工作模范乡镇"称号。2010年末，全镇建有基层工会113个，其中企业独立工会92个，机关事业单位独立工会3个，村级联合工会13个，社区联合工会4个，加弹行业联合工会1个，另有735家职工人数不足30人的企业建立了工会小组，全镇工会会员13850人。

2011年，镇工会升格为镇总工会。10月18日，镇总工会成立暨第一次代表大会召开，王连红代表第五届镇工会做题为《当好主力军，建功“十二五”，为助推璜泾经济社会发展新跨越而努力》的工作报告，大会选举王连红为镇总工会主席。2013年末，全镇有基层工会126个，其中企业独立工会108个，村、社区和行业工会18个，工会会员15764人。

1994—2013年，历任镇工会主席有：瞿卫星（1994—1995.2）、王锡昌（1995.2—2000.9）、苏丽华（2000.9—2011.2）、王连红（2011.2—2011.10为镇工会负责人；2011.10—2017.3为镇总工会主席）。

二、主要工作与活动

职工教育　1994起，镇工会和各基层工会开展“职工读书”“评优争先”等活动，培育知识型职工群体，推进职工队伍知识化进程。2000年起，开展争创文明班组、争做文明职工活动，发挥工人阶级在经济建设中的主力军作用。同时，宣传贯彻《公民道德建设实施纲要》，加强职工职业道德教育，推进企业精神文明建设。2003年起，开展争创“五一文明示范岗”和“五一文明班组”活动，引导职工立足本职岗位，争创一流业绩。2005年，苏州荣文集团有限公司“五一文明班组”、太仓汽车轮渡有限公司“五一文明示范岗”，受到太仓市总工会表彰。2006年后，在企业中广泛开展“投身‘十一五’、当好主力军”主题教育活动和“两争一树”活动（争创学习型企业、争做知识型员工、树新时期职工形象）。同时，推进“职工之家”“职工读书站”建设。2009年，雅鹿集团有限公司、华伦皮塑（苏州）有限公司、苏州荣文库柏照明系统有限公司、雅鹿村职工之家获评“苏州市模范职工之家”。2011年，江苏申久化纤有限公司职工读书站获评“全国职工书屋”，后又获评“全国模范职工之家”。2011年起，工会系统整合各种教育资源，以班组建设、企业管理、产品质量、节能减排、安全作业等内容，举办班组长“菜单式”培训班，至2013年，共组织班组长培训15批次，参训班组长有1200人次。

职工维权　1994年起，随着企业改革的深化，经济体制和劳动关系发生变化，涉及职工切身利益的矛盾时有发生，镇工会和各基层工会履行维护职工合法权益的职能，至2000年，全镇工会系统调解劳动争议85件。2001年起，全面推进劳动关系三方（企业行政、工会、劳动者）协调机制建设，通过签订集体合同、安全卫生集体协议、女职工劳动保护专项合同和实行工资集体协商制度等方法，维护职工合法权益。同时，通过召开职代会、实行厂务公开、民主评议干部等形

璜泾镇职工服务中心成立揭牌仪式（2012年摄）

式，增强企业行政透明度，扩大职工知情权。2003—2007年，全镇建立工会的企业，每年集体合同签订率达100%，每年开展工资集体协商率达90%以上。2006年，镇工会成立劳动关系调解领导小组，各村成立相应的组织，定期或不定期开展劳动争议案件排查分析，及时做好防范化解工作，把问题和矛盾消除在萌芽状态。2007年5月29日，苏州市总工会在璜泾召开村级区域性劳动争议调解现场推进会，总结、推广璜泾预警、防范和调解、处置劳动争议的做法和经验。2008年起，进一步完善维权维稳机制，维护职工合法权益。至2013年，全镇共建立劳动争议调解组织41个，其中企业劳动争议调解组织23个，行业性劳动争议调解组织1个，村（社区）区域性劳动争议调解组织17个。全镇实现工资集体协商的单位有171家，集体合同和工资专项合同签订率达95%以上。2009—2013年的5年间，通过劳动关系调处，全镇劳资纠纷案件逐年减少，企业劳动关系日趋和谐。通过工资集体协商，全镇各建会企业基本形成职工工资协商共决机制、正常增长机制和支付保障机制。

劳动竞赛 2003—2007年，镇工会将每年9月份定为工会开展“合理化建议”“金点子”月，各基层工会立足发展大局，围绕全镇经济建设中心，以提高企业经济效益为目标，组织职工开展提合理化建议、献金点子、争当创新能手活动，鼓励职工技术发明、技术革新、技术攻关。5年间，全镇各企业共收到职工合理化建议250余条，采纳200余条。江苏雅鹿集团有限公司职工提出的蒸汽管道改造建议，通过原废气再利用，全年节煤500余吨，降低了能耗，节约了成本。太仓液压元件有限公司职工开展技术创新，生产的主体抛物线——双弧齿轮泵，获评江苏省新产品，其生产技术获评江苏省高新技术。2006年9月，江苏申久化纤有限公司工会成立后，组织职工开展各项劳动操作竞赛，提高职工职业技能。2008—2011年，工会系统深化争当创新能手活动，鼓励职工岗位建功。4年间，全镇各基层工会共收到职工合理化建议450余条，采纳近300条。江苏申久化纤有限公司职工提出脂化蒸汽制冷和尾气利用的建议被采纳后，提高了企业经济效益。2010年4月，镇工会成功承办太仓市消防专项技能比赛。2011年起，开展“建功立业‘十二五’、转型升级争先锋”劳动竞赛，各基层工会广泛开展操作比赛、技术练兵、岗位竞赛活动。同年9月，在江苏申久化纤有限公司成功举办太仓市叉车操作技能比赛。同时，开展“我为节能减排做贡献，我为企业发展献良策”合理化建议、“金点子”活动。2011—2013年的3年间，工会系统组织各种劳动竞赛15场，参赛企业142家次，参赛职工1522人次。全镇企业职工提出技术革新、技术攻关、创造发明累计38项，为企业创效益1500余万元。

关爱助困 1994—1997年，每年由镇工会牵头、基层工会调查摸底，对患病严重、遭受灾祸的困难职工进行慰问，给予他们生活补助，送去工会大家庭的温暖。4年间，慰问困难职工160人次，送上慰问金及慰问品（价值）20余万元。1998—2002年，除继续每年对困难职工进行慰问外，还发动职工募捐，为患重病、遭灾祸的职工筹集医疗费。苏州荣文集团有限公司工会曾先后2次发动职工捐款，分别为遭车祸和患癌症的职工募捐，共募集到医疗费2.7万元。2006年，镇工会与镇妇联联合开展献爱心募捐活动，共募集善款1.8万元，分别送到困难职工家中。2007年，太仓第三棉纺厂有限公司工会先后2次开展献爱心活动，发动职工为2名患癌症和白血病的职工捐款，共募集资金0.8万元和1.28万元，分别送到患病职工手上。2003—2007年的5年间，镇工会和各基层工会慰问困难职工60户，送上慰问金及慰问品（价值）10.54万元。2008—2010年，镇工会和各基层工会每年对发生特殊困难的职工家庭，每户补助300~800元。3年间，共慰问困难职工63户，送上慰问金及慰问品（价值）9.2万元。2011—2013年，开展春夏秋冬“四送”活动，向困难职工送上工会组织的关爱。3年间，共向困难职工家庭198家（次）发放帮扶资金22.2万元，向困难职工子女发放助学慰问金7.2万元。

第二节　共青团

一、共青团组织

1994年，共青团璜泾镇委员会（以下简称“镇团委”）下辖基层团组织40个，其中团总支1个（太仓第三棉纺厂），团支部39个，有团员460人。是年3月2日，共青团璜泾镇第十一次代表大会召开，徐洪明代表镇团委做题为《团结拼搏，扎实奋斗，为璜泾镇两个文明建设再作新贡献》的工作报告，选举产生了十一届镇团委，徐洪明为书记。同年起，镇团委重视抓好合资企业、股份制企业和私营企业的建团工作，至1996年的3年间，调整团支部组织2个，新组建团支部3个，发展团员316名。1995年、1996年，太仓第三棉纺厂团总支连续两年被团省委评为江苏省先进团组织。

1997年3月6日，共青团璜泾镇第十二次代表大会召开，陆育成代表镇团委做题为《围绕大局，面向社会，为在本世纪末实现基本现代化而奋斗》的工作报告，大会选举产生十二届镇团委，陆育成为书记。是年起，镇团委贯彻落实团市委提出的“积极地、有计划地发展团员，向一切先进青年敞开团的大门”的工作方针，重视在新经济组织以及中学生、外来青年中发展团员，尤其是注重发展生产和科研一线的青年入团。1998年11月，王秀镇并入璜泾，镇团委及时调整理顺团组织设置，做好团组织的衔接工作。同年，新联村团支部被共青团苏州市委评为苏州市首批“明星团支部”。是年末，镇团委辖支部（含总支）62个，团员总数1285人。

2000年3月6日，共青团璜泾镇第十三次代表大会召开，选举产生十三届镇团委。是年，镇团委遵循党建带团建、团随青年建的原则，以中学为建团主阵地，抓好学生团员的发展工作。同时，抓实在非公经济组织和社会团体中发展团员工作。同年，镇团委被团省委评为江苏省“五四红旗团委”。

2001年11月12日，共青团璜泾镇第十四次代表大会召开，毛雅萍代表镇团委做《共青团璜泾镇第十三届委员会工作报告》，大会选举产生十四届镇团委，毛雅萍为书记。2003年8月6日，璜泾镇民营企业团工委成立。是年末，镇团委辖支部（含总支）86个，团员总数1865人。

2005年3月10日，共青团璜泾镇第十五次代表大会召开，黄建刚代表镇团委做题为《广求实效，奋力开拓，携手创造璜泾共青团工作新业绩》的工作报告，选举产生了十五届镇团委，李健为书记。同年起，镇团委根据团员青年的工作流向变化，及时调整团组织设置，在村采取“村村联合”“村企联建”的模式组建团组织。2006年，镇团委依托党建带团建、工建带团建，推进非公经

2008年5月5日，陕西省渭南市、安徽省定远县驻太团支部成立揭牌仪式

济组织团建工作，在规模民营企业新建团支部5个。同年11月28日，雅鹿集团成立“雅鹿青年服务中心”，团中央书记处书记贺军科和中共太仓市委副书记宋建中为“雅鹿青年服务中心”成立揭牌，此中心成为青年员工学习交流、互通信息、文化娱乐的场所。

2007年7月9日，共青团璜泾镇第十六次代表大会召开，李健代表镇团委做《共青团璜泾镇第十五届委员会工作报告》，大会选举产生十六届镇团委，李健为书记。是年，镇团委探索实践“行业建团”“村企联建”工作并取得成效，获评苏州市基层团建工作创新奖，镇团委负责人应邀参加团中央组织部在张家港召开的非公团建工作座谈会。2008年，镇团委创新流动团员管理机制，于5月5日成立陕西省渭南市驻太团支部和安徽省定远县驻太团支部。璜泾加强流动团员管理、服务外来务工青年的举措为太仓市内首创，得到上级团组织领导的肯定。团中央组织部有关领导和江苏省、苏州市、太仓市各级共青团领导及北京、安徽等外省、市共青团领导先后到璜泾考察调研，《中国青年报》对璜泾开展流动团员服务管理的情况做了专题报道。是年，团中央组织部有关领导到璜泾调研并召开基层团建工作座谈会。

2010年11月25日，共青团璜泾镇第十七次代表大会召开，王旭聪代表镇团委做《共青团璜泾镇第十六届委员会工作报告》，大会选举产生十七届镇团委，王旭聪为书记。2011年起的3年间，镇团委根据企业布局、行业特点、青年流向和工作开展等情况，不断调整完善团组织设置，使团的工作覆盖到300余家规模企业。2012年，团省委授予镇团委“江苏省百强乡镇团组织”称号。

2013年12月4日，共青团璜泾镇第十八次代表大会召开，王天驰代表镇团委做《共青团璜泾镇第十七届委员会工作报告》，大会选举产生十八届镇团委，王天驰为书记。2013年末，镇团委下辖团总支1个，团支部262个，有团员2505人。

1994—2013年，历任镇团委书记：徐洪明（1994.3—1996.8）、陆育成（1996.8—1998.12）、杨雪英（1998.12—2000.3）、毛雅萍（2000.3—2001.12，其中2000.3—2001.11副书记主持工作）、李晓红（2001.12—2003.11副书记主持工作）、黄建刚（2003.11—2005.3）、李健（2005.3—2010.11）、王旭聪（2010.11—2013.12）、王天驰（2013.12—　）。

二、主要工作与活动

宣传教育　1994年起，镇团委在团员青年中开展学习《邓小平文选》《中国共产党章程》、“中国特色社会主义理论”等活动，三年内培训团员青年骨干348人次。1996年，举办“青年与现代化”征文比赛。同年10月，与镇工会、妇联共同举办“纪念长征胜利60周年”大型演唱会。1997年，镇团委以香港回归祖国为契机，在团员青年中开展以爱国主义教育为主要内容的系列文化活动。1998年，组织开展“二十年改革、二十年巨变”美术、书法、摄影、板画展，让团员青年从感受家乡

2012年11月20日，璜泾镇青年团队表演的节目——“青春的誓言”

巨变中受到教育。同年“五四”期间，璜泾中学开展“十八岁，青春的梦想”诗歌征文活动和大型庆“五四”游艺活动。1999年，开展“展青春风采，担历史重任，创世纪辉煌”主题活动和“升国旗、唱国歌、庆国庆”文体活动。2004年，开展纪念邓小平100周年诞辰、缅怀革命烈士英勇事迹、寻访优秀共青团员足迹等活动，加强对青少年理想信念教育、中华美德教育和爱国主义教育。2005年11—12月，开展“学理论、知团情”“新时代、新风采”“我为团旗添光彩”“我与璜泾共发展”等主题实践活动，以此强化团员意识。2007年，在全镇创业青年中开展“青年创业楷模”“青年创业能手”评选活动，评出“青年创业楷模”10人、“青年创业能手”11人，对其事迹在《太仓日报》上进行宣传报道，展示璜泾创业青年的风采。2009年，开展“科学发展，青年争先”主题活动，宣传青年创业典型，其中2名创业青年入选“太仓市十佳青年创新创业先锋”，1名创业青年被评为“江苏省创业楷模”。2011—2013年，镇团委先后举办“迎党庆·颂党恩”歌会和征文比赛等文艺活动；举办青年干部培训班，邀请退休老干部为“大学生村官”上课。3年间，共组织团干部和团员青年参加各类学习培训班16期（次），组织开展健康有益、充满活力的青年文体活动20余次。

服务发展　1994年前后，镇团委组织青年开展岗位培训、技术练兵、劳动竞赛，提高青年职工劳动技能。同时，开展“五小”（小发明、小创造、小改革、小建议、小设计）活动，引导青年发挥聪明才智，为企业发展献计出力。1997年后，开展青工技能培训、“五小”竞赛和“金点子”活动。2000年起，深化“青年文明号”争创活动，一大批“青年文明号”生产线、车间、班组成为企业生力军。太海汽渡团支部被评为苏州市争创“青年文明号”先进单位。开展“万岗联动创平安，万家学法保平安”活动，广大青工的安全意识得到强化、安全技能得到提高。2003年，镇团委印发《给民营企业青年业主的一封信》《给民营企业青年员工的一封信》，向青年员工发出“让我们共建光彩之路”“让我们筑起诚信大堤”的倡议，动员青年员工在经济社会发展中建功立业。2005年，在太仓“郑和航海节”暨全市经贸招商活动中，镇团委派出青年志愿者，参与各项接待工作。2006年后，在江苏申久化纤有限公司、苏州荣文集团有限公司等企业开展“团员示范岗”争创活动，让团员亮出身份，发挥示范带头作用。2000年后，在企业中开展岗位练兵活动，促使青工岗位成才，有4名青年参加太仓市青工技能大赛并取得优异成绩。2013年，在农村实施“一村官一项目计划”，让“大学生村官”参与承办新农村建设实事工程，发挥“大学生村官”作用。

志愿者活动　1994年，全镇有青年志愿者服务队伍6个，成员260人，开展义务植树、治安值勤、助耕帮困、法律咨询、慰问孤老等志愿活动。1997年起，每年开展三月学雷锋活动、五月助残日活动、九月敬老活动等。2002年后，每年三月份组织团员青年募捐，把募捐资金纳入学校扶贫账户，主要用于资助贫困学生读书。3年间，受助学生达200余人次。2005年，将璜泾社区、鹿河社区、璜泾福利院作为青年志愿者服务基地，定期为社区老年居民服务。2007年，开展“保护生

2012年3月5日，璜泾镇青年志愿者关爱社区老人结对仪式

态、绿化环境”活动，组织团员青年在太仓第一个党支部所在地杨漕村和镇永乐工业开发区环二路沿线义务植树1000余株；在孟河村村委会所在地植树绿化，形成800平方米景观绿地；在园林路“中国化纤加弹第一镇”绿化景观园、玄武路璜泾人民医院绿化小游园等建立多处绿化保洁点，由青年志愿者义务保洁。2008—2013年，每年“三五”学雷锋日、“五四”青年节、重阳节等节日，组织青年志愿者参加各类社会公益活动。6年间，开展上街义诊、卫生保洁、绿化管护、慰问孤老、扶贫帮困、法律咨询等志愿者活动100余次，展示了青年志愿者热心社会公益事业的良好形象。

第三节　妇　联

一、妇女组织

1993年，璜泾镇妇女组织有镇妇联，各村、各企事业单位妇女在50人以上的建妇女代表会（以下简称“妇代会”），50人以下的建妇女委员会（以下简称“妇委会”）。是年，全镇基层妇女组织有57个，其中妇代会组织35个，妇委会组织22个。

1994年3月28日，璜泾镇妇女第九次代表大会召开，大会通过了陆锦华代表镇妇联所做的《奋发进取，开拓创新，为璜泾镇两个文明建设再立新功》的工作报告，选举产生了镇妇联第九届执行委员会，陆锦华为主席。是年起，镇妇联加强基层妇女组织建设，凡符合条件的单位均建立妇代会或妇委会组织，对规模小、人数少的企业建立妇女小组，至1996年，全镇妇女工作覆盖面达90%以上。

1997年4月22日，璜泾镇妇女第十次代表大会召开，大会通过了周惠珍代表镇妇联所做的《璜泾镇妇联第九届执行委员会工作报告》，选举产生了镇妇联第十届执行委员会，周惠珍为主席。同年起，镇妇联针对乡镇企业转制后出现基层妇女组织“空白点”的情况，及时做好转制企业妇女组织的组建工作，把妇女工作覆盖面扩大到个体私营企业。2000年，以化纤加弹为主的民营企业不断发展，镇妇联采取妇女组织联建、妇女工作挂靠等形式，在非公经济领域发展妇女组织。是年，镇妇联被太仓市妇联评为“太仓市妇女工作先进集体”。

2001年5月18日，璜泾镇妇女第十一次代表大会召开，大会通过了周惠珍代表镇妇联所做的《振奋精神，开拓创新，努力开创新世纪璜泾妇女工作新局面》的工作报告，选举产生了镇妇联第十一届执行委员会，周惠珍为主席。同年起，镇妇联重视民营经济工业小区妇女组织的组建工作，

2003年3月成立新华村民营工业小区、荣文村广乐工业小区、新联村工业小区、永乐村加弹工业小区等4个私营工业小区联合妇代会。同年，镇妇联被评为“苏州市农村基层组织建设先进集体”。2004年起，全面贯彻落实省妇联《关于加强党建带妇建工作的意见》，按照“夯实基础、拓宽领域、分类指导、突破难点、抓好典型”的工作思路，进一步健全基层妇女组织网络，将妇女工作覆盖到非公经济组织和新的社会团体组织。是年，镇妇联被苏州市妇联评为“苏州市农村基层组织建设先进集体”。

2006年5月23日，璜泾镇妇女第十二次代表大会召开，大会通过了周惠珍代表镇妇联所做的《抓住机遇，奋力拼搏，团结动员广大妇女为实现“十一五”规划而努力奋斗》的工作报告，选举产生了镇妇联第十二届执行委员会，周惠珍为主席。2007年3月，璜泾镇女企业家协会成立，陆彩珍任会长，首批吸纳会员52人，年末发展到87人。2008年起，镇妇联不断加强自身建设，制订完善各项管理制度和工作计划，强化工作目标考核，坚持每季度召开基层妇女主任工作例会，每季度向镇党委分管领导汇报一次工作。2010年起，镇妇女推进“妇女儿童之家”建设，搭建妇女工作活动平台。

2011年4月20日，璜泾镇妇女第十三次代表大会召开，大会通过了蒋婷婷代表镇妇联所做的《抢抓时间，奋力拼搏，团结动员广大妇女为实现“十二五”发展建功立业》的工作报告，选举产生镇妇联第十三届执行委员会，蒋婷婷为主席。同年起，镇妇联实施“妇联组织强基固本工程”，最大限度地把各阶层、各领域的妇女团结凝聚起来，努力构建基础稳固、组织健全、工作活跃、作用显著的妇女组织体系和工作体系。2013年，全镇有村妇代会组织13个，社区（居委会）妇代会组织4个，配备镇机关、村、社区专职妇女干部18人，各企事业单位兼职妇女干部43人，其中工业系统28人，科教文卫等系统15人。同年，镇妇联开始实施妇女工作辖区负责制，凡在村、社区辖区内的新经济组织和新社会团体组织以及外来妇女群体，其妇女工作由所在村、社区妇代会负责，全镇妇女工作基本实现全覆盖。

1994—2013年，历任镇妇联主席（2000年及以前称“主任”）：陆锦华（1991.4—1997.4，其中1991.4—1994.3任副主任〈副主席〉主持工作）、周惠珍（1997.4—2010.1）、蒋婷婷（2010.1—2012.2）、薛英（2012.2— ）。

二、主要工作与活动

培养推荐 1994年，镇妇联继续在妇女干部中开展争做“四自”（自尊、自信、自立、自强）新女性活动，提升妇女干部素质。1996年起，建立女性人才档案，对各类优秀女性人才登记造册，并向组织部门推荐优秀女性人才。1997—2000年，实施女性素质提升工程，组织妇女干部学理论、学知识、学技术，先后有80余名妇女干部参加镇举办的中青年干部培训班，有9名妇女干部参加市妇联举办的经济管理大专班学习并获专业证书。2001—2005年，镇妇联组织广大妇女学习新技术、新知识，先后举办女性创业培训班、电脑培训班、妇女新市民培训班、法律知识和女性保健知识专题讲座等，受训妇女有500余人次。2006年起，抓好女干部培养，推荐优秀妇女入党和进入基层领导班子。2008年，新发展女党员15人，占新发展党员总数的44.1%，为前10年间比例最高的年份。2013年，全镇女性党员677人，占党员总数的19.3%。年末，全镇13个村、4个社区两委会（党委〈总支〉、村委会）班子中有妇女干部55人，占两委会班子人员总数的41.4%，其中：村党委女书记3人，村委会女主任3人；社区女党支部书记兼主任2人。

劳动竞赛 1994年起，在全镇妇女中开展“双学双比”（学文化、学技术，比成绩、比贡献）“巾帼建功”竞赛活动，动员妇女争当种植业、养殖业女能手、女营销能手、女经纪人、勤劳致富带头人等。1995年，太仓第三棉纺厂妇代会开展百日四项比赛活动，从4月15日至7月25日的100多天中，在全厂评比“百日无早出班班组”“百日组织竞赛好班组”“百日闪光彩班组”和“创一流岗位标兵”，通过比赛活动，弘扬“巾帼建功”精神，发挥妇女“半边天”作用。至1996年的3年中，全镇受市、镇、村三级妇女组织表彰的各类生产女能手有300余名。1997—2000年，在各单位女职工中广泛开展“巾帼文明示范岗”创建活动，通过技术比武操作竞赛、姐妹结对子赛、师徒争先赛等，引导广大妇女岗位成才、巾帼建功。同时，树立勤劳致富女能人典型，通过召开演讲会、交流会，宣传女能人勤劳致富的先进事迹，激励广大妇女投身经济建设，一大批妇女成为个私经济业主，走上创业之路。2001—2005年，先后组织基层妇女干部、女企业家代表外出参观学习，宣传女性创业致富先进事迹，弘扬妇女勇于创业、敬业奉献的时代精神，引导妇女参与“大创业”行动计划，先后有172名妇女成为创业女能人，带动6000多名妇女增收致富。2006—2010年，镇妇联开展“巾帼文明示范岗”创建活动，提升妇女岗位技能和服务水平。江苏雅鹿集团有限公司等单位的4个岗位被评为苏州市“巾帼文明示范岗”；璜泾人民医院等单位的13个岗位被评为太仓市“巾帼文明示范岗”。2011—2013年，广泛开展“巾帼建功”活动，荣文幼儿园幼教岗位获评苏州市级“巾帼文明岗”，镇社保所服务窗口、王秀幼儿园幼教岗位获评太仓市级“巾帼文明岗”。

2008年9月13日，璜泾镇女企业家中秋茶话会

维权工作 1994年起，继续学习贯彻《中华人民共和国妇女权益保障法》，并采取专题讲座、上街咨询、发放资料、图片展览等形式，把妇女维权的法律知识传播到村、居委、企业。1997年后，社会上离婚案件增多，镇妇联做好涉及家庭矛盾的信访接待工作，妥善调处由离婚引起的财产纠纷案和子女读书费用的支付问题。2001—2005年，镇妇联和基层妇代会、妇委会共接待来信来访70余人次，其中对涉及家庭暴力、第三者插足、离婚家庭子女抚养费等信访案件一一进行调处，并对确有侵犯妇女合法权益的行为，会同有关部门给予教育制止。对构成违法的，移交司法部门追究法律责任。2006—2010年，开展“三八”维权周和普法宣传月活动，通过印发宣传资料、制作宣传展板、进行专题培训、组织巾帼志愿者零距离宣传等形式，加大《中华人民共和国婚姻法》《中华人民共和国妇女权益保障法》《中华人民共和国未成年人保护法》宣传力度，为确保妇女儿童身心健康营造良好的社会环境。2007年，推进妇女儿童合法权益的维权工作，村村建立维权投诉和矛盾调

解点。2009年，把维权工作拓展到外来人口，成立太仓市首家“外来人口维权服务站”（安徽省定远县驻太妇女联络站），为外来人员提供维权服务平台。至2010年的5年间，共受理妇女维权等投诉信访案件83件。2011—2013年，镇妇联拓展维权宣传形式，每年通过网络、村报、微信等途经，开展妇女维权专题宣传。3年间，在村、社区建立17个“七夕缘”驿站、10个“家庭暴力报警投诉站”，共接待信访案件100余件。同时，镇妇联发动巾帼法律援助和巾帼心理咨询等志愿者队伍，为家暴受害人提供法律、心理咨询等方面的援助，帮助化解各类家庭矛盾纠纷，维护妇女儿童合法权益。

2008年，妇女维权法律知识培训

妇儿工作 1994年前后，镇妇联协调社会各方面力量为儿童、少年办实事，做好事，发动各界妇女为新建璜泾中心幼儿园集资捐款；帮助中心幼儿园解决电信设施，方便与幼儿家长联系；建议并促成荡茜小学重建，改善校舍条件。每年“六一”节期间，会同有关部门对中小学、幼儿园、托儿所进行慰问，配合学校组织开展文艺汇演、营火晚会、幼儿游艺、书法美术展示、家教知识讲座、幼儿园一日开放家长观摩等系列活动。1996年起，镇妇联发挥妇女组织优势，把少儿工作重点放到家庭教育上，镇成立家教领导小组，各学校开办“家长学校”，并开展“合格家长学校”“优秀家长学校”争创活动，以此促进家庭优教工作，营造良好育人环境。1998年，整合社会教育资源，组织学生开展暑期社会实践活动。2001年，把家教活动拓展到村、社区，在村、社区建好“家长学校”，开设“父母课堂”，至2003年，“父母课堂”举办家教培训班20期，参加的家长有3000余人次。2004年，开展读书征文活动，共征集到“我长大干什么”征文80余篇，“怎样做合格好妈妈”60余篇。至2005年，全镇有18名学生先后被评为“苏州市优秀小公民”和“太仓市优秀小公民”。2006年起，定期开展家教理论座谈研讨、科学家教巡回授课等活动，5年间参加的家长有1500余人次。2010年起，加快村、社区“妇女儿童之家”阵地建设，雅鹿村建成太仓市首批“妇女儿童之家”示范点，至年末又建成“妇女儿童之家”7个。各村、社区利用儿童之家阵地，开展科学育儿、亲子活动、优雅女性沙龙、妇女创业就业培训等活动，“妇女儿童之家”成为集妇女儿童学习、培训、娱乐、健身为一体的活动场所。至2013年，镇成立“妇女儿童活动中心”，各村、社区全面建成“妇女儿童之家”。雅鹿村、新明村“妇女儿童之家”获评江苏省“妇女儿童之家示范点”，永乐村、新华村“妇女儿童之家”获评苏州市“妇女儿童之家示范点”。

帮困助学 1994年，镇妇联建立扶贫帮困联系户制度，组织妇女助耕队对农村贫困户、缺劳缺技户进行助耕帮扶。同年起，每年“六一”节期间，组织妇女干部到各中小学、幼儿园、托儿所，慰问贫困学生与儿童，为他们送去慰问金和学习用品。1997年，对全镇贫困家庭和父母离异的家庭进行调查摸底，确定扶贫助学对象，并开展“春蕾基金会”献爱心活动，共收到集体、个人募捐的款项10641元，用于资助贫困家庭子女读书，受助学生12人。1998年，为镇内一白血病患儿募集医疗费6万余元。1999年，开展“希望妈妈”帮困结对活动，27名困难学生找到“希望妈妈”，解决了读书费用问题。2000年，太仓第三棉纺厂妇代会开展“一人有难千人帮”献爱心募捐活动，为1名身患重病、多次住院的女工募集医药费用7000余元。2001—2005年，继续开展“希望妈妈”结对子活动，全镇165名困难儿童得到关爱，获得助学慰问金8万余元，各种慰问品不计其数。2008年“三八”节期间，发动机关妇女干部及基层妇代会干部为1名尿毒症患者捐款3万元。2011年起，镇妇联办好扶贫帮困实事项目，重点是做好妇女患重病筛查工作，为大病贫困妇女提供公益援助；开展关爱单亲妈妈“康乃馨”行动，为单亲妈妈和孩子提供家教指导、心理疏导、结对帮扶、职业介绍等；开展关爱流动儿童“蒲公英”行动，让流动儿童更好地融入璜泾；开展关爱困难儿童“风信子”行动，搭建爱心助学平台，动员社会各界加入“希望妈妈”队伍。2011—2013年的3年间，“希望妈妈”结对帮扶困难学生20名，资助金额累计5万余元。

第二章　科教组织

1994—2013年，璜泾镇在科普、教育方面组建的社团主要有科学技术协会、退教工作者（退休教师）协会和关心下一代工作委员会（以下分别简称为“科协”“退教协会”“关工委”）。科协侧重于科普宣传、学术交流、科技成果推广应用等工作；退教协会主要是组织开展有利于退休教师身心健康的活动，让退休教师老有所学、老有所为、老有所乐；关工委的工作，主要是发挥“五老”（老党员、老干部、老军人、老模范、老教师）作用，对未成年人进行校外教育，让青少年学生离校不离教，关心下一代健康成长。

第一节　科　协

一、科协组织

1994年，继续为镇科协第四届（1992年9月起）任期，时任镇科协主席陈建明。年末，全镇有基层科协组织29个（包括科协小组、学组、研究会），有会员354人。1997年，璜泾镇被苏州市委宣传部和苏州市科协命名为“科普文明乡镇”。

1998年9月28日，璜泾镇科协第五次代表大会召开，大会通过了杨志明代表镇科协第四届委员会所做的《继往开来，争先创优，为开创科协工作新局面而团结奋进》的工作报告，选举产生了镇科协第五届委员会，杨志明为主席。1999年，镇科协被苏州市科协评为“苏州市科普工作先进集体”。2000年，被江苏省科协评为“江苏省科普工作先进乡镇”。此后，镇科协重视在村、社区、街道和规模型、科技型企业中建立科协组织。至2006年末，全镇有村、社区、街道科协组织16个，企业科协组织19个，其他单位科协组织（包括科协小组、学组、研究会）20个，共有会员505人。

2007年5月11日，璜泾镇科协第六次代表大会召开，大会通过了顾惠珠代表镇科协第五届委员会所做的《弘扬科学精神，服务“两个率先”，为加快推进新农村建设作出新的贡献》的工作报告，选举产生了镇科协第六届委员会，顾惠珠为主席。同年起，镇科协采取单建、联建和行业性、区域性合建等灵活方式，积极发展基层科协组织，科协工作的覆盖面进一步得到提升。

2012年12月27日，璜泾镇科协第七次代表大会召开，大会通过了倪伟峰代表镇科协第六届委员会所做的《弘扬科学精神，服务科学发展，为率先实现基本现代化作出新贡献》的工作报告，选举产生了镇科协第七届委员会，何永林为主席。2013年，镇科协继续加强科协组织建设，扩大科协工作网络。年末，全镇有村、社区、街道科协组织19个，企业科协组织25个，其他单位科协组织（包括科协小组、学组、研究会）22个，共有会员720人。

1994—2013年，历任镇科协主席（负责人）：陈建明（1994—1996.12）、顾万里（1996.12—1998.9）、杨志明（1998.9—2000.8）、杨永兴（2000.8—2004.8）、吴初阳（2004.8—2005.6）、顾惠珠（2005.6—2011.1）、倪伟峰（2011.1—2012.12）、何永林（2012.12〈兼任〉—　）。

二、主要工作与活动

1994年起，镇科协每年举办一届科普宣传周，每届突出一个宣传主题，开展形式多样的科普活动。同时，抓好科技的推广应用工作。在农业生产上，推广应用新品种、新技术、新成果，镇级小麦、水稻、棉花丰产方均连年夺得高产。在工业企业中，组织开展"讲理想、比贡献"活动，发动科技人员提合理化建议，对生产技术难题进行攻关。1995—1997年，全镇各企业共收集科技人员合理化建议708条，组织科技人员立项攻关109项，完成83项，太仓第三棉纺厂等10余家企业通过改造设备、改进工艺，产量提高、能耗降低。

1998年起，镇科协通过科普广播、电视录像、专题讲座、技术培训、板报画廊、知识竞赛、街头咨询、操作比赛、印发资料、送技术下乡等多种形式，大力普及科技知识。至2006年，全镇科协系统举办各类科普讲座120次；建固定宣传栏50处；出科普板报、画廊1580期；编播科普广播稿280篇；每年组织科技下乡活动，累计参加的科技人员有400余人次。8年间，广泛开展各类科技实用知识培训，累计举办种植业、养殖业培训班85期，受训人员达8000余人次；累计举办企业职工岗前培训、岗位培训、应知应为和操作技能培训等各类培训班95期，受训人员6500余人次。同时，深入开展"讲理想、比贡献，科技进步双杯奖（攻关杯、献计杯）"竞赛活动，8年间，全镇科技攻关共立项35项，其中15项获太仓市"攻关杯"奖，3项获太仓市"献计杯"奖。

2007年起，镇科协坚持以科普阵地为平台，以科普活动为抓手，深入开展科普教育，至2013年，全镇建成科普教育基地、科普惠民服务站、科普资料馆等科普阵地5个，共举办大型科普活动20次，科普讲座、街头设摊咨询50场，放映科普电影80场，刊出科普板报20期，印发各类科普宣传资料6万余份，接受科普教育人数累计达8万余人次。镇科协每年对村农技员、企业专技人员、规模种植户业主开展实用技术培训，累计举办各类实用技术培训班102期，受训人员达1.2万余人次。在农业上，重点培训水稻品种改良及机插秧栽培技术，优质草莓、葡萄有机栽培技术，无公害蔬菜种植，特种水产养殖等。在工业上，企业与高校、科研机构开展产学研合作，通过科技交流、技术培训等活动，企业在技术改造、新品开发、节能降耗、安全环保等方面取得众多业绩。至2013年，全镇拥有国家级高新技术企业6家，省级民营科技企业16家；工业开发项目及产品中国家火炬计划1项、国家星火计划2项、国家创新基金1项、国家重点新产品1个、省重点新产品2个、省高新技术产品26个。

第二节　退教协会

全称为太仓市退（离）休教育工作者协会璜泾分会（以下简称“璜泾分会”），成立于1989年3月，是年有会员17名，分璜泾中学和璜泾中心小学2个大组。1998年11月和2003年8月，王秀镇和鹿河镇先后并入璜泾，璜泾分会增加王秀和鹿河退教协会会员2个大组。2004年8月，璜泾中学和璜泾中心小学合并后，两校会员2个大组合并为荣文学校1个大组。此后，璜泾分会分璜泾、王秀、鹿河会员3个大组，至2013年未变。璜泾分会会长先后由刘慰慈（1989.3—1996.12）、陈镜明（1997.1—2013.12）担任。2013年末，璜泾分会有会员272人，其中荣文学校178人，王秀小学46人，鹿河小学48人。

1994—2013年20年间，璜泾分会热心为广大退休教师服务，组织退休教师学习交流，开展有益于退休教师身心健康的活动，参与社区和农村的社会主义精神文明建设以及关心、教育下一代工作，广大退休教师老有所学，老有所为，老有所乐。

1994年起，璜泾分会先后有五次（年）被太仓市退（离）休教育工作者协会评为太仓市退教工作先进集体。1997年、2008年，被苏州市退（离）休教育工作者协会评为苏州市退教工作先进集体。2009年，撰写江苏省关心下一代工作成果征文获二等奖。

第三节　关工委

全称为璜泾镇关心下一代工作委员会，成立于1993年。

1993年起，镇关工委和各基层关工委围绕加强未成年人思想道德教育，在创建零犯罪社区、创办校外教育辅导站、义务网吧监督、结对帮教、帮困助学等方面开展工作。

2009年7月2日，璜泾镇校外教育辅导站建设工作推进会暨暑期学校开班仪式

2005年后，镇关工委在各村、各社区相继开办暑期学校，聘请热心于青少年教育的退休教师负责暑期学校的教育管理，着重开展形势教育、爱国主义教育、法制教育、心理健康教育和社会实践教育。通过内容丰富、形式多样的活动，让广大青少年学生了解社会、拓宽视野、丰富知识、接受教育。2007年12月，镇关工委获评2006—

2007年度太仓市关心下一代工作先进集体。

2008年起，基层关工委组织及关心下一代工作的覆盖面不断扩大，青少年校外教育工作扎实推进。2011年，镇关工委获评苏州市关心下一代工作先进集体，2013年，获评江苏省“未成年人零犯罪社区（村）”创建工作先进集体。永乐村校外教育辅导员姚品良获评江苏省“未成年人零犯罪社区（村）”创建工作先进个人和苏州市优秀校外教育辅导员。

自成立至2013年，镇关工委主任由镇党委副书记兼任，另设一名常务副主任和办公室主任负责日常工作。历任常务副主任：周建元、周惠珍、丁瑞华、苏丽华、瞿卫星。办公室主任一直由倪善明担任，至今未变。

第三章　工商社团

1994年，境内无工商界社团组织。之后，随着改革开放的不断深入，尤其是在完成乡镇企业产权制度改革后，个体私营经济得到快速发展，于是，工商界人士抱团组建自己的组织，形成工商社团。至2013年，境内有工商社团4个，即璜泾镇商会、璜泾加弹行业商会、璜泾服装同业公会、璜泾个体私营经济协会。各工商社团自成立后，坚持“发展强会、服务立会、活动兴会”的办会宗旨，按照“团结、帮助、引导、教育”的组织方针，团结广大工商界人士，为璜泾经济健康发展做出贡献。

第一节　璜泾镇商会

一、商会组织

1996年11月11日，太仓市工商业联合会璜泾镇分会（商会）筹建小组向上级请示，拟成立太仓市工商业联合会璜泾镇分会（商会），同月21日，太仓市工商业联合会给予批复同意。同年12月25日，在镇政府底楼会议室召开太仓市工商业联合会璜泾镇分会（商会）成立大会（列为第一次会员大会），璜泾镇分会（商会）筹备小组负责人凌文元向大会报告璜泾镇分会（商会）成立筹备工作情况，市委副书记贺寿天和镇党委副书记高良宝为璜泾镇分会（商会）成立揭牌，会议选举凌文元、戴永兴、顾良隆、沈振林、朱大宝、杨建明等6人为璜泾镇分会（商会）执委会委员，选举凌文元为会长，戴永兴、顾良隆、沈振林为副会长。秘书长由沈振林兼任，2000年由曹伟康接任。此届璜泾镇分会（商会）执委会列为第一届，有会员24个。

璜泾镇分会（商会）对上是太仓市工商业联合会的一个分会，对镇而言是商会，有两个称谓，两个印鉴，实为一个组织，一套班子。2001年1月，镇商会被苏州市工商联、苏州市商会评为2000年度先进基层商会。2003年4月，被中共苏州市委统战部、苏州市工商联评为先进基层商会。同年12月，被苏州市工商联评为“三个文明”建设服务先进集体，在苏州市各民主党派、工商联为“三个文明”建设服务经验交流暨表彰大会上受到表彰。

2003年8月，因鹿河与璜泾并镇，璜泾、鹿河2个商会同样合并须重新产生新的执委会。2004年1月10日，在镇政府底楼会议室召开璜泾镇商会换届暨2003年度总结大会（列为第二次会员大会）。镇商会会员、太仓市工商联（总商会）和镇党委、政府有关领导等80余人出席会议。会上，徐志豪代表第一届镇商会执委会做工作报告。会议选举产生镇商会第二届执委会委员27名，选举

商会工作会议（2010 年摄）

璜泾镇工业经济工作会议暨商会年会（2012 年摄）

徐志豪为会长（兼），副会长9名，曹伟康为秘书长。是年末，有会员119人。2007年6月起，不再使用太仓市工商业联合会璜泾分会名称，单独称为“太仓市璜泾镇商会”。2006年，由吴平元任璜泾镇商会副会长兼秘书长，曹伟康辞去商会秘书长职务，单独任加弹同业公会秘书长。

2008年4月26日，镇商会在镇政府底楼会议室召开第三次会员大会（此会开始启用会次，以便区分届别），管雪平代表第二届镇商会执委会做工作报告，会议选举产生镇商会第三届执委会委员53名，选举管雪平为会长，副会长18名，吴平元为秘书长。是年末，镇商会有企业会员150个。同年6月3—4日，镇党委副书记徐洪明参加省工商联商会工作会议，并作为全省唯一乡镇代表做题为《发挥商会作用，促进化纤产业集群健康发展》的交流发言。

2012年，镇商会获评社会团体AAAA等级。

2013年4月10日，镇商会在镇文体中心三楼会议室召开第四次会员大会，管雪平代表第三届镇商会执委会做工作报告，会议选举产生镇商会第四届理事会理事82名（此届起将执委会改称为理事会），选举管雪平为会长，副会长18名，吴平元为秘书长。是年末，镇商会有会员286人。

1996—2013年，历任璜泾镇商会会长：凌文元（1996—1998.4）、蔡凤珠（1998.4—2001.11）、陈俭（2001.11—2003.8）、徐志豪（2003.8—2007.11）、管雪平（2007.11—　）。

二、主要工作与活动

服务企业　1997年起，每年通过走访企业或召开业主座谈会，了解企业需求，帮助企业化解发展中的难题。1998年10月23日，镇商会邀请璜泾农行、信用社、国税分局、地税分局负责人与部分会员企业业主座谈，共同商讨银企、税企合作事宜，为企业发展营造金融、税务服务环境。2002年4月，组织市场考察小组赴吴江盛泽考察，为企业的化纤低弹丝在盛泽市场上打开销路寻找商机。2004年后的3年中，联系多家加弹设备和配件制造商到璜泾举办了5次推介会，帮助加弹企业采取团购的方式购买设备及配件，以得到供应商的优惠售价，累计节约采购资金超亿元。2005年4月15日举行第一次化纤加弹企业家论坛，至2007年9月，先后举办论坛6次，每次论坛确定一个议题，与会者相互交流，共同商讨发展大计，同时，工商、税务、金融等部门也借论坛之机，为企业提供有关品质管理、税收政策、信贷规定等方面的信息。2007年11月申报注册“璜泾加弹”图文集体商标，之后，让经过审核确认的企业统一挂“璜泾加弹”商标。2008年前后，镇商会与金融部门沟通协调，以商会会员单位为主体，搭建融资平台，先后组建5家互助投资担保有限公司，共有70余家企业参加，累计注册资本1.08亿元，互助担保信贷资金5.04亿元。2009年，镇商会力促会员企业组建太仓市璜泾镇中小企业互助担保公司，公司于5月19日正式成立并开始运作，至年底的半年多时间里，为企业提供银行还贷周转金2.6亿元，涉及还贷企业196家（次）。同年5月，“璜泾加弹”牌涤纶低弹丝获评“江苏省名牌产品”。2010年，与璜泾国税分局、璜泾地税分局一起，在永乐村建立“纳税人之家”，为纳税人搭建学习、培训、交流平台，同年举办“企业商务交往中的法律风险及防范策略”讲座，特邀江苏孙剑良律师事务所主任孙剑良做专题辅导。2011年3月，联系太平洋保险公司在会员企业中推行团体责任保险，年末有2000余人参保。是年8月，鹿河某化纤厂一职工出险，获29万元理赔款。

2012年，联系10余家银行建立银企合作关系，帮助企业开辟融资渠道，扩大融资规模。2012年6月27日，组织会员企业参加“郁铭芳院士（荣文）工作站高性能纤维及其应用报告会”。2013年3月5日，邀请中国纺织工业联合会、中国化学纤维工业协会、中国纺织工业协会等领导、专家到璜泾调研，帮助化纤企业分析当前化纤产业的运行情况及未来的发展形势，提出科技创新、转型升级、“抱团发展”的指导性意见。

商会会刊　2001年5月起，创办商会会刊《化纤加弹信息》，2003年第一期起更名为《璜泾化纤》。商会会刊每月一期，由办公室人员分发到会员企业，至2013年12月共编发152期、3万余份。《璜泾化纤》先后刊出“宏观信息”“会内消息”“每月点评”“行业要闻”“市场动态”“产业论坛”“纤牵税情”“法制园地”“璜泾警方”“安全生产”“文化画廊”“健康之窗”等栏目，向企业提供各类信息。

会员体检　2002年起，每年在九月份前后，组织会员企业业主和有关职工到杭州空军疗养院体检中心和无锡市太工疗养院体检中心进行体检，至2013年共组织了25批，参加体检的有2000余人（次）。

光彩事业　1997年，会员企业为修筑村级道路捐资5万余元。1998年，全国多地江湖流域发生百年未遇的特大洪涝灾害，镇商会发动企业捐款捐物，援助灾区款物13717元。1999年7月7日，发动会员企业向镇慈善基金会捐款13200元。2000年前后，苏州荣文集团有限公司为璜泾中学迁建捐资1000余万元，学校由此改称为荣文中学。其间，还有商会会员单位17位业主为璜泾中学迁建捐资8.52万元，其中捐资1万元的有5人。2004年，发动会员企业为村级公路建设捐资20万元，为消防中队购置消防设备募集资金100万元。2006年，发起“倡导绿色生态和谐、共建璜泾美好家园”倡议，召开认养绿化大会，企业捐款200万元，资助政府兴建“中国化纤加弹名镇”绿色景观园。2008年，“5·12”四川汶川大地震发生后，5月17日专门召开商会执委会会议发动募捐，到会的31名执委当场认捐110余万元，截至6月5日，商会会员单位100%参与捐助活动，共计收到会员企业捐助款物380余万元。2010—2013年，商会会员单位为支持新农村建设、发展社会公益事业共捐出的资金达500余万元，体现了会员企业回报社会、奉献爱心的社会责任感。

第二节　加弹行业商会

一、商会组织

前身为璜泾加弹同业公会。2001年3月20日，在镇政府底楼会议室召开璜泾加弹同业公会成立大会（列为第一次会员大会），首批入会的会员和市、镇有关领导共53人出席了会议。会上，宣读了太仓市工商业联合会同意成立璜泾加弹同业公会的批复，通过了《璜泾加弹同业公会章程》，选举产生了由10人组成的理事会，选举高洪文为会长，蔡凤珠、戴庆元为副会长，曹伟康为秘书长，举行了太仓市璜泾加弹同业公会成立揭牌仪式。成立时，有会员24个，其中8位会员又是璜泾商会会员。

2008年4月26日，璜泾加弹同业公会在镇政府底楼会议室召开第二次会员大会（与璜镇泾商会第三次会员大会合会召开）。会议选举产生璜泾加弹同业公会第二届理事会理事23名，选举陈锦乐为会长，副会长14名，曹伟康为秘书长。是年末，有会员115个。2009年，璜泾加弹同业公会改称为璜泾加弹行业商会。

2013年4月10日，璜泾加弹行业商会在镇文体中心三楼会议室召开第三次会员大会（与璜泾镇商会第四次会员大会合会召开）。会议选举产生璜泾加弹行业商会第三届理事会理事68名，选举陈锦乐为会长，副会长22名，曹伟康为秘书长。是年末，有会员415个。同年，被苏州市工商联、总商会评为苏州市先进行业商会。

2001—2013年，历任会长：高洪文（2001.3—2003.1）、王红星（2003.1—2006.12）、陈锦乐（2008.4—　）。其中2007年1月至2008年3月会长职位空缺。

二、主要工作与活动（略）

注：自璜泾加弹行业商会成立起，绝大多数会员也是璜泾镇商会的会员，且两家商会合署办公，一起开展工作，故璜泾加弹行业商会的主要工作与活动不再重复记述。

第三节　服装同业公会

2002年12月8日，璜泾镇商会向太仓市工商业联合会请示，决定成立“太仓市璜泾服装同业公会”。2003年5月28日，太仓市工商业联合会、太仓市商会批复同意（太联发〔2003〕15号文件）。同年6月6日，在原镇农工商总公司三楼会议室（现社保所办公楼）召开太仓市璜泾服装同业公会成立大会，首批入会的会员和市、镇有关领导共34人出席会议。会上，宣读了太仓市工商业联合会同意成立太仓市璜泾服装同业公会的批复，通过了《太仓市璜泾服装同业公会章程》，选举产生了由11人组成的理事会，选举苏建明为会长（兼），张仁龙、杨建明、钱仲良、夏友明为副会长，金雪龙为秘书长，举行了太仓市璜泾服装同业公会成立揭牌仪式。该会是以璜泾服装行业会员为主组成的民间社团组织，接受太仓市工商联、璜泾镇商会的领导和业务指导。是年末，有会员25个。璜泾服装同业公会成立后，至2013年未换届，大部分会员同时是璜泾镇商会会员并参加活动。

第四节　璜泾个私协会

前身为璜泾镇个体劳动者协会，成立于1989年12月。2000年改称璜泾镇个体私营经济协会，2008年又改称璜泾私营个体经济协会，至2013年未变。办公地点设在璜泾工商行政管理所（璜泾分局）内。至2013年，先后由张兆贤、季培良负责协会工作。协会主要为工商个体户提供申办证照、信息交流、政策咨询等服务，助推个私经济健康发展。

第四章　文体社团

1994—2013年，璜泾镇在文化、体育等方面组建的社团主要有璜泾镇文学艺术界联合会、璜泾镇花木协会、太仓市武术协会璜泾镇分会和璜泾镇老年人体育协会。以下分别简称为“文联”“花木协会”“武术协会”“老年体协”。

第一节　文　联

2013年11月5日，镇文联在镇政府底楼会议室召开第一次代表大会（即成立大会），出席代表59人，会议选举何永林为主席，吴龙、周志强、吕友良为副主席，吕友良为秘书长（副主席兼），史凤娟为副秘书长。镇文联由文学、戏曲、民乐、书画、摄影、舞蹈等方面的爱好者组成。有会员160名，文艺志愿者200余名。镇文联履行联络、协调、服务、指导职能，为促进璜泾文艺事业发展服务。

第二节　花木协会

前身是璜泾镇新华村花木协会，成立于2008年4月，由瞿友龙、陆宗球倡导组建。2011年7月25日，经镇政府批准（璜政复〔2011〕2号文件），璜泾镇新华村花木协会更名为璜泾镇花木协会，陈俊良任会长。同年10月12日，镇花木协会组织会员40余人前往南通参观菊花展。2012年2月18日，赴浙江宁波观看第二十二届中国（镇海）兰花博览会。2013年4月19日，赴扬州参观以“传承文化、亲近自然”为主题的2013国际盆景大会。是年4月，在太仓岳王现代农业园举行的第二十三届中国（太仓）兰花博览会上，镇花木协会选送参展的两盆兰花获奖，其中全文

2016年11月，璜泾镇第八届菊花展

红的“崔梅”获银奖，赵锦华的“老极品”获铜奖。同年9月20日，第二届苏派盆景双年展在苏州美术馆举行，镇花木协会提供10盆盆景参加展览，其中杨静参展的“榆一回眸一2008”获铜奖。

2008—2013年的6年间，镇花木协会共举办了5届菊花展、2届盆景展、2届兰花展。每次菊花展展出的菊花均达3000余盆，分场地菊、品种菊、艺术菊、精品菊4个类型，品种达300余种，参观人数达上万人。外出参观和花木展览活动，增强了协会的凝聚力，入会的花木爱好者越来越多，上有八九十岁的老人，下至十几岁的少年。2013年末，有会员60余人。

第三节　武术协会

镇武术协会成立于1987年11月28日，李庆荣任会长，张圣清任秘书长，聘请袁国强为名誉会长。建会时有会员40人。2000年，镇武术协会换届，周妙珍任会长，张圣清任秘书长。2004年，原鹿河镇武术协会并入璜泾镇武术协会，两个协会合并后，高良宝任会长，华广平任秘书长。2012年起，张煜任秘书长。至2013年，镇武术协会有会员180人，会员加入中国武术协会的有15人，加入太仓市武术协会的有124人。同年，会员中有一级社会体育指导员2人、二级3人、三级11人。中国武术三段2人、四段1人、五段1人。自成立至2013年，镇武术协会先后办班108期，培训学员4500余人次，会员及武术爱好者学练各式拳、剑、刀、扇套路近30种。

第四节　老年体协

1996年，璜泾镇老年人体育协会成立，会长先后由李庆荣（1996.3—2001.12）、周妙珍（2001.12—2003.8）、高良宝（2003.8—　）担任。

1996—2013年，镇老年体协举办适合中老年健身锻炼的太极拳、太极剑、门球、气功、桥牌、象棋、健身舞等培训班54期，参训者达1500余人次。中老年体育活动常年开展，涌现了一大批积极分子和先进团队、优秀选手。2000年前后，璜泾老年桥牌队参加全国老年桥牌赛，连续4届进入团体前8名，2届获得双人赛前5名。

2012年老年人体育节健身舞展演

第五章　公益社团

1994—2013年，璜泾镇在社会公益事业方面组建的社团主要有璜泾镇残疾人联合会（以下简称“镇残联”），璜泾镇慈善基金会，太仓市老区开发促进会、扶贫开发协会、合作经济研究会璜泾分会（以下简称“市‘三会’璜泾分会”），璜泾镇老年协会。

第一节　残　联

镇残联成立于1990年12月。至2013年，镇残联历经6届，先后召开6次残疾人代表大会。历次会议对上届残联工作进行总结并提出下届工作意见，选举产生新一届理事会理事长。1990—2013年，镇残联历任理事长：周建元（1990.12—1995.2）、钱希平（1995.2—2003.9）、黄建刚（2003.9—2008.2）、朱建东（2008.2—2008.9）、徐奕（2008.9—2012.2）、蒋婷婷（2012.2—2013.12）。

1994—2013年，镇残联开展的主要工作有：走访残疾人及家庭，提出助残帮扶意见；组织实用技术培训，提高残疾人自主创业能力；联系劳动就业单位，推荐、介绍有劳动力残疾人就业；组织结对帮扶，落实开发式扶残措施；开展帮困助学活动，资助残疾人困难家庭子女读书；依托社会康复资源，为残疾人康复服务；开展“助残日”活动，营造助残关爱的社会氛围；等等。

第二节　慈善基金会

1995年6月23日，璜泾镇慈善基金会成立，其办公设于镇民政办公室，由民政办主任担任慈善基金会负责人，负责募集、管理资金和开展扶贫帮困送温暖活动。1995—2013年，镇慈善基金会负责人先后有钱希平（1995.2—2003.9）、黄建刚（2003.9—2008.2）、朱建东（2008.2—2008.9）、徐奕（2008.9—2012.2）、蒋婷婷（2012.2—2013.12）。

成立时，通过发动社会各界人士募集资金，共募集基金12万元，其中捐款1000元以上的有26人。2001年前后，曾先后三次召开慈善基金会送温暖大会，累计发放救济补助资金20余万元。2013年末，基金会积累资金50余万元。

第三节　市“三会”璜泾分会

1999年8月，成立太仓市老区开发促进会、扶贫开发协会璜泾分会（以下简称“市‘两会’璜泾分会”）。2010年9月，太仓市合作经济研究会并入市“两会”，组成市“三会”，太仓市合作经济研究会璜泾分会也因此成为太仓市“三会”的一个分会。市“三会”璜泾分会全称为“太仓市老区开发促进会、扶贫开发协会、合作经济研究会璜泾分会”，此称谓至2013年未变。1999—2013年，市“三会”璜泾分会会长由张瑞明（1999.8—2003.8）、蔡永平（2003.8—2013.12）担任。

1999—2013年，市“三会”璜泾分会围绕“宣传老区革命精神，弘扬老区光荣传统”“总结改革发展成果，宣传老区建设典型”“协调社会各方力量，促进老区开发建设”“调研‘三农’动态，探索扶贫开发方式”等方面开展工作。

第四节　老年人协会

璜泾镇老年人协会成立于1989年3月。至2013年，会长（或负责人）先后由李庆荣、俞钟学、瞿友龙、黄品振、王国兴、高良宝担任。

村级老年人协会组建于1990年前后，最早组建的村是万新村（2004年5月并入新联村），成立于1988年1月。之后，历经镇、村区划调整，村级老年人协会组织设置多次发生变化，至2013年，全镇村老年人协会有13个，社区老年人协会有4个。村、社区老年人协会会长由村委会、社区居委会提名一名副主任担任。

1994—2013年，镇、村老年人协会开展的工作主要有对老年人的家庭关系、生活来源、居住条件、健康状况等进行调查，协助村（居）委会办好老年人活动场所，配合做好涉老家庭纠纷，宣传老年人老有所学、老有所为先进事迹等。

第十六篇 治安 司法 军事

1994—2013年，璜泾镇党委、政府发动社会各方面的力量，依靠广大群众的共同参与，运用政治、经济、行政、法律和文化教育等多种手段，切实抓好社会治安综合治理工作，全力维护社会稳定；璜泾的公安工作围绕打击刑事犯罪、强化治安管理、处置报警报案、维护公共秩序等方面展开，在维护公共安全和社会稳定工作中发挥主力军作用；司法部门担当起普法教育、人民调解、安置帮教、社区矫正、法律服务与援助等职能，积极推进依法治理工作，为全镇经济社会发展营造良好的法制环境；军事工作具体由镇人民武装部负责实施，每年按上级命令完成征兵任务，抓好民兵整组、预备役及军训工作，开展全民国防教育。同时，建立民兵应急分队，在治安防范、抓捕罪犯、抢险救灾中发挥突击队作用。

第一章　综　治

第一节　综治组织

一、镇综治组织

1985年5月，璜泾镇成立社会治安综合治理（简称“综治”）工作领导小组，负责领导和协调全镇各项综治工作。领导小组下设办公室（以下简称“综治办”），负责综治日常工作。2008年，改称为璜泾镇社会治安综合治理委员会。2012年5月，改称为璜泾镇社会管理综合治理委员会（以下简称“镇综治委”）。2013年，镇综治委由43人组成，设主任1人，副主任6人。成员单位有36个，由党群、政府各有关部门（条线）和镇下属、市属驻璜各有关单位组成。

1994—2013年，镇党委分管综治工作的领导有高良宝（1994.1—2003.8）、徐洪明（2003.8—2007.11）、钱峰（2007.11—2011.2）、周宏建（2011.3—2013.12）。镇政府分管领导有韩建平（1994.3—1996.9）、戴庆元（1996.9—1998.12）、苏建明（1998.12—2003.1）、陆锦华（2003.1—　）。20年间，先后在镇综治办驻办工作的专职副主任有闵祖根（1994.1—2006.10）、杨海泉（2002.2—2005.6）、苏炳兴（2003.9—2006.10）、马宝楚（2005.6—　）。

二、村（居）综治组织

1994年，基层综治工作由各基层党政一把手负总责，具体工作由各村村委会、各居民委员会下设的治安保卫委员会（以下简称“治保委”）负责，由村（居）委会一名副主任或民兵营长兼任治保委主任。是年，有村委治保委17个，居委治保委2个。2000年，各村、各社区成立由党组织书记任组长的综治领导小组，并下设办公室。2004年，各村、各社区建立由综治办、调委会、治保委、警务室、外来人口登记服务站组成的“五位一体”综治工作机制。2013年，全镇13个村、4个社区“五位一体”的基层综治组织网络建全，基层综治工作得到加强。

第二节　综治责任制

1994年起，镇党委、政府每年召开全镇综治工作会议，并与各村、各单位签订《璜泾镇社会治安综合治理责任书》，落实社会治安综合治理责任。在21家镇办企业中建立治安承包责任制，明确法人代表为治安第一责任人。1998年起，外来务工人员增多，综治管理服务任务加重，镇综治委对企业治安管理落实辖区管理责任制，明确由企业所在村负责，村党组织书记为第一责任人。

2000年，镇综治委把签订社会治安综合治理责任书的范围扩大到民营企业，是年，与18家初具规模的民营企业签订责任书。2002年，各村采取村委会人员定组包干的办法，强化治安责任。2003年起，实行社会治安综合治理一票否决制，至2013年曾有5个单位因社会治安问题被一票否决评先资格。2006年起，将综治工作目标管理纳入各村落实科学发展观综合考核，与村干部年终报酬挂钩。同时，对各村、各社区社会治安综合治理考核实行末位警示，对考核末位的所在单位主要负责人进行诫勉谈话。2008年，为抓好奥运期间的社会稳定工作，对重点信访对象和前科劣迹人员落实监控责任制，监控责任落实到村、社区，明确监控责任人。

2013年1月，镇党委、政府与各村、各社区签订《2013—2014年度社会管理综合治理责任书》17份，与各企事业单位和镇综治委成员单位签订89份。此外，还签订了有关专项工作责任书，与各村、各社区、各企事业单位签订《2013—2014年度“法治璜泾”建设责任书》70份；与各村、各社区签订《2013—2014年度创建“无邪教地区”责任书》17份。

第三节　技防建设

20世纪90年代，境内治安工作以人防为主。进入21世纪后，采取科技手段，实施技防工程，推广应用CK报警器和家庭智能防盗装置。2001年，全镇有100余家私营企业安装CK报警器，500余家农户安装家庭智能防盗装置。

2004年，在镇区安装电视监控系统，安装电子探头12个。在各村（社区）、各企事业单位安装电视监控21套，探头162个，CK报警装置55个，智能报警器160个，安装周界红外报警器的有8家。

2007年，镇政府及相关单位累计投入技防经费100余万元，实施技防村和技防工业小区建设，年内完成2个村的电视监控技防工程和镇级电视监控系统扩容工作。同时，加强家庭“小技防”网络建设，年内完成新华、荣文、新明等3个村的户村接警系统安装。

2010年前后，加大资金投入，加快实施镇村技防工程，完成镇级电视监控中心升级，网络内200余个电视监控探头正常运行。完成村级户村接警系统安装，全镇13个村全部建成技防村。

2013年，全镇辖区内监控探头总数达到285个，形成了以点连线、以线结网的高密度监控网，构建了以电子巡更点为节点、以监控探头为哨台的防范体系。

第四节　信访工作

20世纪90年代，对群众来信来访，根据信访对象及内容，由镇机关相关部门或条线接待和处理。2000年后，镇成立信访办公室，专门负责信访接待，并负责办理和答复。

2004年，镇成立社会矛盾纠纷调处服务中心（以下简称"镇服务中心"），配备工作人员，具体负责信访工作和调处矛盾纠纷。村、社区设立信访接待和调解工作室。是年，全镇共调处各类矛盾纠纷173起，调解率100%，调解成功率96%。年内未发生群体性集访、越访事件。其中，镇服务中心受理、调处各类矛盾纠纷27起，涉及624人，全部调处成功，事后无重复来访。

2005年起，实行首访负责制。2006年，镇服务中心坚持每月一次对社会矛盾纠纷进行排查，对排查出的各类矛盾纠纷，及时进行调处。2009年，进一步健全有关部门各司其责的信访工作机制，镇、村两级办理信访的质效和群众满意率得到提高。是年，镇服务中心接待来访群众265批次526人，其中涉及矛盾纠纷上访的26起，调处26起，调处率100%。全年受理群众来信56件次，办结率100%。

2010—2013年，镇服务中心开展社会稳定风险评估工作，对容易引发社会矛盾的事项进行风险评估和预测，坚持从源头上予以化解。由于工作超前、提前预防，全镇社会矛盾纠纷逐年减少，信访量也随之下降。2013年，镇服务中心接访285人，受理来信35件次。

第五节　群防群治

1994年起，镇综治委协调公安、司法、信访等部门，发动和依靠群众，形成齐抓共管工作机制，至2000年的7年间，全镇始终保持治安稳定的良好局面。

2001年，镇综治、公安、安保、供电等部门坚持两月一次安全检查，共查出事故隐患29起，发出整改通知书29份，事后全部实现整改。同年，调整充实镇、村联防队伍，全镇配有专职联防队员53人，兼职联防队员82人。2002年上半年，镇联防队查获犯罪作案14起，配合民警抓获犯罪嫌疑人16人。

2003年8月，开展社会治安"安全镇"创建工作，各村、各社区分别设立警务室，制定社区警务室工作制度，全面落实"近距离"防范犯罪、"零距离"服务群众、第一时间化解矛盾纠纷的农村社区警务工作机制。2004年，成立由镇综治办、司法所、公安派出所等12个部门、条线为一体的社会矛盾调解服务中心，形成以综治委牵头协调、司法行政为主、有关部门各司其责、全社会齐抓共管的矛盾纠纷大调解工作格局。

2005年，各村组建有5~6人组成的专职联防分队，培训后，统一着装、装备，佩戴值勤证，昼夜在村辖区内巡逻值勤。2007年前后，各村建有老年义务治安志愿者队伍，共有成员537名；妇女

“护村嫂”队伍，共有成员256人，他们成为治安防范重要力量。

2009年，镇综治办加强与陕西、安徽两个驻太（璜泾）办事处、党支部的联系，建立信息排摸、情况通报、帮教管控工作机制，采取“党员带动积极分子、积极分子带动老乡”的乡情温暖管理模式，及时消除外来务工群体中的不安定因素，实现新老璜泾人和谐共处的目标。2011年，派出所11位民警由镇政府分别安排到11个村、社区挂职，具体负责群防群治和平安创建工作。同年，建立起由公安派出所“统一编制、统一管理、统一指挥”的村级联防队伍，实行治安分片网格式巡防。至2013年，全镇形成以公安派出所为主力军、镇村两级联防为辅警、治安志愿者参与防控、企业小区实施联保、科技防范做后盾的防控体系和群防群治新格局。

第六节　安全监督

一、安监机构

1994年，璜泾镇设安全生产领导小组，领导和协调全镇安全生产工作。在镇工业公司设安保科，负责安全生产的日常监督管理。之后，随着机构改革，安保科设置多次变动。1998年，安保科设于镇企业管理服务站，2002年移至镇生产经营管理站。2003年，镇安全生产领导小组改称为镇安全生产委员会（以下简称“安委会”），下设镇安全生产监督管理办公室（以下简称“安监办”），人员仍归属镇生产经营管理站，2009年改属镇经济发展服务中心。2013年，镇安监办有工作人员3人，办公地点设于镇机关综治中心办公楼三楼。历任镇安保科科长、安监办主任（或负责人）有陈家明（1994.1—2000.6）、黄振球（2000.6—2008.6）、袁葵明（2008.6—　）。

二、安监工作

1994年，督促乡镇企业配备安全员，在棉纺、化纤、化工等安全事故易发的20家企业设专职安全员，其他50余家企业设兼职安全员。同时，督促企业建立、健全安全生产责任制，制订安全生产规章制度和操作规程。

1997年，在乡镇企业转制后，针对企业产权变化、法人更换、安全管理急需衔接等情况，镇安保科把安全监督转向个体私营企业，督促企业调整、充实安全生产管理队伍，落实安全措施及岗位责任。

1999年，开展放射源、剧毒物品的安全检查。同年6月，太仓市水泥厂在企业破产拆除设备时，回收设备承包人将1枚“铯-137”放射源料位仪混同普通废钢铁运走，如果该放射源收不回，将会酿成大祸。镇环保助理胡长根发现这一情况后，立即向上级汇报，后经太仓市、苏州市环保、公安、卫生防疫等部门的全力追寻，终于在沙洲钢铁集团废料回收场将这一放射源找到，排除了险情。从险情发现到排除，共花了3小时50分钟。是年7月30日，《苏州日报》以《惊心动魄的3小时50分钟》为题，对追缴流失的放射源“铯-137”做了特别报道。

2000年，强化企业安全生产检查及落实整改，全年检查企业300余家，现场发现安全隐患132处，提出安全生产整改意见35条。年内，全镇企业新装消防栓65个，新添灭火器1000余只，疏通消防通道22处，安装安全隔离防护栏55处，淘汰土锅炉12只，规范特殊原料及产品储存、运输企业7家，整治电线老化、乱拉乱接生产车间37间。

2002年，对易燃易爆的企业进行检查，重点考查特种作业人员的从业资格和操作应知应会程度及安全操作技能。培训危化品安全管理人员和特殊工种120人，调整特种岗位作业人员57人。2003年，加强建筑施工安全检查，全年先后检查4次，发现事故隐患130余处，事后，督促施工单位全部落实整改。

2005年，先后举办企业安全管理干部、危化品管理人员、特殊工种操作人员培训班5期，参训300余人。同年，对全镇特种设备进行安全检查，取缔土锅炉14台、土吊机2台。督促危险化学品经营单位申领并获取国家安全生产许可证10家。

2007年，镇和各单位组织安全生产检查35次，其中镇组织8次，参检80余人次，检查企事业单位102家，查出事故隐患65条，发出整改通知书15份。同年，淘汰浴室锅炉16台、压力容器20台，取缔土吊机5台。

2008年，将安全生产纳入企业工商年检内容，对安全生产条件差、安全隐患整改未落实的企业暂缓年检或吊销营业执照。对化工企业进行整治，共关闭不符合安全生产条件的化工企业15家。

2011年8月、9月，镇安监、环保、公安、工商、供电、城管等部门，先后实施5次联合执法行动，严厉查处非法生产经营场所，取缔无证经营的开毛和塑料造粒作坊式小厂37家。

2013年6月中旬，镇成立安全生产大检查领导小组，对全镇工业企业安全生产和商场、宾馆、饭店、建筑工地、群租房以及“九小场所”（小商店、小学校、小医院、小餐馆、小旅馆、小棋牌室、小网吧、小美容院、小作坊）进行安全大检查，共计受检单位（场所）1026家，发放安全告知书1026份，填写苏州市企业安全生产现场检查意见书413份。通过大检查，全镇各行各业安全生产工作进一步得到有效落实。

第二章　公　安

1994—2013年，境内公安开展的主要工作有实施刑事案件侦查，防范、发现和打击各种危害公共安全的破坏活动；负责户政管理，开展户籍登记、居民身份证及其他人口证件的签发和验证工作；实施治安管理，预防违法犯罪，查处治安案件，组织各方力量，维护社会稳定；受理110报警报案，对突发事件、遇险事故做出快速处警，实施抢险救援工作；担负镇社会治安综合治理成员单位职责，参与全镇性的综治维稳工作。

第一节　公安机构

在璜泾的公安机构有太仓市公安局璜泾派出所，成立于1980年12月，当时称璜泾地区派出所，1984年改称璜泾派出所。地址位于怀仁路文化宫招待所北侧（该处现为璜泾人民医院药店）。1993年2月，派出所迁移至泾中街镇政府旧址。1994年，璜泾派出所有民警11名。之后，随着经济社会发展，境内外来人口增加，治安任务加重，派出所警力逐年增加。1995年，派出所迁移至原农业技术服务站，位于荣文路西端与沙鹿路交会处的荣文村2组境内。

璜泾派出所（2018年摄）

1999年1月、2003年10月，王秀、鹿河派出所先后并入璜泾派出所。2003年，璜泾派出所获评“1997—2002年度苏州市社会治安综合治理先进集体”。2009年2月，被太仓市依法治市领导小组评为“2008年度十佳规范执法基层单位”。2013年，全所有公安干警30名，辅警148名。在村、社区设警务室，驻有民警和辅警。是年，被太仓市公安局评为“2012年度公安工作十佳先进集体”。

1994—2013年，璜泾派出所历任所长有戴湘麒（1994.1—1995.4）、汤建华（1995.4—2001.2）、俞锦清（2001.2—2003.10）、龚永其（2003.10—2009.10）、徐达（2009.10—　）。历任指导员（2004年改称教导员）有王建飞（1994.1—1996.10）、曹永琪（1996.10—1998.4）、刘建明（1998.4—1999.1）、周弟宝（1999.1—2001.2）、盛利民（2001.2—2003.10）、刘建明（2003.10—2011.3）、徐佳良（2011.3—2013.7）、陈志强（2013.7—　）。

第二节　案件侦查

1994年前后，开展反窃车专项斗争，侦破窃车团伙11个，缴获赃车（自行车、摩托车）120辆。1998年6月5日，在璜泾一旅馆内查获自中华人民共和国建立以来本地首例外来吸毒者4人。是年12月18日午夜，抓获贵州籍拐卖妇女案犯4人，据审讯查实，共有11名外地妇女被拐卖至苏北地区，该案后由太仓市公安局进一步查处。1999年9—10月间，先后查获首例本地吸毒者5人，对他们分情况做出处理。

2000年，在全市开展打击拐卖妇女儿童的专项行动中，在璜泾抓获贵州省织金籍唐某等拐卖团伙成员4人，解救被拐青年妇女6人，收缴赃款3.6万元。2001年“11·1”抢劫杀人案案发后，公安干警快速出击，在接到报警后数小时内，将犯罪嫌疑人擒获。

2006年，开展“春季攻势”“打黑除恶”专项斗争和“治爆缉枪”专项行动以及“猎豺”“天网”“蓝剑”等集中清查行动，侦破各类刑事案件12起。2007年11月，破获安徽南陵籍人员在鹿河地区抢夺单身女性拎包案。同年12月，湖北利川、安徽寿县两名男子结伙盗窃电瓶车、摩托车被巡逻民警当场抓获。2008年，先后破获“1·16”蒙面持枪抢劫案、“9·04”持刀入室捆绑抢劫案、“9·16”特大盗窃加弹丝案、“10·12”系列白闯盗窃案、“11·12”系列盗窃企业财物案等多起影响重大的刑事案件。

2010年，开展“打黑除恶”专项斗争，把握群众关注的治安热点问题，将涉恶违法犯罪活动作为打击的重点，成功摧毁两个恶势力团伙，查处12名主要案犯。2011年，开展集中“清网行动”，重点追捕网上挂名逃犯，抓获各类逃犯25名。同年6月，侦破2起流窜入室盗窃案，抓获贵州沿河籍犯罪嫌疑人4名。2012年，先后破获化纤厂抢劫案、永乐花园入室抢劫案、新华小区入室盗窃案、外籍流窜人员强奸案等重大案件，实现大案全破目标。2013年，侦破入室盗窃、拦路抢夺、斗殴伤害、撬窃车辆、偷盗家畜等各类案件22起。严厉打击各类犯罪活动，提升了人民群众的安全感。

第三节　户政管理

1994年，对境内常住人口，由派出所以家庭和各村委会、居委会为单位登记，向各户颁发户口簿。新生婴儿申报户口，凭计划生育管理部门出具的准生证给予户口登记；居民死亡后注销户口，凭医院出具的死亡证明予以注销；因婚姻嫁娶、亲属投靠、子女领养等原因需要户口变动，按有关政策规定及凭相关证明予以办理户口迁移手续。同时，继续对年满16周岁的常住人口给予办理第一代居民身份证，是年，全镇常住人口拥有居民身份证的有18237人。

1996年，开展“上百家门，知千人情”活动。办理新生婴儿户口落户、死亡者户口注销、镇内外迁入迁出等户口变动520人，重订门牌2500余块，绘制村（街）、组、户方位图19份。1998年镇区划调整，王秀镇5181户、15445人并入璜泾，年末全镇总户数11821户，总人口35708人。2003年镇区划调整，鹿河镇5677户、15779人并入璜泾，年末全镇总户数19567户，总人口50023人。

1999年，贯彻《太仓市关于认真解决当前户口管理中几个突出问题的通知》《太仓市小城镇户籍制度改革试点方案》等文件精神，实施小城镇户改政策，执行以居住地为主的户籍登记制度，凡在小城镇投资创业，或购买商品住宅，或被小城镇所在地单位聘用的人员，且具备相关规定的条件的，经公安机关批准登记后，即可转为城镇居民户口。户改后非农业人口快速上升，至2002年全镇非农业人口增至10846人，占总人口的31.46%。

2003年7月，贯彻省政府《关于进一步深化户籍制度改革的工作意见》，打破长期存在的城乡户籍二元结构，取消农业户口、非农业户口性质，实行以具有合法固定住所为基本条件的准入登记制度。此后，长期存在的农与非农的户口概念开始淡化。2005年起，换发第二代居民身份证。

2009年起，随着城乡一体化的加快推进，非农居民户口的人员在劳动就业、社会保障福利待遇等方面不再占有优势，原转为小城镇户口的人员回迁农村的比较多。对此，璜泾派出所执行户籍管理相关政策，按规定办理小城镇户口回迁手续。2013年1月起，第一代居民身份证停止使用，即使还在有效期内，也被视为无效，与第二代居民身份证不再并存使用。2013年末，全镇户籍总户数16083户，总人口48068人。其中13个村委会人口38288人，4个社区居委会人口9780人。

第四节　治安管理

1994年，在交通要道沙鹿路邢庄村段、友谊桥段和璜时公路叶家桥段设3个联防点，有公安民警和联防队员驻守值勤，开展治安巡路。同时，建立护厂队、护村哨，加强夜间巡防。1995年10月，对外来务工人员进行调查摸底，登记造册，并做好就业证和登记卡的核实发证工作。是年，全镇外来流动人口3360人。1996年，与使用外来人员的工业企业、建筑单位和交通运输部门，签订治安承包责任书。1998年，对宾馆、旅馆、招待所、歌舞厅等公共场所，开展查禁“黄、赌、毒”专项行动，对1家忽视治安管理的旅馆进行批评教育，并进行整改。

2000年，太仓市出台《私房出租户管理暂行办法》，璜泾派出所组织力量，对全镇私房出租户进行调查摸底，并对出租者、租住者进行登记。2002年起，璜泾派出所受理各类110报警逐年增多，每年均超4000起，最多的年份达4783起。派出所接警后，迅速派出民警处警，在各次抢险救灾、救治病人、化解矛盾、制止纠纷、提供援助等方面发挥了作用。2003年，璜泾派出所建立暂住人口计算机信息管理系统。是年，全镇外来暂住人口14956人，其中来自太仓本市的479人，太仓以外的4781人，省外的9696人。外来人口居住分布在集镇的8812人，居住在农村的6144人。

2006年起，派出所进一步加强对流动人口管理，建立镇、村（社区）两级管理网络，配备专职人员，负责对外来暂住人口的询问、登记、照相、发证、签约等管理服务工作。对高危人群采取留指纹、照片、笔迹和建档等措施，进行严格监管。2007年上半年，做好外来人员登记发证工作，至6月底登记29776人。2009年，加强私房出租户管理，与全镇2881户私房出租户签订治安责任书，年内累计登记外来流动人口40938人，年末暂住实有30588人。

2011年，对社区矫正人员、刑释解教人员、有吸毒史人员、易肇事肇祸的精神病患者以及社会闲散人员等140名重点对象，做好管控工作。2012年，对集镇老街区发生的占道设摊、霸市吵架、交通拥堵、噪音扰民等问题进行专项整治，老街区的治安环境和街市秩序得到改善。2013年，社区民警每月到外来人员暂住地走访，通过"警民恳谈"活动，听取意见和建议。每季度对各村（社区）、各企事业单位的工作进行督察指导，促进全镇治安管理和平安创建工作落到实处。

第五节　消　防

一、消防中队

2005年末，璜泾镇筹建专职消防队。2006年7月21日，璜泾镇消防中队正式成立，位于沙鹿路江苏申久化纤有限公司旁，由该公司提供场所和用房，配置水罐和泡沫消防车各1辆，主要担负境内火灾扑救任务。2013年，消防中队有运输灭火药剂皮卡车、五十铃泵浦车、五十铃泡沫水罐车、五十铃水罐车各1辆。消防队员20人，

2006—2013年，璜泾镇消防中队中队长先后由季伟峰、毛振阳担任。

二、消防工作

1994—2000年，每年在11月9日前后开展"119消防日"活动，在镇区主要街道拉宣传横幅，开展消防安全大检查，消防重点单位举行消防演练，对涉及纺织、化工、油品、燃气等要害单位实行严格管理，在境内公共场所及消防重点企业配备消防栓、灭火机等消防器材与设施。7年间，全镇无重大火灾事故发生。

2001年10月，对全镇个体私营企业进行消防安全大检查，整治火灾隐患65个（处）。2005年，学习贯彻《江苏省农村消防管理办法》，成立璜泾镇消防安全委员会，由分管安全生产的副镇长任主任，派出所所长任副主任，镇宣传、消防、安监、环保、城管、交管、城管等18个单位（部门、条线）的负责人为委员。在规模企业中建立专（兼）职消防队伍。

2006年，镇消防中队出警扑救火灾（警）128次，挽回经济损失400余万元。2007年，开展消防安全知识宣传进社区、进学校、进企业、进家庭活动。对消防重点单位进行消防安全专项检查，共检查128家单位。在汽渡、化工、毛毯、化纤等消防重点企业中举行应急救援演练。

2008年1月，镇安委会对全镇"三合一"场所（指生产车间、货物仓库、员工办公住宿为一体的厂房）进行消防安全专项检查，发现事故隐患210处，开出现场检查记录98份。同年4月，对加弹、棉纺、开毛等易燃场所进行消防安全检查，在对99个生产场所开展的检查中，共查出事故隐患120处，事后所涉单位全部进行整改。

消防演练（2008年摄）

2010年5月26日，太仓市消防技能竞赛在璜泾（荣文学校体育场）举行，来自太仓全市24个单位参加比赛，其中璜泾参赛企业10个，观众上千人。同年，镇安监办和镇消防中队对全镇规模以上加弹企业进行抽查，共抽查26家企业，对抽查中发现的问题开出现场记录26份，分别做即时或限期整改处理，其中将安全生产条件较差的16家企业名单抄送至璜泾工商分局，做暂缓工商年检处理。

2011年，在全镇范围内组织“清剿火患”行动，开展消防安全大排查、大整治、大宣传、大培训、大练兵“五大”活动。2012年，先后在2家化工企业和1家皮塑企业开展消防应急预案演练。同年，开展对建筑工地、工棚、宿舍用电安全及明火使用，天然气站施工现场，瓶装燃气经营户进行检查，当场查出事故隐患85处。2013年，在元旦、春节和“五一”节前，组织3次消防安全大检查，受检化纤、织造企业40余家，开出现场记录45份，列出事故隐患122处，其中立即整改112处，限期整改10处。

三、消防服务企业

2012年6月，太仓市秀耀环保服务有限公司成立，法人代表周耀庭。2013年，公司派员参加消防专业学习培训，获得“江苏省消防技术服务机构资质证书”，经营项目拓展至灭火器检测、维护、维修等，在荣文村9组境内设有经苏州市消防支队现场检查合格的灭火器维修车间和罐装车间，是境内首家提供消防服务的私营企业，有消防技术职称的员工有7人。是年，该公司销售各种灭火器3000只，为各单位维修灭火器4000只，先后到医院、学校、敬老院、有关企业等10余个单位举行灭火演练，现场指导灭火器使用方法。

第三章　司　法

1994—2013年，璜泾镇实施“二五”“三五”“四五”“五五”“六五”普法教育，通过各种宣传形式和教育手段，强化全民法律意识和法制观念；发挥各级调解组织作用，将大量的邻里纠纷、家庭不和、赡养问题、工伤事故、劳资矛盾等不安定因素化解在基层；开展安置帮教工作，对刑满释放、解除劳教回归人员进行走访，教育、引导他们正确选择人生价值取向，重新树立起生活的信心。2005年起实施社区矫正工作，对判刑的入矫人员实施跟踪管理，帮助他们改造思想，端正认识，告别犯罪，重新做人；建立健全法律服务机构，开展法律服务与援助，为促进全镇经济社会发展提供法律支撑。

第一节　司法机构

1981年4月，镇政府配备司法助理员。1985年，成立司法办公室，为政府司法职能部门。1986年组建法律服务所，隶属司法办公室管辖。1994年，法律服务所实行自收自支分配机制，与司法办公室分离，成为法律服务实体。2003年3月，法律服务所转为社团性质的法律服务机构，为各单位和个人提供法律服务。2001年12月，镇司法办公室更名为璜泾镇司法所，由镇政府领导，业务上受市司法局指导和管理，成为政府履行司法职能的机构。

1993—2013年，镇司法所所长（司法办主任）先后由王祖元（1993.5—2011.2）、马宝楚（2011.2—　）担任。同时期，在镇司法所（办）工作的司法助理有王祖元（1993.5—2011.2）、叶海青（2003.9—2013.10）、王连红（2001.11—2011.2）、马宝楚（2010.9—　）。

第二节　法制教育

1994年，正值“二五”普法教育第四年，镇调整充实普法领导小组，各村、各单位配备普法讲解员，广泛开展普法宣教活动。至1995年2年间，镇举办普法讲座4期，培训普法骨干150余名。镇、村累计上法制教育课150课（次），印发普法宣讲资料5000余份。

1996年起，实施“三五”普法教育，镇党委、政府印发《关于在我镇公民中开展法制宣传教育第三个五年规划》（璜委发〔1997〕25号文件）。“三五”期间，镇先后举办普法骨干培训班3期，参训骨干320人次；举办法制讲座8场，受教育人数达1850人次；分发普法宣传资料1万余份（册）；镇、村、企业制作法制宣传画廊、板报60期；解答群众法律咨询185人次。

2001—2005年，在实施“四五”普法教育期间，镇司法所征订“四五”普法宣传材料1.4万册。全镇举办学习《中华人民共和国会计法》《中华人民共和国产品质量法》《中华人民共和国公司法》《中华人民共和国婚姻法》《中华人民共和国环境保护法》《中华人民共和国消费者权益保护法》《中华人民共和国土地承包法》等培训班15期，参训1800余人次。

2006起，实施“五五”普法教育，将领导干部、公务员、企业经营管理人员、外来务工人员（新璜泾人）、未成年人等列为重点学法对象。举办民营企业业主和个体工商户业主学法培训，邀请太仓市劳动和社会保障局领导做《工伤保险条例》辅导讲座，邀请苏州市工商局法规处领导做《中华人民共和国公司法》《中华人民共和国商标法》《中华人民共和国劳动合同法》辅导讲座。

2009年11月5日，镇司法干部到鹿河小学上法制课

2011年5月6日，璜泾镇“六五”普法启动仪式

2008年，重点开展《中华人民共和国劳动合同法》学习培训，企业经营管理人员710人分6批参训。2009年5月上、中旬，借助市提供的86块法制宣传板报，分别到江苏申久化纤有限公司、荣文学校、王秀农贸市场等单位做巡回展览。是年，镇司法所干部先后为4所学校上法制课，受教育学生2348人。2010年，利用各村1月10日民主决策日机会，镇司法所到长洲等村向村民组长、村民代表宣传解读《江苏省农村土地承包经营权保护条例》。是年7月12日起，镇司法所围绕“学法守法善维权，促进和谐共发展”的主题，组织开展为期一周的农民工学法活动，为广大农民工送去法律服务和维权理念。同年，璜泾镇获评苏州市“五五”普法中期先进单位。

2011年起，实施“六五”普法教育，镇政府制定《璜泾镇“六五”普法教育规划》。是年5月6日，在镇文化中心广场举行璜泾镇“六五”普法启动暨太仓市荣文法治艺术学校成立仪式。同年5月19日下午，太仓市“六五”普法现场推进会在璜泾镇召开，璜泾司法所在会上做法制宣传工作交流发言。2012—2013年，镇先后举办安全生产、消费者权益保护、预防未成年人犯罪、环境保护、老年人权益保障等方面的法律法规讲座12课（次），培训各界群众和青少年学生1000余人次。2年间，邀请文艺团队演出法制宣传文艺节目16场次，观众8600余人次。

第三节　人民调解

20世纪90年代，镇、村成立人民调解委员会（以下简称“调委会”），负责各类矛盾纠纷的调解工作。1994年前后的3年间，全镇累计调解民事纠纷198起，其中使62个有矛盾的家庭重归和睦，48对夫妻破镜重圆，51个邻里矛盾得到化解，13名有轻生念想的人员得到救助；其他民事案件经调处后，矛盾得到缓和。

1997年起，个体私营经济加快发展，合资办厂、合伙经营的经济纠纷、货款结算纠纷以及职工工伤后赔偿纠纷等也随之增多。镇、村调整充实调解队伍，加强调解工作。至2000年的4年间，调处各类经济纠纷152起，劳资纠纷87起，工伤事故纠纷35起，婚姻家庭纠纷26起，调解成功率达95%，其中有可能因矛盾激化、由民事案件转化为刑事案件的纠纷6起。

进入21世纪后，征土动迁带来的矛盾纠纷不断出现，镇、村调委会对每起案件及时介入调解。2001年，全镇调处各类民间纠纷72起，其中镇司法办调处18起，与村（企）共同调处54起，调处成功率100%。

2003年起，对调委会组成人员随镇、村区划调整，组织人事变动和工作需要及时进行调整，把一些热心做调解工作、富于调解工作经验的干部调整充实到基层调委会中来。同时，对基层调委会主任进行培训，提高依法调解能力。至2005年的3年间，全镇调处各类矛盾纠纷375起，调解成功率96%。

2006年起，建立完善调解网络，形成“大调解”工作格局。镇成立人民调解指导委员会。在镇商会、派出所、劳动和社保所等单位成立调委会。2009年起，开展《苏州市人民调解办法》等常用法律法规的培训工作，帮助各基层调委会人员了解民间纠纷受理、调处等程序，掌握调解协议书的起草要点，提高基层调委会人员的法律专业水平。2009—2013年的5年间，全镇各调委会累计调处邻里纠纷、家庭不和、赡养问题、工伤事故、劳动争议、征地动迁等各类案件515起，调解率100%，调解成功率95%以上。其间，由于坚持将大量的矛盾纠纷化解在基层，消灭在萌芽状态，从而有效地控制了重复上访和越级上访，璜泾成为太仓各镇中越级上访最少的镇之一。

第四节　安置帮教

璜泾对刑满释放、解除劳教人员的安置帮教工作由镇司法所（办）负责。1994年，镇司法办与各村委会干部对刑满释放的回归人员进行逐一走访，让他们感受社会的温暖。1998年，镇、村成立安置帮教工作小组，形成全镇安置帮教工作网络。2001年，为刑释解教人员解决实际困难，让他们得到生活上的保障，其中为2人落实了就业，为1人解决了住房困难。2003年11月，镇司法所建立帮教结对联系卡，将27名刑释解教人员纳为帮教对象，明确帮教责任人，做到无脱管、漏管。2006年，对6名先后回归的刑释解教人员，及时落实专人跟踪教育，并根据各人的情况进行分类帮教，同时建立帮教档案，做好谈心笔录。2008年起，全镇安置帮教工作扎实开展，在对帮教对象进行思想教育、法制教育和社会公德教育的同时，帮助其解决在就业、生活、法律、心理等方面遇到的困难和问题。2013年末，全镇登记刑释解教人员40人，均工作生活稳定。

第五节　社区矫正

2005年，太仓市社区矫正工作首先在璜泾试点，后在太仓全市实施。镇成立社区矫正工作领导小组，镇司法所、综治办、派出所、民政办、劳动和社会保障所等单位为成员单位，办公室设在镇司法所。在敬老院、璜泾公墓、太仓第一个党支部纪念馆等3个地方建立公益劳动基地。是年，组织入矫对象集中教育7次，组织公益劳动3次。年内，入矫人数23人，解矫14人。此后，每年对每一名入矫人员建立电子档案，配备电子通信设备，随人定位。组织入矫人员集中教育和参加公益劳动，帮助他们提高认识、改造思想。同时，为他们解决工作、生活中的困难，解除他们的后顾之忧。2005—2013年，镇司法所累计接受社区矫正对象169名，服刑期满顺利解矫150名。其间，由于教育方法得当，跟踪管理严格，在社区矫正过程中未发生脱管、漏管现象，在解矫的人员中也未出现重新违法犯罪的案例。

表16-1　璜泾镇2005—2013年社区矫正人员统计

单位：人

年份	入矫人数	解矫人数	入矫人员犯罪类型					
			危害公共安全	破坏经济秩序	侵犯财产	侵犯公民人身权利	妨害社会管理秩序	贪污受贿
2005	23	14	9	1	10	2	—	1
2006	16	15	5	7	3	1	—	—
2007	22	11	6	12	1	2	—	1
2008	16	13	4	8	1	2	1	—
2009	14	20	3	2	6	2	1	—
2010	18	14	5	2	6	—	4	1
2011	18	23	5	4	5	1	3	—
2012	25	22	3	10	5	2	3	2
2013	17	18	4	10	—	2	1	—
合计	169	150	44	56	37	14	13	5

第六节　法律服务与援助

1986年，成立璜泾法律服务所，隶属乡司法办公室，业务上受县司法局指导和管理。法律服务所承担为各单位和个人提供法律服务与援助的职责。

1994年，璜泾法律服务所实行自收自支分配机制，成为法律服务实体。1996年前后的3年间，璜泾法律服务所先后被25家企业聘为法律顾问，协助各单位和个人办理各类公证552件，代写各项法律文书275份，审查、完善合同65份，解答法律咨询237人次，调处各类经济纠纷216起，为企业收回货款310余万元。

1998年后，企业中劳动争议、债务纠纷、工伤赔付等案件增多，璜泾法律服务所承担的法律服务任务加重。至2002年的5年间，每年办理经济案件、民事案件、非诉讼案件等各类案件均在50件以上。

2003年3月，璜泾法律服务所改制，与镇司法所脱钩分离，转为社团性质的法律服务机构。办公地点设在镇机关内社保所办公楼二楼。2013年，璜泾法律服务所有法律工作者3人。2003—2013年的11年间，累计为全镇各单位和个人办理经济案件188件，民事案件420件，非诉讼案件251件，提供法律援助31件，解答法律咨询1432人次。

表16-2　2003—2013年璜泾法律服务所提供法律服务统计

年份	办理经济案件（件）	办理民事案件（件）	办理非诉讼案件（件）	提供法律援助（件）	解答法律咨询（人次）
2003	16	40	10	3	80
2004	18	38	13	2	100
2005	14	36	11	5	130
2006	19	40	18	2	110
2007	18	43	20	3	96
2008	20	36	23	2	111
2009	12	41	28	4	132
2010	16	32	30	3	164
2011	17	41	32	3	188
2012	20	33	36	2	171
2013	18	40	30	2	150
合计	188	420	251	31	1432

第四章 军 事

1994—2013年，璜泾镇开展的地方武装工作主要有每年做好兵役登记与征兵工作，把优秀青年输送到部队服役；搞好民兵整组与训练，组建好军事后备力量；落实民兵预备役工作，为国家储备后备兵员；开展国防教育，提高全民国防意识。20年间，全镇累计输送优秀青年服兵役355人。按上级要求，每年编足配好镇基干民兵名额和预备役官兵职数。

第一节 军事机构

1994—2013年，璜泾镇设有人民武装部（以下简称“人武部”），为境内的军事机构。镇人武部在镇党委的领导下，执行太仓市人武部的命令，具体负责征兵、民兵及预备役、国防教育等工作。2010年12月，镇人武部被江苏省军区司令部、政治部评为基层武装部规范化建设先进单位。2011—2013年，连续3年被太仓市政府、太仓市人武装部评为基层武装工作先进单位。

1994—2013年，历任镇人武部部长：王国华（1994—1996.4）、钱建平（1996.4—1998.11）、吴惠强（1998.11—2005.11）、潘振明（2005.11— ）。

第二节 征兵工作

璜泾镇2008年度征兵工作会议

1994年起，每年在征兵工作期间，镇成立征兵工作领导小组并设办公室，镇人武部制订征兵工作计划，召开全镇征兵工作会议，宣传《中华人民共和国兵役法》，明确征兵工作任务，对兵役登记及征兵工作进行业务培训；在村、社区设立兵役登记站，通过适龄青年亲自到站登记、单位或家属代登、工作人员上门登记等方法，摸清应征适龄青年的人数、文化程度、健康状况和家庭情况及工作单位。历年征兵工作的具体程序为报名、体检、政审、定兵、送兵。对征兵体检采取由村包病史调查、镇包目测初检、市负责体检的三级责任制。在历年的征兵工作中，对应征青年踊跃报名、家长积极送子参军的先进事迹予以表扬，对征兵工作先进集体予以表彰，对个别青年为逃避兵役采取对自己文身的手段进行自我淘汰的违法行为予以惩处。1994—2013年的20年间，每年均按照上级下达的兵员名额，圆满完成征兵任务。

表16-3　1994—2013年璜泾镇适龄青年服兵役统计

年份	青年服役（人）	年份	青年服役（人）	年份	青年服役（人）
1994	11	2001	17	2008	20
1995	9	2002	15	2009	20
1996	12	2003	22	2010	19
1997	12	2004	19	2011	20
1998	9	2005	25	2012	24
1999	22	2006	17	2013	22
2000	20	2007	20	合计	355

第三节　民兵工作

1994年，璜泾镇民兵分普通民兵和基干民兵两种。普通民兵队伍由18~35周岁、符合普通民兵条件的公民组成，以村为单位设营，配备村民兵营长，村党组织书记担任政治指导员；基干民兵队伍由18~28周岁、符合基干民兵条件的公民组成，以镇为单位设营，由镇人武部部长担任营长，镇党委书记担任政治指导员。是年末，镇基干民兵营有民兵250人。

1995年，调整配强民兵干部，选拔优秀退伍军人担任村民兵营长。1997年上半年，组织各单位基干民兵24人，分2批参加太仓市统一组织的基干民兵军事训练，提高基干民兵执行任务的能力。1999年，建立民兵干部例会制度，每月召开一次民兵干部会议，交流汇报和研究部署民兵工作。2001年，镇民兵应急分队在太仓市训练考核中获第三名。2004年，镇人武部对基干民兵进行整组，把年龄偏大、从业岗位不稳定、参加集训得不到时间保障的人员调离民兵队伍。同时，把能够担当民兵工作任务的青年充实到民兵队伍中来。2005年4月20日，对全镇基干民兵进行集结点验，到点率达100%。2007年，按照上级民兵整组的重点和程序，合理编制民兵作战、保障、应急等队伍，使民兵编组更加合理，分工细化，任务明确。是年，以实用性练兵为重点，组织民兵军事训练。同年5月，民兵应急分队参加太仓市训练获优秀成绩。同年9月中旬，民兵应急分队在防台抗台第一线连续值勤两昼夜，完成了上级交给的警戒任务。2010年，根据民兵战时担负兵员动员、支前保障、防空防卫和平时担负维稳、抢险救灾等工作的需要，按照上级军事机关的要求，对全镇民兵按重点建设型和登记储备型进行编制整组，具体编组为应急维稳、应急救援、作战保障、交通运输等分队。同年5月7日，全镇基干民兵营集结点验，到点率100%。2012年，按照年度民兵军事训练计划，重点开展常规及基础性军事训练。2013年，加强民兵思想政治教育，民兵的政治素质得到提高。是年，有6位民兵加入中国共产党，30位民兵向党组织提交入党申请书，15位民兵被列为入党积极分子。年末，镇基干民兵营有民兵229人。

第四节　预备役工作

1999年，璜泾镇开始实施预备役兵役工作。是年，璜泾镇预备役士兵与归庄镇预备役士兵合编建连，为中国人民解放军江苏陆军预备役高射炮兵第二师第二团一营三连。连部设在归庄镇，连长由部队现役军官担任，政治指导员由连部所在地镇党委副书记（行政职务镇长）兼任，副连长、副指导员及各排排长分别由预备役合编所在镇的曾服兵役的党委副书记和人武部部长担任。预备役按年龄分为一类和二类，经过预备役登记的28周岁及以下退伍士兵为一类预备役；经过预备役登记的29~35周岁的退伍士兵为二类预备役。年满36周岁自行退出预备役。璜泾镇实行民兵与预备役相结合的制度。预备役士兵同时编入镇基干民兵组织，在服预备役期间，与基干民兵一起参加军事训练，有时按上级军事机关要求，单独参加训练。

2000年起，预备役某部定期对预备役官兵分批进行军事训练。训练内容主要有共同科目、单兵专业基础和协同作战等。此外，还组织预备役军官学习武器装备理论，进行指挥与战术的操作训练等。

2003年8月，预备役合编情况随太仓市镇区划调整而发生变化，璜泾镇不再与归庄镇合编，改与浮桥镇合编建连，仍为中国人民解放军江苏陆军预备役高射炮兵第二师第二团一营三连。

2004年，预备役士兵参加苏州市人武部组织的40迫击炮集中训练，其中1位士兵获评40迫击炮训练先进个人。2005年4月，璜泾镇预备役雷达指挥仪排在2005年度集中训练期间成绩突出，被中国人民解放军江苏陆军预备役高射炮兵第二师第二团司令部、政治部评为管理先进排。2006年4月15日至5月25日，璜泾镇预备役部分官兵参加57高炮二团一营集训，在实弹打靶中取得优异成绩，一举命中目标。2008年9月，璜泾镇预备役8班在2008年度训练中，表现突出，成绩优秀，被中国人民解放军江苏陆军预备役高射炮兵第二师第二团司令部评为专业训练优秀班。1999—2013年，按上级军事机关要求，璜泾镇每年编足、配好预备役服役官兵，每年都保持在137~140人之间。

第五节　国防教育

1994年起，每年在征兵工作期间，利用横幅、标语、画廊、黑板报等各种宣传工具，大力宣传

《中华人民共和国兵役法》和《中华人民共和国征兵工作条例》，提高全民国防意识，增强广大适龄青年报名应征的光荣感和自觉性。1996年，在镇、村两级干部中开展国防教育，通过以会代训、观看电教片、印发资料等形式，让两级干部了解国际局势，增强国防意识。1998年，在冬季征兵工作期间，重点对适龄青年进行依法服兵役教育和征兵工作纪律教育，让广大适龄青年充分认识依法服兵役是公民应尽的义务，也是一项严肃的政治任务。2001年，全镇开展宣传贯彻《中华人民共和国国防教育法》活动，各村、各单位在人群集中的场所和路段拉出宣传横幅60余条，编制板报、画廊150余期，印发宣传资料3000余份。2004年，全镇各民兵组织征订《中国民兵》《东海民兵》等民兵杂志，基本上达到基干民兵和预备役预编士兵人手1册，并采取刊授与面授相结合、自学与辅导相结合等办法，在民兵中开展订刊、学刊、用刊活动，让广大民兵学习军事知识，了解国内外军事动态。2006年，以国防教育为主要内容，开展电视讲座、征文评比、演讲比赛等活动，大力宣传优秀退伍军人的先进事迹和适龄青年踊跃报名参军、父母支持子女应征入伍的典型事例，积极营造"一人当兵，全家光荣"的社会氛围。2009年，突出依法征兵的宣传教育，让广大适龄青年意识到依法服兵役是每个公民应尽的义务，应征服役决不能讲条件、讲交易。2011年，新建的太仓第一个党支部纪念馆和璜泾烈士陵园落成，组织镇机关干部、民兵、中小学生前往参观，学习璜泾革命老区斗争史，接受党的优良传统、爱国主义和革命英雄主义教育。2013年，镇人武部采取集中辅导与分散自学的形式，在全镇基干民兵和预备役人员中开展思想政治教育和国防教育。先后举办学习培训班6期，围绕"维护祖国统一""反对民族分裂""禁止非法宗教活动""维护社会稳定"等内容进行授课。其间，印发国防知识应知应会试题等教育材料，供民兵在业余时间学习，接受国防知识教育。

附录：

璜泾人民革命斗争群英谱

朱刚夫妇为革命捐躯

朱刚（又名朱复生），1911年生，璜泾镇人。

1938年，朱刚参加常熟县人民抗日自卫队。1940年春，朱刚和杨志明等人奉命在太仓王秀组建抗日武装，1941年朱刚任太仓县常备队队长。他们经常深入敌占区，与日伪军周旋，伺机打击敌人，在浮桥缴获伪保安队机枪1挺。璜泾、九曲、时思、浮桥一带日伪军一度惶惶不安，曾出告示悬赏捉拿朱刚。1941年7月，朱刚在九曲开展反"清乡"斗争时，因叛徒告密，被日寇逮捕。敌人对朱刚用尽各种酷刑，但朱刚始终没有暴露自己的真实身份。之后，朱刚被押解到苏州监狱，不久即遭杀害。牺牲时他的儿子刚出生6个多月。朱刚参加革命，其妻顾瑞珍受到迫害，于1941春被抓捕，先于朱刚被日寇活埋于璜泾，牺牲时年仅27岁。朱刚夫妇双双为革命献出了年轻的生命。

李庆和在反"清乡"中献身

李庆和，1913年生，璜泾镇人。

1939年3月，李庆和把刚满周岁的儿子放在岳父母家抚养，毅然参加了江南抗日武装，走上革命道路。在任天石领导下，他和战友们经常出没于常熟、太仓交界地，参加打击日伪军的战斗。1941年1月，侵华日寇为摆脱困境，抽调兵马，强化占领区的殖民统治，同汪伪政府相勾结，对抗日革命武装进行围剿，妄图肃清占领区的抗日力量。为了粉碎敌人的阴谋，李庆和所在部队奉命转战于常熟、太仓交界地区。1941年3月，李庆和被派在常熟梅塘地区开展工作，突遭日寇袭击，突围时，不幸中弹身亡，年仅28岁。

新中国成立后，李庆和被追认为革命烈士。

顾瑞珍视死如归

顾瑞珍，女，1914年生，璜泾人。

顾瑞珍与太仓县“民抗”大队长朱刚结婚不久，朱刚经常在外搞地下武装斗争。1941年，日寇在璜泾地区开展“清乡”扫荡。当年春天的一个晚上，几个日寇突然窜到璜泾镇东北街顾家，把顾瑞珍和她的胞弟顾昌福（中共地下组织交通员）一起抓至日寇队部所在地义庄，严刑拷打，要她交出朱刚。顾瑞珍面对日寇闭口不语，任凭敌人怎样威逼，宁死不屈。一天黑夜，日寇将被折磨得奄奄一息的顾瑞珍和她的胞弟顾昌福一起活埋于璜泾。她牺牲时，年仅27岁，儿子出生才3个月。

曹阿根临危不惧严守机密

曹阿根，1914年生，璜泾镇长乐村人。

1940年，曹阿根参加江南抗日游击队。1943年秋的一天，由于敌密探告密，驻太仓王秀的几个日寇荷枪实弹，凶神恶煞般窜到璜泾长乐村地界，搜捕地下抗日游击队，曹阿根不幸被捕。日寇当即将其押解到王秀的伍胥庙，关进庙堂内进行毒打，要他招供承认自己是游击队员。隔了一天，日寇又把他转押到王秀镇日寇队部，继续严刑逼供。几个日军把曹阿根捆绑在庭柱上，轮流拷打，手臂粗的竹竿被打成碎片。日寇还把曹阿根卷在竹帘子里，头下脚上，上下冲击。几天下来，一个身材魁梧的小伙子被折磨得不像人样。但日寇的严刑并没能迫使曹阿根招供，他只讲自己是个种田的农民。过了几天，日寇又把他押到沙溪队部，多次用刺刀架在他的脖子上，逼他承认是游击队员，曹阿根临危不惧，守口如瓶。后来在战友设法营救下，曹阿根脱离了虎口。

赵福元坚持十年地下联络

赵福元，1914年生，璜泾镇人。

1938年春的一个夜晚，在常熟何市红菱浜唐家旁的一农户家里，“民抗”司令员任天石正在给一批青年讲课，其中有位名叫赵福元的青年听得特别入神。任司令讲完课，找赵福元个别谈话，问他是否愿意参加抗日救亡运动。赵福元听后表示愿意为抗击日寇、挽救中华民族危亡尽一份力。任司令当即交代任务，要他在璜泾地区建立地下联络站，发展壮大抗日武装队伍。赵福元接受任务后，当晚摸黑回到了家乡璜泾。不久赵福元就在璜泾东北街自己的家门口，开了一爿小百货店，承担“民抗”秘密的地下联络工作。他利用自己社会交际比较广泛、人熟地熟这一有利条件，用滚雪球的办法，先后在璜泾、九曲、时思、浮桥等地，发展了李庆和等20名青年参加“民抗”组织。为了保守秘密，开始时是赵福元接受交通员顾昌福的单线联系，后来太仓“民抗”大队成立，他就直接与县大队长朱刚联系。

赵家地下联络站成立后，联络站就成了“民抗”太仓县大队的集散地。赵福元为队员烧水煮饭，保存弹药，积极做好掩护工作，为地下武装提供方便。每个月4块大洋的联络经费不够花销，赵福元就经常自己掏腰包贴补。

1941年，日寇对抗日根据地进行大规模的“清乡”扫荡，搜捕中共地下武装人员，但赵家联络站依然存在。解放战争时期，璜泾地区建立了武工队，武工队仍以赵家为联络点，开展地下斗争。1948年4月28日璜泾解放，联络站完成了历史使命。

王桂乾在执行任务中牺牲

王桂乾，1916年生，璜泾镇人。

1938年春，王桂乾经中共地下联络员介绍，参加了任天石领导的抗日武装，经常在常熟、太仓交界地区抗击日寇，惩治汉奸、走狗。1940年春，在璜泾执行任务时，王桂乾不慎把手枪的红布一角露在外边，引起了一个日伪密探的怀疑并向日寇队部报告，驻璜泾日寇立即向密探指的方向追捕，王桂乾几经躲避，但未能脱险，在邢家庄附近中弹身亡。牺牲时年仅24岁。

李承英传密件

李承英，1917年生，璜泾镇华南村（现与其他四村合并为荣文村）人，农民。

1939年初，李承英经中共地下联络员介绍，参加了江南抗日武装，任地下交通员，常驻常熟碧溪马头巷，负责太仓地区的鹿河、冯家桥、老闸等地的机密文件的传送工作。为了避免日伪怀疑，李承英轮流食宿在马头巷一带的群众家里。白天没有送信任务，就和当地农民一起下地劳动，每次外出送信，就穿上长衫，手挽一只竹篮，装作上街赶集模样。有一次，他从马头巷出发不久，即被一伪军哨所盘查，伪军把他身上查找一遍，幸好信件缝在长衫的贴边里，没有被发现。在此后的两年里，李承英时刻提高警惕，小心谨慎，躲过了敌人一次次盘查，安全地完成了抗日情报的传送任务。

凌小元参加地下斗争

凌小元，1918年生，璜泾镇永乐村人，农民。

1939年春，凌小元在璜泾经人介绍参加了由朱刚任大队长的“民抗”武装组织。他跟随队伍经常活动于浮桥、九曲、璜泾一带，打击日伪政权。1941年5月，因叛徒告密，朱刚被日寇围捕，7月被杀害于苏州。不久，浦太福奉命领导太仓“民抗”，继续开展地下武装斗争。凌小元不但没有因为朱刚被害而退缩，反而更加加深了对日伪的仇恨，重新加入了浦太福领导的革命队伍，一如既往跟着这支地下武装打击敌人。7月下旬，日伪军全面占领太仓游击根据地，浦太福奉命带领队伍北撤，凌小元隐蔽下来留在家乡。后与组织失去联系，回家种地，1985年病故。

施友全宁死不屈

施友全，1918年生，璜泾镇人。

1939年，施友全参加江南抗日武装游击队（后改为太仓县常备队，属万忠信领导）。施友全那时20岁刚出头，为人机敏灵活，担任通讯、侦察员后，经常活动于璜泾、王秀、常熟何市一带，和战友们一起惩治地方日伪恶势力和打击日寇。1942年春的一个上午，施友全在璜泾镇西弥陀寺的一烟杂小店内，打算通过内线弄到枪支，以壮大游击队武装力量。行动中，施友全不慎暴露身份被捕。后被押到日寇队部所在地义庄遭严刑拷打。施友全坚强不屈，即使在日寇押着他见到自己的同志时，他也装作不知。日寇眼看在施友全身上已找不到游击队线索，就把他枪杀在一个竹园里。

顾昌福为革命惨遭活埋

顾昌福，1920年生，璜泾镇前进村（现与其他两村合并为新华村）人。

1938年初，顾昌福参加了由任天石领导的江南抗日武装组织。1939年参加“民抗”，任中共地下组织联络员，负责太仓地区抗日队伍的发展、接待以及与上级组织联络的工作。为了便于开展革命工作，顾昌福以吴市一中药店店员的身份作掩护，积极开展地下联络工作。一旦上级有任务，他就机智勇敢地穿过敌人道道封锁线，往返于太仓北部几个乡镇和常熟吴市抗日武装部队之间。顾昌福为壮大抗日武装力量做了很多工作，经他联络发展的“民抗”队员有20余人。

1941年春，日伪军对太仓地区进行大规模的“清乡”扫荡，一时间，太仓的革命斗争形势十分严峻。4月的一天，顾昌福回璜泾老家，不慎走漏风声，傍晚时分，被驻璜日寇抓捕，押解至日寇队部所在地义庄，惨遭毒打。顾昌福在敌人面前，任凭皮鞭抽打，刺刀威逼，始终拒绝回答。经过几天几夜的连续折磨与摧残，日寇始终没有从他口中得到一点“民抗”的信息。一天黑夜，残忍的日寇把顾昌福和同时被捕的胞姐顾瑞珍一起活埋于璜泾。牺牲时顾昌福年仅21岁。

张镜堂破财救同志

张镜堂，1920年生，璜泾镇长乐村（现与其他两村合并为新华村）人。

1940年，张镜堂参加江南抗日游击队。1943年秋，驻太仓王秀日寇根据汉奸密探提供的情报，派出几个日本兵，突然窜到太仓县常备队员曹阿根家，曹阿根躲藏不及被抓走。张镜堂眼看自己的同志被日寇抓去，千方百计设法营救。当时，张镜堂认识一个翻译人员，张镜堂就利用其原参加过游击队，后来叛变充当了日寇翻译，怕被游击队惩处的心理，要那翻译帮忙在日寇面前疏通一下，证明曹阿根是个老实农民，不是游击队员。几经周折，张镜堂和另一名队员先后共花掉8担多棉花，加上曹阿根抵押掉1.5亩土地，终于把曹阿根保了出来。

注：璜泾人民革命斗争群英谱资料，源于2001年1月版《江苏人民革命斗争群英谱（太仓分卷）》。

第十七篇 民政

1994—2013年，璜泾镇民政工作不断完善，涵盖的内容也越来越丰富。从20世纪90年代初的传统民政事务，逐步发展到基层民主自治、社区建设与服务管理、抚恤优待安置、扶贫帮困救济、老龄事业发展、婚姻与收养登记、殡葬改革、地名与界柱管理等工作。镇民政工作机构设民政办公室，历任办公室负责人有沈振林（1994.1—1995.2）、钱希平（1995.2—2003.9）、黄建刚（2003.9—2008.2）、朱建东（2008.2—2008.9）、徐奕（2008.9—2012.2）、蒋婷婷（2012.2—2013.12）。

第一章　基层民主自治

20世纪90年代，璜泾镇村民委员会实行"民主选举、民主决策、民主管理、民主监督"和"村务公开""财务公开"（简称"四民主二公开"）制度，村干部由村民选举产生，村务、财务阳光操作，接受村民监督。进入21世纪，基层民主建设有了新的发展，村委会换届选举改以前有候选人选票为无候选人选票的直接选举，居委会干部改以前居民推荐、组织聘任为由居民投票选举产生。在村委会、居委会自治管理中，先后形成村民（居民）代表会议制度、"民主决策日""民主理财日""财务公开日""民主监督日"制度等。2013年，璜泾镇基层自治组织有13个村民委员会、4个社区居民委员会，自治管理趋向制度化、规范化，基层民主建设得到进一步加强。

第一节　自治组织

一、村民委员会

农村自治组织为村民委员会。1994年9月，璜泾镇第四届村委会任期届满，按照全市统一部署进行换届选举。在第五届村委会选举中，村干部候选人由民主协商推荐、选民10人以上联名提出，再召开选举大会选举。是年，选举产生新一届村委会17个，其中农业村16个、渔业村1个。

1997年9月，第六届村委会选举采用先提名候选人、再确定正式候选人的方法进行，选举设中心会场和分会场，不能到场投票的，由2人以上工作人员带流动票箱让选民投票。1998年11月，璜泾、王秀合并后，璜泾镇有村委会自治组织30个。1999年10月，对村区划进行调整，调整后有村委会自治组织20个。2000年9月，开展第七届村委会选举工作，选举产生新一届村委会20个。

2003年8月，璜泾、鹿河合并后，璜泾镇村委会自治组织26个。同年11月，在第八届村委会选举中，采用"一票直选"的方式进行，即选票上没有候选人，由选民直接选举。选民称之为"海选"，选举民主程度提高。此后，璜泾于2006年、2009年、2013年，先后开展了第九届、第十届、第十一届村委会换届选举工作，选举均实行"一票直选"。其间，又进行了村区划调整。2013年末，璜泾有村委会自治组织13个。

二、居民委员会

市镇社区自治组织为居民委员会。1994年，璜泾市镇上设永新、永建两个居委会。1998年11

月，王秀镇并入璜泾，王秀市镇上设王秀居委会。1999年前，居委会不搞换届选举，居委会干部在退休干部、退休职工中聘用。

2000年起，居委会改称社区居委会。同年，将璜泾镇永新、永建两个居委会合并为一个居委会，称璜泾社区居委会。是年11月，首次开展社区居委会换届选举工作。根据市有关要求及沙溪镇试点经验，通过“公开招聘、定岗竞争、择优录用、依法选举”的方法，进行第一届社区居委会选举，由居民代表选举产生第一届璜泾社区居委会和王秀社区居委会。

2003年8月，鹿河镇并入璜泾，鹿河市镇上设新鹿社区居委会。同年11月，组织开展第二届社区居委会选举，以“个人自荐、组织和群众推荐”的方法，通过相关程序产生候选人。在选举中，改以前居民代表投票选举为全体选民直接投票选举，即采用“一票直选”的方法，选举产生第二届璜泾社区居委会、王秀社区居委会和鹿河新鹿社区居委会。

2006年，对社区居委会进行区域调整及更名，璜泾镇上一个社区分设为两个社区，分别命名为西塔社区和银杏社区；王秀社区设置及名称未变；鹿河社区设置未变，原名新鹿社区改称为玉影山社区。是年，进行第三届社区居委员会选举，2009年、2013年又先后进行第四届、第五届社区居委员会选举。在三次选举中，均采用“一票直选”的方法，选举产生新一届社区居委会。2013年末，璜泾有社区居委会自治组织4个。

第二节　自治管理

1994年，进一步加强村级组织建设和村民自治工作，镇成立村民自治示范活动指导小组，指导各村制订工作计划，健全规章制度，完善考核内容，按照村民自治要求，规范运作村委会自治工作。1996年起，村民自治实行民主选举、民主决策、民主管理、民主监督制度，村建设发展重大事项，事前征求村民意见并提交村民代表会议通过，在实施过程中让村民代表参与管理，接受广大村民监督。1998年，推进村务公开工作，各村在村委会所在地设立村务公开栏，将村规划建设、实事工程、人事安排、评先评优、奖励补助、村级收支等村务、财务内容，定期或不定期在公开栏内公示。

2000年起，开展村级“民主决策日”活动，每年1月10日、7月10日为各村“民主决策日”。当日，镇三套班子领导挂钩到村（社区），各村（社区）召开村民（居民）代表会议，传达上级文件精神，通报村级经济及社会事业发展情况，将村拟定的重大事项提交村民（居民）代表会议通过。对通过的事项，由村委会组织实施，并将实施情况在下次会议上通报，接受村民群众监督。2003年起，在历次村（居）委会换届选举中，采用“一票直选”的选举方式，选票上不再出现候选人，完全由选民根据自己的意愿直接在选票上填写主任、副主任、委员姓名。

2005年，完善村级民主自治机制，建立“事前共决策、事中听意见、事后有监督”的村级事务管理模式。2008年，各村建立议事会制席，成员由10~15人组成。村重大事项决策前，先提交议事会讨论，然后提交党员大会或村民代表会议讨论通过。同时，议事会成员经常走访群众，收集社情民意，然后议定重点事项，提交村委会办理、落实。在以后的5年间，各村议事会提出、讨论重要议题120余项。

2010年后，建立健全村级“民主理财日”“财务公开日”“民主监督日”三日制度。各村成立民主理财小组，监督村的日常开支，每张发票必须由理财小组成员签字。2013年，进一步调整完善村务、财务公开内容，村务重点内容设置为8项，财务20项，将涉及村级经济建设、社会事业发展、兴办实事工程、村级资产管理、惠民利民政策等重大事项，每季度向村民公示，增强工作透明度，扩大群众知情权、参与权和监督权。

第二章　社区建设

2000年，开始出现“社区”称谓，将居委会管辖地划为一个“社区”。是年，璜泾有2个市镇社区（璜泾、王秀）。2004年，社区建设向村级推进，村委会管理辖地称村级社区。是年，全镇18个村有10个村建立社区服务中心。2005年起，重视社区基础设施建设，各社区普遍新建或改建、扩建社区服务中心，开设“一站式”服务大厅。此后，各社区开展各类文明创建活动，形成“政社互动”工作机制，搭建社区服务管理平台。至2013年，社区软硬件建设得到全面提升。

第一节　社区硬件建设

2000年，全镇各社区用房较为紧张，会议室普遍兼用为活动室。办公条件较差，设施简陋。2003年起，按照社区硬件标准，每个市镇社区配备电话、电脑、电视机、照相机等设备，在社区设置宣传橱窗，配置健身器材。市镇社区挂居委会和党支部两块牌子，社区工作制度上墙。

2005年，村（居）社区用房开始新建或改建、扩建。是年，荡茜村对原村办服装厂2层楼房1200平方米进行改造，改建为村社区服务中心用房。此后，先后有5个社区对社区用房进行改建和扩建，全镇6个社区改、扩建社区服务中心用房建筑总面积达7900平方米。2006年起，先后有孟河村、新明村、永乐村等9个村新建村级社区服务中心大楼，总建筑面积达1.78万平方米。2010年9月，西塔、银杏2个社区驻地迁入团结街83-4号新建的“景秀人家”房产局部楼盘，2个社区办公用房分开，社区服务中心用房资源共享，总建筑面积达1500平方米。

2013年，全镇13个农村社区、4个市镇社区均建有社区服务中心，内设“一站式”服务大厅、图书室、电子阅览室、多媒体教室、电视室、棋牌室、乒乓球室、老年人活动室等。全镇社区服务中心总建筑面积达2.72万平方米，其中农村社区2.3万平方米，市镇社区4200平方米。服务中心集村（居）办公、社区服务于一体，均具备教育培训、医疗卫生、文体娱乐、健身锻炼等功能。

第二节　社区服务管理

2000年起，社区制度和社区功能逐步完善，社区服务工作开始拓展，主要服务工作有教育培训、法制宣传、政策咨询、信息查询、职业介绍、健康保健、居家养老、扶贫帮困、志愿者服务、青少年校外教育、矛盾纠纷调解等。

2003年后，政府各项职能逐步进入社区，相关职能部门派驻专职协管人员到社区工作，尤其是社保工作、计生管理、社会救济、矛盾调解、相关保险进社区等，大大方便了村（居）民群众；公安警力进社区，治安力量得到加强，“平安社区”建设扎实推进。

2006年，社区文明建设逐步加强，开展“绿色社区”“文明社区”“和谐示范社区”等创建活动。西塔社区建立有65人的党员志愿者队伍和9个便民服务小组，参与社区各类创建活动，为居民群众提供各类便民服务。同年起，各社区普遍开办暑期学校，使学生暑期“离校不离教”。永乐社区暑期学校成为太仓市先进典型，校外教育辅导员姚品良获评江苏省、苏州市关工工作先进个人。

2008年，开始推行社区“一站式”服务模式，先在永乐、王秀、孙桥、雅鹿等四个村开展试点工作，建设便民服务大厅，提供社会保障、卫生计生、社会救济、矛盾调解等服务，方便群众办事。此后，全面推进“一站式”服务建设，全镇17个村（居）社区全部开设“一站式”服务大厅。同时，各社区均设立外来人口社区服务站，璜泾镇在太仓市内首先实现外来人口“一站式”服务全覆盖。

2009年，西塔社区、银杏社区联合派出所成立民生服务小组，建立民生服务卡，开展“连心桥”活动，为低保对象、空巢老人、残疾人等弱势群体提供理发、搞卫生、修漏、换瓶装液化气等服务。2010年，玉影山社区组织党员和居民骨干，组建百人志愿者队伍，并以“金乡邻志愿岗”“耄耋之喜——服务关爱老年人”等活动载体，开展各类志愿者公益活动。

2011年，推进“政社互动”工作机制，4月10日印发《璜泾镇“政社互动”工作实施方案》，6月24日召开“政社互动”动员培训会议，并举行签约仪式，由市政法委、市政府法制办领导做培训讲座，镇与各村（居）签订互动协议，互动的内容有19类28项。此后，“政社互动”工作借助社区“民主决策日”“云服务”等载体得到有效落实，从而使政府行政管理与基层群众自治实现有效衔接，干群关系得到进一步改善。同年起，在新明村、永乐村开展“三社联动”试点工作，即以社区为平台、社会组织为载体、社工人才为支撑，开展各类服务活动。此后，“三社联动”工作逐步推开，各社区、各单位陆续成立社区工作站（部、室），并对社区工作人员进行培训及考试，提高社区工作水平。“三社联动”机制成为推进“政社互动”、促进社区和谐治理的重要举措。

2011—2013年，各社区开展“民生大寻访”活动，共走访群众300余户次，收集社情民意400余条，其中对居民群众普遍关注的民生问题30余条（如道路提档改造、路灯修复、下水道疏通等）逐一梳理、及时办理，并将办理情况予以答复。同时，各社区开展老年人基本情况调查，并组织老年人体检，为老年人办理老龄卡和公交卡，对80周岁以上老年人发放尊老金。

第三章　优抚安置

1994—2013年，璜泾境内无军事部队驻扎，其“双拥”工作以拥军优属为主，主要优抚烈属、伤残军人、老复员军人、现役军人及安置退伍义务兵等。另，璜泾属革命老区，境内曾发生武装斗争，为告慰烈士英灵，政府多次修建烈士陵园，使之成为全镇爱国主义教育和革命传统教育基地。

第一节　优　抚

一、抚恤

指对“三属”（烈士遗属、因公牺牲军人家属、病故军人家属）和伤残军人及其他符合抚恤条件的人员发放抚恤金。1994年，璜泾镇抚恤对象共56人，其中：烈属13人，伤残军人9人，在乡老复员军人34人。对抚恤对象，除按国家规定发放抚恤金外另有补助。对烈属、伤残军人，由民政福利基金给予每人每月补助10元；对在乡老复员军人，由村集体给予每人每月补助15元。补助后，仍确有困难的再进行临时补助。2004年，对抚恤对象信息进行重新登记核实，全镇有抚恤对象106人，其中烈属13人，在乡老复员军人92人，病退军人1人。以后，全镇每年抚恤对象略有变化。2013年，全镇共有“三属”12人，伤残军人25人，全年发放抚恤金55.95万元。

表17-1　2006—2013年璜泾镇抚恤金发放情况

单位：万元

年份	“三属”	伤残军人	年份	“三属”	伤残军人
2006	9.75	14.97	2010	11.04	24.86
2007	9.71	16.78	2011	13.36	28.57
2008	9.06	18.94	2012	17.49	33.11
2009	9.70	18.76	2013	19.00	36.95

注：1994—2005年因资料缺失未能统计。

二、优待

1993年，璜泾镇现役义务兵优待金标准每人每年不低于1600元。1994年有现役义务兵42人，每人优待金均在1800元以上。除此之外，村委会每年给予义务兵家属帮耕费和节日慰问金，户均达2000元以上。以后，义务兵家属优待金随经济收入、生活水平提高而逐年增加。2004年，全镇发放义务兵家属优待金32.5万元。2013年，全镇义务兵军属户94户，全年发放优待金116万元，户均1.23万元。

三、定补

2008年起，对中华人民共和国成立后参加过中印边境自卫反击战、中越边境自卫反击战等战役的人员及涉核部队的退役人员给予生活补助，全镇符合补助条件的涉战、涉核人员有30人，是年发放补助总额3.6万元。以后补助人数无变化，补助金额逐年提高。2010年全镇补助总额9.15万元，2013年增至13.08万元。

第二节 安 置

1994年，全镇退伍士兵9人。按照"优先安置，择先录用"的原则，退伍兵优先安置进企事业单位或村工作，安置率为100%。以后每年的退伍士兵，有的由单位安置，有的自谋职业，有的自主创业。2001年，对退伍义务兵开始实行"以货币安置为主、就业安置为辅"的方法，退伍士兵自谋职业的，政府发放一次性安置补助费，补助标准按本地上年城镇居民可支配收入的1.5倍计发。是年，安置补助每人在1.6万元以上。2004年，璜泾26名退伍士兵和转业士官全部选择自谋职业，领取了安置费和自谋职业证。以后，对每年的退伍士兵和转业士官均采用货币安置的方法予以安置。2013年，退伍士兵每人安置费标准为6.28万元，转业士官安置费标准为18.66万元。

表17-2 2004—2013年璜泾镇退役军人安置费标准一览

单位：万元

年份	义务兵	转业士官	年份	义务兵	转业士官
2004	3.52	5.87	2009	4.20	6.50
2005	3.52	5.87	2010	4.50	6.80
2006	3.71	5.87	2011	5.00	7.50
2007	4.00	6.00	2012	5.50	14.00
2008	4.00	6.00	2013	6.28	18.66

第三节 烈士陵园

1983年3月，璜泾镇新建的革命烈士陵园落成，园址位于镇区老市河薛家桥堍的义庄，这是为纪念1945年8月31日解放璜泾而牺牲于义庄的11名革命烈士。

2017年3月31日，璜泾镇机关干部前往璜泾革命烈士陵园凭吊革命烈士

1994年9月，因陵园凭吊区面积有限、出入通道不畅等原因，政府将陵园迁移至陈大港畔原广乐村10组（现荣文村60组）境内，占地面积2.9亩，陵园内建有纪念碑、瞻仰区、墓地、陈列室等，共葬有烈士35名。

1998年、2003年，王秀、鹿河先后并入璜泾，境内有三处烈士陵墓，除璜泾建有烈士陵园外，还有王秀、鹿河烈士墓。王秀烈士墓始建于1995年，安葬烈士3名；鹿河烈士墓始建于1991年，安葬烈士6名。

2011年，根据境内烈士陵墓分散、管理不便的状况，镇党委、政府整合红色资源，实施“慰烈工程”，将三处烈士陵墓合为一处，新建璜泾镇革命烈士陵园。园址选在太仓第一个党支部诞生地——杨漕村，在原王秀烈士墓墓地上新建。新建烈士陵园占地面积4300平方米，其中广场占地1900平方米。陵园内埋有35名烈士和9名无名英雄忠骨。烈士纪念碑高8.31米，寓意为璜泾战役纪念日。烈士生平介绍陈列于太仓第一个党支部纪念馆内。

2013年，建在杨漕村的太仓第一个党支部纪念馆及璜泾镇革命烈士陵园，成为太仓市青少年爱国主义教育基地、太仓市“红色讲堂”现场教育基地、太仓市农村党员干部冬训基地、苏州市“道德讲堂”示范活动基地、苏州市廉政教育基地、苏州市法治文化建设示范点、苏州军分区教育实践基地。

第四章　扶贫帮困

1994—1997年，璜泾镇扶贫帮困主要对贫困户给予生活救济。1997年12月起，开始实行最低生活保障政策，将贫困户月人均收入达不到最低生活保障线的家庭列为低保户，每月给予最低生活保障金。同时，对全镇弱势群体中符合政策规定的人员，给予固定救济；对因灾特困户、危房改造困难户给予临时救助；对贫困家庭子女读书给予援助。此外，除经济上给予固定补助和临时救济外，还开展开发式扶贫工作，为低收入户落实扶贫项目，给予一定的扶持资金，帮助其增收。1994—2013年，全镇扶贫工作得到有效落实，弱势群体基本生活得到保障。

第一节　最低生活保障

1994—1997年，未实行最低生活保障政策。对农村因病致贫、因灾致贫、缺劳致贫的困难户，镇、村给予定补或临时救济。

1997年12月起，开始实施城乡最低生活保障政策，将农村家庭人均月收入低于100元、城镇居民家庭人均月收入低于180元的，列为低保户，给予发放最低生活保障金。1998年，全镇纳入最低生活保障户29户，发放生活保障金3.6万元。此后，按照"城乡联动，动态调整，应保尽保，分类施保"的原则，对低保户纳入标准及保障户做动态调整。

2001年，将城镇低保户纳入标准调整为人均月收入低于200元，农村标准未变，调整后确认全镇有低保户98户。是年后，逐步对低保户纳入标准进行调整。2005年，低保标准调整为农村低保户人均月收入低于180元，城镇低保户人均月收入低于300元。全镇有低保户238户。2010年，标准调整为农村低保户人均月收入低于370元，城镇低保户人均月收入低于450元。是年，对农村低保户207户464人，发放保障金177.95万元；城镇低保户31户56人，发放保障金29.8万元。

从2011年7月份起，城乡低保标准统一，不再区分农村和城镇。同时，对低保标准进行调整，调整后为人均月收入低于500元。是年末，全镇有低保户192户594人，全年发放保障金315.14万元。从2013年7月份起，低保标准调整为人均月收入低于650元。2013年末，全镇有低保户252户811人，全年发放保障金443.94万元。

第二节 社会救济

指民政部门对各类社会救济对象给予固定救济和临时救济，使其基本生活得到保障。1994年，全镇定补特困户13户、常困户14户，全年发放救济金5万余元。1998年起，除对低保户给予最低生活保障定补外，还给予特困户临时补助，至2000年的3年间，共补助36户，发放临时救济金25万元。

2002年，开展对20世纪五六十年代精简退职老职工的调查，按照有关政策，最后确定42人为符合条件的定补对象，给予每人每月160~200元不等的生活补助费。

2005年起，将红色群众、小乡干部、精简干部、麻风病人等人的救济金列入国库支付固定发放。是年，全镇财政国库支付固定救济金19.1万元，55人享受。

2008年，对白血病患者发放临时救济金6万元。2010年，对尿毒症患者发放临时救济金6.6万元。2013年，全镇对小乡干部、精简干部、麻风病人等对象发放固定救济金39.9万元，35人享受。对突发重病、遭遇车祸及其他因灾造成的特困户发放临时救济金23.3万元；发放特困户物价补贴31.2万元。

表17-3 2005—2013年璜泾镇固定救济金发放情况

年份	小乡干部		精简退职		麻风病人		其他人员	
	人数（人）	金额（万元）	人数（人）	金额（万元）	人数（人）	金额（万元）	人数（人）	金额（万元）
2005	7	3.1	38	12.5	2	0.7	8	2.8
2006	9	3.5	38	14.6	2	0.7	8	2.3
2007	9	6.4	38	16.6	2	0.7	8	2.0
2008	9	5.7	38	17.5	2	1.0	7	1.7
2009	9	5.1	33	20.9	2	1.0	4	1.8
2010	6	4.6	32	25.4	2	1.0	1	0.9
2011	5	6.0	30	26.4	2	1.1	1	0.5
2012	5	4.8	28	27.8	2	1.3	1	1.1
2013	5	7.9	27	30.9	2	0.1	1	1.0

第三节 其他扶贫

1994年起，璜泾镇采取多种形式开展扶贫工作，主要有助残、助学、慈善捐助、资助建房及开放式扶贫等。是年，新联村有一户农户，由于缺乏劳动力，家庭经济收入微薄，居住的房屋陈旧简陋，生活困难，镇、村通过发动募捐给予帮扶，让其翻建了5间平房，解除了住房不安全的隐患。同年5月，开展助残日活动，向残疾人困难户送去慰问金和慰问品。

1996年，实施开发式扶贫工作，按照“宜农则农、宜工则工、宜养则养、宜种则种”的原则，通过“送资金、送项目、送技术、送信息、助就业”等措施，给予人力、财力、物力上帮助，扶持低收入户脱贫致富。是年，全镇有42户贫困户得到生产性开发帮扶。

1999年，开展贫困户住房调查，为危房户修建提供帮助，先后完成7户贫困户危房翻建。同年，利用镇慈善基金会成立4周年契机，广泛发动社会各界人士进行慈善募捐，共收到捐款8.89万元。是年，镇慈善基金会开展送温暖活动，全镇140户贫困户领到御寒慰问品，价值3.6万元。2000年前后，镇残联组织残疾人自主创业培训，推荐、介绍残疾人就业，全镇有20余名残疾人得到就业帮助。

2003年，对全镇87户低收入户，根据不同家庭情况，分别落实开发式扶贫措施，其中对48户低收入户给予养羊、养猪、养鱼、养鸽等项目扶持，共为这些养殖户提供羊95只、猪40头、饲料6000千克；为低收入户中33户47人购买农村养老保险，对255人实行农村大病风险合作医疗。是年，共发放扶贫开发资金19.06万元。通过项目扶贫，全镇87户低收入户人均增收647元，有一户增收超万元。璜泾镇被市委、市政府评为“2001—2003年度扶持低收入农户致富工作先进单位”。

2004年起，每年对贫困户落实农村养老保险和大病医疗保险基金，资金由市、镇两级财政共同承担。2005年，资助贫困家庭子女读书，有10名贫困学生得到重点帮扶，读书费用由结对扶贫资助者提供。是年，一名来自残疾人家庭的孩子考上大学，资助者给予补助2000元。

2007年，为解决残疾人贫困户生活来源，让残疾人挂靠到企业，由企业发给生活补助费。是年，有187名残疾人得到企业补助，每月人均补助240元左右。2009年，对45名低保、低保边缘家庭在读学生发放慈善助学款11万元，对11户农村危房改造户下拨危房改造经费9.17万元。同年，为贫困残疾人解决合作医疗大病风险基金，提高残疾人患病医治抗风险能力。

2010年前后，先后帮助17户特困户危房改造，累计补助改造资金29.82万元。每年春节对贫困户进行慰问，送去慰问金、慰问品。2013年，发放贫困户慰问金173.47万元。

第五章　尊老养老

1994—2013年，璜泾镇养老机构设敬老院，对无生活依靠的老人给予终身养老。每年开展敬老尊老慰问活动，组织志愿者为老年人提供各类服务；搭建服务老年人新的载体平台，开展居家养老服务和日间照料日托服务。2007年起，对80岁以上老年人发放尊老金。2013年，全镇共发放尊老金216.5万元。

第一节　养老机构

1994年，璜泾镇养老机构为镇敬老院，主要负责供养农村中无劳动能力、无生活来源、无法定赡养人的“五保”老人，为他们提供保吃、保穿、保住、保医、保葬等“五保”养老服务。是年，镇政府投资15万元，完善敬老院设施，院内建亭园、补绿化，初步形成花园式敬老院。年末，供养“五保”老人19人。

2001—2003年，政府投资150万元实施敬老院改造工程，新建八上八下宾馆式楼房，改建一幢老人居住楼，建设2000平方米的生活区、娱乐活动区，敬老院的配套设施和硬件环境不断完善。通过多年的投资改造，逐步从三级敬老院升为一级敬老院。2004年，共供养、寄养老人25人。2005年，获评苏州市文明敬老院。

2006年，投资80万元，建设1000平方米宿舍楼，床位增加到55张。2007年，投资346万元，建设1800平方米集宿舍、办公、食堂、活动于一体的综合性大楼，可设床位100张。2008年，投资150万元，重建餐厅、老年活动室、办公室、会议室、接待室等1320平方米，完善康复室、阅览室、公共浴室等配套设施。是年，入院老人增至31名，其中“五保”供养老人19人，社会寄养老人12人。2013年，敬老院占地面积5756平方米，建筑面积3800平方米，配备工作人员14人。有入院老人49人，其中“五保”供养老人13人，社会寄养老人36人。

1994—2013年，历任敬老院院长有：顾惠明（1994.1—2000.8），樊瑞芳（2000.8—2006.10）、高蕴球（2006.10—2012.1）、高艳梅（2012.1—2013.12）、严雪娟（2013.12—　）。

第二节　居家养老

2006年前，社会上未出现居家养老市场化运作模式，居住在家的老年人由子女照顾。2006年，为70岁以上老年人办理老龄证，并开始尝试居家养老服务模式，由志愿者上门为老年人开展照料服务。同年，各村开始新建、改建老年服务中心，为老年人提供休闲、文体活动场所。

2011年起，开展老年人日间照料服务试点工作，在杨漕村、玉影山社区创办老年人日间照料服务中心，中心内设有棋牌室、休息室、图书室、就餐室等，为老年人提供日托服务。同年起，其他各社区开始按照日间照料中心的硬件建设要求，新建或将老年活动室改建为老年人日间照料服务中心。

2013年，启动居家养老服务市场化运作，委托上海海阳集团服务管理，由经过专业培训的20名护理员上门为老年人提供以解决日常生活困难为主要内容的服务，包括生活照料、医疗服务及精神关爱服务等。是年，有38名需求对象签订协议，被纳为服务对象。同年，王秀管理区、新明村建成老年人日间照料服务中心，合计建筑面积达3500平方米，服务中心功能齐全，均设有大厅服务台，均有助餐配餐、图书阅览、康复健身、棋牌娱乐、电视讲座等功能。同年，对将全镇各社区老年人日间照料中心建设被列入政府实事工程予以加快推进。为老年人提供上门护理服务和日间照料日托服务成为服务老年人的新模式。

第三节　尊老优待

1994—2006年，各村开展敬老尊老活动，对生活困难的老人和高龄老人给予经济补助和发放尊老金。

2006年，璜泾镇对90岁以上老人进行调查摸底，共有232人，其中100岁老人2人。2007年起，根据市尊老政策，开始统一发放尊老金，全年对233名90岁以上老人发放尊老金26.01万元。除此以外，春节、重阳节等重大节日，镇、村按不同年龄段分别对老人进行慰问，镇级对90岁以上老人春节慰问金为每人100元，村（居）委会根据各自经济状况发放，金额在每人50~80元不等。

2013年，全镇发放尊老金共216.5万元，其中：80~89岁老人2567人，发放标准每人每月50元，共发放142.3万元（年满周岁给予发放。因年龄和死亡因素，有一部分对象领取不足12个月，下同），资金由市、镇各负担50%；90~99周岁老人380人，每人每月150元，共发放71.9万元，资金由市、镇各负担50%；100岁以上老人4人，由市财政发放每人每月500元，共发放2.3万元。

第六章　民政事务

第一节　婚姻与收养登记

一、婚姻登记

1994年，璜泾镇结婚登记按1981年1月1日开始实施的《中华人民共和国婚姻法》执行。结婚年龄为男满22周岁，女满20周岁。男女双方凭户口簿、非直系血亲且非3代以内旁系血亲证明、双方户籍所在村（居）委会出具的未婚证明、其中一方户籍所在村（居）委会的接收证明、证件照3张，到镇民政部门办理婚姻登记。夫妻双方感情破裂，可以向法庭起诉离婚，也可以通过政府民政部门协议离婚。协议离婚前，民政部门先对夫妻双方进行劝解，若经过多次调解，确无和好可能的，给予办理离婚手续。是年，全镇办理结婚登记145对，离婚12对。

2003年，国务院公布的《婚姻登记条例》简化了婚姻登记手续，凭男女双方的身份证、户口簿、两人合照的证件照、体检表，到任意一方的户籍所在地的镇民政办办理结婚登记。是年，全镇办理结婚登记316对，离婚64对。2007年7月起，结婚、离婚登记由市婚姻登记处集中办理，镇民政部门不再办理婚姻登记手续，此规定至2013年无变化。

二、收养登记

1994年起，收养家庭收养子女要到市民政部门登记，确立收养关系。但民间一直存在随意收养问题，因不符合收养条件，造成收养关系难处理。2006年，镇民政办与派出所对全镇收养、领养家庭进行集中摸底调查，共查出被收养人71人。2007年，对收养家庭根据不同情况分别做出处理，对符合收养规定的，由市民政局统一办理收养手续，给予被收养人落实户口；对不符合规定的，做出相应处理。2008—2013年，收养家庭收养子女按收养登记办法规定的权属范围、基本条件、办理程序、所需手续等执行。

第二节　殡葬管理

一、公墓

20世纪90年代，璜泾镇农村的骨灰埋葬主要以墓穴为主，各村村民小组均有相对集中的墓地。1990年7月，璜泾镇在原广乐村杨家桑园基（现荣文村60组）建造经营性公墓，解决市镇老年居民谢世后无墓地的担忧，至2000年公墓安葬基本满穴。2004年，建造公益性飞鹿公墓，位于鹿北路，占地面积38666.67平方米，投资总额1235万元。2008年，扩建飞鹿公墓，新增墓穴1100个，累计9728个，另建办公用房80余平方米。建飞鹿公墓后，实施散坟搬迁，历年墓迁骨灰落葬公墓入穴数为：2004年，雅鹿村迁入1875穴，杨漕村迁入1892穴；2005年，长洲村迁入576穴；2006年，新海村迁入250穴；2007年，新明村迁入659穴。2010年，荡茜村迁入822穴；2013年，荣文村迁入3654穴。

二、安息堂

20世纪90年代，新联村建有安息堂，主要用于寄存骨灰盒。2011年，璜泾镇推进殡葬改革，建造安息堂（时称“聚仙堂工程”），并确立为当年的政府实事工程。2011年1月工程破土动工，2013年基本竣工。安息堂建于璜泾飞鹿公墓内，建3层安息堂大楼1幢，集中焚烧亭2只，骨灰盒寄存格位18250个，可安放34390个骨灰盒。2014年开始投入使用。

璜泾镇安息堂（2017年摄）

第三节 地名管理

1994年，通过以前地名普查和补查更新，璜泾镇有核准的标准地名185条。其中：居委会2个，村委会17个（含江海渔业村），街道17条，自然村117个，古迹1个，桥梁24条，河道4条，公路2条，水闸1座等。在以后的几年中，境内地名无变化。

2000年后，随着璜泾镇社会经济不断发展，以及两次镇区划调整，镇域范围扩大，新增设的道路、小区越来越多，新增地名随之增多，但新增的地名属临时地名，在民间称谓不一，不便社会管理。2005年起，加强地名管理，做好申报核准工作。是年，经太仓市地名委员会办公室核准批复，将环南路更名为荣文路，位于镇区南侧，东起338省道，西至沙鹿公路。2006年，命名标准地名17条，其中：镇区、管理区街道7个，居民住宅小区10个。同年，对镇区主干道设置路牌65块，涉及道路21条。2008年命名住宅小区和商住楼地名2条，2009年命名住宅小区地名1条。

2010年，江苏省开展地名普查，璜泾镇普查地名519条（璜泾、王秀、鹿河合并数），其中：居委4条，村委会13条，街巷33条，农村居民点194条，古迹1条，桥梁77条，河流139条，池塘6条，河堤1条，河港、渡口4条，公路5条，工业区、片区3条，变电站3条，纪念地7条，车站2条，其他（机关、企事业单位等）27条。

2011年，命名住宅小区地名1条，命名道路地名11条。2012年，调整农村住宅小区范围、变更境邻四至边界3个，道路延伸起讫地变更1条，命名农村住宅小区地名4条，命名道路地名8条。2013年，地名无新增及补更。

表17-4　2005—2012年璜泾镇地名命名及补更一览

年份	地名	位置	批复
2005	荣文路	老镇区南侧，东起338省道，西至沙鹿公路	太地名复〔2005〕3号
2006	棉北路	原璜泾土管所北侧，东起338省道，西至西环路	太地名复〔2006〕1号
	园仁路	璜泾老菜场南侧，东起怀仁路，西至园林路	
	湘王路	王秀区，东起沙鹿公路，西至勇和路	
	健康路	鹿河区，东起鹿长路，西至原鹿河卫生院	
	灵影路	鹿河区，东起鹿河大转盘，西至关皇桥	
	玉影路	鹿河区，南起鹿河新集贸市场，北至大转盘	
	北街	鹿河区，东起鹿河老药店，西至北桥	
	园仁新村	东至怀仁路，南至园林路，西至园林路，北至棉北路	
	府南花园	东至玄岳路，南至荣文路，西至园林路，北至火烧浜以南	
	新华花园	东至338省道，南至荣文路，西至蒋泾塘，北至范家宅基	
	永乐花园	东至永乐村6组，南至荣文路，西至老胶木厂，北至玄武路	
	新鹿花园	鹿河区，东至老新泾塘，南至关皇塘，西至鹿长路，北至广太路	
	胜利新村	东至338省道，南至河北街，西至陈大港河，北至荡茜河	
	建设新村	东至马桶浜，南至荣文路，西至陈大港河，北至玄武路	
	互助一村	位于园林路东，东至玄岳路，南至火烧浜，西至园林路，北至玄武路	
	互助二村	东至园林路，南至荣文路，西至荷花新村，北至玄武路	
	荷花新村	东至互助二村，南至荣文路，西至沙鹿公路，北至玄武路	
2008	江南花苑	鹿河区，玉影路东侧，沙鹿公路南侧	太地名复〔2008〕1号、3号
	景秀人家	东至陈大港，南至泾中街，西至怀仁路，北至荡茜河	
2009	康乐苑	东至原供销社商场，南至文昌街，西至原供销社仓库，北至荡茜河	太地名复〔2009〕6号
2011	景栊花苑	东至太海路，南至居民区，西至玉影路，北至江南花苑	太地名复〔2011〕7号、11号
	利华路	永乐村委会北，东起338省道，西至团结桥	
	荷花路	双宏化纤厂南，东起338省道，西至永乐路	
	永丰路	明盛化纤厂南侧，东起338省道，西至原荷花村委会北	
	创新园路	创新工业园，东起园林路，西至沙鹿路	
	万新路	新联村中心河北侧，东起338省道，西至沙鹿路	
	北茜泾路	北茜泾北侧，东起新联姚塘路，西至338省道	
	林海路	东起原海城村3组村道，西至太璜路（原海麒路）	
	凯乐路	王秀长浜以东、肖家浜以西，南起雅裕化纤厂，北至荣文路	
	广新路	陈大港东侧，南起原广新村委会，北至团结桥	
	广乐路	西萄塘西侧，南起雅宏化纤厂，北至荣文路	
	永乐路	位于荣文合成纤维有限公司西侧，南起新荡茜河，北至利华路	

续表

年份	地名	位置	批复
2012	永乐花园	范围调整：东至荷花路，南至肖家浜，西至新华村20组和荣文村59组，北至荡茜河	太地名复〔2012〕3号
	新华花园	范围调整：东南至璜时公路，东北至338省道；西南至棉北路，西北至蒋泾塘	
	新鹿花园	范围调整：东至老新泾塘，南至关皇塘，西至鹿长路，北至恩浜	
	新联花园	东至三漫塘，南至原万新村2组，西至原万新村3组，北至恩诺物流（中国有限）公司	
	荣文花园	东至东璜泾河，南至沙鹿路，西至荣文村28组和35组，北至荡茜河	
	雅鹿花园	东北至关皇塘（鹿河），东南至新太海汽渡公路，西南至338省道，西北至莲蒲塘	
	杨漕花园	东北、东南至马王浜河道，西南至草王公路，西北至建王公路	
	永乐路	起讫变更：南端从利华路延伸至荣文路，北端至新荡茜河	
	长乐路	新华花园内，东至338省道，西至蒋泾塘	
	新联路	新联花园内，东至沙鹿公路，西至原万新3组	
	华南路	荣文花园内，南起沙鹿公路，北至荡茜河	
	雅鹿路	雅鹿花园内，南起338省道，北至关皇塘	
	新明路	新鹿花园内，东起老新泾塘，西至太海公路	
	黎明路	新鹿花园内，东起老新泾塘，西至太海公路	
	杨漕路	杨漕花园内，东起马王浜，西至草王公路	
	陈大港路	陈大港河东侧，南起协星公路，北至镇福利院	

第四节　界桩管理

璜泾镇与常熟市相邻，境内有两处属于璜泾镇管理的界桩，分别为位于雅鹿村14组的4号桩，长洲村31组的6号桩。2013年，配合市开展“平安边界”活动，对两处界桩进行检查，确保界桩完好，方位物明晰易认。

第十八篇　劳动　社保　人事

第一章　劳　动

1994—1996年，镇办企业劳动用工由镇工业主管部门统一安排，劳动部门负责统配。职工工资实行固定工资制，由镇劳动部门审批。1997年后，放开企业用工自主权，实行“劳动者自主择业、市场调节就业、政府促进就业”的政策，为劳动者提供管理服务。职工工资由企业按不低于太仓市最低工资标准与职工协商确定。2001年起，由用人单位与劳动者通过订立劳动合同建立劳动关系，成立工会的企业通过签订集体合同维护劳资双方合法权益。2003年，镇开设人力资源市场，为企业招工和求职者就业提供服务平台。2006年，镇、村建立劳动争议调解组织，及时做好劳资矛盾调解工作。2009年起，抓好职工劳动技能培训和促进就业工作。2010年，开展用人单位用工情况专项检查。2012年，实行劳动用工年审。全镇实施积极的就业政策，不断完善用工制度，推进就业培训工作，加强劳动监察执法，促进经济社会稳定发展。2013年末，全镇第二、第三产业有就业职工47478人。

第一节　劳动就业

1994年前后，乡镇企业所有制属集体性质，企业用工由镇劳动主管部门统一招工、统一分配、统一管理，主要安排非农户口的待业青年、应届初（高）中毕业生、农村失地农民、困难户照顾对象，优先安排有专业技术的人员。对实行个人承包的企业，逐步放开企业用工自主权。1996年乡镇企业产权制度改革后，企业招工由以政府安置和主管部门安排为主，改为按改革要求和企业需求为企业提供劳动就业服务。

1998年起，全镇民营企业等各类非公经济组织发展起来后，根据“劳动者自主择业、市场调节就业、政府促进就业”的政策，政府劳动部门进一步做好就业与再就业工作。同时，政府出台相关政策，鼓励农村剩余劳动力自谋职业、自主创业。2000年起，企业用工由企业根据需要自行招录，政府不再直接安排就业，如有特殊对象需要照顾，则与企业协商安排。

2001年起，全面推行劳动关系三方（企业行政、工会、劳动者）协调机制，通过签订集体合同，加强企业用工管理，同时维护劳资双方合法权益。2003年起，镇劳动和社会保障所为企业搭建招工平台，开设人力资源市场，定期举办现场招聘会。是年，全镇先后有100余家企业进入镇人力资源市场设摊招聘或提供就业岗位信息，共招录职工650名。2005年，镇劳动部门举办就业创业培训班，提高待业人员劳动技能，使120余名求职者成功就业。2007年，为外来务工人员提供就业指导、职业中介服务，通过双向选择，300余名外来务工人员成功就业。2008年7月，璜泾镇被省农村劳务工作协调小组办公室、省劳动和社会保障厅评为2007年度农村劳动力充分转移乡镇。

2010年，镇人力资源市场举办现场招聘会53场，发布招工信息428条，1410人成功求职。2011年，针对企业中出现有些职工不守厂规、无理取闹，有的甚至自残索取赔偿等情况，劳动部门根据企业反映，将涉闹人员（黑名单）信息录入计算机，让企业招录职工时查考，以净化劳动力市场。2012年，全镇用人单位进入镇人力资源市场招聘设摊累计735个（次），提供各种就业岗位23787个；全年报名人数5182人。同年，举办“春风行动”人才招聘会，重点为化纤纺织企业招聘操作熟练工提供服务，全年累计招录644人。2013年，办好每星期2次招聘会，招聘单位为求职者提供5452个就业岗位，成功招录3500人。镇劳动和社会保障所与镇妇联、计生办联合举办“三八”女性专场招聘会，为女性求职者提供就业岗位1000个，成功就业800人。是年末，全镇除农业外，有就业职工47478人（包括外来务工人员），其中33694人就业于第二产业，大多集中在制造业企业；13784人就业于第三产业，以从事商贸业居多。

第二节　职业培训

20世纪90年代，企业职工教育被列入镇成人教育工作计划，每年由镇成人教育中心校根据企业和求职者需求，组织开展成人学历和职工素质教育以及各种实用技术培训。同时，由各企业自行组织培训，培训内容主要有就业上岗培训、操作技术辅导、厂规厂纪教育等。

2000年起，镇劳动部门加强外来务工人员就业上岗培训，帮助他们实现从务农到务工的岗位转换。2003年，境内规模型企业设人力资源部，除负责企业招工、引进人才、安排调动职工工作外，还专门负责职工教育和职业培训。2006年起，劳动力市场的劳务需求由过去的体力型向智力型、技能型转变，镇劳动部门在继续抓好创业培训、就业上岗培训的同时，注重职工的劳动技能培训。2009年，镇劳动部门举办纺织工操作技能培训班2期，129人参加；开展服装工培训，170人参加；开展加弹挡车工培训，47人参加；开展企业保安员岗位培训，35人参加；开展农业工厂化水稻育秧手培训，100人参加；开展蔬菜及园艺栽培技术培训，137人参加。

妇女家政技能培训（2009年摄）

2011年，镇劳动部门举办太仓市首期“SIYB”培训班（即创业培训，是国际劳工组织专门研发的培训小企业家的培训课程），参训134人，帮助创业人员转变就业观念，激发创业意识，掌握创业技能，增强初创企业抗风险能力。至2013年，又举办“SIYB”培训班6期，参训150人。举办计算机应用培训班3期，参训90人。

1994—2008年，全镇职业培训资料缺失，培训情况无从统计。2009—2013年的5年间，镇劳动部门举办创业和各类岗位技能培训班累计65期，参训人员2963人。

表18-1　2009—2013年璜泾镇职业培训情况

培训内容	培训办班（期）	参训人员（人）	培训内容	培训办班（期）	参训人员（人）
实体创业培训	20	608	叉车操作技术	3	70
纺织挡车技能	6	484	司炉操作安全	1	10
服装缝纫技术	9	791	保安上岗培训	1	35
电工电焊常识	4	96	蔬菜绿化园艺	3	167
电脑应用操作	6	148	水稻机插育秧	2	100
设备安装保全	10	454	合计	65	2963

第三节　劳动工资

1994年，全镇企业职工实行固定工资制，按国家劳动部门规定的工资标准，由镇劳动工资科审批。同年，调整企业职工工资结构，提高起点工资标准，企业职工起点工资标准在原劳动部门批准的基础上提高2元，并在每个工资等级上增加20元绝对额。对各企事业单位原大集体性质划归人员进行工资制度改革，改等级工资为技能工资，并调整起点工资，原核定等级起点工资为69元，调整后技能起点工资标准为135元，同时归并企业干部和工人的工资标准和等级，将发给职工的各种补贴，统一合并为综合补贴70.5元。

1996年起，落实企业工资分配自主权，取消指令性工资计划，提出工资指导线，引导企业对职工工资进行合理调整，并有所增长。同年，开始实行太仓市最低工资标准，职工月最低工资标准为240元，以后随经济发展逐年提高。

1999年，根据太仓市《关于调整企业职工工资意见的通知》，调整年度基准线，提高企业技能工资起点标准，一、二、三类企业技能工资起点标准分别提高至260元、250元、240元；职工综合补贴标准从130.5元提高至150元。

2001年起，实行职工工资集体协商制度，由劳动关系三方（企业行政、工会、劳动者）根据劳动部门每年提出的工资指导线标准，协调确定职工工资。未建立工会组织的小企业，由业主根据工资指导线标准及本地现行同工种工资水平，同职工协商确定工资。

2004年起，在企业，尤其是在化纤加弹和服装企业中，业主相互通气，在确保职工工资达到最低工资标准后，自发形成同岗位、同工种职工工资上限行规，避免劳动力市场出现无序竞争的状况。

2007—2013年，镇劳动部门贯彻实施《中华人民共和国劳动合同法》，要求企业严格执行上级核定的企业最低工资标准和小时最低工资标准以及加班工资标准，让企业合法合理结算职工工时工资。

表18-2　2007—2013年璜泾镇职工最低基本工资及加班工资标准

时间	基本工资		加班工资		
	月工资（元）	小时工资（元）	平时加班（元/小时）	双休日加班（元/小时）	法定假加班（元/小时）
2007.1—2010.1	850	4.88	7.32	9.96	14.65
2010.2—2011.1	960	5.51	8.28	11.04	16.55
2011.2—2012.5	1140	6.55	9.83	13.11	19.65
2012.6—2013.6	1370	7.87	11.81	15.74	23.62
2013.7—2013.12	1530	8.79	13.20	17.60	26.40

第四节　劳动争议调处

1994年，镇办集体企业由镇农工商总公司统一管理，职工工资由劳动工资科核定审批，企业劳动争议极少。个别职工提出的异议，大多由所在企业自行处理，劳动工资科给予协助调处。

1996年，企业决定职工工资等分配自主权放大，涉及职工切身利益的矛盾开始出现，镇成立劳动关系协调委员会，牵头做好劳动争议预防与调处工作。1998年，镇劳动管理所设立太仓市劳动争议仲裁院璜泾办事处，选送办事人员进行岗位培训，颁发上岗资格证书。此后，全镇劳动争议调处工作和受理申报劳动仲裁更趋制度化、规范化和法制化。2001年，全面推行企业行政、工会、劳动者三方协调机制，通过签订集体合同、安全卫生集体协议、女职工劳动保护专项合同和职工工资集体协商等方法，明确劳资双方权益，扩大职工知情权，防控劳动争议，减少矛盾纠纷。

2003年起，镇劳动部门加大劳动法规宣传力度，指导企业依法签订劳动合同，明确劳资双方权利和义务。2006年，强化基层劳动争议调解工作，各基层工会均成立劳动关系调解领导小组，全镇13个村均成立劳动关系协调小组，定期或不定期开展劳动争议案件排查分析，一旦出现劳动争议，协调小组及时介入调处。2007年5月29日，苏州市总工会在璜泾镇召开劳动争议调解现场推进会，总结推广璜泾镇做好劳动争议调处工作的做法和经验。同年6月，镇劳动和社会保障所设立综合业务科，承担劳资关系协调职能。

2010年，开展"诚信企业"创建活动，全镇完成304家"诚信企业"申报工作，并陆续进入CA信息网络。同年，对一家破产企业做好矛盾纠纷防范工作，及时了解劳资关系情况，并督促企业兑付职工工资和社保缴费，避免因企业破产而造成不稳定因素。

1994—2013年，镇劳动部门共调处劳资争议案件431件，涉及679人，涉案金额514万元；调处工伤案件176件，涉案金额996万元；受理申报劳动仲裁案件60件，由太仓市劳动人事争议仲裁院裁决，涉案金额263万元。

第五节 劳动监察执法

1994年，镇未专设劳动监察机构，辖区内用人单位使用劳动力情况接受太仓市劳动部门监督检查。1995年，镇劳动管理所设劳动监察协理员1人，具体负责劳动监察工作，上报劳动监察信息。1998年，宣传贯彻《中华人民共和国劳动法》，重点在转制企业中推行劳动合同制度。2000年起，每年对企业实施劳动合同制度情况进行监督检查。

2004年，加强劳动执法工作，重点对企业签订劳动合同、禁止使用童工、落实劳动保护措施、结付职工工资等情况进行专项检查，共检查企业220余家，发现劳动执法不到位问题50余个，事后均按照劳动法规予以处置。

2007年6月，镇劳动和社会保障所设立劳动关系管理科，2009年3月成立璜泾劳动监察中队，全镇劳动监察执法工作得到加强。2010年，对用人单位用工管理、工资支付、职工福利、劳动保护情况进行检查，先后抽查用人单位30家，其中发现1家产权转让企业和1家遭火灾企业存在欠薪问题，涉及职工183人、拖欠工资223万元，事后分别做出处置。2011年，对鹿河的位于长江边上的1家违反劳动法的企业规予以处罚，责令其支付拖欠职工的工资39万元和社医保费用62万元，并给予罚款19000元的处理。

2012年，对500家企业进行劳动用工年审，检查企业职工电子档案15000余份（人）。对35家企业进行用工执法检查，查获使用童工案例1起，对涉案企业给予相应处罚。对8家经营不善、欠发工资的企业进行依法查处，监督企业应发和补发工资172万元，应缴和补缴职工社会保险费39万元。

2013年，做好小微企业（职工8~20人）人事代理工作，列入代理计划企业185家，涉及职工1235人，年内完成与企业签订劳动保障事务代理协议160家，完成代理计划任务的86.5%。同年，镇劳动和社会保障所请律师起草《员工手册》《劳动合同书》《签订劳动合同有关注意事项》《员工就业登记表》《职工代表大会决议》等样本，在送交市劳动和社会保障局审查后发给300余家商会会员企业，由企业根据具体情况做适当修订后使用。

1994—2013年，共组织劳动专项执法检查80次，检查企业4712家（次），查处各类违法案件133件；共受理职工上访投诉案件2109件，处结率100%。

第二章　社　保

1994年,未实行现有的社会养老保险和医疗保险制度,镇办企业职工退休实行镇办企业“小统筹”;农村实行合作医疗制度。1997年,开始推行社会养老保险,镇办企业“小统筹”取消,与社会养老保险制度并轨。同年,用人单位开始参加职工社会医疗保险。1998年,开始宣传并推行农村养老保险。1999年起,动员用人单位参加失业保险和工伤保险及女职工生育保险。2005年,全镇养老、医疗、失业、工伤、女职工生育保险实行“五险合一”后,社保覆盖面不断扩大。2006年,开始实行失地农民土地换保障政策。2008年,因农村合作医疗参加对象不再限于农村村民,市镇居民均可参加,故改称为居民医疗保险。2009年,实施农民补充养老保险。2012年,实行城乡居民社会养老保险制度,农村养老保险与其并轨。2013年,全镇社会养老保险参保人数42281人。

第一节　养老保险

一、城镇基本养老保险

城镇基本养老保险(以下简称“城保”)。1994年,镇办企事业单位实行退休保养统筹制度(始于1987年5月)。镇设有职工退休保养统筹委员会办公室,具体由镇劳动管理所劳动工资科操作实施,负责全镇职工退休保养统筹基金的收缴、使用和管理。

1997年3月,璜泾镇改革企事业单位职工退休保养制度,大集体性质退休职工工资仍由劳资科统筹,其余退休职工工资由原单位发放;对工龄不满15年的亦工亦农退休职工,做一次性买断工龄处理。是年起,镇办退休保养统筹制度取消,按照《太仓市城镇企业职工养老保险制度改革实施办法》,开始实施以社会统筹与个人账户相结合的职工城保制度。

1998年7月,职工城保个人账户的记账比例为职工本人缴费工资的11%;缴费满180个月(15年),方可按月享受养老金。基本养老金按本人退休时上年江苏省与苏州市职工月平均工资的平均数的20%计发。同年,将乡镇企业下岗再就业人员、从事个体职业人员视作自由职业者,纳入职工城保范围,以解决下岗再就业职工的续保问题和个体职业人员参保的后顾之忧。

2000年,广泛开展社保专题宣传活动,扩大社保政策透明度,让广大职工感受养老保障好处,引导职工自觉参保。同年5月,自由职业者社保缴费比例由原来的26.5%降为18%,通过政策调整,吸引更多的自由职业者参保。

2003年,继续做好社保扩覆工作,社保宣传活动深入企业、村、社区。2005年,全镇养老、医疗、失业、工伤和生育保险实行“五险合一”，方便职工参保，提高办事效率。同年，在市镇社区设立劳动保障服务站，隶属太仓市退休人员社会化管理服务中心，由市统一选聘工作人员，为参保退休人员服务，发放联系卡、工资卡、健康服务卡，并为退休人员建立健康档案。

2007年，实施社保信息化“村村通”工程，劳动保障服务站设置延伸到村级社区，基本实现农民“获取就业信息不出村、接受教育培训不出村、办理社会保险不出村、享受社会化服务不出村”的工作目标。2008年，宣传养老保险优惠政策，组织退休人员健康体检，对高龄老人进行生日慰问。通过强化社保服务，引导群众积极参保。

2010年，做好社保缴费基数调整及宣传工作。是年，新增职工城保参保企业51家，累计458家。新增职工城保参加人数625人，累计14901人。2012年，全面实施城保与农保并轨，推进全镇社会保障一体化。

2013年，继续做好社保扩面工作，参加职工城保单位及人数又有了新的增加。年末，全镇有职工城保参保企业552家，参保人数15676人，城保退休人员5811人。

二、农村基本养老保险

农村基本养老保险（以下简称“农保”）。1994年，在乡镇企业工作的农村亦工亦农人员，由所在单位和个人缴纳退休保养基金，参加镇办统筹退保，退休后享受养老金待遇。1997年，镇办统筹退保取消，与社保制度并轨。

1998年3月，根据太仓市政府制定并印发的《太仓市农村社会养老保险实施意见》，璜泾镇开始宣传并推行农保工作。农保坚持“以收定支，略有统筹”的原则，采用个人缴费和集体补助相结合的办法筹集基金。2002年6月起，贯彻实施《太仓市农村社会养老保险暂行办法》，通过会议、板报、画廊、印发资料、街头设摊咨询等形式进行宣传发动，引导农民积极参保。

2004年，实施《太仓市农村社会养老保险暂行办法补充意见》，对用人单位的外来务工人员参加农保实行奖励，如参加农保对象可参加医疗保险，通过这些倾斜优惠政策，鼓励用人单位和个人参加农保。2005年，实施《太仓市灵活就业人员参加社会保险暂行办法》，扩大社保范围，延迟退休年龄，方便灵活就业人员参保，促进就业稳定性和保障性。2007年，实施《太仓市加快农村社会养老保险人员转入城镇社会养老保险意见》，做好农保转城保衔接工作。

2009年1月起，实施《太仓市农民补充养老保险办法》，凡男60周岁、女55周岁以上人员均可自愿参保，缴费比例为20%，其中个人缴纳9%，市、镇两级财政分别补贴9%和2%。2010年，贯彻《太仓市新型农村社会养老保险实施办法》，推进农民补充养老保险工作。2012年，实施《太仓市城乡居民社会养老保险暂行办法》，推进城乡居民社会养老保险制度并轨工作，对特困家庭给予缴费扶持，促进全民参保。2013年末，全镇农保参保人数15993人，农保退休人员6903人。

三、失地农民土地换保障

失地农民土地换保障，俗称“土保”，又称“田保”（以下简称“土保”）。土保是农村失地农民用土地换取退休金的保障制度，璜泾镇从2005年开始宣传，并做好土保调查摸底工作。

2006年6月，镇党委、政府根据市政府关于土地换保障的政策规定，制定《璜泾镇失地农民土地换保障实施意见》，规定失地农民可用一次性缴费的办法，置换城保15年缴费年限，退休后可同样享受城保养老保险待遇。置换对象为1998年7月31日后有确权土地、后被征用、造成全部失地或部分失地的农民。置换总额为21384元，其中全失地农民置换，政府负担70%，个人负担30%；部分失地农民置换，先由个人按村民小组失地比例负担，若今后再失地，个人负担部分由政府按失地比例返还给置换对象。荡茜村因属太仓港港区规划范围，执行港区土保政策，全失地农民置换全额由政府负担。是年6月28日，镇党委、政府召开全镇两级干部会议，部署土保工作。会后，各村及时宣传贯彻，土保工作在全镇全面开展并顺利推进，首批集中办理至9月结束，全失地和部分失地农民进入土保6723人，之后又有失地农民陆续进入，至年底累计达7736人，其中置换后直接达到退休年龄、领取土保养老金5655人。

2007年后，继续加大宣传力度，推进土保工作，每年均有失地农民进入土保。同时，根据上级文件精神，璜泾镇的土保政策也做出相应调整。2010年，为新华、新明、雅鹿等村被征地农民办理土保437人，办理土保退休311人。2012年，新增土保291人，办理土保退休252人。至2013年末，全镇失地农民累计纳入土保10612人，享受土保退休农民6410人。

第二节　医疗保险

一、职工医疗保险

即职工基本医疗保险，以下简称“医保”。1994年，乡镇企业职工医保还未实施社会统筹，医疗费用由各单位报支，报销方式和比例因单位效益差异而有所不同。

1997年4月起，璜泾镇宣传并贯彻《太仓市职工社会医疗保险暂行规定》《太仓市职工医疗保险基金筹集和管理暂行办法》等文件精神，启动职工医保制度改革，动员用人单位参加职工医保，其基金按在职职工工资总额的9%缴纳；在职职工本人按工资总额的2%缴纳，由用人单位在职工每月工资中代扣代缴。自谋职业等灵活就业人员由个人按医保缴费基数缴纳。退休人员不缴纳医保费。

1999年，根据《太仓市完善职工医疗保险制度的若干意见》，对用人单位缴费比例、参保职工个人账户记账比例、医保待遇等进行调整。2000年，根据市政府文件（太政发〔2000〕78号）精神，又对缴费比例、最低缴费年限、个人门诊自负比例、二次住院起付标准等医保政策进行调整和补充。2003年，降低参保人员医疗费的个人自负比例。历次政策调整后，医保制度得到一定完善，更加惠及百姓，以此引导全民参保。

2005年，加强医保管理，对大处方超额配药、保健品充药等做出限制，确保医保制度健康运行。同时，解决历史遗留问题，将原劳动工资科管理在册的退休“小统筹”人员纳入医保范围，解除他们的后顾之忧。2006年起，在实施土保工作中，将失地农民同时纳入医保范围。2007年，提高医保有关待遇，参保人员住院和大病医疗费用报销封顶金额增加，病人抗风险能力增强。

2009年，落实医疗保险“向基层倾斜、向老人倾斜、向特殊疾病倾斜、向特殊人群倾斜”政策，提高参保人员门诊和住院结报比例以及退休人员门诊医疗补助额度，下调药品自费比例，让参保人员得到更多实惠。2010年，全镇新增职工医保参保人数867人，累计8961人。全年职工医保结报人数1512人次，结报金额45.38万元。

2011年起，实施大病医保再保险方案，加大对救助对象、失业人员等群体的保障力度，提高重病人员、困难人群医疗抗风险能力。2012年，全镇新增职工医保参保人数1157人，累计14478人。全年职工医保结报人数2856人次，结报金额171.62万元。

至2013年，全镇职工医保形成基本医保、大病再保、特殊惠保、社会助保的医保体系。全镇累计职工医保参保人数15285人，其中单位参保8739人，自由职业者个人参保6546人。全年职工医保结报人数2754人次，结报金额174.22万元。

二、农村合作医疗

农村合作医疗制度，初创于20世纪70年代初，是农村广大农民依靠自己和集体力量，发扬互助共济精神，在自愿基础上组织起来的农村医疗保障制度。当时，璜泾公社建有合作医疗管理委员会，下设办公室，配备1名专管干部，并兼任合作医疗会计，具体负责合作医疗基金的收缴管理和病人医药费结报以及其它日常事务工作。办公地点设在璜泾卫生院内。80年代中后期，合作医疗曾一度出现基金筹集难、经费管理难等情况，但通过各方努力，这一制度一直坚持下来。进入90年代，合作医疗制度得到巩固提高。

1994年8月起，璜泾镇贯彻执行《太仓市农村合作医疗章程》，坚持“村办镇管”合作医疗管理模式。合作医疗基金由参加者个人和集体筹集。基金分为一般和大额补偿基金两类，一般基金以村为单位核算，积余留用，超支补交，主要用于门诊住院的医药费补偿；大额补偿基金，从一般基金中提取，由镇统筹使用，超支不补，积余留存下年使用，主要用于住院医药费补偿。同年起，合作医疗基金每年收取标准视农民年人均收入变化而调整，医药费报销办法由镇合作医疗管理委员会制定，具体按“量出为入、以收定支、略有节余”的原则实施。

1995年，合作医疗基金收取标准为每人40元，参加对象从村民扩大到镇办企业亦工亦农人员。对镇办企业集体部分的基金采取个人先垫交、以后再由企业补还的方法收取。由此，全镇合作医疗基金总额增加，收缴效率提高。是年，全镇收取基金60万元，比上年翻了一番。

1997年9月25日，璜泾镇合作医疗管理委员会办公室更名为镇合作医疗管理所，其职能得到强化，管理更加规范，合作医疗参加率和基金收缴率不断提高。1999年，全镇农村合作医疗参加人数15600人，占应参加人数17100人的91.2%，

2000年，实施《太仓市农村大病合作医疗暂行办法》，设立合作医疗大病风险基金。规定凡持有本地户口的农村居民，包括未能参加职工医疗保险的城镇居民、企业员工，由村、居委会或单位具体组织，以户为单位参加。外来人员持有本地临时户口或在企业有固定工作的，也可申请参加。

2001年，建立“小病有补偿、大病有保险”的抗风险福利型合作医疗模式，增加对大病人群的补偿力度。是年，全镇参加合作医疗20862人，参加率达88.1%。全年合作医疗支付医药费97.26万元，受益1188人；市级大病风险基金补偿19.15万元，受益50人。同年5月，王秀合作医疗管理所并入璜泾。

2002年，镇政府将农村合作医疗列入村级工作考核内容，与各村签订责任书，以此促进村干部做好宣传发动工作，扩大合作医疗覆盖面。镇合作医疗管理所在镇区和王秀管理区人群集中的地段设立大病风险补偿兑付现场，公布合作医疗基金使用情况及大病风险兑付情况，解答群众对合作医疗政策的疑问，让群众感受合作医疗优越性。是年，全镇合作医疗参加率明显提高，计22117人，参加率达95%，名列太仓全市第一。尤其是王秀管理区各村合作医疗的平均参加率有了大幅度上升，比上年提高了26个百分点。2003年，全镇合作医疗参加率达97.4%，继续保持全太仓市第一。中央电视台《金土地》栏目记者专程到璜泾，对璜泾镇合作医疗的做法、成效及经验做专题采访，并在央视做了报道。

2005年，全镇合作医疗参加人数36188人，农业人口参加人数达到全覆盖，共筹集基金144.75万元。2006年，调整合作医疗政策，加大政府财政扶持力度，增加补偿项目，下调补偿标准线，提高保障水平，让合作医疗更加惠及百姓。2007年4月1日起后，实行IC卡结算。是年，全镇参加合作医疗人数32272人，参加率达99.8%。全年合作医疗支付医药费139.85万元，受益1001人。

2008年4月，镇合作医疗管理所并入镇劳动和社会保障所。同年，农村合作医疗制度转换为居民医疗保险制度，按《太仓市居民医疗保险管理办法》运作。居民医疗保险基金定为260元／人，其中市财政补助110元／人，镇财政补助70元／人，参保居民个人缴纳80元／人。同年8月，镇劳动和社会保障所开设医疗结算窗口，方便群众报销医药费。

2009—2013年，全镇居民医疗保险参保人数因职工医保扩覆而逐年减少，个人缴纳基金标准随保障水平提高而增加。5年间，累计历年参保人数124241人，医疗费结报5144人次，报销总额248.71万元。

表18-3　2009—2013年璜泾镇居民医疗保险（原农村合作医疗）情况

年份	参保人数（人）	个人缴费（元）	医疗结报（人次）	报销总额（万元）
2009	26109	80	889	22.24
2010	26018	120	978	24.46
2011	25388	150	1214	30.36
2012	24255	150	1079	84.62
2013	22471	180	984	87.03
合计	124241	—	5144	248.71

第三节　职工失业保险

1994—1998年，璜泾镇未实施职工失业保险制度。1999年，镇劳动管理所更名为劳动保障所后，开始宣传职工失业保险政策。

2000年，此项工作起步，着手失业保险登记、保险金征缴工作。失业保险金由单位和个人共同负担，单位缴纳上年度职工工资总额的2%，个人缴纳上年度本人工资的1%。其失业保险待遇为：凡参保失业人员，在失业前所在单位和本人足额缴纳失业保险费满1年，享受2个月的失业保险金，最多不超过24个月。失业保险金标准，按失业人员失业前12个月的月平均缴费工资的40%确定。

2002年，失业保险基金同养老保险基金合并，统一申报、结算。之后，全镇失业保险随养老保险的扩面而得到扩覆。2005年，全镇失业保险与养老、医疗、工伤、生育保险实行"五险合一"后，开始执行统一的失业保险制度，不论单位性质、职工性质，均享受统一的失业保险待遇。由于"五险合一"，失业保险覆盖率不断提高。至2013年，全镇失业保险参保人数8952人，先后有568位失业人员领取失业金。

第四节　职工工伤保险

1994—1998年，璜泾镇未实施职工工伤保险制度，若发生职工工伤，由单位自行处理，给予工伤者相应的经济补偿。1999—2002年，工伤保险未能全面推开，只有少数经济效益较好的骨干企业参加工伤保险，在企业养老保险基金中划拨一部分作为工伤保险基金。

2003年起，加大宣传力度，工伤保险被单位和个人普遍接受。2004年，按照《工伤保险条例》，全镇执行统一的工伤保险制度，各类企业、个体工商户开始为职工缴纳工伤保险费，职工个人不缴纳工伤保险费。2005年，全镇工伤保险与养老、医疗、失业、生育保险实行"五险合一"后，工伤保险参保单位和个人迅速增加。

2006年，在督促企业参加工伤保险的同时，建立工伤预防机制，督促企业安全生产软、硬件达标，对危险作业严密监管，对工伤及时救治，规范工伤认定审批程序，通过一系列措施，控降工伤事故，减少工伤支出，促进工伤保险健康运行。

2009年，为减轻企业负担，下调工伤保险基金征缴比例，同时规定老工伤人员工伤复发医疗费用纳入工伤保险基金支付。2010年，贯彻太仓市《关于推行灵活就业人员工伤保险的实施意见（试行）》，吸纳灵活就业人员参加工伤保险。2012年4月起，工伤保险基准费率调整为2%，实行浮动费率制度。2013年，全镇工伤保险参保人数8952人。

第五节　女职工生育保险

1994—1998年，璜泾镇未实施女职工生育保险，若女职工怀孕和分娩，由所在单位按计划生育政策，给予相应的生育福利待遇。1999—2002年，女职工生育保险未能全面推开，大多数民营企业按相关政策给予女职工生育假期及补助，也有少数企业按照相关规定参加并缴纳女职工生育保险费。

2003年起，全面推行女职工生育保险。2004年起，扩大生育保险范围，将计划生育技术服务项目、胎儿免疫缺陷筛选检查等列入生育保险支付范围。2005年，生育保险与养老、医疗、失业、工伤保险实行“五险合一”，男女职工共同参加生育保险，更好地保障女职工的生育权利。之后，生育保险参保率不断提高。至2013年，全镇职工生育保险参保人数8910人。

第三章　人　事

1994年，镇机关事业单位人事管理由镇政府人事办公室负责。是年，镇机关有行政编制人员30人，事业单位有定编人员45人。1995年起，根据机关事业单位工作人员年度考核结果，对符合条件的人员给予正常晋升职务（或级别）工资。1996年，对镇工业公司管理人员进行定编。1997年，推进国家公务员制度，开展公务员初任培训和更新知识培训。1999年起，选配大学生充实到机关工作。2001年，做好机关机构改革方案及行政编制人员的上报审批工作。同年起，面向社会公开招考机关公务员。2003年起，面向社会公开招考事业单位工作人员。同年，镇开设人力资源市场，定期或不定期召开招聘会，为用人单位招聘人才和求职者应聘就业提供方便。2005年，进一步加大人才引培力度，构筑璜泾人才新优势。2008年，开始公开招录优秀大学生到农村工作，称为"大学生村官"。2010年，制定引进高层次人才和激励优秀人才政策，以巩固、发展人才队伍。2013年，继续抓好公务员队伍建设，推进机构改革和人事制度改革，加大对人才资源的开发力度，为全镇经济社会发展提供强有力的人才保障和智力支撑。

第一节　机构编制

一、镇机关编制

1994年，镇党政群机关设工作部门、条线19个，其中党群口有组织、纪检、宣传、工会、团委、妇联、民兵、科协等8个，政府口有民政、司法、文卫、计划生育、村建、环保、科技、人事监察、统计、综治、爱卫等11个，另有财政所，隶属市财政局，为市、镇双重管理单位。是年，镇机关核定行政编制40人，实有行政编制人员30人。此后，按照"转变职能、政企分开、理顺关系、提高效率"的要求，每年进行小范围内机构设置调整。

1997年，镇机关在编工作人员过渡为国家公务员。是年，镇机关核定公务员编制40人，实有公务员33人。1998年11月，在王秀镇并入璜泾后，通过机构调整、人员分流，对原两个镇的党政群各部门、各条线进行合并，是年，镇机关核定公务员编制60人，实有公务员52人。

2001年，镇党政群机构设置及编制有较大调整，改革后设8个综合办公室，分别为党政办公室、党群办公室、社会事业办公室、经济发展办公室、农业工作办公室、财政办公室、镇村建设办公室、社会治安综合治理办公室。是年，镇机关核定公务员编制60人，实有公务员49人。

2003年8月，在鹿河镇并入璜泾后，对原两个镇的党政群机关进行合并，在合并时通过组织调动及干部退线退养，减少在职人员。是年，镇机关核定公务员编制75人，实有行政编制人员67人。2004年起，因干部调动交流，每年在职公务员人数略有增减，2006年实有62人，2008年58人。

2008年，根据《太仓市乡镇机构改革实施意见》，对镇党政群机关机构设置再次进行大调整，由2001年设置的8个综合办公室调整为4个综合办公室以及1个所，分别为党政办公室、经济发展办公室、社会事业办公室、社会治安综合治理办公室和财政所。此次改革后至2013年，镇机关党政群机构设置未变。2013年末，镇机关核定公务员编制74人，实有公务员58人。

二、事业单位编制

1994年，镇下属事业定编单位有7个，定编人员45人，其中1992年及以前定编单位有文化站、农业公司、多服公司、农村经营管理办公室等4个，定编人员28人；1993年定编单位有市建办公室、就业管理所、党校等3个，定编人员17人。1996年10月，镇工业公司管理服务人员定编，定编人员10人。

1997—2002年，在机构设置调整、单位名称更改、重新定编定员时，对满编、超编单位予以控制，不再进入人员；对定员空缺的单位，原则上从其他单位富余人员中调剂。2003年9月，新成立璜泾镇招商服务中心，核定人员编制10人。2004—2007年，无新增事业单位。2008年，对事业单位机构进行调整，有的单位单独建制，有的合署组建，有的单位更改名称。此次调整后，镇管事业单位设置基本无变化。

2013年末，镇管事业单位共设8个，核定编制人数101人，实有定编人员102人（其中编制单位实有87人，安排在其他单位工作15人）。镇管事业单位核定编制及人数分别为：招商服务中心核定10人，实有11人；经济发展中心（含统计站）核定19人，实有12人；经营管理站核定14人，实有19人；农业技术服务站核定20人，实有22人；劳动和社会保障所核定18人，实有15人；建设管理所核定10人，实有5人；文化体育站（含党校）核定5人，实有2人；家庭保健服务所5人，实有1人。

第二节　人事管理

一、招考录用

公务员录用　1994—1996年，镇机关干部由组织、人事部门从村、站所、企业干部及优秀大学生中选拔录用。对选任制干部，通过培训考试后，给予办理转干手续，定编为机关干部；对其他进入机关工作人员实行以工代干，签订聘用合同，称为聘用干部，待行政缺编，再安排名额，通过培训考核，分批由聘用干部转为定编机关干部。3年间，共录用定编机关干部9人。

1997年，推行国家公务员制度，按照上级关于公务员制度实施方案、职位分类、范围界定的文件精神，做好机关干部到公务员的过渡工作。是年，通过过渡培训及考试，镇机关30名编内机关干部转为国家公务员，另有3名编外聘用干部通过考核列入编制，转为国家公务员。1998年起，每年开展公务员初任培训、任职培训和更新知识培训，提高公务员队伍整体素质。

2001年起，除选任制干部、优秀村干部被吸收录用为国家公务员外，对其他人员一律面向社会公开招考。2006年，经市统一招考，吸收录用公务员2人，分别安排到党政办、计生办工作，属镇机关面向社会首批公开招考的公务员。此后，又先后4年通过公开招考录用公务员11人。至2013年，全镇共吸收录用国家公务员18人，其中经市统一招考录用13人，选任制干部转入3人，优秀村干部被录用2人。此外，另有2名优秀村干部参照公务员管理，给予相应待遇。

事业单位人员录用　1994年前后，对镇属单位定编定员，其事业编制名额大多给予符合条件的在职工作人员，一小部分给予有资历、有贡献的镇办企业干部。1996年末，全镇有事业单位定编人员55人，其中将定编作为奖励，给企业干部定编5人。

1998年，王秀并入璜泾后，镇属各单任普遍满编，故对人员进入予以控制，对个别单位岗位人员确有空缺的，原则上从本单位及其他单位富余人员中调剂。2000—2001年，事业单位录用市统一选配的大学生3人。

2003年起，面向社会公开招考事业单位工作人员，至2012年连续10年，每年均有事业单位工作人员录用，累计录用50人。2013年，未招考录用。

“大学生村官”录用　2008年开始，由组织、人事部门选配优秀大学生到农村工作，称为“大学生村官”。是年，有2名省招大学生被录用。2010年，面向社会公开招考“大学生村官”。是年，通过市统一招考，璜泾录用“大学生村官”5人。2011年又录用3名。2012年，镇党委设置5个村副职干部岗位、5个村会计岗位、10个条线干部岗位，通过笔试、面试、演讲等程序，在100多名具有三年工作经历的大学生中，择优录用了本镇籍“大学生村官”20人。同年，又通过市统一招考，录用“大学生村官”3人。2013年再次录用2人。至此，累计招考录用“大学生村官”35人。这批年轻干部充实到基层任职后，村干部队伍的年龄、文化程度结构更加优化。

二、工资管理

1994年，经上年4月工资改革后，机关工作人员实行职务级别工资制，由职务工资、级别工资、基础工资和工龄工资四部分组成。事业单位人员工资由职务工资和岗位目标管理津贴组成，专业技术人员工资分为专业技术职务工资和津贴两部分。是年，机关工作人员年平均工资5960元，事业单位人员年平均工资6010元。

1995年起，机关、事业单位实施正常晋升工资制。10月，首次对上年度考核获评合格及以上等次的事业单位人员正常晋升一档职务工资。1996年10月，首次为连续两年考核获评称职及以上等次的机关工作人员正常晋升一档职务工资。1997年，做好机关公务员新工资制度的补充完善平稳入轨工作，公务员基础工资由每人每月90元调至110元；对事业单位人员调整职务（岗位）工资，在原工资标准上每月增加14元。是年，机关公务员年平均工资12000元；事业单位人员年平均工资9360元。

1999年，为机关公务员调整基础工资和提高级别工资；为事业单位人员调整职务（岗位）工资。2002年，实施人事管理信息化，建立公务员工资数据库。2004年，完成对机关、事业单位人员职务变动、职称变动、定编定级等变动工资审批185人。

2006年10月，实施机关、事业单位工资制度改革，涉及工改人员184人，其中公务员62人，事业单位人员122人。工改后机关公务员月基本工资及津补贴总额16.99万元，人均2740元。事业单位人员月基础工资及津补贴总额14.28万元，人均1170元。同年起，实施优秀村干部人事关系挂靠代理，对符合挂靠对象、条件，并经镇、村两级干部票决推定的村、社区主要干部，给予办理人事关系挂靠手续，待退休后参照事业单位人员享受相应待遇。

2008年，对机关、事业单位人员调整工资，调整后机关公务员月基本工资及津补贴总额16.53万元，人均2850元。事业单位人员月基本工资及津补贴总额19.6万元，人均1735元。2012年10月，对事业单位人员实行绩效工资制。

2013年，对机关公务员工资给予"两年晋档""五年晋级"，两年晋档涉及2人，晋升后人均级别（岗位）工资422元，比晋升前增28元；五年晋级涉及7人，晋升后人均级别（岗位）工资992元，比晋升前增38元。对事业单位工作人员上年度考核获合格及以上等次的，给予晋升薪级工资，涉及107人，晋升后人均薪级工资419元，比晋升前增23元。是年末，机关公务员124人（其中在职58人，退休66人），人均年工资收入12.78万元；事业单位人员188人（其中在职102人，退休86人），人均年工资收入8.66万元。

三、考核奖惩

1994年起，对在编机关干部、事业单位人员进行年度考核。对机关干部考核分优秀、称职和不称职三个等次，先由被考核对象做年度个人总结和自我评定，填写考核登记表，再由单位主要负责人签署评鉴意见，召开全体机关干部会议投票，最后由镇考核小组根据民意测验情况评出等次，提交镇党委审定。是年，考核32人，其中评为优秀的4人，称职的28人。对事业单位人员考核分优秀、合格、不合格三个等次。是年，考核55人，其中评为优秀的6人，合格的49人。同年起，机关干部、事业单位人员年度考核结果与工资晋升挂钩。机关干部连续两年考核获评称职及以上等次的，在次年给予正常晋升一档级别工资；连续三年获评优秀等次和连续五年考核获评称职及以上等次的，给予晋升一级级别工资。事业单位人员年度考核获评合格及以上等次的，给予正常晋升一档薪级工资。

2000年起，事业单位人员年度考核增加基本合格等次。2001年起，机关公务员年度考核增加基本称职等次。此后至2013年，机关、事业单位年度考核制度未变。

1994—2013年20年间，对机关公务员共考核1046人次，其中被评为优秀的112人次；对事业单位人员共考核1615人次，其中被评为优秀的167人次。在机关、事业单位中，受个人嘉奖的有32人；受行政处分开除公职的有5人。

第三节　人才开发

1994—1996年，镇、村办企业实行高中专以上毕业生优先录用政策，重视招录文化程度高、岗位适应能力强的职工。同时，重视招聘技能人才，从上海等地大专院校、科研单位、国营大企业聘请工程师、技术员。1997年起，重视招录大中专毕业生充实职工队伍。至1998年，全镇有450余名中专生在工业企业生产一线工作，有100余名大专生在管理岗位工作。

1999年，20余家新办私营企业进入太仓市人才市场招聘人才，成功招录管理人员和专业技术人才50余名。2000年，组织民营企业先后参加太仓市春、夏人才市场交流会，共有30余家企业进场招聘设摊，达成意向500余人次，成功招录企业管理人员36人和技术工人220余人。同年，组织6家民营企业业主参加太仓市组团，赴本省和外省大城市招聘人才，成功引进化纤纺织技术领域高级职称专业人才3名。

2001—2003年，先后有12家规模企业与太仓、苏州等大中专院校开展人才招聘、对接、洽谈活动，成功引进企业管理人才、产业紧缺人才、专业技术人才、产品研发人才等300余名。先后有100余家企业进入镇人力资源市场设摊招聘人才，成功招录企业管理人才80名、特种岗位专业技术人才120名。

2004—2006年，全镇共引进化纤加弹等相关领域高级技术人才77名。2008年下半年，雅鹿等企业参加太仓市组团，赴广州招聘创业创新人才，引进高层次人才12人。

2010年起，定期走访慰问企业高层次人才，落实各项人才政策；做好高层次人才项目资助申报工作，为他们技术革新、产品开发创造条件；开展校企合作，做好大中专毕业生实习和就业推荐工作。

2013年，全镇拥有大专学历以上各类人才2750人，其中高级工程师、高级经济师等高层次人才21名。在各类人才中有太仓市创新创业领军人才7名，姑苏创业领军人才3名，省创新创业人才1名。

第四章　管理机构

第一节　劳动和社会保障所

镇劳动、社保管理机构设镇劳动和社会保障所（以下简称“社保所”）。前身为1983年建立的乡工业公司的劳动工资科。1988年8月乡成立劳动服务公司，1992年更名为就业管理所。1993年6月30日，镇农工商总公司（原工业公司）劳动工资科并入镇劳动服务公司，合并后称璜泾镇就业管理所。1994年8月，改称璜泾镇劳动管理所。1999年6月，更名为璜泾镇社会保障所。2001年10月，又更名为璜泾镇劳动和社会保障所。该所为公益类事业单位，正股级建制，核定人员编制18人，下设综合业务科、社保业务科、劳动关系管理科等三个职能机构，主要负责全镇劳动力资源开发和就业管理服务；镇社医保业务指导管理；全镇职业技能培训和职业技能鉴定的组织实施；劳动关系调整和监察、劳动争议预防与处理，规范企业工资支付行为；负责辖区内劳动保护，包括未成年人、女职工劳动保护和全镇企业退休人员社会化管理服务等工作。至2013年，劳动和社会保障所设置未变，所址在政府机关大院内。

1994—2013年，历任所长：冯惠栋（1994.1—1998.3）、胡长根（1998.3—1999.1）、徐跃进（1999.1—2003.9）、金敏学（2003.9—2010.1）、周惠珍（2010.1—　）。

第二节　人事办公室

1994—2013年，镇人事管理机构设人事办公室，具体负责机关事业单位机构编制报批和工作人员招考录用、工资管理、年度考核等人事管理，与镇科技办公室、镇劳动和社会保障所共同做好人才开发工作，与镇组织办公室一起做好老干部工作等。镇人事办公室负责人一直由政府人事助理瞿卫星担任。

第十九篇 教育 科技

第一章　教　育

1994年，境内有公办幼儿园1所——璜泾中心幼儿园，还有10所村办幼儿园。有小学1所——璜泾中心小学，完中1所——璜泾中学。

1998年，王秀并入璜泾，王秀幼儿园、王秀小学纳入璜泾镇管理。1999年8月，王秀中学并入璜泾中学。2000年2月，璜泾中学增挂“太仓市荣文高级中学”牌子。是年5月，璜泾中学在新华村2组移地重建。2001年9月，学校整体搬迁至新校区。2003年，鹿河并入璜泾，鹿河幼儿园、鹿河小学纳入璜泾镇管理。同年7月，璜泾中学高中部停止招生。2004年8月，经太仓市机构编制委员会批准，撤销璜泾中学（荣文高级中学）、鹿河中学、璜泾中心小学三机构，合并组建太仓市荣文艺术学校。2005年，学校更名为太仓市荣文学校。2008年8月，璜泾镇幼教中心成立，荣文、王秀、鹿河三所幼儿园同时纳入璜泾镇幼教中心管理。2010年8月，新华村在市政府、镇政府支持下，新建来太务工子弟学校——新华小学。至2013年，全镇共有幼儿园3所，小学4所，九年一贯制学校1所。

第一节　幼儿教育

一、概况

1994年，境内有公办幼儿园1所，即璜泾中心幼儿园，还有10所村办幼儿园。从1995年开始，村办幼儿园陆续开始撤并。1998年王秀并入璜泾，2003年鹿河并入璜泾，王秀幼儿园和鹿河幼儿园相继纳入璜泾镇管理。至2004年，璜泾10所村办幼儿园撤并完成，全部并入璜泾中心幼儿园。2008年8月，成立太仓市璜泾镇幼教中心，下辖荣文、王秀、鹿河三所幼儿园。幼教中心成立后，重视改善办园条件，优化师资队伍，提高办园水平。在全镇幼教系统协调管理上，积极探索“合而不同，彰显个性”的发展之路，以此寻找三园间相互扶持、相互促进、相互融合而又极具个性之处，从而达成共识、凝聚合力。在幼教实践中，不断拓展、构建0~6岁完整的学前教育体系，把素质教育的视线延伸到人生的初始阶段。幼教中心带领三园完成了苏州市教育学会“十一五”课题《环保教育在幼儿园课程中渗透的方略研究》，开展苏州市教育科学“十二五”规划课题《幼儿园美术活动中学习共同体构建的案例研究》，并已取得预期效果。

2011年，幼教中心在太仓市内率先通过创建，办成“苏州市0~3岁科学育儿示范基地”，2012年又通过创建，获评“江苏省科学育儿示范窗口”。

2013年，全镇共有幼儿园3所，28个班级，在园幼儿1041人，专任教师67人。

二、幼儿园简介

荣文幼儿园　全称太仓市璜泾镇幼教中心荣文幼儿园。原是里人狄君武为纪念他去世的母亲而成立的“藏贞幼稚园”，于1936年创办，1951年“幼稚园”改称“幼儿园”。

1993年，称璜泾中心幼儿园，地址位于原广乐村10组境内，占地2010平方米，建筑面积668平方米。1994年幼儿园易地重建，新园址位于荣文路1号（原华南村3组境内），占地9990平方米，建筑面积2000平方米，是年暑期新园启用。幼儿园隶属璜泾中心小学，人事及经济由璜泾中心小学管理，幼教业务由幼儿园自行管理。1997年，幼儿园被评定为太仓市一类幼儿园和常规管理合格幼儿园。2002年被评为苏州市现代化幼儿园。

2003年，在园内扩建教学用房，建筑面积增至4558平方米。增添硬件设施，园内设有大型塑胶跑道、草坪、假山、亭台、鹅卵石小道、小山坡、玩水池、种植园和大型玩具等，为幼儿创设富有童趣和挑战的活动环境；配备多功能活动室、图书阅览室、科探室、亲子教室、创意坊等五个专用教室。是年，被苏州市教育局评为“幼儿教育先进主办单位”，同时获“苏州市优质幼儿园”称号。2007年，获“江苏省优质幼儿园”称号。

璜泾幼教中心荣文幼儿园（2018年摄）

2008年8月，幼儿园更名为荣文幼儿园，纳入璜泾镇幼教中心管理。幼儿园先后承担太仓市“九五”规划课题《普通话与幼儿语言发展的实践研究》、“十五”课题《优化班级常规，促进幼儿发展的实践研究》研究任务，均顺利结题。老师撰写的论文分别在国家、省、市级刊物发表或获奖。幼儿园以“服务当代，面向未来，办人民满意幼儿园”为办园宗旨，以发展孩子个性、开发孩子潜能、促进孩子整体和谐发展为核心，努力为孩子提供丰富适宜的课程，促进孩子健康成长，形成“传播绿色文化，树立科学品质”办园特色。2013年有班级13个，幼儿515人，专任教师32人，其中本科学历11人，大专学历19人，中专学历2人。

1994—2013年，历任园长：周瑞亚（1994.8—2003.7）、薛锦芬（2003.8—2006.7）、戴庆红（2006.8—2008.7）、夏芳（2008.8—　）。

王秀幼儿园　全称太仓市璜泾镇幼教中心王秀幼儿园，创办于1984年，是一所农村公办幼儿园。1992年乔迁于王秀区勇和路，2011年7月原地重建，2013年2月搬入新教学楼。幼儿园占地面积3250平方米，建筑面积1980平方米，绿化面积432平方米。园所拥有塑胶场地200平方米，两座多功能大型玩具，多个小型户外玩具。

王秀幼儿园（2017年摄）

1994—2013年，幼儿园本着“全心全意为幼儿服务，为家长服务，为社会服务，办人民满意的幼儿园”的办园宗旨，以“用爱养育、用心教育，尊重幼儿、培养兴趣”为办园目标，树立“团结、向上、求实、创新”园风，在20年幼教工作中取得众多荣誉。老师撰写的20多篇论文分别在国家、省、市级刊物发表或获奖。2004年被评为太仓市合格幼儿园；2010年被评为太仓市优质幼儿园；2013年被评为江苏省卫生保健合格园、苏州市优质幼儿园、苏州市“绿色学校”。

2013年有班级6个，幼儿186人，专任教师13人，其中本科学历5人，大专学历7人，中专学历1人。1994—2013年，园长时佳英。

鹿河幼儿园 全称太仓市璜泾镇幼教中心鹿河文灿幼儿园，是一所全日制公办幼儿园，创办于1973年，原名鹿河小学幼儿园。1993年1月5日，幼儿园异地新建，举行形式奠基仪式，新址位于鹿长路和灵影路交会处的西南侧，新建时将园名改为“鹿河文灿幼儿园”。占地面积3630平方米，建筑面积2760平方米，绿化面积630平方米，户外活动面积1512平方米。园所拥有塑胶场地1200平方米，两座多功能大型玩具，多个小型户外玩具。2008年8月，纳入璜泾镇幼教中心管理。

幼儿园本着“一切为了孩子”的办园宗旨，以“体验民间游戏、传承民间文化”为办园特色，重视教育科研工作的开展，先后承担太仓市级课题研究2项，并顺利结题，教师撰写的论文分别在国家、省、市级刊物发表或获奖。

1996年，幼儿园被评为太仓市一类幼儿园；1998年，被评为太仓市首批现代化幼儿园；2000年，被评为太仓市常规管理一级幼儿园；2003年，被评为苏州市现代化示范幼儿园；2011年被评为江苏省优质幼儿园。

2013年有班级9个，幼儿340人，专任教师22人，其中本科学历5人，大专学历14人，中专学历3人。1994—2013年，园长管榴红。

第二节　小学教育

一、概况

1994年境内有中心校一所，即璜泾中心小学，另有新明、新联、新塘、长江四所村校，实行复式教学。2000年8月完成村校撤并工作，4所村校并入中心校，实现一镇一校格局。1998年、2003年，王秀、鹿河先后并入璜泾，王秀小学和鹿河小学随之纳入璜泾镇管理。2004年8月，璜泾小学、璜泾中学、鹿河中学三校合并组成太仓市荣文艺术学校，一年后学校更名为太仓市荣文学校。至2013年，境内有小学4所，即荣文学校小学部、王秀小学、鹿河小学、新华小学，共有73个班级，在校学生2962人。

二、学校简介

璜泾中心小学 全称太仓市璜泾中心小学，简称“璜小”，前身是清光绪二十九年（1903）狄为璋创办的初等小学堂。民国4年（1915）更改校名为璜泾第一国民学校，1950年改称太仓县璜泾中心小学。1969年，撤销中心小校，更名为璜泾公社五七小学。1978年恢复原校名璜泾中心小学，被列为县重点小学。

1994年，校址位于文昌街，占地面积7311平方米，建筑面积3941平方米，运动场面积3500平方米，有三幢教学楼和一幢办公楼。

2003年10月8日，璜泾镇举行“太仓市荣文艺术学校”揭牌仪式

2000年8月完成村校撤并工作，新明、新联、新塘、长江四所村校并入中心校。2003年10月，在璜泾中心小学建校100周年校庆时，学校更名为太仓市荣文艺术学校。2004年8月，璜泾教学资源整合，学校撤并，成为太仓市荣文艺术学校小学部。

1994—2003年，璜小在教学用房用地紧张、设施设备落后的情况下，坚持教育改革，深化素质教育，狠抓制度建设，培养师资队伍，注重办学特色。通过艰苦办学，负重拼搏，学校教学质量提高，学生文化成绩提升。同时，学校民族音乐教学彰显特色，成绩显著。自1995年学校创办学生民族乐团后，共培养二胡、琵琶、笛子考级六级以上学生103名，其中十级36名。乐团曾到新加坡、中国香港交流演出，深受好评，载誉而归；参加各级各类文艺演出，彰显水准，频频获奖；学校先后举办三届艺术节，场面大、品位高。1997年，著名笛子演奏家陆春龄称璜小是“少儿民乐的摇篮”。2000年，学校成为“苏州市教育学院音乐教育实验学校”，获“江苏省学校艺术教育工作先进集体”。2001年，被教育部誉为“乡村艺术教育之花”。

2003年，全校有班级30个，学生1420人，教职工79人，其中小学高级教师42人。1994—2004年，校长：吕友良；书记：潘洪元（1981.8—1995.7）、吕友良（1995.8—2004.7）。

表19-1　1994—2003年璜泾中心小学教学事业统计

年份	班级数（个）	学生数（人）	教职工数（人）	年份	班级数（个）	学生数（人）	教职工数（人）
1994	21	966	72	1999	26	1259	78
1995	23	976	70	2000	25	1213	80
1996	26	1134	68	2001	25	1252	79
1997	27	1269	83	2002	25	1319	78
1998	26	1247	73	2003	30	1420	79

注：1994年数据为1994—1995学年度第一学期数据，以下类同。

王秀小学　全称太仓市璜泾镇王秀小学，学校创办于清光绪三十一年（1905），初名王秀桥启秀小学堂。1953年，为归庄乡长安小学。1983年设立王秀乡，为王秀乡中心小学。1993年撤乡建镇，为王秀镇中心小学。1998年王秀并入璜泾，为璜泾镇王秀小学。学校位于王秀永安路，占地面积8850平方米，建筑面积6270平方米。

学校秉着“以人为本，面向全体，培养特长，和谐发展”的办学理念，成为一所育人环境优美、教师队伍优秀、办学条件优良、教育质量优异的现代化农村小学。学校先后获江苏省健康促进学校铜奖，获“苏州市绿色学校”“苏州市常规管理示范小学”“苏州市教育现代化学校”“苏州市德育先进学校”“苏州市教育技术装备管理先进学校”“苏州市青少年业余训练先进集体”“太仓市文明校园”等荣誉称号。

2013年有12个班，在校学生435人，教职工33人，其中专任教师32人。教师中，中级职称16人，太仓市学科带头人1人。

1994—2013年，历任校长：冯建良（1994.8—2003.7）、刘英（2003.8—2006.7）、杨浩中（2006.8—2013.7）。书记：孙乐山（1994.8—2003.7）、刘英（2003.8—2006.7）、杨浩中（2006.8—2013.7）。

表19-2　1994—2013年王秀小学教学事业统计

年份	班级数（个）	学生数（人）	教师（人）	职工（人）	年份	班级数（个）	学生数（人）	教师（人）	职工（人）
1994	16	716	52	2	2004	16	724	46	2
1995	16	705	54	2	2005	15	653	43	2
1996	15	692	53	2	2006	14	602	43	2
1997	16	734	56	2	2007	14	592	42	2
1998	18	890	53	2	2008	14	571	44	2
1999	18	655	50	2	2009	14	550	44	2
2000	18	643	53	2	2010	13	511	43	2
2001	18	640	50	2	2011	12	477	41	2
2002	18	740	51	2	2012	12	446	38	2
2003	17	786	54	2	2013	12	435	32	1

鹿河小学　全称太仓市璜泾镇鹿河小学，旧称鹿河小学堂。创办于1903年，原借用鹿河镇西崇福道院一隅为校舍。中华人民共和国成立后，更名为鹿河乡中心小学。1993年撤乡建镇，为鹿河镇中心小学。2003年9月，百年校庆，适逢鹿河划入璜泾镇，遂更为现名。2007年学校原地重建、扩建。校址位于鹿河集镇玉影路18号，占地面积1.45万平方米，建筑面积6248平方米。

学校坚持“以人为本、科学管理、身心健康、和谐发展”的办学理念，贯彻“以德立校、依法治校、科研兴校、特色活校、质量强校”的办学思想，成为一所基础扎实、管理规范、特色彰显的现代化农村小学。学校先后获“苏州市常规管理示范小学”“苏州市德育先进学校”“江苏省绿色学校”“苏州市教育现代化小学”“江苏省诗教先进单位”等荣誉称号。

鹿河小学（2018年摄）

2013年有18个班，在校学生671人，教师46人，其中专任教师45人。教师中，高级职称的1人，中级职称的12人。

1994—2013年，历任校长、书记（兼任）：顾振华（1994.8—2003.7）、陆凤鸣（2003.8—2006.7）、

李燕（2006.8—2013.7）。

表19-3　1994—2013年鹿河小学教学事业统计

年份	班级数（个）	学生数（人）	教师（人）	职工（人）	年份	班级数（个）	学生数（人）	教师（人）	职工（人）
1994	27	999	52	12	2004	20	976	46	—
1995	27	1021	48	12	2005	20	934	43	—
1996	28	1105	55	7	2006	19	883	43	—
1997	28	1145	57	5	2007	22	850	47	—
1998	28	1102	59	—	2008	22	856	48	—
1999	19	789	43	—	2009	21	798	46	—
2000	24	929	54	—	2010	18	734	47	—
2001	19	940	53	—	2011	18	716	48	—
2002	19	924	52	—	2012	18	675	48	—
2003	19	916	44	—	2013	18	671	46	—

新华小学　是璜泾镇一所民办外来民工子弟学校。2005年8月，由安徽霍邱籍女青年王彬创办，校址位于新华村21组（原前进村12组），教学用房借用民房。初办时，仅有3个幼儿班，17名学生，称璜泾镇育新学校。2006年招收小学一年级新生。2007年暑假搬入原奥华制衣厂内，在校学生增至320人，教职工19名。

2009年7月，太仓市规范管理外来务工子弟学校，经公开招投标、多轮竞选，王彬获得办学资格。2010年，新华村得到上级支持，筹资800余万元，实施学校易地迁建工程，是年1月动工，8月竣工，9月正式开学启用，学校更名为太仓市新华小学。新校址位于新华村31组（原长乐村6组境内的长乐小学地块），占地面积1.45万平方米，建筑面积5200平方米。学校分小学和幼儿园，学生规模扩大至670人，教职工人数达32人。

2012年，新华村又筹措资金240余万元和40余万元，分别建成新的幼儿园和操场。至2013年，在上级支持下，经校方努力，学校办学条件得到改善，校内设有图书室、电脑教室等，每个班级配有投影仪、液晶电视，每间教师办公室配备电脑。校舍宽敞明亮，教学管理得到进一步规范和提升。是年，开设班级13个，有学生607人、教师27人、后勤职工9人，另有幼儿园学生376人、教师13人、后勤职工8人，合计在校学生达983人。

表19-4　2005—2013年新华小学教学事业统计

年份	班级数（个）	学生数（人）	教师（人）	职工（人）	年份	班级数（个）	学生数（人）	教师（人）	职工（人）
2005	6	76	7	3	2010	10	486	21	6
2006	6	163	11	4	2011	12	512	22	7
2007	6	284	13	5	2012	13	611	25	8
2008	8	375	17	5	2013	13	607	27	9
2009	9	421	20	6					

第三节　中学教育

1994年，境内有完中一所——太仓市璜泾中学。前身为私立璜水初级中学，由狄君武借用西塔庙于1947年秋创办。后学校几经易名，1949年8月定名为太仓县璜泾初级中学。1968年，学校增设高中班，初级中学发展成完全中学，学校更名为太仓县璜泾中学。1993年太仓撤县建市，更名为太仓市璜泾中学。1997年4月，璜泾中学举行50周年校庆。1999年8月，王秀中学并入璜泾中学。2000年2月，经太仓市机构编制委员会批准，学校增挂“太仓市荣文高级中学”牌子。同年5月，学校易地重建，2001年9月新校落成启用，校址位于园林路518号（新华村2组境内），校园占地面积6.86万平方米，总建筑面积2.22万平方米，校园功能区分合理、环境优美，成为符合现代化教育要求的完全中学。2002年5月，荣文高级中学被确认为苏州市合格重点高中。2003年4月，璜泾中学被确认为江苏省示范初中。7月，荣文高中停止招生。2003—2004学年度，有初中28班，高中12班；有初中生1198人，高中生620人，教职工127人。

2004年8月，经太仓市机构编制委员会批准，撤销璜泾中学高中部（荣文高级中学），初中部与鹿河中学、璜泾中心小学合并，组建太仓市荣文艺术学校，成为小学至初中九年一贯制教学机构。

学校坚持抓方针落实，抓班子建设，抓内部管理，抓教学研究，教学工作取得可喜成绩。1994—1996年，学生高考连续3年考出好成绩，每年被高校录取的人数，在太仓市同类学校中名列前茅。1996年，学生韩岚岚获太仓市高考外语类第一名。2000年后的几年间，高校录取人数成倍增长，2004年高校录取人数达201人，校长和学校均受市教育局嘉奖。从1977年恢复高考到2004年的28年中，学校共有1370人被高校录取，曾有4位高中学生在全市高考中折桂，分别获太仓市高考文科类、理科类、外语类第一名。初中毕业会考平均成绩多年保持在全市前六名，曾有2名初中学生在中考中考出全市第一名的好成绩。

学校历来重视体育工作，并取得好成绩。校男排曾八次蝉联太仓市中学生男排比赛冠军，还代表苏州地区多次出席省赛，均获得较好成绩。校男篮三次蝉联太仓市中学生男篮比赛冠军，两度参加苏州市中学生男篮比赛，均获亚军。桥牌是学校特色项目，2003年，学校中学生桥牌选手在福建漳州举行的全国首届中学生桥牌锦标赛中获团体第五名、双人赛冠军。

学校在实施普通教育的同时，又开办了各类职业班，曾办过棉纺班、文秘班、木模班、电视中专班、服装班、石化班、财经班、电力班、商检班，为社会输送了众多职业技术人才。

2000年，学校被评为“江苏省实施素质教育先进学校”；2001年，被评为“苏州市德育先进学校”；2004年，被评为“苏州市特色体育项目（桥牌）学校”。

1994—2004年，历任校长：丁保兴（1994.8—1997.7）、王耀琪（1997.8—2003.7）、俞惠忠（2003.8—2004.7）。书记：黄振民（1993.8—1997.7）、曹凤鸣（1997.8—2004.7）。

表 19-5　1994—2003 年璜泾中学教学事业统计

年份	班级数（个）			学生数（人）			毕业生数（人）			教职工数（人）	
	初中	高中	职业	初中	高中	职业	初中	高中	职业	教师	职工
1994	14	6	2	647	212	67	202	88	—	92	27
1995	14	6	4	659	250	143	223	63	—	92	26
1996	14	6	4	581	272	156	169	64	—	90	25
1997	12	8	5	448	358	201	230	78	18	99	22
1998	12	8	4	449	359	159	231	100	87	97	21
1999	19	6	6	919	275	163	92	83	40	124	23
2000	22	2	5	1080	102	178	186	174	62	120	23
2001	21	6	3	1000	312	130	363	102	—	119	23
2002	20	12	2	926	627	81	330	40	—	124	23
2003	28	12	—	1198	620	—	323	82	—	106	21

第四节　九年制学校教育

2003年7月，璜泾中学高中部（荣文高级中学）停止招生。2004年8月，璜泾中学初中部与鹿河中学、璜泾中心小学合并，组建太仓市荣文艺术学校，实施小学6年加初中3年的九年一贯制教学。学校位于璜泾镇园林路518号，占地面积6.86万平方米。学校合并后，又新建了部分校舍，教学用房总建筑面积增至3万平方米。2005年8月，学校更名为太仓市荣文学校。

荣文学校一隅（2016 年摄）

校行政确立“以教学质量为根基，以艺术教育为特色，以全面发展为宗旨”的办学目标，坚持深化改革、教育创新，注重整合三校优势，创设和谐校园氛围，不断提升办学水平。

2013年，有51个班，其中小学30个班、初中21个班。在校学生2101人，其中小学生1249人、初中生852人。有专任教师162人，其中高级职称9人，中级职称54人。

2004—2013年，历任校长：吕友良（2004.8—2009.7）、胡培德（2009.8—2011.7）、顾玉林（2011.8—2013.7）。书记：曹凤鸣（2004.8—2009.7）、吕友良（2009.8—2011.7）、顾玉林（2011.8—2013.7）。

表 19-6　2004—2013 年荣文学校教学事业统计

年份	班级数（个）			学生数（人）			教职工数（人）		
	合计	小学	初中	合计	小学	初中	合计	教师	职工
2004	54	30	24	2480	1426	1054	204	194	10
2005	55	31	24	2514	1437	1077	184	167	17
2006	56	32	24	2509	1449	1060	179	163	16
2007	56	32	24	2439	1402	1037	189	179	10
2008	56	32	24	2246	1346	900	186	176	10
2009	55	31	24	2157	1320	837	184	174	10
2010	54	31	23	2141	1240	901	182	172	10
2011	53	30	23	2169	1253	916	181	171	10
2012	53	30	23	2124	1234	890	172	162	10
2013	51	30	21	2101	1249	852	170	162	8

注：2004 年有高二 6 个班，学生 317 人；有高三 6 个班，学生 303 人。

第五节　成人教育

一、机构

境内成人教育主要机构为成人学校，简称“成校”。1984年，成立璜泾镇成人中心校，在镇政府大院内办公，专职教师1人。1993年迁入怀仁路原璜泾中心幼儿园内，有专用教室4间、办公室1间、资料室1间、档案室1间，专职教师2人。1999年，王秀镇成校并入璜泾镇成校。2003年鹿河镇成校并入璜泾镇成校，专任教师4人。2004年，成校迁至鹿河管理区原鹿河政府大院内，用房面积260平方米，其中专用教室116平方米，专任教师3人。2010年起，成校办公移至新落成的镇文体中心，教学资源与镇文体站共享。专职教师中有中级职称2名、高级职称1名。

1994—2013年，校务委员会由镇政府分管教育的副镇长和镇农工商总公司有关职能科室及科教文卫各部门负责人组成，校长先后由分管教育的副镇长黄品振、周建元、高雪飞、张永新、周志强兼任。配备一名专职副校长主持日常工作，专职副校长先后由王锡祺、潘济良、林耀明、吕友良担任。

为有利于开展成人职业技术培训，成校还聘任一批富有教育经验的各业专技人员为兼职老师。

获得荣誉：1989年，成校获“农村妇女文化技术课本施教先进单位”称号；1993年，获评“太仓市高标准扫除青壮年文盲单位”；1994年，被评为“苏州市示范学校”。获评“1993—1994年度苏州市农村成教先进单位”“1997—1998年度苏州市老年教育先进集体”“1998—1999年太仓市成教先进集体”。2003年，被列为太仓市首家“苏州市级农科教结合示范基地”；2010年，获评“江苏省社区教育中心”；2012年，被列为省级“高水平农科教结合富民示范基地”。

二、主要工作

1994年起，成教工作已完全从过去农村扫盲工作转向以全面提高农村劳动力劳动技能和基本素质为主。在施教中，坚持服务“三农”，1994—1996年的3年间，分批分期举办农业实用技术培训班40余期，参训1800余人次；先后举办涉外经济、经济管理、化工专业等大中专学历班10期，毕业214人。同时，针对人口老龄化问题，把老年教育提上成校工作日程，1995年成校创办老年学校，举办体操、书画、艺术、棋牌等培训班，让老年人老有所为、老有所乐。1996年前后的3年间，老年学校培训老年人达600余人次。璜泾老年教育“组织落实”“设施落实”“措施落实”“经费落实”的做法曾作为“璜泾经验”在太仓全市推广。1999年，璜泾镇老年大学正式挂牌，老年学校获评苏州市先进学校。

2000年起，成校坚持服务企业、服务发展，采用校企结合、点面结合办学模式，除独立办班外，还协助企业、各村、各社区举办职工上岗培训和职业技术培训，至2003年，全镇成人教育培训累计达8000余人次。2001年起，镇成校在创建学习型村镇、学习型社区、学习型家庭活动中，充分发挥成教优势，组织开展各类社区教育活动，使璜泾成为市社区教育实验区试点单位。2005年4月，璜泾镇向上申报并通过“苏州市社区教育示范乡镇”验收，2006年通过“苏州市学习型乡镇”验收，2010年通过“江苏省社区教育中心”验收。

2011—2013年，成校在探索实践社区教育工作的同时，还做好社区教育工作的理论研究，先后在各级各类杂志上发表论文7篇，有获奖论文2篇。其中《发挥区域优势，创新老农生活》一文被省教育厅编入《江苏省社区教育案例选》。

第二章 科 技

1994年，全镇工业企业开展设备革新改造、技术难题攻关、新产品开发等工作并取得成效。1995年后，全镇科普宣传活动更加深入、广泛，内容丰富、形式多样。1997年获评“苏州市科普文明镇”。1999年，在太仓市科技进步状况统计监测中，璜泾镇科技投入、产出、经济发展、社会进步等4个方面28项指标统计得分名列全市各镇第三。是年，获评“苏州市科普工作先进集体”。2000年，获评“江苏省科普工作先进镇”。

2001年起，民营企业与高校院所广泛开展产学研合作，力求科研成果产业化。同时，各企业重视知识产权工作，开始申请发明专利、实用新型专利和外观设计专利。2003年起，注重高新技术产业、企业、产品的培育工作及做好各项科技服务工作。2006年，实施“科教兴镇、自主创新”发展战略，力求传统产业高新化，高新技术产业化，经营管理信息化。2008年起，各企业重视搭建产学研合作平台和建设企业研发机构，并研制出科技含量较高的产品，企业开始走上自主创新之路。

2010年，探索“政府搭台、院校推动、企业唱戏”运行机制，进一步深化产学研合作，助推工业经济转型升级。至2013年，有1家企业成立院士工作站，11家企业成立工程技术研究中心。全镇有6家企业被认定为高新技术企业（其中国家级1家、省级5家），26个产品被认定为省级高新技术产品。2013年末，全镇完成高新技术产业产值43.7亿元，占工业总产值的11.56%；实现新兴产业产值104.7亿元，占工业总产值的27.7%。

第一节 机构队伍

一、管理机构

镇科技工作管理机构为镇科技办公室，镇科技工作者群众性组织为镇科协。1994—2013年，镇科技办公室与镇科协合署办公。20年间，办公室主要围绕科普宣传、科技培训、引培人才、科研交流合作、技术推广应用、科技企业及项目申报认定、培育高新企业及产品等方面开展工作。历任镇科技、科协办公室负责人：陈建明（1994—1996.12）、顾万里（1996.12—1998.9）、杨志明（1998.9—2000.8）、杨永兴（2000.8—2004.8）、吴初阳（2004.8—2005.6）、顾惠珠（2005.6—2011.1）、倪伟峰（2011.1— ）。

二、研发机构

20世纪90年代，全镇工业企业建有科技攻关小组15个，承担新产品试制、设备革新改造、生产工艺调整、技术难题攻关等任务，无专业从事产品研发的科研机构。进入21世纪，依靠科技进步促进经济发展逦来越被工业企业所重视，众多企业与高校院所搭建产学研合作平台，共建院士工作站、研究生工作站，成立企业工程技术研究中心及产品检测中心。

2004年，在太仓市质量技术监督局的支持下，璜泾成立化纤产品检测中心，为化纤加弹企业开展产品检测服务。2008年，华伦皮塑（苏州）有限公司组建合成革新材料及减排工程技术研究中心，并被苏州市科技局认定为外资研发机构，还被推荐申报为省级研发机构。

2010年，全镇有8家企业组建工程技术研究中心，并被认定为苏州市级研发机构。2011年3月，太仓荣文合成纤维有限公司与东华大学合作共建“郁铭芳院士工作站”，成为太仓市在镇一级中成立的首家企业院士工作站。2012年，江苏中润纤维科技股份有限公司与苏州大学合作共建全镇首家江苏省级研究生工作站，并成立江苏省（中润）特异多功能复合纤维工程技术研究中心。

至2013年，全镇有被上级科技部门认定的院士工作站1个、研究生工作站1个、江苏省级工程技术研究中心5个、苏州市级工程技术研究中心6个。

表19-7　2013年璜泾镇院士、研究生工作站名录

载体名称	建办单位	合作方	建办时间
院士工作站	太仓荣文合成纤维有限公司	东华大学	2011年
研究生工作站	江苏中润纤维科技股份有限公司	苏州大学	2012年

表19-8　2013年璜泾镇江苏省级工程技术中心名录

中心名称	建办单位	认定时间
江苏省（华伦）合成革新材料及减排工程技术研究中心	华伦皮塑（苏州）有限公司	2008年
江苏省（荣文）复合纤维工程技术研究中心	太仓荣文合成纤维有限公司	2012年
江苏省（中润）特异多功能复合纤维工程技术研究中心	江苏中润纤维科技股份有限公司	2012年
江苏省船舶功能涂层工程技术研究中心	太仓市兰燕甲板敷料涂料有限公司	2013年
江苏省高品质异形纤维工程技术研究中心	苏州锦凯纺织有限公司	2013年

表19-9　2013年璜泾镇苏州市级工程技术中心名录

中心名称	建办单位	认定时间
苏州市差别化涤纶长丝工程技术研究中心	江苏申久化纤有限公司	2010年
苏州市荣文复合纤维工程技术研究中心	太仓市荣文合成纤维有限公司	2010年
苏州市筑路机械工程技术研究中心	太仓市液压元件有限公司	2010年
苏州市特异多功能复合纤维工程技术研究中心	江苏中润纤维科技股份有限公司	2010年
苏州润孚机械轧辊制造工程技术研究中心	江苏润孚机械轧辊制造有限公司	2012年
苏州市熔体直纺功能性和差别化聚酯纤维工程技术研究中心	江苏长乐纤维科技有限公司	2012年

资料链接：

郁铭芳院士及荣文工作站简介

郁铭芳，1927年10月生。中国化学纤维专家，材料学学科教授，博士生导师，中国工程院院士。郁铭芳院士曾任上海合成纤维实验工厂副总工程师、上海市合成纤维研究所所长兼总工程师、上海纺织涤纶总厂（现上海联吉合纤有限公司）总工程师。中国纺织工业协会技术顾问、中国技术市场协会顾问、中国纺织工程学会常务理事、上海纺织工程学会顾问委员会副主任、《纺织学报》编委、《合成纤维》编委主任、中国纺织出版社编委等。

2011年3月，太仓荣文合成纤维有限公司与东华大学共建“郁铭芳院士工作站”。工作站团队由郁铭芳院士、朱美芳教授（东华大学）带头，共17人，其中高级职称11人，是一支老中青结合、知识结构合理的创新学术团队。工作站成立后，重点在多功能杂化聚酯纤维、双组分复合纤维、高性能纤维领域进行研发。郁铭芳院士工作站是东华大学与太仓市“校地合作”的重要载体之一。

三、科技队伍

1994年，乡镇企业外聘工程师、技术员15人，培养本地技术人才220人，全镇拥有各类专业技术人员235名，其中高级职称4人，中级职称36人，初级职称195人。1997年起，重视引进科技人才，培养技术骨干，至1999年，全镇登记发证的科技人员320人。2000年后，组织民营企业与高校院所开展人才对接活动，为企业引进高级管理人才、产业紧缺人才、专业技术人才、产品研发人才提供服务。至2002年，全镇拥有各类专业技术人才609人。

2003年起，各企业通过镇开设的人力资源市场，广纳专业科技人才；参与外出招聘活动，招录创业创新人才。至2006年，全镇拥有各类专业技术人才1778人。2007年起，开展校企合作，做好大、中专毕业生实习和就业推荐工作。根据创新人才培育计划，重点培育科技创新人才。至2009年，全镇拥有各类专业技术人才2386人。

2010年起，各企业与高校院所进一步深化产学研合作，组建企业研发机构，不断引进专业技术人才。2012年，借助“教授博士柔性进企业活动”活动平台，从东华大学、苏州大学、上海大学等高校聘任15名教授、博士分别到有关企业挂职。2013年，镇党委、政府出台《关于促进经济发展若干政策意见》（璜委发〔2013〕16号文件），引进的人才可按规定享受落户、住房、子女入学等方面的优惠政策。2013年末，全镇拥有大专学历以上各类专业技术人才2750人，其中高级职称21人。在各类人才中有太仓市创新创业领军人才7人和高技能人才5人，姑苏创业领军人才3人，省创新创业人才1人。

科技人才培训开班典礼（2011年摄）

四、科技领导挂职

2009年起，历年由太仓市科技镇长团成员到璜泾挂任镇党委副书记或镇政府副镇长，专门从事璜泾科技进步的领导和技术指导工作。历年挂任镇党委副书记的有：俞昊（2009.11—2010.9）、陈丽芸（2010.10—2011.10）、陈龙（2011.10—2012.9）、杨胜林（2012.9—2013.9）；挂任镇政府副镇长的有：龚静华（2013.9—　）。上述各位科技工作领导均来自东华大学。

第二节　科技普及

一、科普宣传

1994年，开展创建江苏省科技工作先进乡（镇）活动。同年起，每年举办一届科普宣传周活动，每届突出一个主题。是年，镇科协、科技办举办科普专题讲座4期，500余人次参训。开办种植业、养殖业实用技术培训班8期，400余人次参训。开展科技、文化、卫生“三下乡”和街头设摊咨询及科普挂图巡回展览等活动，把科技知识普及到居民群众、企业职工和青少年学生中。1995年，璜泾镇获评江苏省科技工作先进镇。1997年，被苏州市委宣传部和苏州市科协命名为“科普文明镇”。

1998年，做好《科学大众》《江苏科技》《华东科技》等科普报刊征订工作。各村加大农村科普宣传力度，利用板报、画廊宣传阵地及发放科普资料，向村民群众普及卫生健康、计划生育、环境保护、科学种田、劳动保护、安全生产等科技知识。是年12月，新联村通过“太仓市科普文明村”考核验收。1999年，镇科协、科技、农技、文化、卫生等单位（条线）联合组织科普下乡活动。2000年，璜泾镇获评江苏省科普工作先进镇。

2002—2005年，在每年开展的科普宣传周和科技节活动期间，全镇累计刊出科普黑板报、画廊1070期；印发各类科普资料229期39700余份；放映科普录像43场，受教育群众14800余人次；举办各类科普讲座46场，参训人数7200余人次。每年组织中小学生参加“国际科学与和平周”全国中小学生（江苏地区）“金钥匙”科技竞赛活动，4年间累计参赛学生6631人次。璜泾中学、鹿河中学、璜泾中心小学、王秀小学、鹿河小学先后获评江苏省科普宣传先进集体。

2005年，由太仓市科技服务公司统一制作，在全镇各村、社区设立21处科普宣传栏。此后，各村、社区科普宣传栏的内容，由镇科协、科技办根据宣传需要统一更换。2006年，先后开展科普宣传周。科普挂图巡回展。科普志愿者进示范户、进企业、进社区，以及科普知识有奖竞答活动，把科普宣传融入各个领域、各个行业和群众的日常生活之中。是年，璜泾镇获评2001—2006年度太仓市科普工作先进集体。

2008年，镇科协、科技办发放《人才·科技政策选编》《科普读本》、科技资料3000余份。各村将《健康读本》、节能环保书刊发放到户，累计向村民群众发放各类科普宣传资料15000余份。2010年，以“科技架桥，区域联动，服务世博，惠及民生”为主题，开展第二十二届科普宣传周活动，镇科协、科技办到各单位展出《节能36计》《现代人的健康生活》等科普挂图132场次。同年，璜泾镇获评2006—2010年度苏州市全民科学素质工作先进集体。2011年，在镇文体中心建成璜泾科普体验馆。是年，璜泾镇获评2008—2011年度太仓市科普工作先进集体。

2012年3月，镇召开科普工作总结交流会，推广科普先进村、先进社区的做法和经验。5月，在镇首届民企文化节期间，开展科技政策、科普知识现场宣传活动，把科普宣传工作寓于文化活动之中。是年，全镇发放《农家致富》《文明健康生活读本》《四季常见疾病预防知识》及家庭节能、灾害预防、绿色环保、食品安全等科普系列丛书及宣传资料9500册（份）。

科普宣传活动（2014 年摄）

2013年5月22日，镇宣传办、科技办、科协、璜泾工商分局、司法所、文体站、人民医院等14家单位，在镇集贸中心（农贸市场）举行科普志愿者宣传服务活动，参加活动的志愿者60余人。活动期间，接受居民群众现场咨询300余人次；发放农技、安全、环保、健康知识和禽流感防治、抗生素使用、家庭节水、应急及防诈骗36计等折页科普资料5000余份；展出科普板报、宣传挂图10块（套）。志愿服务现场气氛热烈，受到群众欢迎。

二、科技培训

1994—1996年，重视对乡镇企业技术人员和农村种养能手进行各类技术培训，内容包括纺织、机械、化工、财会、安全生产、作物栽培、农机操作、水产养殖等10个专业，4年间共开办122个班，培训7000余人次。

1997年，加大科技培训力度，举办各类专业技术培训班86期，6000余人次参加培训。1998年，依托成人教育阵地，培训农技员3期，100余人次参加；举办养蟹、养甲鱼、稻田养虾等养殖实用技术培训2期，30余人次参加。璜泾中学对应届高中毕业生200余人进行实用技术培训。是年，全镇举办各类科技培训班64期，参训3424人次。

2002—2004年，镇科协、科技办和各基层科协及所属学组、学会、研究会共举办各类技术培训班72期，其中高效农技知识培训33期，工业财务、统计、安全、环保、质量检验和新职工上岗及老职工技能培训39期，培训6710人。

2005年9月17日，镇商会、加弹同业公会与瑞士赫伯利纤维技术公司联合举办加弹配套技术培训会，璜泾镇及周边百余家加弹企业负责人参加培训。2006—2008年，开展的各类技术培训注重针对性和实用性，农业以种养技术、致富技能为重点，企业以自主创新、科学管理为重点，学校以培养青少年崇尚科学为重点，事业单位以提高服务技能为重点。3年间，镇科协、科技办和各基层科协及所属学组、学会、研究会共举办各类技术培训班85期，有6885人次参训。

2010年，太仓市组织开展“百名科技专家进百村”活动，镇科技办会同农技部门挑选13名农技专家分别联系挂钩13个村，帮助各村抓好农技"菜单式"培训，推广应用农业新技术，组织种养示范户外出参观学习。同年，邀请东华大学旭日工商管理学院陈荣耀教授做"企业创新战略"讲座；苏州市科技局沈惠龙处长做"企业自主创新能力建设"讲座；东华大学沈新元教授做"聚酯长丝工艺"讲座。是年，全镇以现代农业、科技致富、自主创新、科学管理、服务技能等为重点培训内容，举办各类培训班56期，参训3533人次。

2011年，镇科协、科技办重点围绕"科技政策宣传""高新企业认定""科技金融贷款""科技项目申报""科技基础设施建设"等内容举办专题讲座，共培训500余人次。同年，举办由村干部、村合作农场业主参加的农技培训班2期，培训内容包括农机操作技术与安全、农作物秸秆综合利用、水稻机插秧技术、农业新品种推广等，100余人参加培训。

2012年6月27日，举办"郁铭芳院士（荣文）工作站高性能纤维及其应用报告会"，由中国工程院院士、东华大学教授郁铭芳亲自主持，东华大学材料科学与工程学院教授、博士生导师余木火和东华大学材料科学与工程学院研究员、博士生导师胡祖明、潘鼎、吕永根分别做题为"低成本碳纤维及其应用""超高分子量聚乙烯纤维和芳纶的开发及应用""碳纤维开发及应用现状""沥青基碳纤维及其应用"的学术报告，璜泾镇70余名化纤行业企业家、工程师参加听讲。

2013年，全镇举办科技创新政策解读会、知识产权宣讲会、科普兴农培训会、职工创业创新交流会、青少年走近低碳生活演讲会等各类培训会议12期，参训人员1000余人次。

第三节 科研合作

20世纪90年代，镇办工业企业重视横向经济联合，与城市大企业和有关高校院所开展生产技术合作，从中融通资金、引进技术、开发产品、拓展市场、促进管理。1994—2000年，全镇先后有20余家企业与城市大企业及有关高校院所建立合作关系，洽谈合作项目60余项，促成科技成果转化、开发新产品20余个。

进入21世纪后，民营企业与高校院所产学研合作及交流活动更加深入广泛。2001年，镇先后召开科研成果转化发布会和企业新产品研发需求洽谈会，邀请上海、南京、苏州等地的高校院所领导和专家参加，洽谈项目45项，达成合作意向11项。

2003年10月，组织3家企业参加江苏省科技合作洽谈会，申报3个开发项目、2项技术难题，与高校专家对接洽谈，并成功达成合作意向。

2006年，组织8家企业参加太仓市举办的院地技术合作洽谈会。事前镇科技办在各企业中发放科技项目、技术难题征集通知135份，梳理企业企盼产品研发和技术难题项目11项。经与相关大专院校、科研单位对接洽谈，达成合作项目5项。

2009年，为将高校院所人才优势、技术优势转化为产业优势和经济优势，璜泾镇产学研合作活动更加频繁，全镇有关工业企业与高校院所开展产学研对接洽谈达26场次，涉及新产品开发项目和技术难题攻克项目35项，其中9项达成合作意向。

2011年7月8日，东华大学材料科学与工程学院22名研究生到璜泾开展“东华学子名企行”暑期实践活动，在参观璜泾10余家化纤企业后，与璜泾镇领导、企业代表进行产学研合作座谈交流。7月20日，中国工程院院士、东华大学教授郁铭芳和东华大学材料科学与工程学院院长朱美芳、党委书记何雅等院士团队一行到璜泾指导科研工作。12月2日，东华大学青年教师一行到璜泾参观考察。在考察座谈中，每位青年教师介绍各自的研究项目、成果及应用背景，内容涉及功能性差别化涤纶、生物质纤维、高性能纤维、纤维结构表征、有机无机杂化材料等技术领域。青年教师们的介绍，为璜泾化纤企业领导拓宽化纤产品研发思路提供了有益帮助。

2012年3月30日，镇组织规模型、科技型企业代表到东华大学进行产学研合作对接洽谈。5月31日，镇政府举办“教授博士柔性进企业活动”推进会，推动企业从全国知名高校、科研院所引入科技人才，开展产学研合作，促进科技成果产业化。7月21日，江苏长乐纤维科技有限公司与东华大学合作共建工程实践教育中心和本科生教学实习基地。9月12日，中科院、同济大学、华东理工大学、东华大学等高校负责人到璜泾考察调研，在参观华伦皮塑（苏州）有限公司、太仓市荣文合成纤维有限公司等企业后，同企业就产品研发、市场拓展等方面进行座谈交流。

2013年4月26日，苏州荣文集团有限公司与南京航空航天大学自动化学院开展产学研对接交流活动，并签订产学研合作协议、技术开发协议以及教授博士柔性进企业协议。7月，组织10家规模型、科技型企业负责人，参与苏州国际精英创业周人才与项目对接活动。12月11日，中国化纤工业协会、高新技术纤维专业委员会、东华大学材料科学与工程学院等专家到璜泾，就化纤新材料领域的新品开发及应用等问题，与璜泾6家科技型企业进行产学研交流。

第四节　项目及成果

1994年，镇办企业完成技术攻关项目15项，增加经济效益1200万元。年内申报太仓市科技项目25项，其中新产品试制项目4项，3项获成功并投入批量生产。

1995—1997年，全镇各企业共收集技术革新改造合理化建议708条，组织专业技术人员立项攻关109项，完成83项。1998年，科协系统开展“讲理想、比贡献”活动，各企业上报开发新产品、推广新成果参赛项目20项，其中14项参赛获奖。

1999年，太仓市甲板敷料厂生产的TQ超轻质甲板敷料，被上海、大连、青岛等各大造船厂采用，其质量创国内同行业之首，达国际先进水平。是年，全镇上报太仓市开发新产品项目12项，上报苏州市2项。全年开发新产品16个，成功15个，新增产值2.4亿元，新增利税2000万元。

2002年，太仓市兰燕甲板敷料涂料有限公司研发生产的TQ-Ⅳ型A60级轻质耐火甲板敷料产品获“江苏省科学技术进步一等奖”，并得到中国（ZC）、美国（ABS）、德国（GL）、英国（LR）、挪威（DNV）等船检社认可。2004年，太仓市时代潮化纤纺织有限公司研发化纤新品获成功，生产出弹性强、吸湿性好、柔软性佳、可与真丝媲美的涤锦复合丝新产品。

2006年，苏州荣文库柏照明系统有限公司生产的荣文灯饰产品远销欧美。华伦皮塑（苏州）有限公司生产的皮革产品被指定为NBA篮球制作专用产品。苏州锦凯纺织有限公司的锦凯牌涤纶低弹丝和浙江桐昆集团苏州化纤有限公司的GOCDEN、COCK涤纶预取向丝获评“苏州市名牌产品”。2007年，华伦皮塑（苏州）有限公司拥有自主知识产权的合成革用环保型干法PU浆料被列入2008—2009国家重点新产品计划项目，生产的皮塑产品获评“苏州市名牌产品”。2008年，太仓液压元件有限公司的GH型剪切乳化机，申报为国家重点新产品火炬计划，是年通过省级科技成果鉴定。是年，全镇实施工业技改、产品研发、节能减排等科技项目，共向上争取扶持资金超千万元。2009年，太仓荣文合成纤维有限公司投资数百万元，成功研发铜基抗菌丝项目，其产品登陆北美市场。

2011年，组织实施产学研合作项目6项，申报国际合作项目、国家创新基金项目、国家星火计划项目、省级院士工作站项目、中国璜泾化纤加弹电子商务平台项目等重点科技项目5项，向上申报其他各类科技项目25项。全年争取科技扶持资金（包括奖励资金）1266.9万元。2012年，完成国家创新基金项目、国家星火计划项目、省级研究生工作站项目、省产学研联合创新基金项目等重点项目4项。各工业企业与高校院所实施产学研合作项目20项。2013年，全镇共申报各类科技项目35项，其中获批或认定22项。

第五节　知识产权

20世纪90年代，各企业未申请专利。2002年，太仓平元电器有限公司申报外观设计和实用新型专利各1件。2003年12月，太仓市液压元件有限公司的立方抛物线双圆弧齿轮泵获发明专利授权1件。2004年，全镇申请发明专利3件，即太仓市液压元件有限公司的LRS6型改性乳化沥青设备和GMS500B型改性沥青机，以及太仓市实验设备厂的DHW-4多用途台式振荡混合器。2005年8月，太仓液压元件有限公司申请的发明专利管线式高剪切乳化机和剪切乳化机获批授权。

2006年起，全镇专利申请总量不断提升，至2000年的5年间，全镇专利申请量为1072件，其中发明专利103件，实用新型专利144件，外观设计专利825件；获授权专利276件，其中发明专利21件，实用新型专利55件，外观设计专利200件。

2011年，制定出台专利资助实施办法，其激励政策侧重向企业发明专利倾斜。同时，培养企业专利工作者，选送5人参加苏州市知识产权工作培训。利用“4・26”世界知识产权日，以“尊重知识、崇尚创新、诚信守法”为主题，邀请工商部门和南京、北京有关专利所的领导、专家到璜泾举行知识产权宣传活动。是年起，专利申请总量加快提升，至2013年的3年间，全镇累计专利申请量达2645件，其中发明专利346件，实用新型专利456件，外观设计专利1843件；获授权专利1043件，其中发明专利93件，实用新型专利219件，外观设计专利731件。

第六节　高新技术

一、企业

20世纪90年代，将规模型企业、科技型企业向上申报，参与年度评先、评奖活动。21世纪后，开始申报高新技术企业，由省考评认定。至2013年，全镇获批认定的国家高新技术企业有6家。

表19-10　2013年璜泾镇国家级高新技术企业名录

序号	企业名称	认定年份	序号	企业名称	认定年份
1	太仓荣文合成纤维有限公司	2010	4	江苏中润纤维科技股份有限公司	2013
2	华伦皮塑（苏州）有限公司	2010	5	江苏润孚机械轧辊制造有限公司	2013
3	江苏申久化纤有限公司	2012	6	苏州荣文库柏光电科技有限公司	2013

二、产品

1994年、2002年、2006、2007年，先后由太仓医疗器械厂、太仓市兰燕甲板敷料涂料有限公司、太仓市液压元件有限公司、华伦皮塑（苏州）有限公司生产的各1个产品被认定为省高新技术产品。2008年，有两家企业的2个产品被认定为省高新技术产品。2010年，太仓荣文合成纤维有限公司等3家企业的3个产品被认定为省高新技术产品。2011年，太仓锐杰实验仪器制造厂的1个产品被认定为省高新技术产品。2012年，江苏润孚机械轧辊制造有限公司等5家企业的7个产品被认定为省高新技术产品。2013年，江苏中润纤维科技股份有限公司等5家企业的9个产品被认定为省高新技术产品。至2013年末，全镇被认定为省级高新技术产品的有26个。

表19-11　1994—2013年璜泾镇省级高新技术产品一览

序号	产品名称	生产单位	认定年份
1	DLL—7.2大容量冷冻离心机	太仓市医疗器械厂	1994
2	TQ—IV型A60级轻质耐火甲板敷料	太仓市兰燕甲板敷料涂料有限公司	2002
3	立方抛物线双圆弧齿轮泵	太仓市液压元件有限公司	2006
4	阻燃PU沙发革	华伦皮塑（苏州）有限公司	2007
5	TX—2型A60级耐火甲板敷料	太仓市兰燕甲板敷料涂料有限公司	2008
6	GH型剪刀乳化机	太仓液压元件有限公司	2008
7	抗菌涤锦复合超细纤维	太仓荣文合成纤维有限公司	2010
8	ECDP中空FDY长丝	苏州锦凯纺织有限公司	2010
9	易染细柔纤维	江苏中润纤维科技股份有限公司	2010

续表

序号	产品名称	生产单位	认定年份
10	智能高速粒子冲击测试仪	太仓锐杰实验仪器制造厂	2011
11	镶套式锻钢支承辊	江苏润孚机械轧辊制造有限公司	2012
12	高精度智能鞋带包头机	太仓市玉影线带机械有限公司	2012
13	环保型阻燃性TPU合成革	华伦皮塑（苏州）有限公司	2012
14	高性能合成革用单溶剂干法PU树脂	华伦皮塑（苏州）有限公司	2012
15	高仿棉多孔超细旦异形聚酯纤维	江苏中润纤维科技股份有限公司	2012
16	W53—02无机锌车间底漆	太仓市兰燕甲板敷料涂料有限公司	2012
17	TQ—IV型轻质耐火甲板敷料	太仓市兰燕甲板敷料涂料有限公司	2012
18	多孔超细旦68dtex/192f涤纶POY丝	江苏中润纤维科技股份有限公司	2013
19	等规有序涤纶竹节丝	江苏中润纤维科技股份有限公司	2013
20	高性能功能性导电纤维	太仓荣文合成纤维有限公司	2013
21	新型吸湿排汗弹性聚酯纤维	太仓荣文合成纤维有限公司	2013
22	高性能聚酯基纳米电磁杂化吸波纤维	太仓荣文合成纤维有限公司	2013
23	一种新型改性涤纶纤维丝	江苏长乐纤维科技有限公司	2013
24	高性能保健纤维丝	江苏长乐纤维科技有限公司	2013
25	MC复合耐高温抗腐蚀精密齿条	苏州晓谕精密机械股份有限公司	2013
26	高强耐磨高性能平整机光整机工作辊	江苏润孚机械轧辊制造有限公司	2013

第二十篇 文化

璜泾历史悠久，有着深厚的文化底蕴。改革开放后，璜泾在发展经济的同时，注重文化建设，发展文化事业。1994年，镇党委、政府把发展文化事业纳入《1995—2000年璜泾总体发展规划》，把文化硬件建设与集镇建设同步规划，同步实施。1996年起，镇党委、政府实施“迎接21世纪文化示范乡镇”“明星图书馆”“农村少儿文化园”三大文化工程，增加文化设施建设资金投入。1998年，建成1000平方米文化综合大楼，扩大文化用房面积，增设文化活动项目。1999年后，企业冠名组建并赞助文艺团队成为璜泾文化事业发展的创新举措，先后由企业冠名组建的民乐团、沪剧团、越剧团、评弹团、曲艺团、歌舞团等文艺团体有10个，由文艺爱好者自发组建的歌舞团、民乐团、丝竹社、文学社、书画协会、摄影协会、灯谜协会等各类文化社团达20多个，全镇拥有2000多名文艺骨干，常年活跃在村、社区、街道，为居民群众献演戏剧、歌舞、曲艺等节目。2003年8月，璜泾与鹿河镇区划调整后，镇党委、政府充分发挥境内“文体团队众多、文体爱好者活跃、企业赞助文体活动热情高”的优势，先后举办“璜泾镇外来务工人员文体艺术节”“璜泾镇民企文化节”“雅鹿村村企文化节”等活动。2009年，镇政府建成新的文体中心，文化用房面积扩大，活动项目增加，服务功能提升。2010—2013年，境内的文化场所、文艺创作、文娱活动、文史档案等又有了新一轮的发展。2013年12月，太仓市璜泾镇文学艺术界联合会成立，有会员160多名，文艺志愿者200多名，为日后全镇各项文化事业的发展发挥“联络、协调、指导、服务”的职能。

1994—2013年的20年间，镇文化工作获得众多荣誉，其中获得省级以上先进荣誉主要有：1994年，获评“江苏省群众文化先进乡镇”；1999年，获评“江苏省民乐之乡”；2002年，被省文化厅评为“江苏省民间艺术之乡”；2006年，被省委宣传部、省文化厅评为“江苏省服务农民、服务基层文化工作先进集体”；2011年，被文化部评为“中国民间文化艺术之乡”；2012年，被省文化厅、省财政厅评为“江苏省公共文化服务体系示范区”。

第一章　文化机构及场所

第一节　文体站

1994年，称璜泾镇文化站，设站长1人，有工作人员14人。站址位于怀仁路20号，文化站用房为1982年6月建成的4层楼文化宫，建筑面积1025平方米，为当时全省乡级文化站用房面积之最。1998年，在文化宫南侧新建建筑面积1028平方米的文化综合大楼，在其中三楼设图书馆，面积250平方米。2002年6月，文化站与广播电视站合并，改称文化广播电视站（以下简称“文广站”）。2004年7月，文化站与广播电视站分开，恢复文化站独立建制。2009年2月，文化站更名为文化体育站，为镇属事业单位，设站站长1人，副站长1人，工作人员6人。2010年1月，镇文体站迁移，入驻新建的位于园林路南侧、荣文村3组境内的璜泾镇文体中心大楼。

镇文体站设板报、画廊等阵地，定期更新宣传内容；创作编排节目，开展巡回演出；安排节庆活动，丰富群众文化生活；履行文化管理职能，促进文化事业发展。2010—2013年，镇文体站创作戏剧、曲艺、表演唱等文艺节目10余个，辅导排演大型沪剧7部、大型越剧2部，发行《西塔》文化期刊6期。在参与太仓市开展的“文化三下乡”“欢乐社区行”“百团大展演”活动中，组织文艺团队演出250余场。2011年，镇文体站被苏州市文化广电新闻出版局评为“2010—2011年度苏州市公共文化服务示范站”。

1994—2013年，镇文体站（文化站、文广站）历任站长：倪善明、李炜忠、李慰宗、李健、吕友良、史凤娟。

第二节　文化中心

1982年，镇文化中心成立，由文化站利用本站文化活动室和社会文化资源，组织开展各类文化活动。1982年6月，镇文化中心建成4层楼文化宫1幢，位于怀仁路20号，总建筑面积1025平方米，其中文化阵地活动面积800平方米，开设图书阅览室、电视录像放映室、棋牌室、乒乓室、桌球室、游戏房、歌舞厅、文化茶室等文化活动室。1998年，镇政府新建1028平方米文化综合大楼，

2009 年建成的璜泾镇文体中心（2018 年摄）

文化中心（厅、室）增至42间，开设文化活动项目19项。2007年，镇政府投资1200万元，新建璜泾镇文体中心，文体中心位于园林路南侧、荣文村3组境内，占地面积16650多平方米，建筑面积4181平方米。工程土建于2007年10月18日动工，2009年4月底竣工；室内装潢于2009年5月8日动工，同年11月8日竣工。文体中心设有剧场、书场、图书馆、民乐室、书画室、棋牌室、科普室、培训室、舞蹈房、多媒体室、健身房、各类展览厅等。此外，文体中心还拥有文化广场和室外舞台。此文体中心设施完备，功能齐全，成为璜泾各界群众接受教育培训的基地、丰富业余文化生活的家园、陶冶身心健康的场所、提升文明素养的课堂。

第三节　图书馆

太仓市图书馆璜泾分馆开馆仪式（2010 年摄）

璜泾文化站图书馆（2010 年摄）

1994年，称文化站图书室，设于文化宫内，用房面积150平方米，藏书3万余册，因图书室面积较小，在室阅览条件有限，大多读者以借阅为主。1998年，图书室移至文化宫南侧新建的文化综合大楼三楼，用房面积从原来的150平方米增加到250平方米，有图书及报、刊合订本4万余册。图书馆书刊、报纸藏量较足，阅览区宽敞明亮，在馆阅读人数增加，借阅读者亦增多。是年，文化站图书室被评为“苏州市一级文化站文明图书室”。2009年，图书室再次搬迁，移至新建的文体中心大楼底楼西侧，并改称璜泾图书馆，亦属太仓图书馆璜泾分馆，用房面积350平方米。有专职图书管理员3人。馆藏图书19400余册，征订杂志35种，报纸33种。馆内分成人图书借阅区、少儿图书借阅区、报刊阅览区和电子阅览区以及盲人图书区等5个区间。阅览区设50个座位，其中20个座位设有电脑，提供电子阅览，并与太仓图书馆联网，能获取太仓市图书馆数字资源。图书馆实行与太仓图书馆相同的借阅规则，凭借阅证和市民卡借阅图书，实行通借通还。每周开馆6天（星期一闭馆），节假日照常开放。2013年，图书馆进馆阅览读者累计达8000余人次，借阅图书累计5000余人次、10000余册次。

第四节　影剧院

1994年，有影剧院1座，位于玄武路与怀仁路交会处西北侧。建成于1986年4月，当时在此地拆除简陋陈旧的礼堂，耗资90余万元建成。影剧院为砖混结构，钢梁人字屋架，平瓦铺盖屋面。院落坐东向西，东面门楼三层，底楼正面设8扇出入大门，院身中段南北两侧各有侧门，另有舞台两侧小门，为观众、演职人员疏散通道。建筑面积2400米，设30排1007座，座椅为翻板沙发椅。此院建成后，成为外来戏剧团体演出，本镇节庆文艺汇演，电影放映，镇、村召开大型会议的重要场所。2008年，该影剧院拆除。此后境内无单体独立的影剧院。2009年，新建的文体中心落成，在文体中心大楼三楼设有剧场，面积500平方米，设20排360座，座椅为单体翻板沙发。剧场大厅宽敞、明亮、舒适，音响、灯光设施等内部设施齐全。剧场除接纳文艺团体演出外，还成为召开镇党代会、人代会等各类重要会议的场所。

第五节　电影队

1994年，有电影放映队1个，队址在影剧院，配放映员3人，有16毫米放映机1台，35毫米放映座机2台（套）。是年后，因农村家庭已普及电视机，用16毫米放映机到各村放映电影的次数逐年减少，基本上以用35毫米放映座机在影剧院内放映为主。1994—1999年，到农村露天放映每年均在50场以下，在影剧院室内放映平均每年达300场以上。2000年后，随着电脑普及率的提高，网络文艺节目丰富多彩，电影观众越来越少，农村露天放映电影完全停止，影剧院室内放映场次大幅下降。2007年，影剧院放映电影经常会出现观众不足百人的状况，有时因电影票只有零星售出，只得退票停映。2008年，影剧院拆除，电影放映队歇业。

2008年4月起，为丰富广场文化生活，根据市文广新局的要求，镇文体站安排专人，轮流在镇、村、社区广场放映露天数字电影，除雨天外，基本上每天晚上放映，每年从4月份开始至10月份结束。镇文体站采用服务外包的形式，给予数字电影放映员相应的劳务报酬，放映电影不向观众收费。至2013年，平均每年放映数字电影达200场次。

第六节　文体广场

一、镇文体广场

1994年，镇区无文体广场，居民演练舞蹈、武术、拳操等健身活动，均利用单位场地、街道空地进行。2009年11月，镇文体广场建成，位于园林路南侧，镇文体中心和荣文村村委会大楼北侧，广场面积2111平方米。在广场西侧建露天舞台1个，供会议和演出之用；北侧安装十余组健身器材，可供儿童和老人健身之用；东侧安装六组大型泛光灯，设置20米长、200平方米大的宣传画廊。广场四周设有以法制宣传为主要内容的名言书简、名人轶事、故事书台、谜语长廊、理念格言、迷你贴士等，广场入口处还安置“法制文化广场”大型石雕及巨幅LED广告牌，故广场亦称“法制文化广场”。广场环境优雅，是居民群众开展文体娱乐活动的理想场所。每到夏秋时节夜晚，前往文体广场健身、娱乐的群众达数百人。自文体广场建成后，第八届中国国际民间艺术节璜泾专场演出、太仓市“文化三下乡”“欢乐社区行”“百团大展演”文艺巡回演出和镇民企文化节开幕式等重大活动均在文体广场举行。至2013年，在文体广场举行戏剧、歌舞、曲艺等演出活动达60场次，累计观众达30000人次。

二、村文体广场

20世纪90年代，各村村委会所在地普遍没有多余的空地，兴建文体广场缺乏地块条件。进入21世纪后，随着农村经济的发展，新农村建设加快，各村开始兴建村级社区服务中心大楼，并在所在地周边留出空地，用于广场建设。同时，在规划农村集中居住小区时，也在小区会所和小区广场留出地块。至2010年，在新建村社区服务中心大楼所在地建成广场的有荣文（与镇文化广场资源共享）、新联、永乐、长洲、雅鹿、孟河、杨漕等7个村，在农村集中居住小区内建成小区广场的有新华、荣文、新明、雅鹿等4个村，全镇11个村级广场面积达10000平方米，但此时的广场基本上未做环境布置，普遍缺乏文化氛围。2011年后，各村推进美丽村庄建设，着手布置广场环境。在广场周边设置竹、石、树、草、亭等，增添具有自然韵味的广场风光；设计石刻、石雕、石坪等景观，并赋予名人图像和做人做事的警句格言；设立橱窗画廊、电子屏幕和落地灯箱，宣传改革开放成果，彰显创新创业精神，展示和谐友爱风貌，弘扬文明进步新风。同时，为方便开展演出活动，新华、荣文、新联、孟河、杨漕、新明、新海、长洲、雅鹿等9个村建有广场露天舞台。至2013年，各村文体广场环境的文化品位大大提升。

第七节　基层文化活动室

一、村文化活动室

20世纪90年代，各村村委会办公用房较少，条件有限，故未专设文化活动室，大多在村会议室放置一台电视机和一台放像机以及摆放一些报纸、杂志，供村民休闲时观看，村民下棋、打扑克也大多在会议室进行。进入21世纪，村级经济实力不断增强，有的村开始改善村委会办公条件，兴建村级社区服务中心大楼，并专设村文化活动室。至2013年，新建村级社区服务中心大楼并设置文化活动室的有新华、荣文（与镇文体中心文化资源共享）、新联、永乐、新明、雅鹿、孟河、杨漕等8个村，改建、扩建、装修社区服务中心大楼并设置文化活动室的有荡茜、新海、长洲、王秀、孙桥等5个村，实现村村有文化活动室，并根据活动内容均单独分设，一般分多媒体培训室、图书和报刊阅览室、影视室、乒乓室、棋牌室、健身房等，有的村还设民乐室、舞蹈房等，全镇村级文化活动室总面积达4500平方米。

二、社区文化活动室

1994—1999年，市镇居委会用房有限，没有条件设文化活动室。2000年，居委会管辖区域称社区。之后，社区居委会用房条件有了改善。鹿河玉影山社区居委会，利用原鹿河卫生院房屋多的有利条件，扩大文化用房面积，设有图书室、电子阅览室、多媒体教室、电视室、棋牌室、休息室、乒乓室、老年人活动室等，文化用房面积达1000平方米。璜泾社区居委会将原电站的房屋改造修缮后，开设了老年棋牌（茶）室，另有会议室，兼做电视室和图书室。王秀社区居委会借用孙桥村的房屋，也扩大了文化用房，增添了文化设施。2010年9月，璜泾西塔和银杏社区居委会入迁新址，驻团结街83-4号（两个社区共处一地办公，房屋资源共享），此处为广集发房地产开发建造的“景秀人家”大楼，由镇政府向开发商回购大楼的一部分，有三层楼面、计800平方米用作社区用房，其中500平方米为社区文化活动阵地，分设培训（会议）室、图书室、健身室、棋牌室、老年活动室、亲子活动室（妇女儿童快乐家园）等，相关活动室配有电脑、投影仪、彩电、音响等设备。同年，镇政府对原王秀轧花厂生活区房屋进行改建装修，用作王秀社区居委会用房，2011年12月启用，有四上六下2层楼房，总面积300平方米，其中“一站式”服务大厅100平方米，电视室、图书室、棋牌室、健身室等文体活动用房200平方米。至2013年，璜泾4个社区居委会均设有各类文化活动室，总面积达1700平方米，居民群众有了良好的文化娱乐场所。

三、企业文化活动室

1994—1997年，镇办企业有文化活动室9家，用房面积均在100平方米左右。太仓第三棉纺厂设有“职工之家”，有乒乓、象棋、军棋、图书和报刊阅览等活动内容，职工文化生活较为丰富，其他镇办企业开设的活动项目较为单一。1998年后，规模较大的民营企业建有文化活动室，一般每个企业文化活动室面积在60~120平方米。2003年，雅鹿集团对办公大楼四楼进行设计装潢，建成职工文体活动中心，用房面积达

雅鹿集团图书馆（2006年摄）

360平方米，置电视、电脑、乒乓、图书、报刊、棋牌等文化娱乐设施和器具，方便职工开展文化娱乐活动。2006年，江苏申久化纤有限公司在行政区和职工生活区建文体活动室和运动场，丰富职工文体活动。2007年后，许多民营企业业主热衷于乒乓球锻炼，以此作为健身的主要运动项目，纷纷设置乒乓室。2010年前后，全镇开展乒乓球活动的企业有100多家。至2013年，全镇有文化活动室的企业有150多家，其中10多家企业文化用房面积均在100平方米以上，职工文娱活动有了场所，每逢节假日，各种游戏、演唱、演艺等活动更是丰富多彩。

第二章　文艺团队

20世纪90年代，璜泾文艺骨干以分散活动为主，遇到展演或赛事临时集中。进入21世纪后，文艺活动组织化程度提高，成立的文艺团队主要有13个，其中民乐团队4个、戏剧团3个、舞蹈团队5个（企业1个、社区4个）、曲艺团1个。另有由1人临时牵头召集的民乐队5个，主要参与丧事户的治丧活动，本章未做专门记载。

第一节　民乐团队

一、璜泾民乐队

1994年，璜泾建有民乐队，由民乐爱好者组成，乐器大多自备，少量由镇文化站提供。有演奏任务时，事先集中排练，再参加献演或比赛。民乐队由倪善明任队长，每年有参演骨干队员15人左右，先后入队的民乐志愿者共计达60多人。2000年后，在参加的历届太仓市江南丝竹演奏赛和太仓市"夕阳红"艺术节江南丝竹演奏比赛中多次获奖。2008年，顾公伟创作的《小镇晨曲》在太仓市业余文艺团队"百团大展演"活动中获创作、演奏双一等奖。2010年和2011年，周舟创作并演奏的笛子乐曲《秋野》和《雨淋淋》，先后在太仓市第六届（璜泾杯）和第七届（浮桥杯）江南丝竹演奏赛中分获一等奖和二等奖。2012年，在太仓市"百团大展演"中，民乐合奏《春词》获群众文艺节目创作、表演两个一等奖；琵琶二重奏《草原牧歌》获群众文艺节目表演一等奖。2013年10月，民乐合奏《庙院行》获太仓市第九届江南丝竹演奏比赛二等奖。

璜泾民乐队参加市江南丝竹演奏赛（2012年摄）

鹿河玉影山社区丝竹社（2011年摄）

二、玉影山社区丝竹社

1994年，称鹿鸣丝竹社，属鹿河镇民乐团队。2003年8月鹿河并入璜泾后归属璜泾团队。2006年，更名为玉影山社区丝竹社，负责人孙小毅。丝竹社为业余社团，由民乐爱好者自愿参加。1994—2013年，丝竹社每年有队员15人左右，先后入队参加过演奏的队员累计达60多人。

三、荣文学校学生民乐团

荣文学校学生民乐团参加第二届“长三角”地区民族乐团展演（2003年摄）

闵惠芬与学生同台演出（2007年摄）

荣文学校学生民乐团参加“茂林尚街杯”文艺演出（2013年摄）

创建于1995年11月，原名为“璜泾中心小学学生民乐队”。初创时，学校领导班子根据学校现状和素质教育要求，提出“以特兴校，美融五育（德、智、体、美、劳）”的教改思路，开办学生民乐兴趣班，首期报名学生38名，组建学生民乐队，学练的乐器有笛子、二胡、琵琶、扬琴、大提琴和打击乐器等。由民乐爱好者顾公伟、孙小毅和学校老师成菊红、张素珍等辅导。至1999年，先后有参加培训的学生150多名，其中60多名先期学练的学生达到较高的演奏水准。1999年12月，经太仓市教育局批准，璜小民乐队撤队建团，成为太仓市第一支学生民乐团，由校长吕友良任团长。2004年8月，璜小、璜中合并，学校取名为“太仓市荣文艺术学校”，次年，更名为“太仓市荣文学校”，乐团也随之更名为“太仓市荣文学校学生民乐团”。至2013年，先后入团学练民乐演奏的学生达1000多名。

1996—2013年，曾在民乐团兼职的文化艺术界著名人士有名誉团长陆春龄（著名笛子演奏家），艺术总监张晓峰（著名作曲家、扬琴演奏家），艺术顾问乔奇（著名艺术家），艺术指导闵惠芬（二胡艺术大师，中国音乐家协会副主席）；曾关心支持、传授技艺的音乐界著名人士有张继春（苏州教育学院副教授）、朱小虎（苏州教育学院副教授）、高雪峰（太仓市音乐家协会主席）。其间，先后到学校考察民乐特色教学的各级领导及专家不计其数，有关领导和著名人士还专门为民乐团题词。

民乐团自成立以来，曾应邀赴新加坡、中国香港做交流演出，至中央电视台（七套）、中央人民广播电台、江苏教育电视台、上海人民广播电台、苏州电视台录制或演出节目；在各级召开的会议和举办的文艺专场献演中深受好评，在太仓市内外演奏比赛中获得众多奖项。曾五次被评为“太仓市优秀业余文艺团队”。2008年被评为“苏州市优秀业余文艺团队”。学校由此成为“苏州市教育学院音乐教育实验学校”“上海民族乐团实验基地”，先后获评太仓市、苏州市文化特色学校、江苏省艺术教育先进学校。

表 20-1　1997—2012 年荣文学校学生民乐团主要演出活动一览

时间	地点	活动名称及简况
1997年5月28日	璜泾影剧院	璜泾中心小学首届艺术节
1998年10月	太仓中心剧院	与上海市学生艺术团民乐二团举办专场音乐会
2000年12月	苏州	在全国城市教育综合改革会议上，以61人阵容开场演奏民乐《普天同庆》
2001年1月	苏州	参加苏州五县一市电视台举办的春节晚会演出
2001年8月	上海人民广播电台	录制1小时专题节目，事后在电台播放
2001年10月	江苏教育电视台	制作专题节目，事后在电视台播放
2002年5月	苏州	参加苏州市教委举办的“古韵金曲姑苏吟周文轩先生音乐作品”演出
2002年8月	新加坡	应新加坡华乐协会及德明中学邀请，做交流演出
2003年1月	香港沙田大剧院	组团48人做专场演出，并与香港学生民乐爱好者开展演奏交流活动
2004年1月	上海	参加上海音乐学院举办的“长三角”地区民族乐团展演
2004年7月	上海	参加“中美少年儿童文化交流联谊会”及第四届“国际少儿文化艺术节”闭幕演出
2006年1月	上海	参加第三届“长三角”地区民族乐团展演
2006年6月	浙江杭州	参加浙江·杭州“海内外丝竹邀请赛”展演
2007年7月	山东青岛	组团86人，随太仓市领导参加第二届“中国航海节”演出及太仓市接旗仪式
2008年9月	中央电视台（七套）	录制学生民乐专题节目
2008年12月	太仓中心剧场	参加“太仓市中小学生艺术团新年音乐会”演出
2009年6月	上海	参加第五届“长三角”地区民族乐团展演
2009年6月	太仓郑和公园	组团120人演出，由上海东方卫视拍摄录入迎世博专题片——“走进太仓”
2009年2月	南京	参加“张晓峰从艺60周年作品音乐会”献演
2010年5月	太仓中心剧场	参加“太仓市第六届（璜泾杯）江南丝竹演奏赛”演出。
2012年11月	太仓中心剧场	参加“太仓市第八届江南丝竹演奏赛”演出

表 20-2　2001—2012 年荣文学校学生民乐团演出获奖情况一览

时间	活动名称	参演节目	获奖情况
2001年7月	江苏省第三届少儿艺术节音乐舞蹈专场决赛	《骑车去郊游》	创作、演出一等奖
2001年8月	全国第二届“蒲公英奖”民乐决赛	《骑车去郊游》	银奖
2006年1月	苏州市中小学生器乐合奏比赛	《欢乐的晚会》	一等奖
2006年5月	中国文学艺术基金会“国苗杯”展演	《水乡风情》	一等奖
2008年11月	2008美年达百校风采擂台赛	《小镇晨曲》	一等奖
2010年10月	首届中国农民艺术节展演	《欢乐歌》	金穗奖
2012年11月	太仓市第八届江南丝竹演奏赛	江南丝竹演奏	一等奖

四、璜泾五岳庙道教经乐团

成立于2008年5月，是一支弘扬道教文化、道教音乐的团队，由太仓境内各道教宫观的茅山籍青年道士组成，成员18人，负责人为璜泾五岳庙住持刘佳清。乐团演奏器乐配套齐全，有曲笛、笙、箫、二胡、中胡、皮鼓、锣、钹、木鱼、扬琴、琵琶等。

璜泾五岳庙道教经乐团（2011年摄）

建团以来，经乐团以五岳庙为基地，定期进行排练，一方面深入挖掘茅山道教音乐的历史文化内涵，并结合璜泾本土道教音乐的特色创作节目，以祈祷国泰民安、风调雨顺为基调；另一方面在表演上精益求精，外聘有一定知名度的老师来团辅导、排练，以提高乐团演奏水平。2009年，在太仓市委统战部举办的“迎中秋、庆国庆”联欢会上，经乐团演奏的《太平颂》，弘扬了道教文化，传播了和谐之音，深受广大观众好评。《卫灵咒》曲目被列为国家级非物质文化遗产保护项目。至2013年，改编并演奏的曲目主要有《太平颂》《卫灵咒》《开天符》《万年欢》《喜洋洋》《三茅诰》《二泉映月》等，参加璜泾举办的各类公益演出活动20余场次，也由此在璜泾地区扩大了道教音乐的影响力和知名度。

第二节　戏剧社团

一、荣文戏曲艺术团

组建于2004年10月，由苏州荣文集团有限公司资助创立，是苏州市首批被批准的民营戏曲社团。剧团成员有26名，其中演员14名，乐器演奏人员9名，音响师1名，灯光师1名，服装、道具管理人员1名。剧团演员有璜泾戏曲爱好者、外乡镇文艺骨干、原太仓沪剧团演员。剧团花旦、小生分别由太仓沪剧明星金娥、周继彬担纲。剧团先后由倪善明、金娥任团长。

荣文戏曲艺术团排演的传统沪剧《大雷雨》（2009年摄）

自成立至2013年10年间，剧团排演的传统沪剧有《大雷雨》《遗恨》《庵堂相会》《阿必大》《陆雅臣》，传统锡剧《珍珠塔》，越剧《梁祝》《孟丽君》《盘夫》等；自编自导的沪剧有《梅花梦》《大地情》《玉麒麟》；另有为配合党委、政府中心工作和颂扬改革开放成果、社会文明新风而编排的表演唱、说唱、小品、独角戏等节目20余个。先后在上海逸夫舞台、苏州开明大戏院、常熟虞山大剧院、太仓中心剧场等演出以及下村、下社区演出累计达480多场次，观众达26万人次。

2006年，被评为江苏省先进民营团队。2007年，参加江苏省首届民营文艺团队优秀剧目比赛，演出沪剧《大雷雨》获金奖。2011年，被评为2009—2011年度太仓市五星文艺团队。2012年，被评为苏州市优秀民营团队；同年，自编自演的表演唱《我的梦・中国梦》参加太仓市“百团大展演”获评创作、表演一等奖。2013年，排演的沪剧小戏《情与法》参加太仓市“百团大展演”获评创作、表演一等奖。

二、雅鹿沪剧团

成立于2010年1月1日，由江苏雅鹿集团有限公司资助创立，有演职人员35人。成立后，剧团改编移植了大型沪剧《党的女儿》，排演了大型沪剧《女律师的遭遇》和《爱情与枪声》，创作演出了沪剧小戏《雷雨之夜》《桃花盛开》和小品《老公半夜归》等。2012年，为纪念伟大的物理学家、“中国的居里夫人”、太仓人民的好女儿吴健雄100周年诞辰，剧团排练了由陆瑛编导、主演的以吴健雄为人物原型的大型沪剧《吴健雄》。至2013年，共演出200多场，超额完成了太仓市文广新局委派的送戏下乡演出任务。此外，还赴上海（逸夫舞台）、嘉定、昆山等地进行巡回演出。剧团创作的沪剧小戏《雷雨之夜》在太仓市“百团大展演”创作节目汇演中获创作表演一等奖，沪剧小戏《桃花盛开》获表演一等奖，小品《老公半夜归》获表演二等奖。2012—2013年，剧团被评为太仓市五星级业余文艺团队。

雅鹿沪剧团（2012年摄）

三、中润越剧团

成立于2011年11月，由江苏中润纤维科技股份有限公司资助创立，由越剧专业演员和业余爱好者20多人组成，其中两位演员为专业演员，来自杭州越剧团。

中润越剧团（2012年摄）

剧团成立后，先后排演的剧目有越剧传统剧目《梁山伯与祝英台》《王老虎抢亲》《碧玉簪》《红楼梦》《盘妻索妻》等。2012年5月，剧团排演的大型家庭伦理剧《五女拜寿》、新编的越剧小戏《花好月圆》，在太仓市第六届“百团大展演”比赛中，均获创作、表演双金奖。至2013年，剧团参加市、镇组织的各项文化活动30多场次，其中越剧专场演出12场。

第三节　舞蹈团队

一、兰燕舞蹈团

成立于2007年10月，由太仓市兰燕甲板敷料涂料有限公司资助创立，由镇舞蹈业余爱好者20余人组成，主要练习民族舞蹈。平时，看舞蹈录像，模仿自练，每到周末，集中在镇文体中心舞蹈房排练，有演出任务和赛事时突击排练数天。自成立后，先后排演舞蹈和表演唱节目50余个，参与市、镇组织的文艺演出达50余场次，多次参加太仓市“夕阳红”艺术节舞蹈比赛并取得好成绩。2012年，在太仓市“百团大展演”中，创作、表演的舞蹈《茉莉花》获太仓市群众文艺创作节目大赛创作、表演两个一等奖。2013年，独舞《风雪行人》获太仓市群众文艺创作节目大赛表演金奖、创作银奖，同年获苏州市健身舞比赛铜奖，舞蹈《黎下笠影》获太仓市“夕阳红”艺术节舞蹈比赛一等奖，舞蹈《清风水秀》获太仓市群众文艺创作节目大赛表演金奖。

兰燕舞蹈团在茂林尚街开街仪式上献演舞蹈节目（2015年摄）

二、社区舞蹈队

2006年10月，成立西塔社区舞蹈队、银杏社区舞蹈队、王秀社区舞蹈队和玉影山社区舞蹈队4支舞蹈队，平时练习跳广场健身舞的人数有数十人，有时达上百人，每逢组队参加表演或比赛时，再根据需要选定队员，组成社区舞蹈队。自4支社区舞蹈队成立后的10年间，舞蹈队编排了众多的舞蹈、表演唱、说唱等节目，参加市、镇各项文艺演出活动达80余场次，深受广大居民群众好评。多次在参加太仓市“百团大展演”文艺演出中获奖，2012年10月，西塔社区舞蹈队创作、表演的舞蹈《映山红》获一等奖，王秀社区舞蹈队创作、表演的舞蹈《欢聚一堂》、舞蹈《祖国，你好》获二等奖，玉影山社区舞蹈队创作、表演的舞蹈《春天里·阳光下》获二等奖。2013年10月，西塔社区舞蹈队创作、表演的舞蹈《青春的追忆》、舞蹈《开心阿奶》分获一等奖。

璜泾社区舞蹈队参加市优秀节目展演（2013年摄）

第四节　曲艺团

银鹿曲艺团创作演出的小品《越拆越好》（2010 年摄）

2010年10月，由苏州银鹿服饰有限公司资助成立太仓银鹿曲艺团。曲艺团成员12人，由本镇曲艺爱好者组成，太仓著名曲艺演员应邀加盟。成立后，曲艺团创作、排演了众多贴近生活、贴近实际、寓教于乐、群众喜爱的说唱、相声、小品、独角戏等节目，曾参加太仓市“百团大展演”“璜泾镇第二届民企文化节”“雅鹿村企文化节”等活动，每年送戏下乡达30余场次。在参加的苏州市、太仓市有关文艺展演中多次获奖，创作的小品《遗产风波》《越拆越好》《眼球效应》，分别获得太仓市第二、第三、第四届“百团大展演”创作一等奖。2011年，在苏州市群众文艺大会演暨“和谐社区”文化节上表演的上海说唱《三岔口》获创作、表演一等奖。2013年，创作的小品《孙子梦》和表演唱《创建美好家园》，分获太仓市第六届“百团大展演”比赛银奖。

第三章　文化活动

1994—2013年的20年间，镇宣传办、工会、团委、妇联、科协、文化站、医院等部门和条线，每年组织文化、科技、卫生“三下乡”活动，文化站组织各文艺团队和文艺志愿者下村、下社区、下企业，义务献演戏曲、歌曲、舞蹈、说唱等群众喜闻乐见的文艺节目。2008年起，境内文化活动呈规模格调高、宣传声势大、参与人数多、社会评价好的态势。至2013年，先后举办2届镇民企文化节、1届外来务工人员文体艺术节、3届璜泾中心小学艺术节、5届雅鹿村企文化节。

第一节　节庆及专题活动

1994年、1995年，先后举办庆祝建国45周年、纪念抗日战争胜利50周年系列文化活动，在广大群众和青少年中广泛开展党的革命传统教育和爱国主义教育，共举办专场文艺演出15场，创作演出专题文艺节目20个，吸引观众1万余人次。

1997年6月，全镇开展迎“七一”、庆香港回归系列文化活动，镇宣传办和文化站发动各单位、各文艺团队编排了以歌颂党、歌颂祖国、建设家乡、振兴璜泾为主要内容的各类文艺节目30个，先后演出12场次，观众6000余人次。

1998年，镇宣传办和文化站组织开展“二十年改革、二十年巨变”美术、书法、摄影展，发动各单位50余名爱好者选送作品，制作展板10余块，先后放置于镇机关、文化站、社区展出，既展示了文化爱好者的艺术品位，又使群众从感受家乡巨变中受到教育。

1999年国庆至2000年元旦，为隆重庆祝中华人民共和国成立50周年、太仓解放50周年、澳门回归和迎接新世纪的到来，镇党委印发《关于在全镇广泛开展“升国旗、唱国歌、庆国庆”爱国主义教育系列活动及做好国庆期间环境宣传布置工作的通知》，组织开展“三庆一迎”系列活动，先后举行了文艺演出、演讲比赛、征文活动、书画摄影展、花卉盆景展、棋牌比赛、球类比赛以及武术表演等形式多样的群众性文化活动。“三庆一迎”系列活动，歌颂了建国50年来，特别是改革开放20年来农村发生的巨大变化和取得的辉煌成就，展示了全镇人民同心同德、艰苦奋斗、建设新璜泾、创造新生活的时代精神和风貌。

2000年后，境内民营企业加快发展，企业文化活动兴起，开创了“企业彰显文化，文化助推企业”的新局面。2005年前后，雅鹿春节联欢晚会、庆国庆申久之夜广场文艺晚会、荣文迎国庆文体联欢会、欢度中秋勤益职工联欢会等文艺活动十分丰富。

2007年春节期间，隆重举办“璜泾镇特色文化推进年开幕式暨荣文学校迎春音乐会”，之后，各单位开展了丰富多彩的民乐演奏、棋牌比赛、歌舞表演、戏曲展演等活动。11月份，又成功举办“璜泾镇特色文化推进年闭幕式暨刘天华作品音乐会”，把这一年的文化活动推向了高潮。

2011年，镇举办纪念建党90周年系列活动，6月30日在镇文体中心剧场举行由镇、村（社区）两级干部150多人参加的活动启动仪式，并举行首场文艺演出，事后各村、各社区开展的各种形式的纪念活动接连不断，持续1个多月。整个系列活动期间，围绕“贺党庆、颂党恩”主题，举行文艺演出26场次，收到征文、演讲稿和书法、美术、摄影作品200余件（篇）。

2012—2013年，各村、各社区借助市搭建的文化“三下乡”“欢乐社区行”“百团大展演”等活动载体，纷纷邀请各文艺团队前往演出，尤其是春节、国庆、中秋、元旦等节庆期间和夏秋时节，各地的广场文艺演出接连不断，两年间全镇共举行沪剧、锡剧、越剧专场演出45场，吸引观众3.5万余人次；举行歌舞、曲艺、戏曲、民乐、武术表演等综合演出36场，吸引观众3万余人次。

第二节　文化艺术节

一、镇民企文化节

民企文化节，指民营企业在相对集中的一段时间内开展群众性文体活动，以丰富、活跃职工的文体生活，扩展“文化助推企业，企业彰显文化”效应，提升精神文明建设水平。1994—2013年的20年间璜泾民企文化节办过两届。

璜泾镇首届民企文化节动员大会（2012年摄）

璜泾镇首届民企文化节（2012年摄）

镇首届民企文化节　2012年，为推进企业文化建设，传承璜泾籍昆曲戏剧名家朱传茗的艺术文化，镇党委、政府举办首届民企文化节，时间从5月10日开始至10月18日结束。5月10日，在镇文体中心广场举行璜泾镇首届民企文化节开幕式暨朱传茗故里揭牌仪式，镇党委、人大、政府三套班子领导和各界群众600余人参加。当时，出席开幕式的省、苏州市有关部门的领导有：江苏省文化厅社文处副处长管天涛，苏州市文广新局副局长谢芳，苏州市体育局副局长袁永球。本市领导有：市委副书记陆卫其，市委常委、宣传部部长陈雪嵘，市人大常委会副主任嵇永宁，市政协副主席吕寅等。应邀出席的嘉宾有：中国著名京剧表演艺术家、国家一级演员、现代京剧《杜鹃山》中柯湘的扮演者杨春霞，著名越剧表演艺术家、国家一级演员、上海戏剧家协会副主席、上海越剧院演员吕瑞英，著名昆曲艺术家、国家一级演员、上海同济大学兼职教授梁谷音，上海市音乐家协会副主席俞震，全国著名作曲家、扬琴演奏家张晓峰，全国著名管乐演奏家左翼伟，新加坡华乐协会主要演员、二胡演奏家王桂英。

开幕式先由镇党委书记姜超致欢迎词，后由各级、各部门有关领导和企业界代表先后发表讲话。朱传茗故里揭牌仪式由朱传茗的两位学生杨春霞、梁谷音和市领导陆卫其、镇领导姜超揭牌。最后，举行了名为“曲韵绵长”的民企文化节启动仪式。之后，杨春霞、梁谷音等几位著名戏曲艺术大师和璜泾文艺团队的演员共同为与会观众献上了一台文艺节目。

首届民企文化节于10月18日举行闭幕式，在历时五个多月的文化节活动期间，全镇各单位先后组织开展形式多样、内容丰富多彩的文化娱乐活动和体育赛事50余场次。这次民企文化节，突出“文化助推企业，企业彰显文化”主题，企业文化和地方传统文化得到提升。

镇第二届民企文化节　于2013年5月17日开始至年底结束。5月17日，在镇文体中心广场举行第二届璜泾民企文化节开幕式，镇党委、人大、政府三套班子领导和各界群众500余人参加。太仓市委副书记陆卫其和市有关部门的领导应邀出席了开幕式。镇党委书记姜超在开幕式上致欢迎词，太仓市委副书记陆卫其做了讲话。

在开幕式上，镇党委、政府对企业文化建设成绩突出的江苏申久化纤有限公司等10家先进企业和太仓市荣文戏曲艺术团等10家优秀团队进行了表彰；举行了“璜泾镇民企文化建设研究会”成立揭牌仪式，由太仓市委副书记陆卫其、镇党委书记姜超为研究会成立揭牌。最后，各文艺团队献上了一台民乐、戏曲、舞蹈等节目。

2013年5月17日，第二届璜泾民企文化节新闻发布会

在开幕式前，还举行了第二届璜泾民企文化节新闻发布会。应邀出席的媒体有中新社、新华社、江苏电视台、新华日报、苏州电视台、苏州日报、太仓广电总台、太仓日报、太仓新闻网等。在发布会上，镇党委有关领导和企业界代表首先介绍了璜泾近年来企业文化建设的情况，并一一回答了记者的提问。

此次开幕式后，全镇文化建设得到推进，文艺活动空前活跃。企业的戏曲文化、创业文化、园区文化得到发扬，并逐步形成“一企一品”；由企业冠名，以企养团，成为璜泾组建文艺团队的特色举措；挖掘璜泾历史文化资源，宣扬地方政、经、史、文的《西塔》文化期刊由镇文化站编辑出版。第二届民企文化节活动期间，全镇各单位累计举行文艺演出60余场次。

二、镇外来务工人员文体艺术节

2008年5月，镇党委、政府举办璜泾镇外来务工人员文体艺术节。10日上午，在荣文学校体育

2008年5月，璜泾镇外来务工人员文体艺术节“华伦杯”跳绳比赛

2008年5月，璜泾镇外来务工人员文体艺术节“兰燕杯”自行车慢骑比赛

2008年5月，璜泾镇外来务工人员文体艺术节“申久杯”篮球比赛

2008年5月，璜泾镇外来务工人员文体艺术节“勤益杯”拔河比赛

馆举行艺术节启动仪式。之后，由企业冠名赞助，先后开展了9项文体赛事活动。

10日，举行启动仪式当天，在荣文学校体育馆举行“宏源杯”乒乓联赛，有26个团队、126名乒乓选手参加北赛，“锦凯”“长乐”“雅华”乒乓球队分获团体前三名，朱月明、薛峰、陈强分获个人赛前三名；同日，在国土资源分局举办“华伦杯”跳绳比赛，共有42名参赛者参加，夏叶青、孙家勇、陆国忠分获比赛前三名。12日，在国土资源分局举办“兰燕杯”自行车慢骑比赛，有50余名选手参加，施建峰、何衡乐、杨武超分获前三名；同日，举行“勤益杯”拔河比赛，有6支队伍参加，经12轮比赛，新海、桐昆、定远拔河队分获前三名。17—18日，在荣文学校体育馆举行“申久杯”篮球赛，有7支球队参加，镇机关、新海、申久篮球队分获前三名；18日晚上，在镇政府底楼会议室举办“银鹿杯”卡拉OK决赛，赛前进行了预赛，有20名歌手进入决赛，经评委评定，刘海龙获第一名，乔联英、曹志勤并获第二名，稽强、袁梅、陆燕并获第三名；同日，举行“太海汽渡杯”象棋赛，有18名外来务工的象棋爱好者和20名璜泾象棋选手参加比赛，经6轮对弈，陈忠良、华广平、王培元分获前三名。22日，在镇政府底楼会议室举行“荣文杯”知识竞赛，知识竞赛包含了科普、卫生、法律、计生、安全、环保、奥运及时事政治在内的130道题目，有7支竞赛队参加，经必答和抢答两轮比赛，桐昆、镇机关、新海队分获前三名。26日，在镇文化站举行“桐昆杯”灯谜活动，璜泾派出所经过精心的创作选题，共提供300条谜语给近百名参与者进行竞猜，最终华广平以猜中47条的成绩获第一名，张雯雯、杨东分别获得第二和第三名。此次外来务工人员文体艺术节自10日开始至26日结束，开设的9项活动吸引了1000余名外来务工人员和本地文体爱好者参加，展示了外来务工人员的精神风貌。同时，也为新老璜泾人“加强沟通、增进友谊、交流合作、共同进步”搭建了新的平台。

璜小第三届艺术节闭幕式音乐会（2001年摄）

三、璜泾中心小学艺术节

1995年11月，璜小开办民乐培训班，成立学生民乐队，至1997年5月的一年半时间里，有近百名学生先后参加培训，且大多数学生的乐器演奏达到较高水准。学习的乐器较为齐全，有二胡、琵琶、笛子、扬琴、唢呐、木琴、中阮、笙、鼓等。为做亮民乐特色教学品牌，提升学校素质教育影响力，璜小于1997—2001年先后办了三届艺术节，文艺演出以学生民乐演奏为主。1997年5月28日举办首届艺术节，全国著名笛子演奏家、一代“笛王”陆春龄教授在文艺专场演出中与小演员同台演出。1999年12月16日至20日举办第二届艺术节，著名艺术家乔奇主持文艺专场演出，著名二胡艺术大师、中国音乐家协会副主席闵惠芬，著名笛子演奏家陆春龄，著名作曲家、扬琴演奏家张晓峰与学生同台合奏民乐。演出后，陆春龄欣然题词，称璜小“扬子江畔奇迹，华夏民族新声”。2001年6月16日举办第三届艺术节，著名演员、主持人崔杰主持文艺专场演出，著名笛子演奏家俞逊发与学生同台演奏并当场收2名学生为徒。璜小三届艺术节均有艺术界名人参加，民乐演奏参与学生多，艺术品位高，演出规模大，对于促进璜泾乃至太仓江南丝竹的发展起了积极作用。

四、雅鹿村企文化节

2009—2013年，雅鹿村与雅鹿集团每年举办雅鹿村企文化节，连续办了五届，时间安排在“七一”前后或国庆节前夕，每届文化节历时5~10天。每届文化节均举行启动仪式，邀请上级领导出席，并请市、镇相关分管领导讲话。村企文化节每年围绕一个主题，开展各项村企党建和农村精神文明建设活动以及村民喜闻乐见的文体活动，每届参与活动的村民及观看文艺演出、电影放映的观众达万余人次。

2009年首届村企文化节于5月27日拉开帷幕，历时10天。这届文化节突出“以企带村、村企联动、共建新农村”主题，以培养新农民、建设新环境、发展新文化为目标，开展了“雅鹿杯”村企趣味运动会、沪剧专场演出、健康知识讲座、名医义诊、农民素质教育“菜单式”培训、电影放映等多项活动，广大村民从中受到了教育，感受到欢乐，文化节成为凝心聚力促发展、村企联动共

首届“雅鹿”村企文化节开幕式（2009年摄）

建新农村的重要载体。

2010年第二届村企文化节于6月28日拉开帷幕，历时8天。这届文化节以"党建促发展，共建新农村"为主题，开展了"我身边的劳模"微型党课演讲活动和"红色1+3"结对共建活动（即村党委与机关、企业、社区等3种不同类型的党组织开展联建）以及党员、村民座谈交流活动等。在文化节文艺演出中，邀请上海沪剧界著名演员茅善玉、孙徐春、马莉莉和"锡剧王子"、省锡剧团著名演员周东亮到村演出。文化节期间，还开展了村企趣味运动会、广场舞展示、电影放映等多项活动。这次文化节以党建为平台，以文化为纽带，把党建工作、党员教育寓于文化活动之中，起到了文化促党建、党建促发展的作用，取得了科学发展增动力、人民群众得实惠、基层党建上水平的实效。

第二届雅鹿村企文化节开幕式（2010年摄）

2011年第三届村企文化节于5月17日拉开帷幕，历时7天。这届文化节以"迎党庆，颂党恩"为主题，开展了"十个一"活动：上好一堂党课、放映一周红色电影、演出一场红色歌舞、开展一次读书活动、举办一次家庭才艺展示活动、举办一场趣味运动会、组织一次环保科普宣传活动、慰问一批老党员、邀请名医进行一次现场义诊与健康咨询活动、邀请一批优秀文艺团队演出文艺节目。这次文化节还举办了沪剧专场，上海沪剧院演出的经典沪剧《雷雨》、上海市勤怡沪剧团演出的沪剧《贤惠媳妇》、太仓市雅鹿沪剧团演出的沪剧《爱情与枪声》、太仓荣文戏曲艺术团演出的沪剧《庵堂相会》，让广大村民享受到戏剧文化大餐。这次文化节盛会，颂扬了党的丰功伟绩，展示了农村改革开放成果，激发了广大村民建设新农村的热情。

2012年第四届村企文化节于10月9日拉开帷幕，历时7天。这届文化节以"倡导文明乡风、彰显村企文化"为主题，大力宣传村设置的14个乡风文明岗岗位人员的精神风貌，并对应每一个岗位选配一首歌曲，通过歌曲传唱，激发在岗人员奉献精神，培育乡风文明典型。文化节期间，还开展了戏剧演出、电影放映、乒乓球比赛等活动。戏剧演出的剧目有：太仓香塘锡剧团演出的锡剧《夜明珠》，太仓荣文戏曲艺术团演出的沪剧《梅花梦》，太仓雅鹿沪剧团演出大型沪剧《吴健雄》。文化节各项文体活动的开展，为广大村民和雅鹿集团职工带来了文化艺术的享受。

2013年第五届村企文化节于9月21日拉开帷幕，历时5天。这届文化节以"村企共建美丽雅鹿"为主题，开展了戏剧演出、戏曲卡拉OK演唱、体育比赛等。晚上的戏剧专场演出尤其受到村民青睐，演出的戏剧主要有：太仓香塘锡剧团演出的传统锡剧《玲珑女》，太仓荣文戏曲艺术团演出的传统沪剧《阿必大》，特邀上海沪剧院著名青年演员洪立勇演唱的沪剧折子戏《别梅》，太仓中润越剧团演出的古装越剧《王老虎抢亲》，太仓雅鹿沪剧团演出的沪剧新创剧目《悠悠娄江情》。这届文化节既有文艺演出，也有体育比赛，为广大村民"人人参与文化、人人享受文化"搭建了平台。同时，体现了雅鹿村经济社会发展和文明和谐进步的新貌，展示了雅鹿村与雅鹿集团村企共建美丽新雅鹿的成果。

第四章　文化品牌

璜泾文化底蕴深厚，文体爱好者众多，尤其是民乐、戏曲、桥牌、舞蹈活动广泛开展，逐步形成璜泾四大文化品牌。

第一节　民　乐

璜泾人历来欣赏民乐，民乐演奏活跃于民间，每年举行的春节、国庆、中秋等节庆文艺演出中均有民乐节目。1995年起，璜泾中心小学开办民乐培训班，成立学生民乐队（1999年成立民乐团），之后培养了上千名民乐新苗，传统民乐江南丝竹得到传承，并不断发扬光大。1997年、1999年、2001年璜泾中心小学先后举办三届艺术节，国内文艺界名人闵惠芬、陆春龄、张晓峰、乔奇、崔杰等与学生同台表演，场面热烈，情景感人。艺术节推动了璜泾乃至太仓的民乐发展。同时，璜小民乐队（团）在赴新加坡、中国香港访问演出时深受赞誉；在参加的众多交流、汇报、比赛演出中受到好评，屡屡获奖，不仅提升了学校民乐特色教学的知名度，而且扩大了璜泾民乐文化的影响力。2000年10月，二胡艺术大师、中国音乐家协会副主席闵惠芬将璜泾誉为“江南丝竹第一镇”，并留下题词墨迹。进入21世纪后，璜泾民乐文化继续得到发展，有民乐团队10个，成员150多人，自娱自乐的演奏爱好者上千人；演奏的民族乐器应有尽有，演出时既有传统曲目，又有自创节目；下乡演出活动频繁，演奏水平不断提高。2010年5月，璜泾镇被命名为“太仓市江南丝竹活动基地”。民乐由此成为璜泾四大文化品牌之一。

2010年5月，璜泾镇被命名为“太仓市江南丝竹活动基地”

2010年5月22日，祝贺璜泾镇被命名为“太仓市江南丝竹活动基地”专场演出

第二节 桥 牌

璜泾桥牌活动起源于20世纪70年代，发展于80年代，兴盛于90年代。1994年，国家体委桥牌管理中心领导到璜泾考察桥牌活动，镇桥牌协会就桥牌活动开展情况做了专题汇报，并举办了“五代人”（少、青、壮、中、老年）桥牌赛。同年，璜泾桥牌队代表太仓市队参加省级老年桥牌赛获第3名。至2000年，璜泾老年桥牌队连续4届参加全国老年桥牌赛均进入团体前8名，2届获双人赛前5名。进入21世纪后，桥牌文化继续得到发展，桥牌活动进入农村、社区、学校、企业，组建的队伍有老年队、青年队、学生队、残疾人队，参与者身份有知识分子、干部、工人、农民、学生，每年举行规模较大的活动20~30次。有省级桥牌辅导员1名，桥牌二级裁判2名，三级裁判4名，全国B类俱乐部1个（江苏长乐桥牌俱乐部）。开展桥牌活动获众多荣誉。2001年，璜泾获“苏州市特色体育乡镇（桥牌）”称号。2003年，镇中学生队赴福建漳州参加首届全国中学生桥牌锦标赛获团体第五名、双人赛冠军。2005年，镇优秀桥牌选手入选市桥牌队，赴北京人民大会堂与国家领导人同台竞技。同年，《桥牌》杂志第八期在显著位置刊登题为《太仓桥牌走进了人民大会堂》的报道。2010年，镇老年队在太仓举行的“华夏杯”全国老年桥牌赛中获亚军。2011年，镇老年队在浙江嘉兴举行的“百令杯”全国老年桥牌赛中获冠军。至2013年，璜泾的桥牌活动参与者越来越多，镇获评“江苏省桥牌之乡”。桥牌由此成为璜泾四大文化品牌之一。

2008年10月11日，“信逸杯”沪太桥牌联谊赛

第三节 戏 曲

璜泾镇的戏曲文化历史悠久，底蕴敦厚。民国年间，璜泾籍昆曲名家朱传茗是当时江、浙、沪地区昆剧界的泰斗。中华人民共和国成立初期，璜泾戏曲爱好者组成表演团队，以汤桂英、张雪珍为文艺骨干，排练整台越剧《梁山伯与祝英台》。20世纪60年代中期至70年代，每个大队都有文艺宣传队，京剧、沪剧、锡剧、越剧等戏曲表演风行一时。80年代起，镇组建文艺宣传队，队员亦工亦艺，每年下乡演出达60场以上。20世纪90年代，随着农村精神文明建设的广泛开展，镇、村每年举办戏曲演出活动，尤其是节庆期间，演出活动更加活跃，不仅有本镇戏曲爱好者献演精彩节目，而且有受邀的外地专业剧团到璜演出。进入21世纪后，镇宣传、文化部门为发展企业文化，并提高文化活动的组织化程度，通过企业冠名并赞助的形式，组建文艺团队，先后由企业冠名

的主要戏曲团有太仓荣文戏曲艺术团、太仓雅鹿沪剧团、太仓中润越剧团、太仓银鹿曲艺团等。在2004—2013年的10年间，各剧团排演沪剧、锡剧、越剧大戏30余部、小戏20余个，创作、演出反映现代生活的戏曲节目50余个，累计下乡演出750余场次，吸引观众38万人次。历年戏曲演出活动接连不断，孕育了璜泾戏曲文化，构筑了庞大的戏曲爱好者队伍，戏曲文化得到传承、发展。2014年，镇获评“苏州市戏曲特色文化乡镇”。戏曲由此成为璜泾四大文化品牌之一。

第四节 舞 蹈

璜泾人历来崇尚舞蹈艺术，能歌善舞者甚多。20世纪90年代，各单位文艺爱好者排演的舞蹈，大多是反映革命斗争题材和展示现代生活风情的。镇历年举行的群众文艺展演和文艺下乡活动，大多有舞蹈节目安排，舞蹈文化得到广泛传播。进入21世纪后，广场舞兴起。由于广场舞具有简单易学、跳错可重来、没有任何准入障碍等特点，以及既不用花钱，又可以健身，老少皆宜的缘故，练舞者越来越多，尤其是中老年妇女参与者更多。每到傍晚，前往镇、村广场及街头空地跳舞的人群络绎不绝，广场舞活动场所遍地开花。2007年前后，夏秋时节傍晚，每天到镇文体中心广场和永乐村广场跳广场舞的爱好者都多达200余人，最多时达300余人。2007年7月，镇文化站曾在永乐村广场举办璜泾镇广场舞展示活动，组织全镇18支舞蹈队共360人集体共舞，观看的人挤满广场周围，场面热烈，盛况空前。

在兴起广场健身舞的同时，文艺表演类舞蹈也得到发展，相继成立了众多的舞蹈队，其中组织程度较高，经常参加文艺展演、舞蹈比赛的有5个，共有舞蹈骨干100余人。在2008—2013年的6年间，各舞蹈队移植创作20余个舞蹈节目，每年参与其他文艺团队到村、社区巡回演出180余场次。每年参加太仓市舞蹈展演都获得好评，屡屡获奖。舞蹈由此成为璜泾四大文化品牌之一。

第五章 文学 书画

第一节 文 学

一、小说

1994—2013年，有2位璜泾籍人从事小说创作并出版专著，在文学创作上颇有成就。一位是太仓市文联副主席（现退休）、中国作家协会会员奚旭初。他自笔耕起，曾在《雨花》《青春》《小说月报》《北方文学》《通俗小说报》《啄木鸟》《鹿鸣》《中华传奇》《短小说》《人民警察》等杂志发表小说、故事40余篇，200余万文字。2000年1月出版中篇小说集《迷人的日子》，2001年11月出版长篇小说《天道无私》，2005年1月出版长篇小说《落叶无声》，2006年10月出版中短篇小说集《开帕萨特小车的女人》，2009年出版长篇历史小说《况钟传奇》（上、下两部）。2012年出版长篇小说《第一道防线》，该小说获江苏省第八届精神文明建设“五个一工程”奖。在小说创作方面出版专著的另一位作者是茅震宇，现为太仓广电总台副台长、江苏省作家协会会员。他于1977年开始业余创作，发表过950余篇文学作品，2006年，由人民文学出版社出版个人中短篇小说集《街上樱花开》，收录其中短篇小说32篇。

资料链接：

精神文明建设“五个一工程”，即推荐申报精神产品五个方面精品佳作：一部好的戏剧作品，一部好的电视剧（或电影）作品，一部好的图书（限社会科学方面），一部好的理论文章（限社会科学方面），一首好歌。

二、散文

散文题材广泛，内涵丰富，写法多样，语言优美。1994—2013年，璜泾每年有众多的文学爱好者在太仓市级及以上的报刊上发表散文，有的叙事记人，有的描绘景物，有的感悟哲理。20年间，全镇业余作者共创作散文400余篇，在各类报刊上发表150余篇。王秀村的王忠元对散文情有独钟，欣赏和写作散文成了他的业余爱好。2007年3月第14期《娄江夕阳红》首次刊登他的《医保卡的遐想》后，经常能看到他的散文作品。2014年，王忠元出版有散文自选集《金色的晚年》，书中分“福满人间”“社会新风”“长寿诀窍”“畅想随笔”“往事追忆”等5个栏目，自选收录了他自2007至2013年间撰写的散文41篇。

三、诗词

1994—2013年，全镇诗风浓烈，诗词创作兴盛，作品不计其数。在诗词创作方面，鹿河片区最为活跃，出现了以龚道明、龚国澄、黄匡、崔芳等为代表的诗词创作群体，其中龚道明的诗词发表数量众多，1996—2013年，先后在江苏省诗词协会创办的《江海诗词》期刊上发表30余篇，在苏州市诗词协会创办的《姑苏吟》期刊上发表160余篇，在太仓市诗词协会创办的《娄声》月刊上发表1000余篇。龚道明还出版有诗集《江村吟草》和《拾尘斋诗抄》，分别收录他的诗词500首和800首。2008年起，鹿河小学把诗词教学作为学校的特色教育，开设诗词培训班，编写《学写格律诗》《银杏新声》等教材，创办《小银杏诗歌选》，特邀龚道明为辅导老师，先后培训学生100余名，学生诗作水平大为提升。为展示“书香飘校园，诗韵润童心”成果，学校出版学生诗词作品集《银杏树下》，分“爱国心声”“城镇风光”“咏物寄意”“感事咏怀”“即景抒情”等5个专辑，共收录学生诗作478首，其中有江苏省首届、第二届“凤凰杯”大中小学生诗词大赛二等奖3首，三等奖3首，优秀奖7首；江苏省“七彩风”小学生童诗童话创作大赛二等奖1首；刊登在《中华诗词》上4首，刊登在《江海诗词》上30首，刊登在《姑苏吟》上12首，刊登在《语言文字报》上32首，刊登在《太仓日报》上13首，刊登在《娄声》上204首。2012年5月，黄匡为“首届中华国粹论坛暨《兰亭序》问世1660周年中华诗书画大赛”创作的诗词作品被评为一等奖。

第二节　书　画

1994—2013年，全镇书画艺术得到发扬光大，境内有民间开办的书画培训场所，有每年举办的书画展评活动，有在老师指导下学练的学生，有研练书画、自学成才的作者。境内爱好书画、并发表作品的代表性作者主要有吴瑞衡、姚正路、胡维平、张仁民、孙庆阳、苏振芳、夏永逵、李健、董斌、张卫清等。1994年起，姚正路的书法作品在全国书画大赛中获奖30余次，被编入10多本全国书画获奖作品集，被河南中国翰园碑林等单位刻石收藏。1995年前后，夏永逵的草书颇受青睐，他应邀为镇内外数十家企事业单位书写的单位名称被制作立体或石刻标牌。1998年5月，吴瑞衡创作的国画《满园春色》在首都艺术博览会上获优秀作品奖，他有50余件作品入选《中国美术选集》《中国书画名家选》《中国当代画家翰墨精品集》，代表作有《湖光山色》《溪山秋瀑》《深山弈棋》等，出版过山水画个人专集。2007年前后，胡维平为沙溪镇创作的“义兴石桥”“长寿庵桥”“虹桥夕照”“乐荫雅园”“竹庵环翠”“道院荷香”“天泉望月”“长寿钟声”等八景图，被刻录于紫砂茶壶，成为旅游纪念品。胡维平自幼爱好书法美术，在书法美术方面颇有成就，被尊称为“老法师”。他创办了太仓兄弟广告装潢有限公司，自任总经理兼总设计师。他不仅善于中国画、油画、水彩画、水粉画、铜版画等纯美术创作，而且擅长把书法美术融入工艺饰品、商业橱窗、装潢装饰、广告、徽标、印章等创意设计制作之中，现受聘于苏州健雄职业技术学院，担任艺术设计系图形与字体设计课程外聘教师。2008年，张仁民的书法作品29件汇编成册——《张仁民书法作品集》，他的书法以行草书为主，尤以狂草见长，书法作品曾在江苏省、苏州市、太仓市书法展或比赛中多次获奖，也有众多的作品被政府和企业赠送给来自日本、韩国等的外国友人及香港客商收藏，绘画代表作有山水画《九寨雄峰》《谷口人家》《江山如画》等。董斌曾先后7次参加江苏省、太仓市美术书法作品展，获一等奖、优秀奖各1次。2011年，其作品《富贵大寿图》被中共中央统战部收藏。2012年前后，孙庆阳、张卫清的书法、苏振芳的山水画《秋山红树》、李健的山水画《山居图》等10多件作品被镇文化期刊《西塔》选载。2013年，永乐村假期学校14名小学生的14件美术作品入选《第七届全国少年儿童美术作品大赛获奖作品集》，其中11件获金奖，3件获银奖。1994—2013年的20年间，全镇作者创作书画作品5000余件，其中有在太仓市级及以上各级书画展评、报纸杂志中入展、入选作品600余件，获奖作品150余件。

第六章 文化产业

第一节 图书音像

1994年，在怀仁路荡茜桥南堍东侧，有璜泾新华书店，经营图书和文具用品。1998年，璜泾供销社转换经营机制后，图书和文具用品转为私营。2000年后，有关超市、文具店、百货商店经核准，允许经营图书及音像出版物。2013年，境内经太仓市文化市场管理部门登记核准的经营单位有5家。

表20-3 2013年璜泾镇图书及音像出版物经营单位一览

经营单位名称	地址	许可/备案号	经营范围	负责人
太仓市承承超市有限公司	璜泾玄武路8号	新出发苏太E007	图书音像零售	陈　燕
太仓市璜泾镇友昌超市	璜泾商贸中心	新出发苏太E008	图书音像零售	陈友昌
璜泾镇鹿河海旭文具用品店	鹿河玉影路	新出发苏太E034	图书零售	张红梅
太仓市璜泾镇天马音像出租店	璜泾园林路	新出发苏太E039	图书音像零售出租	严丽萍
太仓市璜泾新苑百货商店	璜泾园林路	新出发苏太E043	图书期刊零售	肖　红

第二节 娱乐场所

一、歌舞厅

1994年，璜泾工贸宾馆内有工贸歌舞厅。以后相继开业的有文化宫歌舞厅、黑森林大酒家歌舞厅、悦来歌舞厅、同乐之源歌舞厅、黄金樽歌舞厅、锦佳歌舞厅等。2003年鹿河镇并入璜泾时，鹿河区域内有鹿河山庄歌舞厅。境内自有歌舞厅以来，大多数歌舞厅都几度易主，并更改单位名称。2005年后，舞厅生意逐渐清淡，有的歌舞厅改为KTV歌厅，有的歌舞厅歇业。至2013年，境内经太仓市文化市场管理部门登记核准的歌舞厅有6家。

表 20-4　2013 年璜泾镇歌舞厅娱乐场所一览

单位名称	地址	歌舞厅面积（平方米）	KTV 包厢（间）	负责人
太仓市璜泾镇同乐之源休闲会所	璜泾镇商贸中心西侧三楼	700	14	孙韵萍
太仓市黄金樽大酒店有限公司	璜泾镇园林路168号	4900	14	王新龙
太仓市璜泾镇金库歌舞厅	璜泾镇怀仁路16号	936	14	袁士芳
太仓市悦来娱乐城	璜泾镇玄武路	410	5	盛桂华
太仓市森林大酒家	璜泾镇园林路8号	300	8	吴平元
太仓市璜泾镇鸣人休闲会所	璜泾镇荡茜路	248	7	冯正芳

二、游艺厅

20世纪90年代初，璜泾文化宫内开办首家游戏房，有电子游戏机30台。2000年后，境内常住人口增加，喜玩游戏机者数量增多，游艺活动场所得到发展。2006年前后，境内有游艺活动场所7家，共计游艺厅面积1403平方米，电子游戏机165台。2010年后，随着有线电视、有线宽带、移动通信的发展及功能的拓宽，玩游戏机的人数逐渐下降，游艺活动场所也相应减少。至2013年，境内经太仓市文化市场管理部门登记核准的游艺娱乐场所有4家，共计游艺厅面积578平方米，游戏机59台。

表 20-5　2013 年璜泾镇游艺娱乐场所一览

单位名称	地址	游艺厅面积（平方米）	游戏机（台）	负责人
太仓市新动力动漫厅	璜泾镇商贸中心9号	110	12	陈绕春
太仓市龙文动漫厅	璜泾镇怀仁路	50	8	林玉英
太仓市璜盛动漫厅	璜泾镇荡茜路	260	27	郑龙娇
太仓市龙平动漫厅	鹿河灵影路7号	158	12	李　平

第三节　网　吧

1994—2005年，境内无网吧（俗称电脑房）等互联网上网服务场所。2006年，境内出现网吧2家，2008年又开办1家。同时期，为促使未成年人有更多的时间和精力学习文化科技知识，镇关心下一代工作委员会聘请了19名退休教师担任网吧、游戏机房义务监督员。他们经常与业主沟通联系，要求业主协助配合，谢绝未成年人进入网吧、游戏机房。在教育未成年人自觉远离网吧、游戏房这项工作中，义务监督员发挥了监督作用。

2008年前后，各家网吧的上机率较高。2010年后，随着有线电视、家庭宽带的发展以及手机功能的增加，网吧生意逐渐清淡。2013年末，境内经电信、公安、文化、工商等部门登记核准的网吧有3家，共计经营面积456平方米，网吧机台（电脑）340台。

表 20-6　2013 年璜泾镇网吧服务场所一览

网吧名称	地址	经营面积（平方米）	网吧机台（台）	负责人
太仓市璜泾万里网吧	璜泾镇荡茜路	200	140	郑华杰
太仓市璜泾新城网吧	沙鹿路新明村境内	96	80	王洪杰
太仓市璜泾金色网吧	鹿河灵影路7号	160	120	李　平

第四节　照相　摄像

一、照相馆

1994年，境内有照相馆一家，即璜泾照相馆，业主颜景旺。位于怀仁路与文昌街交汇处，营业面积50平方米，有老式照相座机和手持相机，原使用底片、胶卷拍摄，药液显影、定影，后电子相机出现，改为电子照相，打印机打印。2007年11月，业主退休，璜泾照相馆歇业。1998年11月，王秀镇并入璜泾，王秀永安路上有王秀照相馆（与王秀小学邻近），业主沈美芳，营业面积20平方米，王秀片区内的照相服务大多由该馆提供。1999年，在璜泾园林路135号开办天天照相馆，业主陈钰，营业室2间，面积40平方米。照相的业务较广，有普通肖像照、各类证件照、婚纱照、宝宝照、艺术照等。另外，还零售鲜花、花篮和花车装饰等。2003年8月，鹿河镇并入璜泾，鹿河集镇上有鹿河思思摄影工作室，位于玉影路11号，业主陈无畏，营业面积20平方米，始办于1998年。照相业务有普通肖像照、各类证件照、婚纱照、宝宝照、艺术照等。2013年，境内照相馆共有3家，璜泾镇区、王秀、鹿河管理区各有1家，能满足客户各类照相服务需求。

二、婚庆摄像

1994年起，境内婚庆场景基本上通过照相留存。2000年后，青年男女结婚讲究时代新潮，婚庆摄像兴起，境内出现了提供婚庆摄像服务的个体户。他们为婚庆户摄录的主要内容有结婚仪式、迎亲车队、婚宴场景、祭敬祖宗等。摄录后，由摄录者通过电脑进行编辑，配上音乐，然后刻录碟片或拷入U盘。制作完成后，由婚庆户先让亲朋好友欣赏，事后收藏保存，留作纪念。摄录者收取婚庆摄像的费用，一般在500~800元不等。至2013年，境内具有较好技艺水平、经常被邀请服务的摄像个体户有9户，共为婚庆户摄像250余场。

第五节　广告服务

1994年后，镇区街市上出现提供广告服务的门店，店内配有电脑、打印机、复印机、刻字机、扫描仪等设备，各店的经营业务基本类同，主要有设计制作广告、名片、字牌、锦旗、横幅；设计代制广告牌、画廊、橱窗等宣传版面的喷绘写真；提供打字、复印、传真等服务；销售开业匾画等。至2013年，境内提供广告服务的门店主要有3家。

表 20-7　2013 年璜泾镇广告服务街市门店一览

单位名称	开业时间	地址	经营面积（平方米）	经营业主
太仓市璜泾镇绿叶文化电脑装潢店	1996年4月	园林路60号	106	钱丽梅
太仓市璜泾镇文化电脑装潢服务部	1997年4月	玄武路28号	20	李葱梅
太仓市璜泾东方广告工作室	2003年3月	园林路78号	24	汤志宏

第六节　印刷市场

1991年，境内仅有小型印刷厂1家，即由张耀良创办的“太仓市红成印刷厂”，位于玄岳街17号，厂房建筑面积200平方米。拥于小型胶印机2台，晒版机、切纸机各1台，主要为客户提供便笺、信封、表格、标签、合格证等印刷服务。1998年5月，太仓市华荣彩印包装有限公司成立，现为苏州荣文集团有限公司分公司，企业法人徐树德。位于沙鹿公路李家埝桥南堍东侧，建筑面积3000平方米。拥有海德堡四色机1台、0 8机2台，压痕机、晒版机、上光机、过油机、覆模机、刀模机、标贴机、切纸机等配套机械14台（套），主要承印包装装潢和图书、期刊、小报纸、广告纸、说明书等。2002年，太仓市华美彩印有限公司建成开业，企业法人倪雪球。位于园林路北端新华村工业小区内，建筑面积1800平方米。拥有平板印刷机1台和辅助设备若干台，主要经营业务为包装装潢纸品和常规纸品以及不干胶纸品的印刷。2003年8月，鹿河镇并入璜泾，鹿河区域内有2家印刷厂，即太仓市鹿河北桥彩印厂和太仓市鹿河宏艺彩印厂，地址均在新明村（原新幸村8组境内）。北桥彩印厂创办于1993年9月，业主崔明生。厂房建筑面积500平方米。拥有小型胶印机2台和辅助设备若干台，主要为客户提供便笺、信封、表格等印刷服务。宏艺彩印厂于2012年因业主改行而歇业。2013年末，境内有印刷企业4家，从业人员131人，总资产2887万元；印刷企业年营业总收入3516万元。

第七章　广播电视

1994年，境内有线广播网络覆盖各村、各村民小组，农户家里均装有广播喇叭，收听镇广播站转播的广播节目和自办节目。镇区建有闭路电视网络。1998年初，镇有线电视网络与市有线电视网络联网。2000年，全镇基本实现有线电视“村村通”。2003年，镇广播自办节目停办。2005年，启动有线电视“户户通”工程和电视数字化转换工程。同年，镇有线广播停播。2008年，有线电视实现光缆传输。2013年，有线电视数字化网络覆盖全镇。

第一节　广　播

一、线路

1994年，镇有线广播网络覆盖全镇17个村（含渔业村）和镇区街道，拥有入户广播喇叭3450只，入户率90%，通响率95%。农村设16条主干线，每村一条（荡茜村与渔业村合1条），镇区单设1条。镇到村的主干线用铁丝独立传输，普遍用6米水泥圆杆架设，有广播电线杆350根，线路21千米（因有的线段多村同杆架设，此千米数为非单村线路的总和）；村到村民小组的支干线一部分线路单独设杆通达，大部分线路借用电力杆架设，有广播杆1050根，线路63千米。1998年，王秀镇并入璜泾，王秀片区主干线有广播杆230根，13.8千米；支干线有842根，50.5千米。2003年，鹿河镇并入璜泾，鹿河片区主干线有广播杆300根，18千米；支干线有900根，54千米。主干线由镇广播电视站直接负责管理，支干线由各村广播线路维护员维护，确保线路畅通，提高喇叭通响率。2000年后，随着有线电视的发展，广播线路逐年改为有线电视，至2005年，有线广播线路全部淘汰，有线广播从此停办。

二、设备

1994年，镇广播电视站有1100瓦扩大机4台套，有高标准播音室、转播录播控制台、电源柜、输出柜等。1998年，王秀镇并入璜泾，王秀广播电视站有600瓦扩大机2台套、400瓦扩大机1台套。2003年，鹿河镇并入璜泾，鹿河广播电视站有850瓦扩大机2台套。另外，镇站和王秀、鹿河片区站均有L602录放机、半导体收录机、扩音机、话筒、电唱机、录音带等广播设备、器材。2005年，有线广播停办，这些设备、器材入库保存。

三、节目

1994年，镇广播电视站每天早、中、晚播放3次节目，主要转播太仓广播节目，其转播的节目有中央、省、市电台的节目，也有太仓自办的节目，如《太仓新闻》《专题节目》《文艺节目》《天气预报》等。同时，镇站也有自办节目，站内配备专职广播通讯员（兼播音员），负责自办节目的采访、编稿（向上投稿）及播音，编播的内容丰富，有时政要闻、本地新闻、农时进度、农技知识、预防保健、安全生产、新人新事、社会新风以及文艺节目等，自办节目每天早晚各播出半个小时。2000年后，因有线电视、计算机宽带网络的快速发展，有线广播入户率大幅下降，镇站编播的自办节目相应减少。2003年，镇广播自办节目停办。2005年，镇有线广播节目因线路淘汰而停播。

第二节　电　视

一、网络建设

20世纪80年代，电视机普及到每个家庭，且彩色电视快速替代了黑白电视。但当时无有线电视网络，接收讯号采用电视天线，节目频道少，电视画面质量差。进入90年代后，有线电视网络建设开始起步，并快速发展。1991年12月26日集镇闭路电视开通，有用户180户。此时的闭路电视网络即为璜泾有线电视系统的雏形。

1994年，镇广播电视站在镇区的有线电视网络自设前端设备，采用卫星接收共用天线，用户增至350户。1995年起，镇区有线电视网络不断向周边的市镇、村延伸扩展，有线电视用户逐年快速增加。1998年初，镇有线电视网络与市有线电视网络联网。之后，有线电视网络向边远村延伸。2000年，全镇基本实现有线电视“村村通”。2005年，启动有线电视“户户通”工程和电视数字化转换工程。至2008年5月，有线电视完成整转工程，由过去的同轴电缆传输全部转为光缆传输，模拟信号改为数字信号，收看电视使用机顶盒，全镇有线电视用户11065户。2011年起，为用户提供宽带互联网联接和开设互动点播功能。2013年，全镇有线电视光缆线路394.84千米，2044.88纤千米，站内机房有光发射机120台，功率1208瓦，线路上有供电电源345只，光接收机462只。同年末，全镇有线电视基本收视用户11689户，使用机顶盒17599只，其中宽带用户1091户，互动点播用户1968户。

二、电视节目

1994—1998年，镇区有线电视收转中央台、上海台、苏州台、太仓台等8个频道的电视节目，此外，镇广播电视站也能自选自播其他影视节目和自摄自编的录像节目。1998年初，镇有线电视网络与市有线电视网络联网后，用户能收看中央台、江苏台、苏州台、上海台等22套节目。2005年，节目增至32套。2013年，能收看标清基本频道70套、标清付费频道108套、高清基本频道39套、数字广播15套。

第三节　管理机构

1994年，境内广播电视管理服务机构为璜泾广播电视站，位于怀仁路20号（怀仁路与玄武路交会处西北侧），占地约1000平方米，有四上四下两层楼房1幢，建筑面积270平方米。1998年11月，王秀广播电视站并入。2002年，镇广播电视站与文化站合并，改称文化广播电视站。2004年，镇广播电视站与文化站分开，并更名为璜泾广播电视站服务中心。同年，鹿河广播电视站并入。2005年，因有线电视发展需要，新建两层楼房1幢，建筑面积370平方米，另建仓库100平方米。2009年，隶属于太仓市广电网络有限责任公司沙溪分公司。2013年9月，脱离隶属关系，成独立建制，恢复璜泾广播电视站称谓。同年末，全站有职工10人，其中站务管理2人、窗口服务2人、线路维护4人、工程管理1人、仓库管理1人。

1994—2013年，历任站长（主任）：李慰忠（1978.8—2008.9）、张永兴（2008.9—2013.9）、徐晨（2013.9—　）。

第八章　文物胜迹

境内的文物胜迹在前《璜泾镇志》（上溯不限，下限止1993年）中有较多的记载，本志对有些古迹不再重复叙述，对有些重点古迹予以续写，对新发现、新列入控制保护的古迹予以添入。

第一节　古塔西塔

璜泾西塔（2003年摄）

境内有古塔一座——璜泾西塔，有400年历史，被列为太仓市文物保护单位。塔址位于璜泾镇新农街44号（在原璜泾中学内）。此处房屋原为大帝庙，后称西塔寺。据施若霖的《璜泾志稿》卷五《寺观》载：西塔寺本名大帝庙，明代仕宦之家施氏所建，后毁于火。清乾隆年间（1736—1795）众姓集资重建。清道光元年（1821）又建后殿，移李王菩萨于殿内。清道光三十年（1850）里人毛某集资建成西塔，并在两旁增置对称的耳屋。

西塔属高阁层楼风格。砖木结构，六面五层，底层每面外墙宽2.25米，周长13.5米，自底层到塔顶高度为15.5米。飞檐翘角，悬挂铜铃，葫芦结顶。层与层之间有扶梯相通，登上塔顶凭栏远眺，面面有景。因塔址在镇西部，故称“西塔”，古时亦曾称“金塔”。苏州盘门景点伍相祠内陈列有璜泾西塔的照片，与苏州市区众塔齐名，被珍藏。

第二节　古银杏　古黄杨

2013年，境内存活、树龄达150年以上的古树有3棵，其中银杏2棵、黄杨1棵。

位于鹿河新鹿路西端、原道园后面的银杏，相传树龄有900年，胸径112厘米，树高33米，冠幅12米，为境内树龄最长的银杏。另一棵银杏位于璜泾镇东市梢、银杏社区内（原广乐村9组境内玄檀庙庙址），相传树龄有350年，胸径92厘米，树高22米，冠幅15米。上述两棵银杏，虽经数百年风霜，但至今依然干壮体美、枝叶繁茂。还有1棵古树名木为瓜子黄杨，位于璜泾镇新风街36号，树龄150年，胸径30厘米，树高6米，冠幅4.5米。

第三节　古宅　古井

2008年第三次全国文物普查，璜泾新发现、新列入控制保护的古宅有6处、古井1处。

一、陈氏宅院

该宅院地址在璜泾镇建华街9号。有100年以上的历史，原布局为三进大宅：一进塞门，二进厅堂（现已拆除），三进楼厅。现留存的楼厅，六开间，中间大厅四根青石鼓墩圆柱支撑楼梁，四周立柱都有青石鼓墩依托，横梁有雕花雀体，柱头有卷杀，门窗有雕花。东侧有转角楼梯，上楼后沿北窗走廊分别至各卧室。楼厅向南三四米处有荷花池（现已填没），砌有石驳岸，池旁植花木，此为陈氏宅院的后花园。

二、狄氏老宅

该老宅地址在璜泾镇新农街11号。有100多年历史，仿古建筑风格，设计精美，端庄清秀，有较高的艺术鉴赏价值。宅院为上下两层，面宽四间，底层南北都配有落地浮雕长窗，客堂方砖铺地，柱贴间有扇形浮雕连接。楼上前楼带廊檐，雕花栏杆，玻璃格子长窗，北面半窗。整幢楼房采光条件特好。房屋至今保存比较完好，整体结构基本如初。

三、许氏老宅

该老宅地址在璜泾镇和平街29号和31号（一宅，现有房主2户）。建于清末民国初，是当时号称“许半镇”的许氏富商所建。宅院为两进走马楼，北进面向街道，由圈洞门进入天井，通向南进。南进三开间紧邻老市河，后河石驳岸有暗水码头（水桥）。该建筑前有街道，后有市河，宜居家或开设店铺。该屋西侧半边（房主许镇平）一度用作饭店，又租给市民居住，也曾租给多家外来民工居住，房屋损坏严重，出于安全原因，现外来民工全部退租，如今房屋空置。该屋东侧半边（房主许良图）的格局与西半边基本相同，现该屋经过内部装修融进了一些现代建筑材料，但原貌仍在。

四、陆氏宅院

该宅院地址在璜泾镇生产街54号。为晚清举人陆诵芬住宅，围墙高耸，街面门进内，屋宇小巧精致，古今结合，风格独特，小青瓦屋面，古朴典雅，内有宽绰的天井，楼下、楼上均有走廊。该屋主人陆诵芬弃官回家后，曾在此开设私塾，土改时被没收分给民居，后又转卖给张、陈两家。现因房主外出，变为空置房，屋室保管较好，基本完好无损。

五、钱氏宅院

该宅院地址在璜泾镇胜利街4号。为民国时期建筑，三开间，七路头进深，西厢房连接塞门，属四合院建筑风格，屋内石鼓墩立柱，横梁有雀体相托，中堂墙壁以离地约有0.7米的护墙体装饰。

塞门最上方为天官赐福泥塑像，中间门匾题字为“熏身节用”，意为好的家风熏陶出好的思想行为，对所创家业要节制使用。下方中间一个菱形八吉，两端飘带携两个铜钱。下方东西两侧各配以回纹如意。塞门内上方门匾题字为“弈世安居”。正屋的屋脊中间为“福禄寿”三星，两边是凤戏牡丹。所有这些都反映了主人家道日昌、生活美满幸福的愿望。

六、施家宅院

该宅院地址在璜泾镇生产街15号。原为三进，五开间，前进塞门，中为中堂，后为起居卧室。房檐高3.2米，屋脊高5米，加上近1米高的马头墙，宅院呈现徽派风格，显得很高。屋后墙体全部用青砖粘合砌成，非常牢固。屋内石鼓墩立柱支撑，横梁有雕花雀体相托，格子门窗，灵芝、蝙蝠图案浮雕，呈现典雅吉祥气派。地面磨光青方砖，光滑洁净。现该宅院中堂已拆除，改成现代风格住宅。

七、顾氏古井

井址在璜泾镇建华街22号顾氏老宅内，为百年青石古井，井圈内直径35厘米，外径50厘米，井壁用蝴蝶瓦排砌，井内水质清澈，该井尚在使用。

第四节　古驳岸　古园址

2008年第三次全国文物普查，璜泾新发现、新列入控制保护的古驳岸、古园址各1处。

一、古驳岸

即璜泾镇胜利街老市河两岸自开元桥至永安桥河段的石驳岸，长150米。据清道光年间璜泾志书记载，璜泾镇民居多为临河而建。该处驳岸是随着市镇扩大、民居增多而陆续建造的，最早的建于明代，最晚的筑于清嘉庆年间。此段石驳岸至今完好无损，尽管河傍民宅有些已改建，但驳岸依旧如初，或明或暗的居家水码头（水桥）仍清晰可见。

二、古园址

即赵王花园遗址，位于新华村22组境内（原前进村13组），有500多年的历史。相传在明成化年间，赵宋后裔承侍郎（相当于七品）赵璧在此修葺亭园，称赵王花园。此园早已毁，但尚存遗址，现该处存两个东西相连的岛屿，岛屿四面环水。其中东岛屿东西长60米，南北长50米。根据勘探，该处地下有砖石遗迹，在东岛屿与西岛屿之间的水下出现过大量木桩残迹，可能为岛屿之间的桥梁或者其他建筑遗址。

第五节 古 桥

一、万春桥

俗名叫化桥，也曾称永兴桥，清嘉庆二十年（1815）众姓建造，改名万春桥。跨老市河，三孔，跨度较大，条石桥面，略呈拱形，桥身基本完好。南北向，南连建华街，北接和平街。该桥中堍两桥脚西面有桥联一副，联曰："东海潮来飞锦鲤，南郊雨过浴长虹。" 现为人行桥。

二、永安桥

俗称周家桥，建于清嘉庆二十年（1815）。桥跨老市河，二孔，条石夹步石桥面，旧有木栏，现用砖石混砌，桥身基本完好。南北向，南连建华街、生产街，北接和平街、胜利街。现为人行桥。

三、开元桥

建于清嘉庆二十年（1815）。桥跨老市河，在今陈大港与老市河交叉处的东岸，南北向，南连生产街，北接胜利街。桥一孔，条石桥面，现在上面铺了混凝土，旧时有木栏，屡修屡坏，现一侧置铁栏，桥身基本完好，可通小型机动车辆。

四、寿丰桥 关王桥

寿丰桥（又名曹家桥）、关王桥均为明景泰七年（1456）由乡绅赵德巽捐资兴建。位于西塔社区中部，跨老市河，南北向，南连互助街，北接泾中街。两桥跨度较小，均为一孔，但两桥均有一定坡度的引桥，以便于行人行走。两桥桥面条石夹步石，桥栏砖石混砌，青砖白缝，现两桥基本保持原貌。2004年，两桥均被列为太仓市文物保护单位。现为人行桥。

第九章　史志　档案

第一节　史　志

一、党史

1994年9月，璜泾革命烈士陵园从镇区义庄（原璜泾粮管所地块）迁移至陈大港西侧、原广乐村10组境内。镇民政办、文化站组织有关人员搜集资料，重新整理革命烈士英名录，编写在中共领导下的抗日武装打击日伪据点的战斗故事，用图片和文字资料布置革命烈士陈列室。在此后每年清明节前，对祭扫革命烈士墓的宣讲材料进行修编，完善史料内容，使之成为璜泾地区各界群众接受革命传统教育和爱国主义教育的教材。

2010年，镇党委、镇政府实施“慰烈工程”，整合红色资源，将原璜泾、王秀、鹿河三镇的烈士墓集中一处，在太仓第一个党支部诞生地——杨漕村建太仓第一个党支部纪念馆、璜泾镇革命烈士陵园以及革命烈士纪念碑。纪念馆于2010年12月开工建设，至2011年6月竣工，7月1日启用开馆。在550平方米的纪念馆展览厅中，按时间顺序分“太仓县工作委员会的建立”“太仓第一个党支部的建立”“太仓市抗日民主政府的建立”“恢复抗日根据地”和“革命英烈墙”五个展览板块，以丰富的内容，多样的形式，再现了杨漕地区的抗日革命历史。

2012年11月，太仓开始征编《中共太仓地方史》第三卷（1978—2012）党史专题资料，镇党委随即成立办公室，安排专职人员开展编史工作。至2013年底，完成了10多万字璜泾改革开放时期党史综述篇专题资料的撰写任务。2014年初，太仓市史志办公室开始征编改革开放时期中共太仓地方史专题资料丛书，要求璜泾卷在丛书中首先出版。根据这一要求，镇成立了编纂委员会，落实了编纂人员。之后，编纂人员一方面对璜泾改革开放时期党史综述篇进行了反复修改，充实、完善内容，另一方面收集整理了“大事记”“专题报道”“镇荣誉录”“历任党委书记重要文章”“组织机构沿革”“重要文献”等相关资料。后经市、镇两级编纂委员会审稿，改革开放时期中共太仓地方史专题资料丛书《璜泾镇卷》于2015年7月出版（苏出准印〔2015〕字JSE-1005605）。该书分上、下两册，63.5万字，较为系统地反映了在中国共产党领导下璜泾镇改革开放时期（1978—2012）建设发展的历程。

1994—2013年，璜泾有30多名老党员和老干部以及各界群众，热心于党史资料的收集整理，尤以璜泾张圣清，王秀陈企平、黄茂林、杨增福，鹿河高龙、陆志远等编写的史料为多，主要记述了在抗日战争和解放战争时期璜泾中共地下党早期活动以及在党的领导下开展的武装斗争等史实。

2014年，镇文化站站长史凤娟根据这些史料，编辑出版了璜泾成人教育读本系列丛书《璜泾革命历史》，11万字，分“太仓第一个中国共产党党支部”“杨漕乡的抗日协会”“地方抗日政权”“抗日志，鱼水情”“决战日伪”“战旗下的斗士”等6个专辑，收录了璜泾革命斗争史料15篇。

二、地方志

1994年，在镇档案室藏有1984年印成的《璜泾地方志》一本。由璜泾地方志编辑组编写，主要编纂人员为张圣清，陆桐生提供了大量资料并参与编辑。1984年太仓县中印刷厂印刷，内部发行。此志记载的时间跨度为清末辛亥革命至中华人民共和国成立前（1911—1949），有些章节的史料有上溯和下延。共分建置沿革、自然概貌、重要兵事、经济生活、交通邮电、教育事业、风俗习惯、文物古迹、神话传说等9章43节，5.5万字。

1994年起，璜泾对地方志重新修编，成立了编纂委员会，委任张圣清、顾觉明分别为主编和副主编，具体执笔修志。后经编志人员的辛勤笔耕，在各单位的支持下，历时3年多时间，这部新修编的《璜泾镇志》终于脱稿。后为提高修志质量，又广泛征求意见，反复修改完善。在此基础上，于2000年8月正式出版（苏出准印JSE-0003274）。此志共设“建置区划”“自然环境”“人口”“农业”“水利”“工业”“商业”“交通邮电”“财税金融工商管理”“镇村建设”“党政群团”“司法民政军事”“教育科技”“卫生体育”“文化广播电视”“民俗宗教方言”“人物”等17编57章155节，共34.2万字，记述的史实上限不限，下限止于1993年末，为能系统述其概貌，下限做了适当延伸。《璜泾镇志》出版后，镇档案室、太仓档案馆均有收藏。

1998年和2003年，王秀镇、鹿河镇先后并入璜泾，在档案资料移交归并时，镇档案室先后收藏《王秀镇志》《鹿河镇志》各1部。《王秀镇志》于1984年8月编印成册，手工油墨印刷，字迹尚清晰。全志共设“公社概况”“党政建设”“农业生产”“多种经营”“工业”“交通邮电供电建筑”“文教卫生”“财贸”“农机水利”“附录”等10编，共61章174节，有358页，计24.7万字。记述年限为1966—1982年。《鹿河镇志》于1983年3月编印成册，用打字机复写纸打印，字迹严重淡化，有的地方已很难辨认。全志共设“建置沿革”“自然地理”“党政建设”“农业水利”“多种经营”“社队工业”“交通邮电”“财政贸易”“科教文卫”“风土人物”等10编，共46章152节，有265页，计18万字。记述年限为1949—1982年。

2007年，市史志办公室向各单位征集市志资料，镇政府落实人员，按照市确定的征集内容范围，分别编写璜泾、王秀、鹿河的资料初稿，后经修改充实，完成了资料的上报工作。这些资料对续编《璜泾镇志》、修编撤并镇《王秀镇志》和《鹿河镇志》有着重要的参考价值。

第二节　档　案

1994年，有镇机关档案室1个，镇工业公司和乡镇企业档案室8个，每个档案室配备专（兼）

职档案员。各村的档案以会计档案为主，由各村会计具体负责保存。1996年，组织各单位档案员参加市档案局举办的档案专业知识培训，之后，全镇的档案工作进一步规范化、制度化，收集、归档、立卷、保存更加符合建档要求。

1999年，在市档案局的关心指导下，档案工作覆盖到村，至年底全镇20个村全部建立了文书档案，根据各村人事情况和工作需要，分别由村会计或安排1名村条线干部负责档案工作。2003年，档案工作开始得到非公企业重视，有些重点企业资料多，刚开始时档案员又缺乏业务知识，故特意邀请其他单位熟悉档案工作的档案员协助建档，至2006年，重点企业规范化建档12家。同年起，各社区开始规范建档，至2006年全镇4个社区居委会均有档案室，配有档案管理员。

2007年起，镇机关、各村、各社区、各企事业单位更加重视档案硬件建设，不断加大投入，改造、扩大库房，添置计算机、打印机、复印机、扫描仪、刻录机、监控探头、恒温恒湿机等各种现代化设备。同时，安装档案管理软件，规范档案应用系统，实施档案数字化。在档案征集保存上，不断扩大归档范围，不只是限于过去的纸质文档，还重视电子文档、照片、重要物件的收集存档。

2010年，镇机关档案室扩大用房面积，从原来的6间84平方米增加到8间112平方米，做到办公、阅档、库房“三分开”。增添了设备、设施，拥有金属档案柜51个，荣誉架2个；配有电脑2台，打印机1台，扫描仪1台，复印机1台，空调3台，去湿机2台，温湿度计1个。此外，还安装防盗门和遮光窗帘，放置了消防设备、防鼠防虫药械等。档案室共保存档案462盒10283件（1个文件计1件），其中永久卷111盒2913件，长期卷210盒4482件，短期卷141盒2888件。存档内容涉及：生产经营管理档案、人事档案、党员档案、纪检档案、司法档案、科技档案、会计档案、设备档案、拆迁档案、工程项目招投标档案等。按存档物件类别分，除有纸质档案外，还存有照片档案、光盘档案、实物档案等。档案室不仅实现所有文档目录数字化，而且还实现内容数字化，达到了纸质档案与电子档案相吻合。2012年，镇档案室成为全太仓市区镇首家江苏省五星级档案室。

至2013年，全镇13个村、4个社区档案工作均达到苏州市级标准。镇机关、璜泾地税分局的档案工作达到江苏省一级标准。雅鹿集团的档案室达到国家二级标准。

第二十一篇 卫生 体育

第一章　医疗卫生

20世纪90年代，璜泾镇加快发展医疗卫生事业。1994年，全镇已形成医疗卫生服务体系，镇区有璜泾中心卫生院，各村均有卫生室。2002年起，各医卫单位加大投入，更新、添置仪器设备，医疗诊断技术质量得到提升。2004年，村卫生室升格为村社区卫生服务站。2005年镇政府建造璜泾人民医院医技综合大楼，镇、村医疗用房得到进一步改善。

2010年，发挥社区卫生服务功能，对慢性病患者进行规范化管理。同年起，医防所有制形式放开，集镇街面门市出现个体诊所。2012年，鹿河管理区医卫单位调整重组，鹿河卫生院暂迁玉影山社区，原址让给雅鹿集团创办"太仓奕林医院"，在鹿河财政所原地块上新建鹿河卫生院。

2013年，全镇有医卫单位40个（包括医院、诊所、村社区卫生服务站、药店），卫技人员249人，拥有10万元以上医疗仪器设备19台（套）。全镇医疗卫生用房总面积22662平方米。

第一节　医卫单位

一、璜泾人民医院

始建于1952年10月，时称璜泾联合诊所，地址在新华街。1958年9月，成立璜泾民办医院。1959年3月，转为璜泾公社卫生院。1966年，改为璜泾地区卫生院。1988年1月，院址迁移至玄武路16号。1991年，被确认为一级甲等医院，改称璜泾中心卫生院。2005年11月17日，根据太仓市机构编制委员会太编办〔2005〕197号文件精神，更名为"太仓市璜泾人民医院"，同时挂"太仓市璜泾镇社区卫生服务中心"牌子。医院属集体所有制卫生事业单位，隶属太仓市卫生局和璜泾镇政府双重领导。至2013年，璜泾人民医院已建成集医疗、预防、保健、康复、健康教育与健康促进、计划生育服务与指导于一体的综合性医疗机构。医院下设行政部、预防保健部、医疗康复部等3个内设机构，下辖2个诊所、7个社区卫生服务站。住院设内儿科、外科、妇产科3个病区；门诊设内科、普外科、妇科、小儿科、骨伤科、皮肤科、口腔科、五官科、中医针灸推拿等。医院占地

璜泾人民医院（2011年摄）

面积1.33万平方米，建筑面积7595平方米，拥有门诊楼、住院楼、医技综合楼等3幢主建筑。设床位83张。全院职二131人，其中卫技人员123人，内有高级职称5人、中级职称30人、初级职称88人。是年，年门诊量18.6万人次，年收住病人4001人次，业务总收入4787万元。

荣誉：1996年10月，被卫生部、联合国儿童基金会、世界卫生组织评为“爱婴卫生院”；2001年6月，被中共太仓市委评为“1999—2000年度先进基层党组织”（院党支部）；2001年10月，被苏州市卫生局评为“苏州市计划免疫先进单位”；2004年1月，被中共太仓市委、市政府评为“2000—2003年度文明单位”；2006年12月，被苏州市卫生局评为“苏州市示范卫生服务中心”；2008年12月，被卫生部心血管病防治研究中心认定为“全国高血压防治社区规范化管理璜泾镇实施点”；2010年3月，被江苏省基层医疗卫生单位学习实践活动领导小组评为“全省基层医疗卫生单位深入学习实践科学发展观活动指导工作先进集体”。

表 21-1　1990—2013 年璜泾人民医院（中心卫生院）正、副院长、书记名录

职务	姓名	任职时间	职务	姓名	任职时间
院长	朱永林	1990.1—1991.12	副院长	徐庚春	1994.12—1996.12
	张兆能	1992.1—1999.3		徐胜祁	2001.5—2010.12
	钱建强	1999.4—2009.2		朱　健	2004.8—2009.2
	朱　健	2009.3—		朱庆丰	2009.12—
书记	包老虎	1990.1—1991.12		叶　震	2013.9—
	张兆能	1992.1—1999.9	副书记	张兆能	1990.1—1991.12
	钱建强	1999.10—2009.2		朱永林	1992.1—1999.3
	林丽珠	2009.3—2011.12		钱建强	1999.4—1999.9
	朱　健	2012.1—		林丽珠	2003.1—2009.2
副院长	宋世良	1990.1—1992.12		潘志刚	2013.9—
	陈维国	1991.1—2004.2			

表 21-2　1994—2013 年璜泾人民医院（中心卫生院）门诊、住院人次及业务收入统计

年份	门诊人次	住院人次	业务收入（万元）	年份	门诊人次	住院人次	业务收入（万元）
1994	30734	1209	219	2004	79012	2569	924
1995	31331	1236	273	2005	128882	2610	1109
1996	31782	1272	277	2006	128374	3124	1164
1997	29220	1278	371	2007	64108	1718	1315
1998	24096	1110	412	2008	126363	3272	1756
1999	26937	1300	422	2009	139248	3287	2005
2000	31263	1525	525	2010	160093	3651	2617
2001	28087	1499	585	2011	164132	3876	3465
2002	34772	1774	715	2012	167995	3810	4064
2003	54630	2515	993	2013	186000	4001	4787

二、王秀卫生院

1998年11月，王秀镇并入璜泾，改称王秀管理区，区内有卫生院1所，即王秀卫生院，隶属太仓市卫生局和璜泾镇政府双重领导。院址：王秀永安路31号。1999年4月30日，王秀卫生院并入璜泾中心卫生院，为璜泾中心卫生院分院。2001年3月，实施卫生院产权制度改革试点，由原沙溪人民医院外科主治医师盛小天接收产权并负责管理，王秀卫生院成为太仓市首家民办非营利性医疗机构。2005年，设床位30张。有职工16人，其中卫技人员14人，内有中级职称7人、初级职称7人。是年，门诊量16435人次，住院373人次。

2008年5月，盛小天又将卫生院转让给太仓医药采购中心原主任陈伟昌。2011年8月，卫生院体制再次改革，其产权由璜泾镇政府收回，卫生院又成为集体性质的医疗机构。2013年，卫生院占地面积2495平方米，建筑面积3463平方米。设床位25张。有职工31人，其中卫技人员26人（未包括在村社区卫生服务站工作的卫生院编内人员），内有副高级职称1人、中级职称5人、初级职称20人。是年，门诊量24512人次，住院473人次，业务总收入416余万元。

1998—2013年，历任院长（分院长）有高兴元（1998.11—2001.3）、盛小天（2001.3—2008.5）、陈伟昌（2008.5—2011.8）、汪辉（2011.8—2013.4）、徐卫东（2013.4—2013.12〈副院长，主持工作〉）。

三、鹿河卫生院

2003年8月，鹿河镇并入璜泾，改称鹿河管理区，区内有卫生院1所，即鹿河卫生院，隶属太仓市卫生局和璜泾镇政府双重领导。院址：鹿河管理区健康路1号。占地面积7792平方米，建筑面积3432平方米。院内设有门诊部和住院部，门诊部设内科、外科、儿科、妇科、口腔科等，住院部设床位30张。2005年，有职工28人，其中卫技人员22人，内有中级职称10人、初级职称12人。年门诊量2.9万人次，住院392人次。

2006年4月，卫生院资产转让于雅鹿集团股份有限公司，改制为民办非营利性医疗机构。2012年8月，卫生院迁移至鹿河玉影山社区，院内西侧一幢2层楼房临时改为医院用房。因该处只有门诊未设住院部，不符合建院条件，故称“鹿河玉影山社区卫生服务站”，但当地群众仍习惯称“鹿河卫生院”。卫生院隶属璜泾人民医院管理。2013年，卫生院有职工14人，其中卫技人员13人，内有中级职称5人、初级职称8人。年门诊量3万人次，业务收入500万元。

鹿河卫生院（2018年摄）

2014年8月，鹿河卫生院再次移地，迁入在原鹿河镇政府财政所办公楼地块上新建的楼房（新鹿路270号），层高4楼，建筑面积920平方米。同年，挂“鹿河社区卫生服务中心”牌子。按照社区卫生服务功能要求，卫生院设有全科诊室、观察治疗室、急救室、儿童保健室、妇女保健室、健康教育室、中医科、预防保健科、康复室、口腔科、放射科、化验室、计划生育指导室、药房等，成为居民群众“小病时的医生、大病时的参谋、重病时的亲人、康复时的助手”。是年，有职工20人，其中卫技人员18人，内有副高级职称1人、中级职称7人、初级职称10人。

2003—2013年，历任院长有钟宝林（2003.8—2004.3）、姜纪武（2004.3—2005.4）、钱建强（2005.4—2006.4）、顾新宝（2006.4—2012.8）、朱健（2012.8—　）。

四、太仓奕林医院

太仓奕林医院（2017年摄）

2006年4月，鹿河卫生院资产由雅鹿集团股份有限公司接管。2012年8月，鹿河卫生院移地，临时迁至鹿河玉影山社区。同年9月，经太仓市卫生局批准（太卫医设准字〔2012〕4号文件），雅鹿集团股份有限公司利用原鹿河卫生院地块和医疗用房，创办太仓市奕林医院。2012年11月23日，太仓市卫生局给予颁发医疗机构执业许可证，机构名称为太仓奕林医院。诊疗科目设内科、外科、妇产科、妇科专业、耳鼻咽喉科、医学检验科、医学影像科。

2013年末，医院占地面积7792平方米，建筑面积3432平方米，其中医疗用房主要是一幢医技综合楼，内设门诊部、住院部以及医技相关科室，楼高3层，建筑面积2700平方米，设病人床位30张。医院有职工20人，其中卫技人员16人，内有高级职称1人、中级职称6人、初级职称9人。年门诊量4.08万人次，住院719人次，业务收入518万元。医院院长顾新宝。

五、太仓朝阳门诊部

太仓朝阳门诊部（2018年摄）

全称太仓朝阳门诊部，创办于2012年8月，为个人独资企业，投资人陈立建，门诊部主任谢超。地址：园林路（璜泾镇政府南侧）。占地面积3000平方米，建筑面积1900平方米。设内科、妇科、急诊科、五官科、治疗室、医学影像科、检验科等科室。主要设备有全自动血球分析仪、半自动生化分析仪、尿液分析仪、X光机检查仪、微米光治疗仪、微波治疗仪、心电监护仪、心电图仪、血糖仪、电动离心机、血凝机、彩超机、吸痰器、洗胃机等。

门诊部重视医学研究和技术协作，是南京金域医学检测中心临床检验合作基地、上海市妇女病康复专业委员会技术协作单位、苏州解放军100医院男性泌尿专科技术协作单位。门诊部注重“妇科炎症一体化诊疗”和中医理疗。2012年8月获评江苏质量诚信AAA级品牌单位。

2013年，门诊部有职工20人，其中卫技人员16人，内有副主任医师2人、主治医师3人。

六、社区卫生服务站

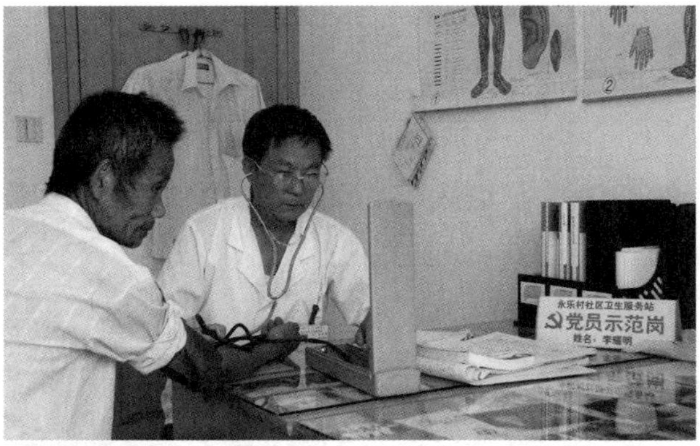

乡村医生为老年人测血压（2008 年摄）

前身为大队卫生室，初办于20世纪60年代末，是大队集体所有制性质的基层医疗卫生保健机构。在大队卫生室从医的医生亦农亦医，故曾称“赤脚医生”。1983年，大队卫生室更名为村卫生室，赤脚医生改称为乡村医生，亦称乡村保健医生。1994年，全镇16个村每村建有1个村卫生室，共有乡村保健医生32人，其中经考核评定的医师有17人。村卫生室备有诊察床、药橱、血压计、听诊器、注射器、简易手术包、出诊箱等。1995年，各村重视卫生室硬件设施建设，开展创建甲级卫生室活动。1996年，各村卫生室达甲级卫生室标准，即卫生室用房面积均达到60平方米，做到诊疗室、观察室、治疗室三室分开，配有2名及以上乡村保健医生，其中有1名女医生。1998年后，村卫生室布局随镇、村区划调整而发生变化。2000年，村卫生室由璜泾中心卫生院统一管理。2004年，村卫生室改称社区卫生服务站，并开展争创合格社区卫生服务站工作。在创建中，各村加大投入力度，改善社区卫生服务站硬件设施条件：有的村移地单独新建；有的村原地改建扩建，有的村在新建村委会大楼建成后，划出部分房屋用于社区卫生服务站。2004年10月，永乐村在12组境内、荣文路北侧单独建成社区卫生服务站，占地667平方米，建筑面积288平方米，成为全镇第一家单独新建的村社区卫生服务站。至2013年，全镇设村级社区卫生服务站15个，有乡村保健医生43人，总用房118间，面积3858平方米。各村社区卫生服务站均具备预防、医疗、保健、康复、健教、计划生育指导等六大功能，能满足全村村民和外来人员的预防和医疗服务需求。

表 21-3　2013 年璜泾镇村级社区卫生服务站一览

序号	站名	站址	乡村保健医生数（人）	用房间数（间）	用房面积（平方米）	说明
1	新华村社区卫生服务站	新华村村委会	2	10	200	新建
2	荣文村华南社区卫生服务站	原邢庄村委会	4	9	260	改建
3	荣文村广新社区卫生服务站	原广新村委会	2	9	250	改建
4	新联村社区卫生服务站	新联村村委会	2	8	260	新建
5	新联村林场社区卫生服务站	原林场村委会	3	5	180	新建
6	永乐村社区卫生服务站	永乐12组境内	4	10	288	新建
7	荡茜村社区卫生服务站	荡茜村村委会	2	9	180	改建
8	王秀村社区卫生服务站	王秀村村委会	2	4	240	改建
9	孙桥村社区卫生服务站	孙桥村村委会	2	10	360	改建
10	盂河村社区卫生服务站	盂河村村委会	3	6	160	新建
11	杨漕村社区卫生服务站	杨漕村村委会	5	8	360	新建
12	新明村社区卫生服务站	新明村村委会	4	6	360	新建
13	新海村社区卫生服务站	新海村村委会	2	5	160	改建

续表

序号	站名	站址	乡村保健医生数（人）	用房间数（间）	用房面积（平方米）	说明
14	长洲村社区卫生服务站	长洲村村委会	3	11	300	新建
15	雅鹿村社区卫生服务站	雅鹿村村委会	3	8	300	新建
合计	—	—	43	118	3858	—

注：表中新建或改建时间均为2004年起。

七、诊所

太仓市璜泾人民医院园林路诊所　创办于1998年9月28日，当时称太仓市璜泾中心卫生院园林路诊所，法定代表人张兆能，负责人赵忠良。所址位于璜泾镇园林路小商品街。用房面积120平方米。诊疗科目为预防保健科和内科。诊所有中西药品销售。2005年11月，璜泾中心卫生院更名为“太仓市璜泾人民医院”后，诊所改称太仓市璜泾人民医院园林路诊所。2013年，法定代表人朱健，负责人陈仪萍。该诊所是璜泾人民医院最早在商业街及居民区设立的医疗机构，主要为居民群众就诊和配药提供方便。

太仓市璜泾人民医院怀仁路诊所　创办于2002年9月，当时称太仓市璜泾中心卫生院怀仁路诊所，法定代表人钱建强，负责人徐胜祁。所址位于璜泾镇怀仁路（原文化宫北侧）。用房面积50平方米。诊疗科目为预防保健科，诊所有中西药品销售。2005年11月，改称太仓市璜泾人民医院怀仁路诊所。2013年，法定代表人朱健，负责人陈仪萍。诊所除方便居民群众就诊和配药外，还承担社区慢性病患者服务管理，主要为银杏社区193名高血压患者和59名糖尿病患者进行血压、血糖检测，并给予服药指导。

太仓元发永门诊部　前身为太仓张美娟中医诊所，创办于2011年8月，负责人陆忆萍。有职工8人，其中医生4人，药师2人。诊所有中西药品销售。所址位于璜泾镇商贸中心商住楼2-3号，用房面积100平方米。2013年8月，改称太仓元发永门诊部。

太仓皓美口腔门诊部　创办于2012年12月，经营者苏曦。地址：璜泾镇园林路55号。用房面积80平方米。内设诊室4间，有口腔综合治疗仪4台。从医人员5人，其中主治医师1人，医师2人。

太仓牙卫士口腔门诊部　创办于2012年12月，法定代表人郭雪艳。地址：璜泾镇园林路152-156号。用房面积120平方米。内设诊室4间，有口腔综合治疗仪4台、口腔X线机1台、高温消毒柜1台等设备。从医人员4人，其中主治医师1人，医师2人。

鹿河傅泽棣牙科诊所　1962年由鹿河民间牙医傅泽棣在元宝泾家中开办。“文化大革命”期间停办。1979年恢复牙诊，为居民群众提供拔牙、镶牙及镇痛等牙科服务。1992年10月诊所移至鹿河西街5号，1998年6月移至新鹿路金城商厦底楼至今，用房面积45平方米。随着年龄的上升，傅泽棣为避免诊疗风险，逐年减少拔牙业务，至2013年仅提供镶牙服务。

太仓张正理中医诊所　创办于2012年6月，负责人张正理。店址：鹿河玉影路商住楼105号。用房面积300平方米。诊所主要开展中医科门诊，侧重妇科诊疗，以提供中药为主。

八、药店

1994年，由医院开设中西医药房为病人配药。2002年起，集镇街面门市出现个体药店，医药卫生服务网络拓展。至2013，境内有药店（药房）13家。经营范围大同小异，主要为零售（处方药、非处方药）中成药、中药饮片、化学药制剂、抗生素制剂、生化药品、二类医疗器械、预包装食品。

太仓市伟民医药有限公司 原称太仓市璜泾镇伟民药房，创办于2002年9月，经营者金美亚。店址：璜泾镇怀仁路与文昌路交会处。用房面积76平方米。2014年8月改称太仓市伟民医药有限公司。

太仓市恒德药店有限公司 原称太仓市璜泾镇恒德药店，创办于2002年10月，经营者袁佩秋。店址：璜泾镇园林路58号。2008年5月迁移至园林路12号（森林酒店北侧），用房面积80平方米。2015年1月16日改称太仓市恒德药店有限公司。

太仓市同康医药连锁有限公司仁济堂药店 原称太仓市璜泾镇仁济堂药店，创办于2003年3月28日，药店负责人陆魁元，质量负责人陆茵。店址：璜泾镇园林路森林酒店底楼。2013年12月28日移至园林路镇政府南侧，有2间门面，用房面积60平方米。2014年12月1日更名为太仓市同康医药连锁有限公司仁济堂药店。

太仓市仁信医药有限公司 原称太仓市璜泾镇仁信药店，创办于2003年4月，经营者杨俊丰。店址：璜泾镇怀仁路与玄武路交会处。用房面积50平方米。2014年5月23日，改称太仓市仁信医药有限公司。

苏州健生源医药连锁有限公司太仓璜泾药店 原称苏州健生源医药连锁总店太仓璜泾店，创办于2003年7月，负责人邹永星。店址：璜泾商贸中心（农贸市场西侧）。门面3间，用房面积250平方米。2014年6月3日，改称为苏州健生源医药连锁有限公司太仓璜泾药店，负责人孙彩林。

苏州健生源医药连锁有限公司太仓璜泾玄武路药店 原称苏州健生源医药连锁总店太仓璜泾怀仁店，创办于2008年3月，负责人邹永星。店址：璜泾镇怀仁路荡茜桥南堍。2010年10月，怀仁店关闭，移至玄武路，改称苏州健生源医药连锁总店太仓璜泾玄武店。店址：璜泾镇玄武路7号（玄武路与园林路交会处）。用房面积170平方米。2014年6月4日，改称为苏州健生源医药连锁有限公司太仓璜泾玄武路药店，负责人孙彩林。

太仓市同康医药连锁有限公司采芝灵药店 原称太仓市王秀药店，隶属王秀供销社，后归属太仓市医药公司。店址：王秀永安路。2007年1月，更名为太仓市盛氏大药房连锁有限公司王秀药店，负责人陈利民。2015年6月11日，改称太仓市同康医药连锁有限公司采芝灵药店，用房面积60平方米，负责人郭金武。

太仓市同康医药连锁有限公司仁仁堂药店 原称王秀仁仁堂药房，创办于2003年9月28日，负责人方凤珍。店址：王秀湘王路。用房面积80平方米。2015年1月14日，改称太仓市同康医药连锁有限公司仁仁堂药店，负责人郭金武。

苏州健生源医药连锁有限公司太仓王秀药店 原称苏州健生源医药连锁总店太仓王秀店，创办于2003年12月。店址：王秀永安路。用房面积120平方米。2014年6月5日，改称苏州健生源医药连锁有限公司太仓王秀药店，负责人孙彩林。

太仓市紫云大药房有限公司　原称太仓市鹿河药店，隶属鹿河供销社，后归属太仓市医药公司。店址：鹿河新鹿路（原鹿河镇政府西侧）。用房面积140平方米。2002年6月，药店改制，转让给陈志英。2014年12月16日改称太仓市紫云大药房有限公司。

太仓市恒信药店有限公司　原称太仓市鹿河镇恒信药店，创办于2003年5月，经营者陈献良。店址：鹿河新鹿路。用房面积64平方米。2014年12月10日，改称太仓市恒信药店有限公司。

苏州健生源医药连锁有限公司太仓鹿河药店　原称苏州健生源医药连锁总店太仓鹿河店，创办于2008年9月，负责人邹永星。店址：鹿河新鹿路。用房面积50平方米。2014年6月4日改称苏州健生源医药连锁有限公司太仓鹿河药店。

太仓市同康医药连锁有限公司心宁药店　原称太仓市璜泾镇心宁药店，创办于2011年3月，负责人郭金武。店址位于沙鹿路申久公司对面，用房面积60平方米。2015年7月16日改称太仓市同康医药连锁有限公司心宁药店。

第二节　医疗设施

一、医疗用房

1994年，璜泾中心卫生院（2005年11月改称璜泾人民医院）有住院部大楼1500平方米、门诊部大楼1640平方米，分别建成于1983年7月和1992年3月，另有制剂室、食堂、饮料厂等专用房屋，卫生院总建筑面积4800平方米。

1995年，璜泾中心卫生院为创建爱婴医院，在住院部大楼腾出4间内科病房，用于扩大妇产科用房面积，以改善妇产科工作环境和产妇住院条件。同年，将住院部2层楼改造成3层楼，建筑面积增至2232平方米。增加的1层楼面主要用于妇产科，使之达到创建爱婴医院的用房标准。同时，还对住院部9间病房进行改建，建成宾馆式高级病房。

1998年11月，王秀卫生院随镇区划调整归属璜泾，卫生院总建筑面积3463平方米，其中主建筑房屋有楼高3层的卫生院综合楼2405平方米（建于1995年）。

1999年8月，为争创江苏省甲级家庭保健服务所，璜泾中心卫生院投资22万元，利用原制剂室厂房540平方米，将其改建为璜泾镇家庭保健服务所，内设计划生育手术室、观察室、会议室、避孕药具展示间、办公室等。

2001年，璜泾中心卫生院投资120万元，对住院楼进行内部装修改建，工程于7月开工，2002年2月竣工。改建后的住院楼，地面采用进口耐磨防滑材料铺就；改建了电路，并采用柔和、舒适的节能光源。内设中心呼叫系统、中心供氧系统、闭路电视及电话等，病房内加装了储物橱，9间特需病房内还配备了独立卫生间、太阳能淋浴设施、高级治疗床和陪客椅，并设有冰箱、微波炉等家用电器。此外，还按规范要求改建护理治疗室，建立开放式护理站，加建紧急疏散楼梯等消防设施。改建后的住院楼病房设立特需、普通、经济三种病房，满足不同层次病员的需求。

2003年8月，鹿河卫生院随镇区划调整归属璜泾，卫生院总建筑面积有3432平方米，其中主要医疗用房有楼高3层的医技综合楼2700平方米。

2004年起，村社区卫生服务站普遍改建扩建或易地重建，用房面积均得到扩大。2005年，镇政府筹措资金500万元，建造璜泾人民医院医技综合大楼，楼层4层，建筑面积3222平方米。工程于3月份启动，年底土建竣工，2006年进行内部装潢，并建成启用，内设行政办公区、医疗康复部、预防保健部，为居民的预防保健、医疗康复、计生指导、健康教育等提供了优美宽敞、温馨舒适的环境。

2012年2月，璜泾人民医院新建住院部大楼破土动工，层高6楼，建筑面积8760平方米，年底完成框架结构封顶，2013年起进行内外装潢和配套设施安装，工程总投资6500万元。同年，因鹿河卫生院地块转让给雅鹿集团创办太仓奕林医院，镇政府将鹿河玉影山社区院内西侧一幢2层楼（建筑面积300平方米）临时改为鹿河卫生院用房。

2013年末，璜泾镇医卫单位总建筑面积22663平方米，其中璜泾人民医院7595平方米，王秀镇卫生院3463平方米，鹿河卫生院（玉影山社区卫生服务站）300平方米，太仓奕林医院3432平方米，太仓朝阳门诊部1900平方米，各村社区卫生服务站（15个）3858平方米，各街面门市诊所（7个）815平方米，各街面门市药店（13个）1260平方米。

注：璜泾人民医院新建住院部大楼8760平方米和在原鹿河镇政府财政所办公楼地块上新建的鹿河卫生院920平方米，因2013年未竣工启用，故未统计在内。

二、医疗设备

1993年，璜泾中心卫生院购买1台北京产双床双管300毫安X光机，并安装1套闭路电视系统，提高胸透拍片质量。1994年，更新化验室设备，新添1台半自动生化仪、1台恒温箱、1台180升的上菱冰箱。1995年，口腔科增添1台美国产超声波洁牙仪，内科增添1台24小时动态心电图仪，外科添置1台脉氧仪。2000年，急诊室增添1台多功能心电监护仪。2001年，手术室添置一台具有除颤功能的心电监护仪及胃镜、自动洗片机等。2002年，新添高频电刀、血凝仪、全自动血球分析仪、BT2000型全自动生化仪、胜利牌口腔综合治疗仪、病理切片机、包埋机、欧林巴斯显微镜等，病理科、检验科、口腔科等相关科室的医疗设备得到更新。2003年，添置GE全数字化B超，并配备了图像处理软件，实现了图文报告。2004年，对影像科进行设备更新，通过市卫生局采购中心招标采购了由沈阳东软公司生产的NSL-CR90机、500毫安X光机、NSX-500RX线摄影平床，总投入200多万元。同年，还招标采购六导心电图中文分析仪、酶标仪、无痛人流仪等。2005年，招标采购了麦迪逊彩色多普勒超声仪、骨科手术床、无影灯、杀菌机等。2006年，引进沈阳东软螺旋CT，投入使用后大大提高了多方位和三维重建图像的质量。2007年，添置洛杰卡B超。之后至2013年，璜泾人民医院大件仪器设备无多大变化。2008—2013年，王秀、鹿河卫生院和太仓奕林医院也不断增加投入，更新设备，检验、化验等诊疗技术质量均有了较大提高。

表 21-4 2013 年璜泾镇医疗机构价值 10 万元及以上仪器设备一览

序号	品名	数量	价值(万元)	拥有单位	购置年份
1	全自动血液细胞分析仪	1	14	璜泾人民医院	2002
2	全自动生化分析仪	1	29	璜泾人民医院	2002
3	GE全数字化B超	1	36	璜泾人民医院	2003
4	CR数字化X射线成像仪	1	90	璜泾人民医院	2004
5	500毫安X光机	1	38	璜泾人民医院	2004
6	麦迪逊彩色多普勒超声仪	1	90	璜泾人民医院	2005
7	数字胃肠机	1	80	璜泾人民医院	2006
8	螺旋CT	1	210	璜泾人民医院	2006
9	洛杰卡B超	1	10	璜泾人民医院	2007
10	DR数字化摄像机	1	48	王秀卫生院	2012
11	迈瑞BS-390全自动生化分析仪	1	25	王秀卫生院	2012
12	全数字化彩色多普勒超声诊断仪	1	26	王秀卫生院	2013
13	彩色多普勒超声仪	1	30	鹿河卫生院	2012
14	迈瑞BS-350全自动生化分析仪	1	20	鹿河卫生院	2013
15	迈瑞BC-5100全自动血液细胞分析仪	1	15	鹿河卫生院	2013
16	奥迪康AC9000系列电解质分析仪	1	10	鹿河卫生院	2013
17	DR数字化X射线成像仪	1	50	鹿河卫生院	2013
18	西门子B超仪	1	50	太仓奕林医院	2007
19	DR数字化X射线成像仪	1	45	太仓奕林医院	2011

三、住院床位

1994年，璜泾中心卫生院开设床位70张，全年收治住院病人1209人次。1998年11月，王秀卫生院随镇区划调整归属璜泾，卫生院设床位30张。2003年8月，鹿河卫生院随镇区划调整归属璜泾，卫生院设床位30张。2005年11月，璜泾中心卫生院更名为“太仓市璜泾人民医院”后，住院病人床位增至83张。2012年8月，鹿河卫生院迁移至鹿河玉影山社区，未设住院部。雅鹿集团股份有限公司在鹿河卫生院原址健康路1号创办太仓市奕林医院。2013年，璜泾镇境内有3家医院设住院部，共设床位138张，收治住院病人5193人次，其中璜泾人民医院设83张，收治住院病人4001人次；王秀卫生院设25张，收治住院病人473人次；太仓奕林医院设30张，收治住院病人719人次。

四、急诊和“120”急救

1994年，璜泾中心卫生院设有急诊室，对突发疾病或致伤病人进行急救或派医生护送转院急救。1995年，花10万元改装1辆丰田车为救护车，用于应急救护。2007年，充实配备急诊抢救室抢救物品与药品，调整急诊医务人员安排，急诊室急救水平提高。2008年上半年，太仓市120急救中心在璜泾人民医院筹建120急救分站，公开招聘救护车驾驶员和担架工各两名，并于6月份参加太仓市急救中心培训。同时，对120急救站办公室进行装修，配齐呼叫电信设备，添置救护车1辆。筹建工作到位后，120急救站于2008年7月21日正式投入使用，提升了璜泾地区的整体急救能力。2009年，加强急救队伍建设，对所有卫技人员开展心肺复苏操作技能培训并进行实地演练，提高总体临床应急水平。同时，建立应急救护机制，确保内科、外科、妇科等三大科24小时均有人在岗，行政值班人员带好移动电话，一旦接到急救报警，立即通知120救护车及随车医务人员前往救援。2008—2013年，120急救站共运送、救治病人5665人次。

表21-5　2008—2013年“120”急救站运送、救治病人统计

年份	运送、救治病人（人次）	年份	运送、救治病人（人次）	年份	运送、救治病人（人次）
2008	300	2010	906	2012	1415
2009	606	2011	1089	2013	1349

第三节　卫技队伍

一、队伍构成

1994年，全镇有卫技人员71人，其中璜泾中心卫生院39人，各村卫生室（后改称社区卫生服务站）32人。卫技人员中，有中级职称16人、初级职称55人。1998年和2003年，王秀、鹿河卫生院先后随镇区划调整归属璜泾，卫技队伍扩大。2005年，璜泾中心卫生院更名为璜泾人民医院，培养和引进了一批卫技人员。是年末全镇卫技人员增至85人，内有高级职称4人、中级职称25人。2010年后出现街面门市个体诊所，2012年新增太仓奕林医院和太仓朝阳门诊部，全镇卫技人员增加。2013年，全镇有卫技人员249人，其中高级职称9人、中级职称54人、初级职称186人。

表21-6　2013年璜泾镇卫技人员情况

单位：人

医卫单位	卫技人员	职称		
		高级	中级	初级
璜泾人民医院	123	5	30	88
王秀卫生院	26	1	5	20
鹿河卫生院	13	—	5	8
太仓奕林医院	16	1	6	9
太仓朝阳门诊部	16	2	3	11
各村社区卫生服务站	43	—	—	43
个体诊所	12	—	5	7
合计	249	9	54	186

二、人才培养

1994年前后，璜泾中心卫生院（2005年11月改称“人民医院”）选送内、外科医生各1名到苏州第四人民医院进修，10名医生参加太仓市医疗卫生短期培训。同时，安排内科、中医科、外科青

年医生到资深主治医师身边当助手，采用“传帮带”的方法，培养青年骨干。

1998年，璜泾中心卫生院选送2名青年骨干分别到苏州第二人民医院和太仓市中医院进修。同年10月，组织部分护理骨干到太仓市第一人民医院五病区学习整体护理知识。2001年，安排普外、检验、放射、麻醉、护理等一批骨干，分别到上海长征医院和苏州有关医院进修学习。2005年，分期分批对临床医护、管理岗位人员进行全科医学及管理技术培训，至2006年，先后有7人参加培训，其中4人获得省全科医学知识培训合格证书。

2007年起，璜泾人民医院与太仓市中医院结为双向联动医院，市中医院定期派内儿科、骨伤科、妇产科、影像科等专家到璜泾医院坐诊并言传身教，指导业务工作，璜泾医院每年选送10余名中青年医生到中医院培训进修。

2010年，璜泾人民医院鼓励青年医生自学成才，有10名医生大专在读，6名本科在读。同年，先后选派医护人员外出参加各类培训班20余人次，其中2人在国家级期刊上发表了论文。2012年，实施新招毕业生业务进修计划，先后有7人完成培训学业。2013年，先后选派4名护士长参加太仓市护士长培训班，安排3名医生参加太仓市全科医师规范化培训，1名青年骨干到太仓市中医院进行临床实务进修。

三、乡村医生培训

20世纪90年代，对各村乡村医生分批分期进行系统化、正规化培训。2000年后，采用外出业务进修、成人学历函授、资深医师带教等方法，帮助乡村医生提高学历和业务水平。

2004年2月初，乡村医生参加璜泾中心卫生院举办的有关禽流感防治知识培训。同年10月下旬，参加防治艾滋病、血吸虫病、霍乱等重点传染性疾病的培训会议，乡村医生对传染病的发现、诊断、控制有了更深刻的认识。2006年起，分批分期对乡村医生进行社区全科医生规范化培训。是年，有6名医师和5名护士参加，其中有3名医师和2名护士分别通过全科医师和社区护士培训，取得合格证书。2007年，开展相关业务知识培训，对22名执业医师、执业助理医师进行“三基”（基本操作、基本理论、基本技术）知识书面考核。是年，选送3名医师和3名护士参加全科医师和社区护士培训，并参加省统考取得执业资格。同年7月份还选派2名医师参加苏州市骨干医师培训，10月份又选派2名医师参加苏州市全科医学培训。2009年起，加强对在岗乡村医生学历教育，并做好乡村医生考核及换证工作。至2013年，全镇43名乡村医生均取得全科医生资格，文化程度达到中专以上。

第四节　疾病预防与控制

一、传染病防治

1994年，璜泾中心卫生院（2005年11月改称璜泾人民医院）设有预防保健科，简称防保科，主要负责疾病预防和控制，做好各类传染病的登记、报告、调查、隔离、消毒等管理工作。每年4—10月，医院开设肠道门诊，一旦发现肠道传染病，均进行病例登记和疫情报告。

1995年，开展肺结核病普查，收集、整理患者资料，收治现症病人12人，经治疗转阴3人。同年，举办预防麻风病知识讲座，让医生掌握病症和预防知识，防止境内早已绝迹的麻风病“死灰复燃”。1999年，有计划地开展性病和艾滋病监测，对特殊人群进行抽血检验，对普通人群门诊留意检查，是年监测200人，未发现患病病例。2000年，开展血吸虫病流行病疫调查，监测500余人，未发现感染病例。

2003年，严防死守，抗击非典。对重点疫区到璜、返璜人员5人实行集中观察；对一般疫区到璜、返璜人员55人实行居家医学观察；对其他外来流动人员上门监测770次，免费体检47人次。设立太海汽渡检疫卡口，对过境4000余辆汽车5841人进行体温检测。在抗击非典中，璜泾中心卫生院被太仓市委、市政府评为防非工作先进集体。防保科胡维周医师获评苏州市卫生系统抗击非典先进个人，记三等功。

2004年2月初，禽流感流行，医院及时召开动员培训会议，做好防控工作。是年9月，加强结核病防治工作，通过排摸调查，璜泾新发现菌阳病人2例，送太仓市人民医院诊治。2005年，璜泾人民医院制定《突发公共卫生事件应急预案》，提升防控能力。是年，查出肺结核确诊病例7人，使其及时得到治疗。2008年，开展艾滋病外展干预活动，到高危场所普及艾滋病防治知识。同年，出现因宴请引发的肠道传染病病例，事后对涉及同餐的130余人进行调查观察，同时对就餐场所及餐具进行全面消毒。

2010年，完成结核病调查与规范化治疗任务，发现菌阳7例，对病人及时进行治疗。2012年，建立和健全传染病和突发公共卫生事件报告管理制度和应急预案，配备专职人员负责报告管理工作。2013年，加强H7N9防控工作，全年未发现感染病人。同年，开展艾滋病和梅毒筛查工作，监测检查530人次，未发现病例。

1994—2013年，各类传染病得到有效控制，流行性乙型脑炎、流行性脑脊髓膜炎、脊髓灰质炎、疟疾、出血热、白喉、百日咳、破伤风、麻疹、流行性腮腺炎、风疹、艾滋病等传染病无发病记录，其他传染病有发病病例，但病人均得到有效诊治，未出现急性传染病致人死亡事件。

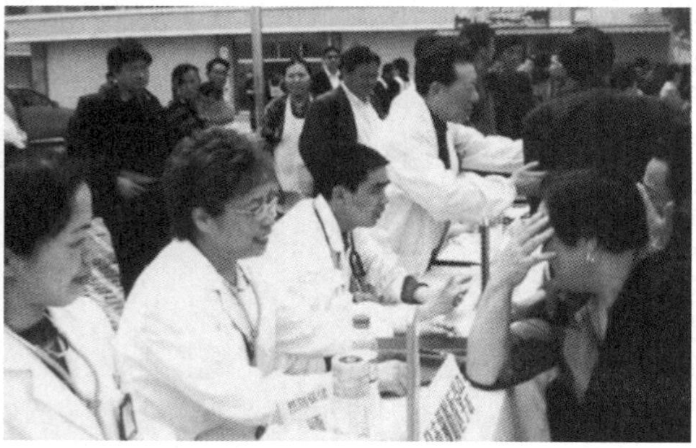

医疗卫生单位进行上街咨询服务活动（2007年摄）

二、慢性非传染病防治

慢性非传染性疾病，简称“慢性病”。20世纪90年代，随着经济社会的发展，人们生活水平提高，但各种慢性病（糖尿病、肿瘤、心脑血管疾病、慢性阻塞性肺部疾病等）发病率呈上升趋势。为此，医疗机构提高对慢性病防治的关注程度，每年组织医务人员，参与“三下乡”（文化、卫生、科技下乡）活动，到农村、市镇街区人群集中的场所设摊，免费为城乡居民测量血压，对高血压和糖尿病患者给予服药指导。

2001年，开展糖尿病普查筛选工作，组织医务人员到村、社区，义务为35岁以上村（居）民测试尿糖，累计检查6373人，查出尿糖阳性100例，阳性率1.57%，其中新发现糖尿病33例。检查后，对患者进行合理用药与饮食指导。

2004年，为迎接卫生部对太仓市慢性病防治工作中期评估，9月初在璜泾、鹿河、王秀各选一个村，对35岁以上的常住本地人口，进行为期一周的高血压、糖尿病筛选和慢性病防治知识知晓率调查，对入户走访对象1334人进行健教指导。2007年，镇社区卫生服务中心成立社区高血压规范化管理领导小组和业务技术指导小组，启动社区高血压规范化管理工作。2008年社区高血压规范化管理纳入服务对象1000人，完成病历建档工作，并开展随访服务。是年，镇社区卫生服务中心被卫生部心血管病防治研究中心授予全国高血压社区规范化管理“2008年度优秀社区卫生服务中心”称号。

2010年，为提升高血压防治功能，镇社区卫生服务中心落实35周岁及以上人群首诊测血压制度，全年首诊测血压7.5万余人次。同年，对镇政府机关、荣文学校、荣文集团等3家单位进行高血压病基线调查，对130位确诊高血压病人进行为期三年的规范化管理。

2013年，全面建立居民健康档案，将档案内容录入计算机，实行信息化动态管理，重点建档对象为60岁以上老年人、慢性病人、残疾人、妇女、儿童，年内新建6999份，累计31359份。是年，全镇首诊测血压86134人次，年内新发现高血压病人338人，累计高血压登记人数6229人，纳入规范化管理5736人，管理率92.09%；全镇累计糖尿病登记人数1257人，纳入规范化管理1163人，管理率92.52%。通过一系列措施，璜泾镇慢性病防治卫生服务功能得到提升。

三、血吸虫病防治

20世纪50年代初普查，发现原华南、邢庄、广新、广乐、广丰5个村（现合并为荣文村）有钉螺，境内也曾有血吸虫病感染患者。后经历年查螺灭螺，至70年代，钉螺已绝迹。1994—2013年，为巩固血防成果，坚持每年查螺，重点查过去有螺情的村。其间，因长江上游曾出现螺情，故地处下游的璜泾镇历年增加长江江滩查螺任务。在历年查螺中未发现钉螺，也未新发现血吸虫病感染病例。

表 21-7 1994—2013年璜泾镇查螺面积统计

年份	查螺面积（万平方米）	年份	查螺面积（万平方米）	年份	查螺面积（万平方米）	年份	查螺面积（万平方米）
1994	5.73	1999	5.97	2004	6.10	2009	4.13
1995	4.83	2000	14.97	2005	6.26	2010	3.03
1996	6.00	2001	13.50	2006	3.18	2011	3.00
1997	6.00	2002	10.00	2007	5.63	2012	3.04
1998	6.50	2003	5.90	2008	5.83	2013	3.17

四、职业病防治

1994—1997年，全镇坚持“预防为主，综合治理”的方针，卫生、安全、环保等部门联合开展乡镇企业尘毒危害治理工作，对一些生产工艺落后、卫生条件差的企业，督促其增添尘毒治理设施，改善职工劳动环境。利用乡镇企业转制的契机，关闭有粉尘、臭味排放企业3家。

1998年起，严格执行建设项目环评制度，杜绝有尘毒危害的企业进入境内。同时，坚持落实建设项目“三同时”制度（防治污染的设施必须与主体工程同时设计、同时施工、同时投产使用），把有可能造成职工职业危害的粉尘、毒物、噪声等因素处理在投产之前。

2000年，开展工业企业职工健康预防性体检，年内共体检394人次。2002年，实施职业病危害项目申报制度，年内向上级卫生部门申报存在职业病危害项目的企业25家。2004年，对工业企业开展职业卫生现状调查，共调查企业286家，其中存在职业危害影响的企业63家。检查后，各企业采取防护措施，消除危害因素，预防危害发生。

2006年，镇安监办把20家企业存在职业危害的作业点作为重点治理对象，开展职业危害培训和职业危害监测，建立预防职业危害健康档案。2007年起，镇成立作业场所职业危害专项整治工作领导小组，具体负责作业危害场所专项整治。全镇25家重点企业建立职业卫生管理制度，制定符合职业卫生接触限值的规定，落实职业卫生监护措施，明确企业法定代表人是依法履行职业卫生工作的“第一责任人”。2008年1月，璜泾砖瓦厂停产拆除，高温和高浓度粉尘职业危害作业环境从此消失。

2010—2012年，太仓市安监局、镇安监办每年开展职业卫生检查，共开具现场检查记录18份，发现事故隐患52条。通过检查，企业职业危害申报、职业危害现场空气质量检测和职业危害岗位人员体检、安全生产教育培训等各项工作得到有效落实。2013年，开展职业病危害防护重点企业排查，确定重点监管企业11家。同年起，镇安监办做好职业病危害防护重点企业一企一档的资料收集存档工作，确保企业职业病危害防护工作规范开展。

1994—2013年，境内未发生因职业危害而引发的纠纷诉讼案例，也未发生因工业尘毒危害造成的死亡案件。

五、预防接种

1994年起，继续加强预防接种工作，医院设有计划免疫门诊，预防接种由村卫生室向医院集中。儿童脊灰疫苗（即小儿麻痹症糖丸）、卡介苗、麻疹疫苗、百白破疫苗（以下简称为“四苗”）实行计划接种，乙脑、流脑实行突击接种。是年，对全镇0~4周岁儿童开展消灭脊髓灰质炎的强化服苗活动，服苗覆盖率100%。

1997年，对计划免疫儿童建卡发证，计划免疫程序更加规范。

1999年，按上级要求做到“四苗四桌”，接种卡介苗、脊灰疫苗（糖丸）、百白破疫苗和麻疹疫苗的儿童分设桌椅，对儿童及家长分别进行健康教育。2000年，将儿童接种甲肝疫苗和麻腮风疫苗纳入计划免疫接种范围。2002年，全镇完成免疫接种6940人次，其中计划内免疫4723人次，计划外免疫2217人次。

2004年，将外来流动儿童计划免疫纳入本地一体化管理。2007年，开展流脑、乙脑、甲肝疫苗的大面积接种工作，全年共计完成计划免疫接种5079人次。同年11月，对全镇14周岁以下儿童进行麻疹疫苗突击接种，共接种4030人，圆满完成上级下达的任务。

2010年，根据卫生部提出的到2012年消灭本土麻疹的要求，对境内3431名适龄儿童进行麻疹免疫接种，同时完成其他人群麻疹应急接种350人。同年，启动对全镇20~50周岁的成年人进行乙肝疫苗接种工作，年内完成1300人。2011年，完成成年人乙肝疫苗接种5864人次，同时完成15周岁以下少年儿童乙肝、流脑、白破疫苗查漏补种712人次。

2012年初，开展预防接种电子化服务，通过手机短信等方式进行接种通知，优化接种流程。是年，为全镇所有居住满三个月的0~6周岁外来儿童建立预防接种卡，共建卡2702人，建卡率100%，实现外来儿童与本地儿童公共卫生服务均等化，全年共完成儿童计划免疫接种5998人次。

2013年，璜泾人民医院防保科优化计划免疫服务管理，每两个月在接种日开设妈妈学堂，对接种儿童家长进行预防接种、健康育儿指导。同年，全镇共完成儿童计划免疫接种7080人次，其中在外来儿童中查漏补种麻疹疫苗121人次，在所有应种儿童中查漏补种麻疹疫苗1269人次。同时，做好计划外收费疫苗的接种工作，完成成人乙肝疫苗和狂犬疫苗接种878人次。1994—2013年，全镇0~6周岁儿童计划免疫累计接种16504人。

表21-8　1994—2013年璜泾镇0~6周岁儿童计划免疫接种人数统计

单位：人

年份	接种人数	年份	接种人数	年份	接种人数
1994	180	2001	303	2008	460
1995	185	2002	585	2009	2261
1996	144	2003	466	2010	2521
1997	167	2004	392	2011	1890
1998	518	2005	333	2012	1851
1999	387	2006	726	2013	1923
2000	517	2007	695	合计	16504

表21-9　2004—2013年璜泾镇0~6周岁儿童计划免疫接种疫苗情况

年份	年度接种人次	各类疫苗接种人次										
		乙肝	卡介苗	脊灰	百白破	麻疹	麻腮风	乙脑	流脑A群	流脑A+C	白破	甲肝
2004	781	153	62	260	270	31	—	5	—	—	—	—
2005	1215	237	115	387	360	88	26	2	—	—	—	—
2006	3183	533	249	995	959	252	61	94	36	—	—	4
2007	3346	515	234	939	928	257	120	228	85	—	—	40
2008	685	91	13	177	178	40	32	27	87	5	—	35
2009	5412	612	78	1004	1207	443	312	615	641	224	—	276
2010	6491	648	55	1444	1301	732	303	608	742	286	106	266
2011	6575	725	114	1222	1383	335	336	656	719	521	234	330

续表

年份	年度接种人次	各类疫苗接种人次										
		乙肝	卡介苗	脊灰	百白破	麻疹	麻腮风	乙脑	流脑 A 群	流脑 A+C	白破	甲肝
2012	6655	745	126	1192	1328	383	353	731	772	437	175	413
2013	6940	689	84	1247	1369	373	338	710	747	522	180	681
合计	41283	4948	1130	8867	9283	2934	1881	3676	3829	1995	695	2045

注：1994—2003 年 0~6 周岁儿童计划免疫接种各类疫苗情况因资料不全未做统计。

资料链接：

接种疫苗全称：乙肝疫苗，全称乙型病毒性肝炎疫苗；脊灰疫苗，全称脊髓灰质炎疫苗；百白破疫苗，全称百日咳、白喉、破伤风混合疫苗；麻腮风疫苗，全称麻疹、流行性腮腺炎、风疹三联疫苗；乙脑疫苗，全称流行性乙型脑炎疫苗；流脑疫苗，全称流行性脑脊髓膜炎疫苗；甲肝疫苗，全称甲型病毒性肝炎疫苗；甲流疫苗，全称甲型H1N1流感疫苗。

第二章　爱国卫生运动

1994年起，继续开展全民爱国卫生运动，实施卫生镇（村）创建工作。1998年起，各村开展争创江苏省卫生镇（村）活动，2000年起又实施苏州市健康促进行动先进村创建工作。2003年起，各村开展“三清”（清洁村庄、清洁河道、清洁家园）达标工作。2006年至2007年，全镇先后创建并获评全国环境优美镇、国家卫生镇。之后，全镇居民生活垃圾实行“户收、村集、镇运、市处理”的运作机制。2008年，各村继续抓实各项卫生创建工作，巩固以前各项创建成果，并开始实施创建苏州市健康镇（村）工作。至2013年，全镇13个村除荡茜村因沿江开发、动迁农户多，暂未参与各类创建考评外，其他12个村均先后获评江苏省卫生村、苏州市健康促进行动先进村和苏州市“三清”工作达标村，7个村先后获评苏州市健康村。

第一节　组织机构

一、爱卫会

全称璜泾镇爱国卫生运动委员会（以下简称“镇爱卫会”），为镇爱国卫生运动组织机构，下设常务机构为镇爱国卫生运动委员会办公室（以下简称“镇爱卫办”），负责领导、协调公共环境卫生、防病治病、农村改水改厕、病媒生物防治（除“四害”）、健康教育等工作。镇爱卫办设于镇政府机关内。

1994—2013年，镇爱卫会设主任1人、副主任2~3人。镇爱卫办设主任1人，配备工作人员1~2人。镇爱卫会委员由宣传、医院、环卫、卫监、环保、工商、城管、供水、农贸、水利、派出所等部门、条线负责人以及有关村、社区、企业代表组成。镇爱卫会组成人员及爱卫办工作人员随历次人事变动而做出相应调整，其人数也有所变化。

1994—2013年，镇爱卫办驻办主持工作的负责人有陆小兴（1994.1—2003.9）、李锦清（2003.9—2013.12）。

二、环卫所

全称璜泾镇环境卫生管理所（以下简称“镇环卫所”），为镇环境卫生职能部门，建于1953年。1994年，所址位于怀仁路（文化宫对面），有职工30名，负责镇区范围内街道保洁和垃圾、大粪清运处置以及除“四害”消杀工作。1998年10月，所址迁移至蒋泾塘蒋泾桥西堍。1998年11月和2003年8月，王秀、鹿河环卫所先后随镇区划调整归属璜泾环卫所。2006年，所址迁移至新华村6组境内。随着经济社会的快速发展，环卫工作任务加重，环卫所职能拓展，保洁面积扩大，人员增加。2013年底，有职工138人，拥有垃圾清运车、倒桶车、抽粪车、污水抽运车、保洁清扫车等各种车辆26辆，承担镇区保洁面积95万平方米，清运垃圾中转房38座、塑料垃圾桶5000余只、果壳箱150只，保洁公共厕所43座。

1994—2013年，历任所长：丁文华（1993.3—2002.11）、陆锦林（2002.11—2008.2）、朱惠中（2008.2—2013.12）。

三、防保科

全称为璜泾人民医院预防保健科，负责全镇食品饮食行业卫生、公共场所卫生、职业卫生的指导与管理，办理从业单位卫生许可证和从业人员健康合格证，做好疾病预防和控制工作。

1994—2013年，先后由邱家德（1994.1—1998.6）、胡维周（1998.6—2013.12）任科长（负责人）。

四、卫监所

2004年1月，成立太仓市卫生监督所璜泾分所，为镇食品卫生、公共场所卫生、职业卫生、医疗卫生的监督管理机构。设在璜泾人民医院内。至2013年历任所长有肖建文（2004.1—2006.1）、顾祖球（2006.2—2008.1）、金花（2008.2—2011.2）、徐雨虹（2011.3—2013.1）、李可光（2013.1— ）。

第二节 环境卫生

1994—1996年，镇区环卫保洁主要由环卫所负责，每天清扫街道，清理垃圾桶、果壳箱，冲洗公厕，清运粪便。保洁的街道主要有园林路、怀仁路、玄武路、荡茜路、棉北路（现崇文路）及集镇老街区等。农村的生活垃圾还未集中清运，由农户自行选择河滩空地堆存，有的垃圾腐烂后自然消失，有的流入河道氽在水面污染环境，由村委会组织人员定期或不定期清理。

永乐村创建省级生态示范村（2007年摄）

1997年起，镇区外来人口增多，保洁范围扩大、任务加重，环卫所扩充保洁队伍，对市镇建成区道路坚持一日两清扫，对人群集中的街区实行全天候保洁，垃圾日产日清。2000年起，在农村开展以“清洁村庄、美化家园、迎接新千年”为主题的农村环境大整治活动，发动农户和组织专业队伍，清除路边、河边和宅前屋后垃圾、杂草，打捞河面漂浮物，是年，共清理垃圾积脏点和卫生死角400余处，清运垃圾350余吨。

2003年起，各村开展“清洁村庄、清洁河道、清洁家园”环境卫生整治和生态村创建活动，全面清除村委会周边、村级主干道、农户宅前屋后的暴露垃圾，清除露天粪坑和河面漂浮物。是年，共整治脏、乱、差场所260余处，清运垃圾200余吨。2005年，镇、村组织专业队伍，打捞河道漂浮物、白色垃圾、水生植物和岸边建筑垃圾，全镇共清理河道39条21千米，达到“水清、面洁、岸净”的要求。2005年开展生态示范村建设，新联、永乐两个村首先通过省级生态示范村验收。2006年、2007年，全镇先后以创建全国环境优美镇和国家卫生镇为抓手，全民动员，人人动手，掀起环境整治和爱国卫生运动高潮。此后，全镇逐年加大生活垃圾集中收集力度，收集范围覆盖到各村各村民小组，形成“户收、村集、镇运、市处理”的垃圾处置机制。

2008年，对农村环境卫生落实长效管理措施，组织村主任对口检查，由镇爱卫办负责督查，每季度考核1次，考核结果与镇下拨各村的卫生经费挂钩。2009年，各村成立了13支专业河道保洁队伍，对河道进行经常性保洁。2011年，继续推进农村大环境整治和生态示范村建设。2012年，根据市委、市政府的统一部署，全面开展村庄环境整治、创建“星级村庄”活动，至9月底，全镇完成房屋刷白面积20余万平方米，清理乱堆乱放260处，拆除露天粪坑220处，完成改厕300余户，疏通清理河道、沟塘42千米，新增垃圾桶1000个，新增垃圾转运车50辆。

孟河村自然村落新貌（2016 年摄）

2013年，全镇开展美丽乡村建设，再次实施环境卫生集中整治行动，镇容镇貌、村容村貌、路容路貌、河容河貌又有了新的改观。璜泾镇保持全国环境优美镇、国家卫生镇荣誉称号。

第三节　行业卫生

本节的行业卫生主要指服务性行业和公共活动场所卫生。境内行业卫生管理的重点放在旅社业、理发业、洗浴业、娱乐业等行业和公众活动场所。

1994年起，继续贯彻执行国务院颁布的《公共场所卫生管理条例》和卫生部颁布的《公共场所卫生监督工作程序（试行）》，对公共场所行业卫生实行法制化、标准化、规范化管理。每年从4月份开始，镇爱卫办举办公共场所行业卫生培训班，各单位负责人和从业人员参加培训。

1996年，结合群众性爱国卫生运动，对公共场所行业卫生进行大检查，共检查旅社、浴室、歌舞厅、理发店、酒吧、网吧等单位21家，发现卫生设施不到位、用品不消毒、旅店床上用品未做到一客一换、浴室未设“禁止性病皮肤病入浴”标志等问题12个，涉及单位7家。事后，各单位及时进行整改。

1998年，对行业卫生所涉单位持证经营情况进行专项检查，发现1家浴室和2家旅社准备开业，但卫生设施未能全部到位，也未申办卫生许可证，对此，责令其暂缓开业，对存在问题进行纠正，待卫生管理部门验收发证后方可开业。

2003年，在公共场所行业卫生督查中，对5家卫生许可证过期、没有及时办理复核手续的单位，责令其整改并办理复审手续。对11名在公共场所直接为顾客服务的未持有健康合格证人员，做退出从业岗位处理。

2006年，在创建全国环境优美镇期间，镇政府印发文件，重申凡开办歌舞厅、游艺厅、网吧等文化娱乐项目，必须选址合适、符合行业卫生要求，否则不予批办卫生许可证等要点。同时，做好公共场所行业卫生许可证的复核工作。2007年，在创建国家卫生镇期间，对旅社、理发美容店、浴室、歌舞厅等公共场所进行空气质量和顾客用品监测，共监测22家，合格率98%。

2010年，开展“无吸烟单位”创建活动，学校、医院等单位首先成立控烟领导小组，有专人负责控烟工作，单位内张贴醒目的禁烟标识，开展控烟宣传，完成“无吸烟单位”创建工作。

2013年，全镇纳入重点管理的单位有30家，其中理发美容店10家、公共浴室5家、旅社8家、歌舞厅3家、酒吧网吧4家，直接为顾客服务的从业人员130人。重点单位卫生许可证领证率100%，从业人员健康合格证领证率100%。

第四节　食品卫生

1994年起，继续加强食品、饮食卫生工作，督促食品、餐饮行业落实餐具消毒、生熟分开、灭蝇灭鼠、食品索证、冰箱（柜）管理、室内外卫生等措施，同时，搞好从业单位卫生许可证的申领和从业人员培训、体检以及健康合格证的发放工作。是年，全镇食品、餐饮生产经营单位52家，从业人员155人，卫生许可证领证率100%，从业人员健康合格证领证率100%，“五病”（痢疾、伤寒、病毒性肝炎、活动期肺结核及化脓性、渗出性或接触性皮肤病）调离率100%。

1996年，开展《中华人民共和国食品卫生法》学习培训，先后举办培训班3期，培训从业单位负责人160人次。同时，通过上门宣传、印发资料等方式，增强从业人员的卫生意识，严把食品卫生关，为居民群众提供整洁、卫生的餐饮环境。

1998年起，对全镇新开业的餐饮单位开展预防性卫生监督。1999年，对全镇75家食品、餐饮从业单位进行执法检查，对不合格的单位下发整改意见书，对整改不力、不到位的单位实行停业整顿，促使从业单位证照齐全、亮证经营，经营场所设施完善、布局合理，严格执行生熟分开和卫生消毒等各项制度。是年，全镇从业单位卫生许可证领证率100%，从业人员健康体检238人，体检合格率96.2%，健康合格证领证229人，调离从业岗位9人。

2000年，对农贸市场鲜肉销售（销售人员俗称“小刀手”）、熟肉制品加工、糕点面包烘焙业主实施就业准入和执职业资格证书上岗制度，重点对“小刀手”21人逐一体检，发放健康合格证。2002年，先后对桶（瓶）装饮用纯净水生产企业、学校食堂、食品超市和酒类批发销售行业推行食品卫生量化分级管理，使制售食品过程符合卫生要求，定型包装食品符合法律规定。

2004年，对全镇副食品商店进货质量和索证登记情况进行重点检查。2006年，对餐饮行业卫生设施进行检查，共检查52家，开出整改意见36条。事后，被检单位改造操作间布局5家，增设清洗水池17只，添置防蝇、防鼠、防潮、防尘设施30件。

2008年，镇政府与各村委会、居委会签订《2008年度璜泾镇食品安全工作责任书》，各村、各社区配备1名信息员，负责本辖区内集体聚餐申报、现场协查等监管工作。同年，实施食品放心工程，开展食品市场专项执法检查和餐饮业、集体食堂卫生设施专项整治。

2010年，开展食品安全知识培训。各基层食品安全信息员、集体食堂负责人、民间厨师等参训150余人次，培训后经测试，参训者对食品质量安全知识和食品卫生工作要求的知晓率达97%。同年，对集镇沿街、乡间路段餐饮夜摊进行专项检查，共取缔不符合卫生条件的露天夜摊25个。

2011年，开展对禁用、非法食品添加剂及“地沟油”“瘦肉精”饲料的专项检查，堵住有害食品进入市场的源头。同时，加强对食品小作坊、小加工点（厂）、小超市（商店）、小饮食店、小熟食店等“五小”食品生产经营单位的管理，严禁生产销售假冒伪劣食品。2012年下半年，开展食品安全专项整治“天安行动”，取缔无证食品加工企业1家，整治豆芽菜生产加工点5个和卤菜加工场所7个以及学校周边食品摊贩4个，共销毁不合格食品300千克。

2013年6月24日，在璜泾人民医院三楼会议室，对15家卤菜熟食店业主进行“食品安全、诚信经营”培训。同年，开展农产品检测，对境内重点种植基地进行抽检，共检测农产品782批次，合格率99.23%；开展养殖禁用药物检测，全年累计检查饲料140次、兽药230次，提取牲畜尿样176份，经检测，未发现农业部公布的养殖禁用药物。

2013年末，全镇共有餐饮业重点监管单位、各类食品生产经营重点监管单位169家，共有从业人员376人。全镇重点监管单位卫生许可证持证率100%，从业人员健康合格证领证率100%，“五病”调离率100%，餐具消毒合格率98.3%。

第五节　除“四害”

“四害”，即老鼠、蚊子、苍蝇、蟑螂。1994年起，继续重视除害消杀工作，由镇爱卫办采取突击性消杀和经常性消杀相结合、专业队伍消杀与群防群治消杀相结合的方法，组织开展除“四害”活动。每年抓好春、冬两季灭鼠工作，统一组织、统一时间投放灭鼠毒饵和灭鼠器械。于每年5月份和10月份，全面发动群众，查找蟑螂卵荚，杀灭蟑螂成虫，搞好两次灭蟑螂突击活动。每年从3月份开始，结合大环境整治，清除蚊蝇滋生地。在蚊蝇繁殖高峰期，开展突击消杀活动。1998年，璜泾镇被太仓市爱卫会评为“太仓市灭鼠先进镇”，1999年被评为“太仓市灭蟑先进镇”。2006年，又通过了太仓市灭鼠、灭蟑先进镇复查。在2007年创建国家卫生镇期间，全镇投放鼠笼、鼠夹1500只、鼠药50千克、粘鼠板1000个，设置毒饵站2500处，灭蟑药30千克、灭蚊药40千克、特菱气雾剂100瓶、灭蝇药50千克、粘蝇纸5000余张。所有下水道安装防鼠网。在镇区设立鼠密度监测点7个，苍蝇密度监测点10个，蟑螂密度监测点10个，成蚊密度监测点10个，对老鼠、蚊子、苍蝇、蟑螂密度进行监测，掌握除害消杀成效。2011年，全镇建立健全病媒生物防治小组50个，专（兼）职消杀人员150人，除“四害”经费实行分级负担，镇区由镇财政支付，各单位内部由单位解决，各村农户的消杀经费由村承担。是年，除“四害”组织力量到位，责任、经费得到落实。2013年，全镇“四害”控制密度达到国家标准。

第六节　改水　改厕

一、改水

即居民由直接饮用河水或浅井水，改用经处理的自来水。1983年，璜泾镇部分市镇居民开始改用深井自来水，1990年，镇区得到普及并向农村拓展。1995年前后，完成农村改水任务，水源为深井水。2004年，璜泾自来水管道与太仓并网，改用长江水源自来水。2006年，实现自来水村村通。至2013年，全镇自来水入户率为100%。（详见第四篇第四章第二节“供水”）

二、改厕

即清除露天粪缸，建三格式化粪池，改用水冲式马桶或蹲式便器。20世纪80年代中期起，为保护水源，减少疾病传播，开始推行农户改厕。进入90年代后，全镇开展取缔露天粪坑和推广卫生户厕的改厕宣传活动，重点抓好新建房屋农户的改厕工作，推广抽水马桶加三格式无害化卫生户厕，达到无害化处理的要求。1994年，全镇有卫生户厕979户，卫生户厕普及率15%。之后，镇、村两级采取“以奖代补”的办法，推进改厕工作，至2000年全镇有卫生户厕5250座，卫生户厕普及率37.17%。之后，各村在创建卫生村期间，继续加大改厕工作力度，至2006年，全镇有卫生户厕11376座，卫生户厕普及率59%。

2007年，全镇开展创建国家卫生镇活动，镇政府专门召开农村改厕工作会议，进一步明确改厕工作任务和要求。在实施改厕时，坚持“自建公助”的原则，落实改厕经费，镇政府对每户改厕户补贴200元，村补贴300元，是年新增卫生户厕1021座。2008年，各村组建专业改厕队伍，确保改厕质量，年内新增卫生户厕608座。同年，搞好农村小型公厕建设，组织专业队伍，按照图纸统一施工，年内新建小型公厕5座。

2010年，推广新型玻璃钢三格式化粪池，全年新增卫生户厕414座。2013年，全镇有卫生户厕15802座，卫生户厕普及率98.25%；农村住宅小区新建小型公厕25座，卫生户厕和小区公厕无害化处理率100%。

第七节　卫生镇（村）创建

一、江苏省卫生镇（村）创建

1998年起，全镇开展创建省级卫生镇（村）活动，广泛发动群众参与爱国卫生运动。是年，新联村通过上级爱卫会验收，成为全镇首个省级卫生村。1999年，全镇继续开展创建江苏省卫生镇活动。创建期间，镇、村主要领导亲自抓，实行“一把手工程”；抓好卫生基础设施建设，美化、绿化、亮化环境，居民群众生活环境质量得到提高；创建组织网络健全，部门协同配合，卫生管理不断强化，镇容管理、环境保护、食品和公共场所卫生以及除害防病等工作取得突破性进展。经江苏省卫生镇考核鉴定组考核验收，各项指标完成情况均达到省级卫生镇要求。1999年5月30日，江苏省爱卫会印发文件（苏爱卫〔1999〕16号），命名璜泾镇为江苏省卫生镇。2000年后，在农村继续开展创建省级卫生村活动，至2013年，全镇13个村除荡茜村因沿江开发、动迁农户多，暂未参与创建考评外，其他12个村均获评江苏省卫生村。

二、全国环境优美镇创建

2006年，全镇开展创建全国环境优美镇活动，镇党委、政府成立以党委书记为总指挥、镇长为常务副总指挥的创建指挥部，并下设创建办公室，成立组织管理组、宣传教育组、环境卫生组、环境保护组、市镇建设组、生态农业组等6个专业工作组。同时，充分发挥镇卫生、环保、工商、城管、交通、公安、建管、土管等职能部门的作用，形成部门参与、齐抓共管的工作机制。为做好创建宣传发动工作，镇、村分别召开创建全国环境优美镇动员大会，统一思想，形成共识，明确要求，落实责任，确保创建工作全面展开、忙而不乱、有序推进。创建期间，全镇印发创建宣传资料和公开信2万余份，出动创建宣传车60车次。在交通要道、人居集中的地段，设置落地大型宣传牌3个，高炮大型广告牌3个，设置灯杆、灯箱广告300多个。在镇区、街道、社区以及各村设立25处环保及卫生宣传橱窗，拉出创建宣传横幅、竖幅150条。同时，抓好基础设施建设，实施道路硬化、污水处理、垃圾压缩中转、改水改厕、医院提档扩建、绿化美化亮化等6大工程，从而使全镇的环境卫生面貌发生深刻变化，集镇功能得到进一步放大和提升，较好地促进了经济社会与人和自然的和谐协调发展。是年9月，璜泾镇通过创建全国环境优美镇达标验收，被环境保护部命名为全国环境优美镇。此后实施长效管理，巩固创建成果，至2013年一直保持此殊荣。

2006年8月12日，璜泾创建全国环境优美镇动员大会

表 21-10　2006 年璜泾镇创建全国环境优美镇考核指标完成情况

考核内容	序号	考核项目名称	指标值	指标完成情况
社会经济发展	1	农民人均纯收入（元/年）	≥4500	12171
	2	城镇居民人均可支配收入（元/年）	≥8000	16617
	3	公共设施完善程度	完善	完善
	4	城镇建成区自来水普及率（%）	≥98	100
	5	农村生活饮用水卫生合格率（%）	≥90	100
	6	城镇卫生厕所建设与管理	达到国家卫生镇有关标准	达标
镇建成区环境	7	地表水环境质量	达到环境规划要求	达标
	8	空气环境质量	达到环境规划要求	达标
	9	声环境质量	达到环境规划要求	达标
	10	重点工业污染源排放达标率（%）	100	100
	11	生活垃圾无害化处理率（%）	≥90	100
	12	生活污水集中处理率（%）	≥70	76.79
	13	人均公共绿地面积（㎡/人）	≥11	12.72
	14	主要道路绿化普及率（%）	≥95	100
	15	清洁能源普及率（%）	≥60	97.29
镇辖区生态环境	16	森林覆盖率（平原地区）（%）	≥10	18.2
	17	农村林网化率（南方）（%）	≥70	73.2
	18	水土流失治理度（%）	≥70	100
	19	农用化肥施用强度（千克/公顷，折纯）	≤280	238.5
	20	主要农产品农药残留合格率（%）	≥85	99.93
	21	规模化畜禽养场粪便综合利用率（%）	≥90	100
	22	规模化畜禽养场污水排放达标率（%）	≥75	100
	23	农作物秸秆综合利用率（%）	≥95	100

三、国家卫生镇创建

2007年，全镇开展创建国家卫生镇活动。2月初，镇党委、镇政府成立以党委书记为总指挥、镇长为常务副总指挥的创建指挥部，并下设创建办公室，成立爱卫组织管理组（兼资料组）、宣传组、健康教育组、环境卫生组、环境保护组、除“四害”及疾病预防与控制组、食品卫生组、公共场所及饮用水卫生组、镇辖村卫生组、社区卫生组、督查组等11个专业工作组。同时，制定创建工作实施意见和实施方案。3月5日，召开全镇创建国家卫生镇动员大会。创建期间，编发创建公开信2.5万份、居民文明健康生活读本2万份、各行各业达标要求6000份、卫生知识3500份、农民应知应会知识5000份、《创建简报》17期。同时，全镇加大资金投入，完善基础设施建设，镇区新建公厕4座，修建、改造公厕7座，添置垃圾桶550个、果壳箱150个，完成污水主管网铺设6.5千米、支管网铺设3.5千米，新增绿化面积2万平方米，新安装路灯329盏，建成村级垃圾中转站14个。加强镇容秩序管理，对镇区店外店、摊外摊、废旧物品收购点等场所以及乱贴画、乱停车等行为进行综合整治，清除乱设摊6处，拆除违章建筑600平方米。开展除害消杀工作，控制老鼠、蚊子、苍蝇、蟑螂等病媒生物的孳生。落实群防群治和长效管理措施，确保卫生工作经常化、制度化。是年，璜泾镇被全国爱卫会命名为国家卫生镇。2011年又通过国家卫生镇第一次复查考核，至2013年一直保持此殊荣。

四、其他卫生创建工作

其他卫生创建工作主要记载2000年及以后开展的创建苏州市健康促进行动先进村、创建苏州市“三清”达标和创建苏州市健康村。

2000年起，璜泾镇启动全国亿万农民健康促进行动，各村开展争创苏州市健康促进行动先进村活动，并以此为载体，组织健康教育培训，举行健康知识竞赛，加大健康设施投入，以达到营造健康环境、培育健康理念、优化健康设施、完善健康服务、拥有健康人群的健康促进成效。是年，新华、新联两个村首先获评苏州市健康促进行动先进村。

2003年起，为改观农村生态环境，各村开展“清洁村庄、清洁河道、清洁家园”环境整治活动，全面清除暴露垃圾，整治卫生死角，打捞河面漂浮物，粉刷老村庄房屋，美化村容村貌。是年，长新村首先通过苏州市“三清”工作达标验收。

2008年起，各村开展创建苏州市健康村活动，镇组织“健康知识村村讲”讲座，宣讲高血压、糖尿病、消化道疾病等知识；医院组织医务人员下乡义诊，接待村民群众健康咨询；村设置宣传阵地，营造健康教育氛围。是年，孟河村首先获评苏州市健康村。同年，璜泾镇获评苏州市健康促进行动示范镇。2009年，获评苏州市健康镇。

2013年，全镇有12个村先后获评苏州市健康促进行动先进村和苏州市“三清”工作达标村，7个村先后获评苏州市健康村。

表21-11　2013年璜泾镇各村卫生创建情况

序号	村名	江苏省卫生村		苏州市健康促进行动先进村获评年份	苏州市“三清”达标村验收年份	苏州市健康村获评年份
		获评年份	复查年份			
1	新华	1999	2007	2000	2004	2011
2	荣文	1999	2007	2011	2005	—
3	新联	1998	2007	2000	2005	—
4	荡茜	—	—	—	—	—
5	永乐	2004	2007	2008	2004	2009
6	王秀	2000	2008	2001	2005	2010
7	孙桥	1999	2008	2004	2004	—
8	孟河	2004	2008	2005	2004	2008
9	杨漕	2004	2008	2005	2004	2013
10	新明	2000	2009	2002	2005	2009
11	新海	2004	2009	2009	2004	—
12	长洲	1998	2009	2001	2004	—
13	雅鹿	2003	2009	2009	2003	2010

第三章　体　育

20世纪90年代，璜泾群众性体育活动广泛活跃，球类、棋牌、武术等传统项目赛事不断，适合中老年健身锻炼的太极拳、太极剑、门球、气功、桥牌、象棋、健身舞等活动常年开展。2000年起，各企事业单位重视体育活动硬件建设，体育场地、场馆增多。2003年后，镇每年举行“全民健身月”活动。2005年起，民营企业业主积极资助体育赛事，由企业冠名的乒乓球比赛每年举办一届。2006年后，农村体育设施不断完善，各村陆续兴建篮球场、乒乓球室，在文体广场、社区会所、住宅小区等场所设置各类健身器材，在绿化景观地带铺筑全民健身路径。2008年5月，搭建新老璜泾人体育共享平台，镇举办外来务工人员文体艺术节。是年，璜泾镇被江苏省体育局评为“江苏省体育强镇”。2010年后，全镇继续加大资金投入，用于体育设施建设，使活动场所增多、面积扩大。2011年，璜泾镇获评“江苏省老年人体协工作示范乡镇”。2013年，全镇有篮球、乒乓、气排球、羽毛球、围棋、象棋、桥牌、门球、拳剑操舞、风筝等各类体育团队55个，有社会体育指导员109人，有经常参加活动及比赛的体育爱好者1500余人。

第一节　体育设施

一、镇级体育设施

璜泾全民健身中心　为实施《全民健身计划纲要》，2011年启动建设镇全民健身中心，2012年建成并对外开放。全民健身中心是在荣文学校内，利用学校的运动场和体育馆，增加部分运动健身器材和辅助设施建成的。健身中心场馆总面积22000平方米，其中室外运动场面积18693平方米，体育馆面积1952平方米，其他活动场所面积1355平方米。

室外运动场建有400米环形塑胶跑道，设篮球场5块、排球场3块、足球场1块。有能容纳500人左右的看台。室外场地健身器材有单杠、双杠、太空漫步机、椭圆漫步机、左右侧摆器、双人上肢牵引器、三位扭腰器、二位太极揉推器、肋木架等12副（个）。

体育馆设篮球、乒乓球、羽毛球运动场地及设施。室内健身馆有跑步机、史密斯机、上斜卧推架、平板卧推架、仰卧板、蹬腿器、划船训练器、蝴蝶机、综合训练器、坐姿平推器、夹胸器、坐姿下拉器、坐姿上推器、腿部训练器、动感单车等55台（套）。

璜泾文体广场　2009年，璜泾镇文体中心建成，位于园林路南侧、荣文村3组境内。文体中心设文体广场，建有露天舞台，场地活动面积2111平方米。文体广场是璜泾镇开展室外文体活动的主要场所之一。(详见第二十篇第一章第六节第一目“镇文体广场”)

二、村(社区)体育设施

20世纪90年代,村、社区体育设施极少。进入21世纪后,各村、各社区陆续兴建体育场馆、全民健身路径等。2006年,王秀村投资12万元建篮球场1块,乒乓球室1个,并在村小区公园内建全民健身路径,安置健身器材,供居民群众健身锻炼。2007年,新华村投资17万元建篮球场和乒乓球室。2008年,新联村和永乐村建全民健身路径、棋牌室、乒乓球室。2010年,新明村投资68万元建羽毛球馆、健身房和篮球场。2012年,杨漕村、荡茜村、孙桥村、雅鹿村和各社区相继兴建全民健身路径和运动场馆。2013年,新华村又投资30万元在新华花园建标准门球场,地面上铺设绿色塑料草坪,四面用铁丝网围住,周边绿树成荫,环境优雅。另投资3万余元在村委会内设置风筝陈列室2间,面积120平方米,室内陈列各类风筝160余只。风筝品种繁多、花样各异,既有传统类的单蝴蝶、双蝴蝶、向日葵、龙串风筝,也有软体类的嫦娥奔月、八爪鱼风筝,还有特色类的郑和宝船、郑和龙舟以及卫星、雷达、大型蜻蜓、仿真飞机风筝等。新华村风筝陈列室成为璜泾镇唯一的风筝特色运动展示馆。

新华村门球场(2016年摄)

2013年末,全镇村、社区主要体育场馆有篮球场11块、健身房5个、乒乓球室12个、全民健身路径21处、棋牌室3个、羽毛球馆1个、门球场1块。体育活动场馆总面积13955平方米,村级硬件设施总投资338万元。

表21-12　2013年璜泾镇村(社区)主要体育场馆统计

序号	村(社区)	场地名称	建成年份	活动面积(平方米)	投资金额(万元)
1	新华村	篮球场	2007	660	6
		全民健身路径	2012	143	3
		乒乓球室	2007	110	11
		门球场	2013	1000	30
2	新联村	篮球场	2009	714	5
		全民健身路径	2011	80	3
		乒乓球室	2008	63	7
		健身房	2009	26	5
3	荡茜村	篮球场	2012	748	5
		全民健身路径	2013	273	3
		乒乓球室	2012	48	4
4	永乐村	棋牌室	2008	24	6

续表

序号	村（社区）	场地名称	建成年份	活动面积（平方米）	投资金额（万元）
4	永乐村	篮球场	2008	680	6
		全民健身路径	2013	200	6
		北乒乓球室	2008	49	6
		南乒乓球室	2008	33	4
5	王秀村	篮球场	2006	660	4
		全民健身路径	2006	128	3
		乒乓球室	2006	38	5
6	孙桥村	篮球场	2009	640	5
		全民健身路径（1）	2012	115	3
		全民健身路径（2）	2000	128	3
		乒乓球室	2010	40	5
7	孟河村	篮球场	2010	700	5
		全民健身路径	2006	308	3
8	杨漕村	棋牌室	2012	35	4
		全民健身路径	2012	160	3
		乒乓球室	2012	37	4
		健身房	2012	32	4
9	新明村	羽毛球馆	2010	860	54
		健身房	2010	68	8
		篮球场	2010	714	6
		新明全民健身路径	2009	256	6
		高家堰全民健身路径	2012	184	2
		新鹿花园全民健身路径	2013	320	3
10	新海村	篮球场	1993	578	4
		全民健身路径	2012	121	3
		乒乓球室	2013	28	4
11	长洲村	篮球场	2009	651	5
		全民健身路径	2009	81	2
12	雅鹿村	健身房	2009	101	12
		周家圩全民健身路径	2012	60	2
		雅鹿全民健身路径	2009	80	3
		雅鹿花园全民健身路径	2009	84	3
		乒乓球室	2009	173	16
13	西塔社区	全民健身路径	2010	80	2
		乒乓球室	2010	62	7
14	银杏社区	全民健身路径	2011	126	3
15	王秀社区	篮球场	2010	793	6
		全民健身路径	2010	108	3
		健身房	2010	98	10

续表

序号	村（社区）	场地名称	建成年份	活动面积（平方米）	投资金额（万元）
16	玉影山社区	棋牌室	2007	49	6
		全民健身路径	2009	380	3
		乒乓球室	2009	28	4
合计	—	—	—	13955	338

注：荣文村驻地有镇文化体育站的文体设施，村站资源共享，故荣文村体育场馆在表中未列出。

三、学校体育设施

1994年，境内中小学体育设施较为落后。璜泾中心小学仅有长100米、宽50米的烂泥操场一块，仅为学生做广播操使用，无法开展田径活动。璜泾中学内有220米煤渣环形跑道田径运动场一块，南校区有占地9900平方米的250米煤渣环形跑道田径运动场一块，专为举办中学生田径运动会而建造。校内有长26米、宽14米的水泥篮球场3块，有长18米、宽9米的排球场2块，羽毛球场1块（与排球场共用），有为开展体操运动而设立的单杠、双杠各2副，还有跳箱、垫子、标枪、铁饼等运动器材。

2001年，璜泾中学（2005年改称荣文学校）新校舍落成，校内配套建成体育馆和400米煤渣环形跑道田径场。体育馆总面积1952平方米，馆内可承办篮球赛、排球赛、羽毛球赛等，馆内附设长12米、宽6米的乒乓球室1个和长12米、宽12米的健身室1个。田径场西部有长28米、宽15米的标准篮球场5块，排球场3块，有能容纳500人左右的看台，有单杠2副、双杠2副。椭圆形煤渣跑道内侧建造长110米、宽72米标准足球场一块，运动场铺设草坪。

2012年，镇政府投资500万元，利用荣文学校体育设施，进行提档升级，将煤渣跑道改成塑胶跑道，添置健身器材和空调、更衣室、淋浴房等设施，于8月建成璜泾镇全民健身中心。

四、企事业单位体育设施

20世纪90年代，企业体育设施较少。2000年后，进一步贯彻实施《全民健身计划纲要》，一些骨干企业和事业单位重视体育设施硬件建设。2000年，华伦皮塑（苏州）有限公司投资52万元在公司内建室外篮球场和文体综合活动室280平方米。2003年，江苏申久化纤有限公司投资30万元建乒乓球房和室外网球场。2005年，苏州荣文库柏照明系统有限公司建台球房。2006年后，建办运动场馆的企事业单位增多。至2013年，全镇企事业单位主要体育场馆有室内外篮球场4块、乒乓室10个、棋牌室2个、健身房3个、台球房2个、羽毛球馆1个、室外网球场1个、文体综合活动室1个、全民健身路径3处。体育活动场馆总面积8374平方米，硬件设施总投资325万元。

表21-13　2013年璜泾镇企事业单位主要体育场馆统计

序号	单位名称	场馆名称	建成年份	活动面积（平方米）	投资金额（万元）
1	江苏申久化纤有限公司	乒乓球室	2003	300	23
		室外网球场	2003	714	7

续表

序号	单位名称	场馆名称	建成年份	活动面积（平方米）	投资金额（万元）
1	江苏申久化纤有限公司	全民健身路径	2007	138	3
2	江苏长乐纤维科技有限公司	室外篮球场	2012	714	6
		棋牌室	2012	489	50
3	苏州荣文库柏照明系统有限公司	台球房	2005	82	8
4	华伦皮塑（苏州）有限公司	文体综合活动室	2000	513	45
		室外篮球场	2000	680	7
5	江苏中润纤维科技股份有限公司	台球房	2006	89	10
6	苏州锦凯纺织有限公司	室外篮球场	2002	760	6
7	太仓市施美电镀有限公司	羽毛球房	2012	492	29
		乒乓球室	2012	152	15
8	莱克电气股份有限公司太仓璜泾分公司	乒乓球室	2002	157	16
9	璜泾镇财政分局	乒乓球室	2007	66	7
10	太仓工商行政管理局璜泾分局	乒乓球室	2008	30	3
11	太仓农村商业银行璜泾支行	南乒乓球室	2006	36	4
		北乒乓球室	2006	36	4
12	太仓市国家税务局第四税务分局	乒乓球室	2008	87	9
13	璜泾镇文化体育站	健身房	2009	195	20
		棋牌室	2009	84	8
		室外篮球场	2008	836	6
		全民健身路径	2008	295	7
14	璜泾人民医院	健身房	2009	50	6
		乒乓球室	2010	38	4
15	太仓市交通运输局璜泾中心交通管理所	乒乓球室	2011	70	7
16	璜泾镇福利院	健身房	2011	83	8
		全民健身路径	2012	1188	7
合计		—	—	8374	325

第二节　学校体育

一、幼儿体育

1985年起，幼儿园学制逐步完善，体育教学纳入幼儿园的教育课程。幼儿开展徒手体操、学骑童车、活动性游戏等活动。1994年9月，璜泾中心幼儿园搬迁至荣文路1号，新园区建有30米长的塑胶跑道、3架大型玩具、假山亭台、鹅卵石小道及玩沙、玩水池等设施。1999年，境内璜泾、王秀两所幼儿园每天安排幼儿进行1~2小时户外活动，活动内容分为集体活动和分散活动两部分，集体开展的活动为幼儿队列练习、韵律操、器械操等，分散活动项目为走平衡桥、过梯子、踢毽子、跳房子、摇小船、投纸球、扔沙包、拍球、投篮、跳绳、滑滑梯、荡秋千、骑脚踏车等。幼儿园每年举办趣味幼儿运动会、小小奥运会，开展母子跑步接力赛、幼儿广播操及器械操表演等活动。2003年6月，璜泾中心幼儿园添置攀登、爬越、滑行等多功能综合健身设备，安装秋千、平衡器、小篮球架、滑梯等单个活动器材，配备皮球、小沙袋、木哑铃、扭扭车、小推车、脚踏车、羊角球等体育玩具。2004—2013年，境内璜泾、王秀、鹿河三所幼儿园活动场地拓展，体育设施完善，活动项目增多。幼儿每天进行2小时左右的户外活动，其中1小时为集体队列活动、自由舞蹈等，另1小时分散进行户外游戏和自由选择项目的活动。此外，还由教师自制体育器材，组织开展幼儿情景性游戏。

二、中小学生体育

1994年，境内中小学体育教学执行《国家体育锻炼标准》，学生体育成绩达标率、优秀率逐年上升。2003—2004学年度，全镇适龄学生体育成绩达标率97.7%、优秀率12.5%。2004年秋，全镇中小学施行《国家学生体质健康标准》，进一步加强体育教学，增强学生体质。2004—2005学年度，全镇适龄学生体育成绩及格率、优秀率分别为99.4%和25%。

1996年起，各中小学严格执行国家课程计划，采取多种教育手段，开齐、开足、上好体育课，确保学生每天锻炼1小时。2000年起，有组织、有计划地组织学生参加排球、篮球、足球、羽毛球等活动。2002年、2003年，璜泾中学连续两年被评为苏州市贯彻落实学校体育工作、卫生工作两个《条例》先进学校。2004年，璜泾中学被命名为“苏州市特色体育项目（桥牌）学校”。2005年后，各学校根据天气情况，组织学生进行大课间长跑、室外操和室内操锻炼。学校对大课间活动的开展情况，进行流动红旗评比，由校行政和学生共同负责检查，每月公布成绩，以此调动学生参与活动的积极性。2010—2013年，各学校通过刊出板报画廊、印发宣传资料等形式，对学生进行健康教育。班主任老师利用班会课，开展每两周一次健康教育。同时，通过“家长学校”和“家校路路通”平台，动员家长配合做好卫生宣传工作，教育子女养成良好卫生习惯。学校体育教学和健康教育双管齐下，学生健康意识得到强化，体育基本技能得到提高，身体体质得到增强。

三、学校体育竞赛

1994年起，继续重视学校体育竞赛活动，璜泾中学、璜泾中心小学每年分别举办一次田径运动会。璜泾中学还不定期组织篮球比赛、乒乓球比赛。从1996年起，每年1月初，中小学分别举办冬季三项（长跑、跳绳、踢毽）比赛。长跑项目有800米、1500米、3000米等，跳绳为单人3分钟（或2分钟跳绳）、双摇跳绳，踢毽为3分钟盘踢（两足内侧互换踢）。1997年，璜泾中学高中组参加太仓市中小学生冬季三项比赛获团体总分第三名，2000年获第四名。2004年后，境内1所中学、3所小学田径运动会定期举办，其他体育项目竞赛长年不断，组织学生参加市体育竞赛多次获奖。1994—2013年，境内中小学校各举办学生田径运动会20届。

第三节　群众体育

20世纪90年代初，境内篮球、乒乓球、象棋等传统体育活动广泛活跃，围棋爱好者不断增多，桥牌活动日益普及，老年拳操活动长年不断。群众性体育组织有镇武术协会、桥牌协会，镇、村、企业建有20余个运动团队。

1994年，国家体委桥牌管理中心领导到璜泾视察桥牌活动，镇桥牌协会围绕桥牌活动开展情况做专题汇报，并举办“五代人”（少、青、壮、中、老年）桥牌赛。1996年，璜泾镇成立老年人体育协会，老年体育的组织化程度提高，以后达到月月有活动、季季有比赛。同年起，分批分期对老年人体育爱好者进行培训，内容为太极拳、太极剑、门球、气功、桥牌、象棋、健身舞等，至2000年共办班28期，受训1000余人次。

2000年后，中老年拳、剑、操、舞广泛兴起，体育团队增多，经常参加团队健身锻炼的队员有500余人，全镇性中老年拳操交流会、展示会、表演赛频频举行。2003年后，镇每年举行“全民健身月”活动，每次启动仪式，都有上百人集会，他们拉出宣传横幅，在镇区整队步行，营造声势，动员全民参与健身活动。

2005年起，企业职工乒乓球活动广泛兴起，镇商会、工会、文体站每年在国庆期间举办一届由企业冠名资助的职工乒乓球比赛，至2013年，连续办了9届。历届比赛由企业冠名的先后为：第一届雅华杯、第二届长乐杯、第三届锦凯杯、第四届天彩杯、第五届酬勤杯、第六届天乐杯、第七届诚联杯、第八届长乐杯、第九届平元杯。

2006年起，广场舞开始兴起，尤其是夏秋时节早晨和傍晚，在镇、村文体广场及街区公共地段到处可见跳舞的人群，永乐村广场上曾出现200余人集体共舞的盛况。

2008年5月，镇举办璜泾镇外来务工人员文体艺术节，历时17天，先后开展乒乓球、跳绳、自行车慢骑、篮球、卡拉OK、象棋、拔河、知识竞赛、灯谜等9项文体赛事活动，共有1000余名外来务来务工人员和本地文体爱好者参加。是年，璜泾镇被江苏省体育局评为“江苏省体育强镇”。

2010年起，镇上中老年风筝爱好者热衷于风筝设计、制作、放飞，并积极报名参赛，璜泾风筝

中老年舞剑队（2005年摄）

2010年10月，“天乐杯”职工乒乓赛

队由此诞生，放风筝成为璜泾特色运动项目之一。2011年1月，璜泾镇被省老年体育协会评为“江苏省老年人体协工作示范乡镇”，1月30日《太仓日报》第一版予以报道。同年5月25日，太仓市第三次农村老年体育工作现场会在璜泾召开，推广璜泾镇创建老年体育工作示范乡镇的经验。

永乐村广场舞（2009年摄）

2012年，依托镇、村、社区文体活动平台，残疾人体育活动丰富活跃，涌现了一批体育活动积极分子。是年5月19日，镇残联首次组建残疾人运动队参加太仓市第二届残疾人文体艺术节体育比赛，在象棋、飞镖、短跑、铅球、铁饼、跳高等6个竞赛项目中，参赛队员6人均获得前三名。2013年，镇残联曾先后组织残疾人运动队与荣文学校举办元宵桥牌联谊赛，与常熟支塘镇残疾人运动队开展象棋联谊赛。在两次比赛中，璜泾镇残疾人运动队均取得优异成绩。

2013年末，璜泾有各类体育团队55个，有的由单位组建，队员相对固定；多数自发组建，属松散型团队，平时各自训练，遇到赛事组队参赛。团队类别主要有篮球、乒乓球、气排球、羽毛球、门球、围棋、象棋、桥牌、拳剑操舞、风筝等。全镇有社会体育指导员109人，其中国家级指导员2名、一级指导员2名、二级指导员46名、三级指导员59名。全镇经常参加活动及比赛的体育爱好者有1500余人。

第四节 参赛获奖

1994—2013年，璜泾镇体育团队及选手参加各级各类体育比赛不计其数，比赛场次因资料不全无从统计。据镇有关部门有记载的资料显示，20年间，全镇有36个运动队（次）参加团体比赛，并获得优良成绩；2000—2013年，有18人次参加个人比赛，均进入前三名

下列团体获奖、个人获奖表中，除2013年残疾人镇级联谊赛外，其他所有镇级比赛均未统计，只记载太仓市级及以上比赛的团体、个人参赛获奖情况。

一、团体获奖

表21-14 1994—2013年璜泾镇体育团体参赛获奖情况

参赛年份	参赛团队	赛事名称	获奖情况
1994	璜泾镇桥牌队姜绍齐、张耀金代表太仓市队	江苏省老年桥牌赛	第三名

续表

<table>
<tr><th>参赛年份</th><th colspan="2">参赛团队</th><th colspan="2">赛事名称</th><th>获奖情况</th></tr>
<tr><td rowspan="2">1995</td><td colspan="2">璜泾镇老年象棋队</td><td colspan="2">太仓市全民运动会象棋团体赛</td><td>第一名</td></tr>
<tr><td colspan="2">璜泾镇老年桥牌队</td><td colspan="2">太仓市全民运动会桥牌团体赛</td><td>第一名</td></tr>
<tr><td rowspan="2">1997</td><td colspan="2" rowspan="2">璜泾镇老年桥牌队（1997年起）</td><td rowspan="2">全国老年桥牌比赛</td><td>团体赛（连续4届）</td><td>前八名</td></tr>
<tr><td>双人赛（连续2届）</td><td>前五名</td></tr>
<tr><td rowspan="2">2000</td><td colspan="2">璜泾镇老年象棋队</td><td colspan="2">太仓市全运会老年象棋团体赛</td><td>第一名</td></tr>
<tr><td colspan="2">璜泾镇老年武术队</td><td colspan="2">太仓市全运会陈式太极拳比赛</td><td>第二名</td></tr>
<tr><td>2002</td><td colspan="2">璜泾中学中老年桥牌队</td><td colspan="2">太仓市老年体协中老年桥牌赛</td><td>第一名</td></tr>
<tr><td>2004</td><td colspan="2">璜泾镇老年象棋队</td><td colspan="2">太仓市全民运动会老年象棋团体赛</td><td>第一名</td></tr>
<tr><td rowspan="2">2005</td><td rowspan="2">璜泾镇桥牌队</td><td>一队</td><td colspan="2" rowspan="2">璜泾镇沪太棋牌联谊赛</td><td>第一名</td></tr>
<tr><td>二队</td><td>第二名</td></tr>
<tr><td rowspan="2">2006</td><td rowspan="2">璜泾镇桥牌队</td><td>一队</td><td colspan="2" rowspan="2">太仓市第二届“郑和卡杯”夕阳红艺术节桥牌赛</td><td>第一名</td></tr>
<tr><td>二队</td><td>第二名</td></tr>
<tr><td rowspan="3">2007</td><td>璜泾社区拳操队</td><td>一队</td><td colspan="2" rowspan="2">太仓市全民健身月暨第三届“郑和卡杯”夕阳红艺术节太极拳比赛</td><td>二等奖</td></tr>
<tr><td>鹿河社区拳操队</td><td>二队</td><td>优秀奖</td></tr>
<tr><td colspan="2">璜泾镇老年体协代表队</td><td colspan="2">太仓市庆祝江苏省第二十个敬老日健身秧歌规定套路和自编套路比赛</td><td>二等奖</td></tr>
<tr><td>2008</td><td colspan="2">璜泾镇老年围棋队</td><td colspan="2">太仓市第十三届运动会暨第六届老年运动会围棋团体比赛</td><td>第一名</td></tr>
<tr><td rowspan="2">2009</td><td colspan="2">璜泾荣文中学桥牌队</td><td colspan="2" rowspan="2">庆祝全国第一个“全民健身日”太仓市老年桥牌比赛</td><td>第一名</td></tr>
<tr><td colspan="2">璜泾镇桥牌队</td><td>第二名</td></tr>
<tr><td rowspan="3">2010</td><td colspan="2">璜泾镇桥牌队</td><td colspan="2">江苏省老年人体育节太仓市老年人桥牌比赛</td><td>第一名</td></tr>
<tr><td colspan="2">璜泾镇老年桥牌二队代表太仓市队</td><td colspan="2">第二十一届华夏友好城市老年桥牌比赛</td><td>亚军</td></tr>
<tr><td colspan="2">璜泾镇风筝队</td><td colspan="2">太仓2010金仓湖风筝节大赛</td><td>二等奖</td></tr>
<tr><td rowspan="3">2011</td><td colspan="2">璜泾镇桥牌队</td><td colspan="2">江苏省老年人体育节太仓分会场老年人桥牌比赛（双人赛）</td><td>第二名</td></tr>
<tr><td colspan="2">璜泾镇太极柔力球队</td><td colspan="2">江苏省老年人体育节太极柔力球比赛</td><td>一等奖</td></tr>
<tr><td colspan="2">璜泾镇男子气排球队</td><td colspan="2">苏州市第二届“苏尔马杯”老年气排球交流联谊赛（男子组比赛）</td><td>优胜奖</td></tr>
<tr><td rowspan="6">2012</td><td colspan="2">璜泾镇拳操队</td><td colspan="2">“香塘杯”太仓市第十四届全民运动会暨第七届老年运动会健身球、健身秧歌比赛</td><td>二等奖</td></tr>
<tr><td colspan="2">璜泾镇武术队</td><td colspan="2">“香塘杯”太仓市第十四届全民运动会暨第七届老年运动会武术团体比赛</td><td>第一名</td></tr>
<tr><td colspan="2">璜泾镇投篮队</td><td colspan="2">“香塘杯”太仓市第十四届全民运动会暨第七届老年运动会投篮团体比赛</td><td>第三名</td></tr>
<tr><td colspan="2">璜泾镇围棋队</td><td colspan="2">“香塘杯”太仓市第十四届全民运动会暨第七届老年运动会围棋团体比赛</td><td>第二名</td></tr>
<tr><td colspan="2">璜泾镇健身球操队代表太仓市队</td><td colspan="2">苏州市第十三届体育运动会（老年组）健身气功和健身球操展演</td><td>优秀奖</td></tr>
<tr><td colspan="2">璜泾镇中老年气排球队</td><td colspan="2">苏州市“体育彩票杯”—中秋国庆、假日体育中老年气排球比赛</td><td>优秀奖</td></tr>
</table>

续表

参赛年份	参赛团队	赛事名称		获奖情况
2013	璜泾镇风筝队	中国·岱山岛国际运动风筝邀请赛暨全国风筝锦标赛	软体风筝表演	三等奖
			空中效果	第五名
	荣文村老年气排球队	江苏省老年人体育节太仓分会场老年气排球比赛	男子组	优秀奖
			女子组	优秀奖
	新华村老年气排球队		男子组	优胜奖
			女子组	优胜奖
	璜泾残疾人桥牌队	璜泾镇残联—荣文学校2013年元宵桥牌联谊赛		第一名
	王秀残疾人桥牌队			并列第二名
	荣文学校桥牌男队			

二、个人获奖

表 21-15　2000—2013 年璜泾镇体育个人参赛获奖情况

参赛年份	参赛队员	赛事名称		获奖情况
2000	璜泾镇象棋队华广平	太仓市全民运动会老年象棋赛		第一名
2004	璜泾镇拳剑队丰惠娥	苏州市第十一届运动会女子老年甲组32式太极剑比赛		第一名
2006	璜泾镇拳剑队张煜	太仓市"全民健身月"中老年太极拳比赛（40式杨式太极拳老年组个人赛）		一等奖
2007	璜泾镇围棋队华乐平	太仓市庆祝江苏省第二十个敬老日围棋比赛		第一名
2009	璜泾镇象棋队陆佳平	庆祝太仓解放60周年象棋、围棋比赛		第一名
2010	璜泾镇象棋队奚小林	江苏省老年人体育节太仓市老年人象棋、围棋比赛		第一名
	璜泾镇围棋队华乐平			第一名
2012	璜泾镇象棋队陆佳平	"香塘杯"太仓市第十四届全民运动会暨第七届老年运动会象棋、围棋比赛		第二名
	璜泾镇围棋队顾智伟			第二名
	镇残疾人体育队蒋耀宗	太仓市第二届残疾人文体艺术节体育比赛	象棋	第二名
	镇残疾人体育队马玉林		象棋	第三名
	镇残疾人体育队高艳娟		女子轮椅飞镖	第三名
	镇残疾人体育队蒋磊	太仓市全民运动会残疾人组比赛	男子聋人组100米短跑	第一名
			男子聋人组200米短跑	第一名
	镇残疾人体育队曹忆		女子铅球	第一名
			女子铁饼	第二名
	镇残疾人体育队肖雁革		男子跳高	第三名
2013	镇残疾人象棋队后雪明	太仓璜泾—常熟支塘残疾人象棋联谊赛		第一名
	镇残疾人象棋队蒋耀忠			第二名
	镇残疾人象棋队马玉林			第三名

注：1994—1999 年，因资料缺失，个人参赛获奖情况未列出。

第二十二篇　民俗　宗教　方言

第一章　民　俗

璜泾镇历史悠久，千百年来留下了许多民间习俗，百姓民风淳厚，礼节较多。随着社会文明进步，境内的民间习俗有的延续至今，有的随历史的变迁而革新，有的则因不适时宜而被人们淡化、废止。本章整理传统节俗、生活习俗、人生礼俗、时令风俗、外来新俗、其他民俗等六个部分，以显璜泾社会风俗古今差异和时代变迁。

第一节　传统节俗

一、春节

农历正月初一是春节，俗称“过年”“新年”。春节是民间最大、最隆重的传统节日。凌晨燃放鞭炮，早饭吃糯米小圆子。家家户户贴春联、门神。人们见面互道恭喜，问候平安。晚辈向长辈拜年，长辈给小辈压岁钱，以示吉祥。当日不打水、不扫地，不干其他家务，现此俗已有改变，打水扫地都不忌讳。如今，随着通信技术的发展，寄贺卡、打电话、发短信或电子邮件逐渐成为人们拜年的主要方式。春节期间，镇、村每年组织丰富多彩的文化娱乐活动，以活跃居民群众文化生活。春节为法定假日，放假3天，加上节前或节后双休日调休，春节放假7天。

二、接财神

农历正月初五是财神生日，俗称“五路财神生日”。家家户户有接财神的习俗，以求财神爷暗中相助，使自家生财聚财发财。如今此俗仍流行。

三、元宵节

农历正月十五为元宵节，俗称“正月半”。元宵节也是民间较大的传统节日，家家户户吃汤圆，吃兜财馄饨，寓意为全家团圆，日后财运亨通。元宵节又称“灯节”，各单位、各户门前挂彩灯，小孩牵着兔子灯满场奔跑。每年元宵节，镇上开展有奖竞猜活动，把谜语纸粘贴在灯上，称为“灯谜”，爱好者一边观灯，一边猜谜，参加者十分踊跃。21世纪后，各大超市出售速冻汤圆，大多居民不再自做，而到超市选购。

四、撑腰糕

二月初二，人们有吃“撑腰糕”的习惯。关于此俗的形成，长辈有一种说法：早春二月，春耕伊始，有些人劳动强度很大，腰部最容易受伤，再加上春天天气忽冷忽热，容易生病，而吃了“撑腰糕”，下地劳作腰就不会疼。可见，此俗寄托了人们希望自己身体强健的美好愿望。

五、花神生日

农历二月十二，民间称该日为花神生日，姑娘们剪五色彩纸粘在宅旁屋后栽种的花木果树上，称为“赏红”，意思是请花神让果树多开花、多结果。如今在部分农家还有此俗。

六、清明节

一般每年公历4月5日为清明节，如遇农历有闰年、闰月，公历日期略有变动。清明正日，新逝世者的亲属要上坟祭奠，备上酒菜，焚香点烛，烧些纸钱，跪拜逝者。正日过后，家家户户都要去亲人墓地扫墓，包括坟边除草，坟上插花，坟前烧纸钱。去安息堂悼念和祭祀的大多用鲜花和花篮。每年清明节期间，政府机关、学校、团体等组织，都会到烈士陵园祭奠革命先烈，进行革命传统教育。2008年起，清明节为法定假日，放假1天，加上节前或节后双休日调休，清明节放假3天。

七、立夏秤人

民间有立夏之时测量体重的风俗。年长者悬大秤于房梁或院前树杈上，男女老幼依次上秤，计其轻重。成年人上称双手吊住秤钩，双脚离地，小孩坐于箩筐里秤。司秤人一面打秤花，一面讲着吉利话，逗人打趣，一时间欢声笑语不断。如今，磅秤、电子秤随处可见，随时可测量体重，学校里每个学期都为学生称体重、量身高，故立夏秤人习俗已不存在。

八、端午节

农历五月初五为端午节，俗称“端阳节”。端午节前后，家家户户包粽子。民间有“端阳不吃粽，死了无人送”之说，纯属无稽之谈。据民间传说，吃粽子是为了纪念战国时期楚国爱国诗人屈原。粽子，用芦叶包扎制成，农村中上了年纪的妇女大多有包粽子的手艺。如今多数人家去超市购买，也有单位团购后作为福利发给职工。2008年起，端午节为法定假日，放假1天，加上节前或节后双休日调休，端午节放假3天。

九、夏至吃粥

在夏至日，民间有吃粥习惯：用糯米、赤豆、绿豆、蚕豆、枣子、赤砂糖等煮成粥，家人都要食用，以祈合家健康。此俗仍在沿袭。民间有“夏至不吃粥，死了没人哭”一说，此话不足信，仅为民间流传之节气俗语。

十、六月六

农历六月初六，正值盛夏酷暑，烈日当空，热浪滚滚，水分蒸发量大，利用这样的好天气暴晒衣服，能使衣服通过紫外线杀菌消毒，防止霉变，以便保存，故民间有“六月六，晒红绿”之俗。这天，各家各户都要翻箱倒柜，把四季衣衫拿到太阳底下暴晒。

十一、乞巧节

农历七月初七夜古称“七夕”，这是民间的乞巧节，由牛郎、织女的传说而来。传说牛郎与织女是天地间一对恩爱夫妻，后被天河分隔不能相聚，七夕是他们可以见面的日子。这天，众多喜鹊飞来，在天河上搭成鹊桥，让牛郎与织女相会，由此引出“鹊桥相会”爱情故事。当今将长期分居两地的夫妻比作牛郎织女，典出于此。过去，境内有乞巧习俗。如乞巧日晚，姑娘们用线穿好针头，希望能得到织女暗中指点，长进手艺。还有用凤仙花加明矾捣烂后染红指甲的习俗。如今，这个节日在人们心目中已经淡去，倒是有人把“七夕”视为中国的情人节，使其近年开始在一些地方流行。

十二、七月半

农历七月十五称“中元节”，又称“鬼节”，本地通常称“七月半”，与除夕、清明节一样，是传统的祭祖大节。七月半正值小秋，有若干农作物成熟，民间用新谷物祭供，向祖先报告收成。因此，每到七月半，家家都祭祀祖先，否则便会被人认为对祖宗不敬，对长辈不孝。这一天，凡有新丧的人家，要过“新七月半”，家中备酒菜，招待过“新七月半”的至亲。另外，此日民间忌走亲访友。

十三、中秋节

农历八月十五为中秋节，俗称“八月半”。这是中国民间一年中又一盛大的传统节日。节前，亲朋好友有赠送月饼的习俗，女婿多以烟酒、月饼孝敬岳父母，单位、团体以月饼、水果赠送老人。是日，各家设家宴，全家团聚，吃馄饨、月饼等。到了晚上，庭院中供上月饼瓜果，焚香点烛祭天，称“烧天香”。中秋赏月之俗一直延续至今，众人欢聚一起，边赏月边讲述“嫦娥奔月”“吴刚伐桂”的神话传说。2008年起，中秋节为法定假日，放假1天，加上节前或节后双休日调休，中秋节放假3天。

十四、重阳节

农历九月初九为重阳节，又称“重九节”。民间有吃重阳糕的习俗，也有人喜欢结伴爬山登高。“糕”“高”同音，含步步高升之意。庆祝重阳节一般包括出游赏秋、登高远眺、观赏菊花、遍插茱萸、吃重阳糕、饮菊花酒等方式。1988年6月，江苏省人大常委会决定将重阳节定为敬老日，百姓都称之为“老年节”。是日，机关、事业单位和社会各界向老人送礼慰问，开展敬老爱老活动，倡导全社会树立尊老、敬老、爱老、助老风气。

十五、十月朝

农历十月初一称“十月朝”。民间仅限于新丧人家祭奠亡灵。此日忌走亲访友，此俗现仍流行。

十六、冬至

璜泾有“冬至大如年”之说。冬至预示着冬天来临，需要补充营养，以增强身体御寒能力，故人们在这天特别注重改善伙食，要全家人美美吃上一餐。冬至是一年之中夜最长、日最短的一天，过了冬至，白天就一天比一天长了。这天，民间有吃冬至面的习俗，称：“吃了冬至面，一天长一线。”还有“冬至不去望娘”的民俗，因为这天白昼最短，在娘家待不了多久便要回家了，故女儿都不愿选择这一天回娘家探望。

十七、送灶王

腊月二十四晚上要送灶王爷上天，即把供奉在灶王殿里的灶王纸像，焚化送上天去。同时把灶上灶下打扫干净，点上香烛，以迎接灶王爷上天奏完事后返回人间。送灶王时要在其纸像嘴上抹糖，意为请灶王上天在玉皇大帝前说好话，以保家人平安。如今农家的土灶很少使用，有的土灶无灶君殿，故送灶王习俗不再盛行。另外，这日夜晚民间有掸檐尘习惯，把室内打扫干净，迎接新春。

十八、除夕

腊月三十为除夕，俗称“大年夜”。主要习俗有：过年，全家老小及至亲团聚吃年夜饭，以示合家团圆；祭祖，备酒菜、焚香点烛，祭奠祖先，企盼老祖宗保佑全家安康；扑白米囤，晚饭用小蒲包装粉状石灰，在屋内地上扑出一个个白印子，以示来年白米满屋；炒发禄，炒花生、玉米、蚕豆、黄豆等，以其发出的噼啪的爆声表示发禄，以求财运；燃放爆竹，深夜燃放爆竹，称“关门爆仗”，有赶邪恶、留吉祥之意。如今除夕夜，一家人团聚吃上一顿丰盛的年夜饭，席散之时正赶上中央电视台春节联欢晚会，打开电视机，一直观看到午夜钟声敲响十二下以后，各人才带着余兴渐入梦乡。岁末之时，也是走访慰问的时候，镇、村各单位都要对烈军属、困难家庭进行节前慰问。

第二节　生活习俗

一、衣

20世纪90年代前，服装款式比较单一，基本是开扣领衬衫、中式罩衫、学生装、中山装等。衣料大部分是棉布甚至土布。进入90年代，服装款式渐趋多样化，牛仔衣、牛仔裤、皮夹克、T恤衫成为中青年休闲服饰的主流，且一直流行。女裙款式也逐渐增多，出现长裙、喇叭裙、西装裙、一步裙、短裙等。90年代后期，吊带衫、超短裙、露脐装、九分裤等受到女青年青睐，内衣外穿成为穿着时尚。青年男女追求时新衣着，天天换衣、季季换装已成常事。男装、女装、童装、老人装、职业装，各种类型的服饰特色分明。内衣讲究品质、舒适，即使在家中，也穿着不同的服装，如家居服、休闲服、睡衣等。服装面料中的涤卡、的确良等化纤产品在90年代逐渐被淘汰，呢绒毛料也不再时兴，代之而起的是麻、皮、全棉、真丝和牛绒、羊绒等时新面料。人们追求服装的舒适性。羽绒服普遍流行，羊绒衫外穿成为时尚，土布服装已难寻觅。

二、食

境内居民主食一直以大米为主食，面粉为辅。一日三餐大都为一粥两饭，少数人或老年人两粥一饭。20世纪90年代，镇上饮食店供应的早餐品种丰富，口味各异，拉面、削面、饺子、馄饨、包子等应有尽有，青年人则爱好牛奶、面包、蛋糕等。有的家庭从超市选购方便面、速冻食品当早餐。午餐原为正餐，因家庭成员多数不在家中吃午餐，大多数家庭将晚饭变成正餐。留在家中的人员，午餐较随意，菜肴不讲究，有两三个菜即可。晚饭全家团聚，菜肴比较丰富，鱼、肉，蛋、禽等为家常菜，有荤有素，天天换口味。也有人家为改善口味，会在休息日吃馄饨、饺子或团子、糕饼、面条等。

三、住

20世纪80年代，农户普遍将平房翻建为楼房，一般造两层，四上四下居多，三上三下略少，大多数住房建筑面积在280平方米左右。市镇居民大多住祖传老宅，部分租住公房，这些房屋都陈旧，且面积较小。有的人家也翻建新房，但因用地紧张，极少数能够造三上三下，一般只能造二上二下，甚至更少。90年代中期后，许多家庭开始在太仓购买商品房。2004年后，境内房地产出现，有的家庭在镇上买商品房，面积大多在100平方米以上。同年起，新农村建设步伐加快，镇规划农村集中居住小区，动迁农户首先安置进小区，其他农户逐步安排进驻。入驻小区的住宅，统一按设计的单体别墅或连体别墅建造，室内装饰既追求舒适实用，又讲究个性时尚。2013年，农村人均住房面积70平方米。

四、行

20世纪90年代前，代步工具是自行车，几乎每个家庭都有。90年代起，开始使用轻便摩托车，并逐步普及。之后电动自行车很快普及，电动自行车速度快，又无须驾驶证，故受欢迎。21世纪初，自行车、摩托车、电动自行车、老人骑的三轮自行车等仍是代步的主要工具。之后，随着经济收入的提高，购买私家车的家庭越来越多。2013年，私家车开始成为人们的代步工具。此外，城乡之间有公交车、出租车。如出远门，有专线长途车、预约旅游车，居民外出十分方便。

第三节　人生礼俗

一、婚

1994年后，青年男女大多自找对象，也有介绍人从中说合。由介绍人出面到对方家提亲，称“说媒”。男女双方同意婚配后，若男娶女嫁，由男方送金银首饰、衣物等彩礼至女方家中，之后选吉日定亲，男家设筵席，宴请亲戚和女方父母及主亲，通常称“订婚”，亦称“走通”“来去”。亲戚第一次上门赴宴称“做新亲”。男女正式结婚，男方要“送日子”，即把男方所定的结婚日子告诉女方，并征得女方同意。届时，男方备一些“日子钱”和聘礼送至女方家中，称“行盘”“行聘”。结婚前一天，女方置办的嫁妆，包括家具、被褥、日用品、家用电器等物，由男方媒人引领，派人将嫁妆搬运至男家。结婚之日，最为隆重。男女双方都置办酒席，举行结婚仪式。婚礼时，新娘着婚纱，新郎西装革履。婚礼由司仪主持，婚礼仪式有证婚人证婚，主婚人答谢亲友，新郎、新娘介绍恋爱经过，男女双方相互交换信物等。结婚仪式后，新郎、新娘脱下婚纱，穿便装到宴席上给亲朋好友敬酒，以表谢意。婚宴结束，待亲朋好友散席后，举行新婚夫妇祭祀祖宗仪式。婚宴第二天，新郎陪同新娘回娘家，俗称“回门”。

2000年后，有许多独生子女成亲，男女双方均置新房，称“两头住”，家庭用品各自置办。2005年后，用高档轿车装饰成花车，并组成车队迎娶新娘。许多人家委托专业的婚庆公司承办婚礼仪式。2010年后，为方便设宴和婚庆，许多人家的宴不再办在家中，而选在喜庆会所举行。

二、诞

境内民间有“早养儿子早得福”的传统观念，子女结婚后，父母普遍催促早点子女要孩子。女方怀孕后，要进行“催生”，即分娩前女方娘家要做团子送往男家，再由男方家分给乡邻预报喜讯，园子称“催生团子”。孩子出生后，男女双方的亲戚要送鸡、肉、干糕、红糖等食品，称“送舍姆羹”。本家要做团子、煮染红蛋等，回赠亲戚。小孩满月，本家要备上几桌酒席，宴请主要亲戚，称“满月酒”。同时，小孩满月前后，要请理发师傅剃去胎发。胎发留存，制成圆形发团，用红线串系，悬挂于床口上方，以示纪念。此俗现已改进，大多父母将胎发制作成毛笔收藏。小孩周岁，本家要备酒席，邀请亲朋好友庆祝一番，称“期过酒”。吃请的亲朋好友则赠衣服、绒线等。进入21世纪后，开始流行小孩十岁生日宴，本家备生日酒，宴请亲朋好友、小孩亲近的同班同学。席间，吃生日蛋糕，小孩点蜡烛、许愿、唱生日快乐歌。

三、寿

老年人过生日为庆寿，通常从60岁开始，以后逢十庆寿一次（一般“庆九不庆十”，即59岁庆60岁寿）。由子女操办宴请亲朋。亲朋前来送寿礼、吃寿面、饮寿酒，恭贺老人健康长寿。现今，许多老人体谅子女忙于工作，都不让子女大办酒宴庆寿。许多家庭遇老人生日，只是合家团聚，美餐一顿，全家人吃长寿面，老人为子孙辈送喜钱，一家老小喜气洋洋，共享天伦之乐。

四、丧

境内丧事，大多沿袭旧俗。死者临终前，子女都应赶到，与死者见上最后一面，称“送终”。人死后，将死者睡的床帐放到屋顶，再将死者移至中堂，由亲属为其擦身，梳理头发，穿好衣服，抬入纸棺或木棺、棺前挂白布，摆供桌，点香烛，挂祭幛，立牌位，家人轮流守灵。入晚，多数小辈要请道士做道场。一般设灵堂后2~3天才出殡。其间，亲人请邻居到亲戚家报讯，俗称“报死”。闻报后，亲戚要到死者家中吊丧。若是姻亲，要送祭幛悬挂在死者灵堂。出殡日，亦称“开丧日”，子女戴重孝，穿白衣、白鞋，鞋头置麻布，头戴长条白布，扎白布腰带，戴置有麻布的黑色袖套。丧家备“白事”酒宴招待亲友。酒席上豆制品不能缺。死者如高寿（90岁以上），则把丧事作为喜事来办，丧家准备碗物让亲友当作喜寿物带回家。中饭后，亲友聚集灵堂前两侧，在道士念经后开拜，小辈们先后向死者跪拜。有的丧家在出殡日，先举行简短的遗体告别仪式，介绍死者生平和业绩，然后按传统开拜，向遗体告别。结束后，由子女、亲友护送死者至火葬场火化，沿途撒纸锭、起讫奏哀乐。火化后将骨灰盒运回，放置在位台上。此后，丧家要“做七”，死者去世后第七天为第一个“七”，即“头七”，“头七”到“断七”共49天。逢“七”那天，丧家要供奉饭菜，点香烛、化纸锭。在死者周年或清明时，丧家将骨灰盒放入墓地，称为“落葬”。现今，也有丧家当日就将死者骨灰盒放入墓地，或安放于安息堂。

第四节　外来新俗

一、情人节

2月14日为情人节，20世纪90年代兴起，在年轻人中较为流行。这一天，不少情侣通过互发短信、互赠礼物表达爱意。男送女玫瑰花、首饰等，女送男巧克力、手表、领带等，并在晚间到浪漫的地点共进晚餐。温馨浪漫的节日也给相关服务业带来商机。

二、愚人节

4月1日为西方愚人节，20世纪90年代传入，在年轻人中较为流行。这一天，最典型的活动是彼此开玩笑，时下多为用手机发虚假信息愚弄对方、引出笑话，以此取乐。

三、母亲节

每年5月第二个星期日为母亲节，20世纪90年代传入。这一天，儿女们赠送贺卡、鲜花、衣物、保健品等礼物给母亲，以报答母亲的养育之恩。

四、父亲节

每年6月的第三个星期日为父亲节，21世纪初兴起，民间了解此节远不如母亲节，仅小部分子女在此节日打电话或发短信祝贺，或送给父亲喜欢的礼物，以表孝敬之意。

五、圣诞节

12月25日为圣诞节，又名“耶诞节”，是基督教和天主教纪念耶稣诞生的日子。20世纪80年代起，外资企业注重庆贺。90年代开始，在年轻人中流行。这一天，各大商场、饭店张贴圣诞老人画像，在门口布置圣诞树，或由员工装扮成圣诞老人，以招揽顾客，还举行圣诞晚会、圣诞大餐等活动。小朋友们以戴圣诞帽为乐，朋友间也会送各种贺卡或发短信问候。一些年轻人在圣诞节之夜去歌厅、舞厅狂欢。基督教和天主教信徒在12月24日的平安夜，聚集在教堂举行欢庆活动。

第五节　其他民俗

一、上茶馆

农村中有许多人，尤其是老年人喜欢上茶馆喝早茶。清晨，他们三三两两坐在一起喝茶闲聊。喝完茶后，点一碗盖浇面做早餐，有的还喝上两盅黄酒，而后到菜场上买些菜回家。如今，上茶馆的人除老年人外，还有谈生意的商人，大部分是接主顾的作头工匠、厨师等。少数喜养鸟雀者也携鸟笼到茶馆饮茶调鸟，为茶市增添情趣。

二、寄亲

是指自己或子女攀认寄父母，或自己收认寄子女而结成的亲属。多数是为相互依靠，少数是为保佑子女健康成长。结寄亲后，逢年过节、婚丧喜庆，彼此往来，与至亲无异。过去，有部分人家攀亲后，子女亦会改姓寄父母的姓氏，也有少数人将小孩寄养给庙中菩萨，以保佑子女一生平安。

三、忌讳

20世纪90年代后，民间相沿的风俗禁忌逐渐减少，但农村中仍有些忌讳沿袭。店铺晚上关门，因与“停业”同义，故忌称“关门”，而叫“打烊”。船民、渔民吃饭忌将筷搁碗上，吃鱼忌将鱼翻身或夹断，否则有“搁浅”或“翻船”之意，十分犯忌。丧家人戴孝期间，忌走亲访友，更忌入喜宴。宴请时向人敬酒，忌反手倒酒，属不敬。书信忌用红笔写，意为绝交。现又增添了新的忌讳。忌四旺八，“四”意“死”、“八”意“发”，私家车牌号上争用“8”的很多。“98”意为“久发”。饭店电话号码则喜用“777”之类，读音为“吃吃吃”，意为“有吃的”。

四、其他贺喜

旧时造房，上正梁要燃放爆竹，挂上米袋和万年青，正梁贴“三星高照”“福禄寿”之类大红字贴。造房结束，本家要备酒席款待工匠。如果是出宅的，还要举行搬家仪式，亲戚送爆竹、甘蔗之类礼品，称“送搬场”。搬入新居还要举行“接祖”仪式，意思是让祖宗认得新居。现今，农民购买新房乔迁新居、动迁户搬进新房，亦设筵席，亲友前来恭贺乔迁之喜。青年应征入伍和考取大学都属喜事，亲友都要备礼贺喜，本家设宴款待。

第二章　宗　教

境内主要流传佛教、道教、基督教、天主教，以佛教、道教为主，基督教、天主教也有部分信教群众。改革开放后，宗教政策得到落实，佛教古刹圣像寺和道教古观五岳庙、猛将庙得以重建，宗教活动场所恢复开放。至2013年，境内有登记的宗教场所有4个，其中佛教（圣像寺）1个、道教（五岳庙、猛将庙）2个、基督教（璜泾教堂）1个。另有天主教活动璜泾点和基督教活动鹿河点。全镇信教群众4000余人。1994—2013年的20年间，镇、村重视宗教工作，宗教场所的建筑和设施得到保护，宗教节日活动有序开展，信教群众信仰自由受到尊重。

第一节　佛　教

一、佛教寺庙

境内有佛教活动场所圣像寺，又称“圣像教寺”，位于338省道旁、鹿河管理区玉影路，是一座历史久远的古刹，也是佛教传入太仓的起始点。

据清嘉庆年间王昶编写的《嘉庆直隶太仓州志》，圣像寺由三国时期吴国的仆射徐真舍宅以建。晋建兴二年（314），时人于海上得二尊石佛像，地方官吏奏请晋愍帝司马业批准寺额，定名为“圣像寺”。后数次遭兵燹，宋嘉祐八年（1063）朱肱重新建造，僧人重殊为之作记。后又颓败，明洪武初僧人永康重建。清末圣像寺尚存庙房24间，由僧人庆惠法师主持，香火法事较盛。民国初，地方权霸将大部分庙房拆毁，庙宇建材被用来建造公司、茶馆，或被占为己有，庆惠法师因无法维持香火而离去，前往常熟县东徐市智林禅寺栖身。民国26年（1937）前，寺庙内仍有破旧庙房5间，姜娄福一家五口，寄居在内。后逐渐倒坍颓败，仅剩一堆碎砖瓦砾。

改革开放后，为体现宗教信仰自由，给信教群众提供活动场所，政府决定重建“圣像寺”。1994年4月，由社会各界资助、鹿河镇政府拨款建造的圣像寺第一座殿宇——法堂奠基动工，至9月份，这座具有古刹特色的法堂竣工。之后，又得到社会各界捐助，先后建造了众多殿堂及附属设施。2013年，圣像寺占地2.67万平方米，寺院有山门、大雄宝殿、问渡堂、香客房、僧房、万佛园等建筑，建筑总面积4000平方米。寺园环境优美，大雄宝殿前矗立着用汉白玉雕塑的5米多高的观音菩萨一尊，殿西侧有莲池8700平方米，种植荷花，池中建有亭子，并用九曲桥将莲池分隔成两块，六月荷花盛开，可谓是“香远益清，亭亭净植”。圣像寺成为璜泾境内僧众参禅、信徒进香、宾客游览、名士逸居的佛教圣地。寺园由妙法法师主持。

二、佛教活动

1994年9月，圣像寺开始重建后的首座庙宇建筑——法堂落成，寺内香火又兴盛起来，前往举行佛事活动的本地乃至上海等地的信教人士越来越多。1995年1月16日，新的圣像寺正式开寺，四面八方的善男信女云集寺院，参加“弘扬佛教文化、传递人民福祉”的佛事盛会。

之后，圣像寺每年举行的佛教活动很多，主要活动日有农历四月初八和腊月初八释迦牟尼佛诞辰日、成道日，农历二月十九、六月十九、九月十九观世音菩萨诞辰日、成道日、出家日，七月十五“盂兰盆会”等。尤其是农历四月初八释迦牟尼佛生日，称“浴佛节”，仪式庄严隆重。此外，圣像寺还每年开展“除夕撞钟”“春节烧香”等活动。

2012年10月，圣像寺举办冥阳两利水陆法会道场，又称“水陆法会”。法事共设7个坛口，参加活动的僧人有上百人，信徒有五百余人。法会的内容有诵经、供天、焰口、蒙山施食、上堂大斋、送圣巡游等。

2013年，圣像寺每逢节日佛事众多，各项活动有序进行，香火常年不熄。此寺又是太仓旅游景点之一，参观游览者络绎不绝。

第二节　道　教

一、道教道观

境内道教活动场所有五岳庙和猛将庙。

五岳庙　又名“东岳行宫”，位于璜泾镇玄岳路南端、荣文村22组（原广丰村11组）境内，距镇区荣文路0.5千米。

始建于南宋咸淳十年（1274），系里人国谕（为皇帝起草谕旨）张士元舍宅以建。清乾隆年间僧人益三募缘整修，道光年间又重修一次。五岳庙气势恢宏，大殿楠木殿木，圆筒盖瓦，飞檐戗角，气派壮丽，殿中五岳并尊，五位大帝神像泥塑贴金，每尊高5米多。殿南40米处，建有7开间3法圈正门的庙堂。大殿两侧配以对称的廊庑，形成一组严整的四合院建筑，大院内有约40平方米宛如方城的天库1座。传说中迎神赛会时当方土地神仙出堂参拜大帝，在天库里焚化纸钱上交“钱粮”。五岳庙东首前有周孝子行宫，俗呼“周神堂”；后有候村土地堂、药王殿以及道士住房等。东岳行宫经历代修缮扩建，颇具规模，在太仓县境内名声极高，每逢“香讯”，方圆一二百里之善男信女，络绎不绝，虔诚进香。清乾隆年间当地文人冯恒曾作诗描绘妇女进香情景：“谁家少妇出村庄，草草衫襦淡淡妆。竞采山花簪宝髻，去参东岳进心香。”

晚清期间，日渐衰落，道士散伙。后因年久失修，庙屋逐年坍塌，神像亦相继损坏，抗日战争期间又遭人为破坏，庙地荒凉。20世纪50年代初，庙屋拆除，其材移用，庙基垦翻成耕地。

改革开放后，落实党的宗教政策，开始酝酿重建五岳庙。1995年，璜泾镇政府派专人负责建庙，是年，在原址上建成五岳大殿。1997年，茅山宗上清道人刘佳清道长受苏州市道教协会委派到五岳庙，葺资修建了财神殿、观音殿、周神堂、山门、食堂、办公楼及道众宿舍，征用了庙前后土地4000平方米，请奉神像65尊，钟、鼓、宝鼎皆为太仓道观之首。从此，五岳庙香火逐年鼎盛。2013年，五岳庙占地面积1公顷，有四大殿堂、东西偏殿和斋堂宿舍42间，建筑总面积1500平方米。

猛将庙　又名猛将堂，位于杨漕村32组（原南港村8组）境内。该庙始建于宋代，香火教事一直较盛。1949年前，有有志、庙圆、朱文化等几位道长在该庙主持。“文化大革命”时期，庙宇被毁，砖木移用，道长离去，庙地荒凉。

1995年，经太仓市人民政府批准，重建猛将庙。1997年农历四月初一，由苏州玄妙观道长为猛将庙进行开光，市宗教局、镇村有关领导亲临。此后，香火重燃渐旺，教事活动恢复。2013年，庙地呈长方形，占地面积3000平方米。有三清大殿、偏殿、土地堂等15间，建筑面积700平方米，是璜泾西部地区进行道教活动的主要场所。

二、道教活动

民间道教活动主要有道教斋醮科仪，俗称“做道场”“做法事”“建醮”。在道教历史发展中，境内斋醮活动吸收民间信仰和民俗文化而得到演绎，逐渐形成了“安宅镇土”“祈福延寿”“祛病消灾”等名目众多、适合于各类场合的道场，其活动时间有一日、一夜、一昼夜、三昼夜、七昼夜等。

“文化大革命”期间，境内道教活动中止，之后开始恢复。20世纪80年代，大多丧事人家邀请民间道士按传统习俗“做道场”。90年代后，丧事人家基本上部以“道场”形式告慰亡灵。此外，还有人家做“老道场”，祭奠先祖。进入21世纪后，农村中为亡者超度的法事活动增多，民间道士人数有限，许多丧事人家邀请五岳庙道士“做道场”。2013年前后，五岳庙道士每年为璜泾及周边地区丧事人家“做道场”300场以上。

庙内道教活动主要以节俗法事为主。五岳庙、猛将庙每年举行的道教活动主要有新年烧头香、接财神、拜太岁和五岳大帝圣诞庆贺、观音圣诞庆贺等。届时，八方香客接踵而至，各殿堂灯火通明，香烟缭绕，旗幡飘扬，钟磬齐鸣，庙内人潮涌动，热闹非凡。另外，每逢朔、望日（农历每月初一、十五）、祖师出生日等主要节日，庙内道众也都要举行祝寿、庆贺等法事活动，信众前来烧香。每年大年夜烧头香、正月初五接财神以及五岳大帝圣诞等日子，信众如潮，庙内香火极盛，五岳庙遂成为太仓境内极具影响力的道教宫观。

第三节　基督教

一、基督教堂

基督教堂又称“耶稣堂”。境内有1座，即璜泾基督教堂，位于璜泾镇生产街39号。1935年，由卫理公会沙溪牧区所建立，负责牧师为吕庚福。当时璜泾信徒约有30余人，教堂占地面积700平方米，主堂建筑面积200余平方米，附属房400平方米。1956年，教堂停止礼拜活动，房产交给政府房管部门代管。2001年，大量外来务工人员到璜工作，其中有不少基督教信徒租房管所房子聚会。为规范宗教场所管理，太仓市基督教三自爱国运动委员会申请在璜泾设立聚会点，2003年10月31日，太仓市民族宗教事务局批复同意。2005年3月，在原址建造新堂，建筑面积200平方米，8月18日落成，21日新教堂启用，由胥秀华长老兼职管理。2009—2013年，太仓市基督教三自爱国运动委员会先后派专职传道人张磊、程祥驻堂管理。

二、基督教活动

基督教主要节日是圣诞节、复活节和受难节。每个星期天是基督教信徒参加礼拜的日子。此时，璜泾基督教堂开展节日活动，于上午举行，每次参加者100人左右。礼拜，即对上帝敬拜，活动内容有祈祷、读经、唱诗、证道（即讲道）、祝福等。平时，教堂于每周四下午举行祷告会，参加人数在50人左右，内容有唱诗、祷告、读经、见证等。

每年12月24日平安夜，为庆祝圣诞节，教堂举行烛光礼拜活动。此日，教堂内台中央摆着圣诞树，张灯结彩。活动由包括宣读经文、唱诗祈祷、献诗、读经、牧师证道、祝福等仪式。

每年，教堂还要多次举行洗礼活动。洗礼完成，标志着受洗礼人成为正式信徒。

第四节　天主教

20世纪60年代前，境内信仰天主教的达上千人，信教者主要分布于原万新、华南、邢庄、荷花、广新等村，其中万新以农民为主，其余各村则以渔民为主。在万新建有天主教堂，祷告活动长年不断。“文化大革命”期间，万新天主教堂被拆除，活动中断。1983年后，活动又开始恢复。因璜泾没有固定的天主教祷告场所，只能分散活动，有的去归庄、太仓等地天主教堂，有的个别相约，在信教户家里聚会。2010年，天主教教友自发在森林酒店设了一个活动点，此后天主教活动有了固定场所。2013年，得到上级有关部门资助，活动点添置了跪凳、祭台、读经台、听神功架、十字架等，还对房屋做了相应装饰。活动点每月开展2次活动，一般在月底、月初进行，每次活动参加者有数十人，多时达上百人。璜泾天主教活动点属直塘张泾天主教堂的一个分支场所，教会事务归其管辖。

第五节　宗教管理

1994年，对境内宗教活动进行调查，对擅建庙宇、私设活动点的现象给予教育制止。同时，严格执行新建、重建庙宇报批规定。1995年，经申报核准，璜泾五岳庙、鹿河圣像寺开始重建、扩建。1997年前后，加强宗教场所管理，由市有关部门统一部署，对未登记的私建场所进行拆除，对乱占地私设的焚化点予以取缔。是年，共整除非法宗教场所10余处，有的拆除房屋，有的改为其他用房，其塑像及相关物品移入五岳庙。

2000年后，加强春节、清明节、复活节等节日期间安全检查，执行重大宗教活动报告制度，凡人数超过300人的大型宗教活动均向镇统战、安全部门报告，历次活动都安排警力维护秩序，从未发生人多踩踏或交通安全事故。

2003年，加强对宗教界人士的教育培养，做好教职人员的资格认定和日常管理工作。对重点宗教界人士进行节日慰问，发挥他们的积极性，把信教群众的智慧和力量凝聚到推动经济发展、促进社会和谐稳定上来。2005年，把政治上靠得住、宗教上有造诣、社会上有名望的宗教界人士推荐为政协委员和人大代表，让他们建言献策，参与管理经济社会发展事务。

2008年后，境内出现天主教、基督教徒私设聚会点现象，其活动产生的噪声影响周边群众休息，且活动处于无序状态。2010年，镇统战等部门与宗教界人士商量，并经上级有关部门许可，在境内设立鹿河基督教和璜泾天主教两个聚会点。此后，天主教、基督教活动因有了固定场所而有序进行，并得到规范管理。

2013年，加大宣传力度，进一步落实党的宗教政策，既尊重宗教人士和信教群众信仰自由，又引导他们依法、有序开展各种活动。是年，境内各宗教场所及节日活动正常开展，呈宗教和睦、社会和谐态势。

第三章　方　言

20世纪90年代，人们在公众场合及日常生活中都使用方言。璜泾方言属太仓方言，但各片区口音略有不同，璜泾片区方言与太仓基本一致，鹿河、王秀片区方言带有常熟口音，尤其是鹿河、王秀的紧邻常熟的部分人，方言中带有的常熟口音更为浓重。进入21世纪后，外来人员增多，开始普及普通话。2010年后，人们在镇级各类会议、公众场合普遍使用普通话交流。在家庭生活中，中老年人跟着孩子讲普通话的越来越多。

璜泾方言极为丰富，为传承方言文化，本章选择平时使用较多的方言，分词语、谚语、歇后语、土语三字经等四节，予以记述。

第一节　词　语

一、人称

内、姆特——你、你们

奴、吾伲——我、我们

伊（伊内）、伊特——他、他们

阿公、阿婆——祖父、祖母

阿太——曾祖父、曾祖母

爷、阿爹、爹爹——父亲、爸爸

阿妈、姆妈——母亲、妈妈

娘子、家主婆——爱人、妻子

好公、好婆——外祖父、外祖母

丈人、丈姆娘——岳父、岳母

媛——女儿

小囡——小孩

伲子——儿子

细娘——未成年的女子

郎中——医生

娘舅——舅父

作头——工头

老娘——接生婆

小官人——丈夫

小候子——男小孩

囡度细——子女总称

小赤佬——指小孩

拖油瓶——再婚时带的孩子

伯姆道里——妯娌之间

网船上人——渔民

二、农活

犁田——耕地

拓花——用锄头棉田除草松土

捉花——采摘棉花

坌地——翻土

莳秧——插秧

作稻、作麦——割稻、割麦

做生活——干活、劳动

打药水——喷洒农药

垩垩壤——施肥

三、天气

鲎——虹

天好——天气晴朗

上云——转阴天

晓云——阴雨转阴天或晴天

日头——太阳

亮月——月亮

迷露——雾

亮性——有月亮的夜晚

暗性——无月亮的夜晚

霍险——闪电

冰排——冰雹

干雪——落地不化的雪

开洋——冰雪融化

阵头雨——雷阵雨

麻花雨——毛毛雨

发冷性——寒潮来临

下响雷、天打——雷击

野日头吃家日头——日食

野月亮吃家月亮——月食

四、时间　方位

若尼——昨天

一头——刚才

门朝——明天

后尼——后天

夜快——傍晚

中浪——中午

旧年——去年

开年——明年

日朝——天天

辰光——时候

祭手——左手

顺手——右手

革浪——这里

革歇、黎阵——现在

后底、后头——后面

着末、阿末——最后

上半日——上午

下半日——下午

门前头——前面

革尼子——前天

革年子——前年

催夜快——傍晚

上底头——上面

下底头——下面

一歇歇——一会儿

半夜三更——深夜

当中行里——中间

长长远远——时间很长

五、疑问

啥个——什么
哪能——怎么样
拉登、拉浪、啥场化——什么地方
啥末事——什么东西
啊晓得——是否知道
啊来是——是否可以、是否可能
啊吃得够——身体好吗、能干活吗

六、数量

一摊——一堆
杭尽、交关、海还——很多
一搭堆——挤在一起
一干子、一家头——一个人
海海外外——很多很多
夯白冷打、一塌刮子——全部
一滴滴、一眼眼、一迷迷、一屑屑、一麦麦——一点点
粗匡匡、约约乎、大约乎（莫）张——大概、大约

浑脱——一般用于加重高、多、大、热、好的程度，如“热得浑脱”；也可直接用于多，如“赚头浑脱”

七、物名

铁拉——铁锴
镢子——镰刀
粒屑——细小之物
浪当——杂七杂八的东西
蓬尘——灰尘
馋唾——口水
地地——荸荠
芦济——芦粟、甜高粱
草头——苜蓿、金花菜
赚即——蟋蟀
麻将——麻雀
癞团——癞蛤蟆
田鸡——青蛙
时头——锄头
家生——家具、用具总称
曲蟮——蚯蚓
吊子——用铜铁等制成的水壶
西谢、谢菜——荠菜、野菜
洋面箩——洗脸盆
长生果——花生
游火郎——萤火虫
枯郎头——人头
鸭溜溜——鸭子
猪猡猡——猪
温吞水——温水；也指人的性格，不冷不热
灶喔间——乡下的厨房

八、动态

别相——玩
讲张——聊天、谈家常
触祭——吃东西（贬义）
关照、主吩——嘱咐
乌毛、屋塞——心情不舒畅
拖身、有喜——怀孕
出趟——走得飞快
刁嘴——说话口齿不清

过人——传染
弄送——捉弄
打棚——说空话、开玩笑
拆血——说谎
光火——恼火、发怒
困告——睡觉
嘿司——担心
眼热——羡慕
识相——知趣
笃态——从容
吃瘪——占下风
会钞——支付酒、饭钱
搭浆——马虎
豪梢——快点
剃头、轧头——理发
吃勿够、勿掘头——身体不舒服
捉错头、扳雀丝——找岔子
搞七念三——胡缠、胡搞
脚豁溜天——逃走
乱嚼喷弃——胡说八道
抓抓煞煞——挑逗、惹事
触心触胆——反感、厌恶
投五投六——办事瞎忙、不实
死样怪气——有气无力的样子
要西快哉——快要死亡
打朋、常空冲、寻开心——开玩笑
勿作兴——不应该
急吼吼——急急忙忙的样子
眯特歇——打个盹
恶死做——耍无赖
横戳枪——插话胡闹
勿歇手——干活不停止
弄弄看——试试看
嚼死人——闲话、不当真的话
做人家——节约、节省
着衣裳——穿衣服
糙牙齿——刷牙
吃家生——挨打
昏特哉——晕倒；也指人不理智
琅衣裳——晾晒衣服
搞七捻三——瞎搞
痴头怪脑——发痴发疯
荡发荡发——走路不紧不慢
贼特兮兮——鬼鬼祟祟或油腔滑调
俏拳落臂——准备大干一场的姿势
困思懵懂——半梦半醒
假痴假呆——装糊涂
哭出乌拉——哭丧着脸的样子
话到拉里是拉里——说话很随便

九、形容

眼热——羡慕
来三——有能力
粒漆——气量小、没有忍耐性
出客——美丽、漂亮
碰真——很难办、棘手
迭成——特地
舒齐——安排就绪、充裕
推板、推回、搭浆——差劲
豁边——过头、出格
写意——舒适、惬意
蜡蜡黄——很黄
旭旭红——很红
碧碧绿——很绿
雪雪白——很白
墨墨黑——乌黑
省省清——十分清楚

解乌——差劲、马虎
空屁——什么也没有
直头、定见——果然
作兴——也许
派拉——凶
精刮——精明
尖钻——小算、爱占便宜
煞辣——干脆、泼辣
吃溜——机灵、敏捷
独福——只顾自己
顶真——认真
结棍——厉害、身体结实
拆烂糊——不负责任
触霉头——倒霉、不吉利
横世横——横下心来什么都不怕
航勿住——受不了
靠排头——依仗靠山、后台
大脚膀——有权势的靠山
饭榔头——饭量大
翘辫子——指死了，骂人的话
门槛精——精明（有时带贬义）
茄门相——不感兴趣
调枪花——耍花招
勃勿转——脑子转不过弯
勿作兴——勿应该
黄胡缠——胡闹
坍肩胛——不负责任
肚肠痒——看别人做事做不好
勿湿头、触霉头——倒霉
一天世界——到处都是
一脚落手——一气呵成
细节伶伶——瘦小，单薄
神之糊之——糊里糊涂
腻革隆冬——东西呈黏稠状
黑铁墨塔——不光明正大
搭勿够——关系不密切
笨屎虫——不聪明
憨老爷——傻、呆
鲜夹夹——好搅事
老嘎嘎——老三老四
来事革——可以
天开眼——得到应有的报应
小乐惠——小小的享受
看人头——看情面处事
阿木林——呆头呆脑
拎不清——头脑糊涂，不明事理
猪头三——不识好歹的人
尖头把戏——尖钻、自私
吪手啥罗——无法应付
扭皮吊筋——不爽快
空言胡果——只说空话不做实事
革里糊涂——纠缠不清
恶行倒状——品行庸俗、难看
野野豁豁——无边无际
的溜滚园——很圆
恶心倒烂——很脏
贼皮塌脸——嬉皮笑脸
笔瞄势直——很直
弯里曲绕——弯弯曲曲
弹眼落睛——很凶，也指很醒目
瞎三话四——乱说
犟头白脑——不听话、犟脾气
洋里洋气——时髦
贼腔怪调——怪里怪气
嚓刮拉新——崭新
一括两响——干脆
八脚无逃——来不及逃走
日长世久——经常、长期
牛牵马绷——不顺利、勉强
乌油滴水——黑得发亮

笔描司直——很直
瞎七搭八——乱搞
乌嘴造北——胡言乱语、乱说一通
眼白洋洋——无可奈何
空心汤团——虚假的承诺
一塌括之——全部
脱头落攀——办事不落实
半二勿三——做事拖沓
刮拉松脆——办事爽快
勒杀吊死、狗比倒灶——吝啬
瞎缠三官经——瞎胡闹
路远八只脚——离得很远
七歪八牵——不像样子
下代勿秀——下代不出息
奈末好哉——不好了
乌拉不出——有苦说不出
万人嘲嫌——令人讨厌
吊儿郎荡——办事马马虎虎
拆空老寿星——哀叹事情没有办成
板板六十四——办事一本正经
夹忙头里膀牵筋——添乱
一勿罢二不休——在某事上纠缠不休
带害乡邻吃麦粥——连累相关的人倒霉

□过□念念——用于加重多、少、大、小、甜、咸、香、臭、高、低、好、坏、冷、热等程度，如“好过好念念”，意思是好得无法形容

第二节 谚 语

一、农业谚语

小满三朝喊割麦
小满秧田立夏花
夏至莳秧中行里
暴灰宿粪鲜河泥
秧好稻好，娘好囡好
白露白迷迷，秋分稻秀（穗）齐
腊里晒得沟底白，开春莎草也变麦
养得三年蚀本猪，田里壮得不得知
雌秋雄白露，白米挨家露（雌：单日，雄：双日）
伏里不搁稻，秋后喊懊恼
稻怕秋里旱，人怕老来苦
种麦敲铜锣，割麦倒干棵
麦要胎里富，稻怕老来穷
寒露无青稻，霜降一齐倒

二、气象谚语

夏雨隔田头
东虹日头西虹雨
蚯蚓叫，有雨到
蜘蛛结网兆天晴
虹高日头低，早晚披蓑衣
日落云里走，雨在半夜后
久雨喜鹊叫，隔日好天到
雨中知了叫，报告晴来到

黄梅天，十八变
雾露清，晒死人
三朝迷露（雾）刮西风
蚂蚁挡道，雨在今朝
清明断雪，谷雨断霜
小满日头，晒开石头
久雨麻雀叫，天气必晴好
田鸡（青蛙）叫，大雨到
猫吃青草雨要到，狗吃青草天气好
燕子高飞晴天报，燕子低飞雨将到
蜻蜓结群绕天空，不过三日雨蒙蒙
头九暖，二九寒，三九冻煞老黄牛
天上云层鱼鳞斑，明日晒谷不用翻
春雾雨，夏雾热，秋雾凉，冬雾雪
闷热见飞虫，雷雨来必凶
春天小孩脸，一日变三变
烟囱不出烟，必定要阴天
日打洞，明朝晒得背皮痛
日没胭脂红，无雨也有风
初三夜里月绊，落雨落到月半
早晨日头红，勿是雨来便是风
蚂蚁造桥，水缸还潮，大雨来到

三、物候谚语

春雨贵如油
麦勿踏，春勿发
冬天麦苗，越踏越好
人冷盖被，麦冷盖泥
六月不热，五谷不结
吃着青蚕豆，一日忙一日
种子年年选，产量节节高
小满的日头，后娘的拳头
小暑一声雷，颠倒做黄梅
二月清明麦秀齐，三月清明麦勿莠
麦怕清明连绵雨，稻怕寒露一朝霜
干净冬至邋遢年，邋遢冬至干净年
人在岸上跳（意为热），稻在田里笑
人勤地出宝，人懒地出草
一年红花草，三年田脚好
冬雪一条被，春雪一把刀
冬耕冻一冬，松土又治虫
春粪一勺，勿及腊粪一滴
千浇万浇，勿及腊里一浇
三麦一条沟，从种开到收
小暑不见日头，大暑晒开石头
寸麦不怕尺水，尺麦就怕寸水

四、其他谚语

拼死吃河豚
瞎猫拖着死老鼠
白笔画在白墙上
象牙筷上扳雀丝
越困越懒，越吃越馋
爹有娘有，不及自有
债多不愁，虱多不痒
有借有还，再借不难

乡邻好，够金宝
心慌吃不得热粥
痢头伲子自家好
吃趟苦头学趟乖
大勿当心小勿管
会捉老鼠猫勿叫
猫多不捉虫（鼠）
说嘴郎中呒没好药卖
大勿算，小牵钻
猪困长肉，人困卖屋
有滴露水有棵草，各人头上有爿天
家鸡打得团团转，野鸡一吵着天飞
见人挑担勿吃力，自家挑担笃笃歇
青草里瓦爿也有翻身日，困龙也会上天庭
借少还多，下趟还来拖拖
借多还少，下趟不要来缠绕
金窝银窝，不及家里狗窝
讨饭三年，做官呒心相
不听老人言，一世苦黄连
一只碗不响，两只碗叮当
船头上相骂，船艄上白话
人情急如火，披勒蓑衣床上坐
只要嘴不停，哪怕南京到北京
冷粥冷饭好吃，冷言冷语难受

第三节　歇后语

隔年蚊子——老口
出头椽子——先烂
脚踏扶梯——步步高
逃走鳗鲤——臂膊粗
雾里摇船——看不清
鸭吃砻糠——空欢喜
棺材里伸手——死要
豁嘴吃鼻涕——顺路
新箍马桶——三日香
兔子尾巴——长不了
聋子的耳朵——摆样
芝麻开花——节节高
蜻蜓吃尾巴——自吃自
麻袋里背钉——自戳出
月亮里点灯——空挂明
枯庙里旗杆——独一根
王婆卖瓜——自卖自夸
狗跟粪缸罚咒——没用
大姑娘上轿——头一回
擀面杖吹火——窍不通
窜条钓白鱼——占便宜
石头上掼乌龟——硬碰硬
三只指头捏田螺——稳拿
急水里格桩头——摆不定
船头上跑马——走投无路
瞎子吃馄饨——心里有数
泥菩萨过江——自身难保
床底下放鹞子——飞勿起
脱裤子放屁——多此一举
老婆鸡生疮——毛里有病
叫化子吃死蟹——只只好
叫化子唱山歌——穷开心

麻子抹粉——蚀煞老本
丈二和尚——摸不着头
脚炉盖当眼镜——看穿
热锅上蚂蚁——团团转
肉骨头敲鼓——昏咚咚
江西人钉碗——自顾自
脚底下抹油——溜得快
六十岁学鼓手——气短
老鼠过街——人人喊打
猫哭老鼠——假慈悲
阎罗王的阿爹——老几（鬼）
哑子吃黄连——有苦说不出
飞机上吊蟹——悬空八只脚
狗咬吕洞宾——勿识好人心
弄堂里掮木头——直来直去
慢（后）娘拳头——早晚一顿
城头上出棺材——远兜远转
打肿脸充胖子——死要面子
一跤跌在青云里——交好运
强盗碰着贼爷爷——一路货
小和尚念经——有口无心
香伙赶和尚——喧宾夺主
风箱里老鼠——两头受气
癞痢头撑伞——无法无天
鸡蛋碰石头——自不量力
癞痢头儿子——自家独好
宜兴夜壶——独出一张嘴
牯牛身上拔毛——不在乎
小葱拌豆腐——一清二白
八仙过海——各显神通
螺蛳壳里做道场——轧闹猛
顶着石臼做戏——吃力不讨好
关云长卖豆腐——人硬货不硬
猪八戒照镜子——里外不是人
王小二过年——一年不如一年
脚踏西瓜皮——滑到哪里是哪里
粪缸（坑）里的石头——又臭又硬
两个哑子困在一横头——呒啥话头
活猕（猴子）戴帽子——像煞有介事
也线头（针）对金刚钻——针锋相对

第四节　土语三字经

羊妈妈　猪猡猡　鸭俚俚　鸡估估　热烘烘　冷势势
苦隐隐　酸溜溜　甜津津　辣豁豁　憨吼吼　愁漉漉
老茄茄　胖笃笃　笃悠悠　暗出出　显格格　直趟趟
宣宣红　碧碧绿　雪雪白　生生青　墨墨黑　蜡蜡黄
眼眼交　呱呱叫　白白里　轧苗头　苏空头　吃牌头
别苗头　触霉头　作骨头　书毒头　轻骨头　脚馒头
饭榔头　呒缠头　避风头　癞痢头　看人头　呒清头
呒介事　呒心相　甩纱帽　甩包袱　呆板数　扎台型
看野眼　穷兵浜　鸭屎臭　偷屎乖　做人家　独脚戏
抢三十　喇叭腔　度死日　小乐惠　精打光　青胖块

酸胖气	肉夹气	薄浪汤	阿胡子	豁灵子	半吊子
弗来讪	拎勿清	犟百嘴	嚼白蛆	汤勿牢	弗作兴
突头呆	拆家牌	阿胡乱	横戳枪	压轴戏	寻吼司
笔剥直	发急蹦	担肩胛	吃生活	劈硬柴	煨灶猫
三脚猫	骂山门	打相打	知百晓	香面孔	馋食虫
掏浆糊	捞横塘	捉落空	大好佬	枉东道	望野眼
大兴货	搞脚筋	吃夹当	横世横	后生家	坍招势
定头货	戳壁脚	轧闹猛	出抢花	勿入调	人来疯
夹肝胀	敲竹杠	勿适意	拜脚跟	插蜡烛	掮木梢
啥场化	拉里点	下底头	老底子	随夜快	呷门相

第二十三篇 人物

本篇立传已故人物10人，简介人物46人，表录人物126人（其中1人分别在两个表录中记载，实为125人）。革命烈士在前志中已有记载，以后名录无变化，故本编不再重录。

第一章　人物传记

前志《璜泾镇志》共立传古代人物15人、近现代人物15人。本章立传人物10人，其中8人在前志中无记载，本志予以添录；狄福晋（昼三）、狄膺两人有记载，但比对族人提供的资料，与前志记载略有出入，故修改后予以重录。其他前志中已立传的人物不再重复收录。

以下立传人物以卒年为序排列，卒年相同的按姓氏笔画排列。

狄福晋（1901—1962） 男，字昼三，璜泾镇新农街人，留德医学博士。先从本镇陈松坡学中医，16岁到上海学医，拜医学博士汪企张、余云岫为师。1922年赴德国伍兹堡大学学医，获博士学位，后在奥地利维也纳大学附属医院实习，1926年学成回国。在国共合作时期任黄埔军校东山陆军医院院长，到南京后在国民党政府参军处总务局任医官。曾先后在家乡璜泾、重庆、上海和南京家中开设诊所治病救人。抗日战争时期，爱国捐献支援前线，抚养抗日烈士遗孤。1946年被推选为太仓县临时参议会副议长。1949年后，在上海担任四个保健站联合主任，专看疑难病症，下工厂直接为工人服务，医术精湛，尤其擅长心脏内科，救人无数。曾受邀列席徐汇区人代会。在璜泾和兄长君武设立“宾初奖学贷金”“藏贞基金”，开办璜水中学，资助家乡教育事业。

狄膺（1895—1964） 男，名福鼎，字君武，太仓璜泾镇新农街人，国民党中央执行委员。14岁入龙门师范。1916年至1919年就读于北京大学哲学系，曾参加北大学生会。1919年“五四”爱国运动中，参与起草《北京学界全体宣言》，曾被拘捕入狱。1921年7月入法国里昂中法大学，后入里昂大学研究院。1924年由吴稚晖介绍加入国民党。1926年初学成回国，8月去广州，任国民党中央政治会议分会秘书。1927年兼任江苏省党务指导委员会常务委员，1930年兼任立法委员，1936年当选候补中央监察委员。1936年在家乡成立“宾初奖学贷金”资助清寒子弟，设立“藏贞基金”资助弃婴寡母。抗日战争期间去重庆，先后任国防最高委员会秘书厅三处处长、国民党中央执委会副秘书长、中央监察委员会秘书长、国大代表、立法委员等职。抗战胜利后，随国民党机关迁返南京，任国民党中央执行委员，获国民党政府颁发的胜利勋章。1947年捐资创办璜水中学（璜中前身），将私房无偿借给学校使用，亲任校长。1949年只身去台湾，任“中央纪律委员会”副主任。1952年任“中央评议委员会”委员及国民党党史编纂委员会副主委。1964年3月15日病逝于台北荣民医院，由国民党“中央”举行追悼大会，台湾当局在墓园牌坊上题词——“风辉永挹”。6月28日葬于新竹青草湖畔。

狄福豫（1903—1990） 男，字建庵，璜泾镇新农街人，棉检高级工程师。十三岁当学徒，做棉花检验技术员。1936年受中国棉业统制委员会派遣，赴美国得克萨斯农科学校留学，1940年学成回国后曾任中国纺织建设公司专门委员。20世纪50年代初，任上海市联检处代理主任及华东区纤维检验所所长，后调入江苏省纺织工业厅纤维检验局、江苏省棉麻公司工作，历任工程师、高级工程师。1950年受纺织工业部委托，组织制定全国统一的各种棉花品级标准及样本，撰有《我国棉花品级标准价格之研讨》《棉花品级检验及研究报告书》《棉花生产运销合作社应办理籽棉分级刍议》《美国棉花政策》《美国棉花市场之组织及其交易方法》《我国棉花检验工作发展史》等论文及著作，并被上海图书馆、苏州图书馆等处收存。1949年10月1日受邀去北京参加开国大典观礼。列入《江苏省纺织界名人录》。

戴令奂（1919—1991） 男，太仓市璜泾镇人，铁路总工程师。十九岁中专毕业后即进馥记营造厂当学徒。1944年公费留学去美国学习深造。回国后在铁路系统先后担任助理工程师、工程师、总工程师。20世纪50年代初，自学俄语，担当苏联专家的口头翻译，翻译编制教材，为施工队讲解施工课程，培养了很多技术和施工人员。承担并完成了数以百计的大小工程。曾被评为铁道部二等功臣和上海市先进工作者。

朱行（1928—2003） 男，原名周铭华，璜泾镇鹿河人，西藏军区文化部原文化科长（副师级）。出生于一个小业主家庭。从小受父母熏陶，喜爱文艺，爱听京戏。11岁去方家桥拜师学生意，当学徒期间常到茶馆听戏、听书。1944年春经地下党介绍去常熟参加新四军，组织上派他化装成小开在常熟、太仓之间送信跑交通。在太仓认识太仓第一任县长浦太福。之后，组织上又送朱行过江去"抗大"（中国人民抗日军政大学）学习。朱行在江北参加战地服务团工作，专门负责新四军干部家属的生活安置。抗战胜利后，朱行被编到华东野战军，在华野高炮团任俱乐部主任。淮海战役中每到一地，俱乐部就为当地群众演出自编自演节目。中华人民共和国成立后，朱行参加抗美援朝战争，任73师师俱乐部主任，负责全师官兵的文化学习和娱乐活动。在朝鲜期间，常与朝鲜人民军歌舞团一起联欢演出。1954年，朱行受到朝鲜金日成主席和我国杨勇司令员的亲切接见。从朝鲜回国后，朱行被中央军委抽调进西藏军区文化部，任文化科长。1963年全面负责八一电影制片厂进藏拍摄电影《农奴》相关工作，在拍摄条件极其艰苦的情况下与摄制组人员同吃同住。拍摄期间做了大量工作，影片中的小强巴就是朱行在藏族同胞中邀请来的。该片完成后，朱行受到总政治部的嘉奖。电影《农奴》摄制结束后，朱行全面负责军区文工团工作。"文化大革命"中朱行受到冲击，曾被关过牛棚，1968年，他得到了平反，他两次参加西藏军区在北京办的学习班，两次受到毛主席的接见。他创作的作品在《高原战士报》和《解放军报》上发表，并被《解放军报》评为三等奖。1971年被组织调到四川省达县军分区，任政治部主任，直到1984年离休。

狄源沧（1927—2003） 男，祖籍璜泾，著名摄影家、摄影评论家。历任《民族画报》《中国摄影》编辑，中国摄影学会理论研究部研究员，北京科教电影制片厂特技摄影师，《中国乡镇企业报》摄影部主任、编委，中国摄影家协会委员。幼时随父在南京读小学。重庆南开中学毕业后，考入北京大学历史系。在北大读书时开始研习摄影，组织"北大摄影学会"，担任负责人。1949年参军进入华北画报社。1950年上调解放军画报社进行个人摄影创作和摄影技法研究，并形成系统摄影理论，后转业到民族画报社工作。1956年参加筹建中国摄影学会并调入学会，负责《中国摄影》创刊并担任编委，同时在理论研究部负责研究国外摄影。多幅作品入选全国和国际影展，其中《知春亭之冬》在波兰国际影展获奖。出版《世界摄影作品欣赏》《国外摄影技法》《摄影佳作欣赏》等四十余册书，在刊物发表摄影论文数十篇，被誉为"中国摄影界四大才子"之一、"新中国系统介绍国外摄影的鼻祖""新中国摄影界教父"。

曹津生（1919—2005） 男，璜泾镇鹿河人，国民党军队少将军衔。就读于鹿河小学、太仓中学，毕业后考入国民政府空军航校，成为中国自己培养的第10期飞行员。抗日战争期间，在成都、昆明、陆良等地参加对日作战行动，历任少尉飞行员、中尉飞行员。抗日战争胜利后，在西安任上尉飞行中队长及中队作战参谋。曾赴印度接受美国B-25轰炸机训练。中华人民共和国成立前夕去台湾。2005年12月14日在台北病故。

唐开宗（1938—2013） 男，璜泾镇西塔社区团结街（原中心街）人，电缆行业研究员级高级工程师。1962年7月毕业于西安交通大学，同年11月被分配到沈阳电缆厂工作，历任技术员、助理工程师、工程师，并任车间技术主任、技术副厂长。改革开放后先后到英国、日本进行考察学习，参与了一些国家重点项目研究与生产。1984年，获国家科技进步二等奖；1992年，被任命为副总工程师；1993年3月，为政协第八届全国委员会常务委员；1993年10月，为表彰他在电线电缆行业做出的突出贡献，批准其享受国务院政府特殊津贴；1998年，成为教授、研究员级高级工程师。

朱锡涛（1938—2015） 男，璜泾镇银杏社区胜利街人，师副参谋长、特级飞行员。1956年选飞合格进入海军第一航校学习，1959年7月毕业分配到海军航空兵独立第一团工作。1964年，朱锡涛接到上级命令，与战友一起，驾驶战鹰飞到西沙群岛上空，圆满完成我国首次对西沙群岛侦查拍照任务。后任飞行大队长。1977年至1986年，在海军航空兵第二师任副团长、团长、师副参谋长等职。曾驾驶过雅克-18、杜-2、轰5、轰侦-5等机种，累计空中飞行时间2600小时。在部队获三等功六次、二等功一次，并被评为特级飞行员。1986年1月转业回太仓，曾任太仓第二棉纺厂厂长兼书记、县纺工局局长、市发展和改革委员会副主任等职。2015年病故。

周黎明（1923—2015） 男，璜泾镇鹿河人，舞蹈艺术家。儿时在鹿河小学读书，后到常熟布店当学徒。1945年参加新四军，打过仗，并参加部队文艺演出。1955年，筹建江苏省歌舞团。1956年，创作舞蹈《段龙》参加全国文艺会演。同年，导演舞剧《送瘟神》上演。后又编导、创作、参演《青春》《东郭先生》《红色少年》等。1956年被任命为江苏省歌舞团副团长。1960年当选江苏省文联常委、省舞蹈艺术研究会副会长。1956年至1966年，先后接待了苏联红旗歌舞团、英国蓝伯特芭蕾舞剧团、日本松山芭蕾舞团、印尼民间舞蹈团、朝鲜歌舞团等海外演出团体。1980年当选中国舞蹈家协会常务理事，同年，当选为江苏省舞蹈家协会主席。1985年在江苏省第五届舞代会上连任主席。在全国舞代会上当选中国舞协主席团成员，在南京被聘为江苏省国际文化交流中心理事。1985年开始编写《江苏民间舞蹈集成》，任主编。1987年，《中国民族民间舞蹈集成》（江苏卷），获中国民族民间舞蹈集成编辑部通过，1988年由中国舞蹈出版社出版，并受到文化部表彰。周黎明还与人合作，编有《舞蹈纪程》与《中国舞蹈论文集》《吴晓邦谈艺录》。1993年始享受国务院特殊津贴。1997年获文化部嘉奖。1988年始享受厅局级干部生活待遇，1993年正式离休。退休后被聘任为江苏省文艺系列高级职称评委会委员，省“五个一”工程文艺系列评奖委员会委员。

第二章　人物简介

本章简介璜泾籍人物46人，以出生年月先后排列，出生年月相同的按姓氏笔画排列。

唐念萱　男，1927年2月生，璜泾镇西塔社区团结街（原中心街）人，航空工艺高级工程师。沈阳市政协委员、常务委员。1952年毕业于清华大学航空系，毕业后分配到沈阳新光机械厂工作，任工装设计员、工艺员。1957年调入北京第三机械工艺部航空工艺研究所，任第一研究室专业组长，为九级工程师。1965年调入中航工业沈阳发动机设计研究所（606所）试验工厂，任车间工艺组长，1976年任技术副厂长，为研究员级高级工程师。1987年入党，同年12月退休。参与译著出版《发动机零件冲压》《强力旋压》。

唐开元　男，1930年7月生，璜泾镇西塔社区团结街（原中心街）人，海军少将。1947年考入国立北京大学工学院机械工程系，1951年毕业后选调至中国人民解放军大连海军学校任教。1958年加入中国共产党。1961年大连海军学校机械分校升格为海军工程学院，唐开元历任学院教研室副主任、系副主任（团级）、训练部部长、副院长（军级）、教授。1982年至2001年任湖北省内燃机学会副理事长。1992年退休。1992年至2002年任中国内燃机学会常务理事兼大功率柴油机分会副主任。2002年至2013年为中国内燃机学会专家咨询组成员。出版专著《涡轮增压技术》为全国高校统编教材，《高等内燃机学》为全国“十一五”规划教材。出版译著《内燃机原理》为研究生教材。

狄原渤　男，1930年8月生，太仓璜泾镇人，联合国植保官员、植保专家。1956年毕业于北京农业大学植保系。先后担任北京农业大学教授、植病专业主任、农业部干部学院教授。1962年，在北京因大面积防治果病成功，在人民大会堂被北京市授予科技奖和社会主义建设积极分子称号。1981年赴丹麦种子病理学研究所学习研究，获丹麦国家证书。1983年至1984年赴美国威斯康星大学学习研究，从事病原细菌学、果树蔬菜病理学的研究及病害防治。1987年任联合国粮农组织（FAO）植保官员，兼亚洲太平洋地区植保委员会25国政府秘书长，组织推动各国植保联防工作，足迹遍及50多个国家和地区。1988年在太仓组织召开联合国和亚太水稻综防会议，介绍推广太仓经验。曾发表论文、著作、教材近百篇，约百万字。主编国外植保刊物，发行至99个国家和地区的500多个单位。1995年，被亚洲农业发展基金会（VARDF）评为“亚洲农业杰出贡献专家”，在香港由斯里兰卡原总统亲自授予“金船奖”。2004年出版《狄原渤文集》，2018年出版《浪花集》。其事略被编入《中华兴国人物大典》《世界名人录》等典记名录。

陆石生　男，1933年7月生，璜泾镇玉影山社区人，海军大校军衔。1950年12月参加中国人民解放军海军。1952年初，在北海舰队高射炮兵第二团六连当战士，在参加入朝作战突击训练中荣立二等功。后留守保卫青岛，在二团团司令部任作战训练参谋十余年，多次立功受奖。1964年7

月起，先后在海军政治部人民海军报社任编辑、副主编、主编（处长）。1965年8月6日中国人民解放军海军与国民党海军作战胜利后（简称“八六海战”），在采访报道战斗英雄麦贤德的事迹中，荣立三等功。1985年4月在《当代中国海军》编辑部任编辑（副师职）。先后参与编纂《当代中国海军》《近代中国海军》和《中国人民解放军军兵种历史丛书：海军史》等书籍，并再次荣立三等功。1988年至1990年参与修编《中国人民解放军第二野战军战史》一书，该书获第五届中国图书奖一等奖，陆石生等全体修编人员受到邓小平亲切接见。1988年授海军大校军衔。1996年退休。

林之光 男，1936年1月生，璜泾镇银杏社区建华街人，气象科学专家。1959年南京大学气象系毕业后分配在中国气象科学研究所（1978年更名为中国气象科学研究院）从事气候研究工作，后任研究院气候研究室副主任。1990年6月被中国科普作协评为“建国以来特别是科普作协成立以来成绩突出的科普作家”。1991年被任命为《中国气象报》总编。1992年晋升为正研究员（教授）。1994年辞去《中国气象报》总编职务，回中国气象科学研究院担任研究员工作。著有《中国气候》（92万字），先后在上海、台北、美国出版。在海内外发表科普文章500多篇。《我国气候及其极值》入选1996年全国“五个一工程”奖。1996年2月被国家科委、全国科协授予“全国先进科普工作者”称号。1997年退休，依然从事气象研究。撰写的《了解风云的脾气》系《科学家爷爷谈科学》丛书之一，该书于2000年被中国科学院、科技部、中国科协组织评为“科学家推荐的20世纪科普佳作”。

孙锦华 男，1936年11月生，璜泾镇玉影山社区（鹿河）人，经济管理教授。1956年加入中国共产党。1962年7月北京铁道学院（现为北京交通大学）铁道经济专业毕业后留院工作，后任北京交通大学经济信息教研室主任、经济系主任。注册会计师、注册税务师，享受国务院特殊津贴。精通法语、英语、俄语等3国语言。先后带过十多个硕士研究生。1989年至1990年作为国家高级访问学者被派往法国巴黎第九大学考察管理信息系统教学与科研，并考察法国高速铁路等。撰写著作8部，发表论文10余篇，完成科研课题9个，从教、著书获众多奖项，其中《审计技术计算机化研究》成果被铁道部采用，获国家教委颁发的“全国高等学校人文社会科学研究优秀成果二等奖”；《铁路经济效益审计》获铁道部“科学技术进步”四等奖；《2000年中国铁路应用计算机展望》获铁道部优秀论文三等奖；《关于理论成本几个问题的探讨》纳入财政部会计论文集。获评“八五”优秀科技工作者。

张振华 男，1937年11月生，璜泾镇孙桥人，火箭、导弹专家。1960年毕业于山东工学院电机电力系，同年被选送至国防科委某研究院工作，同时参加中国人民解放军，从事研制各类运载火箭和导弹工作，先后获评工程师、高级工程师（正教授级）、研究员。曾参加宇航学会、惯性技术学会、无线电遥测学会等组织的学术研讨会，发表若干研究分析报告。参访俄罗斯位于莫斯科的宇航控制中心，参与发射、控制苏联第一颗由加加林宇航员驾驶的载人航天飞行器。著有《世界导弹大全》《世界导弹与航天发动机大全》《汉英火箭导弹技术词典》《世界航天运载器大全》等书籍，《××型运载火箭研究报告》获国家科技进步三等奖，《××型导弹研究报告》《大型运载火箭天地往返运输系统研究报告》分获航天部科技进步二等奖。

叶澄清 男，1939年1月生，璜泾镇西塔社区建中街人，浙江大学计算机系博士生导师。1962

年浙江大学无线电系毕业后留校任教，1978年任浙江大学计算机系讲师。1970年后，参加研制我国第一批小型电子计算机，主持并成功研制气象自动填图系统，填补了国内空白，达到国际先进水平，获1978年全国科学大会奖。1981年至1983年赴美国马里兰大学计算机科学系访问，其间研究完成世界上第一套直接执行高级语言计算机系统，1983年回国，1984年获评计算机系副教授，历任计算机系副主任、主任，计算机系统工程研究所所长。参与科技攻关项目数十个，获得众多奖项。1991年获评教授。1993年获国务院特殊津贴。1995年成为浙江大学计算机系博士生导师。先后在国内外著名核心学术刊物上发表学术论文近百篇，著《微型计算机硬件系统及其应用》一书。2002年退休。相关事迹收入《世界名人录》《当代浙江教育名人录》《太仓近当代名人录》。

顾尔昌 男，1939年12月生，璜泾镇怀仁路人，建筑工程系高级工程师。1962年清华大学建筑工程系毕业后，分配到北京二重机厂工作。之后，先后在北京有机化工厂、陕西兴平化肥厂、广州石油化工总厂、河北沧州化肥厂、陕西渭河石化厂、江苏连云港碱厂等厂工作，逐步晋升为技术员、工程师、主任工程师、副总工程师、总工程师，主要负责国家重点建设项目的设计、施工、管理工作。1990年获评教授级高级工程师。1996年2月享受国务院特殊津贴。1999年退休，后定居苏州，受聘苏州工业园区参加项目建设，担任总工程师、总监理工程师、设计院院长等职务。

朱炳元 男，1940年3月生，璜泾镇银杏社区生产街人，少将军衔。1957年9月至1960年7月，在沙溪中学高中学习。1960年就读于中国人民解放军张家口外国语文学院，毕业后在中国人民解放军总参谋部三部工作，历任助理研究员、副研究员、研究员等职。1991年享受国务院特殊津贴，1992年被评为有突出贡献的中青年专家，1995年被授予专业技术少将军衔，1998年任博士生导师。2005年退休。

曹浩 男，1940年6月生，祖籍太仓鹿河，太仓市政协原副主席、侨联原主席。1957年9月参加工作，历任鹿河小学教师，鹿河农业中学教师、教导主任。1962年6月任鹿河卫生院会计、药剂员，璜泾地区中心制剂室主管、药剂师。1986年1月任太仓县第二届侨联副主席。1987年4月起任政协太仓县（市）第七、八、九、十届委员会副主席，政协苏州市第七、八、九届委员会委员，政协苏州市第十届常委，政协江苏省第七届委员会委员，太仓县第九届人大代表。1987年8月任民建太仓县（市）支部、总支部主任，民建苏州市第九、十届委员会委员，民建江苏省第四、五届委员会委员，中国民建第六次代表大会代表。1988年11月起任太仓市侨联第三、四、五届主席，1998年12月任侨联名誉主席。1990年兼任太仓台胞台属联谊会第一届名誉会长，第二、三、四、五届顾问。2003年1月退休，任太仓市侨联顾问、第四届太仓政协联谊会副会长。2007年至2015年任第五、六届太仓市诗词协会会长。

陆吉明 男，1941年2月生，璜泾镇银杏社区和平街人，享受国务院特殊津贴。1960年7月江苏省昆山中学毕业后被保送至张家口解放军外语学院学习，1963年7月毕业分配至西藏军区三局工作，1970年在当时的成都军区技术侦察局工作，任正团职情报参谋。1988年转业至安全部工作，任研究员、技术二级警监（总理授予），副厅职。苏州大学兼职教授，中国科学技术大学、四川大学研究生校外指导老师。1980年荣立二等功一次，并于1982年参加成都军区英模大会及阅兵观礼。立三等功一次，受嘉奖六次，荣获国家科技进步三等奖一次、省部级科技进步奖六次。1994

年享受国务院特殊津贴。2002年退休。

王锦昌　男，1944年5月生，璜泾镇西塔社区团结街（原中心街）人，航天工程研究员。1962年9月考入天津大学化工系学习，1968年毕业被分配至冶金部包头钢铁公司任技术员。1978年考入中科院上海硅酸盐研究所从事功能晶体研究。1987年5月赴美国密苏里大学罗拉分校学习工作，1989年回国继续从事晶体生长及性能研究，1993年6月起参加921载人航天工程应用系统工作，任空间材料分系统副主任设计师，先后参与神舟一号、二号、三号、四号飞船发射工作。1993年10月起享受国务院特殊津贴。1998年当选第十一届上海市人大代表。

朱礼厚　女，1944年8月生，璜泾镇王秀村人，无党派爱国民主人士，山西阳泉市原副市长。1962年考入天津大学化工系。大学毕业后在冶金部阳泉铝矾土矿二车间工作，曾任车间副主任、矿技术科长。参加全国高铝产品基地建设。1988年晋升高级工程师，1991年任阳泉郊区副区长，1992年任阳泉市政协副主席，1998年任阳泉市副市长（副厅级），2002年任阳泉市人大常委会副主任。1988年至2008年任第七、八、九、十届全国人民代表大会代表。2007年9月退休。

邱如林　男，1945年10月生，璜泾镇新明村（原鹿河东泾村）人，少将军衔。1960年由璜泾中学选送至中国人民民解放军张家口外国语文学院就读。1962年毕业后分配在当时的解放军总参谋部某部工作，历任技术员、参谋、参谋组长、副处长、副局长、局长等职。1993年任总参谋部某部副部长。1995年授少将军衔。2000年升任某部部长，正军职。多次获评部队先进工作者，获部队三等功两次。

高小华　男，1948年2月生，璜泾镇长洲村（原长城村）人，太仓市人大常委会原副主任。1964年至1966年在太仓县农业技术学校读书。1966年至1976年在鹿河公社长城大队任农技员、革委会副主任、大队党支部副书记。1977年至1990年在鹿河公社先后任党委副书记、革委会副主任、鹿河乡乡长、鹿河乡党委书记。1990年至1993年任太仓县牌楼乡党委书记、人大主席。1993年至2001年任太仓市城建局局长、党委书记，市建委主任、党委书记。1999年被省绿化委评为省国土绿化先进个人。1999年至2001年获市委、市政府记三等功三次。2000年被建设部评为全国优秀建委主任，被苏州市委、市政府评为“苏州市人民十佳满意公仆”，并享受苏州市劳模待遇。2001年至2008年任市政协副主席、市人大常委会副主任。2008年2月退休。

莫砺锋　男，1949年4月生，文学博士。1963年考入苏州高级中学。1968年11月至1978年2月在璜泾永乐大队、安徽泗县农村务农。1978年考入安徽大学外文系英语专业学习，1979年考入南京大学中文系中国古代文学专业读研究生，1981年获文学硕士学位，1984年获南大文学博士学位，为中华人民共和国自己培养的首位文学博士。1984年后，在南大中文系任讲师，1986年被评为副教授，1992年被评为教授。目前为南京大学文学院教授、博士生导师，并担任河南大学、郑州大学、安徽大学、广西大学、河南师范大学、文本师范大学、南通大学等七所大学兼职教授，还在众多文学社团组织中任职。长期从事中国古代文学研究，出版专著多部，有《江西诗派研究》《杜甫评传》《朱熹文学研究》《唐宋诗论稿》《诗歌与道德名言》《浮生琐忆》《神女之探寻》《中国文学史》（第五编主编）。此外，还在《中国社会科学》《文学评论》等核心期刊发表论文上百篇。

高阳　男，1951年8月生，璜泾镇孟河村人，太仓市原副市长。1968年3月参加中国人民解放军，在原68军203师607团1营3连历任副班长、班长、排长。1975年在1连任副连长、代理连长。1977年在当时的沈阳军区步兵学校任正连职教员、教研室主任助理。1979年至1986年，在大连陆军学校党委办公室任副营职秘书、正营职秘书、副团职秘书。1987年1月至1990年5月任太仓县人民政府办公室副主任。1990年5月至1994年3月先后任鹿河镇党委书记、太仓市委常委兼鹿河镇党委书记。1994年3月至1996年4月任太仓市委常委兼任太仓港开发区党委书记、管委会主任。1996年4月至2001年4月任太仓市经济技术开发区党委书记，太仓市人民政府市长助理，中远国际城开发建设总公司副董事长、副总经理。2001年5月至2007年12月任太仓市人民政府副市长，兼任太仓港港口开发区党委书记、管委会主任。2007年12月退休。

袁国强　男，1952年4月生，璜泾镇西塔社区团结街人，太仓市政协原副主席、人大常委会原副主任。大专学历，中共党员。曾插队务农，后知青上调，先在璜泾信用社工作，后任璜泾乡经管办主任。1983年考入南京农业大学经济管理系就读。1985年后，先后任太仓县委农工部秘书、璜泾乡乡长、九曲乡党委书记、太仓县农工部部长、太仓市财政局局长等。2007年至2012年先后任太仓市政协副主席、市人大常委会副主任等职。工作期间，获众多苏州市级、江苏省级先进荣誉。2006年12月获中华人民共和国人事部、中华人民共和国财政部联合授予的“全国财政系统先进工作者”称号，其在财政系统实施的11项改革措施及成果被录成专题片在全国财政系统推广。2012年7月退休。

顾振华　男，1952年6月生，璜泾镇雅鹿村（原鹿河长沙村）人，全国劳模，高级经济师。1975年至1992年，先后任太仓服装厂车间主任、副厂长、厂长。1992年至1996年，任江苏雅鹿集团董事长、总经理。1996年至2002年，任上海华源企业发展股份有限公司董事、党委副书记、总经理。2002年至今，任江苏新雅鹿集团有限公司董事长兼总经理。在顾振华的带领下，雅鹿集团不断发展壮大，企业从初期的单项服装生产厂发展成为一个集研发、生产、销售、自营进出口贸易于一体的综合型集团，在服装、地产、金融、矿业、石化、化纤等领域取得显著业绩。目前兼任太仓市纺织服装协会会长，太仓市、苏州市工商联副会长，省服装协会副会长，省工商联执委，中国服装协会常务理事，江苏省政协委员。曾获省优秀共产党员、省优秀党务工作者、全国纺织工业劳模、全国优秀乡镇企业家、全国“五一”立功奖章、全国劳动模范、第四届全国非公有制经济人士优秀中国特色社会主义事业建设者等荣誉。

包锦球　男，1953年4月生，璜泾镇新明村（原新幸村）人，大校军衔。1969年12月应征入伍。1970年5月至1972年7月在中共中央编译局执行“支左”任务。1974年1月至1988年8月在陆军第66军司令部作训处任测绘员、参谋、副处长、处长。其间，四次荣立三等功。1988年9月至1989年7月在中国人民解放军国防大学学习。1990年9月至1998年8月调装甲兵坦克第1师工作，任装甲步兵团团长、师参谋长、副师长。曾率领部队完成全军装甲兵夜训试点和装甲兵数字化部队试验任务，受到当时的总参谋部通报表彰，荣立三等功，被评为全军科技练兵先进个人。1996年被中央军委授予大校军衔。1998年9月至1999年3月，根据中央军委命令执行出国培训任务，在俄罗斯总参军事学院高级进修班学习。1999年5月至12月到当时的北京军区朱日和训练基地，任全军科技练兵观摩活动专家组组长。2000年12月至2002年6月任河北省军区承德军分区司令员，中共承德市委常委。2002年7月至2005年5月任河北陆军预备役步兵师师长兼河北省军区副参谋长。2001年当选河北省第十届人大代表。2005年6月退出现役，转业到江苏省政府研究室任副主任。

刘锦明　男，1953年4月生，璜泾镇荣文村（原广新村）人，享受正师级待遇。1972年12月入伍，1973至1976年在83515部队任卫生员，1976年至1984年在83515部队卫生所任医助，1984年调83515部队卫生所任军医，1995年由技术中校改为文职干部任该部队卫生所所长，2005年改任83515部队门诊部主任，2008年退休（享受正师级待遇）。1996年荣立三等功一次。

奚菊芬　女，1954年6月生，璜泾镇银杏社区胜利街人，太仓出入境检验检疫局原局长。1973年璜泾中学高中毕业，同年参加工作，至1977年5月先后在太仓县浏河乡绿化管理所当工人，后任太仓县长江林场连队指导员、太仓县浏河镇代理妇女主任、太仓县长江林场党总支副书记等职。1977年5月至1983年12月任太仓团县委书记、中共太仓县委委员，其间当选团第十一届中央委员，获团中央、中央绿化委员会授予的全国绿化工作先进人物勋章。1983年12月至1994年2月先后任团省委青农部副部长，江苏省青年管理干部学院组织人事处处长、党委委员，党委副书记。1994年2月至1996年12月借调太仓市筹建进出口商品检验局，任筹建组副组长，主持工作。1996年起先后任太仓市进出口商品检验局局长，太仓出入境检验检疫局局长、党组书记，江苏省出入境检验检疫局副巡视员。其间曾被省委组织部、省纪律检查委员会评为廉政建设好干部，被质检总局评为优秀共产党员。2009年退休。

张绍良　男，1954年9月生，璜泾镇新海村（原鹿河滨海村）人，部队技术5级、文职3级（正师）。1972年12月入伍，1975年至1978年进入第二军医大学军医系学习，1983年至1986年进入第一军医大学军医进修班学习。毕业后，到122医院任内科主治医师，1994年到101医院任心内科副主任医师，1995年任干部病房副主任，2001年评为文职3级。2009年获评主任医师、技术5级。2010年退休后，返聘继续在医院工作，主要从事内科临床医学工作，曾为炮9师医院安装埋藏式心脏起搏器一例，实现了在原南京军区部队范围内能在师级医院安装心脏起搏器零的突破。在各种省级以上杂志发表论文73篇，曾任《国外医学心血管疾病分册》第四、五届编委，《国际心血管病杂志》第一届编委，《中华现代医院管理杂志》常务编委，与他人合编专著《经食道心房调搏术》。获步兵第3师科技一等奖1项，获军队科技进步三等奖1项，获无锡市人民政府自然科学三等奖1项。被第二军医大学评为优秀带教，多次获评优秀共产党员、先进工作者。

季莲亚　女，1955年7月生，璜泾镇银杏社区胜利街人，“全国孝亲敬老之星”。本科学历，中共党员。1975年在常熟师范读书，1977年毕业后分配到长江中学任教，1981年调入璜泾中学任教，先后任政教主任、副校长等职。2004年获评江苏省青少年科技教育先进个人，2011年获评江苏省学校德育先进工作者。2012年被全国老龄办、民政部、教育部、团中央、妇联、关工委评为“全国孝亲敬老之星”。其事迹为：1986年，婆婆患病昏迷一周，醒后半身不遂，季莲亚服侍婆母细心周到，使瘫痪婆婆能挪步行走。三年后婆婆再次发病病故，季莲亚三年艰辛服侍有口皆碑。2007年，公公突患脑溢血，经抢救虽挽回了生命，却留下了严重半身不遂的后遗症，季莲亚再次担起服侍瘫痪公公责任，十一年如一日，不离不弃，其陪护照料重病公公的事迹感动邻居，称其“好媳妇天下少有”。

邵宝林 男，1956年4月生，璜泾镇银杏社区建华街人。1974年插队璜泾新联村知青场，1977年2月调县公安局工作，任团支部书记。1979年9月加入中国共产党。1984年任县公安局党组副书记、常务副局长，1990年任县公安局局长、党组书记，县政法委副书记，1998年任太仓市公安局党组书记、政委，2000年任市政法委副书记主持工作。曾为太仓县（市）第八届、九届市委委员，市政协十一届、十二届委员，苏州市第十届党代表。2016年5月退休，享受正处级待遇。

夏林祥 男，1956年9月生，璜泾镇新明村（原鹿河玉影村）人，太仓市人大常委会原副主任。1976年7月入党。1976年8月任鹿河公社党委委员、革委会副主任。1981年9月至1984年7月在江苏工学院农机管理专业学习。1984年8月回太仓后，曾在太仓市级机关、老闸乡工作。2006年6月至2016年10月先后任太仓市委常委、市政法委书记、市人大常委会副主任和党组副书记等职。2011年5月被中共江苏省委、江苏省人民政府表彰为2006—2010年全省社会治安综合治理先进工作者。2016年10月退休。

郑银林 男，1956年11月生，璜泾镇西塔社区建中街人，太仓市原副市长、市政协原副主席。1975年璜泾中学高中毕业，1978年3月考入江苏师范学院（苏州大学前身），1981年12月江苏师范学院体育专业毕业，获学士学位。1982年1月到沙溪中学任教，1984年1月任太仓县体委副主任，1991年9月任城厢镇副镇长，1992年3月任太仓县副县长，1993年3月任太仓市副市长，2006年1月任市政协副主席（正处级）。2016年12月退休。

倪祖根 男，1957年1月生，太仓璜泾镇荡茜村人，著名企业家。1974年12月至1987年3月在部队服役，历任中国人民解放军南京科技装备处技术员、政治干事等职。1987年12月至1994年9月在苏州春花吸尘器总厂工作，历任工程师、分厂厂长、总厂副厂长等职。1994年10月起任苏州金莱克公司董事长兼总经理。公司主要从事家用吸尘器、高压清洗机、园林机械及高速微电机等产品的研发、制造和销售，在产品研发、产品质量、准时交货、成本控制、快速反应等方面具有国内同行最强竞争力。产品95%以上出口，远销欧洲、美洲和澳大利亚、日本、俄罗斯等80多个国家和地区。吸尘器产销量连续10年国内第一。2004年吸尘器产销量突破800万台，居全球第一。

戴建伟 女，1960年7月生，璜泾镇西塔社区新风街人，主任医师、教授、硕士研究生导师，中共党员。1978年9月至1983年7月在苏州大学医学院临床医疗专业学习，1983年8月至1998年12月在苏州大学附属第一医院工作，1999年1月至现在在汕头大学医学院第二附属医院工作，任重症医学科主任、广东省健康管理学会重症医学专业委员会副主任委员。在医学方面有较深学术造诣及丰富的临床经验，擅长脓毒血症、急慢性呼吸衰竭、休克、多脏器功能不全综合征、中毒等各科危重病人的救治及消化系统疑难病例的诊治。发表论文30余篇。2012年获评“广东省医学会重症医学分会优秀个人”，2016年获评汕头市“基层最美共产党员”，2017年获评汕头市“巾帼建功立业能手”“广东省三八红旗手”及获国家卫计委授予的“改善医疗服务先进个人”称号，2018年获评“全国三八红旗手”“广东省建功立业女能手”。

戴惠球 男，1961年11月生，璜泾镇新联村（原海城村）人，1961年11月生，山东省烟台警备区副司令员，大校军衔。1979年11入伍，1983年9月加入中国共产党。2003年1月，任山东省滨州市滨城区人武部部长。2004年4月，任山东省滨州军分区后勤部部长。2008年1月，任山东省烟台警备区副司令员，后调滨州军分区任副司令员。政协滨州市十届常委，滨州市孙子兵法研究会副会长。在各单位任职期间，其所在单位均获多次、多项先进荣誉。尤其是指导阳信县人武部在少数民族居住地建立民兵组织，探索了新形势下民兵编组的方法，其经验做法被上级转发，阳信县流坡坞镇南街村被评为“全国民兵先进模范集体”“全国先进民兵连”。个人荣誉：1996年被山东省人民政府评为“民兵武器装备管理先进个人”，1997年被山东省军区评为“民兵武器封存先进个人”，1999年、2000年连续两年被山东省军区评为“后勤管理整体达标先进个人”“后勤学术研究先进个人”，2005年被济南军区党委表彰为“优秀共产党员”，2006年、2007年连续两年被山东省军区评为“优秀共产党员”。曾先后荣立三等功四次。

马渭源　男，1962年6月生，璜泾镇永乐村（原利华村）人，史学专家，主研明史。1989年考入华东师范大学历史系，攻读中国古代史，明清史专业硕士研究生，1992年毕业并获历史学硕士学位。北京、南京多所高校与研究机构兼职教授、研究员。曾被中央电视台、江苏教育电视台、南京电视台、安徽电视台、福建宁德网站和美国中文电视台等国内外多家电视台与网站聘为历史文化栏目主讲人。出版《大明帝国》《大明风云》等30部个人学术专著，负责主持编辑出版国家“十一五”重点电子音像出版物《明文化》系列、《汉风》系列和江苏省“十二五”重点电子出版物规划项目《辛亥风云》等，两次获得“中华杯优秀出版物奖”。2012年前后，应邀前往马来西亚和美国等国家，做《大明帝国兴亡300年》等学术讲座。中国媒体称其为“第一位走上美国讲坛的明史专家”。2015年4月，再次受美国华美协进社（China Institute in America）和美国中文电视台等机构邀请，做《大明五大谜案》和《大明帝国探秘》等学术讲座。撰写的《大明帝国》系列、《大明风云》系列著作得到美国匹茨堡大学名誉教授、著名海外国学大师许倬云先生的赞许与推介，并被哥伦比亚大学、哈佛大学、普林斯顿大学、斯坦福大学等世界一流高等学府和美国、澳大利亚等诸国国家图书馆收藏。

黄锡球　男，1962年9月生，璜泾永乐村（原利华村）人，江苏省委党校研究生学历，高级政工师。1978年璜泾新联中学高中毕业，1983年苏州大学政教系毕业，同年参加工作，到南京金陵中学任教。1991年调至南京市总工会工作，任保障部部长、办公室主任。2007年调至南京市体育局工作，任办公室主任、副局长。2008年北京奥运会火炬手。2014年参与南京青奥会筹办工作，分别受到青奥会组委会、省委、省政府表彰。

高玉良　男，1962年11月生，璜泾镇新海村（原鹿河滨海村）人，教授、博士生导师，为全军电子对抗雷领域著名专家、空军专家。1980年11月入伍，1985年加入中国共产党，现任空军预警学院电子对抗雷达研究中心主任、信息对抗系电子对抗实验室主任，兼任空军院校高新技术研究中心主任、军队科技进步奖评审委员会委员、军内科研项目立项评审委员会委员。2008年受国务院表彰并享受国务院特殊津贴，同年受中国人民解放军四总部（总参谋部、总政治部、总后勤部、总装备部）表彰，获军队育才系列最高奖项“全军军队院校育才奖金奖”。2009年作为武器装备领域专家，被四总部表彰为“全军爱军精武标兵”，同年受聘为空军级专家。2011年被空军表彰为“十一五空军装备科研工作先进个人”，被空军报评为“2011年空军年度人物”。2015年因对军队装备事业等作出突出贡献，受四总部表彰，获军队科技最高荣誉“军队杰出专业技术人才奖”。荣立二等功一次、三等功二次。当选空军第十一次、十二次党代会代表。

姚水良 男，1963年4月生，璜泾镇王秀村（原王秀湘里村）人，大学教授、博士生导师。1980年毕业于王秀中学，1984年获南京化工学院学士学位。1990年到日本留学，1994年、1998年先后获东京大学硕士和博士学位。1998年至2009年工作于日本财团法人地球环境产业技术研究机构，历任研究员、主任研究员和团队带头人。2002年至2004年为日本独立行政法人新能源及产业技术综合开发机构高级研究员。2003年至2006年兼任天津大学教授、博士生导师。2009年至2011年工作于日本股份有限公司ACR/ESR。2011年回国到浙江工商大学工作，主要从事大气污染控制方面的科研和教育。先后入选浙江省“千人计划”特聘专家、江苏省双创人才、国家级重大人才引进工程人才。2016年获评中国环境科学学会第十一届优秀环境科技工作者、浙江省环境科学学会第二届优秀环境科技工作者。

陈群 男，1963年7月生，璜泾镇王秀村（原王秀湘里村）人，研究员，博士生导师。1984年毕业于江苏化工学院（现为常州大学）有机系基本有机合成专业，1994获国务院特殊津贴，2006年获国家科技进步二等奖，2007年获评全国教育系统先进教育工作者。2010年2月任江苏工业学院（现为常州大学）党委常委、副校长。2010年7月任常州大学党委常委、副校长。2014年获国家级教学成果一等奖，2015年获中国石油和化学工业联合会科技进步一等奖。2016年5月任常州大学党委副书记、校长。现担任国家有机毒物污染控制与资源化工程技术研究中心副主任、江苏省先进催化与绿色制造协同创新中心主任、中国化工学会常务理事、中国化工教育协会常务理事。累计获中国发明专利授权83件。从事先进催化材料和绿色制造等技术领域的研究工作，发表SCI论文119篇，出版著作6部。

陆燕 女，1963年11月生，璜泾镇生产街人，太仓市人大常委会副主任。1979年璜泾中学高中毕业。1980年至1984年在扬州师范学院外语系就读，获英美文学学士学位。1984年至1989年在常州市第一中学任外语教师，1989至1995年在太仓市一中任外语教师。1995年10月调至太仓港港口开发区工作，曾任经济发展局科长、副局长、局长，外商投资服务中心主任，开发区管委会副主任。2005年12月起任太仓市副市长，负责商务、开发区、招商引资、旅游、口岸委、海关、出入境检验检疫、边检、海事、水上搜救、侨务、台湾事务、驻外办事机构等工作，协助分管外事工作。2017年1月起任太仓人大常委会副主任。

樊金龙 男，1963年11月生，璜泾镇杨漕村人，江苏省副省长。省委党校研究生学历，工商管理硕士学位，中共党员。1979年考入江苏师范学院苏州地区师范专科班学习。1981年参加工作，先后任王秀公社团委书记、乡政府文书、党委委员、乡工业公司经理等职。1986年12月至1990年12月任直塘乡党委副书记。1990年12月至1994年6月先后任浮桥镇党委副书记、镇长、党委书记、镇农工商总公司董事长。1994年6月任共青团苏州市委副书记、党组副书记。1994年12月任共青团苏州市委书记、党组书记。1996年3月至2003年4月先后任共青团江苏省委副书记、书记。2003年4月任无锡市委副书记。2004年12月任江苏省淮安市委副书记、代市长。2005年1月任江苏省淮安市委副书记、市长。2008年3月，任江苏省政府秘书长、省政府党组成员。2011年11

月起任江苏省委常委、秘书长。2018年1月起任省委常委、省委秘书长、副省长、省政府党组副书记兼省行政学院院长。中共十六大、十九大代表，十一届、十二届全国人大代表，省十二届、十三届人大代表。

郎建平　男，1964年6月生，璜泾镇王秀村人。理学博士，全国五一劳动奖章、国家杰出青年科学基金获得者。1984年苏州大学本科毕业，1993年7月南京大学配位化学研究所工作，获理学博士学位。1995年4月至2001年3月日本名古屋大学化学系、美国哈佛大学化学与化学生物系博士后。2001年在苏州大学工作，研究员、博士生导师，现任研究生院常务院长兼学位办主任，同时在众多国内外化学社团中兼职。工作以来，先后主持9项国家自然科学基金项目及20余项省部级基金项目。在国内外核心化学期刊发表论文380余篇，获中国发明专利授权22项。2004年获评教育部全国优秀教师，2005年获国务院特殊津贴，2009年获中国石油和化学工业协会科学技术进步奖，2010年获江苏省科学技术进步奖，2011年被列为江苏省中青年科技领军人才。兼任英国皇家化学会期刊国际顾问、编委。

张怡英　女，1964年7月生，璜泾镇雅鹿村（原鹿河鹿南村）人，全国劳动模范。1980年至1997年先后在鹿河针织厂、鹿河西服厂、雅鹿绣品厂工作，任绣品厂副厂长。1997年至2008年任雅鹿集团有限公司副总经理，2009年至2016年任雅鹿控股股份有限公司副总经理，2016年至今任雅鹿控股股份有限公司董事长。长期分管公司的生产及新产品的研发、设计工作。2006年获全国纺织工业劳动模范称号，2008年获中华全国总工会授予的全国五一劳动奖章，2010年，获评全国劳动模范。

徐萍　女，1964年10月生，璜泾镇荡茜村人，中共党员，翻译，高级物流师。现任北京市昌平区委常委、区纪委书记、区监察委主任。1980年璜泾中学高中毕业，1982年考入北京外国语学院学习。1986年7月参加工作，分别在北京市粮食局、北京市商业委员会、北京市商务局、北京市商务委员会工作，历任副主任科员、主任科员、副处长、处长职务。1992年至1994年在日本研修。2008年1月至2008年10月，任北京奥组委奥运村（残奥村）运行团队综合服务部商业服务副经理。2010年3月至2015年1月任北京市商务委纪检组副组长、监察处处长。2015年1月至2016年10月，任北京市文化局党组成员、北京市纪委驻市文化局纪检组组长。2016年10月，任北京市昌平区委常委，2016年12月当选昌平区纪委书记。2017年3月当选昌平区监察委员会主任。出版译著《模糊系统理论及应用》，22.4万字，天津大学出版社出版。

赵建初　男，1965年11月生，璜泾镇王秀村人，太仓市政府副市长。1980年王秀中学高中毕业。1980年9月至1982年7月无锡财经学校统计专业学生。1982年7月至1986年10月任沙洲县（即今张家港市）统计局办事员。1986年10月至1995年6月先后任太仓市（县）统计局办事员、农业科科长，市委办公室副科长、科长。1995年6月至1998年2月先后任团市委副书记、书记。1998年2月至1998年12月任南郊镇党委副书记、镇长。1998年12月至2004年11月任市委组织部副部长。2004年11月至2005年2月任市发展计划委员会副主任、党委书记。2005年2月至2011年6月先后任市发展和改革委员会副主任、主任、党委书记，市信息化办公室主任，市上市办公室主任。2011年6月至2012年3月任太仓港经济开发区党工委委员、管委会副主任，市发展和改革委员会主任、党委书记，市上市办公室主任。2012年3月起任市政府副市长、党组成员。

黄浩忠 男，1965年11月生，璜泾镇荣文村（原广新村）人，高级工程师，太仓市政协副主席，民革太仓市委主委。1982至1986年，江苏工学院电气工程系工业电气自动化专业学习。1986年7月参加工作，至2003年先后在苏州轴承厂、太仓市市政工程公司、太仓市建筑设计院、太仓市建设工程施工图审查中心工作，任助理工程师、经济师、建筑设计院工程师、高级工程师。2003年至2011年，任太仓市规划建设局副局长、太仓市住房和城乡建设局副局长、政协城乡建设委副主任（兼）。2011年至2017年，任太仓市工商联主席、总商会会长、太仓市政协副主席。2017年3月起，任太仓市政协副主席、民革太仓市委主委。为苏州市政协十二、十三、十四届委员，民革中央第十三次代表大会代表，江苏省工商联第十次、十三次、十四次代表大会代表。获“苏州市优秀专业技术拔尖人才”“苏州市抗震救灾先进个人”“省城乡规划编制先进个人”等荣誉。

黄雪平 男，1965年12月生，璜泾镇荣文村（原广乐村）人，少将，中央军委国际军事合作办公室副主任。毕业于解放军外国语学院、初级陆军军官学校、中级陆军指挥学院、国防大学，获国防大学军事学硕士和英国约克大学政治学硕士学位。历任作战部队连队指挥官，国防大学教官，国防部外事办公室参谋、处长，驻瑞典武官处副武官，炮兵旅副旅长，中国驻联合国军事参谋团团长，国防部外事办公室美洲大洋洲局局长，国防部新闻事务局局长，国防部新闻发言人等职。

何振良 男，1967年11月生，璜泾镇长洲村（原鹿河泗洲村）人，外交部亚洲司参赞。1984年7月璜泾中学高中毕业，同年考入北京外国语学院学习。1988年7月毕业于北京外国语学院日语专业，进入北京外交人员服务局工作。1996年至2000年进入中华人民共和国驻日本国大使馆工作，历任三等秘书、二等秘书。2001年至2007年到外交部亚洲司工作，历任二等秘书、一等秘书、日本处副处长等职。2005年获北京大学国际关系学院法学硕士学位。2008年至2011年任外交部处理日本遗弃在华化学武器问题办公室副主任（参赞衔）。2011年至2014年任外交部亚洲司参赞、外交部处理日本遗弃在华化学武器问题办公室主任。2015年至2016年任中华人民共和国驻日本国大使馆公使衔参赞、使馆新闻发言人。2016年7月至今任中华人民共和国驻福冈总领事。

邱卫国 男，1976年4月生，璜泾镇新明村（原鹿河东泾村）人，大校军衔。1995年沙溪中学高中毕业，同年考入南京航空航天大学飞行器设计专业学习，1999年毕业获工学学士学位，同年进入南京航空航天大学航空宇航学院计算机辅助飞行器设计专业攻读研究生，2005年获工学博士学位，毕业后到中国人民解放军第61290部队参加工作。2010年立个人三等功一次。2015年获研究员技术职称，2016年被授予专业技术大校军衔。工作期间，先后负责、参加国家863计划和部队科研项目10余项，带领团队获得技术成果一等奖1项、科技进步二等奖2项及三等奖1项。带头研制的装备和系列软件受到部队认可。

第三章　人物表录

本章列表收录璜泾镇（籍）正科职、副处级干部30人，正高级职称人员24人，博士、双硕士5人，镇工会登记在册的各级劳动模范37人，中学高级教师30人。

表23-1　2017年璜泾镇（籍）正科职、副处级干部名录

（按出生年月先后排列）

姓名	性别	出生年月	所在村或社区	工作单位及职务
陆春林	男	1936.3	新海村	鹿河乡党委书记、沙溪乡党委书记
沈一鸣	男	1944.5	杨漕村	璜泾乡党委副书记、乡长
沈湘英	女	1946.6	新华村	王秀乡乡长、党委书记，太仓建设银行行长
纪雪元	男	1946.10	王秀村	王秀乡党委副书记、乡长
陆敏琪	男	1949.2	新海村	老闸镇党委书记，城厢镇党委副书记、人大主席
陆永明	男	1953.4	新联村	璜泾镇镇长、人大主席，市人大城建环保工委主任
冯国良	男	1954.9	杨漕村	上海市公安局科技处纪委副书记、助理调研员
沈荣兴	男	1955.2	杨漕村	常熟市海关关长
张瑞明	男	1955.8	永乐村	璜泾镇党委副书记、镇长、人大主席
顾风岐	男	1956.6	新联村	鹿河乡乡长、党委书记，太仓港口管理委员会规划建设办公室主任
蔡永平	男	1956.7	永乐村	璜泾镇党委副书记、人大主席
黄友良	男	1957.3	新联村	金浪镇镇长、党委书记，市文化广电新闻出版局党委书记、局长
夏锦良	男	1958.1	新海村	浮桥镇党委书记，市总工会党组书记、副主席
王国华	男	1959.11	新华村	璜泾镇党委副书记、人大主席
邵惠锋	男	1960.5	玉影山社区	太仓港经济开发区港区管委会副主任，农村工作局局长
高洪文	男	1961.11	孟河村	璜泾镇镇长、市国土局局长；市人大人事工委主任
钱玉林	男	1962.5	永乐村	苏州市统计局副局长；太仓市水务集团有限公司总经理
杜根生	男	1962.9	荡茜村	太仓港经济开发区新区社会事业管理局局长
陆建林	男	1963.8	新联村	太仓市住建局局长
毛耀良	男	1964.11	新明村	昆山市政法委副书记，昆山市农委党委书记，昆山市政协常委、社会事业委主任
钱丁良	男	1964.11	永乐村	太仓市政府驻北京办事处主任；市机关事务管理局局长、党组书记
楼浩平	男	1965.5	雅鹿村	太仓市委组织部副部长；市社保局局长
马利忠	男	1965.8	王秀村	苏州相城区副区长、公安局局长
袁志强	男	1966.6	新明村	太仓市安监局局长
夏燕红	男	1968.9	新联村	上海外高桥港区海关缉私分局办公室主任、副局长，奉贤海关副关长
徐洪明	男	1969.4	新华村	璜泾镇镇长、市统计局局长；城厢镇党委书记
凌晓波	男	1970.1	新联村	浏河镇党委副书记、镇长；市财政局局长

续表

姓名	性别	出生年月	所在村或社区	工作单位及职务
严　枫	男	1973.12	荣文村	城厢镇镇长
毛雅萍	女	1977.3	永乐村	沙溪镇党委副书记、镇长
严　浩	男	1978.10	荣文村	浮桥镇镇长；市文广新局党委书记、局长

表 23-2　2017 年璜泾镇（籍）正高级职称知识分子名录

（按出生年月先后排列）

姓名	性别	出生年月	籍贯	学科专业	职务职称	工作单位
邹觉新	男	1934.2	璜泾镇新农街	水利	教授级工程师	交通部
狄原沚	女	1935.1	祖籍璜泾	地质	高级工程师	新疆石油管理局
狄原沆	男	1937.9	璜泾镇新农街	建筑工程	高级工程师	上海华东电力设计院
袁东辉	男	1939.4	璜泾镇荣文村	航天航空	教授	北京航空航天大学
狄原涪	男	1945.2	祖籍璜泾	水利工程力学	高级工程师	湖南长沙电力工业部中原勘测设计研究院
宋世良	男	1957.5	璜泾镇永乐村	内科	内科主任医师	太仓市第一人民医院
高　敏	男	1958.10	璜泾镇新明村	机械工程	高级经济师	无锡市发改委
钱建强	男	1959.10	璜泾镇胜利街	中医	主任中医师	太仓市中医院
高红勤	女	1959.12	璜泾镇长洲村	中医	主任中医师	太仓市中医院
楼培德	男	1962.1	璜泾玉影山社区	通信技术	大学教授	北京邮电大学
董梅芳	女	1962.12	璜泾镇杨漕村	数学	大学教授	东南大学
杨炳奎	男	1963.1	璜泾镇新华村	英语	教授级高级教师	太仓市明德高中
管永良	男	1963.6	璜泾镇孟河村	建筑材料工程	高级工程师	苏州混凝土水泥制品研究院
周为群	女	1963.6	璜泾镇新联村	化学	大学教授	苏州大学
李耀文	男	1963.8	璜泾镇雅鹿村	工程机械	高级工程师	美国OFS公司
张玉红	女	1963.11	璜泾镇玄岳街	中文	高级岗位编辑	苏州广播电视总台
毛锦生	男	1964.7	璜泾镇新华村	工程设计	高级工程师	江南大学
高　峰	男	1965.6	璜泾镇新农街	力学	博士生导师	中国矿业大学
周国梁	男	1966.1	璜泾镇新华村	农艺	高级农艺师	上海宝山出入境检验检疫局
许家东	男	1966.11	璜泾镇孙桥村	统计	高级统计师	江苏省城市社会经济调查队
蒋国勤	男	1966.12	璜泾镇新联村	外科	主任医师	苏州大学附属第二医院
朱　伟	男	1968.5	璜泾镇建华街	制冷设备	注册暖通工程师	丹佛斯自动控制管理（上海）有限公司
陈　武	男	1968.11	璜泾镇团结街	物理	高级工程师	太仓市广播电视总台
顾文彪	男	1968.12	璜泾镇孟河村	冶金	教授级高级工程师	上海宝钢冶金建设公司

表 23-3　2017 年璜泾镇（籍）博士、双硕士名录

（按出生年月先后排列）

姓名	性别	出生年月	籍贯	学科专业	职务职称	工作单位
顾国梁	男	1958.1	璜泾镇荣文村	物理	博士	美国SUNGARD公司
黄学新	男	1960.1	璜泾镇荣文村	农学	博士	美国夏威夷大学
张耀平	男	1962.5	璜泾镇新联村	微生物	博士	美国威斯康星大学麦迪逊分校

续表

姓名	性别	出生年月	籍贯	学科专业	职务职称	工作单位
黄建红	男	1963.9	璜泾镇荡茜村	信息物理	双硕士	美国迈阿密大学
宋　颂	女	1985.5	璜泾镇永乐村	建筑设计	双硕士	上海风语筑展览有限公司

表 23-4　2017 年璜泾镇劳动模范名录

姓名	性别	出生年月	荣誉称号	授予年份	授予时工作单位
顾振华	男	1952.6	全国劳模	2000	雅鹿集团有限公司
张怡英	女	1964.7	全国劳模	2010	雅鹿集团有限公司
高　龙	男	1929.3	江苏省劳模	1965	归庄镇镇政府
顾渭渔	男	1932.3	江苏省劳模	1980	鹿河供销社
高协丰	男	1935.11	江苏省劳模	1980	鹿河长城村
朱铭源	男	1947.2	江苏省劳模	1982	太仓市机械总厂
周国平	男	1946.1	江苏省劳模	1988	太仓市第三棉纺厂
王雪琴	女	1969.7	江苏省劳模	1996	太仓市第三棉纺厂
管雪平	男	1953.7	江苏省劳模	2001	苏州荣文库柏照明系统有限公司
张金元	男	1953.5	江苏省劳模	2006	太仓鹿河农技站
顾迎化	女	1979.11	享受省级	2011	雅鹿集团有限公司
曹伟康	男	1944.8	苏州市劳模	1997	璜泾镇经管站
吴海英	女	1963.9	苏州市劳模	1997	太仓市邮政局
倪善明	男	1954.11	苏州市劳模	2009	璜泾镇文化体育站
魏志红	男	1957.1	苏州市劳模	2012	江苏申久化纤有限公司
吴惠芳	女	1962.12	苏州市劳模	2012	璜泾镇雅鹿村
潘锦球	男	1970.10	苏州市劳模	2015	荡茜村
张绍炎	男	1943.11	享受苏州	1998	太仓工商局璜泾工商所
蔡永平	男	1956.7	享受苏州	2008	璜泾镇党委
包洪兴	男	1958.4	太仓市劳模	2004	雅鹿集团有限公司
陆蕴秋	女	1962.8	太仓市劳模	2004	苏州荣文库柏照明有限公司
陈宝球	男	1950.12	太仓市劳模	2004	永乐村
瞿振清	男	1966.3	太仓市劳模	2004	苏州长乐化纤有限公司
周庆亚	女	1963.5	太仓市劳模	2007	雅鹿集团有限公司
周雪芳	男	1969.1	太仓市劳模	2007	江苏申久化纤有限公司
魏雪萍	女	1962.9	太仓市劳模	2007	杨漕村
孙惠琴	女	1964.11	太仓市劳模	2010	苏州勤益化纤纺织有限公司
郑雁萍	女	1970.11	太仓市劳模	2010	璜泾镇劳动和社会保障所
高国球	男	1957.8	太仓市劳模	2010	璜泾镇农业技术服务站
苏宝荣	男	1954.2	太仓市劳模	2013	璜泾镇孙桥三苏草莓生产专业合作社
周洪英	女	1968.1	太仓市劳模	2013	江苏长乐纤维科技有限公司
高忠林	男	1969.12	太仓市劳模	2013	江苏中润纤维科技股份有限公司
管星宇	男	1979.4	太仓市劳模	2013	苏州荣文库柏照明系统有限公司
刘亚东	男	1969.10	太仓市劳模	2016	江苏申久化纤有限公司

续表

姓名	性别	出生年月	荣誉称号	授予年份	授予时工作单位
杨翠珠	女	1974.2	太仓市劳模	2016	孟河村
陆洪昌	男	1966.11	太仓市劳模	2016	太仓市鹿杨蔬果生产专业合作社
陈慧媛	女	1982.12	太仓市劳模	2016	华伦皮塑（苏州）有限公司

表 23-5　2017 年璜泾镇中学高级教师名录

（按聘任时间先后排列）

姓名	性别	籍贯	专业及学历	聘任年月
王炳生	男	江苏无锡	地理，大专	1988.6
吴溪萍	女	江苏常州	生物，本科	1988.6
吴瑞衡	男	江苏常熟	语文，本科	1988.6
张火云	男	浙江新昌	化学，本科	1988.6
范金林	男	江苏太仓	物理，大专	1988.6
华广平	男	江苏无锡	数学，大专	1993.12
朱务勤	男	江苏太仓	物理，本科	1994.12
施希龄	男	江苏太仓	英语，大专	1995.8
夏效文	男	江苏太仓	数学，大专	1997.5
徐惠忠	男	江苏太仓	语文，本科	1997.8
丁保兴	男	江苏太仓	政治，大专	1997.9
费振华	男	江苏太仓	政治，大专	1997.9
张锦明	男	江苏太仓	政治，大专	1998.12
黄振民	男	江苏太仓	语文，大专	1998.12
曹凤鸣	男	江苏太仓	数学，本科	1999.8
仇振元	男	江苏张家港	英语，本科	2000.9
季莲亚	女	江苏太仓	语文，本科	2000.9
赵克奇	男	江苏太仓	英语，大专	2000.9
胡培德	男	江苏太仓	地理，本科	2000.9
顾金达	男	江苏太仓	数学，本科	2000.9
王耀琪	男	江苏太仓	数学，本科	2001.8
顾晓红	男	江苏太仓	语文，本科	2001.8
瞿惠钟	男	江苏太仓	数学，大专	2001.8
顾玉林	男	江苏太仓	政治，本科	2004.8
徐琮华	女	江苏昆山	语文，大专	2004.8
田文学	男	江苏太仓	数学，本科	2004.11
林耀明	男	江苏太仓	数学，高中	2006.8
张剑虹	男	江苏太仓	信技，本科	2007.8
高艳芳	女	江苏太仓	化学、生物，本科	2007.8
高婉芬	女	江苏太仓	化学、生物，本科	2008.8

编后记

2014年10月，根据太仓市地方志工作会议精神，璜泾镇着手准备新一轮镇志编纂工作。2015年4月23日，镇分管领导和修志人员参加了全市乡镇志编纂工作推进会，进一步明确了编纂工作时间进度和质量要求。5月8日，镇政府召开镇志编纂工作会议，该项工作正式启动。此次编纂《璜泾镇志（1994—2013）》，上承2000年8月出版的《璜泾镇志》，是该志的续编，起讫时间为1994年至2013年，志中着重记述了20年来璜泾人民在社会主义现代化建设中取得的主要成就，反映了断限内璜泾镇自然、经济、政治、文化、社会、人民生活等方面的历史与状况，具有鲜明的时代特征和璜泾特色。

这次《璜泾镇志（1994—2013）》编纂，镇专门组建了编纂委员会，成立了编志办公室。镇宣传办制订实施方案，协调各方力量，选聘采编人员，落实办公场所。在编纂工作会议上，时任镇长毛雅萍亲自做动员讲话，对编纂工作提出任务要求。镇动员会后，全镇各单位积极行动起来，明确分管领导和资料员，认真做好资料采集工作。在编纂初期，璜泾镇志落实两人执笔。当时，执笔者正在编写《中共太仓地方史》（璜泾镇卷），故镇志编写落笔比其他乡镇晚了半年多。为了赶上全市进度，两名执笔者充分利用双休日、节假日，加班加点工作，力争按时完成任务。其间，为减轻两名执笔者的工作压力，镇政府又聘用了一名编志人员，分担部分章节编写，编志力量得到加强。在采集资料过程中，编志人员查阅档案资料及各单位年度总结、交流材料、工作汇报等上千卷（份），开展实地调查和寻访当事人上百次。此外，还充分利用各种人脉关系，善于运用QQ、短信、微信等通信手段，联系采访对象达数千人次，从而使编志有了资料保障。

在编纂过程中，镇编志办始终坚持“观点正确，内容全面，特色鲜明，记述准确，资料翔实，表达通顺”的要求，努力提高编志质量。第一，编志人员研读了大量的志书，主要从业务角度学习志书的写作方法，掌握编写志书的基本常识和特定的体例要求。第二，学习兄弟乡镇的编志经验，先后赴沙溪、岳王编志办学习、取经，听他们介绍，看他们纲目，阅他们志稿，从中受到很大启发。第三，精心编制资料征集清单，要求各个单位、各个部门按清单收集，以确保收集资料的针对性和实用性。第四，采取“投石问路”的方法，先期重点写出文化篇，交于市史志办审阅，并通过市史志办，邀请兄弟乡镇编志人员到璜泾研讨，从而找出差距和不足，为后来编志少走弯路积累经验。第五，坚持反复修改，在初稿完成后，曾先后两次送交市史志办审阅，然后根据审阅意见，调整章节、规范行文、填漏补缺、核实纠错。2018年11月8日，镇召开由各村、各单位负责人参加的《璜泾镇志（1994—2013）》审核工作会议，我们将形成的初稿提交各村、各单位（部门）审核，然后进行修改。2019年3月7日，镇志终审会召开，太仓市史志办、全市各镇在编乡镇志单位领导及修志人员参加会议，并提出意见。会后，镇志办对志稿再一次进行修改。第六，又根据出版社和镇编委会审核意见进行修改，最终使镇志顺利脱稿。

其间，编纂工作得到了社会各方面的关心和支持。太仓市史志办领导、业务科长和有关人员对编写《璜泾镇志（1994—2013）》自始至终给予悉心指导，倾注了大量心血。太仓市档案馆不厌其烦，耐心接待，热情为编志人员提供查档服务。全镇各单位领导和资料员，不辞辛劳，乐于奉献，积极为志书的编纂提供资料，有的单位领导还亲自编写初稿。许多热心史志事业、熟悉本镇地情的一些老前辈表现出对修志工作的极大关心，有的主动上门提供资料，有的帮助考查，纠正差错。在这里，谨向为《璜泾镇志（1994—2013）》编纂出版做出不懈努力和贡献的各单位、各部门以及社会各界人士表示衷心的感谢！

编修地方志是一项承上启下、继往开来的文化工程，涉及面广，任务艰苦而繁重。由于种种原因，应该入志的人和事难免出现遗漏和差错。特别是人物这一编，有的应收录的人物因工作调动、搬家，电话、手机号码变更等原因，联系不上，无法获取信息。还有一些政界、军界、科技界在位领导未予以收录。在其他章节的编写中，尽管我们做了很大努力，力求对一方之地情物事做一个完整的记述，但因时间紧、人员少，再加上我们学识、水平有限，志书中谬误、疏漏和不尽人意之处在所难免，诚请广大读者批评指正。

编者

2019年4月